Christa Agnes Tuczay
Kulturgeschichte der mittelalterlichen Wahrsagerei

Christa Agnes Tuczay

Kulturgeschichte
der mittelalterlichen Wahrsagerei

De Gruyter

ISBN 978-3-11-125368-8
e-ISBN 978-3-11-024041-2

Library of Congress Cataloging-in-Publication Data
A CIP catalog record for this book has been applied for at the Library of Congress.

Bibliografische Information der Deutschen Nationalbibliothek
Die Deutsche Nationalbibliothek verzeichnet diese Publikation in der Deutschen Nationalbibliografie; detaillierte bibliografische Daten sind im Internet über http://dnb.d-nb.de abrufbar.

© 2023 Walter de Gruyter GmbH & Co. KG, Berlin/Boston
Dieser Band ist text- und seitenidentisch mit der 2012 erschienenen gebundenen Ausgabe.

Umschlagabbildung: Meister des Otto van Moerdrecht: ‚Die Frau von Endor'
(Ausschnitt: Beschwörung des Geistes Samuels),
Koninklijke Bibliotheek, Den Haag, Ms. 78 D 38 I, fol. 175v

Gesamtherstellung: Hubert & Co. GmbH & Co. KG, Göttingen

∞ Gedruckt auf säurefreiem Papier

Printed in Germany

www.degruyter.com

Inhaltsverzeichnis

Abbildungsverzeichnis IX

I. Forschungsüberblick 1

II. Einleitung 7

III. Rückblick auf die Antike 11
    A. Der Mantis 17
    B. Wahrsagegeister 22
    C. Institutionalisierte Orakel 25
    D. Bauchrednerinnen 33
    E. Sibyllen 36
    F. Veleda, spakona und seiðkona 42

IV. Mittelalterliche Mantik: Kontinuität und Wandel 51
    A. Theologische und dämonologische Diskurse 51
    B. Spätmittelalterliche Superstitionen-Literatur .. 60
    C. Divinatores und Prophetes 62
    D. Wandernde Wahrsager 68
        1. Der Lachenaere, ein Iatromant 75
        2. Fremdwahrnehmung und Wahrsagerei – die ‚Zigeuner' ... 78

V. Mittelalterliche mantische Einzelkünste 85
    A. Die Observanz 85
        1. Prodigien und Omen 85
            a) Mittelalterliche Zeichen und Wunder 90
            b. Briefe der Götter, Schrift-Vorzeichen .. 96
            c) Horchen, Hör-Omina 100
        2. Beobachtung von Menschen 101
            a) Die Handlesekunst 101
            b) Gesichter sagen aus – Physiognomik 109
            c) Kleromantie oder Palmomantie und Verwandtes 115

        d) Onychomantie, Chirologie 117
        e) Elaiosemantik 118
    3. Beobachtung von Tieren oder Zoomantie............... 118
        a) Augurium und Ornithomantie 119
        b) Hippomantie.................................... 123
    4. Beobachtung von Pflanzen 126
    5. Beobachtung von unbelebten Dingen 128
        a) Die Eingeweideschau........................... 128
        b) Die Spatulimantie.............................. 131
        c) Bleigießen und Eieraufschlagen.................. 134
        d) Elementemantik 135
            (1) Aeromantie 135
            (2) Das Feuersehen 137
            (3) Hydromantie.............................. 141
            (4) Geomantie................................ 143
        e) Prognostik..................................... 144
        f) Die Wünschelrutengänger – Rhabdomantie 146
B. Mathematische oder aktive Divination 150
    1. Die Sternenschrift – Astrologie 150
        a) Die Horoskopierkunst.......................... 163
        b) Die literarischen Wahrsager – Christuspropheten,
           Astrologen, Nekromanten..................... 166
        c) Mittelalterliche Mondwahrsagetexte und Lunare 172
        d) Ägyptische Tage, Tagewählerei 176
    2. Wahrsagezeiten 179
C. Abakomantische oder aktive Divinationssysteme............. 182
    1. Die Alectryomantie 182
    2. Sieborakel und Schlüsseldrehen 182
    3. Die Daktyliomantie 185
    4. Becherwahrsagung oder Kylikomantie................ 185
    5. Das Tischrücken 188
    6. Das griechisch-römische Losorakel 189
        a) Das alttestamentarische Losen 194
        b) Runen und Stäbe – Das germanische Losen.......... 194
        c) Losbücher – Punktierkunst..................... 199
    7. Geomantie oder Sandkunst......................... 211
    8. Das Wort Gottes und der Dichter als Orakel 214
        a) Gottesurteil und/als Orakel 218
        b) Onomatomantie oder die Bedeutung des Namens 227
D. Intuitive Wahrsagung: Visionsorakel 230
    1. Spiegelnde Flächen und Kristalle.................... 230

2.	(Kinder)Medien	235
3.	Oneiromantie, oder die Kunst der Traumdeutung	242
	a) Antike Traumbücher	246
	b) Inkubation	252
	c) Mittelalterliche Traumtheorien – conjectores somniorum	256
	d) Mittelalterliche Traumbücher	268
	e) Literarische Traumdiskurse	276
4.	Vorahnungen	291
5.	Nekromantie – Das Totenorakel	293
	a) Das Totenorakel von Endor	298
	b) Die mittelalterliche Totenbefragung	300
	c) Idolomantie und Kraniomantie – Die sprechenden Köpfe	311

Zusammenfassung... 321

Bibliografie.. 325
   A. Abkürzungsverzeichnis.............................. 325
   B. Lexika und Wörterbücher........................... 326
   C. Primärliteratur..................................... 327
   D. Sekundärliteratur................................... 335

Stichwortindex.. 367

Abbildungsverzeichnis

Abbildung 1	Fragetafel des Hermon aus Dodona (Ende 6. Jh. v. Chr.)	16
Abbildung 2	König Aigeus befragt die delphische Priesterin, Antikensammlung Berlin.	26
Abbildung 3	Bronzespiegel mit Darstellung des Haruspex Tages (3. Jh. v. Chr.)	89
Abbildung 4	Aus Johann Rothmann, *Chiromantiae theoria practica concordantia genethliaca* (1559), S. 17.	107
Abbildung 5	Aus Johann Rothmann, *Chiromantiae theoria practica concordantia genethliaca* (1559), S. 31.	108
Abbildung 6	Physiognomik aus Johannes Ab Indagine, *Chiromantia* (1534), S. 62.	112
Abbildung 7	Physiognomik aus Johannes ab Indagine, *Chiromantia* (1534), S. 68 u. 69.	113
Abbildung 8	Sektoren der Leber nach einem mesopotamischen Lebermodell (1700 v. Chr.)	130
Abbildung 9	Georg Agricola, *De Re metallica*, Basel (1571)	149
Abbildung 10	Tierkreismann aus dem *Très Riches Heures* des Duc de Berry (1413–1416). Chantilly, Musée Condé	156
Abbildung 11	Ein Astronom erteilt Unterricht mit einem Astrolabium. Aus Maimonides, Det Kongelige Bibliotek, Copenhagen	158
Abbildung 12	Bauteile des Astrolabs aus der Astrolabiensammlung des Deutschen Museums. nach Firneis, Astronomische Instrumente (2006), S. 160	160
Abbildung 13	Merkur und unter ihm das Sternzeichen der Zwillinge	165
Abbildung 14	Die Miniatur des Josef von Ulm (um 1404) zeigt den Einfluss des Mondes, Universitätsbibliothek Tübingen	174
Abbildung 15	Siebdrehen nach Cornelius Agrippa von Nettesheim, *Opera omnia* (16. Jh.)	183
Abbildung 16	Orakeltischchen mit aufgelegter Scheibe. Pergamon (3.–1. Jh. v. Chr.)	186
Abbildung 17	Zwei Astrologen auf einer Tarotkarte angeblich aus dem Besitz Charles VI. (15. Jh.), Bibliothèque Nationale	187

Abbildung 18	Würfeltabelle aus Maistre Laurens L' Esprit, Le Passe-temps de la fortune des dez (1534)	191
Abbildung 19	Berühmte Liebespaare in Losbuch in deutschen Reimpaaren Codex Vindobonensis Series Nova 2652 ÖNB fol. 2r	209
Abbildung 20	Eisenprobe. Tafelbild von Dirk Bouts, Musée Royal des Beaux-Arts, Brüssel (1470/75)	221
Abbildung 21	Hl. Kunigunde bei der Pflugscharenprobe. Bamberg Staatsbibliothek, R.B. Msc 120f. 32 v. (Beginn 13. Jh.)	222
Abbildung 22	Jakobs Traum von der Himmelsleiter. aus dem Psalter Ludwigs des Heiligen (1256) Paris Bibliothèque Nationale	258
Abbildung 23	Josef deutet den Traum des Pharaoh. Aus Schedels Nürnberger Chronik (1493)	272
Abbildung 24	Der Traum Karls des Großen. Paris, Bibliothèque Nationale	281

I. Forschungsüberblick

Wahrsagen und die zugehörige Lehre und Praxis der Wahrsagerei, griech. Mantik, betrifft das semantische Feld der Rede von der Zukunft, das Lesen der Zeichen als Vorboten des Glücks oder Unglücks, die ominösen Einschreibungen auf belebten und unbelebten Objekten. Der Blick richtet sich auf den prozessualen Vorgang der Interaktion zwischen den Protagonisten, Aktanten, Rezipienten dieses Vorgangs, Botschaftssender, Botschaftsempfänger, auf die Art und Weise der Übermittlung des mantischen Textes selbst. Eine *Kulturgeschichte des Wahrsagens* geht grundsätzlich davon aus, dass die anvisierten Untersuchungsfelder des Wahrsagens, der Orakel und Zeichendeutung auf eine verschiedenen Forschungsfeldern zugehörige Nomenklatur weisen, als wichtigste sind Aberglaube, Magie, Geheimwissenschaften und Fachliteratur zu nennen.

Die mittelalterliche Betrachtungsweise des Aberglaubens als Restform, Schwundstufe des Heidentums dauerte bis ins 19. Jahrhundert an, von dem Gedanken getragen, im Aberglauben Relikte vergangener religiöser Welten zu erkennen. JACOB GRIMM ging in seiner dreibändigen *deutschen Mythologie*[1] (ebenso wie in seiner Sprachgeschichte) davon aus, dass wenn die gegenwärtigen Formen der Sprache noch in die Vergangenheit zurückreichen, *"so muss auch in der mythologie ein ähnliches verfahren sich rechtfertigen und aus ihrem versiegenden wasser die quelle, aus den stehngebliebenen sümpfen der alte strom geahnt werden."*[2] Die evolutionistische Betrachtungsweise des Aberglaubens als Schwundstufe der Entwicklung, von der man unter Heranziehung von entsprechenden ethnologischen Parallelen eine Art „Urstufe" rekonstruieren zu können glaubte, bestimmte nicht nur die ältere volkskundliche Forschung, sondern Kultur- und Geisteswissenschaften allgemein. Mit dem von den Schweizer Volkskundlern BÄCHTHOLD-STÄUBLI und HOFFMANN-KRAYER begründeten *Handwörterbuches des deutschen Aberglaubens* in 10 Bänden erschien in den Jahren 1927ff. ein bis heute wichtiges Grundlagenwerk. Die Kritikpunkte, dass die Autoren der Artikel keine Kontextualisierungen im Sinne einer „*Rücksicht auf historische und soziale Bedingungen*"[3] am erhobenen Material vorgenommen

---

1   Zu Aberglauben und Wahrsagerei: Grimm, Deutsche Mythologie (1870/1968) Bd. II, S. 925–960, Bd. III, S. 401–492.
2   Harmening, Wörterbuch des Aberglaubens (2005) S. 8.
3   Vgl. Einleitung zur Neuauflage (1987) die ich benutzt habe S. 5–39, hier S. 5.

hätten, trifft sicherlich zu, ist aber dem anders gewichteten Erkenntnisinteresse der Zeit geschuldet.

Als eigenes Forschungsfeld wurde *Magie* von unterschiedlichen Disziplinen wie Religions- und Altertumswissenschaften, Mediävistik, Frühneuzeitgeschichte, europäische Ethnologie und historischen Anthropologie, Soziologie und Philosophie erst seit den späten 80er Jahren des letzten Jahrhunderts beansprucht. Die außerwissenschaftliche Wahrnehmung vor allem im Kontext der sog. Esoterik und New Age Bewegung und die Unzahl der in diesem Verstehenshorizont erschienenen Publikationen setzte viel früher ein und hat sicherlich zum neu erwachten Interesse der wissenschaftlichen Einzelforschung beigetragen, da man bestrebt war, der ausufernden esoterischen Vereinnahmung des Gegenstands eine wissenschaftliche fundierte d.h. theoretisch und methodologisch multiperspektivische Beleuchtung entgegenzusetzen.

Während Magieforschung mittlerweile einen gut etablierten Sonderforschungsbereich der Kulturwissenschaften stellt, wurde der Bereich der Mantik bzw. Divinationen, Orakel, Wahrsagerei als verwandtes Gebiet meist nur im Rahmen der Magieabhandlungen gewürdigt. Die ethno-soziologischen Magiemodelle FRAZERS, MAUSS, DURKHEIM, LÉVI-STRAUSS, EVANS-PRITCHARD, TYLOR[4], u.a. und die im Anschluss sich ergebende Diskussion behandeln Divinationen im Rahmen der Dichotomie Magie/Religion, aber auch Magie/Wissenschaft.[5] Anzumerken ist, dass besonders die Definitionsgeschichte der Magie immer auch eine Projektions- und Abgrenzungsgeschichte zu sein scheint, die nicht unabhängig von den jeweiligen Zeit- und Erkenntnisinteressen und den zugehörigen Affirmationsstrategien abläuft. Eine säuberliche Abtrennung der divinatorischen Praktiken von der Religion ist schon in der Antike wegen ihrer Einbindung in die Kultpraxis problematisch, und greift auch angesichts der mittelalterlichen Rezeption der antiken Divinationsformen und ihrer komplexen je nach Teilgebiet unterschiedlichen christlichen Kontextualisierungen, Ausgrenzungsstrategien, Rationalisierungstendenzen zu kurz. Die richtungsweisende Betrachtung der Magie bzw. Mantik als experimentierende

---

4   Vgl. dazu neuerdings Otto, Magie (2011) der die Diskursgeschichte um und nach Frazer, Mauss, Durkheim aufarbeitet. Da ich die Arbeit erst kürzlich einsehen konnte, wurde sie nicht einbezogen. Frazer, The Golden Bough (1890) 2 Bde und (1915) 13 Bde; Tylor, Primitive Culture (1873); Durkheim, The elementary Forms of Religion (1915); Malinowski, Magic, Science and Religion and Other Essays (1948) Mauss, A general Theory on Magic (1972); Evans-Pritchard, Witchcraft, Oracles and Magic among the Azande (1976).

5   Auf diese sich daran anschließenden wissenschaftstheoretischen Diskurse kann hier schon allein wegen der Fülle der dazu erschienenen Arbeiten nicht eingegangen werden. Einen Überblick bietet Otto, Magie. Rezeptions- und diskursgeschichtliche Analysen von der Antike bis zur Neuzeit (2011) S. 1–38 u.ö.

(Vor)Wissenschaft leistete der Wissenschaftshistoriker LYNN THORNDIKE[6] mit seinem achtbändigen Werk *A History of Magic and Experimental Science*, das immer noch den Ausgangspunkt jeder Beschäftigung mit der Thematik darstellen muss. Im Rahmen der Neuentdeckung der Magieforschung für die Geschichtswissenschaft hat sich der Historiker KIECKHEFER[7] mit einer fundierten Gesamtdarstellung und in der Folge mit sich im Wesentlichen auf unedierte Texte stützenden Einzelstudien verdient gemacht, fast gleichzeitig legte DAXELMÜLLER[8] mit *Zauberpraktiken* eine Arbeit mit volkskundlichem Fokus vor, meine eigene Magiegeschichte[9] nahm hauptsächlich die mittelalterliche literarische Einkleidung magischer Vorgänge in den Blick. Den neuesten Vorstoß wagte BERNHARD OTTO mit seiner religionswissenschaftlichen Dissertation, die diskurs- und rezeptionsgeschichtlich ansetzt.[10]

Ab der Neuzeit erschienen Publikationen zur Weissagung und Magie eines bestimmten Kulturkreises oder aber zu mantischen Einzelkünsten, aber erst in den letzten Jahren erhielt Mantik einen eigenen Untersuchungsstellenwert, wobei die Altertumswissenschaften, wohl wegen der (gerade in diesem Zusammenhang) eindeutigeren Quellenlage eine Vorreiterstelle einnehmen.[11] Die umfangreiche ideengeschichtliche Studie des Historikers MINOIS *Geschichte der Zukunft* deckt die zeitlichen Abschnitte vom römischen Reich bis in die Jetztzeit ab und ordnet die Zukunftsschau fünf Begriffsfeldern zu, Orakel, Prophetie, Astrologie, Utopie und wissenschaftlicher Methode. Seine fundierte Aufarbeitung der lateinischen Quellen bildete den Ausgangspunkt vorliegender Arbeit.

Eine Einordnung der Magie und Mantik unter dem Verstehenshorizont einer *Geheimlehre, Geheimwissenschaften, Okkultismus, Hermetismus* wie sie aus

---

6 Thorndike (1923–1958) 8 Bde.
7 Kieckhefer, Magie im Mittelalter (1992 u.ö.) Divination S. 85–90 u. S. 165–175; Für die Frühmittelalterliche Magie vgl. Flint, The Rise of Magic in Early Medieval Europe. (1991) Divination S. 88–100. Von der Antike bis zur Aufklärung Göttert, Magie (2001) S. 31–41 u.ö.; Birkhan, Magie im Mittelalter (2010) S. 130f. Vgl. Burnetts Aufsatzsammlung Magic and Divination in the Middle Ages (1996) Siehe die Anmerkungen zur Literatur in den einzelnen Kapiteln.
8 Daxelmüller, Zauberpraktiken. Die Ideengeschichte der Magie (1993) S. 123–131 u. vgl. auch neuerdings Ruff, Zauberpraktiken als Lebenshilfe (2003) S. 27–62.
9 Tuczay, Magie und Magier im Mittelalter (1992 u.ö.) S. 21–27, 188f. u.ö.
10 Otto, Magie (2011).
11 Das Grundlagenwerk Bouché-Leclercq, Histoire de la divination dans l'antiquité (1879); ders. Les sacerdoces divinatoires, devins, chresmologues, sibylles, oracles des dieux. (1880) In jüngster Zeit sind eine Reihe von Einzeluntersuchungen und zahlreiche Kongressbände zur antiken Mantik erschienen. Aus der Fülle greife ich heraus: Johnston, Ancient Greek Divination (2008); Dignas/Trampedach (Hrsg), Pracitictioners of the Divine (2008). Ich verweise in diesem Zusammenhang auf die in den einzelnen Kapiteln zitierte Literatur.

unterschiedlichen Erwägungen der Volkskundler PEUCKERT[12] und der Theosoph und Okkultist KIESEWETTER[13] u.a. mit einer reichen Materialsammlung vorgelegt haben, wird heute von der populären Esoterik vereinnahmt.

Magische und mantische Schriften gehören zum Bereich der mittelalterlichen *Artes-Literatur* und werden unter den Termini *Fachprosa, Fachschriften, Fachliteratur* eingeordnet. Die am Beginn des 20. Jahrhundert nur zögerlich einsetzende Fachprosaforschung erhielt in den 20iger Jahren mit dem von WOLFGANG STAMMLER begründeten Verfasserlexikon neue Impulse. In der Folge wirkte GERHAD EIS, der die neue Forschungsrichtung auch definitorisch festlegte als alles „nichtdichterische Schrifttum geistlichen und weltlichen Inhalts", ausgehend von der Frühzeit bis zum 16. Jahrhundert.[14] Im engeren Sinn unterschied EIS nach mittelalterlichem Vorbild die *Artes liberales, mechanicae und Magicae*. EIS initiierte damit eine interdisziplinär ausgerichtete Forschungsrichtung, die durch Texteditionen von Fachliteratur das zu untersuchende Textkorpus erweiterte und gleichzeitig die Forschung vorantrieb. Dem hier interessierenden Untersuchungsgebiet haben sich seine Schüler BERNHARD DIETRICH HAAGE[15], JOACHIM TELLE[16], WOLFRAM SCHMITT[17], GUNDOLF KEIL[18], zusammen mit dem zwar nicht zu EIS' Schülern zählenden PETER ASSION nachhaltig gewidmet. Die zweite Auflage des Verfasserlexikons ergänzte und erweiterte die Einträge nicht nur um Fachschriften und Fachschriftsteller, sondern auch um Überblicksartikel (z.B. Planetenbücher, Sibyllenweissagung).

Auf die Einordnung der Wahrsagerei unter dem Rubrum *Propheten, Prophezeiungen*, und in der Folge *Prognosen* wird im entsprechenden Kapitel eingegangen.

Die vorliegende Kulturgeschichte der mittelalterlichen Mantik erweitert den Rahmen und die Reflexionsvarianz der Ideen- und Begriffsgeschichte um die Perspektivierung der Rezeptions- und historisch-semantischen Diskurs- und Kontextgeschichte.[19] Ausgehend vom Kommunikationsmodell werden Botschaftsempfänger und Botschaftssender in den Blick genommen, der offizielle oder inoffizielle Rahmen, in der vielfältigen Interaktionen stattfinden

---

12 Peuckert, Pansophie. Ein Versuch zur Geschichte der schwarzen und weißen Magie (1956). Siehe die Artikel im Handwörterbuch des deutschen Aberglaubens.
13 Kiesewetter, Die Geheimwissenschaften eine Kulturgeschichte der Esoterik (1894/2005) S. 225–386.
14 Eis, Mittelalterliche Fachliteratur (1967) S. 1.
15 Vgl. den Überblick bei Haage/Wegner, deutsche Fachliteratur der Artes im Mittelalter und Früher Neuzeit (2007) S. 260–299.
16 Telle, Beiträge zur mantischen Fachliteratur des Mittelalters (1970).
17 Schmitt, Deutsche Fachprosa des Mittelalters (1972).
18 Keil/Assion, Fachprosaforschung (1974).
19 Auf die Forschungsdiskussion zur Diskursanalyse kann hier nicht eingegangen werden. Hilfreich für meine Arbeit waren die grundsätzlichen Überlegungen zur Literaturwissenschaft von Haß/König (2003).

und nach den diskursiv vermittelten Dependenzen gefragt, so sie sich aus den Quellen[20] herauslesen lassen. Der zweite Teil widmet sich den Einzelkünsten und ihren unterschiedlichen Kontextualisierungen.

---

20 Ich habe in hauptsächlich edierte Quellen herangezogen. Viele magische und divinatorische Texte in unedierten Handschriften harren noch ihrer kritischen Herausgabe. Erste verdienstvolle Vorstöße unternahm Richard Kieckhefer mit der Edition und Analyse eines magischen Handbuches des 15. Jahrhunderts. Benedek Láng unterzog ca. 200 Handschriften einer kritischen Sichtung und nahm gleichzeitig Leser und Sammler magischer Literatur in den Blick. Kieckhefer, Forbidden Rites (1997) und Láng, Unlocked books (2008).

II. Einleitung

> Alt ist die Ansicht [...] die Menschen verfügten über eine Art Wahrsagevermögen. Die Griechen nennen es mantiké, das heißt Vorahnung und Wissenschaft von der Zukunft. Etwas auf seine Weise Großartiges und Heilbringendes.[...] Deshalb haben unsere Römer, so wie wir in vielen andern Dingen den Griechen überlegen sind, den Begriff für diese einzigartige Fähigkeit (divinatio) von den Götter (a divis) hergeleitet, die Griechen dagegen, nach Platons Deutung vom Wahnsinn (mania).[1] Cicero, 1. Buch, 1.

Die Begriffe *Weissagung*[2] bzw. *Wahrsagung* bezeichnen verschiedene Formen intuitiver, oft religiös-visionärer Schau und beziehen sich in erster Linie auf Zukünftiges. Sowohl der Institutionalisierungsgrad als auch die Zielsetzung entsprechender Praktiken sind je nach Epoche unterschiedlich: In vielen Fällen wird die Weissagung von spezialisierten Experten durchgeführt, welche schon in frühester Zeit im Zwischenstromland und in der Antike meist in religiöse Institutionen wie offizielle Orakel bzw. Prophetenämter eingebunden waren. Auch Zweck- und Zielsetzung variieren, nicht immer wurden reine Zukunftsprognosen angestrebt, sondern vielfach ging es auch um Auskünfte zu gegenwärtigen, aber auch vergangenen enigmatischen Bereichen des menschlichen Lebens.

Erstmalig erwähnt sind Divinationspraktiken und zugehörige Berufsgruppen in mesopotamischen Texten des dritten vorchristlichen Jahrtausends und zwar in mythologischen Narrativen, Legenden und Inschriften. Die Begründung einer thematisch orientierten Überlieferungssituation, d. s. konkrete Textformen zur Wahrsagerei, stammen aus dem dritten Jahrtausend. Das zuerst protokollarische Textwerk wird im zweiten Jahrtausend zu einem komplexen semantischen Systemparadigma ausgebaut. Damit gehörte die Divination bereits im zweiten vorchristlichen Jahrtausend zu einem ausdifferenzierten Wissenszweig, der ein breit gefächertes Spektrum von Phänomenen beobach-

---

1 Cicero, Über die Wahrsagung (2002) 1. Buch, 1, S. 7.
2 Vgl. den Überblicksartikel von Stuckrad, Art. Weissagung (2000) S. 648–651; Harmening, Art. Divination (2005) S. 111f.; Getty, Thesaurus cultus (2006) S. 1–3; Zuesse, Art. Divination (1907–1986) S. 375–382; Charma, Art. Divinatory Arts (2005) S. 313–319.

tete und zwar: lebende und unbelebte Objekte, astrologische, terrestrische und meteorologische Befunde.

Allgemein gesprochen impliziert jede mantische Praxis den Grundgedanken des Verborgenen, des Unbekannten, das bestimmte Personen intuitiv und/oder mit bestimmten Methoden nach einem vorgegebenen Regelsystem enthüllen können. Bei der intuitiven Form geschieht das Auffinden oft als Reise in eine von der bekannten verschiedene, aber mit der sichtbaren auf vielerlei Weise verbundene Welt.

Während in Mesopotamien die auf einer dekodierbaren (Schrift-)Überlieferung beruhende deduktive Wahrsagerei gegenüber der inspirierten überwog, ordnete das alte Ägypten nach drei Kategorien, Prophetie, Orakel und Divinationen. Letztere waren auch Teil der alten griechischen Religion, denn diese besaß keinerlei Offenbarungsschriften. Omina und ihre Interpretation bestimmten den vorrangigen Kontakt zwischen Menschen und Göttern, der alles außerhalb des Gewöhnlichen umfassen konnte, aber nicht wie bei den Römern in einem fixierten Interpretationssystem festgehalten wurde. Ebenso opferten die Griechen und beobachteten die Eingeweide, aber es gab keine Leberschau wie beispielsweise bei Etruskern und Assyrern. Die bedeutsamste Divinationsform stellte das griechische Orakel dar. In Rom wurde Divination von den gesetzlichen Vorschriften her kontrolliert und in den öffentlichen Kult eingebunden. Der Staat beschäftigte drei Gruppen von offiziellen Wahrsagern: die Auguren, die *quindecemviri*, die die Sibyllinischen Bücher konsultierten, und die Haruspices. Die zwei Ersteren waren Staatspriester, die Haruspices wurden nur im Anlassfall zu Rate gezogen. Augurium wurde in der späten römischen Republik weniger als Zukunftsschau in Anspruch genommen, sondern hauptsächlich um eine Entscheidung zu affirmieren. Der Staat beschäftigte keine Astrologen oder Traumdeuter, weshalb deren Status in der römischen Gesellschaft niedriger als im klassischen Griechenland anzusetzen ist.

Das in Antike und Mittelalter bedeutsamste Konzept einer verbindenden Annäherung der beiden Welten ist der Analogie- und Sympathiegedanke, demzufolge die eine Wirklichkeit auf die andere mittels Zeichen oder Symbolen hinweist. Da die divinatorische Praxis als Kommunikation zwischen Sender und Empfänger gedacht ist, bieten sich Analogien zum sprachwissenschaftlichen Kommunikationsmodell und die Verwendung des entsprechenden terminologischen Apparates an. Die zu beobachtenden Phänomene sind unter bestimmten Konditionen „phonematisch" also bedeutungstragend und können als solche interpretiert werden.[3]

---

3 Vgl. Zeitlyn, Divination as Dialogue (1995) S. 189–205 und ders., Finding meaning in the Text (2001) S. 225–240, hier S. 225–235.

In den alteuropäischen Gesellschaften erfüllte die Mantik zwei wichtige Funktionen: Erstens deutete sie die Natur unter Berücksichtigung der Schicksalsverknüpfung des Menschen und zweitens betrachtete sie Naturvorgänge als deutungsfähig. Im Christentum erscheint die Mantik als Versuch, von Gott in der Natur angelegte Zeichensysteme zu dekodieren. Analog zur späteren Naturwissenschaft erfüllt Mantik die Aufgabe, die Furcht vor der Kontingenz abzuschwächen, Zufall und Beliebigkeit zu eliminieren und die Ordnung wieder zu etablieren.[4] Mantik stellt die Möglichkeit dar, der angenommenen Vorbestimmung durch ein besonderes Wissen das Optimale abzuringen und in der Praxis durch geschicktes Handeln dem Unglück auszuweichen. Die Mitteilungen der Götter an die Menschen erfolgen auf zur Sprechsituation typologisch unterschiedliche Weise:

Die Götter kommunizieren mit den Menschen
- in Traum, Vision und Ekstase,
- über das Orakel
- und die Omina.

Alle drei Formen sind spontan wie auch provoziert möglich. Die drei divinatorischen Kommunikationstypen sind durch eine spezifische Nähe bzw. Distanz zwischen Sender und Empfänger charakterisiert. Träume stellen die direkteste Art der Vermittlung dar: Die Gottheit übermittelt eine Weissagung in mündlicher Rede oder in Form von Bildern unvermittelt an den Ratsuchenden, es bedarf keines Mediators. Ist die Botschaft unverständlich oder mehrdeutig, kann die Auslegung ein professioneller Deuter vornehmen. In Ekstase und Vision spricht die Gottheit zum Propheten[5] und übermittelt eine Weisung in Form von mehr oder minder klaren Orakeln. Diese sind teilweise wörtliche Zitate der göttlichen Rede, auch hier kann Deutung erforderlich sein.

Die dritte Form, die Omina, sind Signalphänomene in und an unterschiedlichen Medien, die als Zeichen gefasst und nach festen Regelwerken durch Spezialisten gedeutet werden. Diese Zeichen treten schon nach mesopotamischer Auffassung in der gesamten belebten und unbelebten Welt in Erscheinung und können situationsbezogen provoziert werden.

Mesopotamische Überlieferungen wurden von der griechisch-römischen Welt rezipiert, woraus eine Reihe religiöser Spezialisierungen resultiert, die CICERO in seiner Schrift *Über die Wahrsagung* wie folgt benennt:

- Haruspizien (Eingeweideschau, speziell der Leber, bei Opfertieren),
- Augurium (Deutung des Vogelflugs)

---

4 Siehe die grundsätzlichen Überlegungen Susanne Reichlins, Kontingenzkonzeptionen (2010) S. 11–49.
5 Vgl. die Einträge unter Mot. M 300–399 Prophecies.

– Losorakel und Astrologie,
– intuitive Deutungsmethoden wie z.B. Traum und Ekstase.

Die Wahrsagerei oder Mantik gehört im Mittelalter zusammen mit der Magie zu den *artes magicae*. Die sich daraus ableitenden und in den Texten beschriebenen Praktiken gründen auf dem im europäischen Kulturkreis vor allem vom Neoplatonismus geprägten magischen und abergläubischen Weltbild. Der Aberglaube oder *superstitio*, mit der Bedeutung „überkommen", „nicht mehr gängig" und *superstitiosus* = Wahrsager[6], in seinem unterschiedlichen antiken und in der Folge mittelalterlichen Verständnis reicht von paganen Resten, exotischen Religionsimporten bis zur häretischen Afterreligion.

Die sich im Ausgang der Antike entwickelnde Dämonologie und die mittelalterlich ambivalente Haltung zur Divination stellten die meisten Divinationsmethoden unter den Generalverdacht, Wissen mit dämonischer Hilfe zu erlangen. Institutionalisierte Wahrsagerei analog zur Antike gab es nicht, obwohl Hofastrologen eine ähnliche Funktion erfüllen konnten und die Astrologie an Universitäten gelehrt wurde. (→ siehe unten). Während in der Antike der Dämon als Inspirationsvermittler positiv konnotiert war, spaltet die Möglichkeit der dämonischen Täuschung und die daraus folgende Notwendigkeit der Unterscheidung der Geister[7] auch die mittelalterliche Divinationspraxis. Mit Ausnahme der Astrologie betrachteten die Theologen sämtliche Divinationsformen als dämonengesteuert.

Die Kontingenzfelder, die durch die unterschiedlichen Methoden abgedeckt werden sollen, betreffen folgende Bereiche des menschlichen Lebens: Ortsveränderung, Tod und Erbe, Geburt, Familienstand, Ehe, Gattenwahl, Ämter, Sieg und Niederlage in Kämpfen, aber auch anderen Streitigkeiten, Armut und Reichtum, Krankheit und Heilung.

---

6   Cicero, De natura deorum II, 28.
7   Das Schrifttum zur *discretio Spirituum* ist nicht als homogen zu bezeichnen, vgl. Hohmann, Unterscheidung der Geister (1977) S. 1ff und Caciola, Discerning the Spirits (1994).

III. Rückblick auf die Antike

Eine Kulturgeschichte der mittelalterlichen Wahrsagerei und des Orakelwesens muss wegen der vielfältigen Verflechtungen, Traditionen, ideengeschichtlichen Kontinuitäten, aber auch Brüche und unterschiedlichen Entwicklungen immer mit der Antike beginnen. Eine kurze Vorstellung der antiken Bedeutungsfelder und Rahmenbedingungen der Divination und Prophetie soll einerseits die Aktionsbereiche der Mantik und andererseits ein Handlungsmuster der aktiv oder passiv mitwirkenden Personen skizzieren.

Schon die ersten schriftlichen Aufzeichnungen der Kulturen des Nahen Ostens erwähnen Wahrsagung, die in Mesopotamien und in der chaldäischen und babylonischen Welt eine fundamentale Rolle einnimmt. Bei den Schriftkulturen der Sumerer und Akkader gründet die Kenntnis der Zukunft einerseits auf übernatürlichen Offenbarungen und andererseits auf experimentellen Studien der natürlichen Welt, wobei die Offenbarungen die Rechtmäßigkeit und Richtigkeit der experimentellen Praxis garantieren. Die göttlichen Geister kennen die Zukunft und senden Zeichen, die es den Menschen ermöglichen, diese zu deuten und damit die Zukunft zumindest zu erahnen. Zeichen der Götter manifestieren sich in unterschiedlichen Bereichen, ihre Ausdeutung erfordert spezifische Methoden. Als hauptsächlich von Spezialisten gehandhabte Praktiken erwähnen die Überlieferungen Leberschau, Traumdeutung und Ölwahrsagung.[1]

Beide Formen der Wahrsagung, Offenbarungen und Zeichen, sind Ergebnisse der Götterkommunikation. Die Evidenz und Plausibilität dieser göttlichen Zeichen beruht auf der angenommenen Existenz von analogen Strukturen des Makro- und Mikrokosmos, Entsprechungen zwischen der göttlichen und menschlichen Welt. Die Unmöglichkeit der Erforschung des Makrokosmos wird durch Beobachtung des Mikrokosmos ausgeglichen, eine Häufung der Korrelationen zeigt jene Richtung auf, welche die zukünftige Entwicklung einschlagen wird.

Die Praxis der ältesten Wahrsagung scheint mit einer deterministischen Auffassung des Universums verbunden. Damit ein Zeichen auch den Status

---

[1] Einen guten Überblick bietet immer noch Bouché-Leclercq, Histoire de la divination dans l'antiquité (1879); Luck, Magie und andere Geheimlehren der Antike (1990) S. 289–442; Minois, Geschichte der Zukunft (1996) S. 25–162; Graf, Gottesnähe und Schadenzauber (1996) S. 174ff.

eines Vor-Zeichens erhält, muss die Überzeugung vorherrschen, dass dieselben Gegebenheiten immer und ohne Ausnahme dieselben Wirkungen zeitigen. Das menschliche Schicksal ist vorbestimmt, die Welt schreitet in immer wiederkehrenden Zyklen voran, Geschichte und Zukunft sind untrennbar verbunden.[2]

Die Hethiter versuchten, wie später die Römer, negative Vorzeichen, die auf eine desaströse Zukunft deuteten, durch Opfer abzuwenden. Die Zukunft wird also als beeinflussbar, form- und veränderbar gedacht, und zwar durch Spezialisten, die Einblick in die Mechanismen des Universums haben. Diese Option hängt an der Prämisse der prinzipiellen Verbundenheit und Interdependenz der materiellen und der spirituellen Welt einerseits und andererseits an einem offeneren Schicksalsbegriff. Die Wahrsagung beschränkt sich darauf, einen allgemein gehaltenen günstigen oder ungünstigen Rahmen vorzugeben, innerhalb dessen die menschliche Freiheit einen gewissen Handlungsspielraum hat. Ein gutes oder schlechtes Vorzeichen reicht nicht aus, um Erfolg oder Misserfolg einer Handlung zu determinieren, es weist lediglich in eine gewisse Richtung und erlaubt damit, geeignete Maßnahmen zu ergreifen, um die Unternehmung in die gewünschte Richtung zu führen.

Bei dem Versuch das antike Orakelwesen als einen Teil einer kulturellen Ordnung zu systematisieren, muss angesprochen werden, dass diese Praxis zu einem großen Teil aus literarischer Überlieferung gespeist ist und die Autoren mit der Mantik über ein willkommenes Motivinventar verfügten, mit Hilfe dessen sie die Handlungen ihrer Protagonisten antizipatorisch ankündigen oder aber retrospektiv legitimieren konnten. Den klassischen Orakeldiskurs prägen hauptsächlich HOMER, die Tragiker und der Geschichtsschreiber HERODOT. PLATON hat entscheidend dazu beigetragen, den Orakelspruch als eine Form des göttlichen Wahnsinns zu bestimmen, aber auch von der Rationalität der Philosophie abzugrenzen. Späteren Systematisierungen wie CICEROS Abhandlung *de divinatione* und die delphischen Schriften des PLUTARCH prägen aus dem Funktionieren des Orakelwesens Bilder von Göttern, die ins Menschenleben wohltätig eingreifen und dieses bestimmen. Problematisch dabei ist, dass sich die hinter poetischen, philosophischen und theologischen Inanspruchnahme des Orakelthemas eine historische Praxis schwer rekonstruieren lässt. Es steht aber zu vermuten, dass sich im antiken Orakelwesen literarische und religionspolitische Strategien gegenseitig beeinflusst haben.

Wahrsagung spielt auch in der Bibel eine wichtige Rolle. Das AT bezeugt nicht nur die Praktiken der jüdischen Stämme, sondern lässt uns auch an den Praktiken der benachbarten Stämme teilhaben. Im zweiten Jahrtausend vor Christus schätzen Philister, Edomiter und Moabiter die Wahrsagerei als bewährtes Instrument und wenden sich mit unterschiedlichen Fragen an Nekroman-

---

2 Dazu Luck, Magie (1990) S. 209ff, 297ff 428ff u.ö.

ten, Auguren und Seher. Die Hebräer unterscheiden sich in ihren Vorlieben nicht wesentlich von ihren feindlichen Nachbarn und weissagen aus zufällig gehörten Worten, konsultieren trotz Verbot Nekromantinnen, schauen nach Zeichen aus, verlassen sich auf Gottesurteile, kennen die Ölwahrsagung[3] und die Eingeweideschau. Die große Bedeutung der Wahrsagung bei den Hebräern ist daran zu ermessen, mit welcher Vehemenz man bestrebt war, sie auszurotten. Das mosaische Gesetz, das erst relativ spät zwischen dem 8. und 5. Jahrhundert erarbeitet wurde, verbot ausdrücklich, Wahrsager aufzusuchen, zu losen oder Verstorbene zu befragen. Die Könige vertrieben und verdammten die Wahrsager und Wahrsagerei, übertraten ihre eigenen Verbote und die stetig neuen Nachrichten über die anhaltenden Konsultationen zeugen von der Erfolglosigkeit der Maßnahmen. Der Glaube an die Wahrsagung blieb und bleibt, betrachtet man die heutige Einbeziehung von Prognostikern und Futurologen im global-politischen Bereich bis zu den alten, wieder erneuerten Methoden im privaten Leben, unerschüttert.

Die Wahrsagung der Antike und des Mittelalters bezog sich auf den überschaubaren Bereich des jeweiligen Volkes und seiner Herrschenden, die Befragung der inaugurierten Wahrsager ermöglicht es den Herrschenden, einen Konsens herzustellen und ihre Entscheidungen als in Einklang mit dem göttlichen Willen zu erklären und damit zu legitimieren. Falsche Entscheidungen erklären sich als Irrtum in der Zeichendeutung und fielen zu Lasten der Deuter. Die Götter kommunizieren mit den Menschen nicht nur mit Zeichen, sondern offenbaren sich in Träumen und Visionen, inspirieren und erfüllen sie mit ihrem göttlichen Geist und offenbaren ihnen die Zukunft.

Die wichtige Unterscheidung zwischen der empirischen Methode einer langdauernden Naturerforschungen und Zeichenbeobachtung und der blitzartigen Inspiration unternahm PLATON (428 v. Chr. – 348 v. Chr.) in mehreren seiner Schriften. Er dokumentiert im *Staat* seine Haltung zur offiziellen Religion, zu Delphi, und betrachtet die inspirierte Wahrsagerei unter der Perspektive der *mania,* des göttlichen Wahnsinns. Die vor allem in der Stoa[4] und bei CICERO etablierte Dichotomie von natürlicher (intuitiver) und kunstmäßiger (induktiver) Mantik, die sich jedoch vor allem in Traum und Orakelmantik überschneiden kann, legt PLATON bereits im *Phaidros* fest:

---

3   Zur babylonischen Ölwahrsagung vgl. Pettinato (1966); zur jüdischen Wahrsagerei und Prophetie vgl. Belnkinsopp, Geschichte der Prophetie in Israel (1998); Zenger, Einleitung in das Alte Testament (2008) S. 417ff.
4   Die Stoiker versuchten, eine Legitimierung der Divination mit philosophischen und medizinischen Thesen zu leisten. Vgl. Berchman, Arcana Mundi: Prophecy and Divination in the Vita Mosis (1988) S. 385–423, hier S. 398f.

> *Wäre nämlich der Wahnsinn grundsätzlich etwas Schlechtes, so wäre die Behauptung richtig; nun werden uns aber die bedeutendsten Güter durch Wahnsinn zuteil, sofern er als göttliche Gabe kommt. Denn tatsächlich haben die Prophetin in Delphi und die Priesterinnen in Dodona, wenn vom Wahnsinn heimgesucht, vieles Gute für Hellas getan sowohl in privaten Angelegenheiten als auch in öffentlichen, waren sie dagegen bei Sinnen, wenig oder nichts. Und wollten wir von der Sibylle sprechen und all den anderen, die von prophetischer Inspiration vielen in vielen Fällen durch ihre Voraussagen den richtigen Weg gewiesen haben in die Zukunft, so würden wir uns verbreiten über Dinge, die jedem bekannt sind.*
>
> *Das jedoch verdient als Zeugnis Erwähnung, dass auch die Menschen der Vorzeit, die die Bezeichnungen eingeführt haben, den Wahnsinn nicht für etwas Schimpfliches und auch nicht für tadelnswert hielten; denn sonst hätten sie nicht die herrlichste Kunst, durch die Zukunft beurteilt wird, mit eben diesem Wort verbunden und ‚Enthusiastik' genannt. Nun aber haben sie, überzeugt, er sei etwas Schönes, wenn er als Gabe der Götter kommt, in diesem Sinne den Namen gegeben; die Heutigen aber in ihrer Geschmacklosigkeit haben das T eingeschoben und sprechen daher von Mantik.*
>
> *Haben sie doch auch die Erforschung der Zukunft, wie die Nichtinspirierten sie betreiben mit Hilfe von Vögeln und anderen Zeichen, weil so der menschlichen Vermutung auf rationale Weise Einsicht und Informationen verschafft werden, Oionoistik genannt, was heute die Jüngeren Vogelschau nennen. [...] Und inwieweit als die Mantik vollkommener ist und angesehener als die Vogelschau, und zwar sowohl in der Bezeichnung als auch in der Sache, insoweit bezeugen die Alten, daß Wahnsinn etwas Schöneres sei als nüchterner Verstand, da der eine göttlichen, der andere menschlichen Ursprungs ist.*[5]

Hier stellt er den inspirierten Mantiker nicht nur in Opposition zum, sondern über den rationalen Zeichendeuter. D.h. der Kenntnis der Zukunft konnte man sich auf empirisch-wissenschaftlichem Weg annähern, doch gab es eine gottgegebene, natürliche Form der Zukunftserkenntnis, die keinerlei Schulungen und Erfahrungen brauchte.

CICERO zweifelt nicht nur an der römischen institutionalisierten Mantik, sondern auch an den Urteilen des delphischen Orakels. Die hervorstechendste Tendenz des Hellenismus, die zunehmende Individualisierung und damit auch der Wunsch nach einer persönlichen Beziehung zum Göttlichen, bedeutete eine Wegwendung von den alten Orakelstätten. CICERO (106 v. Chr. – 43 v. Chr.), der wichtigste Theoretiker der antiken Wahrsagerei, versucht in seiner Schrift *De divinatione*, eine saubere Trennung in natürliche oder inspirierte und künstliche Mantik zu leisten. Seine Präferenz liegt auf Seite der Intuition:

> *Es gibt zwei Formen von Wahrsagung; die eine stützt sich auf eine Kunstlehre, die andere geht aus der Natur hervor. Welches Volk aber oder welche Gemeinde ließe Verkündigungen nicht auf sich einwirken: von Eingeweideschauern, von Leuten, die Wunderzeichen*

---

5 Platon (1997) Phaidros 244a S. 28; Vgl. Klees, Die Eigenart des griechischen Glaubens an Orakel und Seher (1965).

oder Blitze erklären, von Auguren, Astrologen oder Losen (dies etwa sind die Formen, die sich auf eine Kunstlehre stützen), aus Träumen oder aus rasenden Prophezeiungen [...] zugrunde liegt nämlich etwas seinem Wesen nach Natürliches, das bald infolge göttlicher Einwirkung und Eingebung zur Voraussage der Zukunft befähigt.[6]

Der jüdische Gelehrte und Philosoph PHILO VON ALEXANDRIEN (15 v. Chr. – 40 n. Chr.) unterscheidet zunächst zwei Formen der Magie: die eine, die natürliche Magie, die er als genuine Wissenschaft des Schauens begreift, bei der es möglich sei, die Geheimnisse der Natur zu entdecken, und die zweite, die falsche Magie, die verdammenswerte Afterkunst. In der Nachfolge zu CICERO differenziert PHILO zwischen *divinatio naturalis* und *divinatio artificiose*. Die artifizielle beschäftigt sich mit Eingeweideschau, Beobachtung von Blitzen etc. und basiert auf jahrelanger Beobachtungspraxis. Die natürliche Weissagung bedient sich keiner künstlichen Mittel, sondern mystisch-ekstatischer Erfahrung und ist durch diese definiert. Die artifizielle Divination bringe „*die ziellos dahinlebende Menge auf Abwege*"[7]. In seinem Werk *De vita Mosis*[8] versteht er die Wahrsagerei als Opposition zu MOSES' prophetischem Geist, denn die „*Wirkung des Magiers und die Inspiration des Heiligsten können nicht beieinander wohnen*"[9]. Daher hätte auch MOSES jegliche Form von künstlicher Divination verboten, „*die Opferer und Sühnepriester, die Vogelschauer und Zeichendeuter, die Beschwörer und die Künder von Vorbedeutungen aus dem Bereiche seiner Staatsordnung*"[10].

PLUTARCH (um 45–125) war seit 95 n. Chr. als Priester in Delphi tätig. Seine Divinationslehre erklärt die inspirierte Wahrsagerei zur menschlichen Universalie, die aber bei vielen erst geweckt werden muss:

Obschon nun also diese den Seelen eingeborene Kraft nur schwach ist und nicht leicht Vorstellungen schafft, so geschieht es doch oft, daß manche Seelen sie aufblühen und aufleuchten lassen in Träumen oder in der Stunde ihres Todes, wenn der Körper rein wird oder eine hierfür günstige Verfassung annimmt, so daß die Kraft zu denken und zu überlegen nachläßt und die Seelen sich von der Gegenwart lösen, sich aber mit ihrer ohne Denken nur Vorstellungsbilder schaffenden Kraft der Zukunft zuwenden.[...] Die prophetische Kraft aber ist wie ein unbeschriebenes Blatt, ohne Vernunft und ohne Bestimmtheit aus sich heraus, aber befähigt, passiv Vorstellungen und Vorempfindungen aufzunehmen, und so erfaßt sie ohne Denken das Zukünftige, wenn sie am meisten aus dem Gegenwärtigen heraustritt. Heraus aber tritt sie, wenn sie vermöge einer gewissen

---

6 Ciceros Einteilung wurde breit rezipiert, ich habe zwar zwischen deduktiven und induktiven Methoden getrennt, die Grenzen sind aber, wie ich immer wieder bemerkt habe, fließend. Cicero (2002) 1, 49, S. 109.
7 Philo von Alexandria, Werke (Ausgabe Heinemann 1910/1962) Bd. I, S. 214f; Bd. 7, 23.
8 Vgl. dazu Berchman, Arcana Mundi: Prophecy and Divination in the Vita Mosis (1988) S. 385–423, hier S. 404–423.
9 Philo, Werke (Ausgabe Heinemann 1964) Bd. 7, 23.
10 Ibid.

Abbildung 1: Fragetafel des Hermon aus Dodona (Ende 6. Jh. v. Chr.).

Stimmung und Verfassung des Körpers die Verwandlung erfährt, die wir Gotterfüllung (Enthusiasmus) nennen. Aus sich heraus gelangt der Körper zu einer solchen Verfassung zwar nicht oft. Doch sendet die Erde den Menschen Quellen von mannigfaltigen Kräften herauf, teils Wahnsinn erzeugende, Krankheiten und Tod bringende, teils gute wohltätige und heilsame, wie sich denen offenbart, die hingehen und sie erproben.[11]

A. Der Mantis

Die Vorstellung eines Sehers[12] beinhaltet in der griechischen Kultur sowohl Wissen der Zukunft, Enthüllung des Verborgenen, Heilen, Rätsellösen, Problembehandlungen und Entscheidungshilfen bei privaten und öffentlichen Belangen wie kriegerischen Auseinandersetzungen und auch Affirmation einer bereits getätigten Entscheidung. Die Rolle des Sehers und seine Funktionsbereiche reichen also von Verwendung mantischer Techniken zu anderen Operationen des Religiösen wie z.B. Wunderheilungen.

Ein anderer wichtiger Punkt betrifft die Unterscheidung zwischen mythisch-literarischen und historischen Seherpersönlichkeiten. Die etische Applikation der neuzeitlichen Begriffe gestaltet sich sowohl für Antike als auch Mittelalter problematisch, das emische Verständnis eines Sehers wie z.B. Chichis verortet diesen sowohl in der (fiktionalen) Epik als auch in den Seher-Genealogien der „historischen" Zeit.

Der Seher und Prophet ist nicht nur eine wichtige, sondern auch geläufige Gestalt in der griechischen Literatur. Sein häufiges Auftreten reflektiert die Bedeutung, die die Griechen einerseits dem Wissen über und andererseits der Kontrolle über das Unbekannte, ob nun in Vergangenheit, Gegenwart oder Zukunft, zumaßen. Ihr Streben nach Kontingenzbewältigung ließ sie Seher in allen Bereichen des menschlichen Lebens konsultieren und subsumierte unterschiedliche Spezialisten unter dem Namen *Mantis*. Das weite Bedeutungsfeld dieses Begriffs hängt mit der Ungenauigkeit des griechischen religiösen Vokabulars allgemein, aber auch seiner Zuweisung und Gebräuchlichkeit in verschiedenen Epochen zusammen.

Der Titel *Mantis*[13] wird konstant auf die Formen der induktiven Divination angewendet, bezieht sich aber auch auf inspirierte Seher. Traditionellerweise von griechisch *mania* abgeleitet, bezeichnet *Mantis* eine von Wahnsinn, Furor

---

11 Plutarch, Über Gott und Vorsehung (Ausgabe Ziegler 1990) 39, 431f., 432c, S. 154ff.
12 Vgl. Torre, Portrait of a Seer (2009) S. 158–188; Dillery, Chresmologus (2005) S. 167–231; Flower, The Seer in ancient Greece (2008a) passim.
13 Zur etymologischen Ableitung des Begriffes vgl. Roth, Mantis, (1982) besonders. 7ff. Zur Gestalt des griechischen Sehers passim.

oder Inspiration ergriffene Person. Diese Ableitung ist insofern plausibel, als die idg. Wurzel *men- mit „denken", „geistig ergriffen sein" konnotiert wird.

Die Applikation des Terminus *Mantis* auf die induktive Divination bereitet schon mehr Schwierigkeiten. ZIEHEN bietet daher einen Kompromiss an, und misst der gemeinsamen Wurzel nicht die extreme *„Bedeutung ‚rasen' zu[...], sondern vielmehr die gemilderte und mittlere Bedeutung ‚erregt denken, geistig erregt sein'. Die geistige durch eine Gottheit verursachte Erregung muß zuerst für jede Art von Mantik, auch die Vogelschau und andere Zeichendeutung, Voraussetzung gewesen sein und wird dann erst im Laufe der Zeit als diese Art immer mehr eine auf Regeln gegründete techne wurde, zurückgetreten sein. Während sie sich umgekehrt bei gewissen Persönlichkeiten und in gewissen Kulten zur wirklichen Ekstase steigerte".*[14]

Diese Schlussfolgerung stützt, dass sich der *Mantis* in bestimmten Zeiträumen ganz auf göttliche Inspiration[15] verließ. Die Vorstellung, dass prophetische und in Analogie dazu die poetische Gabe oder Disposition von der Gottheit eingegeben wird (wir sprechen heute noch vom plötzlichen Geistesblitz als Eingebung), gehört schon zum traditionellen Vorstellungsinventar. HOMER gibt an, Autodidakt gewesen sein und erklärt, seine Eingebungen hätten ihn zum Dichter gemacht. Ähnlich spricht HERODOT von Evenius' göttlich verliehener Prophetengabe.[16] Als Spender dieser prophetischen Disposition wird generell Apollo[17] angesehen. Seine Interaktion mit dem Propheten gestaltet sich analog zur Relation zwischen Poeten und der göttlichen Muse: Wie der Dichter muss auch der Seher um Inspiration bitten. Was hier eingegeben wird, ist nicht nur das Wissen um Vergangenheit, Gegenwart und Zukunft, sondern auch ein Verständnis der Natur des Göttlichen, der *nous*. Das Organ des *nous* ist der *thumos*, der im Brustkorb liegen soll. Die spezielle, mit der Prophezeiung einhergehende Erregung wurde im *thumos* verortet.

Aber nicht immer ist die Eingebung verfügbar, die Erfahrungswerte der induktiven Wahrsagung, die sich im Laufe der Zeit zu ausgeklügelten Ritualen mit entsprechenden Sprüchen entwickelt hatte, lässt auch den Begriff *Mantis* sowohl für *techne* als auch *sophia* zu. Meist weibliche, aber auch männliche Seher übten sich in der inspirierten Wahrsagung, aber nur den männlichen sagte die Antike die Kenntnis der induktiven Wahrsagung nach.

Positiv erscheinen die Seher nur in der frühesten (der mythischen?) Epoche, nach dem Peloponnesischen Krieg wandelt sich das Verständnis des Sehers und die Wahrsager werden nun mit äußerster Skepsis betrachtet.[18] Die weit-

---

14 Ziehen, Hiereis (1913) Sp. 1411–1424.
15 Vgl. Stallmeister, Das Verhältnis von Gottheit und Menschenseele (1972).
16 Klees, Die Eigenart des griechischen Glaubens an Orakel und Seher (1965) S. 50ff.
17 Vgl. Parke, Oracles of Apollo, (1985) passim.
18 Zusammenfassend erläutert bei Johnston, Ancient Greek divination (2008).

läufigen Diskurse um die Gestalt des Sehers beziehen sich vor allem auf das Genre der epischen Dichtung. Die ältesten griechischen epischen Zeugnisse, *Ilias* und *Odyssee,* warten mit Detailschilderung der religiösen Bräuche in Verbindung mit der mantischen Praxis auf. Die in großer Anzahl auftretenden Omina deuten nicht nur Seher, sondern vielfach die Helden, Götter usw. Oft erhalten die Menschen auch Voraussagen von übernatürlichen Wesen wie Proteus, der dem Menelaos' Unsterblichkeit, oder Athene, die Odysseus' Rückkehr vorhersagt. Zu den Schwellenzeiten haben viele Anteile an der Sehergabe, wie Patroklus am Totenlager.[19] Auch Tiere besitzen die vorausschauende Gabe, wie z.B. das Pferd des Achill.[20] Sowohl *Ilias* als auch *Odyssee* erwähnen die institutionalisierten Orakel Apollos in Delphi und des Zeus in Dodona, die im nächsten Kapitel gesondert behandelt werden. Die Götter senden ihre Botschaften in Träumen, die mit ihrem komplexen Handlungs- und Symbolgehalt nicht immer zur Klarheit einer Situation beitragen. Für unterschiedliche Interpretationen offen, werden sie oft missverstanden.

In der *Ilias* tritt vor allem die Gestalt des Calchas besonders hervor, der uns noch in der mittelalterlichen Rezeption beschäftigen wird. Calchas ist nicht nur ein wesentlich breiterer Raum gewidmet, er unterscheidet sich auch in seinen Funktionen und Kenntnissen von den anderen Sehern. Als Enkel Apollos besitzt er eine entscheidende Rolle in der Expedition nach Troja. Die Beschreibung seiner Qualitäten begründet ein Paradigma, das größten Einfluss auf den späteren Rollenentwurf des Mantikers hatte. Erwähnt werden induktive Techniken neben einem überzeitlichen Wissen. Als die Pest ausbricht, weiß er sie durch Apollos Zorn verursacht. Die Schlüsselszene in der *Ilias* wirft auch ein Licht auf die wahrscheinliche historische Praxis. Achill beruft die drei Spezialisten der rituellen Zukunftsdeutung, den Seher, Priester und Traumdeuter, die alternative Erklärungen für den Zorn des Gottes anbieten.[21]

In der *Odyssee* zeichnet sich eine Neuentwicklung ab, der *Mantis* wandert von einer Gemeinschaft zur anderen und wird gemeinsam mit dem (Wander-)Heiler genannt, den man ebenfalls selbst als Ortsfremden einlädt, nützt er doch der Gemeinschaft. Der *Mantis* wandelt sich also zum unabhängigen Spezialisten, der seine Dienste je nach Belieben anbieten kann und nicht mehr nur ortsgebunden agiert. Das heißt aber nicht, dass es keinen mit einer bestimmten Stadt verbundenen, also ortsansässigen Seher mehr gegeben hätte, sondern beide Spezialisten agierten neben- und auch miteinander.[22] In der

---

19 Vgl. Peuckert, Art. Prophet, Prophetie (1932/1987) Sp. 338–366.
20 Siehe unten Hippomantie.
21 Ilias I 63ff.
22 Bileam wird vom Euphrat nach Moab berufen, Epimenides von Knossos nach Athen, Thaletas von Gortyn nach Sparta, etruskische Haruspices nach Rom, sogar Empedokles ist ein Wanderer.

griechischen Welt wurden wandernde Reinigungspriester besonders im Orphismus prominent.[23]

Zwischen der zweiten Hälfte des 8. Jahrhunderts und der ersten Hälfte des 6. Jahrhunderts taucht in der Überlieferung eine neue Variante der Sehergestalt auf, der Seher als Angehöriger einer Dynastie. Die Sehergabe wird nun als erblich bzw. erlernbar angesehen. Besonders die Familie der Melampodiae setzt ein neues Muster für ein lang anhaltendes Paradigma: Melampous gehört zur königlichen Familie, hat Heilerqualitäten und kämpft als Krieger. Es werden also verschiedene Spezialisierungen in einer Person vereint: Divination und Heilkunst[24].

Im Thebenzyklus akkumuliert der Seher Teiresias ebenfalls disparate Eigenschaften, nicht nur die traditionell einem Seher zugeschrieben Kenntnisse der Vogelschau und Interpretation von Omina. Er repräsentiert die thebanische Divinationsvariante[25] mit seinem wundersam langen Leben, übernatürlicher Herkunft (von der Nymphe Charicle), dem Erwerb seiner Sehergabe als Ausgleich für seine Erblindung, die ihm wegen seiner Beobachtung der Schlangenpaarung auferlegt wurde. Spätere Quellen[26] verbinden delphische, sibyllinische und thebanische Mantik wenn es um Teiresias Nachkommen geht. DIODORUS SICULUS z.B. verknüpft Manto, Tochter des Teiresias, mit dem Delphischen Orakel. Manto wird entführt und Priesterin in Delphi unter dem Name Daphne.

Im vorchristlichen Athen des 5. und 4. Jahrhunderts finden die Bezeichnungen *mantis, chrésmologos* oder Orakelexperte und die *exēgētēs* oder Orakelinterpreten Erwähnung. In ARISTOPHANES' *Vögel* wird eine neue Vogelstadt entdeckt und der Gründer Peithetairos ist dabei, eine Ziege zu opfern, als der *Chrésmologos* erscheint und die Opferung verhindert, da gewisse von den Regelhandbüchern vorgeschriebene Abläufe nicht beachtet wurden, und dringt auf die Abhaltung des Rituals nach dem vorgegebenen Schema. Bekannt war das Orakelbuch des BACIS,[27] andere sind unter den Namen MUSAEUS und ORPHEUS belegt. ONOMACRITUS war der erste *Chrésmologos*, von dem wir

---

23 Für die Reinigung von einer bösen Tat, die durch Schuldgefühle bedingte Neurosen und Psychosen nach sich zog, boten die syrischen Priester Heilung an, indem sie eine Effigie aller schlechten Dinge aus Staub und Blut herstellten. Dieses Ding kam in einen Topf und wurde in der Wildnis, wo niemandes Fuß es betreten sollte, vergraben.
24 Melampous heilt Iphiclus, die Proitiden. Ein Nachkomme des Polyidus der vierten Generation gibt Bellerophon einen Hinweis, wie er Pegasus zähmen kann, und sendet den Ratsuchenden zur Inkubation in Athenes Tempel. Amphiaraos aus der fünften Generation verbinden die Quellen mit Heilung und Reinigung; er verschwindet und kehrt als Gott wieder und begründet einen Heilkult mit Inkubation.
25 Ugolino, Untersuchung zur Figur des Sehers Teiresias (1995) passim.
26 Vgl. Ugolino ibid.
27 Vgl. Dillery, Chresmologues and Manteis (2005) S. 167–232.

hören[28], HERODOT spricht von ihm als Hilfe für die Söhne des Tyrannen Peisistratus, als diese im persischen Exil weilen. Er erwähnt einen athenischen *Onomacritus* als Herausgeber der MUSAEUS-Orakel und als XERXES' Prophet. Dieser war von Hipparchus verbannt worden, als man herausfand, dass er MUSAEUS-Orakelsammlung eine Prophezeiung (die Insel in der Nähe von Lemnos werde im Meer versinken) untergeschoben hatte. HERODOT weiß ebenfalls von einer anonymen Kollektion von Prophezeiungen, die in die Hände des spartanischen Königs CLEOMENES gefallen waren, als er die Akropolis besetzt hatte.

Die griechischen begrifflichen Zuweisungen zu Prophet und Weissager sind mitunter deckungsgleich, aber nicht identisch. Klarer ist der Begriff des *chresmatismos*, jener Weissager, die eine Offenbarung erleben und diese dann weitergeben. Die Offenbarung kann in einer Vision im Schlafzustand geschehen, dann handelt es sich um eine Traumvision, die direkt an den Träumer gesandt wird. Aber es gibt auch eine Vision im Wachzustand, bei der man annimmt, dass diese eine Geistbessessenheit beinhaltet. Der *Mantis* kann nun ein passives Sprachrohr für die göttliche Offenbarung sein, dann gibt er diese in Monologform weiter, oder aber, der *Mantis* kann ein aktives Medium sein, dann gibt er die Weissagung in Dialogform, meist in Form von Fragen und Antworten weiter. PLATON versteht unter Propheten solche, die nicht in direktem Kontakt mit der Gottheit stehen, meist Priester, welche die Worte der Pythia in allgemein verständliche Worte und in Verse transponieren. Propheten in paganer Auffassung waren ergo eher Interpretatoren der göttlich gesandten Orakel, ähnlich den Traumdeutern, die gottgesandte Träume in klare Worte fassen.

Die unterschiedlichen Gottheiten bewirkten unterschiedliche Besessenheitszustände im Spannungsfeld zwischen Sprachrohr (Apollinische Ekstase), befreiender lustvoller Ekstase (Dionysos) und pathologischer Besessenheit (Hecate, Cybele, Pan, Hera). Aber diejenigen der Götter, die pathologische Ekstase und Wahnsinn bewirken konnten, vermochten diese auch zu heilen.

Ab dem 5. Jahrhundert werden die Orakel unter der Oberhoheit Apollos institutionalisiert. Schon Calchas war ein Weissager Apollos, später wird die Pythia sein Sprachrohr. Gleichzeitig mit den offiziellen Ekstatikern gibt es jene außerhalb der Institutionen, wie etwa Cassandra. Mit der olympischen Periode kamen das Prophetentum und die Divination unter die Kontrolle der olympischen Götter.

---

28 Roth, Mantis (1982) passim.

B. Wahrsagegeister

Vor allem in Kleinasien belegen die Testimonien mehrere Ekstasekulte, in welchen Divination mit einer Geistbesessenheit einherging. In Ritualen des Dionysos, der Mâ von Komana und der Kybele ließen sich Priester und Anhänger gleicherweise in Gruppenekstase fallen. Eine Ausnahme bildet der Apollonkult mit der Einzelekstase einer Seherin im Zentrum des Kultgeschehens. Auch in den vorderorientalischen Religionen existieren Ekstasekulte wie in den Baalkulten oder in den Riten um die semitische Göttin Atargatis mit besonderer Bedeutung der prophetischen Rede. Diese Charismen können nicht erlernt werden, sondern beruhen auf der Kommunikation mit der Gottheit, die zu diesem Ausnahmezustand führt.[29] Die Seher verstehen sich als Sprachrohr der Gottheit und sprechen stellvertretend für diese in der ersten Person.

Bei den Propheten der Kybele kommt noch ein besonderer Punkt hinzu: Die während der Ekstase ausgeschaltete Schmerzempfindlichkeit scheint in direktem Zusammenhang mit den blutigen Kulten zu stehen. Die Priester tanzen sich in Ekstase und spüren dabei die Schmerzen der Kastration nicht. EURIPIDES schildert die Kraft des Dionysos in seinen *Bakchen*, wo er Teiresias treffend formulieren lässt: *„Durchdrang der Saft des Gottes kraftvoll erst den Leib, zwingt den Berauschten er die Zukunft zu verkünden."*[30]

PLATON verdeutlicht im *Phaidon* den Prozess der Weissagung als Kontakt mit der Gottheit am Beispiel der Pythia, bei dem der Leib der Seherin das Instrument ist, dessen harmonische Stimmung die Seele. Wegen des göttlichen Anteils bringt die Seele das Instrument des Körpers zum Klingen. Die Ekstase, ein *„Geschenk der Götter",*[31] löst einen Ausnahmezustand sowohl der Psyche als auch der Physis aus und bezeugt die Anwesenheit eines Gottes. Deshalb ist sie a priori von Wert, obwohl die äußere Form der Ergriffenheit durchaus einem krankhaften Zustand ähneln kann. Aus dieser Erkenntnis entwickelt PLATON den Begriff des göttlichen Wahns (im Unterschied zum krankhaften), der Gutes für die Menschen bewirken kann. Und zwar wäre dieses Gute von einer Qualität, wie sie ein Priester im uninspirierten Zustand nicht vorweisen könne. Deshalb wäre der göttliche Wahn der menschlichen Vernunft übergeordnet. Auf dieser Schlussfolgerung PLATONs gründet später CICEROS Wahrnehmung der rasenden Seherin Cassandra[32]: *„Der Gott eingeschlossen in den menschlichen*

---

29 Das Wort *Prophet* ist ein Synonym für „Verrückter", ebenso werden die assyrischen Propheten als *saggimu*, d. i. ekstatisch, bezeichnet. Vgl. Hirschmann, Horrenda secta (2005) S. 59ff.
30 Euripides (1980) Bakchen 298.
31 Platon, Phaedrus 242c.
32 Die Schwester des Homerischen Sehers Helenus.

Körper spricht jetzt, nicht Kassandra"[33], die erst in der späteren nachhomerischen Literatur[34] die Bühne betritt. Bei HOMER nur erwähnt, bleibt sie im Hintergrund und entfaltet erst in der späteren Darstellung bei AISCHYLOS ihr aus der sexuell konnotierten Geistbesessenheit herrührendes „wahnsinniges" Profil.

PLATON lässt SOKRATES in seinen *Dialogen* mehrmals auf Besessenheitszustände[35] eingehen, im *Phädrus* bespricht er beispielsweise eine besondere Form, die Nympholepsie, die Besessenheit durch Nymphen, die die Menschen dann in Versen sprechen lassen. Im *Ion* verweist er allgemein auf unterschiedliche Varianten von Besessenheit, Menschen können von HOMER, den Musen, ORPHEUS oder MUSAEUS besessen sein. Diese sind nicht wahnsinnig, sondern erleben eine Elevation und erhalten den inneren Rhythmus. Diese Besessenheitszustände enthalten eine mehrdeutige Macht, eine, die ein erhöhtes Verständnis, eine erhöhte Sensibilität, Bewusstseinserweiterung verursacht. Eine Person, die die Nymphen ergriffen haben, wie z.B. Melesagoras, werden kundig, *sophos,* und *mantikos,* also prophetisch. Verschiedene Orte, die man sich von Nymphen bewohnt dachte, meist Höhlen, waren Orakelstätten. Die Nymphen selbst besaßen prophetische Fähigkeiten ebenso wie die Musen. Die Nympholepsie besitzt bei Bakis eine besondere Varietät.[36]

ARISTOTELES[37] versteht ekstatische Wahrsagung als dämonisch und irrational, vermutet eine pathologische Ursache sowohl für Prophetentum als auch Divination. Daher spricht er ihnen göttlichen Charakter und den epistemischen Wert ab und weist auch Zeichendeutung zurück. Beides kommt nicht durch göttliche Intervention zustande, sondern resultiert aus einem Ungleichgewicht der Säfte, einem Übermaß an schwarzer Galle, wie es für das melancholische Temperament typisch ist. Melancholiker können intuitiv sowohl die Zukunft als auch die Gegenwart erkennen. Zukunftserkenntnis ist für ihn ein Anzeichen geistiger Instabilität. Damit verweigert Aristoteles der Divination einen Stellenwert im philosophischen Diskurs, da er ihren prädiktiven oder erkenntnismäßigen Wert negiert. Diese Aussagen hatten signifikante Konse-

---

33 Cicero (2002) I, 67, S. 73.
34 des sog. Pseudo-Hesiod.
35 Was Sokrates selbst über seine innere Stimme zu sagen hatte, weiß man nicht. Platon lässt ihn eine Rede halten, bei der er über seinen *daimon* spricht. Waren die Orakel die Sprachrohre der Götter, so scheint der Geist des Sokrates eine Art „Privatorakel" gewesen zu sein. Über die Besonderheit dieser Erfahrung hat bereits die Antike gerätselt. So Apuleius in seiner Schrift *Der Schutzgeist des Sokrates* und Plutarch *Über Sokrates Zeichen.* Vgl. Smith, So called Possession in Pre-christian Greece (1965) S. 403–426; Luck, Magie und andere Geheimlehren (1990) S. 350ff.
36 Zur sog. Nympholepsie vgl. Connor, Seized by the nymphs (1988) S. 155–189 bes. 158f.
37 Vgl. Dodds, The Greek and the Irrational (1973) S. 163, 180–185.

quenzen, da Divinationen vom göttlichen Bereich zum dämonischen und in den Kontext der Pathologie, im Weiteren, der Medizin verschoben wurden.[38]

Auch die jüdischen Propheten überkommt dieser einwohnende Geist Gottes. Im Kommentar zu *Exodus* 28, 30 (wo es um die Lostasche geht, in der die Lose Urim und Tummim aufbewahrt werden) kommt RABBI MOSES BEN NACHMAN genannt NACHMANIDES (1194–1270) auf die verschiedenen Ebenen der Prophetie zu sprechen. An erster Stelle stehen die Prophezeiungen durch den Hl. Geist[39], dann folgen Prophezeiungen allgemein[40], durch *Urim und Tummim*[41] und die himmlische Stimme oder *bat qol*[42].

Eine genauere Differenzierung unternimmt MOSES MAIMONIDES (1135/38–1204) in seiner Studie *Führer der Unschlüssigen*,[43] der zwölf Ebenen der Prophetie unterscheidet, die vom biblischen Moses als hochrangigem Beispiel bis zu jenen, die zwar göttliche Worte vernehmen, aber sie nicht zu wiederholen vermögen, reichen. Moses erhält sein Wissen auf dem Berg Sinai durch Gottes Mund, also von Angesicht zu Angesicht. Während der Prophet Moses nicht nur aufrecht stehen kann, als Gottes Stimme zu ihm spricht, sondern die Gottesworte im Wachzustand empfängt, befinden sich die jüdischen Propheten in einem ekstatisch-kataleptischen Zustanden. Sie fallen auf ihr Antlitz, ihre Glieder werden schwach, sie zittern und es geht ihnen das klare Verständnis verloren. MAIMONIDES erklärt diese Gedankenkonfusion, die die Propheten befällt, als Vorteil, der es ihnen ermöglicht, frei zu werden für ihre Vision.[44]

Nach dem Tode der Propheten Haggai, Sacharja und Maleachi steht der heilige Geist nicht mehr zur Verfügung. Die Juden mußten sich mit einer anonymen Enthüllung durch eine Stimme (bat qol) begnügen.[45]

---

38 Vgl. Berchman, Arcana Mundi: Prophecy and Divination in the Vita Mosis (1988) S. 385–423, hier S. 393f.
39 Vgl. die Einführung in die Thematik von Kratz, Die Propheten Israels (2003) und grundlegend ders. Prophetenstudien (2011); Hossfeld, Seher und Prophet – Mantik und alttestamentliche Prophetie (2005) S. 99–110; Cryer, Divination in ancient Israel (1994); und die Habilitationsschrift von Lange, Vom prophetischen Wort (2002) passim.
40 Hossfeld, ibid. (2005) S. 105ff.; Fischer, Gotteskünderinnen (2002).
41 Vgl. neuerdings Dam, The Urim and Thummim (1997).
42 Der Talmud erklärt, dass nach dem Tod der letzten Propheten Hagai, Malachi, Zechariah (= Sacharja) der heilige Geist der prophetischen Inspiration aus Israel verschwand. Und die Juden konnten Warnungen nur von *bat qol,* einer göttlichen Stimme, erhalten. Vgl. die Habilitationsschrift Kuhn, Offenbarungsstimmen im antiken Judentum (1989) S. 273ff. und ders., Bat qol, die Offenbarungsstimme in der rabbinischen Literatur. Sammlung Übersetzung und Kurzkommentierung der Texte (1989).
43 Vgl. immer noch grundlegend Heschel, Prophetic Inspiration (1996).
44 Moses Maimonides, Einleitung zu Chelek im arabischen Urtext und in der hebräischen Übersetzung (1901).
45 Je höher der Institutionalisierungsgrad der Propheten, desto weiter wurde das alte ekstatische Prophetentum, das mit Geistbesessenheit einherging, zurückgedrängt. Neben den institutionalisierten Propheten mit offizieller Funktion und Status gab es die, wie

C. Institutionalisierte Orakel

In der vorolympischen Periode verehrten die Griechen *Gē* bzw. Gaea als wichtigste Naturgöttin. Nicht überraschend sprach man ihr hauptsächlich die natürliche Divination, die Prophetie, zu. Im *Eumenides* spricht AISCHYLOS[46] von ihr als *prōtomantis*. Die griechische Überlieferung berichtet, dass sowohl das Delphische als auch das Olympische Orakel ursprünglich der Erdgöttin zugehörten, bevor Apollo und Zeus es beanspruchten. Grundsätzliche Bereiche der Erdgöttin wie Erdspalten und Höhlen waren prinzipiell mit Prophetie verbunden, Höhlen erwecken Assoziationen mit dem Mutterleib.[47] Eine spätere, nur in der klassischen Periode fassbare Variante dieser Höhlenpropheten, bei welchen die Symbole Mutterleib- und Verschlingungsmythos in Verbindung mit Prophetie bestehen, stellen die generell weiblichen *engastrimythoi*, lat. *Ventriloquisten* oder Bauchredner.[48] Hier lässt sich das Medium nicht in einer Höhle einschließen, sondern birgt den Geist in der eigenen Leibeshöhle (→ siehe unten).

Die Pythia war die bekannteste Seherin in Griechenland, als Sprachrohr eines allwissenden Gottes *Apollo pythoktonos*[49] formte sie nicht nur das Rollenbild der Seherin nachhaltig sondern ihr Name und die Ableitungen davon, wie *pythonissae*, gab auch die Folie ab für Wahrsagerinnen und spätmittelalterliche Hexen.[50]

Neben dieser fest verorteten, institutionalisierten Wahrsagerin behandelt PINDAR[51] wandernde charismatische Seherinnen. Die inspirierte natürliche Prophetie kann unterschiedliche psychische Zustände reflektieren: Inspiration, Ekstase, Intuition oder Besessenheit. Diese nicht-rationale, signifikant weiblichen Praktikanten zugeschriebene Form der Prophetie trägt auch dezidiert feminine Assoziationen. Diese Verbindung des weiblichen Geschlechtes mit der natürlichen Divination besteht in vielen Zeiten und Kulturen. Wenn Sehern diese Gabe eignet, so meist deshalb, weil sie in Berührung mit weiblichen Kräften gekommen sind, oder einen weiblichen Aspekt in ihrer Psyche integriert ha-

---

Zenger sie nennt, freien oppositionellen Einzelpropheten. Vgl. Zenger, Einleitung in das Alte Testament (2008) S. 417ff Mit reichen bibliografischen Hinweisen vgl. Klein/Koch/Safrai, Art. Propheten, Prophetie. In Israel, im Judentum (1997) S. 473–503.

46 Zur Mantik als literarisches Motiv vgl. die alte, aber immer noch brauchbare Monografie von Staehlin, Das Motiv der Mantik im antiken Drama (1912).
47 Der Name Delphi soll sich aus dem griech. *Delphys* = Mutterleib ableiten.
48 Vgl. Dodds, The Greeks and the Irrational (1951) S. 71ff; Smith, So called possession in Pre-Christian Greece, S. 425ff.
49 Vgl. Fontenrose (1959) Python, passim.
50 Die Fastenpredigtsammlung des Frater Hungarus aus dem 15. Jahrhundert *Biga Salutis* erwähnt im 8. Sermon die Hexenkünste der Phitomantie. Boehm vermutet eine Verschreibung aus Pithomantie, d. i. Wahrsagung mit Hilfe eines Python oder prophetischen Dämons. Vgl. Boehm, Art. Pithomantie (1932/1987) Sp. 36.
51 Pindar, Siegeslieder (Ausgabe Bremmer 2003) 3, 299.

Abbildung 2: König Aigeus befragt die delphische Priesterin.
Attische Trinkschale (440–430 v. Chr.).

ben. Praktizieren Männer diese Form, kann es ihre Maskulinität affizieren. Die spiritistischen Medien des 19. und auch des 20. Jahrhunderts waren zu einem großen Teil weiblich.[52] Im Schamanismus kam es zu *crossdressing*.[53] Die intuitive, meist von Frauen praktizierte Divination konnte sich an den eigens errichteten Kultstätten für die Götter besonders entfalten. Wiewohl drei Orakelstätten eine besondere Stellung einnahmen, wie die des Zeus in der lybischen Wüste und in Dodona und das Apollonorakel in Delphi, gab es noch unzählige andere Orakelorte.[54]

In Delphi bot man dem Pilger die Auswahl zwischen inspirierter oder induktiver Form der Weissagung und Loswerfen. Bevor in Delphi die Inspirationsmantik vor allem für die großen politischen Entscheidungen eingeführt wurde, waren kleromantische, also Losverfahren üblich.[55] Obwohl die ältere Orakelstätte, war Dodona vor dem 8. Jahrhundert keine Kultstätte, während in Delphi der Schrein der Athena Pronaia schon in vorhellenischer Zeit verehrt wurde. Die ersten Priester scheinen aus Kreta zu stammen, die Möbel der Orakelkammer und die Adler weisen zahlreiche Parallelen zum kretischen Kult auf.[56] Doch neu ist jene Vorrichtung, die ab diesem Zeitpunkt stets in Verbindung mit Delphi genannt wird, der Dreifuß.

Die Erdgöttin, Besetzerin des prophetischen Stuhls vor Ankunft Apollos, oder ihr Surrogat, die Pythonschlange, die Apollo getötet hatte, könnte mit der alten kretischen Schlangengottheit in Verbindung stehen und auch jene Gottheit sein, die im Tempel der Athena Pronaia verehrt worden war. Auch in der Athener Akropolis verehrte man eine Schlange. Die unterschiedliche Darstellung der Übernahme der alten Kultstätte durch Apollo, entweder friedlich wie in AISCHYLOS[57] oder gewaltsam wie in den Hymnen bzw. bei EURIPIDES[58], gründet im Bruch der Traditionen, die die Gestalt Apollos durchmachte. Ursprünglich stammte die Gottheit aus Kleinasien, wo es unzählige apollinische Orakelstätten gab z.B. Patara und Chrachidae.

Die enigmatische Bemerkung in der Hymne, dass Apollo zuerst von dem Lorbeer[59] prophezeit habe, löste kontroversielle Thesen aus. Dass Apollo den Willen Zeus' verkündet, ist eindeutig. Die Pythia spricht von Apollo und

---

52 Vgl. den von Marcus Hahn (2009) herausgegebenen Sammelband Trancemedien bes. Erhard Schüttpelz S. 275–310.
53 Eliade, in jüngster Zeit vgl. Lang (2006) Intersexualität, S. 205ff.
54 Vgl. Rosenberger, Griechische Orakel (2008).
55 Welchen Stellenwert die alten Losverfahren nach der Installierung der Pythia innehatten, ist noch nicht geklärt. Vgl. Johnston, Ancient greek Divination (2008) S. 52–55.
56 Ibid.
57 Staehlin, Das Motiv der Mantik im antiken Drama (1912) S. 4–40.
58 Ibid. S. 83–138.
59 Vgl. Littleton, The Pneuma Enthusiastikon (1986) S. 76–91; Lehoux (2007) Drugs and the Delphic Oracle, S. 41–56.

Apollo ist Zeus' Sprachrohr. Da der Gott nicht physisch präsent sein kann, so spricht er, indem er die pythische Priesterin besetzt. Die Pythia, eine Frau jenseits des gebärfähigen Alters, geht hinunter ins Adyton oder innere Heiligtum und sitzt auf dem Dreifuß, genauso wie Apollo es getan haben soll, als er den Schrein übernahm. Der Ratsuchende zahlt sein Entgelt und bleibt im Außenraum. Er opfert eine Ziege, welche als angenommen gilt, wenn sie zittert, sobald sie ein Wasserstrahl streift. Die Frage wurde wahrscheinlich in schriftlicher Form niedergelegt. Die Pythia prophezeit im Stand der Besessenheit[60], in ihrem Fall in unverständlichem Gestammel, deshalb werden ihre Ausrufe von Kundigen gedeutet und in Hexameter übertragen.

Woher stammt dieser Bericht über die Pythia? Griechische und römische Autoren erzählen erstaunlich spärlich über den mantischen Prozess in Delphi. Der eine oder andere lässt sich herbei, eine Seance zu beschreiben. Offenbar haben wenige Autoren das Orakel wirklich besucht und PLUTARCH, der als Priester des Delphischen Apollos sicherlich genug Konsultationen und Antworten gehört hatte, schreibt wenig über die Methoden des Delphischen Orakels. Er erwähnt weder betäubende Dämpfe noch den Wahnsinns oder die Trance der Pythia, nichts über wilde Reden oder unverständliches Gestammel, außer in einer einzigen Passage: Hier spricht er von *pneumata* und *atmoi*, das die Pythia beeinflusst, den *ethusiasmos*, die Trance, bei ihr hervorruft. Diese Strömungen und Ausatmungen sind nicht Dämpfe, nichts Sichtbares, heutige Esoteriker würden Erdstrahlen vermuten. PLUTARCHs Erklärungen beruhen auf der aristotelischen und stoischen Philosophie über die Kräfte der Erde. Plutarch ist überzeugt von der Effektivität der natürlichen und künstlichen Divination, Erstere ist nur wenigen zugänglich. Letztere können viele empfangen. Als Vermittler zwischen Gott und den Menschen fungieren die Dämonen. Die höheren Mächte wählen immer die am besten für göttliche Führung geeigneten Individuen aus, welchen sie Zeichen senden und Stimmen hören lassen.[61]

Diese Emanationen der Erde erklären für ihn die physischen Gegebenheiten. Der Großvater des PLUTARCH, LAMPRIAS, grübelt darüber nach, wie diese Erdströme einwirken, ob über die Luft oder das Wasser. Unbekannt bleibt, wie sie die menschliche Seele beeinflussen. Allerdings kann er sagen, dass die Erdströme an verschiedenen Plätzen auftreten, ihre Kraft verlieren oder auch ganz verschwinden können. Im Dialog *Über das E in Delphi*[62] lässt PLUTARCH

---

60 Vgl. Maurizio, Anthropology and Spirit Possession, (1995) S. 69–86; bei einer anderen Form der Besessenheit, die meist Männer befällt, erhalten diese die Fähigkeit, in Versen zu sprechen und zu prophezeien. Vgl. Connor (1988) Seized by the Nymphs, S. 155–189, hier S. 156ff.
61 Vgl. Vgl. Berchman, Arcana Mundi: Prophecy and Divination in the Vita Mosis (1988) S. 385–423, hier S. 403f.
62 Plutarch, Über Gott und Vorsehung (Ausgabe Ziegler 1952) S. 49–70.

seinen Lehrers Ammonios mit dem Gelehrten Lamprias über die Möglichkeiten der menschlichen Seele zur Zukunftsschau debattieren. Lamprias vertritt die Auffassung, die Dämonen wären nichts anderes als körperlose Seelen. Die Körperseelen des Menschen hätten ebenso wie die Dämonen die Fähigkeit zur Mantik, aber in nur geringerem Maße, da die Wahrnehmungsfähigkeit durch ihren Sitz in den Körpern verschwommen wäre. Ein physiologisch-psychologischer Prozess ermöglicht es der Seele, sich Zukünftiges vorstellen zu können. Im Zustand des *Enthusiasmos* strömt der Seele aus einer Erdöffnung ein mantischer Luft- und Wärmestrom zu, der die Seele der Pythia zu ihrem Tun inspiriert. Naturkatastrophen können die Erdspalte verlagern oder aber ganz verschließen. AMMONIOS hält nichts von dieser „biologistischen" Erklärung, denn dann wäre das Orakel nicht einem Gott und der Vorsehung, sondern dem Zufall geschuldet. Dann müsse man den Göttern und Orakeln weder opfern, noch eine Frau zu einem Leben in Keuschheit und Entbehrung verpflichten, wenn ihre Fähigkeiten von Dämpfen abhängen. Warum sollten die delphischen Priester kaltes Wasser über die Opferziege gießen, um aus deren Zusammenzucken zu wissen, ob an diesem Tag Orakel gesprochen werden sollten? Denn wenn hier Erdströme im Spiel wären, würden sie die Inspiration hervorbringen, ob nun die Opferziegen sich schüttelten oder nicht. Außerdem würden wohl die Erdströme jeden der Anwesenden beeinflussen.[63]

Der festgelegte Termin für Ratsuchende war der siebte Tag eines Frühlingsmonates, aber mit steigenden Bedürfnissen besetzte der Gott schließlich den sterblichen Körper der Priesterin einmal im Monat, mit Ausnahme der drei Wintermonate, da war der Gott abwesend. Die zunehmende Popularität des Orakels ließ die Nachfrage steigen, weshalb zwei Pythias die Bedürfnisse bedienten. Die weniger kostspielige Variante war das Loswerfen, bei dem die Antworten Ja oder Nein erfragt werden konnten. Eine Vasendarstellung zeigt die Pythia mit dem Bohnenorakel und dem Lorbeerzweig. Fragen konnten von Individuen oder aber Gruppen und ganzen Städten gestellt werden.

Es gab eine Vielfalt der Orakelstätten, entscheidend war nicht die Technik, sondern dass man einen Spruch erhalten hatte. Orakelstätten waren ausnahmslos an Übergangsorten zur Unterwelt angesiedelt: Brunnen, Quellen, Erdspalten als Vermittler zum Reich der Toten, die man sich als Träger des Wissens vorstellte. Während die Wichtigkeit des Delphischen institutionalisierten Orakels nicht bezweifelt wird, bleibt die Haltung zum überlieferten Corpus der Delphischen Orakel in Bezug auf ihre Interpretation ambivalent. Historiker haben Schwierigkeiten, die Orakel als historische Zeugnisse zu lesen und ordnen sie als Folklore ein, Literaturwissenschaftler ebenfalls, und wenn sie gereimt sind, als dürftiges Überbleibsel der Homerischen Schule. Als Genre

---

63 Plutarch, ibid.

werden sie nicht geschätzt und unwert der literarischen Analyse erachtet. Sie werden nur dann von den Historikern evaluiert, wenn sie die einzige Quelle für wichtige historische Ereignisse darstellen. Als wichtiges Kriterium bleibt auch hier die Unterscheidung zwischen authentischen und gefälschten Orakeln.[64]

Im Ausgang der Antike häufen sich christliche Belege, dass die antiken Orakel die Geburt Christi und damit eine neue Ära verkünden. Der Christ EUSEBIUS erzählt folgendes Ereignis:

> *Einige Zeit später sandte Kaiser Julian den Arzt Oribasius nach Delphi, leider ist uns nicht überliefert, welches Anliegen er hatte. Die Antwort allerdings lautete, dass die Halle niedergestürzt war und Phoebus keine Hütte habe noch den Lorbeer, auch nicht die sprechende Quelle. Diese Antwort soll überdies die allerletzte des Delphischen Orakels gewesen sein. Als Kaiser Augustus den Gott in Delphi befragte, antwortet ihm die Pythia: Ein Hebräerknabe verlangt (er regiert als Gott unter den Gesegneten), dass ich dieses Haus verlasse und in den Hades gehe. Deshalb sollst Du unsere Hallen verlassen und nicht darüber sprechen. Augustus ging nach Rom und errichtet einen Altar am Capitol, der dem Erstgebornen Gott gewidmet war.[65]*

Obwohl das Orakel die Geburt Christi voraussagt, bleibt es doch im heidnischen Kontext verankert. Für die Pythia bleibt Jesus ein hebräischer Knabe, der sie in den Hades schickt. Betrachtet man die tatsächliche Entwicklung, so könnte man sagen, dass sie ein wenig vorschnell in den Hades ging, denn unter Kaiser HADRIAN erlebte das Heidentum eine letzte Renaissance. Auch der große König ALEXANDER soll in seiner üblichen gewalttätigen Weise eine Antwort von der Pythia gefordert haben, die sie aber standhaft verweigerte. Schließlich, nach langen Repressalien und Drohungen, gab sie die Antwort: „*Du kannst tun, was du willst.*" Die Christusankündigungen der Pythia und Sibylle fehlen auch nicht in den mittelalterlichen Antikenromanen.

Die paganen Wahrsager verlieren auch nicht plötzlich mit ihrer Funktion ihre Fähigkeiten, wie es sich spätere Generationen vorstellten.[66] Das Sterben des Delphischen Orakels ging freilich nicht zurzeit von Christi Geburt vor sich, denn sonst hätte Kaiser THEODOSIOS um 391 kein Edikt gegen die Wahrsager erlassen müssen. PLUTARCHS Sicht mag dazu Erhellendes beitragen. In bezeichnender Weise betitelt er den Dialog *Die eingegangenen Orakel* und erzählt von einem Gewährsmann, dem Vater des Redners Aemilianus, der sich auf einer Reise nach Italien in der Nähe der Echinaden-Inseln befand:

---

64 Parke/Wormell, The Delphic Oracle (1956); dazu vgl. Maurizio, Delphic Oracles (1997) S. 308–334.
65 Nach Georgios Cedrenus, compendium Historiarum PG 121, 357 Zit. n. Wolf, Jerusalem und Rom (2010) S. 165.
66 Wie z.B. John Milton (1608–1674) in seinem hymnischen Gedicht von 1629: *On the Morning of Christ's Nativity*.

Plötzlich habe man von der Paxos-Insel her eine Stimme gehört, die laut ‚Thamus' rief, so daß man sich verwunderte. Thamus war aber ein Ägypter und Steuermann des Schiffes, doch nicht vielen der Fahrgäste mit Namen bekannt. Beim ersten und zweiten Anruf habe er geschwiegen, beim dritten Mal aber dem Rufer geantwortet. Dieser habe nun seine Stimme noch mehr erhoben und gerufen: ‚Wenn du auf der Höhe von Palodes kommst, dann melde, daß der große Pan tot ist!' [...]. Als sie auf der Höhe von Palodes angelangt waren und weder Wind noch Wellengang war, habe Thamus vom Heck nach dem Land hinblickend gerufen, wie ihm gesagt worden war: ‚Der große Pan ist tot!' Kaum aber habe er dies Worte geendigt, so habe sich, nicht von einer, sondern von vielen Stimmen, ein lautes Wehklagen, vermischt mit Ausdrücken der Verwunderung erhoben. Da nun viele Menschen dabeigewesen seien, so habe sich die Geschichte schnell in Rom herumgesprochen, und Thamus sei vom Kaiser Tiberius zur Audienz befohlen worden. Tiberius habe daraufhin der Geschichte solchen Glauben beigemessen, daß er Erkundigungen und Untersuchungen über diesen Pan anstellen ließ, und die zahlreichen Gelehrten an seinem Hofe hätten die Vermutung geäußert, es handle sich um den Sohn des Hermes und der Penelope.[67]

Diese Lehrmeinung hat ihren Ursprung bei HERODOT[68], der ihn ebenfalls von diesem Paar abstammen lässt, ihn allerdings ins ägyptische Pantheon integriert: Er wäre der älteste der ägyptischen Götter und der jüngste der griechischen. Von 94 an war PLUTARCH selbst Apollopriester in Delphi. Besonders signifikant sind daher seine Erkenntnisse zur Natur der *Daimones* und ihre Unterscheidung von den Göttern. Daneben gibt er interessante Details aus der Tempelroutine z.B. dass drei Pythias zur selben Zeit beschäftigt waren, zwei arbeiteten, eine davon in Bereitschaft. Zu seiner Zeit schaffte eine Pythia die Fragen allein.

Was war der Grund für die mangelnde Nachfrage? Falsche Aussagen? Wohl kaum. Die in unserer Zeit beliebten Orakel, von der Tageszeitungsastrologie bis zu den offensichtlich standardisierten Antworten kommerzieller Wahrsager, haben die Nachfrage bis jetzt nicht einzudämmen vermocht. Aber genauso wie die Wahrsagemethoden in unserer Zeit bestimmten schnelllebigen Strömungen unterworfen sind, kam Delphi einfach aus der Mode.

Entscheidend für die kulturelle Nachhaltigkeit des antiken Orakels scheint jedoch ein zweites Merkmal zu sein: die in nachhomerischer Zeit zu beobachtende Rätselhaftigkeit und Ambiguität der Orakelsprüche. Denn während die Götterzeichen der homerische Epen den Gang der Handlungen kommentierend und affirmierend begleiten, scheint es mindestens seit dem 5. Jahrhundert vor Chr. zum Prinzip des literarischen Orakelsdiskurses zu gehören, dass ein Orakel dunkel und schwer verständlich zu sein hatte. Beispiele für missverständliche Orakelsprüche gibt es genug, auffällig dabei aber, dass sich am Schluss immer die Wahrhaftigkeit

---

67 Plutarch, Über Gott und Vorsehung (Ausgabe Ziegler 1952) S. 126. Nach Plutarch ist nicht Apollo für das Funktionieren der Orakel verantwortlich, sondern ein Dämon, der altern und sterben kann. Mit ihm enden auch die Orakel. Vgl. Luck, Magie und andere Geheimlehren der Antike (1990) S. 278ff.
68 Vgl. Klees, Die Eigenart des griechischen Glaubens (1965) S. 24ff.

des Spruches erweist. Als Beispiel wird immer wieder die Fehldeutung des an Kroisos übermittelten Spruches von der Zerstörung eines großen Reiches, der an die Überquerung des Flusses Haly geknüpft ist, herangezogen. Kroisos handelt, überquert den Fluss und zerstört sein eigenes Reich.

Damit erheben sich verschiedene wichtige Fragen die antiken Orakel betreffend: Was geschah mit diesen? Dass sie nach Ansicht des EUSEBIUS[69] u.a. bei Christi Geburt für immer schwiegen, ist historisch nicht haltbar. Und wenn sie nicht schwiegen, wer spricht dann aus ihnen? Ein Gott kann es nicht sein, denn diese hatte man für tot erklärt, oder vielleicht nur den großen Pan? Die *Daimones* blieben am Leben. Und der Herrscher der Dämonen, sprach er immer aus den Orakeln oder auch ein anderer Dämon? Und wenn Satan, der Vater der Lüge, hinter dem Orakel stand, log das Orakel also immer? Oder wurde manchmal doch die Wahrheit verkündet, wie bei der Prophezeiung der Geburt Christi? Durfte der Zweck die Mittel heiligen, also Christen die heidnischen Orakel verwenden, die Christi Geburt verkündeten? Oder war das eine Form der sündhaften Idolatrie? ORIGENES erklärt in seiner Schrift *Gegen Celsus*,[70] dass die Pythia manipuliert und die heidnischen Verkündigungen ohnehin erschwindelt seien. Diesen Betrug hätten im Übrigen schon die Philosophen EPIKUR, DEMOKRIT und ARISTOTELES entdeckt. Auch die *Sibyllinischen Bücher* (→ siehe dort) seien ein Lügengebilde.

Die griechischen neutral konnotierten *Daimones* wandelten sich in der christlichen Interpretation langsam zu teuflischen Wesen. JUSTINUS MÄRTYRER[71], identifizierte die heidnischen Götter mit gefallenen Engeln, die folglich die Orakel als Instrumente ihrer Irreführungsmethoden verwenden. GREGOR VON NYSSA diskutiert die Wahrsagerei als Irrlehre, bekämpft vehement den Schicksalsgedanken der Heiden und die Vorstellung, dass Gestirne über das Schicksal der Menschen bestimmen.

> *Außerdem schreiben alle, welche die Zukunft aus den Eingeweiden der Opfertiere, aus den Bewegungen des Feuers und aus dem Flug der Vögel lesen, ihre Vorhersagen nicht dem Schicksal zu, sondern einem Geist oder einem allmächtigen Dämon[...] alle falschen Propheten gleichen einander; sie täuschen sich fast immer bei der Anwendung ihrer Kunst, und sie verführen die Leichtgläubigen mit einigen Weissagungen, die den Schein von Wahrheit haben. Als Nachahmer der Dämonen, deren Deuter sie sind, wenden sie all ihre Sorgfalt darauf zu verhindern, dass wir unsere Blicke Gott zuwenden und von ihm die Wohltaten empfangen, deren Quell er ist. Unverkennbar ist diese lügenhafte Wissenschaft das Werk der Dämonen, die sie ersonnen haben, um diejenigen ins Verderben zu stürzen, die das Schicksal als Herren der Welt anbeten, ohne an die Allmacht Gottes zu denken.*[72]

---

69   Vgl. Kofsky, Eusebius of Caesarea (2000) S. 134–164.
70   Origenes, Gegen Kelsos (Ausgabe Koetschau 1986). Bücher III, 25 und VII, 3.
71   Justinus, Dialog mit dem Juden Tryphon (Ausgabe Haeuser 2005).
72   Gregor von Nyssa (1927) XIII, 15, XIX, 5–10.

> *Die Haruspizes und Auguren stützen sich nicht etwa auf die Kenntnis des notwendigen Wirkens des Schicksals, wenn sie die Zukunft in den zuckenden Eingeweiden der Opfertiere oder im Flug eines Vogels lesen; einzig die Arglist der Geister der Finsternis sind die Ursache dieser lügenhaften Prophezeiungen; und selbst wenn diese Prophezeiungen hin und wieder in Erfüllung gehen, darf man daraus nicht schließen, dass das Schicksal existiere, denn dann würde jedwede Wahrsagekunst mit Fug und Recht behaupten, ihre Kraft aus dem Schicksal zu beziehen.*[73]

Ähnlich argumentieren TERTULLIAN, ORIGENES[74], und LACTANTIUS. AUGUSTINUS und THOMAS VON AQUIN [75] verfeinern die Argumentation, die unhinterfragt bis in die Renaissance tradiert wird. Die Debatten über diese brisanten Fragen ziehen sich bis ins Zeitalter der Hexenverfolgung und darüber hinaus. So heißt es noch in *Macbeth*: *„What, can the devil speak true?"*[76] Im Anschluss an AUGUSTINUS betrachten die mittelalterlichen Gelehrten zwar die heidnischen Götter als Dämonen, bezeugen jedoch den Wahrsagern einigermaßen Respekt, da diese mitunter Wahres verkünden. ST. CHRYSOSTOMOS vertrat die Meinung: *„Daemoni, etiam vera dicenti, non est credendum."*[77]

Auch gab es Kirchenväter[78], welche die heidnischen Orakel geschickt für die christlichen Verkündigungen in Anspruch nahmen, sie also neu kontextualisierten. Diese glaubten nicht daran, dass die Orakel bei Christi Geburt verstummt waren, sondern, dass Gott sie aussterben ließ, als er für sie in seinem göttlichen Plan keine Verwendung mehr hatte.

D. Bauchrednerinnen

Die älteste Bibelübersetzung, die *Septuaginta,* nennt die Wahrsager oft *Engastrimanten,* also Bauchredner.[79] Die berühmte Frau von Endor (→ siehe unten, Nekromantie) erhält Zuweisungen zu unterschiedlichen mantischen Feldern. So ist sie Totenbeschwörerin, da sie den verstorbenen Samuel heraufbeschwört, die Möglichkeit einer Totengeistbesessenheit und damit Bauchrednerei besteht

---

73 Ibid.
74 Tertullian, Apologeticum (1984) XXXV, 12, S. 175f; Origenes, Gegen Kelsos (Ausgabe Koetschau 1986) VIII, 45.
75 Lactanz, Göttliche Unterweisung (2001) Kap. 18, S. 69f.; Augustinus, Über die christliche Bildung (Ausgabe Pollmann 2002) II, 24; Thomas von Aquin, De Veritate, Bd. I, S. 366–369q XII.
76 Shakespeare, Macbeth (Banquo I, II 98–142).
77 St. Chrysostomos zitiert von Thomas von Aquin, Summa (1933ff.) Buch 22, q. 9, Art. 22.
78 Vgl. Drobner, Lehrbuch der Patrologie (2004) S. 92 u.ö.
79 Lv 19,31: Folgt weder den Bauchrednern noch den Zauberern; Js 8,19 Sucht jene auf, die aus der Erde sprechen und die Bauchredner, die Leeres reden und aus der Bauchhöhle sprechen.

aber auch. Die *Septuagintae* und die nachfolgenden Versionen scheinen die im Endor-Text vorhandenen Lücken des Erzählstranges nicht nur zu füllen, sondern auch unterschiedliche Erklärungen für den Divinationsvorgang bereitzuhalten. Folglich erscheint Samuel nicht direkt vor Saul, sondern ein Geist fährt in den Körper der Frau und spricht aus ihr. Die Frau selbst ist also ein Medium, verliert ihre Identität zugunsten des herbeigerufenen Geistes, der aus ihrem Inneren wahrsagt.

Die Semantik dieser Kunst ist nicht eindeutig. Im griechischen Raum wird unterschieden zwischen einem rein naturwissenschaftlichen Verständnis, wie z.B. bei HIPPOKRATES, der als *Ventriloquie* jenen schwachen Ton aus der Brust bezeichnet. Allgemeiner definiert die Religionswissenschaft Ventriloquie als Geistbesessenheit, der Prototyp ist der berühmte Bauchredner EURYKLES, dem man wahrsagerische Fähigkeiten zuschrieb. PLUTARCH bezeugt ebenfalls diese volkstümliche Auffassung, die er aber scharf kritisiert: Denn es wäre naiv und kindisch, zu glauben, dass der Gott selbst, wie im Falle der Bauchredner, die früher *Eurykles* und jetzt *Pythones* genannt werden, in den Körper von Propheten eintritt, um von dort zu sprechen und sich dabei ihres Mundes und ihrer Stimme als Instrument zu bedienen.[80]

In der Fassung der *Vulgata* ist plötzlich nicht mehr von der Ventriloquistin, sondern von der *Pythonissa*[81] die Rede. Allerdings sind die Begriffe *python* und *pythonissa* außer bei HIERONYMUS nicht bezeugt. Nur TERTULLIAN verwendet *pythonicus* in *De anima*[82] 28 wo er sich auf häretische Magier bezieht, die Unterweltsgeister beschwören.

Er gibt vor, gestorben zu sein, verbirgt sich in einem unterirdischen Raume, verurteilt sich zu siebenjährigem Aufenthalt daselbst und erfährt mittlerweile durch seine Mutter, die seine einzige Mitwisserin und Gehülfin in der Sache ist, die Dinge, die er mit dem Schein der Glaubwürdigkeit über die nach ihm Gestorbenen erzählen will. Sobald es ihm scheint, als habe er lange genug seine Leiblichkeit verleugnet, steigt er mit allen Schrecknissen eines längst Verstorbenen aus seinem betrügerischen Asyle, wie einer, den

---

80 Plutarch, Über Gott und Vorsehung (1952) S. 49ff. Was bei dieser rationalistischen Erklärung vergessen wird, ist, dass es bei der Bezeichnung Bauchrednerin für die Frau von Endor um die Identifizierung einer bestimmten Wahrsagetechnik ging. Denn nicht die Form des Orakelspruches ist wichtig, sondern der Inhalt. Insofern war die Frau von Endor eine Bauchrednerin, als sie den Geist des verstorbenen Samuel reden lässt. Vgl. Harmening, Art. Engastrimantik (2005) S. 130–131.
81 Harmening, Art. Pythonissa (2005) S. 351f.
82 Tertullian erzählt hier von einem Betrüger, der vorgegeben hatte gestorben zu sein. Philo von Alexandrien betrachtete sämtliche Wahrsagesparten, also Vogelschauer, Bauchredner, Zeichendeuter u.a. als Scharlatane, sie verstünden sich aufs Faszinieren und Bezaubern. Da die Stimme des Bauchredners aus seinem geschlossenen Munde kommt, wird sie als nicht zu ihm selbst gehörig, sondern als von anderswo kommend empfunden. Die Vorstellung eines Wahrsagers, der einen anderen Geist reden lässt, kann als betrügerische Gaukelei gedeutet werden.

die Unterwelt wiederhergegeben hat. Wer sollte einen Menschen, von dessen Ableben er nichts gehört hat, nicht für wieder aufgelebt halten? [...]

Wir wissen, dass in Erforschung verborgener Dinge dergleichen [...] möglich ist durch die katabolischen, paredrischen und pythonischen Geister. Hat nicht auch Pherecydes, der Lehrer des Pythagoras, mit Hilfe solcher Künste geweissagt, um nicht zu sagen deliriert? Wie, wenn in ihm derselbe Geist saß, der durch Euphorbus blutige Thaten vollbrachte? Und endlich, wenn er sich als Euphorbus auswies mit Hilfe des Schildes, warum hat er denn nicht ebensogut einen von seinen trojanischen Kriegskameraden wieder erkannt? Diese wären doch wohl auch wieder aufgelebt, wenn aus Toten Lebendige würden![83]

FLAVIUS JOSEPHUS in seinen *Jüdischen Altertümern*[84] geht ebenfalls auf die Samuelstelle ein und moniert, dass die Frau von Endor und alle Bauchredner die Macht besitzen, Tote zu erwecken und wahrzusagen.

Die Sippe der Bauchredner nämlich bringt die Seelen der Verstorbenen herauf und weissagt durch dieselben denen, welche es begehren, die Zukunft.

Ein in der *Apostelgeschichte* 16, 16–18 festgehaltenes Ereignis bezeugt die zwiespältige Haltung des PAULUS zum Charisma der Prophetie. Als er in Philippi missioniert, kreuzt eine Wahrsagerin seinen Weg. Sie ruft täglich in die Straßen, in die Volksmenge hinein: „*Diese Menschen sind Knechte Gottes, des Allerhöchsten, die euch den Weg der Seligkeit verkündigen.*" Doch PAULUS tritt im Namen Jesu der Frau entgegen und befiehlt: „*Ich gebiete dir in dem Namen Jesu Christi, dass du von ihr ausfahrest.*" Die Wahrsagerin verliert augenblicklich ihre Wahrsagefähigkeit. PAULUS ist es ein Anliegen, die Gemeindearbeit und das christliche Kollektiv zu fördern, und schätzt daher die individuellen Ekstasen und im Verlauf dieser spektakuläre Verkündigungen als der gemeinsamen Arbeit abträglich ein. Nicht nur die Frau von Endor war Bauchrednerin, auch das wahrsagende Mädchen, das Paulus nachläuft. Im Unterschied zu dieser handelt es sich beim Wahrsagegeist des Mädchens nicht um einen Totengeist, aber welcher Geist aus ihr spricht, wissen wir nicht, da Paulus nicht lange überlegt, sondern den lästigen, Wahres verkündenden Geist sogleich austreibt. Das erklärt wohl auch, warum die christliche Theologie sich so oft zu den *pythonissae* äußert. Der Grund liegt nicht in deren Besessenheit und dem stattfindenden Exorzismus, sondern in der Tatsache, dass sie die Wahrheit verkünden. Letzteres und ihre gleichzeitige Verortung im Konzept der dämonischen Wahrsagerei gab Anlass zu weitreichenden Diskursen, ob und wann die Dämonen zu wahren Aussagen imstande wären. Bei AUGUSTINUS gerät die Analyse der Frau von

---

83 Übersetzt von A. Heinrich Kellner (1912) S. 284ff..
84 Flavius, Jüdische Altertümer (2004) 6. Buch, 14. Kapitel, S. 292. Bei dieser Gelegenheit meint Flavius die Wohltätigkeit und lobenswerte *Empathie* der Frau von Endor gegenüber dem König herausstreichen zu müssen.

Endor zu einer Abhandlung und Theorie der dämonischen Wirkung bei jeder Wahrsagerei. Auf die vom NT ausgehende Dämonisierung der Wahrsagekraft sind also auch die späteren Wortformen zurückzuführen, die aber noch auf den Dämon rekurrieren also *Pythonissa = quae a spiritu pythonico possidetur.*

Wiewohl es sich bei der Beschwörung des toten Samuel nicht um eine eindeutige Geistbesessenheit durch einen Totengeist handelt, bleibt die Szene ein bedeutendes Zeitdokument in der Geschichte der nekromantischen Praxis. Die Dreiteilung der Rollen, einschließlich der Person, die den Geist rufen lässt, das Medium und der sprechende Geist selbst, korrespondiert mit signifikanten ethnografischen Beschreibungen und kann so in den größeren globalen Kontext der mantischen Kommunikation eingeordnet werden. Die nekromantische Praxis verlangt also – so viel kann man schon verallgemeinern – einen Assistenten. Seit der Zeit der Spätantike weiß man von der Bedeutung eines Mediums, das dem Magier beim Beschwören der (Toten-)Geister zur Hand geht, vergleichbar mit der schamanistischen Tradition, die in Bezug auf die Antike immer wieder und mit weniger Skrupeln als in der frühen Neuzeit bemüht wird.[85]

Einen späten Beleg für Bauchrednerei bietet Weyer:

> *Sternomantiam hat man genennet / wenn die bösen geister / so sich in die Brüste oder Bauch eines arbeitseligen Menschen verkrochen / ihn entweder einbliesen / oder so den Besessenen die Zungen verbunden / Selbst die erforderten vnnd begerten warsagungen heraus sprachen.*[86]

E. Sibyllen

> „Sibilla sprach ‚ez ist gedan.
> Keiser, daz si dir gesagt:
> Wann ein kint gebirt ein magt,
> So vellet dire tempel nider.'"
> Heinrich von Neustadt, *Gottes Zukunft* (VV. 1704–1707)[87]

Die Verbindung zwischen prophetischer Inspiration und weiblichem Medium zog als erster Heraclides ungefähr 500 vor Chr. in seiner Charakterisierung der Sibylle. Die verlorene Stelle zitiert Plutarch im Traktat *De Pythia oraculis*[88] und er nimmt diese zum Anlass, seine Inspirationstheorie in den Kapiteln 7

---

85 Dodds, The Greeks and the Irrational (1951) aber auch bei Luck, Hexen und Zauberer in der römischen Dichtung (1962).
86 Weyer, Von Teuffelsgespenst, Zauberern und Gifftbereytern (1586/1969) S. 29B.
87 Heinrich von Neustadt, Gottes Zukunft (Ausgabe Singer 1906).
88 Plutarch, De pythiae oraculis (1990) Kap. 21–23.

und 20–23 auszubreiten. In Kapitel 9–11 geht er auf die sibyllinische Weissagung ein. Nun ist dabei im Hinblick auf die mittelalterliche Verwendung der Begriffe die Frage, wer die Sibyllen waren und welcher Art ihr Verhältnis zur Pythia bzw. Delphi bestand, nicht außer Acht zu lassen. PLUTARCH lässt die erste Sibylle in Delphi prophezeien, was sich allerdings durch keinerlei Anhaltspunkte erhärten lässt. Auf zwei Fragenkomplexe geht er gesondert ein, einerseits, warum die Versorakel sich verschlechtert haben, und außerdem, warum eine Prosaauflösung der Orakel kein Versiegen der Inspirationsquelle überhaupt bedeutet.[89]

Man muss unterscheiden zwischen den Sibyllen als Prophetinnen orientalischen Ursprungs und dem Sibyllinischen Orakel als verschriftete Form der ihnen zugeschriebenen Äußerungen. Schon in Mesopotamien existierte dieses interessante Paradigma der durch Schriften verbreiteten ekstatischen Prophetie. Dieser Typus bleibt seit dem zweiten Jahrtausend vor Christus bis zur Zeit ALEXANDERS des Großen konstant. Die ältesten sibyllinischen Schriften sind in den östlichen Regionen Griechenlands nachgewiesen. Die Frage, wie und wann dieser mantische Typus in Griechenland eingeführt wurde, ist insofern schwierig zu beantworten, als eine zeitliche Lücke zwischen den ersten Hinweisen auf sibyllinische Orakelsprache und tatsächlichen, den Sibyllen zugeschriebenen Orakeln bis jetzt nicht geschlossen werden konnte. Eine zweite Diskrepanz besteht zwischen der Verbreitung von sibyllinischen Orakelschriften und der Autorschaft der historischen Sibyllen. Selbstverständlich ist die Verbreitung der sibyllinischen Orakelschriften älter anzusetzen: Der einzige unumstrittene Beleg in der griechischen Kultur findet sich bei HERACLIDES VON PONTUS (5. Jahrhundert. v. Chr.), die Stelle überliefert PLUTARCH, wie eingangs erwähnt. Mit einiger Sicherheit kann angenommen werden, dass eine Tradition, also der sibyllinische Typus eines Orakels in Griechenland bekannt war. Das Delphische Orakel kann bis ins 8. Jahrhundert vor Chr. zurückverfolgt werden, es hatte eine mehr oder weniger starre Typologie eingenommen, die in den Stadtarchiven aufbewahrt wurde.

Die ältesten in hellenistisch-jüdischer Tradition stehenden *Sibyllinischen Orakel*, stammen vermutlich aus dem 2. Jahrhundert v. Chr. und wurden erst im 6. Jahrhundert n. Chr. von einem byzantinischen Gelehrten gesammelt. Die wahrscheinlich jüdisch-christlichen Autoren, gliederten die Orakel in 12 Bücher, davon sind 1–8 und 11–14 nummeriert, Buch 9 und 10 verloren, 7 ein Fragment. Die Autoren schreiben sie einer Sibylle, die sich selbst Noahs Toch-

---

89 Vgl. Schröder, Plutarchs Schrift „De Pythiae oraculis", (1990) S. 25f. Besessene in der Antike sollen sich oft in Versen ausgedrückt haben, im Hexameter aber ebenso in Dithramben. Im *Phaedrus* erklärt Sokrates, dass etwas Übernatürliches mit ihm geschehe, eine Art Besessenheit, die Nympholepsie, und die Zuhörer sollen nicht überrascht sein, wenn er in Versen spräche. Vgl. Platon, Phädrus (Ausgabe Heitsch 1997= Werke III,4) 238Cf.

ter nennt, zu. Ihre Quellen sind biblische Geschichten, griechische Sagen und verschiedene Begebenheiten aus der antiken Geschichte, hauptsächlich eine Aufzählung berühmter Ereignisse, die die Kenntnisse der Sibylle unterstreichen sollten. Die in Hexametern verfassten Sibyllinischen Orakel handeln von vergangenen, gegenwärtigen und zukünftigen Ereignissen. Die Sibylle spricht von den zukünftigen Dichtern HOMER und VERGIL und enthüllt ihre eigene Geschichte: Sie verließ Babylon in prophetischer Raserei, in Griechenland nannte man sie die Schamlose aus Erythrae, andere wieder erklärten sie für eine unerkannte Tochter der Circe. Das alles entspreche nicht der Wahrheit, lässt sie uns wissen. Gott habe ihr die Wahrheit verkündet. Gott ist in ihrer Definition sowohl Apollo als auch der christliche Gott.

VARRO führt das umfangreichste Sibyllenverzeichnis, das 10 Sibyllen in chronologischer Abfolge nennt und durch LAKTANZ[90] überliefert ist. VARRO rezipiert NAEVIUS in seiner Darstellung der kimmerischen Sibylle, die Aeneas berät, diese lebt zur Zeit des trojanischen Krieges. HERACLIDES und VARRO nennen die erythräische und die Sibylle von Marpesso einzeln, PAUSANIAS vereinigt die erythräische delphische und samische Sibylle in seiner Herophile von Marpessos. Die Sibylle von Cumae erlangte durch VERGILs *Aeneis* und die an Aeneas gerichteten zwei Weissagungen von dem Schwein und den Ferkeln und dass Aeneas und seine Gefährten ihre Tische essen würden, Berühmtheit.[91] VARRO erzählt eine andere Legende um die Sibylle von Cumae[92] von ihrem spektakulären Auftritt am Hof des römischen Kaisers. Sie kam mit neun Büchern ihrer Weisheiten und bot sie ihm an. Der Kaiser wollte den Preis nicht zahlen und sandte sie weg. Die Sibylle verbrannte drei Bücher und kam mit sechs Büchern wieder an den Hof und offerierte sie ihm zur ursprünglichen Summe. Der Kaiser lachte sie aus. Sie ging und verbrannte nochmals drei Bücher und kam wieder. Diesmal war dem Kaiser das Lachen vergangen und er zahlte die volle Summe für die letzten drei Bücher. Diese drei Bücher erlangten hohen Status, wurden tradiert, kommentiert und oft rezipiert. Eine Frage be-

---

90 Laktanz: Divinae institutiones (=CSEL 19, S. 673–761), hier Epitome divinatiarum institutionum cap. 23 CSEL S. 673f. Des Lucius Caelius Firmianus Lactantius Schriften. Aus dem Lateinischen übersetzt von Aloys Hartl. (Bibliothek der Kirchenväter, 1. Reihe, Band 36) München 1919.

91 Die Rätselsprüche hatte Lycophron schon als Sprüche der Kassandra angegeben, was diese als ältere Wandermotive ausweist.

92 Ebenfalls zweifelhaft ist, wie viele Sibyllen es nun gegeben hat. Manche Traditionen sprechen von zehn: die persische, lybische, delphische, die cimmerische, erythraeische, samiasche, die cumaeische, hellespontische, die phrygische und tiburtinische. Andere wieder meinen, es hätte nur eine gegeben, in unterschiedlichen Verkleidungen. Und in den meisten dieser Legenden um sie zerstört sie auch den Großteil ihrer Bücher selbst.

schäftigte die Schriftsteller: Wenn der Kaiser die neun Bücher sogleich bezahlt hätte, hätte dann Rom für immer ein Weltreich regiert?[93]

Das überlieferte Corpus der Orakel besteht aus zwei Sammlungen, eine stammt vom Ende des 5. Jahrhundert und enthält dieselbe Liste der zehn Sibyllen, die LACTANTIUS von VARRO erhielt, und die Geschichte des TARQUINIUS PRICUS, der sich mit der cumaeischen Sibylle auseinandersetzte und mit der Versicherung, dass die Sibyllen die Wahrheit über den christlichen Gott kannten.

Die Orakel selbst variieren stark im Inhalt. Das erste Orakel beschreibt die ersten sieben Generationen und das Leben Christi und schließt mit einem Angriff auf die Juden. Das zweite Orakel beginnt mit der zehnten Generation und geht über zu den Ereignissen in Zusammenhang mit dem Letzten Gericht. Das dritte und gleichzeitig längste Sibyllinische Orakel enthält ptolemäisches Material, beschreibt die Zeit nach Actium, überliefert einen Kampf der Götter und Titanen und zahlreiche Prophezeiungen zum Schicksal verschiedener Nationen. Das vierte, fünfte, siebente und achte sibyllinische Orakel enthalten eschatologische Texte, aber auch eine Zeitaltergeschichte der Welt, das sechste Orakel enthält eine kurze Hymne an Christus.

Am Ende des 5. Jahrhundert ist evident, dass sich der Name Sibylle auf eine einzelne inspirierte Prophetin bezog, ebenso, dass ihre prophetischen Aussagen in Büchern kursierten. Möglicherweise war das ebenso bei ORPHEUS, EPIMENIDES, BACIS und MUSAEUS der Fall und die Namensnennung unterschied sie von den Propheten und Prophetinnen an Orakelstätten, die als anonymes Sprachrohr des Gottes agierten und keinerlei Hinweise auf ihr Leben in ihren Antworten gaben. Der Umlauf der Orakel kann auf das 6. Jahrhundert vor Christus zurückgehen, die Zeit der *Chrésmologos* oder Orakelsammler. Die früheste Geschichte betrifft Hipparchus, der *Onomacritus* den *Chrésmologen* hinauswarf, als dieser eine falsche Prophezeiung des MUSAEUS einschloss, die besagte, dass Lemnos im Meer verschwinden würde.

Wir wissen nicht, wie diese Form der prophetischen Methode überhaupt entwickelt wurde. Natürlich gab es Vorformen, einzelnen Propheten zugeschriebene Sammlungen z.B. in Palästina, Mesopotamien und die Weisheitsbücher in Ägypten, aber bis zu dieser Zeit keinerlei Sammlungen in Assoziation mit einer Prophetin.[94] PAUSANIAS scheint seine Kenntnisse über die Sibylle einerseits aus den Schriften zu beziehen und andererseits vermutlich aus eigener Erfahrung zu schöpfen. Er berichtet von seiner Reise nach Delphi[95], wo er den Felsen besichtigte, an dem eine Sibylle mit Namen Herophile gesungen

---

93 Wood, The Road to Delphi (2004); Potter, Prophecy and History (1990); Parke, Sibyls and Sibylline Prophecy (1988) S. 30–35.
94 Ibid.
95 Pausanias, Reisen in Griechenland (Ausgabe Eckstein 2001) X, 5, 13.

habe und noch vor dem trojanischen Krieg geboren war. Die nächste Sibylle, die er nennt, ist Demo, die Sibylle von Cumae. Er hatte ihre Wirkungsstätte besucht und erzählte, dass alle Einwohner ihm eine Urne mit der Asche ihrer Gebeine zeigten, aber nichts von ihren Versen zitieren konnten. Des Weiteren nennt er eine spätere Sibylle genannte Sabbe, die Tochter von Berosus und Erymanthe. Er versichert, dass sie mit den Juden um Palästina lebte. Zudem wusste er von anderen Prophetinnen, die aber nicht Sibyllen genannt wurden. Dieser Beleg zeigt die Sibylle in ihrem griechischen Kontext und positioniert sie nicht nur mit einem Namen, sondern verbindet sie auch mit einem Ort und bespricht die menschlich verständlichen Eifersüchteleien und Konkurrenzkämpfe der einzelnen Länder, die die berühmte Prophetin für sich in Anspruch nehmen wollten.

Als Vorläufer der deutschsprachigen Sibyllenüberlieferung ist die *Tiburtina* oder Tiburtinischen Sibyllentradition, in dessen Zentrum die Deutung des Traums von 9 unterschiedlichen Sonnen steht, den 100 Senatoren gleichzeitig träumten. Die Sibylle deutet die Sonnen als 9 Geschlechter vor Christi Geburt, den Tod des Antichristen in dem Jüngsten Gericht. Dieses Gerüst bildete einen Rahmen für jeweilige Aktualisierung der Prophezeiung mit anderen warnenden Unheilsbotschaften, um die Menschen zur Umkehr zu zwingen. Das Zwischenstück zwischen *Tiburtina* und den deutschen Sibyllendichtungen ist nicht erhalten, Eine Abschrift aus dem 15. Jahrhundert steht diesem Zwischenglied aber vermutlich nahe. Zur Zeit des Kaisers AUGUSTUS kommt die Königin von Saba mit dem Namen Sibylle nach Rom und sagt voraus, dass sie in einer Vision 8 Sonnen gesehen habe, welche die zukünftigen Generationen repräsentieren. In der 2. Generation werde Christus geboren, in den Himmel auffahren, in der 3. die Apostel lehren und in der 4. die Hebräer von Vespasian besiegt, als Strafe für Christi Kreuzigung. In der 5. tritt Nero und in der 6. weissagt die Sibylle über eine große Zeitspanne bis zu Friedrich II. und dem nachfolgenden 50 jährigen Interregnum bis zu RUDOLF VON HABSBURG.

Zwei Traditionen lassen sich prinzipiell konstatieren, strophische Sibyllenweissagungen und in Sibyllendichtungen in Reimpaarversen. Im *Sibyllenlied*[96] prophezeit Sibylle König Salomo, dass das Reich ohne Herrscher sein, mit Krieg überzogen, bis einer mit Wolfszähnen zur Welt kommt, der alles Recht in Unrecht verwandelt. Zur gleichen Zeit erscheint ein Stern mit einem Pfauenschwanz und Christus wird geboren. Die rätselhaften mit Anfangsbuchstaben verbundenen Prophezeiungen (A schlägt anderes A usw.) überliefern das Jahr 1321 als Endpunkt der Welt. Damit ist die Datierung des Werkes möglich,

---

96 Die spätmittelalterliche deutsche Sibyllenweissagung (Ausgabe Neske 1985) S. 317–323; Weiss, Sibyllen und sibyllinische Weissagungen in der Literatur des Mittelalters (1995) S. 23ff.

das den Sieg Friedrich des Schönen von Österreich prophezeit. Als dieser nicht eintritt, zeigen sich klare Tendenzen zu einer ex eventu Prophezeiung: die nachfolgenden Fassungen datieren das Jahr des Weltendes mit 1361, die Länge der Kämpfe Friedrichs mit Ludwig mit mehr als sieben Jahren und nennen Ludwig als Sieger.

Das *Sibyllenbuch*[97] besteht aus unterschiedlichen aneinander gereihten Einzelteilen, in dem die Prophezeiungen im Zentrum stehen. Das nahezu chronikalisch gefasste Werk beginnt mit der Schöpfungsgeschichte, Fall Luzifers, Erschaffung des Paradieses, Sündenfall. Der zweite Teil schmückt die Legende vom Kreuzesholz Christi aus. Die bislang nicht geklärte komplexe Überlieferungsgeschichte der deutschsprachigen Sibyllen Tradition und ihre Weiterführung der *Weissagungen der 12 Sibyllen* in den Volksbüchern kann in diesem Rahmen nicht nachgezeichnet werden, da die mit der Gestalt der Sibylle verbundenen Endzeitprophezeiungen über den hier gesteckten Rahmen der Wahrsagerei weit hinausgehen.[98]

An der mittelalterlichen Aneignung der Sibyllen Figur und ihr in der Spätantike in vielfältigen Diskursen geformtes Bild und insbesondere die von den Kirchenvätern vorgenommene Umdeutung der heidnischen Propheten und Philosophen in christliche Heilsboten beteiligten sich auch die höfischen Dichter.[99] HERBORT VON FRITZLAR und KONRAD VON WÜRZBURG folgen in ihrer Gestaltung der Seherin Kassandra der von antiken Dichtern vorgegebenen pathologischen Zeichnung der wahnsinnigen Seherin, die unverkennbaren Analogien mit der Sibylle lässt HERBORT Kassandra mit Sibylle identifizieren und deren Implikationen als Christusprophetin ausspielen.[100] Dass sie ihr Wissen aber aus einem Buch bezieht, von dem sie behauptet, das würde niemals irren, zeigt die Kollision unterschiedlicher Diskurse an: die in Gehaben und Gestik durchaus an antike inspirierte Seherinnen gemahnende Kassandra trifft hier auf die buchgelehrte Magierin.[101] Trevrizent in WOLFRAMS VON ESCHENBACH *Parzival* zählt nicht nur Sibylle, sondern auch PLATO zu den Vorkündern der christlichen Erlösung:

---

97 Ibid. S. 242–300.
98 Schnell, /Palmer, Art. Sibyllenweissagungen (1992) Sp. 1140–1152; Weiss, Sibyllen und sibyllinische Weissagungen (1995); Vgl. Carozzi, Weltuntergang und Seelenheil. Apokalyptische Visionen im Mittelalter (1996); Cohn, Das Ringen um das Tausendjährige Reich (1961).
99 Vgl Kern, Lexikon der antiken Gestalten: Art. Sibylla (2003) S. 575–579.
100 *Mot. M 301.21. Sibyl as prophet; M 363.1. Coming of Christ (Christianity) prophecied.*
101 Vgl Kern, ibid. Art. Cassandra (2003) S. 155–158.

> *Der pareliure Plâtô*
> *sprach bî sînen zîten dô,*
> *unt Sibill diu prophêtisse,*
> *sunder fâlierens misse*
> *si sagten dâ vor mance jâr,*
> *uns solde komen al vür wâr*
> *für die hôhsten schulde pfant.*
> *zer helle uns nam diu hôhste hant*
> *mit der gôtlîchen minne:*
> *die unkiuschen liez er dinne.*
> *Von dem wâren minnaere*
> *sagent disiu süezen mære.* (465,21–466,2)[102]

F. Veleda, spakona und seiðkona

Als der isländische Vulkanausbruch von 1975 und erst kürzlich 2010 die Leute verstörte, waren die Zeitungen voll von Leserbriefen, in denen behauptet wurde, dass sie die Katastrophe in Träumen vorausgeahnt hätten.[103] In der mittelalterlichen isländischen Literatur kommt die Überzeugung zum Ausdruck, dass Ereignisse von denjenigen vorausgesehen werden können, die gewisse Kräfte besitzen und dass Zukunft und Rätsel der Vergangenheit und das, was in der Gegenwart verborgen ist, auf verschiedene Weise enthüllt werden können. Manchmal erfordert es gewisse Kenntnisse und Techniken und manchmal kommt die Erkenntnis der Wahrheit ungerufen in Träumen, Visionen, Omina und Zeichen.

TACITUS[104] hat an mehreren Stellen die Bedeutung der germanischen Seherinnen unterstrichen. In seinen *Historien* bezieht er sich auf die Veleda, eine Jungfrau aus dem Stamm der Bructeri in Rheinland, die besonderen Status innehatte. *Germania* 8 bestätigt diese Beobachtung. Unter der Herrschaft des Kaisers VESPASIAN genoss Veleda nicht nur den Respekt der germanischen Stämme, sondern nahezu göttliche Verehrung. Aus TACITUS' *Historien* geht klar hervor, dass Veleda zu politischen Fragen konsultiert wurde und z.B. bei den Verhandlungen mit Leuten aus Köln als Beraterin fungierte. Die Delegation bekam keinen direkten Kontakt mit der Seherin, da diese isoliert in einem hohen Turm blieb. Eine ihrer Verwandten übernahm Vermittlerfunktion, überbrachte ihr die

---

102 Wolfram von Eschenbach, Parzival (Ausgabe Bartsch 1932/1965).
103 Vgl. Heijnen, Dreams, Darkness and Hidden Spheres (2005) S. 193–207. Dass in Island der in den Alltag einbezogene Traumglaube weiterhin Bestand hat, beweist eine großangelegte Umfrage des 2003 gegründeten Unternehmens Draumasetrið skuggsjá. Das Ergebnis der Erhebung besagt, dass 72 % der Umfrageteilnehmer Träumen einen Sinn für ihr Leben zuerkennen. Vgl. http//skuggsja. com. Siehe unten, Traummantik.
104 Tacitus, Germania (Ausgabe Staedele 2001) Buch X.

Fragen und liefert dann auch die Antworten. Veledas Prophezeiungen begründeten ihr enorme Popularität unter den germanischen Stämmen, sie soll den Erfolg der germanischen Kampfhandlungen und die Niederlage der Legionen in der Revolte von 69 vorausgesehen haben. Sie wurde nach den Kämpfen von 77–78 nach Rom überstellt und STATIUS erinnert sich an die Gebete der gefangen Veleda, aber ob sie nun abgezogen wurde, um Streitigkeiten zu verhindern, oder ob sie selbst Asyl gesucht hatte, bleibt unbekannt.

Der Name „Veleda" von *veles*, Seher, ist verwandt mit irisch *file*, Dichter, beide Namen können auch als Übernamen angesehen werden. Der Name für Seherinnen variiert manchmal, *Spákona* meinte eine Frau mit prophetischen Fähigkeiten, dazu gehört das Maskulinum *spámaðr*. Ein präziserer Terminus für Frauen, die Divination praktizieren, ist *Völva*, übersetzt mit Seherin, wofür keine maskuline Form bekannt ist. Ungleich zur Pythia war die Völva mobil, nicht an eine bestimmte Stätte gebunden, soll Häuser besucht haben oder aber von den Ratsuchenden in ihrem Haus besucht worden sein. Ihre charakteristische Funktion war, eine Zeremonie zu leiten, bei der auch die Nachbarn eingeladen waren, am Ende derer beantwortete sie Fragen zur Zukunft der Gemeinschaft und gab dann Antworten zu individuellen Fragen und zu persönlichen Problemen. Die Sagaerzähler des 13. Jahrhunderts und auch die späteren Quellen beschrieben zwar die üblichen Zeremonien, diese selbst waren allerdings lediglich als literarisches Motiv präsent und der Realitätsbezug fraglich. Die große Anzahl der Belege legt nahe, dass die Vorstellung in vorchristlicher Zeit große Bedeutung hatte.

Das divinatorische Ritual, an welchem die Völva teilnahm, war als *seið* bekannt. Die Ableitung des Wortes *seið* ist unklar, aber es erscheint plausibel, das Wort mit „Lied" oder „singen" zu verbinden, wie STRÖMBÄCK[105] vorgeschlagen hatte. Obwohl einige Belege sich in diesem Zusammenhang unklar ausdrücken, kann einigermaßen großer Sicherheit davon ausgegangen werden, dass die Völva auf einem Hochsitz einer Art Plattform der *seiðhjallr* saß. Von diesem erhöhten Sitz aus konnte sie sehen, was normalerweise dem Auge verborgen war.[106]

In einem relativ frühen Zeugnis, der *Orvar-Odds Saga*, ist von einem Farmbesuch einer Völva, die von einer großen Zahl von Jugendlichen begleitet wird, die Rede. Die Funktion der Jugendlichen scheint darin zu bestehen, die Völva in Trance zu singen und später ihre wandernde Seele wieder zurückzurufen, sodass diese in den Körper zurückkehren konnte. Die kleine Völva, wie sie in der Saga von Erik dem Roten genannt wird, war die letzte Überlebende

---

105 Strombäck, sejd (1935) passim.
106 Kiil hat die Darstellung einer solchen Plattform auf der Tapesterie der Oseberger Schiffsbestattung vermutet. Kiil (1960) . Derolez sah den Ritus des Draußen-Sitzens als Inkubation auf Kreuzwegen. Vgl. Derolez, La divination chez les Germains (1968) S. 278–279.

von neun kundigen Schwestern, die ihre Künste in der isländischen Kolonie Grönland ausgeübt hatten. Die Völva auf ihrem Sitz wurde manchmal von einer Anzahl von Sängern umgeben, einer Art Chor, der die erforderlichen Lieder sang.[107]

> *Eine Frau wurde Heið genannt, sie war eine Seherin und Zauberin und wusste durch ihre Zauberkunst von ungeschehenen Dingen. Sie fuhr zu Festen weit im Land umher, dorthin, wo die Bauern sie einluden. Sie sagte den Menschen ihr Schicksal und die Witterungsverhältnisse und andere Dinge voraus. Sie hatte dreißig Leute bei sich: fünfzehn Jungen und fünfzehn Mädchen. Es war ein großes Gefolge, weil dort viele Zauberlieder gesungen werden sollten, wo sie sich aufhielt.*[108]

In der im 13. Jahrhundert verfassten *Eiríks Saga rauða*,[109] die aber Ereignisse der Jahrtausendwende von der gerade erst entstandenen grönländischen Kolonie kolportiert, bittet die Völva, dass ein spezielles Lied, genannt *Varðlokkur*,[110] gesungen wird, aber niemand in der kleinen Siedlergemeinschaft, wo die Zeremonie abgehalten wird, kennt das Lied, bis auf ein junges Mädchen, das sich daran aus seiner Kindheit erinnert. Weil das Mädchen Christin ist, will es anfänglich nicht teilnehmen, wird aber überredet.

> *Nun wohnte in der Gemeinde eine Frau, die Thorbjörg hieß. Sie war eine Seherin und wurde die kleine Völva genannt. Sie hatte neun Schwestern gehabt, und alle waren Seherinnen gewesen, aber nur sie allein war noch am Leben. Thorbjörg pflegte im Winter zu den Gelagen zu kommen und besonders wurde sie von denen eingeladen, die begierig waren, ihr Schicksal oder den Verlauf des Jahres zu erfahren. [...]*

> *Da setzten sich die Frauen im Kreise um den Zauberstuhl, auf dem Thorbjörg saß. Und Gudrid sang das Lied so schön, dass niemand von den Anwesenden meinte, jemals schöneren Gesang gehört zu haben.*[111]

---

107 Die ältere, aus dem frühen 14. Jahrhundert stammende Version der Saga erschließt, dass die Prophetin die Hilfe der Assistenten für den Gegengesang benötigte und dass sie mit der Gruppe ins Freie ging, was gesetzlich verboten war und mit der Todesstrafe belegt wurde („*going about at night to call forth evil spirits and to promote heathendom thereby.*"). Keyser und Munch (1846) S. 19 übersetzt von Larson (1935) S. 58, alle zit. n. Mitchell (1997) S. 86. In einem relativ frühen Belege eines Besuches einer Völva in einer Farm im nördlichen Norwegen, im *Örvar-Odds Saga* wird sie von 15 Jugendlichen und 15 Mädchen begleitet.
108 Grönländer und Färinger Geschichten (1929 = Thule XIII) S. 7f.
109 Hultgard bestreitet, dass es sich dabei, wie des Öfteren behauptet, um eine „Form von Schamanismus„ [...] sondern vielmehr um „ein besonderes, altskandinavisches Divinationsriutal" handelt. Vgl. Hultgard (2005) S. 119 mit dem Verweis auf Dillmann, Les magiciens dans l'Islande ancienne (2006).
110 *Varðlokkur* f. pl. Zaubergesang. Nach M. Olsen (1916, S. 1–21) aus *voerðr* „vom Körper getrennte Seele, Folgegeist, Hofgeist. Neuschwedisch Dialekt *uård* und *lokur* mit der Bedeutung etwas, das die Geister bannt. Vgl. Vries (1962) S. 645; vgl. Ohlmarks (1939) und Mitchell (2001) S. 65ff.
111 Grönländer und Färinger Geschichten (1929 = Thule XIII) S. 7f.

Thorbjörg, eine wandernde Seherin, die als Entlohnung für ihre Dienste die Gastfreundschaft annimmt, wird in einigen Quellen erwähnt, außerdem, dass sie „Konsultationen" zu bestimmten Festzeiten, wie dem Winterfest durchführt. Ihre Vorhersagen geschehen in einem öffentlichen, kommunalen Kontext, das Lied singt eine Gruppe von Frauen für die gesamte Gemeinschaft. Zuerst sollte das Lied die helfenden Geister[112] herbeirufen, die die Völva zu ihrer Weisheit befähigen, und so scheint es auch der Autor der Saga verstanden zu haben:

> *Die Seherin dankte ihr für das Lied und sagte, dass dieses viele Geister herbeigerufen hätte, die sie früher verlassen hätten, und ihr nicht mehr hätten untertan sein wollen* ...[113]

Nach dem Absingen des Liedes ist die Völva imstande zu beantworten, wie lange die Hungersnot andauern wird und sich auch individuellen Fragen zu widmen. Das Mädchen Gudrid beschenkt sie für ihre Hilfe, indem sie ihr ihre Zukunft voraussagte. Zahlreiche Belege implizieren, dass die Völva ihr Wissen im Trancezustand erhält. Es wird beschrieben, dass sie niederfällt, als wäre sie tot, später nur mit Schwierigkeiten wieder zu Bewusstsein gebracht wird und nach Beendigung der Zeremonie überaus erschöpft ist.[114] Außerdem vollführt die Völva diese Zeremonien nicht zu Heilzwecken, wie es auch bei den samischen Schamanen üblich ist. *Seið*, wie in Sagas beschrieben, bezeichnet also im Wesentlichen ein Divinationsritual, obwohl gelegentlich auch von schädigenden Intentionen die Rede ist.

Der Seherin Gesicht, Völuspá, eines der eindrucksvollsten erhaltenen mythologischen Gedichte (vermutlich Ende des 10. Jahrhunderts) präsentiert sich als Befragung einer Völva über die Schöpfung zu Beginn der Zeiten. Das fragmentarisch überlieferte Gedicht, die *Kleine Völuspá*, könnte eine Imitation eines längeren Gedichtes sein.

---

112 Andererseits könnte man es auch als Tranceinduktion interpretieren, dass das Lied also die Macht hatte, die Völva in Trance zu singen und später ihre wandernde Seele wieder zurückzurufen, sodass diese in den Körper zurückkehren konnte. Parallelen zu schamanistischen Zeremonien in nördlichen Europa und Sibirien wurden bereits von Strömbäck wahrgenommen, der ein Beispiel von einem samischen Mädchen zitiert, das mit einem Lied die Seele oder den Geist des Schamanen wieder in seinen Körper zurücksingt.
113 Grönländer und Färinger Geschichten (1929 = Thule XIII) S. 7f.
114 Das in der Saga von Erik dem Roten detailliert beschriebene Kostüm der Völva wurde als zusätzliches Indiz herangezogen, dass es sich wohl um eine „Schamanin" gehandelt haben könnte: Es bestand aus einem blauen Cape geschmückt mit Steinen, einer Kapuze, Handschuhen aus Katzenhaut eingefasst mit weißem Fell, Kalbshautstiefeln mit der Fellseite nach außen, Glasperlen, einem Hautbeutel voll mit Zauberutensilien und einem Stab mit Messing umwickelt, mit einem Knopf am Ende. Die Hauptunterschiede zur schamanistischen Séance bestehen aber in der Abwesenheit der Tänze und der Trommeln, die gemeinhin von den Schamanen aus diesen Gegenden verwendet werden, um den Trancezustand zu erzeugen.

Die *Grettirsaga* erwähnt das isländische Sprichwort: „Der Weise errät die Wahrheit" – *„Spá er spaks geta"*. Das Substantiv *„Spá"* bedeutet Prophezeiung oder Enthüllung. Diese Art der Weisheit, der Fähigkeit zur Weissagung, wurde höchst geschätzt. In der *Ljosvetninga Saga*[115] konsultiert Gudmund eine weise Frau, weil er wissen will, ob er für einen Mord zur Rechenschaft gezogen wird.

> *Sie traf ihn an der Küste und war als Mann gekleidet mit einem Helm und einer Axt in der Hand. Sie watete ins Meer, warf die Axt in die Wellen und gebärdet sich sehr gewalttätig, aber es ändert sich nichts. Sie sagte zu Gudmund, dass sie nicht dachte, jemand wolle Rache an ihm üben. Als er sie fragte, ob seine Söhne der Rache ausgesetzt würden, watete sie zurück ins Meer und als sie diese Mal das Wasser streifte, gab es ein lautes Geräusch und es färbte sich mit Blut. Einer seiner Söhne, sagte sie ihm, würde knapp dem Tod entrinnen. Aber ich werde diese Anstrengung nicht mehr auf mich nehmen, denn es hat mich viel gekostet.*[116]

Diese Betonung der schmerzhaften Erfahrung der Zukunft tritt gehäuft in literarischen Quellen auf. Die Meeresbefragung könnte von einem Missverständnis herrühren, der ursprüngliche Beleg hat vielleicht auf einen Traum oder eine Trance angespielt, die der Erzähler als Erlebnis in der wirklichen Welt umgedeutet hatte.

In der Mehrzahl der Fälle wird nicht deutlich, wie die Frauen und Männer, die in die Zukunft sehen konnten, ihr Wissen erhielten, und es gibt auch keine direkten Hinweise, dass sie den Willen der Götter verkündeten, obwohl die Konsultation von Göttern und Göttinnen häufig erwähnt wird. Im Gedicht *Hyndlujóð* agiert die Göttin Freyja selbst als Völva, reist in die Unterwelt, um Informationen für ihr Protegé Ottar zu erfahren. Sie nimmt ihn in Gestalt eines goldenen Ebers mit und zwingt eine feindliche Riesin, ihm seine Frage zu beantworten. Der Eber ist das Symbol der Vanen und der Schweden, die Freyr in Uppsala verehrt hatten. Gute Gründe, warum die *seið*-Zeremonie mit den Vanen verbunden war und mit Freyja im Besonderen. SNORRI STURLUSSON behauptet in der *Ynglingasaga Saga*, dass es Freyja war, die den Göttern den *seið* brachte. Eine gut etablierte Motiv- und Erzähltradition kreist um die *disir*, ursprünglich vanische Fruchtbarkeitsgöttinnen, die die Menschen in Träumen beraten. Die Wichtigkeit dieser Warnerträume wird besonders in der Dichtung hervorgehoben.

Die Interpretationsrichtung der Zauber- und mantischen Praxis wurde von BUCHHOLZ (1968 und 1971) und DAVIDSON (1973) fortgeführt, wobei von MORRIS (1991) als neuestem Forschungsansatz auch die Genderdiskussion einbezog. PARPOLAS jüngste Untersuchung (2004) unternimmt den Versuch, die Beziehung zwischen der samischen Praxis und *seið* mithilfe der Entlehnungsge-

---

115 Fünf Geschichten aus dem östlichen Nordland (1921 = Thule XI).
116 Ibid. 122ff.

schichte zu klären. Beim Aufrollen der Forschungsdiskussion führt er einerseits die These STRÖMBÄCKs an, der aufgrund zahlreicher Parallelen zwischen dem samischen Schamanismus und dem nordischen *seið* zum Schluss gelangt, dass hier eine starke Einflussnahme und ein gegenseitiger Austausch stattgefunden habe: „[...] *if the seið(r) bears close resemblance to Saami shamanism, we can hardly draw any other conclusion than that the Nordic seið(r) was influenced by, or partly taken over from, Saami shamanism.*"[117] Im Gegensatz dazu[118] plädiert SIMEK[119] für eine unabhängige Entstehung und lehnt die These eines finnischen Ursprungs des *seið*[120] ab.

Die Seher männlichen und weiblichen Geschlechts repräsentierten die hauptsächliche Praxis der germanisch-nordischen Zukunftsschau. Als die ersten Skandinavier Island Ende des 9. Jahrhunderts erreichten, passten sie ihre ursprüngliche Methode an die neue Landschaft an und verwendeten fortan nicht die Augurien vom deduktiven, sondern vom intuitiven Typus. Das *Landnahmebuch* erwähnt verschiedene Anlässe, bei welchen die intuitive, mit Trance verbundene Diagnostik Anwendung findet. Thorstein Rotnase wurde die Fähigkeit der Voraussicht nachgesagt, welches Schaf für das Opfer im Herbst auszusuchen wäre. Er konnte diese weise Entscheidung treffen, da er wusste, welches Tier ohnedies zum Sterben bestimmt war. Thorstein scheint die Götter nicht verehrt zu haben, aber er brachte Opfer zu einem Wasserfall in der Nähe seines Hofes und warf Geschenke und Speisen hinein. Am Ende seines Lebens, als man ihn fragte, welches Tier getötet werden solle, antwortete er: „Wählt ein Schaf aus, es kann sein, dass ich verdammt bin oder die ganze Herde oder wir alle." Er verstarb in dieser Nacht und die Schafe sprangen in den Wasserfall und alles verschwand.

Ahnungen, die aber nicht als regelrechte Trance beschrieben sind, werden häufig erwähnt, auch Hellsichtigkeit bei beiden Geschlechtern (*spámaðr*[121] und *spákona*), zudem viele verschiedene Divinationsmethoden.[122] Zu erwähnen wäre, dass bei jenen Formen, die Wetter oder Landbewegungen beeinflussen, oft ein Tanz gegen den Uhrzeigersinn vollführt wird.[123]

---

117 Parpola, Old Norse seið(r) (2004) S. 250.
118 Mundal, perception of the Saamis (1996), DuBois, seið, old Norse religion (1996 u. 1999). Zur Diskussion im Einzelnen vgl. Parpola, Old Norse seið(r) (2004) S. 250ff.
119 Simek, Lexikon (1984) S. 200.
120 Zur Diskussion von *seið* und Schamanismus neuerdings Dillmann, Les magiciens dans l'Islande ancienne (2004).
121 *spá* 1f. Prophezeiung aus urnordisch * *spänö*; *spá* 2 schw. v. meint ebenfalls prophezeien zu ahd. *spehōn*, mnl. *spien* mit der Bedeutung „spähen" ist verwandt mit lat. *specio* „ich sehe" und *speculum* „Spiegel". Vgl Vries, Altnordisches etymologisches Wörterbuch (1962) S. 531.
122 Vgl. Davidson, Hostile Magic (1973) S. 27f.
123 In der *Vatnsdœlasaga* (= Thule X) verursacht die Hexe Groa einen Bergsturz und Bard „tanzt" einen von Ulfhedin herbeigezauberten Sturm weg.

In unterschiedlichen Kontexten erwähnen die *Fornaldarsögur* und *Könungasögur* Seher, am häufigsten berichten die *Íslendingasögur* von entsprechenden mantischen Aktivitäten. Bedeutsam erscheint, dass die Tendenz besteht, den Anteil der weiblichen Protagonisten herunterzuspielen. Wenn von Weissagungen die Rede ist, die beim norwegischen Gesetz teilweise unter Verbot fielen, rekurrieren die Gesetzestexte auf Männer, Frauen hingegen werden mit *galdr*[124], also Zauber, und Hexerei, *troll, mannæta,* verbunden.[125]

Der seherische begabte Lodmund der Alte bedeckt seinen Kopf, vermutlich um bei seiner Trance nicht gestört zu werden. Dieses Verhüllen des Kopfes gehört nicht nur zur Wahrsagepraxis dazu, sondern wird auch bei Propheten und Dichtern erwähnt.[126] Augenfällig sind die Parallelen zum altirischen *fili*[127] und dessen mantischer Praxis, vor allem beim nur von den besten „inspirierten Dichtern" ausgeübten Ritual des Stierschlafs (tarb-fe(i)s(s)). Die im *Togail bruidne Ui Dergæ* erwähnte Methode sieht vor, einen weißen Stier zu opfern, dessen Fleisch zu essen und die Brühe zu trinken. Der *fili* legt die Hände an die Wangen und schläft auf der Haut ein. Im Traum erscheint ihm der neue Hochkönig. Wichtig dabei ist die Stierhaut, mit deren Berührung der Wahrtraum einhergeht. Wahrscheinlich hat er nicht nur auf der Haut gelegen, sondern diese auch wie einen Mantel um sich geschlagen, wie ADALSTEINSSON und O'RAHILLY[128] annehmen, da diese Praxis später in den Highlands noch so geübt wurde. Jedenfalls weiß noch BURCHARD VON WORMS davon, der die für ihn abergläubische Praxis in seinem *Decretum* erwähnt und fragt: „*Bist du am Kreuzweg auf einer Stierhaut gesessen, um dort die Zukunft zu erfahren?*"[129] Aber auch beim Wahrsageritual des *imbass forosnæ* wird u.a. erwähnt, dass jemand den Schlaf des *fili* bewachen müsse, damit er sich nicht umdrehe.

Zweck und Funktion der *Seið*-Handlung, wie die Texte sie beschreiben, sind sehr unterschiedlich, doch wird bis auf Vermischungen mit anderen Traditionen doch die Wahrsagepraktik dominant gewesen sein. Die *Ynglinga saga* macht unmissverständlich klar, dass Odin diese Kunst übte, um zukünftige

---

124 *galdr* 2 m. „Zauberlied" ebenso wie ae. *gealdar*, ahd. *galtar*, ahd. *galstar* „Zauber" ae. *gælstre* „Hexe". Hängt mit dem Geräusch zusammen, das die Zauberer bei einer Beschwörung machen, denn das Wort bedeutet auch „tönen". vgl. Vries (1962) S. 153.
125 Vgl. Hultgård, Seherinnen (2006) S. 118.
126 Bei den nun sehr beliebten „Rückführungen" in ein früheres Leben liegen die Klienten auf einem Bett und tragen eine Schlafmaske.
127 Vgl. Birkhan, Kelten (1997) S. 931ff
128 Adalsteinsson, Under the cloak (1978) S. 117; O'Rahilly, Early Irish History (1946) S. 223; Birkhan stellt die mittelkymrische Erzählung *Breudwyt Ronabwy* von Beginn des 13. Jahrhunderts dazu, bei der der Ronabwy auf einem Kalbfell schläft und ebenfalls eine Traumvision hat.
129 PL 140 Sp. 961, zit. n. Birkhan, Kelten (1997) S. 933; In Finnland war es beim „Horchen" üblich, gelegentlich auf einem Kalbfell zu sitzen, vgl. Boehm, (1932/1987). Sp. 312–325, hier 315f.

Dinge zu erfahren. Aggressiv-schädliche Tendenzen[130] dieser Technik verursachen Tod, Unglück und Krankheit und rauben Verstand[131] oder Kraft. Vereinzelt wird der *seið* auch geübt, um den Feind nirgends Ruhe finden zu lassen, wie beispielsweise in der *Gísla saga*[132], oder um einen Fluch auf einen König zu legen, wie in *Hrólf saga kraka*.[133]

> *Eine Frau von Ferslev [...] war von einem sehr schlimmen Geist besessen. Das äußerte sich so, dass sie mit Hilfe des Geistes imstande war, die Sünden und innersten Heimlichkeiten der Leute zu offenbaren. Als der Küster des Ortes den Geist vertreiben wollte, jagte sie den Küster mit den Worten fort, er habe von einer armen Frau ein Huhn gestohlen, was wahr war.*[134]

---

130 Davidson, Hostile Magic (1973).
131 Wie Odin mit Rindr getan hatte. Gylfaginning XXI–XXX.
132 Heusler/Ranke (1922 = Thule VIII).
133 Hermann (1923 = Thule XXI).
134 Zit. n. Reier (1976) Bd. I, S. 345.

IV. Mittelalterliche Mantik: Kontinuität und Wandel

A. Theologische und dämonologische Diskurse

> *Nicht an euch ist es, sagt ein Wort des Höchsten (Act. Ap. I,7), die Zeiten zu kennen, so dass ihr vollkommen wisset, wann und wie lange etwas sein wird; oder die Beweggründe, so dass ihr die wechselnden Weisen der zukünftigen Dinge begreifen könnet. Siehe, daher ist es vermessen, das Zukünftige einem festen Urteil zu unterwerfen, in der Gewalt des Vaters liegt es, nicht in der Notwendigkeit des Geschehens.*[1]

Wegen seiner eigenen wechselvollen Geschichte war wohl der Kirchenvater AUGUSTINUS (354–430) einer der einflussreichsten Gewährsmänner über den mittelalterlichen Aberglauben allgemein und die Wahrsagerei im Besondern. Omina und Orakel begleiten seinen Lebensweg von der Bekehrung zum Christentum an. Die heidnische Wahrsagung besitzt für ihn keinerlei Grundlage, dennoch streitet er nicht ab, dass diese durchaus Wahres verkündet hätte. Dezidiert widmet sich AUGUSTINUS in der Zusammenfassung seiner Unterredung mit christlichen Laien, *De divinatione daemonum*,[2] der Rolle der Dämonen bei der Wahrsagerei. Die Tatsache, dass heidnische Wahrsager Wahres verkünden können, bedeutet für die Christen eine unzumutbare Verwirrung. Entzündet hatte sich die Diskussion konkret an der Zerstörung des Serapeums von Alexandria[3] das die dort verehrten Götter vorausgesagt hatten. AUGUSTINUS verwundert dieses Wissen nicht, da die Dämonen die Erlaubnis von Gott haben, vorauszusagen. Wenn es aber von Gott erlaubt werde, könne man zu Wahrsagern gehen und über deren Vermittlung Zukünftiges erfahren. Aus der Argumentation ersehen wir, wer diese Fragen stellt und warum gerade AUGUSTINUS sie als ehemaliger Heide beantworten kann und will. Ehemalige Heiden hatten damit die Freiheit wie vor ihrer Bekehrung zu Wahrsagern zu gehen, ohne mit Gottes Gebot in Konflikt zu geraten.

---

1   Johannes von Salisbury, Policraticus II, 24 zit. n. Helbling-Gloor, Aberglauben (1956) S. 106.
2   De divinatione daemonum (Ausgabe Zycha 1900).
3   Treibende Kraft bei der Zerstörung des Serapeums, eines der berühmtesten Heiligtümer der antiken Welt, war der Patriarch Theophilus (385–412) im Auftrag des Kaisers Theodosius.

Wie kommt es aber, dass die Dämonen überhaupt etwas Wahres wissen? Augustinus argumentiert mit deren besseren Sinnen, sie könnten schon voraus etwas ankündigen, da sie viele Ereignisse schon vorher sehen oder wahrnehmen. Außerdem leben Dämonen, die einen Luftkörper besitzen, wesentlich länger und hätten daher wesentlich mehr Erfahrung als Menschen. Er räumt also zwar die Überlegenheit der Dämonen im physischen Bereich ein, betrachtet diese aber nur als eine relative, ebenso wie ein Gebildeter einem Nicht-Gebildeten überlegen wäre. Aufgrund ihrer physischen Überlegenheit könnten sie auch Erstaunliches vollbringen. Außerdem würden Dämonen meist etwas voraussagen, das sie dann selbst bewirkten. Die Frage, warum die heidnischen Orakel, Seher und Propheten die Wahrheit verkünden können, beantwortet Augustinus also nahezu modern damit, dass die Beobachtung von Phänomenen und die damit verbundene Erfahrung bei einer Prognostik eine große Rolle spielen.

Die zweite Erklärung befasst sich mit der Stellung der Dämonen und ihrer Kenntnis der Zukunft. Dämonen können sich wegen ihrer feinstofflichen Körper in die Leiber leicht lenkbarer Menschen einschleichen und die im menschlichen Körper sich manifestierenden Gedanken für Voraussagen nutzen.[4] Die Dämonen können nur durch bessere Beachtung mancher uns verborgener Zeichen viel mehr als die Menschen von der Zukunft voraussehen, vorhandene (An-)Zeichen, die der Mensch nicht wahrnimmt, erkennen. Ihre bessere Sinneswahrnehmung resultiert aus der Luftbeschaffenheit ihrer Körper. Auch was sie selbst zu tun beabsichtigen, kündigen sie bisweilen vorher an. Aber sie täuschen sich häufig, die Engel dagegen niemals, moniert der erste der lateinischen Apologeten Minucius Felix im späten 3. Jahrhundert.

> *Es gibt unreine, unstete Geister, welche von der himmlischen Kraft durch irdische Makel und Begierden herabgesunken sind. Nachdem sie nun durch die Last und den Sumpf ihrer Laster die Reinheit ihres Wesens eingebüßt, hören diese Geister nicht auf, zum Trost in ihrem Unglück, selbst verdorben, auch andere zu verderben und selbst betört auch Menschen ihre törichten Irrtümer mitzuteilen und verstoßen von Gott, auch die Menschen durch Einführung falscher Religion von Gott zu trennen. Die Dichter kennen diese Geister als Dämonen, die Philosophen handeln davon, auch Sokrates weiß von ihnen; er hat ja nach dem Wink und Willen des Dämons an seiner Seite Geschäfte unterlassen oder übernommen. Ebenso kennen die Magier nicht nur die Dämonen, sondern bewirken auch durch die Dämonen all ihr wunderliches Gaukelwerk.[5] Diese unreinen Geister nun oder Dämonen, wie die Magier und Philosophen sie erklären, stecken hinter den geweihten Statuen und Bildern. Sie erreichen durch ihre Einwirkung ein Ansehen, als ob wirklich eine Gottheit zugegen wäre, indem sie bisweilen sehr begeistern, in Tempeln verweilen,*

---

4 Diese Art der Divination stützt sich nach Augustinus' Meinung zu sehr auf Spekulation, er hat sie auch später revidiert.
5 Minucius Felix, Octavius (Ausgabe Kytzler 1991) XXVI, 8–10, S. 60f.

hie und da die Fasern der Eingeweide beleben, den Vogelflug leiten, die Lose lenken, Orakelsprüche hervorrufen, die freilich in mehr Lügen eingehüllt sind (als sie die Wahrheit enthalten). Denn sie täuschen sich und täuschen andere, da sie die reine Wahrheit nicht kennen und was sie davon wissen zu ihrem Verderben nicht zeigen.[6]

Wenn die christlichen (und jüdischen) Propheten, aber auch die heidnischen Seher Wahres verkünden, wo liegt dann der Unterschied? Der grundsätzliche Unterschied liegt darin, dass die christlichen Propheten nicht auf Zeichen reagieren, sondern ausschließlich auf die Worte Gottes. Zwar können auch die Dämonen einiges hören, das Gott spricht, doch kann Gottes Ratschluss Anordnungen treffen, die den Absichten der Dämonen zuwiderlaufen. Die Naturzeichen, die sie lesen, können ebenso von Gott geändert werden.[7]

Aus AUGUSTINUS' Bemerkungen zum Aberglauben entlehnt das *Decretum* des GRATIAN[8] seine Angaben und auch Widerlegungen, das auch die Meinungen des MARTIN VON BRAGA (gest. 580), HRABANUS MAURUS und BURCHARD VON WORMS (gest. 1025) einschließt. Das *Dekret* wird 1140 abgeschlossen und die späteren Theologen beziehen sich darauf, seltener unmittelbar auf AUGUSTINUS.

GREGOR VON TOURS (538–594) zeichnet in seiner *Fränkischen Geschichte* ein Bild von den Merowingern, die sich nicht scheuten, ebenso wie Samuel ihre Zukunft bei Wahrsagerinnen zu suchen, die einen zukunftsweisenden Geist besaßen:

Damals sandte Gunthram einen seiner Leute zu einem Weibe, die ihm schon seit der Zeit König Chariberts bekannt war; die hatte einen Wahrsagergeist und sollte ihm vorhersagen, was ihm widerfahren würde. Auch behauptet er, sie habe seinerzeit nicht nur das Jahr, sondern auch Tag und Stunde vorausgesagt, zu denen König Charibert sterben sollte.[9]

Ihre Antwort fällt nicht vage aus:

Es wird geschehen, dass König Chilperich noch in diesem Jahre stirbt und Merovech mit Ausschluß seiner Brüder das ganze Reich gewinnt. Du aber wirst das Herzogtum in seinem ganzen Reiche fünf Jahre lang bekleiden. Im sechsten Jahre aber wirst du in einer Stadt, die an der Loire, auf ihrem rechten Ufer, liegt, durch des Volkes Stimme die bischöfliche Würde erlangen und alt und des Lebens satt erst von der Welt abscheiden.[10]

---

6 Ibid. XXVII, 1–3, S. 61f.
7 Vgl. dazu im Detail Linsenmann, Die Magie bei Thomas von Aquin (2000) S. 60–72.
8 Das Hauptwerk des Kamdulensers Gratian von Bologna. Gratian, Decretum (Ausgabe Richter/Friedberg 1879/1955). Vgl die Monografie von Winroth, The making of Gratians Decretum (2000).
9 Gregor, Fränkische Geschichte (Ausgabe Giesebrecht 1988) Buch 5,14, S. 27.
10 Ibid.

GREGOR glaubt nicht an die Vorhersage und kontert sogar mit einem eigenen wahrsagenden Traum, in dem ihm ein Engel verkündet habe, dass CHILPERICH sterben und keiner seiner vier Söhne ihn überleben werde. Er schließt daraus, *„dass (es) Lug und Trug war, was die Wahrsager jenem versprochen hatten"*[11].

Wiewohl GREGOR nichts gegen Losorakel (→ siehe unten) und vorhersagende Träume einzuwenden hat, sind ihm professionelle Wahrsager suspekt. Die bei ihm auffällig oft wiederkehrenden Warnungen und Verurteilungen der Wahrsager als Scharlatane lassen den Schluss zu, dass er zumindest mobilen Wahrsagern und Volkspropheten begegnet ist, die in seinen Zeitgenossen genügend interessierte Klienten fanden. Ein Wahrsager gibt sich gar als zweiter Christus aus, ihn hat der Teufel mit der Fähigkeit zur Wahrsagerei ausgestattet:

> *Er sagte auch die Zukunft vorher, einigen verkündigte er, dass ihnen Krankheiten, andern, daß ihnen Verluste bevorständen, Glück dagegen prophezeite er wenigen. Dies alles richtete er durch teuflische Künste und Gott weiß welche Zaubereien aus. Er verführte hierdurch eine ungeheure Menge Volks. Nicht allein ungelehrte Leute, sondern auch Priester der Kirche. Es folgten ihm endlich mehr als dreitausend aus dem Volke nach.*[12]

Der *Indiculus superstitionum et paganiarum*, vermutlich das Werk eines Klerikers aus dem Umkreis des Hl. Bonfatius, ist ein Verzeichnis von Stichworten heidnischen und abergläubischen Brauchtums aus dem 8. Jahrhundert[13], Zeit und Ort der Entstehung sind bislang nicht gesichert. Erhalten sind teilweise nur die Kapitelüberschriften, die Kapitel 5, 9–17, 21–30 behandeln Zauber und Wahrsagung. Umstritten ist der Zeugniswert der Informationen, an dem sich die unterschiedlichen Erkenntnisinteressen vor allem zweier Forscher, HARMENING und SCHMITT, in einer Kontroverse entzündet haben. Die Frage, ob es sich bei diesem Bericht der abergläubischen Gebräuche um literarische Konventionen, Topoi oder eine Repräsentation historischer Realität handelt oder ob trotz literarischer Abhängigkeit die volkssprachlichen Bezeichnungen für eine Faktizität des Textinhaltes sprechen, wird man nicht gültig für eine Seite entscheiden können.[14]

ISIDOR, (um 560 – 636) Bischof von Sevilla, ist zu Recht als der bedeutendste Gelehrte seiner Zeit bezeichnet worden. Sein von der Tendenz her tra-

---

11 Ibid.
12 Gregor, Fränkische Geschichte (Ausgabe Giesebrecht 1988) Buch 10,25, S. 140f.
13 Vgl. Grimm, Deutsche Mythologie (1870/1968) Bd. 3, S. 404; Helm, Art. Indiculus superstitionum et paganiarum (1932/1978) Sp. 684–687; ders. Altgermanische Religionsgeschichte (1958) S. 15f. Wesche, Der ahd. Wortschatz (1940); Hohmann, Der ‚Indiculus superstitionum et paganiarum' und verwandte Denkmäler (1965); Harmening, Superstitio (1979) S. 49–75 u.ö. Schmidt-Wiegand, Art. ‚Indiculus superstitionum et paganiarum' (1983) Sp. 376–378; Schmitt, Heidenspaß und Höllenangst (1993) S. 83–94.
14 Vgl. dazu Brall, Die Macht der Magie (1999) S. 215–229.

ditionelles, weit rezipiertes Werk, das sich auf sämtliche *Artes* erstreckt, war der Weitergabe klassischer und christlicher Bildung gewidmet und als Kompendium gefasst. Seine in 20 Büchern angelegte *Etymologiae*, die er auf Wunsch König Siebuts begonnen hatte, sollte das klassische und christliche Bildungswissen erschließen. Aberglauben, Magie, Mantik und Häresie behandelt das VIII. Buch.[15] ISIDOR versteht die Wahrsagerei als Spielplatz der betrügerischen Dämonen und die Wahrsager als deren Spielball. Er zeichnet die antike Magie und Mantik aus seiner Sicht nach und kommt zu folgendem Urteil:

> *Die Wahrsager (divini) heißen gleichsam „von Gott Erfüllte": sie täuschen nämlich vor, von göttlicher Weisheit (divinitas) erfüllt zu sein und deuten mit einer gewissen betrügerischen List den Menschen die Zukunft.*[16]

Vieles ist als Exzerpt von den nachfolgenden Autoren benützt und weiter tradiert worden, so etwa durch die Kompilationen des *Kanon Episkopi* und *Decretum Gratiani*. Der *Kanon Episkopi* wurde zunächst durch REGINO VON PRÜM, BURCHARD VON WORMS und IVO VON CHARTRES überliefert. BURCHARD VON WORMS[17] (um 946–1025) hat den *Kanon Episkopi* unter Einbeziehung von anderen Verordnungen aus seiner Hauptquelle, dem Sendhandbuch des REGINO VON PRÜM, in das um 1010 abgeschlossenen *Decretum* aufgenommen, und dieses ging zusammen mit IVOS VON CHARTRE Sammlungen in den zweiten Teil der systematischen Kirchenrechtssammlung des GRATIAN ein.

Schwerpunkte der Überlieferung bilden abergläubische Vorstellungen der Luftfahrt der Frauen, aber auch Zauberei und Wahrsagerei. Im 10. Buch zählt BURCHARD die kirchenrechtlichen Beschlüsse zu Dämonenbeschwörern, Auguren, Zukunftsdeutern und Wahrsagern auf. GRATIAN illustriert anhand fiktiver Rechtsfälle Rechtsfragen. Frage 5 geht darauf ein, was mit *sortilegi* und *divini* zu geschehen habe, wenn sie nicht von ihrem frevelhaften Tun ließen. Im 26. Fall nimmt er zu einem als Wahrsager und Losbefrager verurteilten Priester Stellung, der trotz Mahnungen seines Bischofs verstockt an seinen Handlungen festhielt und exkommuniziert wurde. Die verwendeten Oberbegriffe bezeichnen Personen, die sich mit ihrer Wahrsagerei der Idolatrie und Dämonenbeschwörung schuldig gemacht haben. Die Zukunftsschau wird als Götzendienst und Hommage an die Dämonen wahrgenommen. Bußbücher lassen die Bedeutung der Wahrsager und den Stellenwert der Propheten beim Volk nachvollziehen, das sie ungeachtet der Strafen offenbar häufig konsultier-

---

15 Mit reichen bibliografischen Angaben vgl. Worstbrock, Art. Isidor von Sevilla (2004) Sp. 717–746.
16 Isidor, Etymologie VIII. Buch, Über Glauben und Aberglauben (Ausgabe Linhart 1997) S. 39.
17 Vgl. Kerner, Studien zum Dekret des Bischofs Burchard von Worms (1971) und ders. Art. Burchard von Worms (1978) Sp. 1121–1127.

te. Der Sendbrief des REGINO VON PRÜM[18] richtete sich u.a. gegen Wahrsager[19], und das um 1008 verfasste Bußbuch BURKHARDS VON WORMS listet Divinations- und Bußpraktiken auf.[20]

Mit Misstrauen blicken die mittelalterlichen Theologen auf häretische Propheten, und gleichzeitig mehren sich die Berichte der Historikern und Ethnografen über die Seher heidnischer Völker. So berichtet GIRALDUS CAMBRENSIS von der Sehergabe der Waliser:

> Nur in Wales gibt es bestimmte Menschen, awenyddion genannnt, die sich so verhalten, als ob sie besessen wären. Fragst du sie wegen irgendeines Problems um Rat, fallen sie sofort in Trance und reden, als ob ein Geist von ihnen Besitz ergriffen hätte. Sie beantworten die ihnen gestellten Fragen nicht klar und deutlich. Viele verschiedene und rätselhafte Worte, gut verständlich, jedoch ohne Zusammenhang, ohne Sinn und Bedeutung, fließen aus ihren Mündern. Wer ihren Ausführungen aber aufmerksam folgt, wird schließlich in einem ungewöhnlich gebrauchten Wort die erhoffte Antwort finden. Wenn alles vorüber ist, erwachen sie aus ihrer Ekstase wie aus einem schweren Traum, und kommen, durch Gewalt gezwungen, wieder zu sich. Denn nach Beantwortung der ihnen gestellten Frage erlangen sie ihr Bewusstsein nur wieder, wenn sie gewaltsam geschüttelt werden, können

---

18   Der Benediktiner Regino von Prüm wurde im Jahr 892 Abt des Klosters Prüm. Seine zwei Bücher *De synodalibus causis et disciplina ecclesiasticis* enthalten eine Sammlung kirchlicher Dekrete. Sein Handbuch für Visitationen und Sendgerichte ist vor allem von kulturgeschichtlichem Interesse. Zu Regino von Prüm (ca. 840–915) vgl. Schneidmüller, Regino von Prüm (1990) Sp. 492–495; Laudage, Regino (1999) Sp. 579–580; Schmitz, Ansegis und Regino (1988) S. 95–132 und Regino von Prüm (1989) S. 1115–1122; Anton, Regino von Prüm (1994) Sp. 1483–1487; Hlawitschka, Regino von Prüm (1975) S. 7–27; Kyll, Zum Fortleben (1972); Buchner, Aberglaube, Zauberei (1998) S. 108ff.

19   354. Aus dem Konzil von Ankyra: diejenigen, die Weissagungen zu erlangen suchen und sie nach dem Brauch der Heiden befolgen oder die derartige Menschen in ihre Häuser holen, um etwas durch Magie zu erforschen oder zu sühnen, die sollen gemäß den festgelegten Bußabstufungen der Fünfjahresregel unterliegen. 355. Aus dem Konzil von Braga: Wenn einer dem Brauch der Heiden folgt und Seher und Wahrsager in sein Haus holt, damit sie gleichsam Unheil austreiben oder Zaubermittel erfinden, soll eine Buße von fünf Jahren ableisten. 356. Aus dem Erlassen des Papstes Gregor. Wenn jemand etwas auf Wahrsager, Eingeweideschauer und Zauberer gibt oder von Amuletten Gebrauch macht, soll er mit dem Kirchenbann belegt werden. 357. Aus dem Konzil von Karthago. Wer Weissagung und Beschwörungen praktiziert, muss von der Gemeinschaft der Kirche getrennt werden. Ebenso auch derjenige, der dem Aberglauben der Juden anhängt und ihre Feiertage (begeht). 359. Aus dem Konzil von Toledo: Wenn ein Bischof, Priester oder Diakon oder sonst einer vom geistlichen Stand dabei ertappt wird, wie er Zauberer, Eingeweideschauer, Wahrsager oder Vogelschauer und Weissager und diejenigen, die Orakel verkünden, um Rat fragt, soll er von der Würde seines Amtes abgesetzt werden und die strenge Aufsicht eines Klosters ertragen, und dort soll er dauernder Buße unterliegen und das Verbrechen des verübten Religionsfrevels sühnen. 360–362. Aus dem römischen Gesetz: Jeder, der aus Neugier auf die Zukunft einen Dämonenbeschwörer oder Seher, die man Wahrsager nennt, oder einen Eingeweideschauer, der die Vorzeichen deutet, um Rat fragt, soll mit dem Tode bestraft werden. De synod. Causis II can. übers. v. HARTMANN (2004) S 413–415.

20   Vgl. Hain, Burchard von Worms (1956) S. 39–50.

sich aber dann nicht mehr an das von ihnen Gesagte erinnern. Wird ihnen ein und dieselbe Frage ein zweites Mal gestellt, geben sie eine vollkommen andere Antwort. Es mag Zufall sein, dass sie auf eine wiederholt vorgetragene Bitte eine andere Antwort geben und ganz andere und fremde Worte benutzen. Vielleicht sprechen sie manchmal durch einen fanatischen, aber unwissenden Geist. Gewöhnlich erhalten sie diese Gabe der Weissagung durch Visionen, die in ihren Träumen erscheinen. Manche von ihnen meinen, in ihren Träumen würden ihre Lippen mit süßer Milch oder Honig bestrichen, andere behaupten, ein beschriebenes Papier würde auf ihren Mund gepresst. Sobald sie aus einem solchen Traum erwachen, den sie in wohlklingenden Worten verkünden, erklären sie öffentlich, die Gabe der Wahrsagung erhalten zu haben.[21]

Wenn du, zweifelnder Leser, fragst, durch welchen Geist derartiges verkündet wird, sage ich nicht, dies geschehe durch heidnische oder dämonische Geister. Es ist wahr, allein Gott kennt die Zukunft, aber er ist imstande, dieses Wissen anderen zu gewähren.[22]

Im letzten Drittel des 12. Jahrhundert verfasste der Pariser Theologe JOHANNES BELETH sein *Rationale divinorum officiorum*, der Pariser Bischof ETIENNE TEMPIER 1277 seine Verdammungsschrift, die sich gegen Bücher und Manuskripte, die Anleitungen zur Toten- bzw. Dämonenbeschwörung bzw. Geomantie, richtet.[23] Gleichzeitig entstehen die Summen des THOMAS VON AQUIN (1225–1274), BENEDIKT VON MASSILIA (um 1200–1263) WILHELM VON AUVERGNE (um 1249).

THOMAS hat sich immer wieder zur Divination geäußert, seine Meinungen vor allem in zwei Texten zu Katalogen zusammengefasst und zwar in *De Sortibus* III und nicht deckungsgleich in *Summa Theologiae* II.[24] Er konzentriert sich auf drei Bereiche, auf die direkte Dämonenbefragung, Zeichendeutung und das Deuten von absichtlich inszenierten Vorgängen, um die Zukunft zu erkunden. Die Interaktion des Menschen mit den Dämonen, die Dämonenbefragung, hakt er kurzerhand als von Gott verboten ab. Bei den anderen mantischen Bereichen, der Zeichendeutung, wie sie in der Astrologie, der Augurie, Handlesen, Omina, der Spatulimantie und vergleichbaren Techniken auftritt, geben die Menschen den Dämonen nur Möglichkeit für ihr Wirken, d.h. sie rufen sie nicht direkt an und fragen sie nicht. Der von THOMAS angenommene Pakt der Menschen mit den Dämonen ist hier nicht explizit, sondern implizit. Bei der Deutung von Vorgängen, die der Mensch zur Zukunftserforschung initiiert, wird ebenso indirekt und stillschweigend ein Dämonenpakt geschlossen. Bei der Traumdeutung ist eine Differenzierung notwendig, denn es gibt verschiedene Träume, die dem Menschen selbst innewohnen, und solche, die von außerhalb kommen. Ein von einem Dämon verursachter Traum kann das

---

21 Giraldus Cambrensis, Beschreibung von Wales (2008) S. 56.
22 ibid. S. 58f.
23 Vgl. Kieckhefer, Forbidden rites (1997); Peters, The medieval church (2002) S. 173–245, S. 213ff.; Láng, Unlocked Books (2008) S. 125ff.
24 Linsenmann Ibid. S. 333f.

Medium sein, mittels dessen ein Wahrsager, der die Dämonen ja angerufen hat, Antwort von diesen bekommt. Ein Traum, der von den Sternen verursacht wird, darf daher zur Wettervorhersage genützt werden. Ebenso wie AUGUSTINUS hat THOMAS vieles aus eigener Anschauung gekannt, er bleibt ebenso wie sein Vorgänger dabei, Divination prinzipiell als sündhaft wahrzunehmen, denn das Streben nach Wissen, ohne dies von einer Offenbarung durch Gott oder seinen Engel zu erwarten, ist zu verurteilen, zumal der Divination immer eine Kollaboration mit widergöttlichen Mächten zugrunde liege. Prediger wie BERTHOLD VON REGENSBURG rekurrieren gelegentlich auf im Volk kursierende abergläubische Meinungen und in diesem Rahmen auf die Schädlichkeit divinatorischer Praktiken.

Die spätmittelalterlichen Vertreter der Dekalogliteratur, bekannt unter dem Begriff Wiener Schule[25], NIKOLAUS VON DINKELSBÜHL[26], STEPHAN VON LANDSKRON,[27] HEINRICH VON LANGENSTEIN[28], nehmen unterschiedliche abergläubische Praktiken aufs Korn, wie die *superstitiones observationes*, Oneiromantie, Nekromantie u.a.

In der deutschen Bearbeitung des *Praeceptorium*s des HEINRICH VON FRIEMAR[29], gehören Wahrsager, Zauberer und Ketzern zu den Sündern gegen das erste Gebot:

> *zuo glicher wise als warsegerin die muglichen heissen zouberie, oder die in gloubent oder sie forschent oder anbetter der element, oder des mones oder der sternen luff ansehend und ir sach, was das sy, darnach tunt oder lont, als zuo der ee griffen oder des gelichen, oder glauben die verworffen tag oder rat fragen um verloren sach.*[30]

Als Nachfolger NIKOLAUS' VON DINKELSBÜHL und HEINRICHS VON LANGENSTEIN sind vor allem JOHANNES NIDER, FRANZ VON RETZ, THOMAS EBENDORFER u.a. zu nennen. JOHANNES NIDER[31] (um 1380–1438) trat 1402 in das reformierte Dominikanerkloster von Colmar ein, absolvierte ein philosophisch-theologisches Grundstudium in einem der dominikanischen Konvente in Wien oder Köln und nahm wahrscheinlich am Konzil in Konstanz teil. Er begann 1422 in Wien zu studieren, legte 1425 die Lizentiatsprüfung ab und wurde 1425 zum Doktor der Theologie promoviert. Der *Formicarius,* sein ca. 1435/1437 in Latein geschriebenes Hauptwerk, nimmt zum spätmittelalterlichen Aberglauben Stellung und erwähnt Hexenglauben, Totenbeschwörung, Besessenheit und

---

25 Vgl. dazu die Arbeit von Baumann, Aberglaube für Laien (1989) Bd. II, S. 323–436.
26 Madre, Art. Nikolaus von Dinkelsbühl (1987) Sp. 1048–1059.
27 Schnell/ Weidenhiller, Art. Stephan von Landskron (1995) Sp. 295–301.
28 Hohmann/ Kreuezer, Art. Heinrich von langenstein (1981) Sp. 763–773.
29 Warnock, Art. Heinrich von Friemar (1981) Sp. 730–737.
30 Beilagen zu der Seelentrost (1855).
31 Hillenbrand, Art. Nider, Johannes (1987) Sp. 971–977; Tschacher, Der Formicarius des Johannes Nider (2000).

zahlreiche andere abergläubische Praktiken. Sein *Praeceptorium* und Teile seines *Formicarius* nahm INSTITORIS 1487 wortgetreu in den *Malleus maleficarum* auf.

Auf diese kursorisch genannten Quellen gehen auch die Meinungen der deutschen Theologen des 14. und 15. Jahrhunderts zurück, die sich mit dem Aberglauben befassen. Zu erwähnen ist vor allem der Heidelberger Theologe NICOLAUS VON JAUER (1355–1435), der mit seinem superstitionenkritischen Werk *Tractatus de superstitionibus* im 15. Jahrhundert eine große Verbreitung und Rezeption erlebte, dessen Bedeutung aber erst langsam von der Forschung wahrgenommen wird. SCHMIDT würdigt seine Schrift als den möglicherweise ersten deutschen dämonologischen Traktat.[32] Für die Sache der Wahrsagerei ist der zweite Hauptartikel bedeutsam, wo NIKOLAUS in drei Unterfragen aufteilt, ob es dem Teufel überhaupt möglich ist, die Zukunft zu erkennen, und wenn ja, ob es den Menschen gestattet ist, Zukunftsvoraussagen des Teufels für sich zu beanspruchen, und drittens, wie der Mensch die Dienstleistungen des Teufels in Anspruch nehmen kann, ohne Schaden zu nehmen. Die erste Frage beantwortet NIKOLAUS in der Nachfolge zu THOMAS, der Teufel besitze eine feinstoffliche Natur, er vermag daher besser und mehr zu erkennen als der Mensch. Auch kann er aufgrund der Engelsoffenbarungen und durch seine eigenen langwährenden Erfahrungen für den Menschen nicht einsichtige Kausalzusammenhänge erkennen und daraus Schlüsse ziehen. Da der Teufel über eine größere Macht als der Mensch verfügt, sei es unmöglich, ihn zu zwingen, allerdings kann er nichts Neues erschaffen, nur Gott kann das. Zwei Drittel des Traktats befassen sich mit den abergläubischen Praktiken selbst, auch hier folgt er im Wesentlichen THOMAS nach den Kriterien Dämonenanrufung und damit expliziter bzw. ohne Dämonenanrufung also impliziter Pakt. Als Praktiken mit implizierter Dämonenbeschwörung führt er Traummantik, Nigromantie, Geomantie und die Vier-Elemente-Mantik; Astrologie, Omina, Chiromantie und Spatulimantie, Losen und die Beobachtungsmantik kommen ohne dämonische Hilfe aus.[33]

---

32 Nikolaus von Jauer wird im alten Verfasserlexikon gewürdigt, die Einträge haben sich aber nicht wesentlich vermehrt, da bislang keine neue Einzeluntersuchung zu ihm vorliegt. Schmidt, Nikolaus von Jauer (1943) Sp. 583–588 und Kadlec, Nikolaus von Jauer (1987) Sp. 1078–1081; Franz hat sich in seiner Studie, Der Magister Nikolaus von Jawor (1898) vor allem auf die Aberglaubenskritik konzentriert. Fürbeth, Johannes Hartlieb (1992) S. 100–108; Fürbeth hat hier zwar eine Untersuchung angekündigt, aber noch nicht vorgelegt. Zum dämonologischen Verständnis des Traktas vgl. Tschacher, Der Formicarius des Johannes Nider (2000) S. 235 u.ö. Schmidt, Glaube und Skepsis (2000) S. 49ff.
33 Hier folge ich Franz und Fürbeth.

B. Spätmittelalterliche Superstitionen-Literatur

Abgesehen von kirchlichen Synodalbeschlüssen und den Aberglauben betreffenden Dekreten, Predigt-, Buß- und Beichtliteratur gab es seit der Entstehung der weltlichen Literatur immer auch Diskurse zu Aberglauben, Magie und Mantik, die sich freilich am theologischen Diskurs orientierten, aber nicht als völlig deckungsgleich zu bezeichnen sind. Es handelt sich um Texte, in welchen die Auseinandersetzung mit Praktiken im Vordergrund steht, „*die innerhalb des kirchlichen Lehrsystems dem Verdikt ‚Aberglauben' unterlagen.*"[34] Auf die Formen der literarischen Rekurse auf die Mantik wird bei den Einzelkünsten einzugehen sein.

Die spätmittelalterlichen Vertreter der didaktischen und Traktatliteratur thematisierten mehr oder minder detailliert Formen der Magie und Mantik und bezogen zu den verschiedenen Superstitionen Stellung. Hans VINTLER, in der zweiten Hälfte des 14. Jahrhundert geboren, folgt mit seinen *Pluemen der Tugent* zwar in Titel und Haltung seiner italienischen Vorlage, den *fiori di virtu*, die lange Aberglaubensliste führt der italienische Autor aber nicht, weshalb ZINGERLE annahm, er hätte diese Stelle selbstständig hinzugefügt und damit den vorgefundenen Aberglauben kritisieren wollen. SCHÖNBACH[35] hält dagegen, VINTLER habe sich auf den Gewissenspiegel des MARTIN VON AMBERG bezogen.[36] Da dies nur für einen Teil seiner Superstitionenkritik zutrifft, ist anzunehmen, dass die Aberglaubensliste entweder auf einer noch unbekannten Quelle beruht bzw. tatsächlich von VINTLER selbst bereitgestellt wurde. VINTLERS didaktisches Werk hat vor allem in seiner Superstitionenkritik vorbildhaft gewirkt, so etwa auf das Gedicht *ein newer spruch von der Zauberey vnd dem vnglauben* des Nürnberger Meistersingers ASMUS MAYR.[37]

JOHANNES HARTLIEBS[38] *Puoch aller verpoten kunst ungelaubens und der zaubrey* von 1455/56 zählt zu den ausführlichsten und detailliertesten Traktaten der magischen und mantischen Künste. HARTLIEB stand im Dienste Herzog LUDWIGS VII. von Bayern-Ingolstadt, studierte vermutlich in Wien bis zum Magisterium und erwarb 1439 in Padua den Doktor der Medizin. Ab 1440 diente er dem Bayernherzog ALBRECHT III. als Leibarzt, Berater und als

---

34 Vgl. Fasbender, Von der Wiederkehr der Seelen Verstorbener (1998) S. 252.
35 Studien zur Geschichte der altdeutschen Predigt (1900).
36 Martin von Amberg, Der Gewissenspiegel (Ausgabe Werbow 1958) S. 15; Vgl. Müller, Art. Vintler, Hans (1999) Sp. 354–359, hier Sp. 357.
37 Vgl. Ebermann/Bartels, Zur Aberglaubensliste (1913) S 1–18 und S. 113–136 hier S. 4–10.
38 Schmitt, Hans Hartliebs mantische Schriften (1962) und ders. Magie und Mantik bei Hans Hartlieb (1966) S. 163–170.

diplomatischer Gesandter und gehörte als Literat zum Kreis des Büchersammlers Jacob Püterich.

Das *Buch aller verbotenen Kunst* informiert über die Superstitionen, um die Tragweite der Gefahren bewusst zu machen, denn nur gezielte Aufklärung kann die Täuschungskünste des Teufels hintanhalten. Die Form des Traktats steht in der Tradition der scholastisch-akademischen Disputationssystematik und folgt hier Thomas und auch Nikolaus von Jauer.[39] Bei vielen mittelalterlichen Autoren hat man deren aufklärerisch-didaktische Ausrichtung im modernen Sinn missverstanden. Auch Hartlieb geht es nicht darum, die von ihm aufgelisteten Superstitionen als irrationalen Aberglauben zu brandmarken, sondern um die Zurückweisung einer superstitiös-mantischen Zeicheninterpretation wegen ihrer teuflischen Implikationen. Die Interpretation von Handlinien beispielsweise wäre insofern abzulehnen, als mit einer abergläubischen Linieninterpretation dämonische Einflüsterungen zugelassen werden, die ganz und gar nicht harmlos zu nennen sind, sondern einen impliziten Teufelspakt darstellen. (Zu den Einzelkünsten bei Hartlieb → siehe unten).

Abgesehen von seiner Abhandlung und Lehrschrift gegen magische und mantische Praktiken wurden ihm noch mehrere Abhandlungen zugeschrieben wie die *Kunst der Gedächtnüß, Mondwahrsagebuch, Chiromantie* und *Namenmantik*. Lediglich für das *puoch aller verpoten Kunst* ist die Autorschaft unbestritten. Die Autorschaft Hartliebs für die genannten Einzelschriften bestreiten Fürbeth[40] und Wierschin[41] mit unterschiedlichen Argumenten, seitdem ist die Frage offen. Als Vorlage für Hartlieb kommt der in der augustinischen Tradition stehende, häufig rezipierte *Tractatus de superstitionibus* des Nikolaus Jauer in Frage.

Der Dichter Michel Beheim[42], 1416 in Sülzbach bei Weinsberg als Sohn eines Handwerkers geboren, lernte zunächst das Weberhandwerk. Im Dienst Konrads von Weinsberg, Reichskämmerer Kaiser Sigismunds, entdeckte er die Dichtkunst für sich und kam nach dessen Tod zum Hof Albrechts III. von Bayern und an einige andere Adelshöfe. Beim Hofdienst des Pfalzgrafen Friedrich wurde er 1475 ermordet. Seine zahlreichen Reisen und Adelsdienste brachten ihn mit vielen abergläubischen Meinungen und Praktiken in Berüh-

---

39 Inwieweit er den Traktat des Nikolaus von Jauer direkt vor sich oder in Exzerptform hatte, ist noch zu klären. Vgl. Fürbeth, S. 115ff.
40 Fürbeth, Untersuchungen zu Leben und Werk (1992); Haage/Wegener, Deutsche Fachliteratur der Artes im Mittelalter (2007) S. 282–284 berücksichtigt Fürbeths Einwände nicht.
41 Wierschin, Johann Hartliebs mantische Schriften (1968) S. 57–100.
42 Literatur bis 1972 verzeichnet in der Beheim Ausgabe bei Gille/Spreewald, die Gedichte des Michel Beheim (1968–1972) Vgl. Müller, Art. Beheim, Michel (1978) Sp. 672–680; zur Aberglaubensliste Güting, Michael Beheims Gedicht gegen den Aberglauben (1977) S. 197–220.

rung und seine vielfältigen Kenntnisse schlagen sich in seinen 452 Meistergesängen nieder. Sein Meisterlied gegen den Aberglauben verfasste er 1459. Hier reiht er unterschiedliche mantische Techniken stichwortartig aneinander.

Zu erwähnen wäre noch das wenig untersuchte Sammelwerk der magischen Künste des schwäbischen Autors JÖRG BUCHSCHÄRER aus Giengen (Ende 15. Jahrhundert), der geomantische Traktate, astrologische Texte und Zaubersprüche versammelt.[43] Der Leibarzt des Herzogs von Jülich-Kleve, JOHANNES WEYER (1515–1588), positionierte sich in seinem 1563 erscheinen Buch *De praestigiis daemonum* als erklärter Gegner der Hexenprozesse. In dem vielfach rezipierten und schon zu Lebzeiten kontrovers diskutierten Werk nimmt er auch auf mantische Praktiken Bezug.[44]

C. Divinatores und Prophetes

Das Neue Testament definiert Prophetie als eines der Charismen, eine Gabe des in jedem Menschen einwohnenden Heiligen Geistes. Die Gabe der Prophezeiung wird nach dem Tode der Apostel auf die Mitglieder der Christlichen Kirche übertragen. In seinem *Dialog mit dem Juden Tryphon* bespricht JUSTINUS MÄRTYRER (um 100–165) die Möglichkeiten des Zukunftswissens:

> *Wenn wir von Vorherwissen und Weissagung sprechen, darf aber niemand daraus den Schluss ziehen, wir glaubten an das Verhängnis und an das Schicksal. Wenn das nicht der Fall wäre, sondern alles nach einem Verhängnis geschähe, so gäbe es gar keine Verantwortlichkeit. Wenn wir also behaupten, zukünftige Begebenheiten seien geweissagt worden, so sagen wir damit nicht, dass sie mit der Notwendigkeit des Verhältnisses sich zutragen; vielmehr liegt die Sache so: Weil Gott die zukünftigen Handlungen aller Menschen vorherweiß und weil es sein Grundsatz ist, jedem nach dem Verdienst seiner Taten zu vergelten. So sagt er durch den prophetischen Geist vorher, was ihnen nach dem Werte ihrer Handlungen gegeben werde und führt dadurch allezeit das Menschengeschlecht zur Überlegung und Besinnung. [...] der prophetische Geist von den zukünftigen Begebenheiten spricht, als wären sie eingetreten. Bisher ist alles geschehen, das die Propheten*

---

43 Vgl. Assion, Altdeutsche Fachliteratur (1973) S. 162.
44 De praestigiis daemonum: Von Teuffelsgespenst, Zauberern und Gifftbereytern, Schwartzkünstlern, Hexen und Unholden. Erstlich durch Johannem Weier in Latein beschrieben, nachmals von Johann Fuglino verteutscht, jetzund aber auffs neuw ubersehen. (1586/1969) Aufgrund seiner wichtigen Position im Hexereidiskurs sind zahlreiche Untersuchungen zu Weyer erschienen. Zu Leben und Werk Vgl. Binz, Doctor Johann Weyer (1896/1982);. Midelfort hat *De praestigiis* (1998) ins Englische übersetzt und kommentiert Weyers Werk in medizinischer, theologischer und rechtsgeschichtlicher Hinsicht (1992) S. 53–64; Siehe auch Midelfort, Johann Weyer and the Transformation of the Insanity Defense (1988) S. 234–261; Zum Aberglauben vgl. Nahl, Zauberglaube und Hexenwahn im Gebiet von Rhein und Maas: spätmittelalterlicher Volksglaube im Werk Johan Weyers (1983) und neuerdings Bergengruen, Genius malignus (2009) S. 87–108.

C. Divinatores und Prophetes

verkündet haben. Was sie verkündet haben, aber noch nicht eingetreten ist, werde also ebenfalls geschehen[45].

Der Apostolische Vater HERMAS (um 140–160?) dokumentiert in seinem Werk *Der Hirt*[46] die prophetischen Strömungen des 2. Jahrhunderts, IRENÄUS (135–202) bestätigt die Existenz von Propheten, aus welchen der Geist spricht, in seiner Polemik gegen die Häresien. Einen Aufschwung vor allem der weiblichen Propheten bedeutet die Bewegung des unter dem Namen eines der männlichen Protagonisten zusammengefassten Montanismus.[47]

Der Bischof GREGOR VON TOURS[48] berichtet von einem Mann, der sich für Christus hielt und meist Unglück prophezeite, aber paradoxerweise heftigen Zulauf hatte. Ein Bauer mit Namen Leutard, über den die Chronik des RADULF GLABER zu Beginn des 11. Jahrhunderts schreibt, hatte einen prophetischen Traum und zettelte in der Folge einen Aufstand an.[49] ALPHANDÉRY[50] bringt diese Entwicklung der ergriffenen Propheten mit den montanistischen Sekten in Zusammenhang, die unter der Leitung eines oder mehrerer Ekstatiker die Apokalypse erwarteten. Obwohl vielfach, wie DINZELBACHER[51] zur Problematik der Echtheit bemerkt, Propheten als falsch oder wahr angesehen wurden, je nachdem, ob sie ins jeweilige Konzept passten oder nicht, so gab es damals wie heute sicherlich auch wirkliche Betrüger.[52] Wie konnten die Praktiken erfolgreich unterbunden werden, wenn nicht nur Laien, sondern auch der Klerus eine Affinität zu Wahrträumen, Visionen, Vorzeichen und Prophezeiungen erkennen ließ? Für die Unterscheidung von wahren und falschen Propheten gab es eine Methode, die vom Heiligen Geist inspirierte Visionen von teuflisch eingegebenen unterscheiden sollte, die *discretio spiritum* oder Unterscheidung der Geister, eine mit Ekstase verbundene Gnadengabe.

---

45 Justinus Märtyrer (2005) Erste Apologie 43–44.
46 Vgl. Cox Miller, „All the Words were Frightful" Salvation by Dreams in the Shepherd of Hermas (1988) S. 327–338.
47 Vgl. Wypustek, Magic Montanism, Perpetua (1997) S. 276–297; Hirschmann, Horrenda secta (2005) passim;
48 Gregor, Fränkische Geschichte (Ausgabe Giesebrecht 1988) Buch IX.
49 Peuckert, Art. Propheten, Prophetie (1932/1987) Sp. 338–366.
50 Alphandéry, De quelques faits (1905) S. 177–218.
51 Dinzelbacher, Heilige oder Hexen (2001) S. 102.
52 874 verurteilte die Synode von Mainz die Prophetin Thiota, die das Ende der Welt verkündet hatte. Angeblich war sie von einem Priester zu diesen Aussagen gedrängt worden. Der berühmte gelehrte Arzt Moses Maimonides (1135–1204) entwickelte in seinem Kommentar zur Mischna eine Lehre zur Unterscheidung. Mischna Kommentar, hg. v. Russell/Weinberg (1981). Neben den Kriterien für die israelitischen Propheten qualifizierte er vor allem die Propheten fremder Götter ab. Die Propheten, die zwar im Namen Gottes auftreten, aber Zusätze zur Thorah verkünden, erklärt er ebenfalls für falsch. Dazu ausführlich Surmar, Die Unterscheidung (1997) S. 119ff.

Sowohl bei den biblischen als auch vor allem bei den montanistischen Propheten war die Überlassung, das Anheimgeben des Körpers an Gott, dessen Stimme sie hören, von großer Bedeutung. Die „Stimme" übergibt eine Botschaft, deutet den Inhalt der Offenbarung und tritt auch als Schiedsrichter oder Vermittler auf. Die Stimme gehört meist Gott, kann aber auch oft von einem Engel übernommen werden, der nun seinerseits als Vermittler zwischen Gott und dem Propheten agiert. Oft ist die Unterscheidung zwischen den unterschiedlichen Sprechern in einer Offenbarung schwierig, da diese in Redeform wiedergegeben ist. Eine göttliche Rede ist in der ersten Person, kann aber zur dritten Person wechseln, ebenso geschieht der Wechsel, wenn die Empfängerin selbst spricht. Ist schon das Subjekt der Rede unbestimmt, so auch der Dialogpartner, auch hier wechseln „du" und „er" ab. Der Dialogpartner wird angeredet, aber es wird von ihm auch in dritter Person gesprochen. Diesen Wechsel deute ich als Hinweis auf den vielleicht nicht immer ekstatischen, so doch veränderten Bewusstseinszustand des Empfängers.[53] Wiewohl beide Zustände größtenteils als Ekstasen zu klassifizieren sind, handelt es sich bei der prophetischen Ekstase wohl um eine „Konzentrationsekstase" im Unterschied zur Verschmelzungsekstase der *unio mystica*.[54]

Diese Gabe der Gottverbundenen,[55] die Prophetie, eines der Charismen des Heiligen Geistes, wurde auch vielen Mystikerinnen zuteil. Weder HILDEGARD VON BINGEN (1098–1179) noch MECHTHILDS VON MAGDEBURG „ungelehrter Mund"[56] noch die dreimal (!) kanonisierte heilige BIRGITTA VON SCHWEDEN[57], um nur die Bekanntesten zu nennen, konnten ihre Offenbarungen unangefochten weitergeben.[58] Ihre Schriften wurden von Theologen geprüft, sie selbst aufs Gründlichste befragt, ihre Aussagen hinterfragt, bevor sie, und keinesfalls uneingeschränkt, zur Verkündigung durch Geistliche frei-

---

53 So auch Lindblom, Die literarische Gattung (1924) S. 22ff.
54 Zur Unterscheidungsproblematik vgl. Hesse, (1976) S. 129–157, hier S. 150.
55 Die Gottverbundenen sehen, „was ist, was wird und was zuvor war", wie z.B. Calchas in der *Ilias* (1,70) und das bemerkenswerte Porträt bei Konrad von Würzburg. Siehe oben.
56 Zur Problematik der mystischen Erfahrung als Quelle kirchlich-prophetischer Rede vgl. Heimbach (1989) S. 163ff. Mechthild antwortet auf die Kritik ihrer Gegner, die den Wahrheitsanspruch ihrer Vision in Zweifel ziehen, dass auch Johannes der Täufer ein Laie gewesen, aber dass seine Beziehung zu Jesus vom Heiligen Geist gestiftet gewesen wäre. FL II 4 und VI 36. Mechthild begründet ihr Sprechen auf göttliche Berufung.
57 Birgitta hatte die Gabe, Geheimnisse zu „sehen" und auch Menschen zu durchschauen. Bei guten Menschen fühlte sie einen angenehmen Geruch, bei moralisch niedrig Stehenden verspürte sie Schwefelgeschmack im Mund. Vgl. ihre Offenbarungen übers. v. Bonsen/Glees (1989) und die Monographie von Sahlin, Birgitta of Sweden and the Voice of Prophecy (2001).
58 Zum Häresieverdacht einiger strittiger Stellen im *Fließenden Licht* I, 44 und II, 4 vgl. Heimbach (1989) S. 21f. und 38ff Zur häretischen Mystik vgl. Dinzelbacher (1994) S. 262–271.

gegeben wurden. Besonders die Fähigkeit zur privaten Offenbarung wurde zur Zielscheibe der Kritik der Theologen. WILHELM VON S. AMOUR unterstellt den Beginen Scheinheiligkeit, ebenso der Dichter RUTEBEUF.[59]

Das Agieren als Sprachrohr[60] kommt bei den Mystikerinnen zentraler Bedeutung zu. HILDEGARD VON BINGEN hat von sich selbst behauptet, sie wäre nicht entrafft worden, sondern hätte ihre Visionen seit Kindheit an im Wachzustand empfangen:

> *Die Gesichte, die ich schaue, empfange ich nicht in traumhaften Zuständen, nicht im Schlafe oder in Geistesgestörtheit, nicht mit den Augen des Körpers oder den Ohren des äußeren Menschen und nicht an abgelegenen Orten, sondern wachend, besonnen und mit klarem Geiste, mit den Augen und Ohren des inneren Menschen, an allgemein zugänglichen Orten, so wie Gott es will. Wie das geschieht, ist für den mit Fleisch umkleideten Menschen schwer zu verstehen.*[61]

Nahezu abwertend spricht sie von Geistesgestörtheit, was sich aber auf jene Propheten beziehen kann, die mit „schäumendem Mund" (nach rein literarischer Zuschreibung, die aber fälschlicherweise als historisch eingestuft wurde) prophezeien. Auch das Empfangen der Botschaft Gottes gestaltet sich unterschiedlich. Oft wird eine Mystikerin ohne Vorbereitung entrafft, doch manchmal macht sie sich schon bereit, indem sie die Aufmerksamkeit auf ein bestimmtes Thema lenkt, in Erwartung der „Eingießung" Gottes.

> *Du also, o Mensch, der du alles dies nicht in der Unruhe der Täuschung, sondern in der Reinheit der Einfalt empfängst, hast den Auftrag, das Verborgene zu offenbaren. Schreibe, was du siehst und hörst.*[62]

Damit beginnt eine in ihrem *Scivias* niedergelegte Dokumentation von (voraus-) gesehenen Ereignissen, bei welchen sie immer wieder betont: „*Und ich sagte und schrieb dies nicht nach Erfindung meines Herzens oder irgendeines Menschen, sondern wie ich es in Himmelskundgebungen sah, hörte und empfing durch die verborgenen Geheimnisse Gottes.*"[63]

Diese Aussage ist von RUH so gedeutet worden, als wäre HILDEGARD eben „*nur Empfänger, Sprachrohr und nichts anderes, hätte keine eigene Stimme und keine Sehnsüchte*".[64] Freilich nehmen ihre theologischen Diskussionen in ihrem Werk einen wesentlich breiteren Raum ein, doch widerspricht der oben zitierte Dialog zwischen Erzähler-Ich und Gott der Ansicht RUHs.[65]

---

59 Vgl. Hilka, Altfranzösische Mystik (1927) S. 159.
60 Vgl. Lindblom, Die Vorstellung vom Sprechen Jahwes (1963) S. 263–288.
61 *Scivias, Wisse die Wege*, übers. von Storch (1992).
62 Scivias III, 1 S. 309.
63 Ibid.
64 Ruh, Geschichte der abendländischen Mystik (1993) Bd. II, S. 68.
65 z.B. in Scivias III, 1 S. 309, II 5, S. 169 und II 4, S. 371 deuten auf Hildegards Gefüh-

Wie die AT-Propheten erhalten auch die Mystikerinnen Anweisungen, zu sprechen oder eine bestimmte Botschaft zu übermitteln. Der Sprecher, den Engel oder Gott selbst beauftragten, zu reden oder, im Falle der Mystikerinnen, zu schreiben. BIRGITTA VON SCHWEDEN hat z.B. die Schrift *sermo angelicus*[66] selbst aufgezeichnet, die Klosterregel[67] diktiert und die an sie herangetragenen (Orakel-)Fragen, sobald sie die göttlichen Antworten hatte, weitergegeben.[68] Auch GERTRUD VON HELFTA erhielt den Schreibbefehl von Gott: Sie hört die göttliche Stimme, die zu ihr spricht:

Weil ich nach meiner Überzeugung unwürdig bin, dies niederzuschreiben, hatte ich die Abfassung schon aufgeschoben bis zum Fest der Kreuzerhöhung. Während der Messe dachte ich über andere Dinge nach. Der Herr aber zwang meinen Geist zurück zu dem Wort: „Sei gewiß, Du wirst niemals aus dem Kerker des Fleisches herauskommen, solange Du nicht auch den letzten Pfennig, den Du noch zurückhältst, bezahlt hast." (Mt. 5,26; Ps. 142,8) Ich überlegte: die genannten, mir gewährten Gnaden hatte ich zwar nicht niedergeschrieben, aber doch mündlich zum Heil und Nutzen meiner Nächsten weitergeben. Da hielt mir der Herr das Wort entgegen, das ich in der gleichen Nacht als Lesung bei der Matutin gehört hatte: „Wenn der Herr seine Lehre nur den Anwesenden mitgeteilt hätte, dann gäbe es nur Worte und keine Schriften. Aber es gibt Schriften um des Heils der Vielen willen."

Als sie die Flut der einströmenden Gedanken nicht fassen kann, beruhigt sie der Herr, indem er ihr verspricht, das Tempo des Einströmens zu drosseln: „*Weil dir diese Überflutung nutzlos erscheint, werde ich dich meinem göttlichen Herzen näher bringen, dass ich dir mild und sanft die Worte so einflöße, wie Du sie fassen kannst.*"[69]

Gott erfüllte seine Versprechen und ließ ihr vier Tage lang jeden Morgen einen Teil der Worte klar und deutlich zuteil werden, so dass sie sie ohne Mühe, „wie aus dem Gedächtnis", aufschreiben konnte.[70] Eine der herausragendsten Visionärinnen, die Benediktinerin ELISABETH VON SCHÖNAU, bringt ihr charismatisches Talent in vielfältigen Bereichen zum Einsatz, so z.B. bei der Identifikation der Märtyrerreliquien[71] in ihrem Werk *Liber revelationum Elisabeth de sacro exercitu virginum coloniesium* aus ca. 1156. Anlass waren die im alten römischen Friedhof von Köln gefundenen Knochen von Märtyrern,

---

le, Meinungen, Befindlichkeiten, Wünsche. Die Stellen ließen sich bei genauer Analyse vermehren.
66 Prologus in sermonem Angelicum.
67 Regula Salvatoris 29. Buch VIII der Rev. gibt Auskunft über den Empfang und die Kürze des Zeitraums, in dem eine umfassende komplexe Regel empfangen wurde.
68 Revelationes VI 89, 106, 110, 115, 116 VIII 39.
69 Übersetzung Bubers (1909) S. 87f. Vgl. Lanczowski (1989) Buch II, X S. 30.
70 Lanczowski ibid. S. 31.
71 Katharina Emmerich und Theresia von Konnersreuth konnten ebenfalls Reliquien erkennen. Vgl. Hanauer, Konnersreuth als Testfall (1972) S. 104ff.

C. Divinatores und Prophetes

denen man keine Namen zuordnen konnte. ELISABETH übernahm es, in ihren Ekstasen nach Antworten zu suchen und diese auch zu finden. Die spätere Klosterliteratur, vor allem Schwesternbücher und Gnadenviten, verzeichnet einen hohen Grad prophetischer Fähigkeiten,[72] eine nahezu telepathische Verbundenheit. Endzeitpropheten und Zeitaltertheoretiker wie JOACHIM VON FIORE gehen über den gesetzten kontextuellen Rahmen weit hinaus und können daher nicht berücksichtigt werden.[73]

Ab der frühen Neuzeit verlagert sich das Prophetentum auf Laien, da mit dem Paradigmenwechsel in der Frömmigkeitsgeschichte die ekstatische Prophezeiung der Klosterangehörigen zurückgedrängt und von der Kirchenobservanz unterbunden wurde. Ein gutes Beispiel für die Selbstwahrnehmung als Gottes Sprachrohr gibt SUSANNA RÜGER aus dem österreichischen Steyr ab. Ihr enthüllte ab dem 9.11.1630 ein Engel politische Ereignisse. Sie sieht, was auf dem Regensburger Reichstag beschlossen wird, die Niederlage TILLYs, kann die Orte, an denen sie nie gewesen ist, detailgetreu beschreiben. Ebenso ANNA VETTER, geboren 1632 in Katzenhöchstädt, eine Schmiedtochter, die einen Mauer heiratet. Nach einer Krankheit hat sie ein Initialerlebnis, der Heilige Geist kommt über sie und lehrt die Analphabetin zu schreiben und auch zu predigen. Da man ihr das nicht abnimmt, wird sie als verrückt gebrandmarkt, doch sie gibt nicht auf, predigt gegen Hexen, Juden usw.[74] Sie selbst versteht sich als zwölfter Apostel und Braut Christi. Obwohl sie einiges tatsächlich voraussehen kann, nimmt man sie nicht ernst.

Engelserscheinungen und kindliche Medien sind ab der frühen Neuzeit auch zahlreich in den neuen frühmodernen Medien, den Flugblättern, vertreten. Die „Prophetenkinder" erleben wie vor ihnen zahlreiche Mystikerinnen durch eine Krankheit eine radikale Wende in ihrem Lebensverlauf und besitzen ab dann erstaunliche prophetische Fähigkeiten.[75]

---

72 Offenbar gab es einen Paradigmenwechsel, der passive und aktive Offenbarungsempfänger unterscheidet. Während es bei den Sehern des Früh- und Hochmittelalters keinerlei Hinweise gibt, dass sie um eine Offenbarung gebeten haben, „arbeiten" besonders die Seher des späten Mittelalters aktiv am Offenbarungsempfang mit. So die erwähnte Elisabeth von Schönau, Beatrijs, Adelheid von Rheinfelden, Mechthild von Hackeborn, Adelheid Langmann, Ursula Haiderin u.a. vgl. Dinzelbacher, Körperliche und seelische Vorbedingungen religiöser Träume (1983) S. 57–86, hier mit mehr Beispielen S. 62f. Zu den spätmittelalterlichen Offenbarungen vgl. Blank, Die Nonnenviten (1962) S. 120. Vgl. Minois, Geschichte der Zukunft (1998) S. 264–269.
73 Blank, Nonnenviten (1962) S. 120ff. Vgl. Reeves, Joachim of Fiore (1999).
74 Beispiel bei Peuckert, Art. Propheten, deutsche (1932/1987) Sp. 66–100.
75 Beispiele bei Schwegler, „erschröckliches Wunderzeichen" oder natürliches Phänomen? (2002) S. 122–135.

D. Wandernde Wahrsager

Bei den vagierenden Wahrsagern greift die ansonsten notwendige Differenzierung in die Eigenkünste nicht, wie SCHUBERT dargelegt hat.[76] Niedere Magie und einfache Wahrsagerei stellten für die ärmeren Schichten reale Lebensbewältigungsstrategien dar, und sie richteten ihr Leben an der Nachfrage und den Bedürfnissen ihrer Kunden aus, die weniger an langfristigen Prophezeiungen als an Wiederfinden von verborgenen oder verlorenen Gegenständen, Auffindung von Schätzen, usw. interessiert waren.

Das deutlichste Profil scheint den wandernden Kristallsehern zu eignen, (→ siehe unten Medien, Kristallomantie) die als alleiniges Instrument „einen pulierten cristallen" besaßen, während die gelehrten Praktizierenden wertvolle Losbücher und sogar Grimoires in Besitz haben konnten. Die Kristallseher rekrutierten sich aus den verschiedenen niederen Schichten, aus beiden Geschlechtern und konnten unterschiedlichen Alters sein, die Quellen berichten stereotyp von alten Frauen, aber ebenso von arbeitslosen jungen Knechten, fahrenden Schülern, niederen Klerikern und viel später von ‚Zigeunern'. Nach der hessischen Strafordnung von 1572 verurteilte man noch 1706 Kristallseher zur Hinrichtung durch das Schwert. Zweifellos wirkte der Nachweis der Kristallomantie als besonderes Indiz in zahlreichen Prozessen gegen Hexen und Zauberer strafverschärfend. Noch 1909 wurde eine ‚Zigeunerin' verurteilt, weil sie Geld für Kristallbefragung genommen hatte. Die moderne *Kristallomantie* bedient sich der verschiedensten spiegelnden Gegenstände, z.B. gläserner Briefbeschwerer, versilberter Christbaumkugeln, Glaslinsen etc.[77]

Im Spätmittelalter begann sich die Oberschicht ganz allgemein für Magie, Zauberbücher und innovative magische „Erfindungen", die auch im Alltag eingesetzt werden konnten, zu interessieren. Im Gegensatz zu den unteren Schichten waren sie auch nicht so extrem Verfolgungen ausgesetzt. Der Name des reichen Kaufmanns ANTON FUGGER[78], der über ein gewaltiges länderumspannendes Wirtschaftsimperium verfügte, findet Erwähnung im Prozess gegen eine Kristallseherin und enthüllt nicht nur die dubiosen Machenschaften des Kaufmanns, sondern auch seinen Glauben an die Kraft magischer Gegenstände, die er zu seinem Vorteil zu nutzen gedachte. Da er nicht überall seine Augen haben konnte, begann er sich magische Kristalle und Spiegel zu

---

76 Schubert, Fahrendes Volk im Mittelalter (1995) S. 294–310.
77 Siehe unten zur Kristallomantie.
78 Die Affinität Fuggers zu Magie und Wahrsagerei hat Lyndal Roper unter dem Aspekt der „bedrohten Männlichkeit" unter Einsichtnahme in die Stadtchroniken und Gerichtsakten analysiert. Wiewohl ich ihren Schlussfolgerungen aus psychoanalytischer Sichtweise nicht immer zustimmen kann, sind ihre Quellenstudien durchwegs wertvoll. Vgl. Roper, Ödipus und der Teufel (1995) S. 128–140.

beschaffen, da er gehört hatte, dass er damit alle Orte der Welt und selbstverständlich auch jene sehen könne, in welchen seine Dienstleute stünden. Doch FUGGER dachte nicht an eine Zusammenarbeit mit einem gelehrten Magier, sondern rekrutierte die Heilerin ANNA MEGERLER, die sich für eine fehlgeschlagene Krankenheilung vor dem Richter verantworten musste. Bei ihrer Aussage erwähnte sie ihre Zusammenarbeit mit dem frühmodernen Tycoon, der sie im Glauben gehalten hatte, sein Name würde sie beschirmen. Das tat zwar nicht in dem Maße, in dem die verurteilte Frau angenommen hatte, dennoch nützte es so weit, dass man sie nicht der Folter unterzog. Sie musste der Hellseherei abschwören und wurde verbannt. MEGERLER gab zu Protokoll, dass in ihrem Kristall zwei gebannte Geister wohnen, die das ausführen, was man ihnen aufträgt. Auf die Frage, wie diese Geister in den Kristall gekommen wären, den ihr Fugger überlassen habe, sagte sie, dass eine mächtige Zauberin die Geister in den Kristall gebannt hätte. Diese Geister konnte sie als verlorene Seelen von hingerichteten Männern identifizieren. Einer mit Namen JONAS OLSESSER oder JOACHIM ELSÄSSER war ein aktenkundiger Gewohnheitsverbrecher, der 1559 in Augsburg hingerichtet worden war. Seine ruhelose Seele war als Strafe in die Kristallkugel gezwungen worden. MEGERLER schaute für FUGGER in die Kugel und konnte ihn darüber informieren, was in seinen Arbeitsstätten vor sich ging[79], und zeigte außerdem Schätze an. MEGERLER sagte aus, dass die erhaltene Kugel bereits „zugerichtet", also mit hineingebannten Geistern versehen gewesen sei, an der strafbare Handlung des Geisterzwanges oder der Geisterbeschwörung habe sie keinen Anteil.[80] Ob es sich bei der genannten MEGERLER tatsächlich um ein Medium gehandelt hat, wie die Quellen nahelegen, erscheint unklar, signifikant erscheint jedoch das Muster der Verstrickung zwischen (Hell) Seherin, Medium und Potentat.

Viel häufiger als die abgehobenen „Hofwahrsager" wie sie uns in detaillierten Beschreibungen vor allem in der Literatur entgegentreten, werden sicherlich vor allem die Künste der Volkswahrsager und Fahrenden von den ärmeren Schichten in Anspruch genommen worden sein. Ihre Tätigkeiten waren eher praktischer Natur. Wenn es sich um die Aufklärung eines Diebstahls handelte,

---

[79] Der Fall des Frühkapitalisten Fugger gut untersucht hat schon Ehrenberg, Das Zeitalter der Fugger (1922/1995) S. 135.

[80] Megerler hatte dem Nachbarn gegenüber allerdings behauptet, wenn er sie nicht in Frieden lasse, dann würde sie ihn in den Kristall bannen. Da sie in der Folge seinen Sohn nicht heilen konnte, und er sich über ihre Kristallseherei lustig gemacht hatte, hätte er dieser Behauptung Glauben geschenkt und Megerler bei den Behörden angezeigt. Vgl. Ehrenberg (1922) und Roper, Ödipus a.a. O. S. 128f. Im königlichen Gebetbuch des Wladislaus wird ein Kristall erwähnt, in den mit Hilfe von Gebeten herbeizitierte Engel eintreten und diesen verstärken sollen. Am Ende der „Zurichtungsphase" sollen sie den Kristall öffnen. Vgl. Láng, Unlocked Books (2008) S. 162–175, hier S. 173f.

erschien bisweilen das Bild des Diebes im Kristall.[81] War die Auffindung von Schätzen die Aufgabe, so bediente man sich häufig der Wünschelrute, musste beim Schatzheben aber mit einem schatzhütenden Geist rechnen, den es zu beschwören galt. Die Beschwörungspraxis erfordert zumindest Kenntnisse von traditionellen Formeln und reicht vom einfachen Christofelgebet bis zu ausgeklügelten Ritualabläufen, wie sie HARTLIEB im 55. Kapitel seiner *Verbotenen Kunst* anschaulich darlegt: Man müsse am Sonntag vor Sonnenaufgang zu drei Quellen gehen, aus jeder in ein Glas schöpfen und Kerzen davor stellen. Dann frage man ein Knabenmedium nach dem Schatz. Analog dazu der Bericht des Schweizer Schatzgräbers HEINRICH FIECHTER: In der Dunkelheit habe der Scharfrichter ein Licht unter das Glas gehalten, er habe hineingeschaut und einen Fundort angegeben. KIRCHHOF erzählt ebenfalls eine Schatzgrabergeschichte von 1557:

> *Anno 1557 geschach zů Cassel, da grůben irer drey, deren einer ein cristallsäher was, nach gelt in eim keller; in der nacht fellt die maur unversähens ein und erschlug irere zwen, nemblich den cristallsäher und seinen einen gesellen, die wurden undern galgen iren wirden nach vergraben.*[82]

Auch Mordtaten glaubte man mithilfe der Kristalle aufdecken zu können. Neben dem Auffinden von verlorenen Gegenständen und Personen, also verborgenen Schätzen, Dieben u.a. anderen Verbrechern[83], kam im Ausgang des Mittelalters das Identifizieren der sog. Hexen zum Betätigungsfeld der Kristallseher hinzu. Ein wahrsagender Zauberer mit Namen Joachim hatte Frauen als Schadenzaubererinnen angeklagt. WEYER fragte ihn, worauf er seine Kenntnis stütze und *„vermeinet er / wolte jre bilden kommen lassen in wasser / spiegel oder anders."* (90r/) Ähnliches ergab ein hessischer Hexenmeisterprozess von 1630. Der Beschuldigte gab an, von einem Schmied einen Kristall erhalten zu haben, mit dem er Pferdekrankheiten heilte. Er bestritt zunächst, mit dieser betrügerischen Kunst etwas zu schaffen zu haben. Unter Druck gesetzt, erzählte er, er könne im Kristall ein schwarzes Ding sehen, mithilfe dessen Bewegungen er die Krankheiten diagnostizieren und auch heilen könne. Man verwarnte ihn ausdrücklich und verbot ihm seine Tätigkeit. Da aber vor allem Arme auf seine diagnostischen und heilerischen Fähigkeiten vertrauten, scheint er sich wieder zu einer Konsultation herbeigelassen zu haben, denn er gab beim neuerlichen

---

81 Über gestohlenes Gut, das die Wahrsager finden sollen, berichtet Geiler von Kaysersberg in seiner *Emeis* (Ausgabe Stöber 1875) 40b.
82 Kirchhof, Kleine Schriften (1981) I, Nr. 176.
83 Im Nicolaus Oresme zugeschriebenen, aber wahrscheinlicher von Engelbert von Admont stammenden *Tractatus de fascinacione* Kap. 10 wird die Möglichkeit in Betracht gezogen, einen Verbrecher mithilfe eines Zauberspiegels auszuforschen. Vgl. Grabes, Mutable Glass 367 (2010). Zur Ausforschung von Schätzen siehe Vgl. Láng, Unlocked Books (2008) S. 162–175, hier S. 175 Anm. 45.

Verhör weitere Details zu Protokoll. Er konnte nämlich nicht nur Viehkrankheiten erkennen, sondern auch die Dorfhexen. Wenn er den Kristall bei sich hatte, sah er die Dorfhexen beim Kirchgang mit Milchkübeln auf dem Kopf, dabei habe sich der Stein in seiner Hand bewegt und beim Stillstand auf die Betreffende hingewiesen. Womöglich rettete ihn deren Denunziation vor dem Schicksal der Hexen.[84]

Ab dem 16. Jahrhundert häufen sich Berichte, die dem Zweifel am Wahrheitsgehalt der im Kristall gewonnen Erkenntnisse Ausdruck verleihen. Diese Warnungen bestätigen, dass in der Alltagspraxis Verbrecher, Schätze, verlorene Gegenstände, Hexen mit Hilfe der Kristallkugel „gesucht" und oft auch gefunden wurden. Glaubt man LUDWIG MILICHIUS[85], so scheint die Kristallomantie besonders im 16. Jahrhundert ihre Hochblüte erlebt zu haben: *„Man findet doch jetzt der Warsager und Cristalnseher alle winckel voll / unnd erheben sich ahn etliche ort grosse Walfarten zu".*[86] Über dieses Unwesen schreibt KIRCHHOF in seiner Erzählung *Von einem falschen Cristallenseher*[87], die er LUTHERS *Tischgesprächen*, in denen es um den Erfurter Zauberprozess von 1537 geht, entnommen hat.[88] Hintergrund des Falles bildet die klassische Teufelsbündnergeschichte aus Armut. Ein Mann hatte aus Geldsorgen einen Pakt mit dem Teufel geschlossen. Der Teufel gibt ihm einen Wahrsagekristall und der Mann erlangt innerhalb kürzester Zeit Reichtum. Der Teufel offenbart dem Mann aber, dass er mit Hilfe des Kristalls viele Unschuldige denunziert hat. Der Mann bereut, der Teufel erlangt seine Seele nicht, doch das das weltliche Gericht lässt ihn verbrennen.

Dass man zu einer Wahrsagerin wie früher zu den griechischen Orakelstätten pilgerte, scheint historisch plausibel. Besonders die weniger Gebildeten aus ärmeren Schichten suchten den Rat bei Problemen mit Liebe, Krankheit, Geldmangel etc. Vergebens suchte die Obrigkeit den Einfluss einzudämmen.[89]

In zahlreichen Kirchen- und Polizeiordnungen des 16. Jahrhunderts finden sich Hinweise auf die Ausweisung der „cristallenseher". In Hessen beispielsweise bildet diese Maßnahme seit der Kirchenbußordnung von 1543 den fixen Schlusspunkt der Synoden.[90] Schon am Ausgang des Mittelalters, wohl bedingt durch Seuchen und Hungersnöte, scheinen umherziehende Kristallse-

---

84 ibid.
85 Zu ähnlichen Erkenntnissen kommt auch Ehrenfeuchter, Aspekte des zeitgenössischen Zauberglaubens (1996) S. 79ff.
86 Milichius, Der Zauber Teuffel. (1970) S. 150 Der konkrete Fall der Zauberin von Dormitz vgl. Kunstmann, Zauberwahn und Hexenprozess (1970) S. 62ff.
87 Kirchhof, Kleine Schriften (1981) Nr. 288.
88 Luther, Tischreden (1883ff.) Nr. 3618 B.
89 Vgl. Schubert, Fahrendes Volk (1995) S. 300ff. Meist waren aber nicht die Klienten, sondern die Wahrsager selbst mobil. Nach Peuckert gehört das Umherwandern zum Profil der Volkspropheten. Vgl. Peuckert, Prophet, Prophetie (1932/1987) Sp. 338–366, hier Sp. 356.
90 Evangelische Kirchenordnungen (1965) Bd. 8/I, 153f.

her sowohl in Städten und Dörfern auffällig geworden sein, sonst hätte man sie nicht in den Gaunerlisten aufgeführt.[91] Die erste Hexenverfolgung in Bayern, genauer am Pfleggericht Santhofen-Rettenberg, löste der Wahrsager CONRAD STOECKHLIN[92] aus.

Ende des 16. Jahrhunderts klagten die Osttiroler Behörden in Heinfels bei Sillian im Pustertal CHRISTOPH GOSTNER und seine Frau Barbara an. Ursprünglich hatte BARBARA GOSTNER eine Ehrenbeleidigungsklage gegen ihren Nachbarn angestrengt. Anstatt einer Verteidigung reichte dieser eine Klage wegen Zauberei gegen das Ehepaar GOSTNER ein. CHRISTOPH GOSTNER wurde festgenommen und inhaftiert. Neben verschiedenen Fragen des Gerichtes bzgl. Geisteraustreibungen, Wettermachen, Zauberei und Hexerei kam auch das Kristallsehen zur Sprache. Der Anklagte besaß nämlich drei Bergkristalle, einer davon in Silber gefasst. GOSTNER gab an, dass er versucht hätte, die Kristalle zu gebrauchen, er habe aber darin nichts sehen können. Die Protokolle der zwischen 1578–1701 stattgefundenen steirischen Hexenprozesse verzeichnen, dass die Behörden bei einigen Angeklagten Kristallkugeln sichergestellt bzw. diese verdächtigt hätten, solche zu besitzen.[93]

ELIAS GRASSINGER aus St. Veit an der Triesting in Niederösterreich war nicht nur als Wahrsager und Kristallseher weit bekannt. Viele hatten gehört, dass er über verlorene oder gestohlene Gegenstände und *„derlei begebenheiten wissenschafft"* habe. Der Mann war Viehhirt und in seiner Gemeinde wohl eher randständig, dürfte aber in mehreren Fällen ein gewisses Talent zum Mediator gezeigt haben. Damit verzieh man ihm seine niedere Herkunft und er konnte seine gesellschaftliche Stellung verbessern.[94]

BERTHOLD VON REGENSBURG (1210–1272) kommt in seinen Predigten auf ketzerische Umtriebe zu sprechen und erwähnt an mehreren Stellen seiner Predigten abergläubische Handlungen. An einer Stelle erwähnt er eine *pythonissa*, die mittels Wahrsagegeistes verkünde, und weist aber die Prediger an, nicht bei der offenbar problematischen Bibelstelle über die Beschwörung des Samuel durch die Frau von Endor zu verweilen, sondern besser Zeitbezüge einzubringen. Als Beispiel bringt er dann eine Betrügerin: Der Bauer glaubt an die Fähigkeiten der Wahrsagerin, da sie ihm sagen kann, wo sein abhanden gekommenes schwarzes Pferd sich befindet, aber in Wahrheit haben diese ihre Kundschafter, die *exploratores*, und arbeiten mit den Dieben zusammen. Dass dabei weniger Können oder gar ein Wahrsagegeist eine Rolle spielen, sondern List und Tücke, erklärt er im Sermo 268 noch einmal: *„similiter, qui credunt divinatoribus, warsagen, quarum multe habent societatem cum omnibus furibus*

---

91 Reuter, Verbrechen und Srafe (1936) S. 94.
92 Behringer, Conrad Stoecklin und die Nachtschar (1994) S. 89ff.
93 Vgl. Rabanser, Hexenwahn. Schicksale und Hintergründe (2006) S. 117f.
94 Scheutz, Alltag und Kriminalität (1995) S. 166.

terre, qui dicunt eis, quomodo fececint et ubi vendiderint vel hujusmodi, et ita eis, cum sint pessime deceptrices, creditur."[95] Damit stellt er die Fahrenden zu den unehrlichen Leuten, zum Gauner und Diebsvolk. Die alten Vetteln und Zauberinnen, die gleichzusetzen sind mit Betrügern und Rosstäuschern, ein Wort, das uns heute noch als Synonym für Betrüger geläufig ist: Graec. 730, 319: „*vetule et incantatrices, que dicunt hominibus futura, – equorum venditores, rostauscher, ousslacher cognitiones cordis, qui promittunt multis longuam vitam et fallunt populum.*"

Die zwischen 1220 und 1250 datierenden Werke des STRICKER binden immer wieder superstitiöse Praktiken ein. Im *Pfaffen Amis*[96] führt der Protagonist eine breit gefächerte Kenntnis unterschiedlicher magischer, mantischer Aktivitäten vor. Bei der Übernachtung an einem Ort schickt er seinen Diener aus, um die Befindlichkeiten der Gegend und seiner Bewohner genauestens in Erfahrung zu bringen. Verwandtschaftsverhältnisse, Heiraten, Geburten, Todesfälle, Wallfahrten, Kinder, Namen, Informationen, die der Diener auf ein Wachstäfelchen schreibt. Mit diesem Wissen, „*kündic als ein tahs*", beeindruckt er sein Gastgeberehepaar, das ihm aus Hochachtung und wegen seiner Zukunftsvoraussagen ihr Hab und Gut ausfolgt.

> *Daz si geloubten âne wân.*
> *Swaz er spræche, ez wære wâr.*
> *Und ahten denn niht ein hâr*
> *Ûf ir guot und ûf ir leben*
> *Und begunden im alsô vil geben.*
> *Daz es in schatte zehen jâr.*
> *Dâ wider seit er in vür wâr*
> *Si würden alt und rîche*
> *Und vüeren denn al gelîche*
> *Ze himelrîch an einem tage*
> *Daz wær ein heilic wârsage.* (VV. 1276–1286)

Um Betrug geht es auch in den *Wahrsagebeeren* des HANS FOLZ.[97] Ein armer Mann überlegt, wie er zu Geld kommen kann, und verkauft seinen eigenen Kot an drei Juden, damit ihnen ihr Rabbi den Messias prophezeie. Dieselbe Geschichte findet sich wieder in der *Ulenspiegel* Historie 35. Während HANS FOLZ offenbar seiner anti-jüdischen Gesinnung breit Ausdruck verleiht, verhält sich der *Ulenspiegel*-Dichter zurückhaltender.[98]

---

95 Berthold von Regensburg, Predigten (Ausgabe Pfeifer/Strobl) Bd. II, 70, 30 Vgl. Studien zur Geschichte der altdeutschen Predigt (1900) S. 19f.
96 Stricker, Pfaffe Amis (Ausgabe Kamihara 1990).
97 Folz, Wahrsagebeeren (Ausgabe Fischer 1961) Nr. 9a und b, S. 60–72; ein kurtzweilig Lesen von Dil Ulenspiele (Ausgabe Lindow 1978) S. 8.
98 Vgl. Blamires, Die „Wahrsagebeeren" als Quelle (1982) S. 53–60.

Die Ermittlertätigkeit als besondere Spezialisierung der Wahrsager wurde schon in fränkischer Zeit geübt und mit Hilfe von Zauber, Beschwörung und unterschiedlichen Divinationsmethoden beispielsweise versucht, einen Dieb auszuforschen. Für die großen Verbrechen wie Mord kamen traditionelle, noch aus heidnischer Zeit stammende Mittel wie das Ordal, und hier die Bahrprobe (→ siehe dort), die den Mörder kenntlich machen sollte, wenn er an der Bahre vorbeiging, zum Einsatz.

Aufgrund der Hexenverfolgungen und strengen Strafen scheinen ab dem 16. Jahrhundert Segenssprecher, Beschwörer und Kristallseher seltener in Mandaten auf, was aber nicht heißt, dass es sie nicht mehr gegeben hätte. Aktenkundig werden vor allem Betrügereien mit superstitiösen Handlungen und als neuer Schwerpunkt Schatzgräberprozesse. Schatzgräber betrogen Leute um Hab und Gut, mit dem Versprechen, verborgene Schätze orten zu können, wie eine Näherin, die von sich behauptet hatte, alle verborgenen Schätze sehen zu können, da sie als Sonntagskind eine weiße Ader in ihrem Bein habe.[99]

Salzbrunnen suchten die Stadtoberen im 15. Jahrhundert in Bern und benötigten dafür *„meister, die sich warsagens annemen und meinten das zem teil durch betrügnisse des tüfels zuo wegen bringen"*, was wohl meint, dass sie auch Beschwörungen durchgeführt haben. Auf den Aufruf meldeten sich einige Meister, u.a. auch zwei Kleriker, ein Pfarrer aus Stans, der ein *tüfelbeschwörer* war.[100]

Verborgene Ängste nutzten wandernde Propheten aus, die um eines geringen Entgeltes willen Naturkatastrophen und Weltuntergang voraussagten. Ein Volksprophet ging 1455 in Ulm *„uff offnem marckt und allen gassen"* und verkündete Unheil *„Ulm, Ulm, wiert es dier so ybel gaun"*. Man lachte über ihn, allerdings erinnerte man sich seiner Verkündigungen, als die Stadt tatsächlich die Niederlage des Schmalkaldischen Bundes schwer traf.[101]

JEAN BODIN[102] berichtet über einen Vorfall in Nantes:

Ich habe im Jahre 1546, als ich zu Nantes war, ein merkwürdiges Stück von sieben Zauberern vernommen, welche sich im Beisein vieler Leute äußerten, sie wollen innerhalb einer Stunde Nachricht von all dem bringen, was in einem Umkreis von zehn Meilen geschehe. Sie fielen danach in Ohnmacht nieder und blieben dergestalt drei Stunden liegen.

---

99 Hampe, Die Nürnberger Malefizbücher als Quellen der reichsstädtischen Sittengeschichte (1927) 62f.
100 Zehnder, Volkskundliches in der älteren schweizerischen Chronistik (1976) S. 46f.
101 Sebastian Fischer, Chronik (Ausgabe Veesenmeyer 1896) S. 120.
102 Bodin (1591/1973). Als der fanatische Sammler von theologischen, dämonologischen und juristischen Schriften zur Hexerei seine *Dämonomanie* herausbrachte, erschien bald darauf die Schrift des skeptischen Arztes Johann Weyer, *De lamiis*, was Bodin veranlasste, noch ein Kapitel als Antwort auf Weyers in seinen Augen falsche Ansichten anzuhängen (*De praestigiis daemonum* 1546, und *De Lamiis* 1580). Sekundärliteratur zu Bodin verzeichnet Peter Cornelius Mayer-Tasch, Jean Bodin (2000). Vgl. auch die Einträge bei *http://www.historicum.net*.

Nach diesem standen sie wieder auf, sagten, was sie in Nantes und Umgebung gesehen hätten, wobei sie sehr eingehend die Umstände, Orte, Vorgänge und Personen schilderten, bei den angestellten Nachforschungen zeigte es sich, dass ihre Aussagen richtig waren.[103]

1. Der Lachenaere, ein Iatromant

In den Glossen des 9., 10. und 11. Jahrhunderts werden die Auguren oder Haruspizes[104] gleichzeitig als Heiler oder Heilende angesprochen. Die Kombination von Heilen und Präkognition bezieht sich auf eine diagnostische Fähigkeit: das Vorauswissen einer Heilmöglichkeit mittels einer magischen oder clairvoyanten Begabung. Betrachtet man die ursächliche Verbindung zwischen Heilen und Wahrsagen und ferner Wahrsagen und verändertem Bewusstseinszustand, so wird die eigentümlich anmutende Zeichnung, die KONRAD VON WÜRZBURG seiner Vorstellung vom Propheten Calchas[105] verleiht, wesentlich klarer. Einen Propheten schamanistischen Gepräges hat ihn schon REIER[106] genannt. Calchas wird befragt, wo sich Achilles aufhält. Er bringt sich in Trance, indem er sich auf die Brust schlägt:

> *die brust begunde er villen*
> *vil starke mit der fiuste*
> *dur daz dar an dâ siuste*
> *der wâren lâchenîe geist,*
> *und aller göte volleist,*
> *die nütze wâren zuo der kunst.* (V. 27232–237)

Er verfärbt sich, wird blass und rot, der Geist nimmt von ihm Besitz, und er sinkt ohnmächtig zu Boden.

> *âmehticlichen seic er nider,*
> *als im geswunden waere.*
> *der alte lâchenære*
> *lac dâ stille sam ein stampf.* (V. 27246–49)

Er verfällt in kataleptische Starre, liegt still, wie ein Stück Holz. Sein Haar sträubt sich, er schwitzt und wirft sich herum, bis er den Hilfsgeist beschworen hat.

---

103 Bodin, Vom ausgelassnen wütigen Teuffelsheer (1591/1973) 91.
104 *Auruspices qui intendunt signa corporis*, zit. n. Reier (1983) S. 6.
105 Zu Calchas in der mhd. Literatur vgl. Ebenbauer/Kern, Lexikon der antiken Gestalten (2003) S. 147–148.
106 Reier, Leben, Krankheiten und Heilungen (1987) S. 220.

> *biz im dâ lîp, herz unde sin*
> *der geist mit sîner craft erfuor,*
> *den er mit worten ê beswuor,*
> *daz im sîn helfe würde schîn.* (V. 27268–271)

Der Dichter weiß zwar, dass es um eine archaische[107] Methode der Weissagung geht, benennt diese aber nicht:

> *von noeten muoste er switzen*
> *und als ein eber schûmen.*
> *sich wolt an in niht sûmen*
> *der wîssagunge meisterschaft*
> *man seit, daz er dâ von ir craft*
> *vil wunderlîche swære lite.*
> *ez was der lâchenære site*
> *hie vor alten jâren*
> *daz man sie sach gebâren*
> *alsus nâch wildeclicher art.* (VV. 27278–27287)

Die *wildecliche art* meint hier wohl archaisch. Nachdem die Fragen beantwortet sind, kommt der Lachner wieder zu sich:

> *und dô der lachenîe list*
> *ze rehte an im erfüllet was,*
> *dô nam er wider unde las*
> *sin unde craft geswinde*
> *unt wart von eime kinde*
> *da wider z' einem alten man.*
> *Er sach die liute blinzend an,*
> *und nam ir dinges goume,*
> *als der ûz eime troume*
> *wirt aller êrst erwecket.* (V. 27298–27307)

Im Mhd. Wörterbuch verzeichnet Lexer[108] das starke Neutrum *lâchen* = „Heilmittel" von ahd. *lâhhan*[109], st. N. Arznei, Heilmittel, auch *lâhhi*, st. M., „Arzt". Germ. *lēkja–, *lēkjaz usw. st. M. „Arzt". *lâhhida* st. F. „Ärztin" oder *lâhhinâra* sw. F. „Ärztin" Lat. pythonissa. *Lâhhinâri* st. M. „Arzt" lat. pytho. Die Arznei ist ahd. *lâhhintuom* st. M. Mhd. *lâchentuom* st. N. „Heilung". Das schwache Verbum *lâchenen* meint „besprechen", damit ist ein *lâchenære* ein „Besprecher" und eine *lâchenærin* eine „Besprecherin", zusammen mit der Hexe

---

107 Nennt er ihn deshalb *lâchenaere*, wie die Volksheiler? Konrad von Würzburg, der Trojanische Krieg (Ausgabe Keller 1858).
108 Lexer, mhd. Wörterbuch (1992) Bd. I, Sp. 1809.
109 Ahd. Wörterbuch Köbler (1993) S. 236.

genannt im *Bihtebuoch*.[110] Das starke Femininum *lâchenie* bezieht sich ebenfalls auf „besprechen". KONRAD VON WÜRZBURG verwendet den Begriff nicht nur in Zusammenhang mit dem griechisch/trojanischen Seher, sondern auch im Sinne von Technik oder Kunst der Königin: „*dâ treip diu küneginne ir kunst, lâchenie*" (V. 77). Das Wort gehört zum Wortstamm **leĝ-* in der Bedeutung „zusammenlesen", „auflesen", „sammeln". Griechisch *lego* „ich zähle", „rede", lateinisch *lego* „auflesen", „wählen", „lesen", vgl. auch *lēx* = Sammlung von Vorschriften. Die Wörter *lāhhi, lâchenære, lâchentuom* sind laut Reiers etymologischer Untersuchung in der Zeitspanne vom 8. bis zum 13. Jahrhundert Termini für den *medicus, remedium medicamentum, temperare*. Alle lateinischen Termini für den Arzt und seine Kunst werden in den althochdeutschen Zeugnissen in der alten heimischen Bezeichnung *lāhhi, lāhhintuom* wiedergegeben. Allerdings gibt es im Althochdeutschen nicht so einen ausgeprägten magischen Bezug des Wortfeldes wie im Angelsächsischen, wo zwischen den betrügerischen Zauberern, den *scinlaecan* bzw. *drý*, germ. **drug*, und dem *laecedom*, der himmlischen Medizin, unterschieden wird. Diese wenigen Dokumente bezeugen, dass auch das deutsche Wort mit magischen Vorstellungen gekoppelt oder besser belastet war. Vielleicht spiegelt sich in dieser Schiene Heiler – Besprecher – *lâchner* ebenso wie in der im Angelsächsischen nachgewiesenen Verbindung Dämonenbeschwörer – Seelenmedizin – Wundarzt eine allmähliche Annäherung an eine realistischere Charakterisierung eines Arztes.

Die weitere Geschichte des Wortes *lāhhi* jedenfalls lässt vermuten, dass dieses Wort anscheinend häufig eine magische Konnotation besaß, die in den literarischen Quellen deutlich hervortrat. Betrachten wir die Einträge in die Wörterbücher, so ergibt sich ein aufschlussreiches Bild. MÜLLERs Mittelhochdeutsches Wörterbuch von 1854 beginnt zunächst mit Textstellen, in denen *lachen* „heilen" meint, diese Bedeutung aber immer mehr zugunsten der magischen Implikationen verschwindet.[111]

In noch abwertenderem Ton urteilen die Belege aus dem 16. Jahrhundert, aufgezeichnet im GRIMMschen Wörterbuch: *Lachsner,* „*Besprecher, Zauberer,*

---

110 „*Oder [ob du] dih, diner schoeni ruomtost, das man dih deste lieber hette? Unn ob du ie dehein zouber gelerntost? Oder geriete? Oder gehulfe? Odir was das waβ unn wie? Unn warumbe? Unn gegen weme? Unn wa miteβ unn wie dicke? Unn ob du ie geloubtestost an hecse? unn an lâchenerin? Unn an segnerin? Unn ob du tete das si dir rieten? Und ob du ie gesegent unn gelâchenet wurde? Oder gemezen wurde? Unn ob du ie bechort wurde? Unn von weme? Unn wie do du gedechte? Unn wie du der bechorunge widerstuonde? Vaste oder kranchlich?*" *Bihtebuoch,* immer noch in der Ausgabe von Oberlin (1784) S. 46.
111 *Lâchen* stn. „Heilmittel", ahd. *lâchin, lâhhi* „Arzt", *lâhhu* „ich heile". –*lâchene* swv. „bespreche". – „*ob die ie gesegent und gelâchent wurde, oder gemezzen wurde*" (*Bihtebuoch* 46). – *lâchenaere,* stm. der „Besprecher"– „*zouberer und lachnaere*" (Griesh. Pr. 1, 150) *lachenerin* stf. „Besprecherin" (*Bihtebuoch* 46), *lachenie* stf. „das Besprechen, Hexen." Vgl. Reier, Leben, Krankheiten und Heilung (1987) S. 222 und (1983) S. 19.

Quacksalber" bzw. „*losser oder lachsner der von künfftigen dingen durch das losz weiszsagt*", „*die lachsner, die tüfels beschwören anzeigt, mit diesem oder jenem werk helfe man den todten [...] die thuond nit anders dann daz sy der welt die betrogen will syn, bald darzuo helfend.*"[112] Eine Schweizer Predigt Ende des 14. Jahrhunderts nennt das *lachnen* zusammen mit anderen mantischen Techniken. Allerdings geht aus diesem Beleg nicht hervor, dass es sich, geht man vom Beispiel des Calchas bei KONRAD VON WÜRZBURG aus, um eine intuitive Wahrsagetechnik gehandelt hatte. [113]

2. Fremdwahrnehmung und Wahrsagerei – die ‚Zigeuner'

> *Es ist ain volck, ziücht vil in der welt umb, das haißt zygeyner. Das selb volck, weib und man, kind und auch alt, die treiben die kunst gar vast und verfüren manig ainfalticlichen menschen und pringen vil lüt zu vil unglaubens.*
>
> JOHANNES HARTLIEB (cap. 103)

Die nomadisierenden ‚Zigeuner', bzw. heute korrekt Stämme der Roma, Sinti u.a. verdienen sich auch noch im 21. Jahrhundert u.a. ihren Lebensunterhalt mit einfachen magisch-mantischen Praktiken. Ebenso wie ihre Assoziation mit Magie, Mantik und Aberglauben allgemein hält sich der hartnäckige Vorwurf des Diebstahls und Betruges[114] und der Scharlatanerie seit ihrem ersten Auftauchen in Europa.

Nach Ansicht der meisten Tsiganologen geht der Name der ‚Zigeuner' auf die griechische gnostische Sekte der Athinganer[115] zurück. Athinganoi bedeutet „unberührbar" und bezog sich auf eine phrygische, also in Westanatolien beheimatete Sekte, die mit dem Erzmagier Simon aus Samaria in Verbindung gebracht wurde. In einer griechischen Legende von 1054 werden sie als Wahrsager und berüchtigte Zauberer beschrieben. Möglicherweise hatten sie mit der

---

112 Grimm, Deutsches Wörterbuch (1854–1954) Bd. 12, Sp. 32.
113 Zit. n. Reier, Leben, Krankheiten und Heilung (1987) S. 221ff.
114 In der um 1100 entstandenen *Klagenfurter Genesis* ist von rätselhaften Schmieden die Rede, den Ismaeliten: *Verkauft einer wohl oder übel, so verlangt er stets etwas über Gebühr / Sie betrügen die Leute, denen sie verkaufen / sie haben weder Hof noch Heimat, alle Hütten halten sie für gut genug/ Sie durchstreichen die Lande, verführen das Volk. So betrügen sie die Leute, sie berauben niemanden überlaut.* Zit. n. Gilsenbach, Weltchronik der Zigeuner (1994) S. 27f. In der Mehrheit der Chroniken werden sie des Diebstahls und sehr oft auch des Betrugs beschuldigt. Vgl. Solms, Zigeunerbilder (2008) und Gronemeyer, Zigeuner im Spiegel früher Chroniken (1987).
115 Der Kanonist Theodor Balsamon (gest. um 1204) erwähnt die Athinganer als ungeeignet für ein Priesteramt. Diese trügen Schlangen um ihren Körper und weissagten den Leuten ihr Schicksal aus den Sternen, sie seien außerdem Bauchredner und Zauberer. Vgl. Gilsenbach, Weltchronik der Zigeuner (1994) S. 28.

D. Wandernde Wahrsager

Sekte Kontakt, wahrscheinlicher aber ist, dass die Ausübung der Wahrsagerei zu dieser Analogiebildung führte.

Nach einem um 1300 verfassten Rundschreiben des Patriarchen von Konstantinopel soll die Gemeinde den Athinganern nicht erlauben, ihre Häuser zu betreten, denn sie lehren „Teufelszeug."[116] JOSEPH BRYENNIOS beklagt 1390, dass die Leute allgemein schlechten Sitten anhängen, täglich Wahrsager konsultieren würden und zu Zauberern gingen. Damit sind freilich nicht die ‚Zigeuner' oder Roma und Sinti angesprochen, die sich erst während des 14. Jahrhunderts in Kleinasien aufhielten. Die andere verbreitete Theorie, dass die ‚Zigeuner' aus Ägypten stammen, auf die noch die englische Bezeichnung Gypsies rekurriert, entstand möglicherweise ebenfalls durch Analogiebildung mit dem *tertium comparationis* der Wahrsagerei.[117]

In einer Urkunde von Macon 1419 ist Folgendes vermerkt: Die Ägypter, einige Frauen sowohl als Männer, trieben Teufelskünste wie Handlesen und Geisterbeschwörung.[118]

Die Sinti wurden bei ihrer ersten Erwähnung 1407 in Hildesheim[119] die *tateren* genannt und wohl wegen ihrer dunkeln Hautfarbe mit den schon seit dem 13. Jahrhundert bekannten und gefürchteten Tataren identifiziert. „*Nach Kolmar kamen 30 Heiden im August 1418 als hässliche, schwarze Ägypter, deren Frauen aus den Handlinien die Zukunft voraussagten und dabei aus den Säckeln der Leute stahlen.*"[120] Ähnliches schreibt der Stadtchronist GASSER im 16. Jahrhundert unter Einbeziehung der Berichte des HECTOR MÜLICH (um 1410–1490) und fügt einige Details wohl aus eigener Erfahrung hinzu, nämlich, dass die Leute aus Klein-Ägypten verbannt und in der Wahrsagekunst ausgebildet wären.[121]

---

116 Vgl. Gilsenbach ibid. S. 32.
117 Ein anonymer Reisebericht eines Kölner Kaufmanns, der sich um 1338 in Ägypten aufgehalten hat, nennt die *mandopolos*, also die Wahrsager, die mit ihren Familien umherzögen und nie länger als drei Tage an einem Ort blieben. Vgl. Vgl. Gilsenbach, Weltchronik der Zigeuner (1994) S. 35 Ihre Sprache könnte niemand außer ihnen verstehen.
118 „*Sie waren von schrecklichem Wuchs der Person, des Haars, wie auch sonst, und sie lagen in den Feldern gleich Tieren; und einige, Frauen sowohl als Männer trieben Teufelskünste wie Handlesen und Geisterbeschwörung[Nekromantie].*" Zit. n. Gilsenbach, Weltchronik der Zigeuner (1994) S. 58.A. 118.
119 Im Urkundenbuch der Stadt Hildesheim Hg. v. R. Doebner, 6, S. 55. Ebenso berichtet die Magdeburger Schöppenchronik, dass 1417 *die Thateren, die Zeguner* in die Stadt gekommen wären. Aus den Chroniken der Niedersächsischen Städte, Magdeburg Leipzig (1869) S. 345.
120 Zit n. Gilsenbach, Weltchronik der Zigeuner (1994) S. 54.
121 Ibid. S. 56, Ein Bericht aus Bologna weiß von einem größeren Trupp, die außerhalb der Stadt lagerten, den Leuten wahrsagten und dabei stahlen. Die Geistlichen versuchten, die Teufelskunst einzudämmen, indem sie die Behörden aufforderten, jene, die sich wahrsagen ließen, anzugeben, um sie durch Exkommunikation zu bestrafen. Den von den Zigeunern Beraubten, erlaubte man, das Gestohlene wieder zurückzuholen. ibid. S. 62f.

Gerüchte um wahrsagende und dabei stehlende Klein-Ägypter tauchen ab diesem Zeitpunkt stereotyp in vielen Stadtchroniken auf, die einen Durchzug der ‚Zigeuner' melden, wobei manche Chronisten die Gerüchte zu widerlegen suchen, indem sie aus eigener positiver Erfahrung berichten. Die Geistlichen nehmen die Gerüchte zum Anlass, die Roma vertreiben zu lassen und die Bürger, die sich wahrsagen ließen, zu bestrafen. Den historische Quellenbegriff ‚Zigeuner' hatte ANDREAS VON REGENSBURG schon 1424 in seinem *Diarium* verwendet: „*Item hiis temporibus quedam gens Ciganorum, volgariter Cigäwner vocitata, in terris nostris vaga exulabat.*"[122]

Die Chronik von Konstanz zum Jahr 1430 verzeichnet einen Durchzug der *Ziginer* und berichtet „*sie hatten zauberlist*"[123] getrieben. Im von PASQUIER erwähnten *Journal d'un Bourgeois de Paris* über die Zeit von 1405–1142 wird über die handlesenden ‚Zigeuner' als „Hexen" gehandelt. Sie sprächen zu den Geschöpfen durch die Kunst der Magie oder auch anders „durch den Feind aus der Hölle".[124]

JOHANNES HARTLIEB urteilt vernichtend über ihre Künste, die weder mit Magie noch Mantik etwas zu tun hätten, sondern vielmehr mit Betrug und Scharlatanerie. Nicht einmal die für die Chiromantie – die er im Übrigen auch als prognostisch wertlos einstuft – signifikanten Linien könnten die ‚Zigeuner' benennen:

> *Die selben lüt sind gar frey in irem sagen. So sy dann treffen an sölichen leichtvertigen menschen, so machen sy, das vil ander lüt an sy gelauben. Yedoch in wärheit ir kunst hat kainen grunt, sy wissen auch kain underschaid zwischen der ußtailing der hennde, wann sy wissen kain lyny noch pühel zu nennen. Daby ist wol zu verstän, das sy gar nichtz wissen. Hütt dich vor in, du frummer, ainvaltiger cristen; du weiser, flüch sy auch; so gibst du nyemant ursach zu sünden.*[125]

Um dem Vorwurf zu entgehen, er würde nur gegen die ‚Zigeuner' polemisieren, ohne sie wirklich zu kennen, erzählt HARTLIEB, dass er sich öfter bei diesen kundig gemacht und die klügsten Leute der Stämme konsultiert habe:

> *Ich sag dir, das ich gar vil zu den selben zygeinern gefrägt hab, auch die weisesten und pesten frawen und man wol erkündet, ob sy doch ettwas in der kunst kündt hetten. Aber in wärhait ich hab nye kain kunst in den sachen bey in funden dann das alles ir sach allain ist, das sy die lewt umb gelt pringent oder gewandt zu laichen. Sy treiben auch sunst gar manigerly zaubrey, das alles ain dant ist. Gelaub mir, du magst kain sach an*

---

122 Abgedruckt in Gronemeyer, Zigeuner im Spiegel früher Chroniken (1987) S. 19.
123 Ibid. S. 73.
124 Trotz ihrer Armut gab es unter ihnen Hexen, die, indem sie die Hände der Leute betrachteten, die Vergangenheit enthüllten und die Zukunft voraussagten. Sie säten Zwietracht in mehrere Ehen. Ibid. S. 49–54, hier S. 53.
125 Hartlieb, Buch der verbotenen Künste (1998) Kap. 103, S. 170. Vgl. dazu Ehrenfeuchter, Aspekte des zeitgenössischen Zauberglaubens (1996) S. 83f.

D. Wandernde Wahrsager

sy begeren, was du erdencken kanst oder magst, sy sprechen, sy künnen das wol und geben dir lere mit krewttern oder worten, das ist alles ain erdicht ding.[126]

Der auf den Reichstagen 1496 bis 1498 für ungültig erklärte Schutzbrief Kaiser SIGISMUNDS deklariert die ‚Zigeuner' zu Vogelfreien. Die seit dem Ende des 16. Jahrhunderts fassbaren Diskurse, Polemiken und Polizeiordnungen gegen die Wahrsagerei richten sich auch gegen die ‚Zigeuner'.[127] So wettert HANS SACHS 1559 gegen „Bettler, Landfahrer, Zigeuner, lose Buben, gartende Knechte", obwohl er sie in seinen Fastnachtspielen auch durchaus positiv zeichnet.[128]

NIGRINUS erwähnt sie in seiner Übersetzung des GÖDELMANNschen Traktats *Von Zauberern, Hexen und Unholden* von 1592, im selben Jahr bezeichnet CORINUS die Chiromantie als ‚Zigeunerkunst'[129] und ein Jahr später führt PEUCER die „Hellseherei" und Zauberei auf die ‚Zigeuner' zurück, da er sie, wie viele andere auch in späterer Zeit, aus Ägypten stammen lässt. DELRIO verurteilt in seiner *Disquisitio* die Chiromantie, die auch die ‚Zigeuner' betrieben, weil sie sich gegen die Autorität Gottes und der Kirche richte. Die Reaktion dieser Präjudizierung lässt nicht lange auf sich warten. So ließ Kurfürst AUGUST I. VON SACHSEN 1556 etliche ‚Zigeuner' in Dresden von der Brücke in die Elbe stürzen, erklärte sie 1579 wegen Zauberei für vogelfrei.[130] Auch der Humanist JOHANNES TURMAIR, genannt AVENTINUS, (1477–1534), schreibt in den *Annales ducum Boiariae* wenig Schmeichelhaftes. Hier finden sich auch alle bislang aufgezeichneten und durch Gerüchte verfestigten (Vor-)Urteile wieder:

In dieser Zeit wollte jenes fürwahr diebischste aller Menschengeschlechter, ein Gemisch aus der Hefe der verschiedenen Stämme im Grenzgebiet des türkischen Reiches und Ungarns, „zigeni" genannt, ein Volk, das unter König Zinkelone lebte, von unseren Bezirken Besitz ergreifen, indem es sich ungestraft durch Diebstahl, Raub und Wahrsagerei Nahrung beschaffte. Die Zigeuner gaben vor, aus Ägypten zu stammen und heimatlos zu sein, da sie von den Göttern wegen Erbschuld ihrer Ahnen aus dem Lande vertrieben worden seien. Die sich einstmals geweigert hatten, die gottähnliche Jungfrau Maria mit dem Jesuskind in ihre Herberge aufzunehmen, heuchelten sie auf unverschämte Weise des in einem Exil von sieben Jahren sühnen zu wollen. Durch gesicherte Untersuchungen habe ich erfahren, dass sie eine Zaubersprache sprechen, und alle Verräter, Spione und Abenteurer sind. Dies bezeugen u.a. schon Kaiser Maximilian, Caesar Augustus und Albertus sowie die Vorfahren unsere Fürsten in öffentlichen Erlässen. Trotzdem bewegen noch heute Aberglaube und Gaukelei die menschlichen Gemüter, die es – wie von einer Schlafkrankheit befallen – als Unrecht ansehen, die Zigeuner anzugreifen, sondern diese weiterhin ungestraft streunen, stehlen und betrügen lassen.[131]

---

126 Hartlieb, ibid. Kap. 104, S. 170f.
127 Zu den Verordnungen vgl. Hohmann, Verfolgte ohne Heimat (1990) S. 17ff.
128 Vgl. Solms, Zigeunerbilder (2008) S. 51–62, hier S. 51.
129 Abgedruckt in Gronemeyer, Die Zigeuner (1988) S. 88f.
130 ibid.
131 Abgedruckt in Gronemeyer, Die Zigeuner (1988) S. 88f.

JOHANNES AGRICOLA (1492–1566) führt in seiner Sammlung von Sprichwörtern die ‚Zigeuner' als „Heiden oder Tattern", mit der Erwähnung, dass deren Frauen wahrsagen könnten. Ein Lügner gebe deshalb einen schlechten ‚Zigeuner' ab, denn er könne nicht wahrsagen.[132] Positiv äußert sich PARACELSUS (1493–1541), der angehenden Ärzten rät, *„zu zeiten zu alte weyberen, Zigeyners, Schwarzkünstlern"* in die Schule zu gehen. Die Chiromantie, in der alle ‚Zigeuner' wohlbewandert sind, versteht er als allgemeine Physiognomik und nimmt diese als nützliche und löbliche Kunst zur Zeichendeutung, besonders also auch beim kranken Menschen wahr.[133]

In den 102 Teilen seiner *Fragwürdigkeit, ja Nichtigkeit der Wissenschaften, Künste und Gewerbe gegenüber dem Glanze und der absoluten Stellung des reinen Wortes Gottes* führt AGRIPPA VON NETTESHEIM Lasterkataloge, die sich gegen das höfische Leben und somit das politische Handeln richten. Er kritisiert dabei gleichermaßen eine Moralphilosophie, die Tugenden und Laster Nationen und Stämmen zuordnet und dabei die eigene Nation immer als besonders tugendhaft attribuiert. Das führt dazu, den Umgang mit den als invariabel lasterhaft empfundenen Fremden als verwerflichen Umgang zu etikettieren. Die aus den meisten chronikalischen Erwähnungen herauslesbare Neugier den ‚Zigeunern' gegenüber konstatiert AGRIPPA als nicht a priori negativ und fasst die abwertenden Ansichten seiner Zeitgenossen wie folgt zusammen: *„Sie wandern in der ganzen Welt umher schlagen im Felde ihre Zelte auf, und ihr ganzer Haufe besteht in Straßenräubern und Dieben, sie vertauschen oder verkaufen den Leuten allerlei Kram, sagen ihnen wahr, und suchen also mit Betrug ihre Nahrung und ihren Unterhalt."*[134]

AGRIPPA macht die Bedrohung der Tugenden an der Einfuhr von Luxusgütern und damit vor allem an den Händlern fest, welche die Moral durch Einführung fremder Laster untergraben würden.[135]

Negativ urteilt PEUCER 1553: *„man glaubt, dass sie meist aus Ägypten*[136] *kommen und aus benachbarten Gebieten Afrikas kamen, dort wo die Hellseherei und*

---

132 Agricola, Drey hundert Gemeyner Sprichwörter (1529).
133 Paracelsus, Sämtliche Werke (Ausgabe Aschner 1932) Bd. 4, S. 325 u. 339.
134 Agrippa, Die Eitelkeit und Unsicherheit der Wissenschaft (Ausgabe Mauthner 1913) 65. Kap. S. 292; Die Chiromantie als gottlose Täuschung der Zigeuner verurteilt Gödelmann in seinem Traktat über Zauberer, Giftmischer und Hexen, da nur Gott die Zukunft wissen könne. Gödelmann, Tractatus de magis, veneficis (Ausgabe 1676) lib. I, cap.V, S. 56–58.
135 Vgl. dazu ausführlich Grünberger, Frühneuzeitliche Argumentationsmuster (2000) S. 161–187.
136 Ludolphus von Sudheim spricht in seiner *Reise zum Hl. Land* von den *mandopolini*, die von sich behaupten, aus Ägypten zu stammen, und von den besten Dieben, die von Ort zu Ort zögen. Gilsenbach, ibid. S. 37 Ein byzantinischer Kanon des 15. Jahrhunderts gibt die Anweisung, „denjenigen, die sich von Aegiptissas wahrsagen lassen, oder jenen, die einen Wahrsager in ihre Wohnung holen, damit er Zauberei ausübe, wenn sie krank

Zauberei als Blendwerk des Volkes allgemein üblich ist und nichts ohne den Rat der Wahrsager geschieht."[137]

Abschließend ist zu bemerken, dass, wiewohl je nach epochalem Kontext verschieden gewichtet, die Wahrsagerei und magischen Künste der ‚Zigeuner' bis heute eine ungebrochene Faszination auszuüben scheinen, auch wenn das Verhältnis der Bevölkerung zu ihnen vor allem wegen der tatsächlichen begangenen Eigentumsdelikte als ambivalent zu bezeichnen ist. Die ihnen nachgesagte Schau des Verborgenen, Abwehr von Viehseuchen, Ausforschung von Schätzen interessierte auch den Adel. Die Durchsetzung der von geistlichen und weltlichen Behörden erlassenen Edikte gegen sie greift in der Frühmoderne noch wenig, erst in späteren Jahrhunderten mit der Einführung eines funktionierenden Polizeiapparates werden die ‚Zigeuner' verfolgt, versklavt und streng bestraft.

---

sind [...] für fünf Jahre die Teilnahme an der hl. Kommunion" zu verbieten, wie im 24. Gesetz des Konzils von Ancyra bestimmt. Ibid. S. 44.
137 Peucer, Commentarius de praecipius divinationum generibus (1572) S. 160.

V. Mittelalterliche mantische Einzelkünste

A. Die Observanz

In diese Kategorie fallen die Beobachtung von Vorzeichen allgemein, Verhalten oder Taten von Lebewesen: des Menschen (Chiromantie, Palmomantie und Iatromantie), von Tieren (Zoomantie), Pflanzen (Botanomantie) und leblosen Dingen. Außerdem zählen die Weissagung durch Eingeweide, die Hepatoskopie, die Radiästhesie, die Empyromantie usw. dazu.

Bereits in der Antike unterschied man zwischen der passiven und der aktiven Wahrsagung. Zur passiven gehört die Beobachtung von Zeichen an belebten bzw. unbelebten Objekten, deren äußere Beschaffenheit und Verhalten Hinweise auf die Zukunft enthalten, die nach einem schon vorhandenen Interpretationskatalog decodiert werden.

1. Prodigien und Omen

Außerordentliche Naturschauspiele wie Stein- und Blutregen, Erdbeben, ungewöhnliche Wetterphänomene, Missgeburten von Mensch und Tier erschreckten und faszinierten nicht nur das ungebildete Volk der Antike, sondern durchaus auch die Intellektuellen, die aber zu rationalisieren versuchten.[1]

Übereinstimmend werden Vorzeichen oder *Prodigia* als alle Vorgänge gleichnishafter, über den eigentlichen Vorgang hinausweisender Art zusammengefasst, die auf ein zukünftiges Geschehen deuten. Der Oberbegriff Vorzeichen kann nach unterschiedlichen Gesichtspunkten aufgegliedert werden. Geht das gleichnishafte Geschehen zeitlich voraus, so kann es mit dem Begriff Vorbedeutung, Vorankündigung und Vorzeichen im engeren Sinn verstanden werden. Geschieht es gleichzeitig mit ihm, aber an einem anderen Ort, ohne dass ein Kausalzusammenhang besteht, bezeichnet dies Peuckert[2] als „Anzeigen" oder „Künden". Wenn das gleichnishafte Geschehen nur einem berufenen Experten erfahrbar ist, handelt es sich um einen Vorspuk. All diese Vorgänge ereignen sich ohne Zutun, sind also im Unterschied zu den Augurien nicht provoziert.

---

1 Daxelmüller, Art. Vorzeichen (1995) Sp. 1869–1870.
2 Peuckert, Art. Vorzeichen, Prodigia, (1932/1987) Sp. 1730–1760.

Vorbedeutungen sind solche Ereignisse, die dermaßen auffällig aus dem Alltagsgeschehen hervorstechen, dass man ohne Expertenkenntnisse einen dahinterliegenden Sinn vermutet, der dann aber von Experten entschlüsselt wird. Wer empfängt oder sieht nun ein Vorzeichen? Im Prinzip kann jeder ein Empfänger sein. Allerdings kann man von bestimmten Empfänglichkeitssituationen ausgehen. Befindet man sich in einer angespannten krisenhaften Situation, erhalten plötzlich harmlose Vorgänge ominöse Bedeutung. Im Allgemeinen geschehen Vorzeichen unbeeinflusst vom menschlichen Willen. Dennoch muss man die unbewusste Bereitschaft einbeziehen, die sicherlich in einer krisenhaften Situation vorhanden ist; innerlich hält man Ausschau nach Vorzeichen und horcht auf zufällige Stimmen, die man aber dann nicht als zufällig, sondern als schicksalshaft empfindet. Diese Vorgänge hat vermutlich jeder an sich selbst schon erfahren und je nach Bildungsstand auch sofort wieder mit Ignoranz und Verachtung gestraft.

Wer sendet Vorzeichen? Die Beantwortung dieser Frage gestaltete sich vor allem für die Römer nicht immer einfach, da man nicht nur jenen Gott ausfindig machen musste, der ein bestimmtes Zeichen gesandt hat, sondern auch die entsprechenden Sühneriten veranstalten musste. Bei den Vorzeichen des Mittelalters scheint auf den ersten Blick Gott als Sender der Vorzeichen klar ausgemacht. Aber die dilettantischen Imitatoren des Göttlichen, die Dämonen, scheinen ihren Einflussbereich auf die Vorzeichen ausgedehnt zu haben und senden wohl Zeichen, die entsprechend ihrer dämonischen Natur trügerisch sein können, aber auch, wenn Gott es zulässt, tatsächlich bedeutungstragende *Portenta*.

Der mesopotamische Vorzeichenkatalog unterschied vier Großgruppen[3]:
- terrestrische Zeichen: Erdbeben, Fließen von Blut, Milch, Honig und Öl[4]
- Himmelszeichen
- physiognomische und Verhaltensomina[5]
- Missgeburten bei Mensch und Tier.[6]

Die Babylonischen Sprüche listen z.B. die Elefantengeburt einer Frau als unheilverkündend, das Land wird verwüstet werden. Gebiert sie eine Katze, so wird der Fürst keine Gegner haben. Im Gegensatz zur römischen Auslegung von Missgeburten wurde in Babylonien eine Missgeburt nicht per se unheil-

---

3   Vgl. Neumann et al. Omina, Orakel, Rituale Beschwörungen: Texte aus Mesopotamien (2008) S. 1–186.
4   Vgl. Pientka-Hinz, Omina, Orakel, Rituale Beschwörungen: akkadische Texte (2008) S. 34f.
5   Ibid. S. 39ff.
6   Vgl. Rosenberger, Gezähmte Götter (1998) bei Menschen S. 199–204, bei Tieren, S. 199–201.

voll gedeutet. Auch die griechischen Vorzeichen verweisen nicht unbedingt auf Negatives. Die an sich sehr ähnliche Prodigienliste bei Römern und Griechen unterscheidet sich bei der Wahrnehmung von Missgeburten. Die naturwissenschaftliche Denkweise der Griechen suchte die vorkommenden Missgeburten rationalistisch zu erklären und nahm sie daher nicht in die Prodigienliste auf.

Das römische Prodigienwesen galt vor allem in der älteren Forschung als Inbegriff überkommenen Aberglaubens. Was sind Prodigien? Jedes außergewöhnliche Ereignis, unerklärliche Phänomen, aber auch völlig „normale" Naturschauspiele wie ein Regenbogen konnten in Kombination mit einem besonderen Standort oder einer außergewöhnlichen Zeit ein Vorzeichen künftiger Ereignisse sein. Für die römische Republik gilt die Unterscheidung in konstruierte Vorzeichen und authentische, wobei als Maßstab der Zeitpunkt, der Adressat und die Aussage des Vorzeichens als Kriterien dienten.

ROSENBERGER nennt in seiner Habilitationsschrift[7] eine klare Unterscheidungsregel: Zeichen, die den römischen Staat als Gesamtheit tangieren, kein konkretes Ereignis vorhersagen, zu einem beliebigen Zeitpunkt stattfinden, sind als authentisch zu betrachten. Wenn sich hingegen ein Vorzeichen auf eine ganz bestimmte Person bezieht, ein Ereignis ganz deutlich voraussagt und kurz vor einem wichtigen Moment auftritt, kann man annehmen, dass es *ex eventu* konstruiert wurde. Die Vorzeichen am Todestag des Tiberius Gracchus, dass er sich den Fuß an der Schwelle anstieß und Raben Ziegel vom Dach warfen, bekamen erst nachher ihren vorausdeutenden Charakter. Viele Vorzeichen, und oft sind es die auf den ersten Blick unglaubwürdigsten Begleitumstände historischer Phänomene, konnten verifiziert werden.[8]

Wie entsteht ein Vorzeichen? CICERO konstatiert einen Zusammenhang zwischen Entstehung von Vorzeichen und äußerer Bedrohung in Krisenzeiten[9], SALLUST beobachtet, dass Zeichen meist von Frauen in einer Paniksituation verkündet und gemeldet wurden. Der Quellenbefund stützt diese Thesen allerdings nicht, wiewohl eine gewisses Ansteigen von Omina, aber kein signifikanter Überhang in Kriegs- und Krisenzeiten zu beobachten war. Das

---

7   Ich stütze mich in diesem kurzen Abriss im Wesentlichen auf die fundierte Habilitationsschrift von Rosenberger, Gezähmte Götter (1998); Engels, Das römische Vorzeichenwesen (2007).
8   Nach Caesars Tod brach der Aetna aus und die Aschenwolke verdunkelte die Sonne. Auf den ersten Blick könnten wir einen panegyrischen Topos vermuten, wäre der Vulkanausbruch nicht tatsächlich historisch verifizierbar. Vgl. Engels, Das römische Vorzeichenwesen (2007) S. 27f.
9   Und solche Wahrnehmungen drängen sich in Kriegszeiten in größerer Zahl und bedrohlich auf (die Furcht spielt da mit), während die gleichen Erscheinungen im Frieden nicht die gleiche Beachtung finden; dazu kommt auch, dass man Derartiges im Zustand der Gefahr leichter glaubt, insbesondere aber unbedenklicher erfindet. Cicero, Über die Wahrsagung (Ausgabe Schäublin 2002) I, 58, S. 189.

gehäufte Auftreten eines bestimmten Prodigiums lag am „Erfolg" des Zeichens selbst. Wenn also ein Zeichen vom Senat anerkannt wurde, war zu erwarten, dass bald ein ähnliches nachfolgte. Ebenso wie in der heutigen Zeit scheinen Vorzeichen auch einer „Mode" unterworfen gewesen sein, mit der Zeit nutzten sie sich ab.

Wer sah die Zeichen? Meist Leute von Stand, Senatoren, Priester, also kurz gefasst Machthaber, aber auch Meinungsträger. Wer die politische Macht innehat, diktiert auch die Erforschung der Zukunft.[10]

Wer deutet die Zeichen? Die römischen Priester waren keineswegs wie die späteren christlichen Inhaber eines Charismas, Vermittler zwischen Gott und Menschen, sondern beamtete Berater, die ihre Bücher, und zwar seit dem 2. Jahrhundert die Sybillinischen Bücher, konsultierten. Die Zeichendeuter rekrutierten sich aus den unterschiedlichen, nach einem Auswahlverfahren ausgesuchten Spezialisten, den Auguren, Decemviren und den etruskischen Haruspizes. Jeder dieser Spezialisten stellte eine Untergruppe zur Zeichendeutung ab. Im Falle der etruskischen Kultträger wird ersichtlich, dass die Römer auch fremde Kulte und Divinationspraktiken für die Republik nutzbar machten. Der gesamte Prozess der Qualifizierung, Evaluierung und Entscheidungsfindung ging vom Senat aus, der die Auswahl und Annahme eines Zeichens bestimmte, das dann in der Folge die Sühneopfer nach sich zog. Der Senat war nicht an die Ratschläge der Priester gebunden, sondern beschloss die Sühneriten und Opfer in vielen Fällen auch selbstständig.

An die Auffindung der für die Zeichendeutung notwendigen sybillinischen Bücher (→ siehe Sybillen) rankt sich, wie auch bei den heiligen Büchern anderer Kulturkreise, eine legendenhafte Erzählung. Ähnlich die Legende um die Bücher der Haruspizes, die vom Wundermann TAGES ohne Gegenleistung übermittelt wurden, nicht zu vergessen die Gesetzestafeln des Moses. Die Verschriftlichung der Deutung und im Weiteren des gesamten religiösen Wissens diente der Befestigung der Ordnung. Die zunehmende Hinterfragung des Schriftwissens, das mit dem Niedergang der römischen Republik einherging, darf sicherlich ebenfalls als Vorzeichen des Niedergangs gedeutet werden. Der Zugang zu diesen Schriften war reglementiert, nur die Priester durften sie einsehen, die Decemviri nur auf Beschluss des Senats. Man könnte annehmen, dass durch die Verfügbarkeit eines Deutungskatalogs die Priester die entscheidende Rolle im Umgang mit den Prodigia spielten. Das war aber durch die alles beherrschende Funktion des Senats nicht der Fall, denn dieser konnte Deutungen verwerfen oder aber auch in eine andere Richtung lenken.

---

10 Vgl. Fögen, Die Enteignung der Wahrsager (1997).

A. Die Observanz 89

Abbildung 3: Bronzespiegel mit Darstellung des Haruspex Tages (3. Jh. v. Chr.).

Wie ging der Deutevorgang vor sich? Zuerst ermittelte man den zeichensendenden Gott, schon in Hinblick auf die passenden Sühneriten. Die Ermittlung war einfacher, wenn Indizien auf einen bestimmten Gott, etwa durch einen offenbar mit diesem in Verbindung stehenden Ort, hinwiesen. Mitunter gestaltete sich das Unternehmen auch komplexer, wenn unterschiedliche einander widersprechende Indizien keine schnelle Zuordnung ermöglichten. Auch die eher vage gehaltenen Ausdeutungen der Priester eröffneten genügend Raum, um sämtliche Interessen der Machthaber zu integrieren, ohne die auf jeden Fall zu leistenden Opfer zu vernachlässigen. Diese funktionale Unschärfe der Zeichendecodierung ließ allerdings deren Inflationierung zu.

Wofür stehen die Zeichen? Prinzipiell verweisen sie auf ein Ungleichgewicht, eine Störung der Ordnung. Die Wiederrichtung der Stabilität durch Sühneriten stand im Mittelpunkt. Störungen der Ordnung, die den Zorn der Götter entfachten, berührten vor allem religiöse Riten, Tempelschändungen und alle Bereiche des Religiösen, wo das Nichteinhalten der Forderungen deren Rache nach sich ziehen konnte. Die Zeichen und ihre variierenden Deutungen führten zu unterschiedlichen Lesarten und Auslegungsdifferenzen, auch zu vermehrter Skepsis, der moderne Schluss, das System selbst für obsolet zu erklären, wurde aber nicht thematisiert. Die römische Zeichendeutung ist in erster Linie eine pragmatisch-praktische, immer aufs Gemeinwesen bezogen und bestrebt, ungünstige Deutungen schon im Vorfeld abzuschwächen. In dieser Hinsicht ähneln die Taktiken den Zeitungshoroskopen, nicht zu konkret, auf alle Eventualitäten passend.

a) Mittelalterliche Zeichen und Wunder

> *So geloubent etliche an boesen aneganc, daz ein wolf guoten aneganc habe, der aller der werlte schaden tuot. Und ist halt so unreine daz er die liute an stinket. Daz nieman bi im genesen mac: unde daz ein gewîhter priester bœsen aneganc habe. An dem aller geloube lît. Wan in hât got über alle menschen erhœhet.*
>
> BERTHOLD VON REGENSBURG[11]

Sobald also etwas geschieht, das auf etwas anderes in der Zukunft verweist, sprechen wir von einem Vor-Zeichen. Wenn man diese Vorzeichen[12] kennt und weiß, wie diese zu deuten sind, wird man böse Überraschungen vermeiden können oder, im günstigen Fall, das Glück beim Schopf packen. Betrachtet

---

11 Berthold von Regensburg, Deutsche Predigten (Ausgabe Pfeiffer 1862–80, Ndr. 1967). S. 264.
12 Vgl. Harmening, Art. Prodigium (2005) S. 348.

man die Etymologie des Wortes Zeichen[13] von idg. *deįk mit der Bedeutung „zeigen", germ. *taikna „Zeichen", „Erscheinung" ahd. zeihhan auch schon als „Vorzeichen", „Wahrsagung" konnotiert, im Ahd. ist im zugehörigen christlichen Schrifttum die Sonderform forazeihhan mit der Bedeutung „Vorankündigung" belegt.

AUGUSTINUS wendet sich dezidiert gegen den harmlos scheinenden Aberglauben des Beachtens von günstigen oder ungünstigen Zeichen. Außerdem wäre zwischen göttlichen, natürlich gegebenen Zeichen und den künstlichen zu unterscheiden. Die natürlichen Zeichen, wie Regen und Sonne sind von Gott gegeben und nutzbringend etwa für das Wachstum der Feldfrüchte, die künstlichen Zeichen, wie der unglücksverheißende Eulenschrei, konstruieren unzulässige superstitiöse Zusammenhänge. Im Anschluss an AUGUSTINUS verurteilen frühmittelalterliche und mittelalterliche Bußordnungen, kirchliche Dekrete und Synodalbeschlüsse die *superstitio observationis*.[14]

Was wurde beobachtet? Bestimmte Vorgänge bzw. Gegebenheiten, Ereignisse, Zeiten, auffallende oder rätselhafte Abläufe, außerordentliche Wetterphänomene usw. Wann treten Zeichen auf? Die Zeichen kommen unerwartet, ungerufen, aber die Reaktion darauf geschieht mit Umsicht. Wie man eine Sache beginnt, so wird sie auch enden, deshalb sollte man auf einen guten Anfang achten, um einen positiven Ausgang zu haben. Die mittelalterliche Zeichenbeobachtung beginnt nach dem morgendlichen Erwachen. Wenn wir dann mit dem linken Fuß aufstehen, gar stolpern und uns anstoßen, und vielleicht niesen, so ist es besser, das Haus gar nicht zu verlassen.[15] Zusammen mit dem Niesen nennen die Schriften ein anderes auffälliges Merkmal, das unwillkürliche Gliederzucken. Viele dieser Anfänge und Vorzeichen sind bis heute gut bekannt und da sie sich auch von selbst immer wieder wiederholen, werden sie immer aufs Neue im kulturellen Gedächtnis befestigt.

WALTHER hat sich neben anderen mantischen Praktiken auch darüber lustig gemacht. Die abergläubische Schwarzseherei, die er geißelt, ist heute genauso präsent:

> *Wer gesach ie bezzer jâr?*
> *wer gesach ie schœner wîp?*
> *daz entrœstet niht ein hâr*
> *Einen unsæligen lîp.*
> *Wizzet, swem der anegenget an dem morgen fruo,*
> *deme gêt ungelücke zuo.* (L 118, 12–17)

---

13 Kluge, Etymologisches Wörterbuch (1989) S. 807.
14 Das Niesen als antikes Omen ist vielfach belegt. Augustinus, Über die christliche Bildung (Ausgabe Pollmann 2002) II, 20.
15 Darüber mokiert sich schon Augustinus. Beispiele bei Grimm, Deutsche Mythologie (1870/1968) II, 937f.

VINTLER kennt den Angangsglauben noch 100 Jahre später:

> *Und etleich die jehen,*
> *es sei nicht guet, das man*
> *den tenken schuech*[16] *lege an*
> *Vor dem gerechten des morgens fru.* (VV. 7847–7850)

Wenn weiter nichts geschehen ist und man das Haus verlässt, kann die erste Begegnung mit Mensch oder Tier signifikant für das zukünftige Schicksal sein. Dieses Zusammentreffen, der Angang, hängt wiederum von Berufsstand und Geschlecht ab, die Richtung, von der z.B. ein Tier unseren Weg kreuzt, die Farbe des Tieres, alles kann positive oder unheilvolle Konnotationen annehmen.

Während die traditionelle antike Vogelbeobachtung schon im Frühmittelalter gut belegt ist, tritt der Angangsglaube im Hochmittelalter nur vereinzelt in den Quellen auf und wird in spätmittelalterlichen Zeugnissen manifest. WIRNT VON GRAVENBERG geißelt diesen Unglauben:

> *Wir haben maneger slahte*
> *Bôsheit unde gelouben,*
> *dâ mit wir uns nû rouben*
> *aller unser sælecheit.* (VV. 6190–8193)[17]

Angang kann auch die nach bestimmten Regeln vollzogene Beobachtung bedeuten, die sich vor allem auf ein *Augurium* bezieht, und als Kategorien günstig oder ungünstig wählt. Die historisch gewachsene und kulturell vermittelte Wahl dieser Kategorien lässt diese offenbar paganen Angangstraditionen mit christlichen Symbolen kollidieren. So erscheint es VINTLER unverständlich, warum ein gefährliches unheiliges Tier wie der Wolf Glück bedeuten soll und ein Priester Unglück[18], während das Sehen einer bescholtenen Frau (*pfäffin*) Glück bringt.

> *So seind denn vil, die hie haben*
> *Gelauben, es pring grossen frum.*
> *Ob in des morgens eyn wolff küm,* (VV. 7769–7771)

---

16 Der schlechte Angang, mit dem linken Fuß aufstehen, ist bis heute zumindest sprichwörtlich bekannt. Rauscher predigt am 16. Sonntag: *Es ligt wenig daran / ob man den lincken Schuch vor dem rechten anlege: ist ein Aberglaub alter Weiber/ wann du vermeinst / daß dir alsdann den ganzen Tag nichts werde von statt gehen.* Rauscher, Öl und Wein deß mitleidigen Samaritans (1690) S. 464.
17 Wirnt von Gravenberg, Wigalois (Ausgabe Kapteyn 1926).
18 In der *Guten Frau* (Ausgabe Sommer 1842) bedeutet es Glück: *wer sie des morgens angesiht, den tac im nimmer leit geschiht.*(V. 970).

A. Die Observanz

Und vil leut gedenken
Und haben sein auch ganzen sinn,
sie mugen nicht haben gewinn
des tages, unz si sehen
ain pfäffin, als si jehen. (VV. 7871–7875) [19]

In deutschen Beichtspiegeln finden eine ganze Reihe von unheilvollen und glückbringenden Angängen Erwähnung, die KLAPPER ausschnittsweise zusammengestellt hat: „*Hastu glewbit an fogil gesang? Hastu glavbit, das eyn mensche bozer gefelle hat wen das ander? Das ein pfaffe, eyn monch adir ein haze adir eyn jude bose gefele bedewt, Ein wolff, kacze guts vnd des gleychin?*"[20] ANTONIN VON FLORENZ kennt den Angang ebenfalls, wenn er vom Neujahrstag in seinem Beichtspiegel erwähnt: „*Hast du an diesem Tage wohl ängstlich Umschau gehalten, wen du zuerst erblicken würdest?*"[21]

Glücksverheißend sind Begegnungen mit dem Wolf, Mäusebussard[22], mit der Schlange, wenn den antiken Schriften gefolgt wird, sonst nicht, mit der Krähe, wenn diese von links nach rechts[23] fliegt, mit der Katze, wenn sie von rechts kommt etc. Unglück bringen Begegnungen mit Geistlichen allgemein, Mönchen im Speziellen, und Hasen.[24]

Während AUGUSTINUS und seine Nachfolger, wie auch THOMAS VON AQUIN, die *superstitio observationis* zwar verurteilen, diese aber nicht mit Idolatrie oder Apostasie gleichsetzen, äußern sich die spätmittelalterlichen Prediger der Wiener Schule wesentlich unnachgiebiger. NIKOLAUS' VON DINKELSBÜHL übertriebene Darstellung des Angangsglaubens schildert diesen als Spießrutenlauf, der die Ordnung Gottes in Frage stellt:

---

19 Vintler, Die pluemen der Tugent (Ausgabe Zingerle 1874).
20 Ibid. S. 88.
21 Text bei Klapper, Das Aberglaubensverzeichnis des Antonin von Florenz (1919) S. 63–101, hier S. 63–73.
22 Hartmanns Erec achtet weder auf Träume noch interessieren ihn Wetterprognosen (siehe Prognostik). Was ihm „*des morgens über den wec varn/ die iuweln sam den musarn*", beachtet er nicht. Hartmann von Aue, Erec (Ausgabe Wolf 1963) VV.8129f. Wirnt von Gravenberg spielt im *Wigalois* darauf an (Ausgabe Kapteyn 1926) V. 6187; Vgl. auch den Jungbauer, Art. Morgen (1932/1987) Sp. 576–581, hier Sp. 758 und Peuckert, Art. Krähe (1932/1987) Sp. 352–370.
23 Aus heutiger Sicht wären die Kategorien rechts und links nicht eindeutig bestimmt, da eine Drehung des Beobachters, die Richtung umdrehen würde. Sowohl für den antiken als auch den mittelalterlichen Beobachter bleibt eine eindeutige räumliche Orientierung bestehen und eine Richtungsänderung etc. wird weder in den antiken noch mittelalterlichen Texten thematisiert. Vgl. dazu für die antiken Zeichen Gödde, Rätselsprüche vom Nabel der Welt (2009) S. 61–74.
24 Weitere Beispiele bei Boehm, Art. Angang. (1932/1987) Sp. 409–435; Grimm, Deutsche Mythologie (1870/1968) II S. 937–949.

> *Dy da glaubent oder behaltent oder merkent die angang oder das sy sind ain czaichen kunftiger poser oder gueter ding. Also so einer auff stet von dem pet ob er ee rür die rechte oder dy tengken seyten oder so er den tencken füss ee rür denn den rechten oder denn teneken schüch, [...] oder so er seyn gewant pfayten oder rock anlegt am abichen oder das hinder herfur kert sol er jm ettwas vbels bedewten [...] sämtliche ding sind jrsal vnd vngelaube wider dy natur und wyder dy rechte vernufft vnd ist ain besunder abtkunftiger ding [...]als samlichs gedingen die werch der gottleichen fursichtikaÿt die selb ordnung die got czu gehört die nement sy jm.[...] es mag auch kain vrsach nicht sein das dy ersten dinge mer czaichen oder sach werden kunftiger ding denn dy andern die dranch gent.*[25]

Eine Variante des Angangsglaubens betrifft vor allem den kaufmännischen Bereich und ist in abgemilderter Form noch heute bekannt. Die Dekalogtexte überliefern die Vorstellung eines *hantgift*s, „*ein stillschweigend ohne anfordern gegebenes geschenk, das nach dem volksglauben gewisse krankheiten hervorbringen oder heilen kann*"[26]. Diese Definition im Lexerschen mhd. Wörterbuch widerspricht den Quellenbelegen, die die *hantgift*-Vorstellung eher auf den Verkauf von Waren beziehen, und es als glücksverheißend auffassen, wenn der erste Kauf von z.B. einer Jungfrau getätigt wird, da sich dieses *hantgift lösen* auf die weiteren Verkäufe gut auswirkt. Ebenso wie beim Angangsglauben sind z.B. Käufe durch Kleriker als ungünstig und unheilvoll eingestuft.[27]

Terrestrische Zeichen wie Erdbeben, Blutregen, außerordentliche Himmelszeichen, Missgeburten listen spätmittelalterliche Chroniken und Flugschriften zahlreich.[28] In Ulrichs von Etzenbach *Alexander* deutet eine monströse Geburt auf den bevorstehenden Tod des großen Königs. Die Mutter sendet das Kind zu Alexander, der sehr drüber erschreckt und das Orakel befragt, mit den göttlichen Mächten verhandelt und einen Aufschub erhält, da seine Zeit noch nicht gekommen ist:

> *diz was dem fürsten ungemach.*
> *sîn gebet er gegen gote sprach,*
> *daz er durch sîn güete*
> *an in wente senft gemüete*
> *und im frist wolde geben,*

---

25 Zu den Predigern der Wiener Schule, Baumann, Aberglauben für Laien (1989) passim; zum Angangsglauben S. 336–351; Zitat Nikolaus von Dinkelsbühl, Cgm 392,f. 67ᵛ S. 337, hier S. 340ff.
26 Lexer, Mittelhochdeutsches Wörterbuch (1992) Sp. 1174.
27 Zum *hantgift* ibid. S. 342ff Müller-Bergström, Art. Kauf, Verkauf (Handel) (1932/1987) Sp. 1134 –1187, hier 1167ff.
28 Zu den Chroniken vgl. Grabmayer, zwischen Diesseits und Jenseits (1999) S. 180ff Vgl. die Arbeiten von Schenda, Das Monstrum von Ravenna (1960) S. 209–225; Die deutsche Prodigiensammlungen des 16. und 17. Jahrhundert (1963) Sp. 637–710; Wunder-Zeichen: Die alten Prodigien in neuen Gewändern (1997) S. 14–32; Schwegler, Erschröckliche Wunderzeichen (2002).

> *daʒ er noch müeste vürbaʒ leben;*
> *ob sîn craft des niht enzæme,*
> *daʒ er in doch ze im næme*
> *und in untôtlîche*
> *bræhte in sîn rîche.*
> *dô rief ein stimme an der frist*
> *‚dîn zît noch niht komen ist.'* (VV. 23669–23680)

Die Erzählliteratur geht genrespezifisch mit den Vorzeichen um. Die häufig verwendeten Anzeichen für den Tod des Helden, Niederlagen usw. werden durchaus von außerordentlichen Wetterphänomenen verstärkt, gestützt, bisweilen konterkariert. Die Grenze zwischen einer topischen und einer prognostischen Verwendung verlaufen allerdings fließend. [29] Außerordentliche Wetterphänomene deuten nicht immer auf Unheil, wie etwa der Blutmond in RUDOLFS VON EMS *Alexander*[30]:

> *Dô kam diu naht. Der tac verswein*
> *Des mânes schin, der liehte schein*
> *Erlasch und wart rôt gevar als ein bluot.*
> *Die groβe schar erschrâken al besunder*
> *Und vorhten diz wunder*
> *Die wîssagen begunden jehn*
> *Benamen dô mueste geschehn*
> *Daz græste mort daz dâ vor ie*
> *In deheinen strîte ergie.* (VV 11124–11132)

Das oben zitierte Beispiel nennt diese Zeichen nicht Prodigium bzw. Omen, sondern Wunder. Betrachten wir AUGUSTINUS' Definition von Wunder, so wäre obige Bezeichnung korrekt, denn er versteht die ganze Natur als Wunder, daher dürfen Wunder auch nicht als gegen die Natur, so wie es die moderne gängige Definition vorschreibt, verstanden werden. Da die Natur gottgegeben ist, repräsentiert sie den Willen Gottes.[31] Naturwunder und weltliche Wunder gehen bei AUGUSTINUS ineinander über, beide legen für Gottes Macht Zeugnis ab. Neben dem Dauerwunder der Natur akzeptiert er die biblischen, die Wunder des frühen Christentums und auch Reliquien- und Schreinwunder.

Das mittelalterliche Verständnis von Prodigium definiert dieses nahezu wie das Omen, wiewohl das Prodigium ähnlich der römischen Einschätzung

---

29 Eine eingehende Untersuchung der Vorzeichen in der mhd. Erzählliteratur steht noch aus. Ich verweise in diesem Zusammenhang auf den interessanten Aufsatz Schultz-Grobert, Narrative ‚Wetterfühligkeit', Naturbilder in witterungsbedingten Ereignisfolgen der mittelhochdeutschen Epik (2003) S. 243–253.
30 Rudolf von Ems, Alexander (Ausgabe Junk 1928/1970).
31 Augustinus, Der Gottesstaat (Ausgabe Timme) XXI,8 S. 698.

im Mittelalter meist auf zukünftiges Unheil verweist, während Omina auch glücksverheißend sein können. Das christliche Wunder war wesentlich enger mit persönlicher Gnadenerfahrung verknüpft, war öffentlicher Beweis der auserwählten Heiligkeit. Das Prodigium entwickelte sich nach und nach von einem Zeichen zu einer Tatsache, die nicht mehr über sich selbst hinausdeutet, das Wunder zum zwingenden Beweis für Heiligkeit eines Individuums.

Neben den in der Bibel aufgelisteten zählen jene an den Gräbern, Schreinen und Reliquien der Heiligen und, bis zu ihrer Abschaffung, auch die Gottesurteile als Wunder (→ siehe dort). In großen Zügen lassen sich drei unterschiedliche Verstehensrichtungen des Wunders im Mittelalter festhalten. Die eine Richtung trennt das Natürliche ganz vom Übernatürlichen und greift nur in Ausnahmefällen zu einer übernatürlichen Erklärung. Mit der Wiederaufnahme des aristotelischen Gedankenguts im 13. Jahrhundert fand dieses Erklärungsmodell verstärkt Zuspruch. In der Nachfolge zu THOMAS erkannte man Wunder als echt an, wenn alle anderen Erklärungen ausgeschlossen werden konnten. Die Dichotomie außernatürliches weltliches Wunder und christliches übernatürliches Wunder verfestigte sich im 16. Jahrhundert: „Außernatürlich" wurde mit Magie, Mantik und Dämonenbeschwörung gleichgesetzt, „übernatürlich" war ausschließlich Gott vorbehalten. Dämonen können zwar natürliche Ursachen mit ihrem übermenschlichen Geschick manipulieren und so weltliche Wunder erscheinen lassen, aber als Geschöpfe nicht den Bereich der Natur überschreiten und echte Wunder wirken. Das neuzeitliche Wunderverständnis scheint beinahe das Augustinische wieder aufzunehmen, sämtliche Prodigia wie Himmelserscheinungen, Nahrungswunder, Blutwunder, Prophetenkinder definiert man als natürliche Wunder bzw. als wissenschaftlich erklärbare Zeichen.

b. Briefe der Götter, Schrift-Vorzeichen

> *„Dis ist ein abgeschrifft von dem brief den got selber geschriben hatt. Ich wart Jhesus Christus gottes sun amen". Hie hebt sich an das Gebot das got durch den engel sant Michel gesant hatt [...] haltent min gebot daz ich vch durch minen engel santen Michahelem gesant han durch den ich han kunt getan Jhesus Christus Amen. Bittent got für die schriberin.*[32]

Abgesehen von Träumen und Visionen (→ siehe dort) gab es noch andere Formen der göttlichen Offenbarungsübermittlung. Seit der Erfindung der Schrift haben religiöse Menschen an die Möglichkeit geglaubt, schriftliche Mitteilun-

---

32 Aus der Sibyllenweissagung-Handschrift der Bayerischen Staatsbibliothek CGM 6351 94^r–96^v zit. n. Neske, Die spätmittelalterliche deutsche Sibyllenweissagung (1985) S. 89f.

gen der Götter bzw. Gottes[33] oder anderer heiliger Personen empfangen zu können, dessen ungeachtet, ob diese Botschaft nun durch einen Engel oder einen in den Himmel entrückten Gottesfreund vermittelt wird, der die Botschaft in den Büchern liest, oder aber ein Frommer eine Botschaft Gottes entdeckt. Letztere Offenbarung ist der sog. Himmelsbrief[34], eine religiöse Vorstellung, wie sie Fälscher für ihre Zwecke verwendet haben, z.B. der christliche Sonntagbrief, den Bischof Liciniaus im Schreiben an Vincentius verurteilt. Häufiger als der Himmelsbrief[35] begegnet der Hinweis, man habe einen Brief in einem Grab gefunden. Diese Grabfunde gehen auf die Totenbücher Ägyptens zurück, da das Totenbuch ein wichtiges Mittel für die Toten darstellt, die Gefahren der Jenseitsreise zu überstehen. Mit Ausnahme der Orphiker haben die Griechen diesen Hinweis als Beglaubigung benutzt.

Während eines ausschweifenden Hoffestes des Belsazar schreibt plötzlich eine Hand mit glühender Schrift Unleserliches an die Palastwand. Diese plötzlichen, erschreckenden und vor allem unlesbaren Zeichen werden den Experten gezeigt, die aber nicht imstande sind, diese zu deuten. Daniel wird gerufen, der jene berühmten Worte liest, die seitdem als Synonym eines verhängnisvollen Schriftvorzeichens bekannt geworden sind: *Mene mene tekel u-parsin.*[36]

Weniger spektakulär gestalten die Dichter im höfischen Roman die eigentümlichen Inschriftensäulen, die sich entweder auf die Zukunft oder die Vergangenheit beziehen. Die Spiegelsäulen lassen den Zuschauer an weit entfernte Plätze, aber auch in die Zukunft sehen. In WOLFRAMS von ESCHENBACH *Parzival* erblickt Gawan[37] im Schloss Marfail eine Wundersäule und eine *clariu sul*. Die erste, mit Edelsteinen verzierte Spiegelsäule gewährt einen Blick durch ein „Panorama"-Fenster:

> *In dûhte daz im al diu lant*
> *In der grôzen siule wærn bekannt,*
> *unt daz diu lant umb giengen,*
> *unt daz mit hurte enpfiengen*
> *die grôzen berge ein ander.*
> *In der siule vander*
> *Liute rîten unde gên,*
> *disen loufen, jenen stên.* (590,7–14)

---

33 Vgl. Pientka-Hinz, Omina, Orakel, Rituale Beschwörungen: akkadische Texte (2008) S. 54–60.
34 Vgl. Harmening, Art. Himmelsbrief (2005) S. 214–216.
35 Vgl. Stübe, Art. Himmelsbrief (1932/1987) Sp. 21–27; Schnell, Art. ‚Himmelsbrief' (1983) Sp. 28–33.
36 Zur Danielstelle vgl. Röllig, Die Weisheit der Könige in Assyrien und Babylon (2001) S. 37–52; Vgl. Tiemann, Art. Schreiben, Schrift, geschriebenes (1932/1978) Sp. 293–388, hier Sp. 302ff.
37 Wolfram von Eschenbach, Parzival (Ausgabe Bartsch 1932).

Auskunft erhält er über die Säule, in der man sechs Meilen im Umkreis erblicken kann. (592,1–20). Im *liet von Troye* des HERBORT VON FRITZLAR[38] sieht man auf einer der vier Wundersäulen alles, was sich auf der Erde befindet und auch Schande, Glück und Ehre der Menschheit. Der Teufel hat seine Hand bei den Voraussagen im Spiel:

> *Der tufel vz den bilden sprach*
> *Vnd vor sagete swaz gescah*
> *Manic wunder er treip*
> *Daz man von im screip*
> *Hin abe quam vns zoberlist*
> *Die nigromancia geheizzen ist* (VV. 9368–93673)

> *[...]Da was wunder an gegraben*
> *Geschriben ouch mit buchstaben*
> *Swaz ie mochte werden*
> *In wazzer vnd in erden*
> *Von fischen von tyeren*
> *Vf den sulen fieren.* (VV. 10766–10771)

Eine Säule mit ähnlicher Funktion steht im *Reinfried von Braunschweig*[39]:

> *Diu siul sî vollebrâhten*
> *Mit durgrabener geschrifte,*
> *daz man mit wârer trifte*
> *hât an disen stunden*
> *alle künste funden*
> *der sî wîlent pflâgen.*
> *Man vant ân allez frâgen*
> *An den selben siulen hie,*
> *dô diu sintfluot zergie,*
> *swaz biz an die stunt was beschen.* (VV. 19820–19829)

In WOLFRAMS Version der Gralserzählung kündigt eine Schrift Parzival als den neuen Gralskönig an (468,23–471,29) und im *Lohengrin*[40] erscheint der Name des Protagonisten, dem es bestimmt ist, die Ehre der Elsa zu retten. (46–51)

Der weise Meister Helies im *Prosa-Lancelot*[41] übernimmt es als Letzter einer langen Expertenreihe auf sich, die Träume des Galahot zu deuten. Zu Hilfe nimmt er dabei ein geheimnisvolles Buch und ein wenig christliche Magie, denn mit einem Kruzifix und einer Patene inszeniert er eine geheimnisvol-

---

38 Herbort von Fritslar, Das liet von Troye (1837).
39 Reinfried von Braunschweig (Ausgabe Bartsch 1871).
40 Lohengrin (Ausgabe Cramer 1971).
41 Prosa-Lancelot (Ausgabe Kluge 1948).

le Beschwörung, worauf die Erde bebt und Donner ertönt. Danach zeichnet er vier Reihen von je 45 Ringen an die Wand der Kapelle. Der Zweck dieser Prozedur ist es, die verbleibende Lebenszeit Galahots zu erfahren, d.h. herauszufinden, *ob sie jar bezeichenten oder monat oder wochen oder tag* (I 507, 8–11). Meister Helies setzt seine Beschwörung fort und plötzlich erscheint eine Hand mit einem Schwert und schlägt nach dem Meister und Galahot. Da diese aber durch geweihte Gegenstände, die ein Capellan zuvor geholt hat, beschützt sind, kann sie ihnen nichts anhaben und wendet sich den Kreisen an der Wand zu. Die Teufelshand schmettert mit ungeheurer Wucht an die Wand, hinterlässt einen Einschlag von einem halben Fuß und verschwindet. Es bleiben nur dreieinhalb der großen Ringe stehen.

> *Da horten sie ein stymme als ein busúne und sahen wo ein arm qwam al mit der hant und bracht ein schwert darinn das freischlich rot was als ein fure und schnidende als ein scharsach; Die hant was wiß als ein schne, und der arm was mit rotem samid gecleidet: Die hant kam zu meister Elias mit dem schwert und det als sie yn durch den lip stechen solt. Er warff das crucz fure, und die hant ging lang alumb yn schlahende und stechende, [...] Zu letst kam sie zur mure da die ring geschriben stunden und slug sie allsament abe biß an dry der grösten und einen halben. Da fur sie bald zur thur wiedder uß da sie inn komen was;* (I 507, 23–34)

Galahot schließt daraus, dass er noch dreieinhalb Jahre Lebenszeit hat (I 508, 4f.). Diese Stelle ist umgekehrt zu Belsazars Erlebnis angelegt; während dort die Hand an die Wand schreibt, wird hier ausgelöscht. Die Prognose aber bleibt gleich, die *hochfertigen* wird der Tod in der angegebenen Zeit ereilen.[42] Ebenso deutet die in den Fels geschlagene Prophezeiung Merlins[43] auf den Untergang des Artus, wie sie ihm schon öfter vorhergesagt worden ist: *Das was Merlin, der da sicher was von dingen die da noch geschehen würden, dann in uwern zyten ye keiner were."* (III 728,17–729,1)[44]

An anderer Stelle träumt Salomon, dass Gott oder Christus von seinem Schiff Besitz ergreift, es für die zukünftigen Benutzer weiht und eine Weile auf dem Bett ruht (III 308ff.). Am nächsten Morgen liest Salomon an der Bordwand die Warnung an die Glaubensschwachen, das Schiff zu betreten.

---

42 Dieses Ergebnis einer Traumdeutung wird auf überaus kompliziertem Wege erreicht. Der damit befasste Meister, der als Elfter nach dem Versagen der anderen zehn zum Zuge kommt, deutet den Traum mit den 45 Bohlen der Brücke unter Verwendung eines nicht näher erklärten Zauberbuches. In diesem schlägt er allerdings nicht den Trauminhalt nach, sondern eine Beschwörung, im Verlaufe derer er dann die Kreise an die Wand zeichnet. Vgl. dazu die Ausführungen von Fuchs-Jolie, Bedeutungssuggestion und Phantastik der Träume im Prosa-Lancelot (2003) S. 313–340, hier S. 335.
43 Die Stellen I 19,28–21, II 663–671, III 728,17–729,1 geht als einer der wenigen deutschen Belege auf die Gestalt Merlins als Prophet ein. Vgl. Dietl, Ein Hof ohne Magier? Zur (beinahe) fehlenden Merlingestalt in der deutschen Artusliteratur (2010) S. 93–117.
44 Alle Zitate aus Prosa-Lancelot (Ausgabe Kluge 1967).

Des andern tages, als bald als Salomon was erwacht, da kam er zu dem schiff und fand buchstaben an dem bort geschriben die da sprachen: ‚Hörest du mensch, der in mich wil gan: hút dich das du nit herinn gehest, du syest dann vol truwen, wann ich bin nit dann getruwe! Und als bald als du dich würffest uß rechtem glauben, ich werff dich uß de in der wise das du nit solt haben entheltniß noch hilff; wann ich laß dich verderben, welch zyt du wurdest begriffen, in dem unglauben.' (III 308, 18–309,5).[45]

c) Horchen, Hör-Omina

Aus in moderner Auffassung zufälligen akustischen Wahrnehmungen werden zukünftige Geschehnisse geschlossen. Ein Horchen zu bestimmten Zeiten und an bestimmten Orten, unterstützt durch Gebete oder Sprüche, bezeugt dessen Ritualcharakter, weshalb der altnordische mantische Modus des draußen Sitzens (des *útiseta*, → siehe dort) sicherlich hier hinzuzurechnen ist[46]. Verwandt scheint die Methode, einen Zaun zu rütteln und aus dem dabei hörbaren Klappern Schlüsse zu ziehen, worauf THOMAS VON HASELBACH anspielen könnte.[47] Eine besonders eigenartige Methode des provozierten Horchens beschreibt ANTONIN VON FLORENZ: „*Hast du in einen hölzernen Becher gesungen oder Knaben oder Mädchen singen lassen, um zu hören, was sie dir künden?*"[48] Auch hier bildet der Glaube an eine höhere Aufnahmebereitschaft und Konzentrationsfähigkeit eines kindlichen Mediums den Hintergrund der Methode.

Naturgemäß findet das Horchen zu Zeiten statt, in welchen keine störenden anderen Sinneswahrnehmungen ablenken, also zur Nachtzeit und dann meist nach Mitternacht. Bevorzugt werden jene Nächte, die ohnehin zu den begünstigten Wahrsagezeiten gerechnet werden, wie die Christnacht, Sylvesternacht u.a. Liminale Orte wie Kreuzwege oder auch Grabstätten, in spezifischen Zusammenhängen Getreidefelder[49] sucht man auf, um vorausdeutende Geräusche, wie Gesprächsfetzen, Tierlaute, hier vor allem Hundegebell,[50] zu hören. Diese einfache Art der Inkubation dient dazu, zu erfahren, ob man selbst heiraten, verwitwen oder gar sterben oder auch, was Nahestehenden, dem gesellschaftlichen Umfeld im nächsten Jahr, zustoßen werde.

---

45 Ibid.
46 Boehm, Art. Horchen (1932/1978) Sp. 312–325 hier Sp. 312.
47 *Item peccant, qui querunt futura et occulta [...]* Schönbach, Zeugnisse der deutschen Volkskunde des Mittelalters (1902) S. 1–12, hier 8ff.
48 Text bei Klapper, Das Aberglaubensverzeichnis des Antonin von Florenz (1919) S. 63–101, hier S. 63–73.
49 Das von den Homilia als heidnisch getadelte Horchen auf die Zeichen der Zukunft geschieht an Kreuzwegen. Vgl. Boehm, Art. Horchen (1932/1978) Sp. 318.
50 Bellen und Heulen der Hunde gilt schon bei Homer, Odyssee 16 als unheil- und todkündend. Umstritten ist, ob es sich bei dem von Tacitus in seiner Germania erwähnten Barditus, um ein Höromen handelt. Tacitus hat das Geräusch, welches die gesungenen Lieder bzw. das Kriegsgeschrei im Resonanzraum des Schildes verursachen, als Indikator für den Ausgang der Schlacht genommen. Tacitus, Germania (Ausgabe Staedele 2001) cap. 3.

Die Spezifik der Geräusche ist signifikant für die Deuterichtung, wenn also zu einem bestimmten Zeitpunkt und an einem bestimmten Ort Geräusche vernehmlich sind, so erfolgt die Auslegung analog zur Traumdeutung kasuistisch. Weinen kann also Kindsmord bedeuten, ein Sägegeräusch einen Sarg, also einen Todesfall. Oder aber man stellt die Frage schon vorher und horcht auf bestimmte Geräusche wie Hundegebell, aber auch auf bestimmte Wörter, die in diesem Fragezusammenhang besonders aufschlussreich sind wie „Ja" oder „Nein", aber auch der Frage entsprechend „Hochzeit". Letztere Form nähert die Methode dem klassischen Losorakel an.

2. Beobachtung von Menschen

Die Menschenbeobachtung als Mittel zur Zukunftserforschung erscheint als unmittelbarstes Indiz, es werden nur äußerliche, also körperliche Spezifika herangezogen, die in den Körper eingeschriebene Zeichen als signifikant erachtet.

a) Die Handlesekunst

so chunnen etleich in der hant
sehen eitel laster und schant.
HANS VINTLER[51] (VV. 7753–7754)

oder das man warsagern traut,
das ainer aim in sein hant schaut,
im vil dings wil vermeren.
MICHEL BEHEIM[52] (VV. 63–65)

Die Handlinienlesekunst oder Chiromantie[53] stammt aus der Antike und hier aus dem durch Astrologie beeinflussten Hellenismus, es fehlen Quellen des alten Orients, auch ist sie für das Judentum nicht belegt. POLLUX erwähnt im 2. Jahrhundert n. Chr. den *Cheiromantis*.[54] In der mittelalterlichen, von VARRO abhängigen Divinationslisten, also bei HRABANUS MAURUS, BURCHARD VON WORMS, IVO VON CHARTRES, GRATIAN, HUGO VON ST. VIKTOR fehlt die Chiromantie, THOMAS VON AQUIN nennt sie zusammen mit anderen verwerflichen Wahrsagemethoden.[55]

---

51 Vintler, Die pluemen der Tugent (Ausgabe Zingerle 1874).
52 Beheim, Gedichte (Ausgabe Gille 1968–1972) Bd. II, S. 326–330.
53 Vgl. Harmening, Art. Chiromantie (2005) S. 95–96.
54 Vgl. Luck, Magie und andere Geheimlehren (1990) S. 324; Pfister, Ausdrücke der Wahrsagekunst (1935) S. 49; Kröger, Pythagoreisches aus der Handlesekunst (1930) S. 32–42, hier S. 32f.; Harmening, Superstitio (1979) S. 190ff.
55 Gratian, Decretum (Ausgabe Richter/Friedberg 1879/1955). Thomas von Aquin, Summa

Traktate der griechischen und lateinischen Physiognomiker erwähnen die charakter- und zukunftsdeutende Hand, ARISTOTELES deutet mehrere unzusammenhängende Linien in der Handfläche als Vorzeichen eines kurzen, eine fleischige ungebrochene Linie als Zeichen eines langen Lebens. Die Verbindung mit der Astrologie wurde nicht erst im Mittelalter, sondern bereits in der Antike geknüpft: Zugeordnet wurden der kleine Finger dem Hermes, der Ringfinger dem Helios, der Daumen der Aphrodite, der Zeigfinger dem Ares, später Jupiter.

Da erst die astrologischen Beziehungen das zeitliche Gerüst für eine Systematik abgeben können, lässt sich Handlesekunst bis zu den älteren Babyloniern zurückverfolgen, die eine Entsprechung zwischen Gestalt der Hand und Handbeugefalten einerseits und Anlagen und Schicksal des Menschen andererseits angenommen haben. Es handelt sich also um eine Spielart der schon in der Antike nachgewiesenen Signaturenlehre. Häufig werden astrologische Verknüpfungen einzelner Kuppen und Linien mit den Planeten konstatiert, so noch in der heutigen Chiromantie.[56]

Wiewohl ARTEMIDOR, ARISTOTELES (in *Historia animalium* I, 15) u.a. auf die Bedeutung der Handlinien Bezug nehmen, blieb die Kunst mangels einer spezifischen Traktatliteratur im Bereich der populären Kultur.[57] Den einzigen griechischen Text, überliefert in einem Manuskript des 13. und 15. Jahrhunderts, verdanken wir der akribischen Arbeit von CRAIG, THORNDIKE, und PACK[58]. Lateinische Literatur fehlt bis zur Mitte des 12. Jahrhunderts. JOHANN VON SALISBURY verweist in seinem *Policraticus*[59] auf die Chiromantie als eine neue Form der Divination. Gerade zur Zeit der Vollendung des *Policraticus*, 1159, wurde in Canterbury ein bislang unbemerkter Text in ein lateinisches Manuskript kopiert: der *Eadwine Psalter*. Vergleicht man diesen Text mit anderen mittelalterlichen chiromantischen Texten, frappiert die primitive Form.

---

theologiae (1933ff.) II/2 q. 95; Vgl. Linsenmann, Die Magie bei Thomas von Aquin (2000) S. 287f.

56 Aus der Fülle der modernen Publikationen greife ich heraus, Hürlimann, Handlesen (1996).
57 Juvenal, Satiren (Ausgabe Schnur 1969) VI, 583 macht sich schon über den weiblichen Aberglauben lustig: *Frontemque manumque/ praebebit vati crebrum poppysma roganti*.
58 Eine Liste chiromantischer Traktate in alphabetischer Reihenfolge der Anfänge im Anhang von Thorndike, History of Magic (1923–1958) Bd. 5, S. 673–678; Pack, Archives d'histoire doctrinale et littéraire du moyen âge (1972) S. 289–320; Zu den chiromantischen Texten in mittelalterlichen Handschriften siehe Láng, Unlocked Books (2008) S. 128ff.
59 „*Chironomantici sind solche, welche aus der Betrachtung der Hände die Geheimnisse der Dinge weissagen.*" Policraticus I, 12. An anderer Stelle tadelt er seinen Freund Thomas Becket, der sich anscheinend von einem Scharlatan hatte die Hand lesen lassen. Policraticus II, 27 übersetzt von Helbling-Gloor, Aberglaube (1956) S. 63f.

A. Die Observanz

Der Beginn der lateinischen Literatur zur Handlesekunst datiert noch vor 1160 und nicht, wie bisher vermutet, erst ab dem 13. Jahrhundert. Es existieren sechs voneinander unabhängige Quellen, die den Beginn dieser Tradition markieren:

1. Die *Eadwine Chiromantie*[60] besteht aus einer Liste von Zeichen, die an verschiedenen Stellen der Hand auftreten, ohne auf eine spezielle Beschreibung der Hand und die Bedeutung der natürlichen Linien einzugehen.
2. Die *Sloane Chiromantie*[61], nur in MS British Library Sloane 323, gibt zumindest einen kurzen Hinweis auf die Bedeutung der drei Hauptlinien und ebenfalls eine Liste der in der Hand auftretenden Zeichen.
3. Die *Adelard Chiromantie* oder *Chiromantia Parva*[62] ist der erste chiromantische Traktat, der eine systematische Darstellung versucht und nach den natürlichen Linien gliedert. Zwei der bekannten Manuskripte verweisen auf die Autorschaft des ADELARD OF BATH.
4. Die ARISTOTELES[63] zugeschriebene *Ars chiromantiae*
5. Die Chiromantie des JOHANN VON SEVILLA[64]
6. Das HARTLIEB zugeschriebene *Buoch von der Hannd*[65] ab 1480 gedruckt beinhaltet Diagramme der rechten und linken Hand mit Zeichen und deren Bedeutung

Die *Sloane Chiromantie* scheint keinen nennenswerten Einfluss gehabt zu haben. *Eadwine* und *Adelard Chiromantie* flossen in spätere Chiromantien ein.[66]

Im Barock war die Ansicht verbreitet, der Beschaffenheit der Hand könne zwar keine mantische Bedeutsamkeit im Hinblick auf das Schicksal des Menschen beigemessen werden, aber es wäre möglich, Rückschlüsse auf die Beschaffenheit des menschlichen Körpers, seiner Gesundheit und Krankheit zu ziehen. Frühzeitig mischte sich astrologisches Ideengut in die Handleserei. Neben den vier Hauptlinien (Herz-, Kopf-, Schicksals- und Lebenslinie) ist die Handfläche in sieben Planetenberge eingeteilt. Vom Zeigefinger zum kleinen Finger sind es: Merkurberg, Apolloberg, Saturnberg, Jupiterberg. Unter dem Daumen ist der Venusberg, unter dem kleinen Finger der Marsberg und Mondberg.

---

60 Vgl. dazu die gesammelten Aufsätze von Burnett, Magic and Divination in the Middle Ages (1996) Kap. X und XI.
61 Ibid.
62 Thorndike, History of Magic (1923–1958) Bd. 5, S. 673–678.
63 Thorndike, ibid.
64 Ibid.
65 Uneinigkeit herrscht über das Verhältnis zwischen dem 1480 gedruckten Blockbuch und der Handschrift.
66 Vgl. Burnet, Magic and Divination (1996) Kap. X und XI.

HARTMANNs Held Erec achtet weder auf Träume noch auf Vorzeichen oder Angang und auch nicht auf die Handlesekunst:

> *im was der tisch in der hant*
> *als mære enge sô wît,*
> *und swaz ungelouben gît*
> *dâne kêrte er sich niht an* (VV. 8136–8140)[67]

Die Chiromantie war neben der Physiognomik und der Astrologie wohl eine der Künste, die zumindest einigermaßen toleriert wurden, da sie sich mit von Gott gegebenen Eigenschaften beschäftigte und man dazu keinerlei Beschwörungen brauchte,[68] aber nicht unumstritten. In der frühen Neuzeit urteilte MILICHIUS über die sog. *Physiognomie*, die sich im Unterschied zur Physiognomik mit den Charakteristiken des Körpers und nicht nur mit dem Gesicht beschäftigte, woraus sich ergebe, dass „*scharffsinnige leut welche auß des menschen gestalt / gesicht und geberden können mercken / was er im schilt führet.*"

VINTLER[69] gibt zumindest den verbreiteten Aberglauben seiner Zeit wieder: „*Etliche künnen in der handt /Eim sagen laster vnd auch schandt*" (VV. 7752–7753).[70] Das gilt allerdings nur für den Moment, nicht für eine längere Zeitspanne. Man könne also „*zůkůnfftige ding darauß*"[71] nicht ableiten. Die Chiromantie könne nichts voraussagen und wäre daher unseriös, „*ein(e) Zigeunerkunst*"[72]. Johannes HARTLIEB, der ohnehin nichts von der Weisheit der ‚Zigeuner' hält, verurteilt die Chiromantie scharf.

> *Cyromancia ist ain kunst, das man in der hannd sicht, was ainem geschehen sol oder geschehen ist, auch von chinden, weiben, herren oder was ainem sein lebtag widerfarn sol und mag. Die kunst hat erfunden Mancius der zaubrer. Die kunst gåt zů, das man sol schawen die lyny in der hannd, auch an den vingern und tennen, darus sol dann der maister sagen, was er dann in der kunst sůcht oder haben will. Die maister dieser kunst sehen auch an den vingern, darnach sagen sy dann, was sein sol. Wie man die kunst ansicht und wie man sy treibt, so ist sy sünd, verpoten und ain rechter ungelaub.*[73]

---

67 Hartmann von Aue, Erec (Ausgabe Wolf 1963) Die erwähnte Tischlinie gibt Auskunft über eheliches Glück und Finanzen.
68 Boehm, Art. Chiromantie (1932/1987) Sp. 37–53 hier 41; Ehrenfeuchter, Aspekte des zeitgenössischen Zauberglaubens (1996) S. 83f.
69 Als Vorlage für Vintler hat man den *Gewissenspiegel* des Martin von Amberg in Erwägung gezogen. Auch dieser hatte sich gegen *hant seher* und *hant seherynn* ausgesprochen. Vgl. Martin von Amberg, Der Gewissenspiegel (Ausgabe Werbow 1958) S. 15; Vgl. Müller, Art. Vintler, Hans (1999) Sp. 354–359, hier Sp. 357.
70 Vintler, Die pluemen der Tugent (Ausgabe Zingerle 1874).
71 Milichius, Der Zauberteufel (1970) S. 152.
72 Ibid.
73 Hartlieb, Das Buch aller verbotenen Künste (1989) Kap. 98–102.

Er leitet sie aus der Physiognomik des ARISTOTELES her und nennt als ersten Meister der Chiromantie Pyson[74]. Wiewohl aber diese Schrift des ARISTOTELES nur Aussagen über in der Gestalt angelegte Neigungen der Menschen enthält, versucht die Chiromantie, in die Zukunft zu blicken.

> *Sy sagt, wievil ainer weiber, kinder, gelück oder ungelück haben sol, auch welhes tods ain mensch sterben sol und sunst vil ander ungelauben, als ich hernach wol schreiben wird. Darum sey die kunst Ciromancia verpotten und Phisonomia nit.*

Die chiromantische Kunst beschäftigt sich mit den unterschiedlichen Zonen der Hand.

> *Ainen tail haissent sy ‚ratzeca', den andern tail haissen sy ‚mensam', den tisch, den dritten haissen sy das pett, den vierden haissen sy den pühel, das haubt. Darnach so nemen sy gar vil liny in der hannd und haißt aine die liny des lebens, die ander liny des tisch, die dritt liny des pets. Darnach so halten sy in der hannd vil pühel, das wir pallen haissen, und so offt ain lyny in der pallen ainem ist, so oft sol es ettwas bedewten. Das alls ist ain tandt, wann die lyni bedüten nichtz, das schad oder güt sey.*

Die Ausdeutung der einzelnen Linien:

> *Item die maister sprechen, wer ainen weitten tisch hab, der wird reich, wer ain grosse lyni des tisch hab, der sech geren essen, wer lyni hab in seinem bett, sovil der sind, sovil weiber müß er haben, und wievil liny sin an dem pallen des mynnsten vingers, sovil kind müß er haben.*

Wenn sich am Handballen einer Person ein Kreuz befindet, soll diese für ein hohes Amt prädestiniert sein. HARTLIEB betont, dass mehr Frauen als Männer die Kunst praktizieren, dass jedes winzige Detail in der Hand und in den Fingern Bedeutung besitzen, obzwar Linien und Punkte dadurch entstünden, dass die Haut sich in Falten lege, was gegen den Zukunftsbezug oder Aussagewert spräche. Auch die Einzelheiten der Finger sind gemäß dieser Deutung signifikant, eine Ansicht, die noch heute im populären Wissen immer wieder auftaucht. Besonders bekannt dürften die Aussagen über die Länge der Fingerglieder sein, die unterschiedliche Deutungen zulassen. HARTLIEB führt die glücksverheißenden Länge des kleinen Fingers an: Je weiter er über das erste Glied der Ringfingers hinausragt, desto größer das Glück. Derjenige, dessen kleiner Finger nicht einmal bis zum ersten Glied des Ringfingers reicht, muss folglich ein großer Pechvogel sein. Diese Aussagen habe bereits MACROBIUS in

---

[74] Hartlieb rekurriert hier nicht auf den sonst immer erwähnten Aristoteles, sondern auf den rätselhaften Mancius und Pyson. Eisermann kommentiert, dass beide Namen wohl „eigenständige Ableitungen Hartliebs aus Ciromancia und Phisonomia" sein sollen. Möglich auch, dass er hier in Nachahmung von Isidors Etymologie Verballhornungen vornimmt. Vgl. Kommentar zu Hartlieb, Das Buch der Verbotenen Künste (1998) S. 229.

seiner Abhandlung zum *Traum des Scipio* verhandelt und in seinem Traktat auch über die glückverheißenden Maße und die natürlichen Maßverhältnisse des Körpers geschrieben.

Dem so vernichtend über die Handlesekunst urteilenden HARTLIEB wurde die Autorschaft einer Chiromantie nachgesagt. An dieser Frage hat sich schon sehr bald eine Diskussion um die Echtheit der Zuschreibung entzündet. WIERSCHIN und FÜRBETH[75] haben aufgrund ihrer Analysen zwar unterschiedliche, aber gewichtige Argumente beibringen können, die gegen eine Autorschaft sprechen. Dass HARTLIEB u.U. eine chiromantische Schrift oder genau diese besessen habe, ist in Anbetracht seiner Sammlung geheimniswissenschaftlicher Schriften, aus der er seine Kenntnisse schöpft, nicht unwahrscheinlich. Die pseudo-epigrafische Zuschreibung, die aus HARTLIEBS Namen nach seinem Tod Kapital schlagen wollte, kann ebenso als überzeugendes Argument herangezogen werden.

ANTONIN VON FLORENZ fragt in seinem Beichtspiegel: „*Hast du dir in der hand lesen lassen oder anderen das Schicksal aus der Hand gelesen?*"[76]

Mehrfach nimmt HANS SACHS auf die Chiromantie Bezug. In seinem Fastnachtspiel *Der rockenstuben*[77] tritt ein ‚Zigeuner' auf, der den Bauern aus der Hand liest. Dieser erkennt in den Händen der Bauern grobe Charakterfehler und sagt ihnen auch, was er gesehen hat. Die Bauern vertragen die Wahrheit nicht und jagen den ‚Zigeuner' fort. Ganz richtig resümiert SACHS, dass man den Menschen die Wahrheit nicht schonungslos sagen könne, das wäre mit Gefahr verbunden, es folgt sein Epimythion: Die Menschen wollen belogen werden. In *ain schône fabel* vertritt er die gegenteilige Meinung, nun behauptet er, dass man die Anlagen des Menschen nicht erkennen könne: „*Des menschen hercz nit erkent mag werden, / Wie man den manchen sicht auf erden / frolichs angesichtz ist zw scherczen / Und ist doch schwermütiges herzen.*"[78]

Der Hofastrologe ALBRECHTS VON BRANDENBURG, JOHANNES AB INDAGINE,[79] war richtungsweisend für eine Gruppe von Medizinern, die sich der Chiromantie als Prognostikon bedienten. Sein viel aufgelegter Traktat fasste das

---

75 Hg. v. Weil, Die Kunst Chiromantia des Dr. Hartlieb. Ein Blockbuch aus den Siebziger Jahrer des 15. Jahrhunderts (1923). Begonnen hatte die Diskussion bei Schmitt, Magie und Aberglauben (1962) S. 179–186. Zweifel an der Autorschaft meldet Wierschin an (1968) S. 71–76 an, die Grubmüller, Art. Hartlieb, Johannes (1981) Sp. 480–496, hier Sp. 487f. zurückweist. Fürbeth rollt die Diskussion in seiner Monographie, Johannes Hartlieb (1992) S. 72–75 u. 131f. neu auf und spricht sich gegen eine Verfasserschaft Hartliebs aus. Vgl. Grubmüller im Nachtrag des VL Art. Hans Hartlieb (2004) Sp. 589.
76 Text bei Klapper, Das Aberglaubensverzeichnis des Antonin von Florenz (1919) S. 63–101, hier S. 63–73.
77 Sachs, Sämtliche Fastnachtsspiele (1880) Bd. I, S. 124ff.
78 Sachs, Sämtliche Fabeln (1955) Bd. II, S. 603ff.
79 Vgl. Gantet, Der Traum der frühen Neuzeit (2010) S. 115ff.

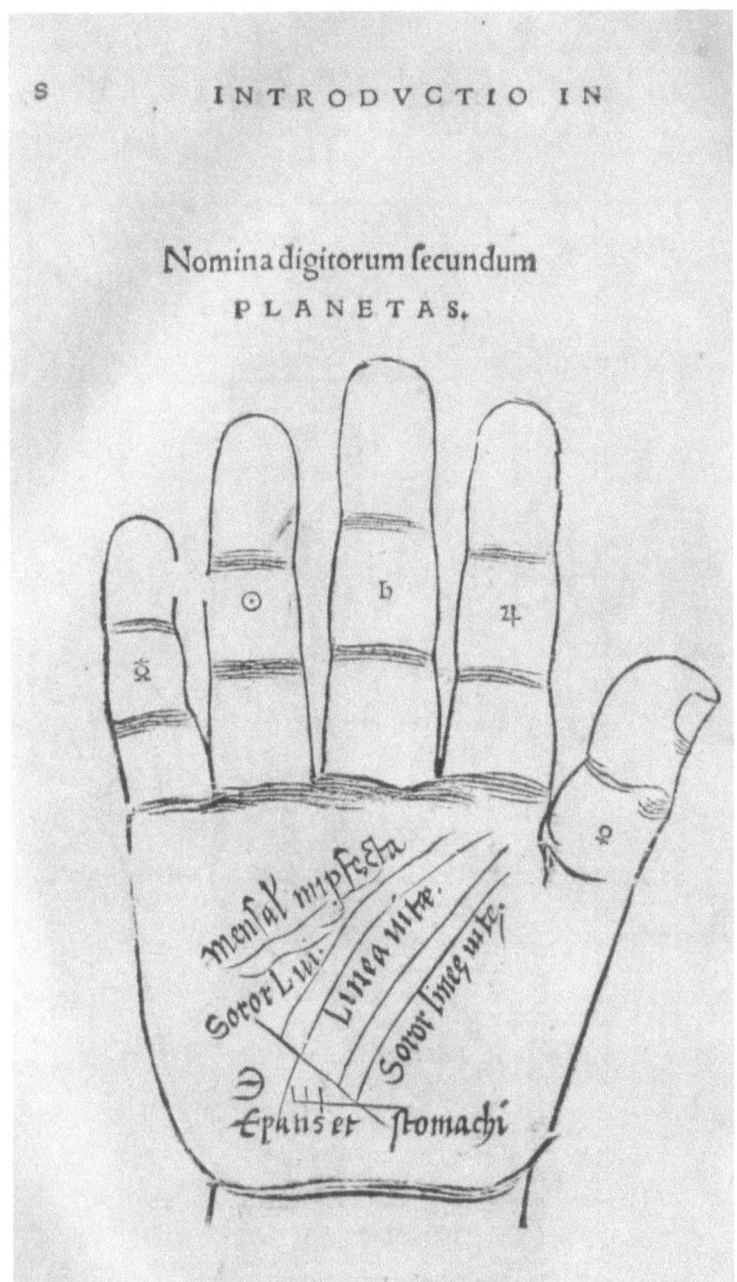

Abbildung 4: Aus Johann Rothmann,
Chiromantiae theoria practica concordantia genethliaca (1559).

EXEMPLVM VI.

Nafcitur præcedentis frater A. C. 1588. 27. Decemb. st. novo, hora quinta matutina.

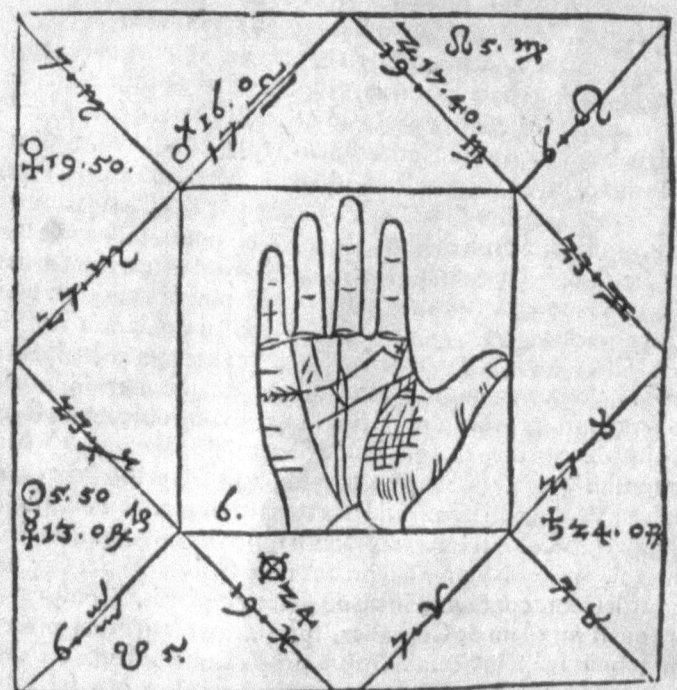

I. Mars horoscopi dominus receptus à Venere ex domicilijs, abjectis tamen, libidinem ingenerat, incontinentiamq̃. Cernis ut Veneris regio evidenter exornata sit sulcis suis, cruce appolita in superiori loco. Talis crux sæpe adulteros prodit.
II. Iupiter in culmine partiliter hæret, triangulum cum Saturno atq; Mercurio satis decenter efficiens terreis in signis.
Exornat

Abbildung 5: Aus Johann Rothmann,
Chiromantiae theoria practica concordantia genethliaca (1559).

Wissen seiner Zeit zusammen und wurde nicht nur vom neuzeitlichen Sammler und Archivar der Divinationskunst CASPAR PEUCER[80], sondern auch von vagierenden Wahrsagern, wie beispielsweise der 1681 in Basel verurteilten Esther Wüstin,[81] geschätzt.

b) Gesichter sagen aus – Physiognomik

Des menschen muot wont in den ougen:
Swer es kann gerken tougen,
Der vindet zorn haz und minne
Trûren, frôude und liebe dâr inne.
HUGO VON TRIMBERG, Der Renner[82]

Die Kunst der Physiognomik als zukunftweisende Deutung einzelner Körperstellen und auch Körperhaltungen deren Katalogisierung und Sammlung mit Deutungskatalogen entstand im mesopotamischen Raum[83], eine intuitive Physiognomik kann bereits in der Antike und im Mittelalter nachgewiesen werden.[84] Die Deutungspraxis geschieht analog zur Traumdeutung, beide fragen nach Glück und Unglück und beide verlangen außer dem Objekt und dem Fragenden den Spezialisten.

Aus der Antike haben drei Abhandlungen als Referenzmodell traditionsbildend gewirkt: die pseudo-aristotelischen *Physiognomica* aus dem 4. Jahrhundert vor Chr., ein physiognomischer Text des POLEMON aus dem 2. Jahrhundert nach Chr. und ein anonymer lateinischer Traktat. Im 9. Jahrhundert gelangten die erstgenannten Texte in den arabischen Raum und bildeten dort eine reiche Texttradition aus, allerdings sind nur vier im Abendland rezipiert worden: RHAZES Abhandlung im *Liber ad Almansorem* II, der physiognomische Teil im *Secretum Secretorum* und die pseudo-aristotelischen *Physiognomica*.[85]

---

80 Ausführlich zu Peucer: Brosseder, Im Bann der Sterne: Caspar Peucer (2004) S. 235–294, hier S. 237ff.
81 Der Sensationsschriftsteller Bruno König in: Ausgeburten des Menschenwahns (wahrscheinlich 1926) S. 425; 1600 versuchte der Arzt Hippolyt Guarinonius in einem Experiment, die suggestive Wirkung des Aberglaubens zu beweisen. Eine Patientin war durch die Aussage eines Chiromanten, der ihren baldigen Tod verkündete, krank geworden. Der Arzt, ein angeblicher Astrologe und Wahrsager, erklärte ihr, sie würde 70 Jahre alt. Als die Frau gesundete, deckte er seine List auf, doch sie glaubte ihm nicht. Vgl. Bücking, Kultur und Gesellschaft in Tirol um 1600 (1968) S. 178.
82 Hugo von Trimberg, Der Renner (Ausgabe Ehrismann 1908–1911/1970).
83 Vgl. Kraus, Die physiognomischen Omina der Babylonier (1955); Vgl. Pientka-Hinz, Akkadische Texte In: Omina, Orakel (2008) S. 40–46.
84 Eine 573-seitige Bibliografie zu physiognomischen Schriften von 1474–1979 erstellte Peter Gerlach Vgl. dazu Schmölders, Das Vorurteil im Leibe. Eine Einführung in die Physiognomik (1995).
85 Alle hg. v. Förster, Scriptores Physiognomici Graeci et Latini (1893).

In Griechenland, im Übergang von mantischer Deutung zu klassischer Physiognomik mit entsprechenden Schriften, wenden sich diese auch an den interessierten Laien. Die Zuschreibungen zu PYTHAGORAS gingen von der Voraussetzung aus, dass sich ein Philosoph seine Schüler nach physiognomischen Erwägungen auswähle, also so, dass diese sich in der zukünftigen Situation als geeignet erweisen. Weniger legendenhaft wirken die physiognomischen Daten in der ethnografischen und medizinischen Literatur seit HIPPOKRATES, der die Temperamentenlehre, die Humorologie, begründete. Diese ersten Studien korrelieren Temperament mit Charakter und Typenlehre, eine Kombination, die noch bis KRETSCHMER nachwirkt. Dieses System einer äußeren Physiognomik und einer inneren Säftelehre wurde damit etabliert, beide dann zur Astrologie in Relation gebracht. Die sich daraus entwickelnde Physiognomik bezog die zoografischen Schriften des ARISTOTELES ein, wobei die pseudo-aristotelische Schrift *Physionomica*[86] aus dem 2. Jahrhundert noch wesentlich bedeutsamer wurde und von JOHANN BAPTISTA DELLA PORTA als Vorlage für seine *De humana physiognomia* von 1593 diente. Diese stellt eine Art noch heute gültiges Navigationssystem dar, das mehrere Aspekte physiognomischer Wahrnehmung einbezieht, Mimik, hervorstechende Merkmale einer Person, die unterschiedlichen Erscheinungen der Völker und tierähnliche Eigenschaften des Menschen.

Die Kunst des Gesichterlesens[87] wurde im Mittelalter durch arabische Vermittlung bekannt, der Arzt RHAZES (um 1200) mit seinem *Liber ad Almansorum* in der Übersetzung von GERHARD VON CREMONA 1175 wirkte als wichtigster Kompilator. Die bekannteste physiognomische Quelle des gesamten Mittelalters, die *Secretum secretorum*,[88] übersetzt von PHILIPP VON TRIPOLI 1258–1266, gab sich als Sendschreiben des ARISTOTELES an ALEXANDER aus und erteilte ihm Ratschläge, wie er seine Minister, Freunde und Sklaven auswählen sollte. Das Kompendium syrischer Herkunft aus dem 10. Jahrhundert kam im 12. Jahrhundert nach Europa. Den Ausgangspunkt bildet eine um ca. 1135–1142 anzusetzende Version des toledanischen Übersetzers JOHANN HISPANUS.[89]

---

86 Der Text in Übersetzung von Andreas Degkwitz, in Geschichten der Physiognomik, hg. v. Manfred Schneider (1996) S. 13–46.
87 Vgl dazu grundlegend Heck, Traditionen der Physiognomik im Mittelalter (2003).
88 Vgl. Förster, Die Physiognomik der Griechen (1884) und Handschriften und Ausgaben des pseudo-aristotelischen Secretum Secretorum (1889) S. 1–22, 57–76; Pseudo-Aristotle, The Secret of Secrets (Ausgabe Ryan/Schmitt 1982) Vgl. Keil, Art. ‚Secretum secretorum' (1992) Sp. 993–1013, 995 und 1008. Die pseudo-aristotelische Kompilation oder *Das Buch der Politik zu Regieren,* bekannt als *Geheimnis der Geheimnisse,* enthält einen medizinisch-physiognomischen Schlussteil, den der Kompilator aus dem ebenfalls Aristoteles zugeschriebenen *Kitāb al Qānūn* abgeschrieben hat. Vgl. dazu Grignaschis Einleitung zur Ausgabe. Remarques sur la formation et interprétation du ‚Sirr al asrār' (1982) S. 3–33.
89 Die Briefe Aristoteles and Alexander wurden zwischen 1135 und 1142 übersetzt. Vgl. Keil, Art. ‚Secretum secretorum' (1992) Sp. 993–1013, hier Sp 998f.

A. Die Observanz   111

Das *Liber Physionomie* des MICHAEL SCOTUS[90] spielt bei der lateinischen ARISTOTELES- und AVICENNA-Rezeption eine nicht zu unterschätzende Rolle. Es ist dies der dritte Teil seines Friedrich II. gewidmeten Hauptwerkes und der einzige, der gedruckt wurde. Als Physiognomiker steht SCOTUS deutlich unter dem Einfluss des *Secretum Secretorum*, seine Schrift liefert aber einen erheblich erweiterten und eigenständigen Merkmale-Index. Vor 1500 existierten bereits 20 Ausgaben seiner Physiognomik, dies bezeugt die große Beliebtheit und Wirkung.

Von den (früher als in anderen europäischen Ländern einsetzenden) zahlreichen deutschen Bearbeitungen sind acht eigenständige bekannt. Der bedeutendste und einflussreichste Text, die Prosafassung von HUGO RIPELIN von Straßburg, erstellt einen Deutungskatalog vom Kopf bis zu den Füßen. Die physiognomischen Texte aus dem *Secretum* wurden in deutscher Übersetzung verbreitet, eine oberdeutsche Bearbeitung aus dem 15. Jahrhundert handelt von den Lippen bis zum Gang. Den physiognomischen Abschnitt aus RHAZES *Liber ad Almansorum* übersetzte KONRAD VON MEGENBERG vollständig, er gliederte den Körperteil- und Charakterkatalog in sein *Buch der Natur* ein. Eine Teilbearbeitung der RHAZES-Physiognomik durch KONRAD VON BUTZBACH konzentriert sich auf das Gesicht.[91]

Ein anonymes Reimpaargeicht, *Das Getihte von der physionomie*, entstand Mitte des 14. Jahrhunderts.[92] Die personifizierte Physiognomik, Frau Physonomia, bittet den Dichter, ihre Kunst in Reime zu fassen. Die Grundthese der Physiognomik, die Korrespondenz zwischen äußerer Erscheinung und Charakter, wird an Beispielen in der traditionellen Abfolge von Kopf bis Fuß erläutert, konzentriert sich aber vor allem auf Gesicht und Augen.[93]

An Vorgängern wie POLEMON, RHAZES und ALBERTUS MAGNUS orientiert sich auch der *Liber compilationis phisognomine* (um 1295) des PETER VON ABANO.[94] Er beschreibt 22 Charaktertypen nach dem traditionellen Ordnungsgefüge beginnend mit der Stirn und skizziert bestimmte Typen vom Gelehrten

---

90 Vgl. Thorndike, Magic and Experimental Science (1923) Bd. II, S. 330ff.
91 Vgl. Schnell, *Gedihte von der physonomie* (2000) S. 369–390, hier S. 372.
92 Textauszüge bei Kriesten, Über eine deutsche Übersetzung des pseudo-aristotelische Secretum secretorum' aus dem 13. Jahrhundert (1907).
93 Vgl. Keil, Art. ‚Secretum secretorum' (1992) Sp. 993–1013, hier Sp. 1008; und Heck/Schnell. Physiognomik (2004) Sp. 1235–1241; Horst Wenzel analysiert in seinem Aufsatz die decodierbaren gefühlsmäßigen Körperzeichen am Beispiel der Augen im Kontext der mhd. höfischen Literatur: *Des menschen muot wont in den ougen* (1996) S. 65–98; Die Ablesbarkeit des menschlichen Gemütszustandes durch unwillkürliche Naturzeichen hat schon Augustinus in seiner *Christlichen Bildung* (Ausgabe Pollmann 2002) II, 3,1ff. beschrieben. Die von Paul Ekman und Wallace Friesen entwickelte Methode der Mimikdecodierung illustriert anschaulich die amerikanische TV-Serie *Lie to me*.
94 Vgl. Andres, antike Physiognomie in Renaissanceporträts (1999); Thorndike, History of Magic (1923–1958) Bd. IV, S. 917f.

Abbildung 6: Physiognomik aus Johannes Ab Indagine, Chiromantia (1534).

A. Die Observanz 113

Abbildung 7: Physiognomik aus Johannes ab Indagine, Chiromantia (1534).

bis zum Eunuchen. Die Verknüpfung von Physiognomik und Medizin einerseits und Astrologie anderseits dominiert seine Deutung. Planeten evozieren charakterisierende Merkmale, so bezeugen etwa schwarze lockige Haare und ein zu Boden gerichteter Blick die Herrschaft des Saturns.

Unabhängig davon entstand eine durch den *Sohar* des MOSES DE LEON tradierte jüdische Physiognomik, welche babylonische, griechische und jüdische Elemente mischt und der Einweihung in einen Zirkel von Gläubigen, also nicht dem interessierten Laien, dienen soll. Die zentrale Fragestellung – woran erkennt man, dass Gott den Menschen zu seinem Ebenbilde erschaffen hat – geht von einem ganz anderen Ansatzpunkt aus als die griechische Tierphysiognomik. Falten, Adern, Linien der Stirn ergeben einen Code, den der Wissende lesen kann, allerdings sind diese Zeichen in Korrespondenz mit der seelischen Befindlichkeit; der Tugendhafte trägt andere Zeichen an sich als der Lasterhafte. Da es den Menschen möglich ist, sich zu ändern, bezieht die *Sohar*-Physiognomik unterschiedliche Kleidung, Haartracht, Lebensverläufe, Alter, Geschlecht usw. ein.[95]

Die Metoposkopie[96] als Untergruppe der Physiognomik, betrachtet die Stirnlinien, um aus deren Form Charakter und zukünftigen Lebensverlauf herauszulesen. Hinweise sprechen dafür, dass diese Kunst schon bei jüdischen Mystikern[97] um 1000 n. Chr. Bedeutung erlangte, die Verbindung mit der Astrologie, die besonders bei CARDANUS propagierte, der ihr das 13. Kapitel seiner Metoposkopie widmet, wurde gemischt aufgenommen. Sowohl AGRIPPA VON NETTESHEIM als auch DELLA PORTA stehen dem Verfahren ablehnend gegenüber. AGRIPPA hat vor allem gegen die Verknüpfung mit der Astrologie Bedenken: *Aus der Beschaffenheit des Körpers wird dann ein Horoskop erstellt, das von den körperlichen Gegebenheiten ganz unvermerkt zu den (wie diese Leute behaupten) wirklichen Ursachen, nämlich den astrologischen überleitet, bei denen man dann Beliebiges zusammenfaseln kann.*[98] DELLA PORTA führt die Entstehung der Muttermale auf hemerologische Erwägungen zurück.[99]

---

95 Textauszug bei Schmölders, Das Vorurteil im Leibe (1997) S. 182f.
96 Vgl. Grillot, Illustrated Anthology of Sorcery (1973) S. 249–256.
97 Vgl. Schäfer, Hekhalot-Studien (1988) S. 84.
98 Agrippa, Über die Fragwürdigkeit ja Nichtigkeit der Wissenschaften (1993) S. 80.
99 Boehm, Art. Elaiosemantik (1932/1987) Sp. 755–758, hier Sp. 756.

c) Klederomantie oder Palmomantie und Verwandtes

> *Wann ain mensch nyesset, damit sich dann natürlich das hiren råmet, das haben sy für ain groß zeichen glück oder unglücks und nehmen daruß ir weissagung.*
>
> JOHANNES HARTLIEB (Kap. 73)[100]

Unwillkürlichen meist auf unterschiedliche (Nerven-)Reize zurückgehenden Erscheinungen und Empfindungen des menschlichen Körpers wie Jucken, Zucken, Zittern, Springen etc., aber auch Niesen[101] wurde abergläubische Konnotation zugesprochen und als vorausdeutend wahrgenommen. Schon in der Antike war man von der zukunftsweisenden Bedeutung überzeugt, die Schriften der frühmittelalterlichen Prediger bekämpfen diesen Aberglauben, wie eine Predigt des ELIGIUS, wo es heißt: *Auguria vel sternutationes nolite observare.*[102] Wir kennen heute noch den (Zu-)Spruch *„Helf Gott, dass es wahr ist"*, wenn die Nase juckt.[103] Je nach Tageszeit bedeutet Niesen Unterschiedliches, von einer überwiegend positiven Vorbedeutung sprechen bereits die antiken Quellen. Niest man am Morgen mehrmals, wird man ein Geschenk erhalten, dreimal verheißt Glück, Besuch usw., nur zweimal, Leid. HARTLIEB deutet das dreimalige Niesen allerdings für bevorstehende Diebereien: *„ob der nyeser drey sind, so sein vier dieb um das hus, ist ir dann zwen, so sol der mensch wider uff stån und sich anders legen schlauffen; ist ir aber dreytzehne, so sol im als in gůt sein, und was in die nacht erscheinet, das sol im als in gůt wår werden."*[104]

Es gab Zuckungsbücher, die diese unwillkürlichen Zeichen systematisch zusammenstellten, auch angereichert durch orale Überlieferung. Wenn auch Zuckungen als universell verbreitet angesehen werden können, bleibt die beigemessene Bedeutung sicherlich kulturabhängig. Das erste System stammt von POSEIDONIOS (135 v. Chr. – 51 v. Chr.) in seinem Werk über die Mantik[105], CICERO erwähnt sie in seiner Apologetik nicht einmal, da er den sog. niederen

---

100 Hartlieb (Ausgabe Eisermann 1998) Kap. 73, S. 136.
101 Das Niesen als antikes Omen ist vielfach belegt. Augustinus, Über die christliche Bildung (Ausgabe Pollmann 2002) II, 20.
102 Thomas Ebendorfer kennt die angebliche Signifikanz des Niesens ebenfalls. *Si quis, dum se calcia verit, sternutaverit, redire ad domum.* Zit. n. Schönbach, Zeugnisse der deutschen Volkskunde des Mittelalters (1902) S. 1–12. Vgl. Grimm, Deutsche Mythologie (1870/1968) III, S. 401.
103 Diese Wunschformel beruht auf der Vorstellung, dass der Teufel ein großes Namensregister führt. Wenn er einen der Namen ausspricht, muss der Genannte niesen. Ruft man ihm aber „Helf Gott" zu, so hat der Teufel seine Gewalt über ihn verloren. Vgl. Sartori, Art. Niesen (1932/1978) Sp. 1072–1083.
104 Hartlieb (Ausgabe Eisermann 1998) Kap. 73, S. 136.
105 Poseidonios, Die Fragmente (Ausgabe Theiler 1982) In seinem Kommentar würdigt Theiler Poseidonios Einfluss auf die mantischen Theorien des Cicero und Iamblichos S. 292; Ausführlicher dazu ders., Die Vorbereitung des Neuplatonismus (1964) S. 136–139.

volkstümlichen Vorzeichenglauben für „unwissenschaftlich" hielt. Das einzige erhaltene griechische Zuckungsbuch firmiert unter dem Namen des Sehers MELAMPUS, dem vielfach Wahrsagetraktate zugeschrieben wurden. Dieses Zuckungsbuch verknüpft Gliederzucken mit Astrologie. Diese auch bei der Traumdeutung wichtige Beziehung wurde später nicht mehr angenommen. Übereinstimmend differenzieren sämtliche Zuckungsbücher nach Körperteilen, rechts und links, Geschlecht, Alter, sozialer Stellung, Beruf. Ausgeklügelte Zusammenstellungen richten sich an den Gebrauch von professionellen Deutern und in der Folge „wissbegierigen Laien". Der starke Variantenreichtum der Deutungen repräsentiert nicht die tatsächlichen in Umlauf befindlichen Volksmeinungen, die um vieles einfacher waren und sich freilich nur auf besonders auffällige Erscheinungen beschränkten[106]. Prediger und auch Superstitionenkritiker warnten vor der Beachtung des Zuckens: In einer Handschrift von 1393 heißt es: „*du solt nút globen [...] an die brawen vnd der wangen jucken*"[107], das *St. Trudperter Hohe Lied* spielt darauf an: „*Sô dich dîn ôre iucket odir dîn ouge*".[108] ANTONIN VON FLORENZ kennt diesen Aberglauben ebenfalls, so fragt er danach in seinem Beichtspiegel: „*Hast du geglaubt, daß dir etwas Besonderes zustoßen werde oder daß es etwas bedeutet, wenn dir die Ohren sausen oder das Auge zuckt oder wenn du beim Ausgange niesen mußt?*"[109] JOHANNES VON SALISBURY argumentiert wie meist rationalistisch:

> *Was hat es mit dem Lauf der Dinge zu tun, wenn jemand einmal oder mehrmals niest? Was, wenn er gähnen muss? Was schließlich, wenn er irgendeinen Ton von sich gibt? Diese Dinge gehören aus Gründen, welche die Naturforscher kennen, bis zu einem gewissen Grade zu dem, bei welchen sie geschehen.*[110]

Das unwillkürliche Knacken der Finger als vorausdeutendes Zeichen meint vermutlich der Prediger THOMAS EBENDORFER VON HASELBACH: „*ad pacta cum demonibus imitat pertinent mili inansissimarum observationum puta, si membrum aliquid salierit.*"[111]

---

106 *Wie viel nun von dem heute in einem Volk bezeugten Bestand an Einzelvorstellungen „Primitivgut" und wie viel „aus der quasigelehrten Literatur in den Volksboden durchgesickertes Grundwasser der Zuckungsliteratur ist, wird sich kaum feststellen lassen [...] am wenigsten bei den Völkern, die eine solche Literatur selbst nicht besitzen, wie die Deutschen.* Boehm, Art. Jucken (1932/1987) Sp. 792.
107 Grimm, Deutsche Mythologie (1870/1968) III, S. 411, Nr. 38.
108 95, 16 (Ausgabe Ohly 1998).
109 Text bei Klapper, Das Aberglaubensverzeichnis des Antonin von Florenz (1919) S. 63–101, hier S. 63–73.
110 Policraticus II, 1 übers. Von Helbling-Gloor, Aberglauben (1956) S. 29.
111 Zit. n. Schönbach, Zeugnisse der deutschen Volkskunde des Mittelalter (1902) S. 1–12, hier S. 9.

„*Item so ainem die oren susent, so habent sy den glauben, man red vbl von inn*",[112] sagte man schon im 14. Jahrhundert. HEROLT präzisiert, wenn man im linken Ohr[113] ein Geräusch hört, wird man verleumdet. LUTHER belächelt diesen auch heute noch, zumindest scherzhaft gebräuchlichen Glauben: „*so einem seine ohrn singen, wo es das recht ohr ist, so bezeichnet es gute ding, so es aber das lincke ist, böse ding.*"[114] Die Annahme, dass jemand bei Schluckauf an uns denkt, ist sicherlich immer noch geläufig.[115]

d) Onychomantie, Chirologie

Gegen eine signifikante Deutung der Form der Fingernägel[116] polemisiert HARTLIEB im 112. Kapitel seiner *Verbotenen Künste*. Dabei geht es um die Flecken, die auf den Fingernägeln erscheinen, die „*flecken bedewten dann des menschen gelück oder ungelück, tod oder leben, reichtum oder armůt*"[117]. Die Unterscheidungskriterien zur Fingernageldivination[118] sind die Farben der genannten Flecken, dann Form der Nägel selbst, ihre charakteristische Beschaffenheit.

„*Des menschen negel, wenn die klain sint*", erläutert KONRAD VON MEGENBERG, „*daz bedäut des menschen leichtikait und wenn si dünn sint rôtvar durch weiz gemischet, daz bedäut des menschen behenden sin.*"[119]

Noch heute sagt man affirmativ, wenn man etwas ahnt oder zu wissen glaubt, ohne dafür Beweise zu haben: „*das sagt mir der kleine Finger*" oder „*ich habs im kleinen Finger*". Angeblich soll in Island der Glaube verbreitet gewesen sein, dass, wenn man den kleinen Finger eines Schlafenden halte, dieser wahrheitsgemäß antworten solle. GUDMUNDSSON, der Gewährsmann dafür (1574–1650), hatte das noch als Jugendlicher gehört.[120]

Die heute zur sog. alternativen Medizin gehörige Handdiagnostik oder Chirologie behauptet, nicht nur Krankheiten, sondern auch gewissen Neigungen und Anlagen aus der Beschaffenheit der Finger erkennen zu können.[121]

---

112 Aus einer Papierhandschrift der Basler Universitätsbibliothek des 1. Jahrhunderts. Zit. n. Grimm, Deutsche Mythologie (1870/1968) III, S. 417, Nr. 27.
113 Vgl. die Einträge von Tiemann, Art. Klingeln, klingen (1932–1978) Sp. 1530–1533; Art. Klirren Sp. 1534; Art. Klopfen Sp. 1534–1542; Grimm, Deutsche Mythologie (1870/1968) III, S. 437 Nr. 82.
114 Luther (Ausgabe Klinger) 130.
115 Ohrt, Art. Schlucksen (1932/1978) Sp. 1223–1224; Zahlreiche Beispiel bei Ebermann/ Bartels, Zur Aberglaubensliste (1913) S. 1–18 und S. 113–136.
116 Vgl. Harmening, Art. Fingernägel 2005) S. 153–154.
117 Hartlieb, Das Buch der verbotenen Künste. (1998) Kap. 112, S. 182.
118 Vgl. Bächthold-Stäubli, Art. Fingernagel (1932/1987) Sp. 1500–1507.
119 Konrad von Megenberg, Buch der Natur (Ausgabe Pfeiffer 1861) 25, 23, S. 21.
120 Vgl. Bächthold-Stäubli, Art. Finger (1932/1987) Sp. 1478–1496.
121 Die Literatursuche zur Handdiagnostik ergibt im Internet unzählige Einträge. Ich greife hier stellvertretend heraus: Wenzel, Praxis der Chirologie: Persönlichkeits- und Krank-

Unschwer kann man hier den Bogen schlagen zum mittelalterlichen Volksglauben, den HARTLIEB in Kapitel 102 seiner *Verbotenen Kunst* wiederholt, um ihn als einfältigen Aberglauben zu verurteilen:

Noch wiß, das die menschen auch ansehen die vinger, ob der clain vinger gang an dem goltfinger über das ober glide, das sol groß glück bedeüten und so es ye vester darüber gang, so sey das glück ye grösser. Mer, ob der selb clain vinger das glid an dem benanten goltfinger nit rür, der selb mensch sol so gar unglückhafftig sein.[122]

e) Elaiosemantik

Helfen heute Narben, Muttermale und Leberflecken bei der Erkennung und Ermittlung von Tätern und Opfern, so suchte man aus der Position von Muttermalen zukünftige Lebensverläufe, oder auch Charaktereigenschaften herauszulesen. Die Bezeichnung ist aus griechisch *Elaia*, das Ölbaum aber auch Muttermal[123] bedeutet, abgeleitet. Eine kurze Abhandlung dem MELAMPUS zugeschrieben, der auch als Verfasser der Zuckungsbücher[124] firmiert, ist in mehreren Handschriften überliefert, erst 1545 abgedruckt. Der Traktat enthält einen wenig detaillierten Deutungskatalog zu den Positionen der Leberflecke. Hier wird darauf hingewiesen, dass mit jedem Muttermal eine andere Körperstelle korrespondiert. So deutet zum Beispiel ein Fleck auf der Nase unersättlichen Sexualtreib beim Mann an.

3. Beobachtung von Tieren oder Zoomantie

Bei der Zoomantie haben wir es mit einer Divinationsmethode zu tun, die signifikante Zeichen aus den Kopfbewegungen eines Tieres, (beispielsweise eines Esels) oder aus Flugformationen von Vögeln, d. i. die Ortnithomantie oder Vogelschau – das wohlbekannte antike *Augurium* – herausliest.[125] Die mittelalterliche Auffassung war sicherlich von der antiken abhängig, die Bedeutung veränderte sich mit dem Einfluss der christlichen Bestiarien.

---

heitsdiagnostik aus der Hand (2007) und Jänicke/Grünwald, Alternativ heilen: kompetenter Rat aus Wissenschaft und Praxis (2006).
122 Hartlieb, Buch der vebotenen Kunst (Ausgabe Eisermann 1989) Kap 102, S. 168.
123 Bächtold, Stäubli, Art. Muttermal (1932/1987) Sp. 703–705; Boehm, Art. Elaiosemantik (1932/1987) Sp. 755–758.
124 Hg. v. Diels, Die griechischen Zuckungsbücher (Melampus Peri Palmōn). (1909/1982).
125 Ausgeklügelte Formen der Opferschau, vor allem von Vögeln, sind bereits für die altbabylonische Zeit im zweiten Jahrtausend vor Chr. nachgewiesen, wobei man sich auf die Untersuchung der Teile toter Vögel widmete. Vgl. Pientka-Hinz, Akkadische Texte In: Omina, Orakel (2008) S. 28f. Zum römischen Augurienwesen vgl. Rasmussen, Public portens in Republican Rome (2003) und Thesaurus cultus (2006) S. 85ff.

a) Augurium und Ornithomantie

Die wahrscheinlich seit den HOMERischen Epen beliebte Verwendung von Vogelzeichen in der Literatur lässt diese einerseits als Movens der Handlung, andererseits als retardierendes Element zum Einsatz kommen und illustriert immer auch reale Divinationspraxis. Die vermutlich ursprünglich hethitisch-orientalische[126] und auch in der Bibel (als Verbot des Moses III, 19,26) bezeugte Vogelschau wurde vor allem in Rom zur institutionalisierten Kultpraxis. In erster Linie waren Raubvögel das Objekt der Beobachtung und vor allem war die Flugrichtung bedeutsam, aber auch, ob sie nun saßen, schrien, Beute erjagten usw. Auch bei der Vogelmantik bedarf es der Interpretation, da nicht alle Zeichen als signifikant betrachtet wurden. Von der den verschiedensten antiken Autoren zugeschriebenen Fachliteratur, wie HESIOD, POLLES, ARTEMIDOR u.a., ist nahezu nichts erhalten.[127] Eine fragmentarisch überlieferte Inschrift aus Ephesos führt das betreffende Feld der signifikanten Zeichen zumindest im Ansatz vor:

Wenn er rechts nach links fliegend verschwindet, ist das günstig; wenn er den linken Flügel hebt, wenn er hochfliegt oder sich verbirgt, ist das ungünstig. Wenn er von links nach rechts fliegend geradewegs verschwindet, ist das ungünstig; wenn er aber den rechten Flügel erhebend verschwindet, ist es günstig.[128]

Glücksverheißend bis heute waren sicherlich alle von rechts kommenden Zeichen, auch der Überflug. Die antike Interpretation berücksichtigte Zeit, Ort und Anzahl des Erscheinens der Vögel. Besonders ihr Angang (→ siehe dort) war schon in der Antike, aber ebenso im Mittelalter bedeutsam, genauso das Schreien. Die christlichen Schriftsteller standen den antiken Orakeln ohnehin mit Misstrauen und zuweilen mit Spott gegenüber. So lästert der lateinische Apologet MINUCIUS FELIX (frühes 3. Jahrhundert n. Chr.):

Nun komme ich zu der bekannten römischen Vogelschau und Vogeldeuterei, welche nach deiner Versicherung mit der größten Mühe zusammengestellt wurde, deren Vernachlässigung Schaden, deren Beobachtung Glück gebracht habe. Ach freilich, Clodius und Flaminius und Junius verloren deswegen ihre Heere, weil sie das Fressen der Hühner nicht bis zum Ende abwarten zu müssen glaubten. Aber Regulus, beobachtete er nicht die Himmelszeichen und geriet doch in die Gefangenschaft? Mancinus hielt treu den religiösen Brauch ein und wurde doch unter das Joch geschickt und ausgeliefert. Auch Paulus hatte freßlustige Hühner und wurde dennoch bei Cannä mit dem größten Teil des römischen Volkes bezwungen. Gajus Julius Cäsar verschmähte die Augurien und Auspizien, welche

---

126 Vgl. Bawanypeck, Die Rituale der Auguren (2005).
127 Vgl. Hopf, Thierorakel und Orakelthiere (1888) S. 87–180.
128 Vgl. Thesaurus Cultus et ritum antiquorum Bd. 3 (2005) S. 5.

ihn abhalten wollten, vor dem Winter Schiffe nach Afrika zu senden: desto leichter wurde ihm die Überfahrt und der Sieg. [...][129]

Krähen und Raben hatten als Begleiter Apollos eine Affinität zur Prophetie und Wahrsagerei. Die Germanen konnten, so TACITUS, auch die Zukunft aus dem Verhalten und Flug der Vögel[130] bestimmen, obwohl TACITUS einschränkend bemerkt, es hätte kein elaboriertes System gegeben. Die Praxis scheint sich auch noch im Wikingerzeitalter fortgesetzt zu haben. Vorausdeutend waren außerdem die Krähe und die Vögel Odins, Adler und Rabe, welche von Reisenden und Kriegern auf der Suche nach Omina beobachtet wurden. Raben vor einer Schlacht galten als Zeichen des Sieges, ebenfalls war es ein positives Omen, einen dunklen Raben auf einer Straße zu treffen, wie die 20. Strophe der *Reginsmál* weiß. Einer der ersten Männer, die in Island ankamen, war Floki Vilgerðsen, bekannt als Floki von den Raben, er nahm drei Raben mit sich, als er von Norwegen segelte und verlor einen nach dem anderen, als er herauszufinden versuchte, welchen Kurs er einschlagen solle. Der Dritte brachte ihn nach Island.

Die Vogelbefragung ist ein in der Sagaliteratur sehr häufiges Motiv: In der *Grímnismál* 20 sendet Odin zwei Raben aus, die ihm von der Welt berichten. Dag, ein früher schwedischer König in der *Ynglinga Saga* 18, versteht die Sprache der Vögel. Auch Sigurd der Volsung versteht sie, nachdem er vom Herzen des Drachen gegessen hat, Eichelhäher und Adler warnen ihn vor den Ränken des Schmiedes Regin (*Edda, Fafnismal* 32–38). Unter den verschieden Künsten und Fähigkeiten des jungen Königs im Gedicht *Rígspula*, wie die Waffenkunst, Reiter- und Runenweisheit, wird erwähnt, dass er die Sprache[131] der Vögel verstand und an der Stelle, wo das Fragment abbricht, lässt er sich von einer Krähe beraten, auszuziehen, um auch von östlichen Regionen Anerkennung und Respekt zu erringen. Die Walküren in der *Hafnismál*

---

129 Minucius, Octavius (Ausgabe Kytzler 1991) XXVI, S. 59. Minois missversteht offenbar den Bericht, denn es geht nicht darum, dass die Herrscher Hühner verspeisen, sondern, dass die heiligen Hühner fressen oder nicht fressen und damit zukünftige Situationen als günstig bzw. bei Nichtfressen ungünstig voraussagen. Vgl. Minois (1996) Geschichte der Zukunft, S. 185.
130 Die Angabe des Tacitus, dass bei den Germanen die Stimmen der Vögel befragt wurde. Der Glaube an den Angang vgl. Boehm (1932/1987), Sp. 409–435, zum Tierverhalten allgemein bes. 424ff. Vögel im Speziellen 428ff. Das Augurium wurde ahd. als *fogalrarta* glossiert. Saxo Grammaticus bemerkt, dass es König Olaf schwerfiel, den Glauben an Vogelorakel zu verbieten. Saxo Grammaticus, Gesta Danorum (Ausgabe Olrik 1931) Buch X, S. 189.
131 Vgl. *Mot. D1815.2. Magic knowledge of animals:* In *Karlmeinet*, (Ausgabe Keller 1858/1971) 385,13 hört Elegast nach Genuss eines Zauberkrautes ein Gespräch zwischen Hund und Hahn. In *Abor und das Meerweib* erhält der Ritter Abor von seiner Feengeliebten eine Zauberwurzel, die ihn die Sprache der Vögel und Wildtiere verstehen lässt (VV. 87–118).

verstehen ebenfalls die Sprache der Vögel. Eine implizite Verbindung besteht im Gebrauch des Verbs *galdra* d. i. Zauberlieder singen, als Beschreibung für Vogelgeschrei. Belege aus Kunst und Archäologie legen nahe, dass das Konzept der Seele in Vogelgestalt[132] schon früh im Norden bekannt war[133], womit eine andere Verbindung mit Vogelgeschrei erhalten wäre, als Methode, mit den Toten in Verbindung zu treten.

JOHANNES VON SALISBURY, der sich wiederholt zum Aberglauben seiner Zeit geäußert hat, nimmt auch die superstitiösen Tierzeichen aufs Korn. Als Unglücksvögel fasst er übereinstimmend mit der antiken Auffassung Eulenvögel auf, während er den Hahnenschrei für glücksverheißend erklärt. Der Rabe gilt sowohl bei den Römern und Germanen als prognostischer Vogel, bei dem man Flugrichtung, Krächzen etc. beachtet. Die negative Vorbedeutung des sprichwörtlich todkündenden Unglücksraben ist bis in die heutige Zeit durch zahllose Belege gestützt.[134]

Die Krähe als Signum für bevorstehendes Unglück wurde schon bei VERGIL in der 9. Ekloge so verarbeitet. Als Angangvogel ist sie nicht nur im theoretischen Traktat *Cosmographia* des BERNARD SILVESTRIS[135], sondern vor allem in der mhd. Literatur häufig vertreten, im Traumlied WALTHERs wird das Traum-Ich vom Geschrei einer Krähe unsanft geweckt.[136] JOHANNES VON SALISBURY geht in seinem *Policraticus* auf verschiedene Divinationsformen ein und kommt auch auf die Augurien zu sprechen, wobei er dem Krähengeschrei, dem Schwätzen, dem Sitzen usw. Signifikanz zuweist.

Höre dem eifrig zu, was die Krähe schwatzt, und beachte ja ihre Stellung, wenn sie sitzt, oder wenn sie fliegt. Es liegt nämlich sehr viel daran, ob sie zur Rechten sitzt oder zur Linken, in welcher Haltung sie auf den Ellbogen des Gehenden zurückblickt; ob sie geschwätzig sei oder lärmig, oder ganz still, ob sie vorausfliegt oder folgt, das Näher-

---

132 Vgl. allgemein Bremmer, The early Greek concept oft he soul (1983) S. 13–69.
133 Zur vogelgestaltigen Seele vgl. die Dissertation von Luck-Huyse, Der Traum vom Fliegen in der Antike (1997) S. 157ff.
134 Siehe Peuckert, Art. Rabe (1932/1987) Sp. 427–457, bes. 444ff.
135 Megacosmus III 469 n. der Ausgabe Dronke (1978) zitiert nach Haag (2003) Traum und Traumdeutung, S. 127.
136 Die Krähe beendet im Waltherschen Traumszenario den glückseligen Traum, was sie ihrer abergläubischen Signifikanz verlustig gehen lässt. Auch an anderen Stellen hat sich bekanntlich Walther über den Aberglauben kritisch geäußert Vgl. meinen Aufsatz: Der Dichter als Aufklärer: Aberglaubenskritik im süddeutschen Raum (2003) S. 280–293. Haag fasst diesen Befund folgendermaßen zusammen. Ausdrucksmittel ist dabei der Aufbau einer Erwartung weissagerischer Erheblichkeit, dem dann aber nicht entsprochen wird – der wahrsagerische „Nullwert" der Krähe wird gewissermaßen als „Subtraktion" möglicher Bedeutungen ihrer Präsenz kenntlich gemacht. Haag (2003) Traum und Traumdeutung S. 128f.

kommen des Vorbeigehenden abwartet oder flieht, und wohin sie wegflieht; achte nicht nachlässig darauf.[137]

VINTLER führt den Aberglauben in seiner berüchtigten Liste:

> *und etleich wellent kol graben,*
> *Wann si den ersten schwalben sehen.* (VV. 7817–7818)[138]

> *Es spricht auch maniger: „ich pin gogel,*
> *ich han gesehen sand Marteins vogel*
> *heute an dem morgen frue.*
> *Mir stosset kain ungelück nicht zue."* (VV. 7876–7879)

Rabenschrei weissagt Unglück: *„Wann der rapp chopp, das main ain leich"* (V. 7885). *„Pectoreque eventus ornixomantia prescit"* oder anhand der Brust (des Wildhuhns) weiß die *Ornixomantie* die Ergebnisse voraus. Das Objekt der Divination ist das Waldhuhn und die Weissagung wird anhand ihrer Küken vorgenommen, die man untersucht, um bei ihnen entweder die Brust oder den Geschmack oder das Schlüpfen zu beobachten.[139] Der *Indiculus superstitionum* von 743 geißelt das als heidnisches Relikt angesehene Vogelaugurium.[140] Die günstige Vorbedeutung des Falken erklärt sich sicherlich aus seinem Einsatz in der Jagd und der positiven Konnotation als Symboltier.

Die Fähigkeit zu Wettervoraussagen gestand JOHANNES VON SALISBURY Wasservögeln zu: *„Wenn du nämlich die Körper der Wasservögel besonders gierig ins Wasser tauchen siehst, erwarte Regen. Wenn du am Morgen das Schreien der Krähe hörst, holt es Regen."* Rationalisierend fügt er hinzu, dass die Vögel keinesfalls tatsächlich das Wetter voraussehen können, sondern – und hier trifft er sich durchaus mit der modernen Anschauung des Empfindens der veränderten Luftbewegung, – *„weil sie in der Luft weilen, spüren sie deren Bewegung schneller in sich selbst und empfangen davon Freude oder Trauer."*[141]

Aufgeklärte Denker wie JOHANNES VON SALISBURY verarbeiteten antiken und germanischen Aberglauben, um diesen in ein wissenschaftlich-rationalistisches Erklärungsmuster einzuordnen. Die Naturwissenschaften als Leitwissenschaften und empirische Überprüfung boten nicht erst der Moderne Argumentati-

---

137 Policraticus I, 13 S. 55 zit. n. Helbling-Gloor, Natur und Aberglaube im Policraticus des Johannes von Salisbury (1956) (1956) S. 35.
138 Vintler, Die pluemen der Tugent (Ausgabe Zingerle 1874).
139 Gregor von Montesacro, De hominum deificatione (2000) II, 788 Text hg. v. Pabst, Gregor von Montesacro (2000) S. 603–942.
140 Indiculus superstitionum cap. 13. Vgl. Homann, Der indiculus superstitionum et paganiarum (1965) S. 84f. Vgl. Wasserschleben, Die Bussordnungen (1851) S. 201, 239 et al.
141 Policraticus II, 2 zit. n. Helbling-Gloor, Natur und Aberglaube im Policraticus des Johannes von Salisbury (1956) S. 40.

onsstrategien. Eine dämonologische Kontextualisierung ist im Spätmittelalter mit dem aufkommenden Hexenglauben zu beobachten. NIKOLAUS CUSANUS aus Brixen zählt die Vogelbeobachtung durchaus zu den doppelten Todsünden, bei der die in asketischen Übungen zu leistende Buße 14 Jahre währt.[142]

AGRIPPA behandelt Vogelschau, außerdem Weissagungen aus Wunderzeichen in einem ausführlichen Kompendium.[143] Eine Magdeburger Handschrift *Praecepta quae dam propter superstiones* des 15. Jahrhunderts wird WILHELM VON PARIS zugeschrieben: Manche wollen die Zukunft verkünden aus dem Schwatzen der Vögel, dem Flug derselben oder anderen Bewegungen der Vögel, d. s. die *Auguria,* zu Deutsch *vogelwicken,* die, welche solche Beobachtungen vornehmen, heißen *Augures,* deutsch *wedderwicken.*[144]

In ULRICHS VON ETZENBACH *Alexander*[145] besitzt der Perserkönig Xerxes in seinem Palast ein Vogelaugurium, das den Kranken Gesundheit oder Tod voraussagt:

>dar inne wonten vogel wîʒ,
>den tûben grôʒ gelîche,
>die beschieden wærlîche
>dem menschen welcheʒ solt genesen
>oder welcheʒ müeste des tôdes wesen.
>ich wil iu sagen wie daʒ was.
>wann man in daʒ palas
>einen siechen menschen truoc,
>welch suhte sô den sluoc,
>sâhen den die vogel an,
>eʒ wære wîp oder man,
>daʒ wart ledic von der nôt;
>welcheʒ sie niht ansâhen, daʒ lac tôt. (VV. 23219–23233)

b) Hippomantie

Die andere offizielle Divinationsmethode, die TACITUS erwähnt, war die Befragung der den Göttern heiligen Pferde, die *Hippomantie*. Weiße Pferde wurden in heiligen Hainen gehalten und wenn jemand den Willen der Götter erfahren wollte, beobachtete man das Verhalten der heiligen Tiere, sobald man sie vor einen bestimmten Streitwagen gespannt hatte. Die Edlen und Priester, erklärt

---

142 Zu Cusanus vgl. Cruel, Geschichte der deutschen Predigt im Mittelalter (1879).
143 Vgl. Müller-Jahncke, Magie als Wissenschaft im frühen 16. Jahrhundert (1973).
144 Im niederdeutschen Erbauungsbuch *Der Große Seelentrost* (Ausgabe Andersson-Schmitt 1959) wird dieser Aberglaube verworfen: *du neschalt nicht gelouen an wedder wicken.*
145 Ulrich von Etzenbach (Ausgabe Toischer 1888/1974).

TACITUS[146] (in *Germania 10*), sind Diener Gottes, aber die Pferde haben deren Vertrauen.

TACITUS' Beschreibung des leeren Wagens der Nerthus ist bekannt. Ihr Wagen wurde leer gehalten oder enthielt lediglich ein Symbol der Göttin, bis der Priester die Präsenz der Göttin konstatierte und bekannt gab, dass die jährliche Prozession um das Land beginnen solle. Eine Geschichte aus dem isländischen *Flateyjarbók* enthält einen Hinweis darauf, wie sich die göttliche Anwesenheit gezeigt hat. König Erik von Uppsala hatte zwei Wagen zu einem bestimmten Platz gefahren und opferte dem Gott, einen ließ er dort die Nacht über. Am Morgen kam er zurück, um zu sehen, ob der Gott gekommen war, wie es Brauch war, aber er fand kein Zeichen. Abermals verließ er den Wagen und opferte wiederum. Nach der dritten Nacht bemerkte er, dass der Gott in den Wagen gekommen war, und wir erfahren, dass der Wagen nun so schwer war, dass die Zugtiere tot umfielen, bevor sie die Königshalle erreicht hatten. Der Wagen wurde in die Halle gebracht und Erki hieß den Gott willkommen, trank ein Horn zur Begrüßung, befragte ihn und erhielt auch Antworten, allerdings ist nicht überliefert, in welcher Form.[147]

Die Wenden kannten Pferdeaugurien ohne Wagen, die heidnischen Slawen an der südbaltischen Küste in Rügen verehrten in ihrem Temple den Gott Svantevit. SAXO XIV[148] beschreibt, dass ein weißes Pferd dort gehalten wurde, dem Gotte heilig, das nur von den Priestern geritten werden durfte[149]. An anderer Stelle ist es ein schwarzes Pferd, das dem Gott Triglav in Stettin heilig war, und noch ein anderes in Reethra. Wenn man den Willen Gottes wissen wollte, wurden Speere am Boden ausgelegt. Das Pferd wurde zu den Speeren gelassen und beobachtet, welche von seinen Hufen berührt wurden und welche es mit seinem rechten oder linken Huf nach vorne schob oder darüber stieg. Der Konsultation von Losen ging manchmal diese komplizierte Zeremonie voran. Es wurde oft darüber spekuliert, dass diese Orakeltechniken dem germanischen Einfluss zugeschrieben werden sollten, aber es erscheint schwierig festzustellen, welcher Stamm was vom anderen übernommen hat. Z. B. könnte das Pferd Freyfaxin der *Hrafnkels Saga* das seinen Besitzer mit dem Gott Freyr teilte und das niemand reiten durfte, ein Reflex dieser heiligen slawischen Pferde sein.

Die Orakelfunktion des Pferdes ist ein traditionelles Motiv der Alexanderdichtung und ist sowohl bei JULIUS VALERIUS als auch in der *historia de preliis* belegt, wo Philipp durch Orakel verkündet wird, dass der Bezwinger von Bu-

---

146 Tacitus, Germania (Ausgabe Staedele 2001) Buch X.
147 Vgl. Hultgård, Nerthus und Nerthuskult (2002) S. 443–447.
148 Saxo Grammaticus, Gesta Danorum XIV c. 39, 9 S. 466ff. (Ausgabe Olrik 1931).
149 Vgl. Much, Die Germania des Tacitus (1937) S. 136 Weitere Beispiele bei Mayer, Das mantische Pferd (1950). S. 131–151, hier S. 138f.

cephalus sein Nachfolger wird, und fungiert ebenso in der mittelalterlichen Alexanderdichtung.¹⁵⁰ Es kann den Tod seines Besitzers vorausahnen, oder aber es führt auf den richtigen Weg, so Karl den Großen, Wittekind u.a., gut belegt als Legendenmotiv.¹⁵¹

Der sich an den antiken Schriftstellern häufig orientierende JOHANNES VON SALISBURY hat in Übereinstimmung dem Pferd ambivalente Vorbedeutung zugesprochen:

> *Das Pferd stellt manchmal etwas Gutes dar; an ihm ist aber nichts nützlicher, als daß es den menschlichen Bedürfnissen dient. Es hat jedoch die Bedeutung von Streit und Kampf. Es erfährt aber hin und wieder Milderung durch Farbe und Verwendung, deshalb ruft bei Vergil der greise Anchises, da er auf Italiens Küste weiße Pferde erblickt: ‚Krieg, o Krieg trägst du, neue Heimat.*"¹⁵²

In der von MEYER zusammengestellten Übersicht der mittelalterlichen lateinischen Quellen zeichnet sich eine chthonische Bedeutungsentwicklung des mantisch-magischen Pferdes zum Toten- und Teufelsboten ab.¹⁵³ *„Auf dem hohen Ross sitzen"* wird auch heute noch als Paraphrase der Eitelkeit verstanden. Deshalb erstaunt es nicht, dass die ambivalente Bedeutung des Pferdes auch in der mittelalterlichen weltlichen Literatur ihren Niederschlag findet und neben der positiven Konnotation auch jene des trügerischen irdischen Glücks fassbar ist.¹⁵⁴

Vor allem Wildtiere genossen in der mittelalterlichen Anschauung bedeutungstragende Funktion. Im Beispiel JOHANNES' VON SALISBURY Konnotation von Wolf und Hase wird das äußerst komplizierte und keinesfalls logische Geflecht der Signifikanzlehre deutlich. Einerseits folgt JOHANNES der antiken Auffassung, der ungünstigen Vorbedeutung des Hasen und der günstigen des Wolfes, was zwar auch für den die Vorstellung der Germanen zutrifft, sich aber nicht mit der *interpretatio Christiana* deckt.

---

150 *Mot. H 171.3 Horse indicates election of emperor.* Im Basler Alexander (Ausgabe Werner 1888) VV. 570–645; Rudolf von Ems, Alexander (Ausgabe Junk 1928/1970) VV. 2133ff.; Seifrit, Alexander (Ausgabe Gereke 1932) VV. 785ff.; Straßburger Alexander (Ausgabe Kinzel 1884) VV. 308ff.; Ulrich von Etzenbach (Ausgabe Toischer 1888/1974) VV. 1670ff.; Vorauer Alexander (Ausgabe Kinzel 1884) VV. 267ff.
151 Vgl. Homann, Der Indiculus superstitionum et paganiarum (1965) S. 86ff.
152 Policraticus I, 13 S. 60 zit. n. Helbling-Gloor, Natur und Aberglaube im Policraticus des Johannes von Salisbury (1956) (1956) S. 34.
153 Vgl. Meyer, Das mantische Pferd (1950) S. 131–151, hier S. 144f. Auch die Wilde Jagd stürmt auf Pferden. Zur engen Verbindung zwischen der Entrückung Dietrichs auf dem schwarzen Pferd und Dietrich als wildem Jäger vgl. Gschwantler, Zeugnisse zur Dietrichsage (1988) S 35–80, hier S. 75f.; Im Prosa-Lancelot (III, 119–123) führt ein diabolisches Pferd Parceval zu einem reißenden Wasser und verschwindet, als der Ritter das Kreuzzeichen macht. (Ausgabe Kluge 1967).
154 Vgl. dazu Ackermann-Arlt, Das Pferd und seine epische Funktion (1990) S. 75ff.

Auch von den Tieren wirst du den Ausgang deiner Fahrten erforschen. Die Begegnung mit dem Hasen wirst du fürchten, und zwar wenn er entkommt. Er ist nämlich bei weitem nützlicher auf dem Tische als auf dem Weg. Bei der Begegnung mit einem Wolf wirst du dich beglückwünschen. Er ist nämlich der Künder von Gutem, obwohl er dem, welchen er zuerst sieht, durch seinen bloßen Blick zu schaden und ihm die Sprache zu nehmen pflegt. [...] Die Wirksamkeit des Wolfes wird der nicht bestreiten, der nicht daran zweifelt, daß das Geschlecht der Römer mit Wolfsmilch aufgezogen wurde. Deshalb hat das meiste, was in ihnen (den Römern) noch etwa süß ist, den Wolfsgeruch beibehalten[...].[155]

Das Nutzvieh ist ebenso wie die nützlichen Wildtiere günstig konnotiert, Heuschrecke und Zikade unterschiedlich. Der Glaube an die gute Vorbedeutung der Spinne, wenn sie von oben herab einen Faden spinnt, erinnert an das falsch verstandene Sprichwort von der Spinnerin am Abend, in dem nicht von der Spinne, sondern von einer spinnenden Frau die Rede ist. Die Kröte wird erst im Spätmittelalter als Seelentier der Hexen verunglimpft, bei JOHANNES trägt sie noch positive Bedeutung.

4. Beobachtung von Pflanzen

AGRIPPA erwähnt ohne jegliche Erklärung die Bezeichnung *Botanomantie* und seine Nachfolger erklärten diese Kräutermantik als Methode, bei der Blätter des Eisenkrautes, Baldrian, Farn u.a. mit Namen beschrieben wurden, Wenn man sie dann, so BODIN,[156] z.B. unter freiem Himmel nebeneinander legte, den Namen der fraglichen Person oder des Gegenstandes darauf schrieb, blieb der oder das Gefragte übrig, der Wind verwehte die anderen. Der Wind hat hier eine beabsichtigt auslesende Wirkung. THOMAS' VON HASELBACH Bemerkung „*qui, querunt futura et occula in herbis*"[157] bezieht sich wahrscheinlich auf eine andere Methode, eher Prognostisches. Man hängt z.B. Mauerpfeffer über einem Kranken auf, und wenn dieser Blüten trägt, soll der Kranke genesen.[158]

Eine Variante des heute noch beliebten Auszupfens von Blütenblättern als Liebesorakel, das wahrscheinlich schon in der Antike mit den Blättern des Klatschmohns geübt wurde[159] und Abzählen mit dem Abzählspruch „Sie liebt mich, sie liebt mich nicht" bezeugt schon ein Gedicht WALTHERS VON DER VOGELWEIDE, er erwähnt das (Halm-)Messen, bei dem Knoten oder Ringe

---

155 Policraticus I, 13 übers. v. Helbling-Gloor, Natur und Aberglaube im Policraticus des Johannes von Salisbury (1956) S. 37.
156 Bodin, Vom ausgelassnen wütigen Teuffelsheer (1591/1973) 97.
157 Schönbach, Zeugnisse zur deutschen Volkskunde des Mittelalters (1902) S. 1–14, hier S. 8.
158 Beispiele bei Boehm, Art. Botanomantie (1932/1987) Sp. 1482–1485.
159 Marzell, Art. Klatschmohn (1932/1947) Sp. 1444–1445.

eines beliebigen Halmes gezählt werden. MIEDER[160] versteht das Halmmessen als Halmziehen, wobei er auf das heute noch sprichwörtlich vorhandene „den Kürzeren ziehen" rekurriert. WALTHER selbst gibt den Hinweis mit dem Maß, was eher für die erste Erklärung spricht.

> *Mich hât ein haln gemachet vrô*
> *er giht, ich sül gnâde vinden.*
> *ich maz das selbe kleine strô,*
> *als ich hie vor gesach bî kinden.*
> *Hœret unde merket ob siz denne tuo.*
> *‚sie tuot, sie entuot, si tuot, si entuot, sie tuot.'*
> *swie dicke ich alsô maz, sô waz ie daz ende guot.*
> *daz trœstet mich – dâ hœret ouch geloube zuo.*[161] (L 66,5)

Den oben erwähnten, heute noch geübten Brauch des Blütenblätterrupfens belegt eine im *Liederbuch der Clara Hätzlerin* aufgezeichnete Stelle:

> *Wer rupffs plůmen tregt, maint, er sey in zweifel, ob in sein lieb gerecht main! Wer sy aber tregt gerupfft vsz, on die zwey pletter, vnd die geleich ständ, bedeütet, das er in gantzer gerichtikaitt gewert ist von seinem liebsten! Wellichern aber ain plettlin allain ist beliben stän, Das maint, Im sey vngeleich geschehen!*[162]

VINTLERs Annahme, dass man mit Hilfe des vierblättrige Klees[163] in die Zukunft sehen kann, ist leider nur angedeutet. Der Klee gehört immer noch zu den zeitgenössischen Glückssymbolen: *so habent yene den vierden kle, / Das sy davon gaucklen sehen.* (VV.7779–7780)[164]

Die Zeus-Priester des Orakels in Dodona horchten auf das Rauschen der Eiche und verstanden es als Stimme des Zeus. Odysseus suchte auf seiner Irrfahrt das Orakel auf, um den Heimweg zu finden. (Odysse 14, 327–329) Die rätselhaften Baumorakel des Sonnen- und Mondbaums, die Alexanders Zukunft verkünden, sprechen in ULRICHS VON ETZENBACH *Alexander* mit einer Stimme aus dem Baum. Alexander fragt, wie lange er noch zu leben habe und die Stimme verkündigt ihm eine kurze Zeitspanne.

> *ein stimme ûz dem boume sprach,*
> *die im leider mære jach*
> *‚über sehs mânet und ein jâr*
> *sô soltu sterben vür wâr.'*

---

160 Mieder, Moderne Varianten des Blumenorakels (1981) S. 335.
161 Walther von der Vogelweide, (Ausgabe Cormeau 1996).
162 Liederbuch der Clara Hätzlerin (1840) S. 173.
163 Marzell, Art. Klee (1932/1987) Sp. 1447–1458.
164 Vintler, Die pluemen der Tugent (Ausgabe Zingerle 1874).

Als er wissen will, wie er umkommen wird, erfährt er, dass er durch Gift sterben muss. Alexander möchte sich sicher sein und geht zum nächsten Baum, der ihm aber die Antwort des ersten Baumes bestätigt.

> *der künic wart der mære unfrô.*
> *ze des mânen boume kniet er dô,*
> *dâ er die selben rede vernam.*
> *ze dem êrsten boume er wider quam.*
> *‚sît mîn tôt ist wiʒʒend dir,*
> *ô heileger boum, sô sage mir,*
> *welch sol wesen die nôt,*
> *dâ von ich lîden sol den tôt?'*
> *der boum sprach ‚eʒ hât die schrift,*
> *daʒ du solt sterben von vergift.'* (VV. 26043–26052)[165]

Als er nach seinem Mörder fragt, verweigert die Baumstimme diese Auskunft, da sonst die Erfüllung des Spruchs nicht gewährleistet wäre (VV. 26057–26068). Zwischen Ordal und Endzeitprophezeiung angesiedelt sind die Sagen um das Grünen des dürren Baumes, deren Ursprung PEUCKERT[166] im Orient vermutet. Zwei unterschiedliche dürre Bäume, jener Abrahams im Tal Mamre und der Kreuzesholzbaum wirkten Traditionsbildend. Das Grünen des Zweiges bei Tannhäuser ist eher zum unverlangten Gottesurteil zu zählen.[167]

5. Beobachtung von unbelebten Dingen

Zu dieser Kategorie der Beobachtungwahrsagung gehört zum Beispiel die Weissagung durch Eingeweide oder des Schulterblattes. Letzteres stammt aus der antiken Zukunftsschau durch (Opfer-)Tiere. Dazu zählen auch Beobachtung von Steinen und allerlei Gegenständen des täglichen Gebrauchs.

a) Die Eingeweideschau

Die Weissagung durch Eingeweide, die Hepatoskopie, Hepatomantie oder Leberschau[168] entspricht dem antiken Haruspizium. Etruskische Wahrsager hatten sich dieser Methode bedient. Die Leber mit ihren ständig wechselnden Formen scheint prädestiniert zur Zukunftsschau. Im Akkadischen, Griechi-

---

165 Ulrich von Etzenbach, Alexander (Ausgabe Toischer 1974) Ähnlich im Großen Alexander (Ausgabe Guth 1908) VV. 4777–4879, der den Ort der Vergiftung mit Babylonia angibt, sterben wird Alexander dann in Alexandria.
166 Peuckert, Art. Dürrer Baum (1932/1987) Sp. 505–513.
167 Dieser Auffassung ist auch Dinzelbacher, Gottesurteil (1986) S. 31.
168 Vgl. Pientka-Hinz, Akkadische Texte In: Omina, Orakel (2008) S. 16–20.

schen und Lateinischen besteht sie aus einem Kopf und einem Tor. Wenn der Kopf abwesend ist, wird der König sterben, wenn es zwei davon gibt, zwei rivalisierende Könige.

PHILO VON ALEXANDRIA nimmt in seiner Abhandlung *Über die Eignung von Opfertieren* auf die Leberschau in ungewöhnlicher Weise Bezug, er betrachtet nämlich ihre glatte Oberflächenbeschaffenheit als spiegelnde Fläche, die den Betrachter in einen Trancezustand versetzt aus dem heraus er „eine prophetische Vision der Zukunft" erhält.[169]

In der frühen Neuzeit erinnert TABERNAEMONTANUS an die antike Leberschau:

> *Den Adel vnnd fürtrefflichkeit erkannten auch die Heyden / mißbrauchten aber diss Wunderbarlichen geschöpff Gottes schändtlich und aberglaubisch in jhren Opffern / darinn sie neben andrem Ingeweid die Leber zum fleißigsten besichtigen / vermeinten viel künfftiger Sachen darauss zu erlehrnen / wie sie denn auch mancherley (es seye auss natürlichen Ursachen / gespenst dess Sathans / oder lügen jhrer Opfferpfaffen) verkehrter ding / vnnd gleich Wunderwerk anzeigten.*[170]

ISIDOR zählt die Eingeweideschau zu den verdammenswürdigen Praktiken, ob sie zu seiner Zeit noch historische Realität, oder bloßes Referieren paganer Praktiken war, bleibt ungewiss, denn detaillierte Hinweise fehlen, erst im Spätmittelalter kommt VINTLER wieder darauf zurück: „*vil chunnen in aingewaid spehen, ob es in gelückleich sull ergan*". (VV. 7819f.)[171]

Die spärlichen Hinweise auf den Gebrauch der Fischleber als Wettervorhersage lässt vermuten, dass es ein volkstümliches abendländisches Haruspizium in sehr eingeschränktem Sinne gegeben haben könnte: „*Ist die Hechtsleber, der Galle zu, breit / vorn spitz / Nimmt harter Winter lange Zeit in Besitz.*"[172] Der Prediger ANHORN erklärt den heidnischen Brauch zwar für ausgestorben, in einem Nachsatz scheint er aber mit der Neugierde gewisser Gruppierungen zu rechnen, die unter teuflischem Einfluss mit Eingeweiden experimentieren:

> *Von dem warsagen auß dem eingeweyd der thieren ... weil Gott sey dank / diese Gattung der zauberischen Warsagung / bey den Christen / an keinem Ort mehr / wie vor zeiten bey den Heyden / üblich ist. [...] oder warsagen auß dem Eingeweid der in stuk zerhawenen fischen belangt / hat es darmit eine beschaffenheit gehabt / wie mit dem eingeweid der anderen geopferten und geschlachten thieren... weilen sie aber von furwizigen Leuten*

---

169 Philo von Alexandria, Werke (Ausgabe Cohn 1910) Bd. II. Über die Einzelgesetze I. Buch, S. 72, 218ff. Vgl. Temple, Götter, Orakel, Visionen (1982) S. 93–142.
170 Tabernaemontanus Arzneibuch (1597) Bl. 415; Vgl. Bargheer, Art. Eingeweide (1932/1987) Sp. 639.
171 Vintler, die pluemen der Tugent (Ausgabe Zingerle 1874).
172 Zit. n. Bargheer, Art. Leber (1932/1987) Sp. 981 und Eingeweide (1931) S. 146.

130 V. Mittelalterliche mantische Einzelkünste

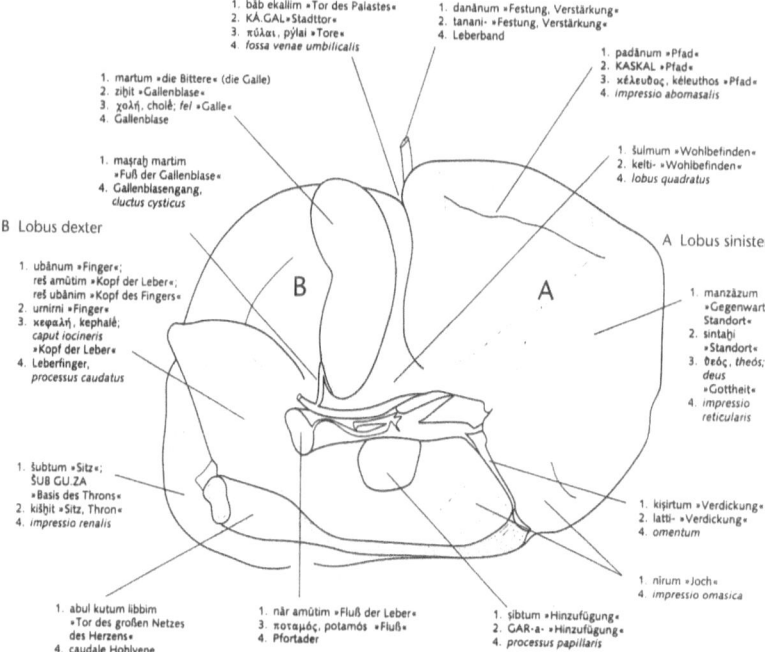

Abbildung 8: Sektoren der Leber nach einem mesopotamischen Lebermodell (1700 v. Chr.).

zu solchen Dingen mißbraucht werden / geschieht solches nicht auß Verordnung Gottes / sondern auß anstifften deß Vatters der Lugnen / des laidigen Sathans.[173]

Möglicherweise hat er die Praxis der Organschau zumindest noch vom Hörensagen gekannt, für das 19. Jahrhundert war sie z.B. noch gut belegt.[174]

b) Die Spatulimantie

*und vil zauberin vnrain,
die sehen an dem schulterpain,
was dem menschen sol geschehen.*
HANS VINTLER (VV. 7844–7846)[175]

Wahrsagerei aus dem Schulterblatt von Tieren, die Spatulimantie, bzw. Skapulimantie übte man nicht nur in Europa, in Großbritannien bei den Kelten in Irland und Schottland[176], sondern auch in Nordafrika, unter den sibirischen Völkern, bei Chinesen, Japanern und nordamerikanischen Indianern.

GIRALDUS CAMBRENSIS überliefert in seinem *Itinerarium Cambriae* Buch I cap. 11, dass ein flämischer Wahrsager Hinweise auf des Königs Tod und die darauf folgende Zerstörung des Landes gesehen habe.

A strange habit of these Flemings is that they boil the right shoulder-blades of rams, but not roast them, strip off all the meat and, by examining them, foretell the future and reveal the secret of events long past. Using these shoulder-blades, they have the extraordinary power of being able to divine what is happening is far away at this very moment. By looking carefully at the little indents and protuberances, they prophesy with complete confidence periods of peace and outbreaks of war, murders and conflagrations, the infidelities of married people and the welfare of the reigning king, especially his life and death.[177]

---

173 Anhorn, Magiologia (1674) S. 307f.
174 Vgl. Bargheer, Art. Eingeweide (1932/1987) Sp. 639.
175 Das Wahrsagen aus dem Schulterblatt wurde offenbar noch um die Jahrhundertwende des vorigen letzten Jahrhunderts bei den Südslawen und mehreren vorderasiatischen Volksstämmen praktiziert. Meist nahm man das Schulterblatt eines Hammels, der bei einem Festessen geschlachtet und gebraten wurde. Der Wahrsager wirft das bloße Schulterblatt in die glühenden Kohlen, und liest aus den durch die Hitze entstandenen Rissen. Vgl. Boehm, Art. Spatulimantie (1932/1987) Sp. 125–140.
176 Siehe E. J. Eisenberger, Das Wahrsagen aus dem Schulterblatt, Internationales Archiv für Ethnographie 35 (1938) S. 49–116.
177 Gerald of Wales, The Journey through Wales (1978) S. 145f. Im Anschluss an diese allgemeinen Bemerkungen erzählt Gerald eine Anekdote aus seiner eigenen Zeit, wo eine schwangere Frau aus dem Schulterblatt einen Ehebruch in der Nachbarsfamilie herauslesen kann.

Das sind die frühesten Belege der Praxis in Westeuropa, bei dem vor allem das Datum signifikant erscheint: Am Beginn seiner Herrschaft hatte Heinrich I. die Flamen nach West Pembrokeshire gerufen und diese hatten die Praxis mitgebracht. Außerdem kamen in der ersten Hälfte des 12. Jahrhunderts Übersetzungen aus arabischer Geheimliteratur nach Europa. Besonders prominent unter diesen Übersetzern war z.B. der Flame RUDOLPH VON BRÜGGE, aber auch verschiedene Engländer einschließlich ADELARD VON BATH und WALCHER VON MALVERN taten sich hervor. Diese Übersetzungen enthielten auch vier Traktate über Spatulimantie. Zwei der vier Übersetzungen werden dem Philosophen AL-KINDI zugeschrieben, eine dritte korrespondiert mit einem anderen arabischen Werk eines gewissen ABŪ RUAIS. Nur der arabische Text und dessen zwei lateinische Übersetzungen haben als Beigabe ein detailliertes Diagramm des Schulterblattes. Möglicherweise war das Wissen deshalb so diffus.

Die Rechtfertigung für die Praxis: Gott hat all die Geheimnisse des Universums in der Oberwelt verankert. Der Regen versorgt nicht nur das Gras mit Nahrung, sondern übermittelt Geheimnisse, welche die Gras fressenden Tiere aufnehmen und in ihrem Schulterblatt speichern. Das Schaf hat das vielversprechendste und passendste Schulterblatt. Es wird entweder von einem Meister der Spatulimantie oder von einem ehrlichen Kaufmann gekauft. Drei Tage verbringt es in jenem Haus, in dem es geschlachtet wird. Dann wird es sehr früh am Morgen genommen, eine Hand auf seine Schulter gelegt und gesprochen: „Gib mir alles, das du hast." Das Tier wird an einem sauberen Platz enthauptet und es wird darauf geachtet, dass es das Schwert, das es schlägt, nicht sieht. Danach kocht man den Körper ohne Salz, bis das Fleisch von den Knochen fällt. Das Schulterblatt wird herausgenommen, in ein ungebrauchtes Tuch eingeschlagen und unter den Kopf einer Person, die es deuten will, gelegt. Am folgenden Tag nimmt derjenige das Schulterblatt und wischt es mit dem Stoff, in den es eingeschlagen war, und sieht viele wunderbare Dinge darin.

Der Leser des Schulterblattes muss auf bestimmte Bereiche d. s. Linien, Spalten, Erhebungen, Löcher und Verfärbungen achten. Die Außenseite bezieht sich auf politische und öffentliche Ereignisse. Die Innenseite, wo das Rückgrat anschließt, deutet auf Ereignisse im Haushalt des Hausherrn hin. Nur enge Familienmitglieder dürfen diese Seite lesen. Das Rückgrat ist dem Land oder der Region des Schafmeisters zugeordnet und in drei Teile geteilt: sein Bett, Garten (und Felder) und seine Familie. Dieser Bereich zwischen jenem Punkt auf dem Rückgrat und dem Hals wird wiederum in drei Teile geteilt und ist der kindergebärenden Magd, den Töchtern, Schwestern und der freigeborenen Ehefrau vorbehalten. Auf dieser Seite kann man z.B. Ehebruch herauslesen. Es ist möglich, zu sehen, dass die Ehefrau einen Liebhaber besucht oder dass sie Inzest begangen und sogar, dass sie mit dem Schlachter des Schafes gelegen hat. Reichtum wird dem Meister der Schafe versprochen von den Wegen, die an dem Punkt gefunden werden, wo das Rückgrat aus dem ebenen Teil des Schulterblattes wächst. Krankheiten des Viehs werden nicht speziell erwähnt, dessen Verlust schon. Etwaiger Tod im Haushalt des Besitzers der Schafe kann sehr präzise vorausgesagt werden und zwar, dass es innerhalb eines Monats oder innerhalb einer Periode von vier Monaten geschehen wird.

Die „öffentliche Seite" des Schulterblattes betrifft die Angelegenheiten des Königs, den Ausgang von Kämpfen zwischen der eigenen Seite und der des Feindes.

Die *Livländische Reimchronik*[178] kolportiert stattgefundene Ereignisse, die das Schulterblatt aber nicht enthüllt hatte.

> *Des quam sîn herze in ungemach.*
> *Er sprach: , die Littouwen lîden nôt,*
> *mîn bruoder ist geslagen tôt,*
> *ein her in mînem hove lac,*
> *sît gester biz an dîsen tac!*
> *Daz bein hât manigem sît gelogen.* (VV. 3019–3027)

VINTLER streift die Weissagung ebenfalls, HARTLIEB behandelt die *Spatulimanci* ausführlich von Kapitel 115–120 nennt sie eine der sieben verbotenen Künste und eine selten lächerliche Methode. „*Die maister dieser kunst nemen ain schultern von ainem totten ochsen oder pfärd, ků oder esel [...] und wäschen die schultern gar wol mit wein darnach mit weichwasser; sy pinden sy in ain rain tůch.*" Die genaue Methode erschließt er im folgenden Kapitel: „*[...]und sehen dann in den schultern und mainert, das sich die schulter vercher nach ainer yeglichen fräg. Sy haben weder ain liecht noch opffer, aber das ist ain grosser ungelaub, das sy gelauben, das sich die schulter durch ir fräg vercher und verwandel.*"[179]

Dann stellen diese Verblendeten noch Fragen über Leben und Tod, Ehre oder Besitz Reichtum, Krankheit, Teuerung der Feldfrüchte, Kälte, Feuchtigkeit Trockenheit. Aber weil es unmöglich ist, aus einem bloßen Schulterblatt etwas zu erfahren, mischt sich hier der Teufel ein und gibt „*den selben albern maistern sölich antwurt*". Im Kapitel 120 ergänzt er, welche Zeichen sie am Schulterblatt ausmachen und deuten: „*Die maister dieser kunst haben auch läg und uffsehen, wie die schulter varb hab an dem end, an der mitt und an allen örtern. Darnach pläßt im dann der tewffel ein, was sy gelauben und reden sullen.*"

---

178 Livländische Reimchronik (Ausgabe Meyer 1876/1963).
179 Hartlieb, Buch der verbotenen Kunst (Ausgabe Eisermann 1989) Kap 115–120, S. 186–190.

Der Glaube an die Weissagekunst des Gänsebeins,[180] die er im darauffolgenden Kapitel 121 bespricht, erscheint ihm noch einfältiger. Ursprünglich habe es sich um so etwas wie eine einfache Bauernwetterregel gehandelt und nun würden sich sogar kluge Leute und Kleriker danach richten.

c) Bleigießen und Eieraufschlagen

Noch in der heutigen Zeit wird zu Neujahr das Bleigießen praktiziert, bei dem Blei, Zinn oder Wachs in einem Löffel aus Metall geschmolzen und in ein Wassergefäß gegossen werden. Beim Fachterminus Molydomantie handelt es sich um eine Neubildung des 16. Jahrhunderts.[181] GRIMM[182] vermutet antikes Brauchtum, was sich allerdings nicht erhärten lässt. THOMAS VON AQUIN erwähnt das Bleigießen in seiner Aufzählung der Divinationsweisen ohne explizite Dämonenbeschwörung und reiht sie zu den *sortes*.[183] Bußbücher und Kirchenverordnungen, Predigten nehmen den sicherlich oft geübten Brauch aufs Korn, auf den vermutlich der Zisterzienser RUDOLFUS um 1250 anspielt.[184] Für die Anwendung des Bleigießens als Genesungsprobe sprechen Beobachtungen BERNARDINS VON SIENA (1380–1444): Blei wird ins Wasser gegossen und die sich bildenden Formen deutet man in Hinblick auf die Krankheit.[185]

Zukunftsenthüllung zukünftiger und rätselhafter vergangener Ereignisse gibt HARTLIEB als Zweck an und zählt das Bleigießen zur Pyromantie.[186] Der *Hexenhammer* rekurriert auf THOMAS in der Zuordnung und nennt dieses als dritte seiner Gattungen, bei der es um die Erforschung von Verborgenem geht, bei welchem man Punkte, Strohhalme und Figuren, die das ins Wasser gegossene Blei ausbildet, zur Beobachtung heranzieht.[187] KRAMER engt das Bleigießen als Genesungsprobe auf angehexte Krankheiten ein und versteht die Methode als Hexenprobe, bei der die sich ausbildenden Figuren eine Behexung anzeigen. Kenntnis dieser Methode scheint er aus den Innsbrucker Prozessakten zu besitzen.[188] Bei dem Fall geht es um einen Nachbarschaftsstreit, bei der Barbara Selachin von ihrer Nachbarin „verhext" wird. Ein Töpfer, der Geliebte

---

180 Ibid. S. 191.
181 Boehm, Art. Molybdomantie (1932/1987) Sp. 462–465.
182 Grimm, Deutsche Mythologie (1870/1968) II, S. 937.
183 Thomas von Aquin, Summa theologiae (1933ff.) II qu. 95 art. 3.
184 Boehm, ibid. Sp. 463. Texte abgedruckt bei Klapper, Deutscher Volksglaube in Schlesien (1915) S.19-57, hier Nr. 53, S. 38.
185 Vgl. Zachariae, Abergläubische Meinung und Gebräuche des Mittelalters in den Predigten Bernardins von Siena (1912) S. 113–134 u. 225–244 hier. S. 127ff. und 357.
186 Hartlieb, Buch der vebotenen Kunst (Ausgabe Eisermann 1989) Kap 62. S. 124 und Kap. 96 S. 162.
187 Kramer, Hexenhammer (Ausgabe Behringer/Jerouschek 2000) I, 16 S. 324.
188 Ibid. S. 342, Anm. 827, S. 467f., 523.

der Nachbarin, erbietet sich in einem Experiment herauszufinden, ob eine Verhexung vorliege. Er nimmt flüssiges Blei, gießt es in eine Schüssel mit Wasser und stellt die Schüssel auf den Körper der Kranken. Aus den entstanden Figuren diagnostiziert er Schadenzauber, gibt aber einen Hinweis, dass sich unter der Hausschwelle ein Gegenmittel finden ließe. Der Ehemann entdeckt einen mit Nadeln durchstochenen Atzmann und die an den korrespondierenden Körperstellen aufgetretenen Schmerzen vergehen, als der Atzmann im Feuer verbrennt.[189] An einer dritten Stelle erzählt KRAMER die Geschichte eines Kaufmanns aus Speyer, dem der böse Blick einer Hexe starke Schmerzen im Fuß verursacht hatte. Ein kenntnisreicher Bauer vollzieht an drei aufeinanderfolgenden Tagen die Hexenprobe mit Blei und ist imstande, den Schadenzauber mit Gebeten und Segnungen zu „wenden". Auf die Frage, wie er aus dem Blei zu solchen Schlüssen komme, antwortet der Bauer, dass die Herrschaft des Saturns über das Blei dieses den Schadenzauber anzeigen ließe.[190]

Das schon in der Antike[191] übliche Augurium des Eiweißaufschlagen und Observanz der entstanden Gebilde wird ähnlich dem Bleigießen zu bestimmten Kalenderzeiten wie Weihnachten, Ostern, aber auch vor Neujahr angewendet.

d) Elementemantik

Von ungelauben mancher hant,
das mit warsagen wirt pekant
von den, die sich an nement
Chunftige ding zu offennbarn,
das sy an dem feuer ervarn
und an den wolken sullen larn
und an des windes wehen
auch main sy es czu sehen
an dem wasser und an der erd.
MICHEL BEHEIM[192] (VV. 15–23)

(1) Aeromantie

Aeromantie ist die Deutung der Luft und Wolken. In der von VARRO überlieferten für die spätere Divinationsliteratur maßgeblichen Einteilung der Divinationsarten nach den vier Elementen steht die Aeromantie neben der Geo-, Pyro- und Hydromantie. Über die Details lässt uns VARRO allerdings im Dunkeln. Die später bei SERVIUS abgegebene Erklärung, dass die Aeromantie mit

---

189 Ibid. S. 467f.
190 Kramer, Hexenhammer (Ausgabe Behringer/Jerouschek 2000) II,2 S. 522ff.
191 Aelian, Tiergeschichten (Ausgabe Jacobs 1839–1842) 7, 7.
192 Beheim, Gedichte (Ausgabe Gille 1968–1972) Bd. II, S. 326–330.

der Vogelschau gleichzusetzen wäre, geht nicht auf VARRO zurück. TZETZES, der die Bezeichnung *aeroskopia* verwendet, sieht in ihr die Beobachtung der in der Luft am Himmel und in den Wolken sich zeigende Farbe, sowie der Regenbogen, Kometen und dgl. (erwähnt bei ISIDOR Etym. VIII, 9 13.)[193] Da die mittelalterliche Definition der Elementedivinationen sich im Wesentlichen an die Antike anschließt, herrscht auch hier eine gewisse Unsicherheit, die noch dadurch verstärkt wird, dass bei der Aeromantie die Beteiligung dämonischer Kräfte angenommen wurde.

In den im Spätmittelalter beliebten Aberglaubenslisten wird die Aeromantie lediglich kommentarlos gelistet oder einfach weggelassen. So in dem Weissagungskapitel des ACKERMANNS AUS BÖHMEN und in dem Traktat des NICOLAUS MAGNIS *De Superstionibus*. JOHANNES HARTLIEB in seinem *Buch aller verboten Kunst* bezieht sie in einer ausführlichen Beschreibung ausgehend von der Erklärung „*gavtt zu mit dem luft, auch was darinn swebt und lebt*"[194] zunächst auf die Vogelschau, ja auf den Angangsaberglauben ganz allgemein, erst später ist die Rede von abergläubischer Beobachtung der Windrichtungen bei Jagden und ähnlichen Gelegenheiten.

Die Aeromantie erwähnt MICHAEL BEHEIMS obenstehende Polemik gegen Wahrsager und Zauberer, die schon ISIDOR eine Dämonenkunst genannt hatte. Mitwirkung der Dämonen wird in verschiedener Weise angeführt z. B weiß JOHANN VINCENTIUS in *Adversu magicas artes* (um 1475) von teuflischen Stimmen in der Luft[195] und REISCHLS *Margarita Phylosophica* (um 1504) handelt von teuflischen Erscheinungen.[196]

Bei einem von PICTORIUS in der Nachfolge zu CARDANUS (1501–1575) besprochenem Taschenspielerkunststück werden Worte hinter einem vor das Gesicht gehaltenen Tuch in ein mit Wasser gefülltes Gefäß hineingesprochen, das Wasser dadurch in Blasen verwandelt und allmählich ausgeleert. Diesen Trick lässt DELRIO als einzige Erklärung der Aeromantie gelten, da die Beobachtung der Himmelserscheinungen zur Astrologie, die atmosphärischen Erscheinungen zum Augurium, der Luftphantome zur Terratologie gehören. AGRIPPA VON NETTESHEIM benutzt die Aeromantie, um die verschiedenen Erscheinungen der Luft, Winde, Regenbogen, Hof um Sonne und Mond, Nebel und Wolken, Bilder in den Wolken zu katalogisieren: Anzeichen künftiger Dinge bietet die Luftmantik durch die Eindrücke der Luft, das Wehen der Winde, die Regenbogen, Wolken und die Erscheinungen der Luft.[197]

---

193 Isidor, Etymologie (Ausgabe Linhart 1997) S. 39.
194 Hartlieb, Buch (Ausgabe Eistermann 1989) cap. 67, S. 128.
195 zit n. Hansen, Hexenwahn, 231.
196 Vgl. Boehm, Art. Aeromantie (1932/1978) sp. 203–206, hier 204 Anm. 13 u. 14.
197 Agrippa, Die magischen Werke (Ausgabe Frenschkowski 2008) Kap. 57, S. 153;

(2) Das Feuersehen

Ettlich kunnent an feur erkennen
wie sich ain sache hie sol enden.
Hans VINTLER (VV. 7750–7751)[198]

Während die Quellenlage zur griechischen Pyromantie relativ homogen das Feuerbeobachten zur Opferpraxis rechnet und diese vor allem mit der Priesterschaft des Poseidon in Delphi, Apollo in Theben und die olympischen Priester des Zeus als Träger der Feuerschau identifiziert[199], ergeben die Testimonien zur mittelalterlichen Pyromantie kein methodisch klares Bild. Seit VARRO gehört die Pyromantie zu den Elementedivinationen, sie wird aber bei ihm bloß angeführt und in der theologische Superstitionenkritik einfach übernommen, ohne einen Rekurs auf die tatsächliche Praxis zu bieten. THOMAS VON AQUIN rechnet sie zu den Künsten mit ausdrücklicher Dämonenanrufung neben der Chiro-, Nekro-, Geo- und Aeromantie. Das sind Künste, die sich der unbelebten Natur bedienen. GRATIANS *Dekret*[200] zählt in Anlehnung an ISIDOR (Etym. VIII, 9,13) unter dem Titel *De multiple genere divinationis* die vier Elementarkünste.

Der *Indiculus superstitionum* handelt von der heidnischen Feuerbeobachtungskunst: *De observatione pagana in foco vel in inchoatione re alicuius*[201]. Es ist nicht von der Hand zu weisen, dass die in Bußbücher und Predigten eindringende antike Überlieferung sich möglicherweise an beobachteten germanischen Bräuchen orientierte bzw. im Vergleich mit diesen kontextualisierte.

BURCHARD VON WORMS[202] fragt im *Corrector*: „*Fecisti, quod plures faciunt, scopant locum, ubi facere solent ignem in domo sua, et mittunt grana ordei adhuc loco calido, et si esalierint grana, periculosum erit, si autem manserint, bonum erit?*" Als Zusatz zur bloßen Feuerschau erwähnt BURCHARD den Brauch, Getreidekörner in der Glut und Brote im Backofen zu beobachten. „*Si panes praedicta nocte coquere fecisti tuo nomine, ut si bene levarentur et spissi et altius fierent, inde prosperitas tuae viate eo anno praesideres?*" Der Modus des Verbrennens oder Zerplatzens der Gerstenkörner deutet auf zukünftige Ereignisse. Schon die *Daphnanomantie*, Mantik mithilfe des Lorbeers u.a. des Gallapfels fällt unter diese Rubrik. Das Verhalten des Lorbeerzweigs im Feuer und in der Flamme sowie Rauch und Geknister erlauben es, zukünftige bzw. verborgene Dinge zu erforschen.[203]

---

198 Vintler, Die pluemen der tugent (Ausgabe Zingerle 1874).
199 Siehe Freudenthal, Art. Pyromantie (1932/1987) Sp. 400–414.
200 Gratian, Decretum (Ausgabe Richter/Friedberg 1879/1955) Pars II, causa 26, qu. 3–4.
201 XVII Vgl. Homann, Der Indiculus superstitionum et paganiarum (1965) S. 86ff.
202 Burchard von Worms, Decretum Libri XX (Ausgabe Fransen 1992).
203 In der Etymologie des Wortes suchte man die Geschichte von Apollo, dem Gott der Weissagung, der verliebte sich in Daphne, diese hatte sich aber in einen Lorbeerbaum

Im *Erec* HARTMANNs findet sich ein Anhaltspunkt: „*ouch hiez er selten machen / Schon dehein fiur ûz der spachen / daz man in dar an sæhe.*" (VV. 8131ff.)[204] Das *St. Trudperter Hohe Lied*, erwähnt einige Wahrsagemethoden u.a. „*uon diner hailigen gescowunge, derweder des fiur sehennes.*"[205] „*Inspiciunt ignes*" heißt es bei BRUDER RUDOLF.[206] Der *Gewissenspiegel* MARTINS VON AMBERG zählt in der Mitte des 14. Jahrhunderts das Feuersehen zur Sünde wider das erste Gebot. Jene beten fremde Götter an, „*die im fewer chünftige dinge sehen.*"[207] Gleichlautend bei THOMAS PEUNTNER „*etlich sagent kunftige ding von dem saus des fewers*" und „*dye nach der gestalt des feuerskunftige ding sagent.*" STEPHAN VON LANDSKRON „*aus dem saws oder gestalt des fewers*"[208].

Bis zum Ausgang des Mittelalters ist nur die Rede von *inspicere ignes,* also einem „*fiur sehen*", bei dem man „*auß dem sauß oder gestalt des fewers*" künftige oder verborgene Dinge erkennen, bei dem man erfahren könne, „*wie sich die sach hie sol enden*". JOHANNES HARTLIEB versteht die Pyromantie einerseits als „Feuer sehen" und Visionenempfang beim Anstarren der Flammen (ein Äquivalent findet sich in gewissen Meditationstechniken wieder), einen Abschnitt weiter, im 81. Kapitel[209] erwähnt er die Beobachtung des Rauches, also eine Methode, die nicht unbedingt Intuition erfordert bzw. fördert, sondern gewisse feststehende Kriterien der Rauchentwicklung annimmt.

JOHANNES HARTLIEB führt im 80. Kapitel aus:

Got wolt, das jch das wol künde, wann gar vil menschen durch die kunst verlait vnd verfürt werden vnd zu gar grossem vngelouben chomen [...] es sind frawen vnd man, die sich vnder winden fewre zu machen vnd in dem fewr dann sehen geschechne vnd künftige ding. Die maister vnd maisterin dieser tewfflischer kunst haben besunder tag, darynn lassen sy in holtz zu beraitten vnd wenn sy jr kunst treiben wöllen, so gånd sy an ain gehaime stat vnd füren mit in die armen, torhaftigen menschen, den sy dann wår sagen süllen. Sy haissen sy nider knyegen vnd dem engel des fewrs, den sy eren vnd anbåten, åch opffern. Mit dem opffer zünden sy das holtz an, vnd sicht der maister gar genaw in das fewr, er merckt wol, was jm darynn erscheint.

---

verwandelt, um des Gotts unwillkommenen Avancen zu entgehen. Noch zu Beginn des 20. Jahrhundert ist diese Methode aus dem Egerland mit zwölf Weizenkörnern erwähnt, die die zwölf Monate des Jahres repräsentieren. Je ein Korn kommt auf den Ofen und dasjenige, das infolge der Hitze zuerst hüpfte und dann zerplatzte, zeigte jenen Monat an, im die die Getreidepreise steigen würden. Bestimmte Objekte wurden ins Feuer geworfen (Bohnen waren beliebt, da Volksnahrung und fast immer greifbar) und man beobachtete ihr Verbrennen. Der Kaffeesud kam erst viel später, seit den Kaffeeimporten nach Europa, hinzu.

204 Hartmann von Aue, Erec (Ausgabe Wolf 1963).
205 95, 16 (Ausgabe Ohly 1998).
206 Frater Rudolfus, Summa de confessionis discretione II, 8–10 zit.n. Klapper, Deutscher Volksglaube (1915) S. 19–57, hier. S. 38.
207 Martin von Amberg, Der Gewissenspiegel (Ausgabe Werbow 1958) S. 41, Zeile 168.
208 Belege zusammengestellt bei Baumann, Aberglaube für Laien (1989) S. 430ff.
209 Hartlieb, Buch der vebotenen Kunst (Ausgabe Eisermann 1989) Kap 80–81, S. 144–146.

Im 81. Kapitel verknüpft er die Pyromantie mit dem Spiegelsehen:

Ettlich sprechent, das sy in dem fewr sehen als in ainen spiegel [...] ettlich die sehen an das fewr vnd in seinen flamen, ob der recht ån irrung über sich prynn. darnach sagen sy dann, wie ir sach ergån sol. Etlich die mercken, wie der rauch gån krump oder schlecht. Das ist dann ir kunst vnd sagen grosse ding damit, ob das fuir lauter prynn oder dunckel.

ANTONIN VON FLORENZ nennt in seinem Beichtspiegel unter den Wahrsagekünsten auch jene, die sich mit dem Feuersehen beschäftigt und reiht dieses zu den Todesvorzeichen: „Hast du abergläubische Gedanken gehabt, wenn das Feuer knisterte, indem du das für ein Zeichen hieltst, daß jemand sterben werde oder hast du ähnliches geglaubt? Das ist Aberglaube und Torheit."[210]

Auch BOUCLÉ-LECLERCQ[211] definiert die Pyromantie terminologisch unklar als Ausdeutung des Verhaltens des Feuers selbst und unterscheidet sie hier von der Empyromantie, der Wahrsagung aus dem Verhalten des Feuers, sobald gewisse Stoffe wie z.B. Blei ins Feuer geworfen werden (→ siehe Bleigießen).

ANHORN liefert eine gelehrte Definition der Pyromantie, in der er alle bisher genannten Komponenten vereinigt und noch ein paar Details beisteuert. Den Zweck der Pyromantie, bei den anderen Autoren nicht angesprochen, fügt er in Analogie zu anderen Divinationsarten hinzu:

Man strewet zerstossen Harz, mit einer gewisser Beschwerung der Fewergeisteren, in ein angemachtes Fewr. Oder man zündet Kienholz mit Pech überzogen, vnd mit sonderbaren Characteren bezeichnet, an, vnd gibt Achtung drauf, ob die Flamm deß Fewrs zusammen schlage oder nicht; vnd nach dem sie gschwind zusammen schlägt, oder langsam brennt, nach dem schliesset der Warsager von seiner vorhandenen Sach, daß sie glücklich oder vnglücklich außlaufen, in Krankheit fallen werde. Er nimmt auch sein Gemerk von dem, ob die Fewrflammen breit oder spizig, wie ein Pyramis, ob das Fewr knalle vnd krache, oder sanfft brenne? Item ob es gschwind oder langsam außlösche?[212]

Die verwandte bzw. bei HARTLIEB als Untergruppe der Pyromantie geführte Rauchwahrsagung oder Kapnomantie[213] beobachtet die verschiedenen Erscheinungsformen des Rauchs und der Flammen. Es lassen sich zwei Gruppierungen unterscheiden: Bei der ersten handelt es sich um eine selbstständige mantische Praxis, die beispielsweise Schlüsse aus der Rauchrichtung zieht: Die Richtung, die der Rauch nimmt, zeigt an, wo der nächste Todesfall zu erwarten ist. Diese

---

210 Text bei Klapper, Das Aberglaubensverzeichnis des Antonin von Florenz (1919) S. 63–101, hier S. 63–73; Frater Rudolfus erwähnt den Brauch fünf mit Namen versehene Steine ins Feuer zu werfen. Zur Abkühlung kommen diese ins Wasser und deuten auf denjenigen Heiratskandidaten, bei dem der Stein knistert. Vgl. Klapper, Deutscher Volksglaube in Schlesien (1915) S.19–57, hier Nr. 53, S.33.
211 Bouché-Leclercq, Histoire de la divination dans l'antiquité (1879) S. 251ff.
212 Anhorn, Magiologia (1674) S. 309.
213 Vgl. Boehm, Art. Kapnomantie (1932/1978) Sp. 974–980; Freudenthal, Das Feuer (1931) S. 176ff.

Variante dürfte erst seit AGRIPPA in Gebrauch gekommen sein.[214] Zur zweiten Gruppierung gehören Rauchbeobachtungen als Teil eines Opferrituals, in der Antike sogar mit einem eigens dafür ausgewählten Rauchbeobachter. Die anlassmäßige Rauchbeobachtung scheint im Mittelalter keinerlei Bedeutung gehabt zu haben, wohl aber der ritualierte Typus, den HARTLIEB in Kap. 82[215] seiner *Verbotenen Kunst* mit offenbarem Abscheu beschreibt. Dabei verbrennen die Adepten Tierfett oder sogar ganze Eingeweide auf dem Altar des Teufels. Er nennt diese archaisch anmutende Opferung *auspicium*. Ein weiteres bei ihm unter Pyromantie besprochenes Szenario gehört eigentlich zur intuitiven Wahrsagung und arbeitet mit Kindermedien (wie in der Kristallomantie, siehe dort) und ist ganz im Sinne der THOMISTISCHEN Paktlehre als impliziter Pakt zu verstehen:

> *Mer ist ain trugenlicher list in der Kunst, das die maister nemen öl und růß von ainer pfannen und salben auch ain rains chind, es sey maid oder kneblin, die hanndt und machent das vast gleychsent und heben die hannd an die sunnen, das die die sunn darein schein, oder sy heben kertzen gegen der hennd und lassen das chind darein sehen und fragen dann das chind, wǎrnach si wöllen. So ist ir meinung, was das chind in sag, das süll wǎr sein. Sy wissen aber laider nit, wie der bös tüfel sich darein mischet und vil mer unrecht dann recht erscheinen laßt.[...] die maister sprechent auch dem chind unkunde wort in die oren. Es ist vast zu besorgen, das man mit sölichen unkunden worten mach unwissentliche verdambnuß, und der glüp mit den bösen gaisten und tewfeln puntnuß macht, der můß ye gottes verlaugnen.*[216]

Der bedeutende Mathematiker, Philosoph und Mediziner der italienischen Renaissance CARDANUS (1501–1575) erzählt eine Variante des Rituals[217], in der Mohnsamen auf glühende Kohlen geworfen und dabei Zauberformeln gesprochen wurden. Eine Schwangere oder ein Knabe habe dann im Rauch Erscheinungen sehen können.

---

214 „*Die Pyromantie endlich weissagt durch die Eindrücke des Feuers, durch die Schwanzsterne, die feurigen Farben, die Erscheinungen der Bilder im Feuer.*" Agrippa, Die magischen Werke (Ausgabe Frenschkowski 2008) Kap. 57, S. 152f.
215 Hartlieb, Buch der vebotenen Kunst (Ausgabe Eisermann 1989) Kap 82, S. 146ff.
216 Ibid. Kap. 84 S. 148.
217 Cardanus, Werke I (1663/1966) I 565a, zit.n. Boehm, Kapnomantie (1932/1978) Sp. 980.

(3) Hydromantie

Aber ain zauberlist von dem wasser: Ettlich nemen zway ding, als höltzlen, hälmlen oder ringe müntz, als haller und nemen ains nach ainer person und das nader nach der andern person; und wann die zway ding zusamen ruynnen uff dem wasser in ainem peck, so süllen die zway zusamen chomen.

HARTLIEB (Kap. 63)[218]

Die antike Hydromantie[219] betrifft ausschließlich die kunstmäßige, also von Spezialisten ausgeübte Divination. Daneben rechnen die antiken Quellen aber auch schon die Beobachtung der Gezeiten, Wasserbewegungen, Beschaffenheiten wie Farbe u.a. Vor allem letzteres und hier die blutrote Färbung verkünden meist Unheil und Tod. Auch das Hineinwerfen von Gegenständen ins Wasser als glücksbringendes Vorzeichen blieb bis heute gängige Praxis. Das Versinken und Aufsteigen von Gegenständen, wie es PETRONIUS beschreibt, bzw. Kügelchen hineinwerfen und die dabei im Wasser sichtbaren Ringe beobachten, wurde ebenfalls als signifikant betrachtet. Bei einer Variante des Losorakels warf man auf Papier geschriebene Namen ins Wasser, um so Verbrecher auszuforschen. Der seit dem 15. Jahrhundert geübte Brauch des „Briefleinschwemmens" gehört hierher.

Der Illusionistenentlarver HIPPOLYT behandelt im vierten Buch seiner *Widerlegung aller Häresien* die Weissagung aus der Wasserschüssel, die Lekanomantie[220], (4,35) als Sonderform der Hydromantie. Die Magier benutzten eine Schüssel mit gläsernem Boden, die sie in einem Raum, der mit seiner himmelblauen Decke für Spiegelungen präpariert war, genau über ein Loch im Fußboden stellten. In einer darunter liegenden geheimen Kammer maskierten sich Helferhelfer als Götter oder Dämonen und erschienen je nachdem zum Erstaunen des Fragenden an der Öffnung im Becken.

HARTLIEB erklärt, wie man mit der Kunst der Hydromantie Diebstähle aufdecken und Schätze[221] ausforschen kann. Und zwar muss man am Sonntag vor Sonnenaufgang zu drei Quellen wandern, aus ihnen Wasser in je ein klar poliertes Glas schöpfen und in ein Zimmer tragen, dort brenndende Kerzen

---

218 Hartlieb, Das Buch der verbotenen Künste. (1998) Kap. 63, S. 124f.
219 Vgl. Boehm, Art. Hydromantie (1932/1987) Sp.548–574.
220 Weitere Belege bei Boehm, Art. Lekanomantie (1932/1987) V, Sp. 1205–1208.
221 Noch 1726 hatte der Schweizer Schatzgräber Heinrich Füchter mit Hilfe eines Knabenmediums Schätze ausforschen wollen. Außerdem habe er mit Geistlichen verkehrt, die auf einem Feld bei Selbisperg einen Kreis gezogen und dort nachgegraben hätten. Das Knabenmedium, der Bub von Wyl, habe in einem mit Wasser gefüllten Gefäß etwas gesehen. Auf die Frage, wie der Bub denn bei der Dunkelheit etwas habe sehen können, sagte der Beschuldigte aus, der Nachrichter habe Licht gehabt. Er selbst habe nichts ausmachen können, denn, so der Bub von Wyl, man müsse schon ein Fronfasten-Kind sein. Hoffmann-Krayer, Schatzgräberei in der Umgebung Basels (1903) S. 1- 22, hier S. 19f.

davor stellen und sich eines Knabenmediums bedienen. *„Darnach nymbt er ain rain kind und setzt das uff ainen schöen stůl für das wasser."*²²²

ANTONIN VON FLORENZ in seinem Beichtspiegel fragt: *„Hast du Wahrsagerei getrieben, indem du ein Fläschchen mit Wasser oder in einen Becher mit Wein, den man den Johanniswein nennt, geschaut hast?"* Aber er spielt auch auf die ältere Form der Beobachtung des Wassers selbst an: *„Hast du die Zukunft erforscht aus dem Murmeln des fließenden Wassers? Das ist Aberglaube und Torheit."*²²³ Bei WEYER beginnt sich das Verfahren mit anderen Techniken zu vermischen. Bei seiner Darstellung der Hydromantie ist ein pendelnder Ring im Spiel:

*Hydromantie / ward auff vielerley weise gebraucht. Man füllet ein Becher voll Wassers / vnnd henckt einen Ring an den Finger hangend darein / vnnd nach dem die gebreuchlichen wort darüber gesprochen / begert der zauberer im auff sein frage ein bescheid gegeben zu werden. Wer es war, wie er geredt hat? / so schlug der Ring von sich selber etliche gewisse streich an Becher. Es sol Numa Pompilius der ander König zu Rom diese gebraucht / vnd dadurch seine Götter in das Wasser gebracht vnnd Raths gefragt haben.*²²⁴

Bei der Als Subkategorie genannten Lekanomantie²²⁵ folgt er bei VARRO erwähnten Tradition, dass man im Wasser die Bilder von Göttern erblicke, vermengt sie mit dem Hineinwerfen von Gegenständen, wie HARTLIEB im 63. Kapitel, um dann wiederum auf den Heraufschallenden Ton der Geister zu lauschen, die ihre Anwesenheit verkünden. WEYER trachtet, wie soft, einen kurzen historischen überblick zu erstellen:

Lecanomantia / wirt vns vom Psello fleissig beschrieben / welcher auch anzeiget / daß sie bey den Assyriern starck sey im Brauch gewest / wiewol sie auch den Chaldeern von Egypten / nit ist frembd vnd vnbekandt gewesen / es gebrauchen sich ihren die Türcken noch heutigen Tages / wiewol etwas auff ein andere Weise. Es gieng aber die sach also zu. In eim Becken / so mit Wasser außgefüllet / wurden gelegt güldene und silberne Blechlein / deßgleichen edle Gestein / mit etwas gewissen vnnd darzu verordeten Charactern / oder Zeichen verzeichnet / vnnd sobald wie möglich wort darüber gesprochen / mit welchen der Demon berüfft ward / gab man im ein zweiffelhafftige Frag auff / darauff ein kleiner Thon zu eim Zeichen / daß der Spiritus vorhanden ward / gehört ward: nachdem aber der bube von Wyl eine schatzsuche mit Hilfe eines mit Wasser gefüllten glases eingeleitet. Er habe mit einem Licht in das Glas hineingesehen das Wasser anhub vber zu lauffen / giengen leise Stimmen herauß welche auff fürgelegte Frag mit Antwort begegnet. Aber

---

222 Hartlieb, Das Buch der verbotenen Künste. (1998) Kap. 55, S. 116.
223 Text bei Klapper, Das Aberglaubensverzeichnis des Antonin von Florenz (1919) S. 63–101, hier S. 63–73.
224 Weyer, Von Teuffelsgespenst, Zauberern und Gifftbereytern (1586/1969) De prästigiis S 288f.
225 Eine Freiburger Handschrift des 15. Jahrhunderts Cod. 458 beschreibt die sog. Herzog-Ernstim detail, die mit dieser Methode siegreiche Kämpfer eruieren wollt. Vgl. Schmitt, Hans Hartlieb (1962) S. 61.

*es redt on zweiffel der böse Geist darumb so leise unnd verstolen / damit / wo er etwas fehlet / in sein lügen dester minder möchte begriffen werden.*²²⁶

Bei der *Gastromantia*²²⁷, eigentlich Bauchrednerei rekurriert WEYER auf das bei HARTLIEB und später im Volksbrauch gut belegte Verfahren Wachslichter auf dem Wasser treiben zu lassen und verküpft dieses mit Dämonenbeschwörung. Man stellt die Frage und erhält die Antwort über ein Medium. Der Dämon lässt sein Bild im Wasser oder im mit Wasser gefüllten gläseren Gefäß erscheinen:

> *[...] daß sie nicht mit lebendiger Stimm / sondern durch etwas gemelde Andwort gab / gienge also zu: Man stellet etliche runde gleserne Geschirr voll lauters Wasser / von angezündeten Wachßliechter rings weise herumb / vnd nach dem die beschwerung deß Demons mit stillem gemurmel vollendet / von die frag fürgelegt ward / stelt man darzu entweders ein jungen unbefleckten Knaben / oder ein schwanger weibsbild / daß sie fleissig acht hetten / vnd umb ein antwort enhielten. Welche sie denn zu letzt vom Teuffel / durch etliche Bild / so er in das Wasser truckt / vnns am Glaß wiederscheinend empfingen.*²²⁸

(4) Geomantie

So nutzend etlich die erd schnyt
Zu manigerlay zauberey, [...]
    HANS VINTLER (VV. 7811–7812)²²⁹

Die Geomantie ist definiert als die Wahrsagung aus Zittern, Dröhnen, Beben, Einsinken der Erde. Sie steht bei VARRO und in der Nachfolge bei ISIDOR an oberster Stelle seiner Elementemantik.²³⁰ Über ihre Methodik wissen die antiken Quellen wenig. Im Mittelalter beginnt man die Geomantie mit der aus dem Orient stammenden Punktierkunst nicht nur zu vermischen, sondern auch gleichzusetzen. (→ siehe Sandkunst) BERTHOLD VON REGENSBURG²³¹ rekurriert vage darauf, dass die Geomantie etwas betrifft, das „mit dem ertrich geschihet". PICTORIUS (um 1500–1569) kennt noch die usprünglichere Bedeutung der Geomantie als Wahrsagerei vom Dröhnen, Einsinken, Zittern und Beben der Erde, nennt aber auch schon die Punktierkunst. AGRIPPA folgt hier einerseits PICTORIUS, widmet aber der Punktierkunst wesentlich mehr Raum (→ siehe dort). Die ursprüngliche Erdbeobachtung wurde von der orientalischen Variante der Geomantie gänzlich in den Hintergrund gedrängt, erlebte in gänzlich anderem Sinne als Geologie erst wesentlich später herausragenden Stellenwert.

---

226 Weyer, De prästigiis, (1586/1969) S. 286f.
227 Boehm, Art. Gastromantie (1932/1987) III Sp. 312–316.
228 Weyer, ibid. S 287.
229 Vintler, die pluemen der Tugent (Ausgabe Zingerle 1874).
230 Vgl. Böhm, Art. Geomantie (1932/1987) Sp. 635–647.
231 Schönbach, Studien zur Geschichte der altdeutschen Predigt (1900) S. 25.

e) Prognostik

Wie die Vorzeichendeutung setzt die Prognostik[232] auf die Zeichenhaftigkeit der Natur, wobei die Observanz miteinbezogen wurde. Diese Form der Vorhersage kann nicht immer genau von anderen Teilgebieten der Mantik getrennt werden. Neben der Astrologie spielen unterschiedliche Bereiche in das Feld der Prognose hinein. Besonderer Stellenwert kommt ihr in der Landwirtschaft, der Fechtkunst, bei Krankheiten und bei der Nativitätsprognose zu. Darüber hinaus nutzt man sie zu Wettervorhersagen, Vorhersagen von Sonnenaufgang und -untergang, Windprognosen, Donner-, Neujahrs und Christtagsprognosen, Monatsregeln, Genesungsproben.

Aus den seit 1400 in Kalenderkompilation enthaltenen iatromathematischen Hausbüchern oder Bauernkalendern entwickelten sich Aderlasskalender und Jahresprognostiken. Die Wind- und Donnerprognostik erstellte aus meteorologischen Indizien Mutmaßungen über das künftige Jahr. Die Wetterbeobachtung fußte nur partiell auf Empirie, ein großer Teil gehörte traditionellem Wissen zu und begründete die Wetterprognostiken und Wetterregeln.[233] Aber nicht nur, denn die Wind- und Donnerprognostiken waren Schicksalsvorhersagen. Bei den Neugeborenenprognostiken sollten Lunare aus dem Monats- oder Wochentag der Geburt das zukünftige Schicksal des Neugeborenen vorhersagen.

Mittelalterliche Ärzte fertigten bei der Krankenbehandlung sog. Genesungsproben an, die darüber Auskunft gaben, ob ein Kranker genesen oder sterben werde.[234] BURCHARD VON WORMS listet in seinem *Corrector* eine aufschlussreiche Beichtfrage eine Genesungsprobe betreffend. Wenn man wissen will, ob jemand gesund wird, soll man in der Nähe des Hauses, in dem der Kranke liegt, einen Stein aufheben und den Erdboden darunter untersuchen, *„ob dort etwas Lebendiges sich rege"*.[235] Findet man etwas, dann wird der Kranke genesen. Der Arzt führte neben der herkömmlichen Untersuchung Proben durch, deren Zusammenhang mit der Krankheit nicht immer durchschaubar war, weil sich dabei seine Erfahrung mit superstitiösen Praktiken und gelehrter

---

232 Daxelmüller/Keil, Prognostik S. 242; Telle, Beiträge zur mantischen Fachliteratur (1970) S. 182.
233 Vgl. die ausführliche Darstellung bei Stegeman, Art. Wetterkunde (1932/1987) Sp. 525–550.
234 Die alte Vorstellung eines Lebenslichtes und der Bindung des Lebens an eine Kerze findet sich schon bei der Meleagersage, allerdings mit einem Holzscheit (Mot. E 765.1). Kerzenorakel ermittelten, nicht nur die Lebensdauer, sondern auch verlorene Gegenstände. Letzteres: Vgl. Irsigler, Bettler, Gaukler (1984) S. 159; Lebensdauer: Delrio, nach Fischer, die Disquisitionum magicum libri sex (1975) S. 83.
235 Zit. n. Hain, Burchard von Worms (+1025) und der Volksglaube seiner Zeit (1956) S. 39–50, hier S. 42.

Tradition mischten. Im Vordergrund stand die Blut- und Harnschau, daneben kamen z.B. die Wegerichprobe, die Nesselprobe und die Milchprobe zum Einsatz:

> *Wildw versuchenn, ob der mennsch sterb oder geness, so vach seinenn harm vnd gewss jn also warmen auf ein nessl, die gruen sey. Dorret sy an dem dritten tag, so muess er sterben; jst des nit, so genist er.*[236]

Ähnlich folgende Anweisungen:

> *Ob der siech sterb oder genesse*
>
> *Jtem wiltu wüssen wen einer siech ÿst ob er sterb oder genes So nim eines wibes milch die einen sun sögt vnd des siechen harn vnd misch die zweÿ zesament vnd fliessend sÿ vnder ein andern so genist der siech wol Jstz aber daz sich die milch scheidet von dem harne so mag er nit gesessen daz ist ver sůcht. Item wen der mentsch in grossen siechtagen ist vnd du jm zů jm kunst sichstu daz jm die ögen hol sint vnd verschwunden vn(d) daz jm der mund offen ist so er schlaffet so frag ob es sin gewonheit sÿ daz er mit offenem munde schlaffet vnd ist es nit sin gewonheit vnd kert jm daz vinster öge so stirbt er am tritten tage.[...]*
>
> *Tem ein zeichen des todes oder des lebens Wen du den siechen grůssest vn du jn fragest wie er muege wirft er den die hend ueber das höpt vnd zuecht die fues wol fast zue jm so genist er wol.*
>
> *So der artzat gat zue dem siechen ker sich den der siech zue der wand der stirbet des anderen tages.*[237]

Diese *signa mortis* sind ein häufig anzutreffender Teil medizinischer und geheimwissenschaftlicher Texte. Besondere Gruppen bilden die Harnprognosen, die sich besonders auf die Praktik des Meisters Bartholomäus bzw. das *Harnbuch* des Isaak ben Soleiman in der Bearbeitung des Ortolf von Bayerland bzw. Ägidius Corboliensis zurückführen lassen.[238]

(1) Wetterprognostiken

Auch meteorologische Erscheinungen benützte man zur Zukunftsprognose. Die Wetterbeobachtung, um daraus Schlüsse für die Zukunft zu ziehen, enthält

---

[236] Eis, Wahrsagetexte (1956) S. 53; Tell, Funde zur empirischen mantischen Prognostik (1968) S. 130–141.

[237] Berliner Sammelhandschrift Ms germ. Fol. 1069 zit. n. Kruse, Zensierter Zauber (2000) S. 383–397 hier 389.

[238] In der Abschrift des Wundarztes Marquart von Stadtkyll der medizinischen Textsammlung des Juden von Kreuznacht findet sich eine Beschreibung der signa mortis (Bl 82^r–83^v). Vgl Wegner, Marquart von Stadtkyll (2005) S. 893.

sicherlich einen angemessenen Teil Erfahrung und liegt den späteren Wetterregeln[239] und Bauernkalendern zugrunde. Die meteorologische Mantik war aber nicht nur auf die Wetterveränderungen ausgerichtet, sondern man zog sie für viele Lebensbereiche heran.

Der aus der zweiten Hälfte des 15. Jahrhundert stammende Cpg. 226, wahrscheinlich babylonischen Ursprungs, wurde über antike Vermittlung in der deutschen Variante zu der *Gemeine Practica oder Weyssagung der alten weyssen Menner* und enthält großteils astronomische, medizinische und einen Abschnitt über die verworfenen Tage und Wetterregeln.

Wie das zukünftige Jahr wird, hängt davon ab, ob der Wind *„wewet an dem wihenacht tag, das bedüt, das vil lute sollen sterben item wewet der wind an der andernacht, so bedüt es, das der win vnd ander frucht des ertrichs nit wol sollen geratten vnd sol ein sterben komen des gemeynen folckes."*[240]

Eine Donnerprognostik aus der Mitte des 15. Jahrhundert bezeugt in ihrer Beliebigkeit, den diese und vergleichbare Prognostiken bieten, den dürftigen Erkenntnisgewinn: *„So es tonret jn dem mertzen, das mainet groß wind vnd genucht der fruchti vnd strit vnder den luten."*[241] Kein Wunder, dass sich die Superstitionenkritiker auf solche und ähnliche Praktiken bezogen haben.

Eine Donnerprognostik des 14. Jahrhundert weissagt mit dem ersten Donnerschlägen im Jahr an den Wochentagen Todesfälle, Wachsen der Frucht usw:

> *Das ist von dem tuner. Was der Tuner in dem jar bedeute. Hôrestu in dem jar den tuner alrest des suntages, daz bedeutet grozzer leute sterben und ist auch niht gût. Donert es des montages erst, so sterbent diu alten wip, [...].donert es des erchtages, so wirt genuchtsam chorens und traides [...] donert es des mittechens, so wirt der veltgebwe merer val, denne ander wibe, donert es des phintztages, so wirt grozzen hohfart in dem jar [...] donert es des freitages, daz bezaichent unweter und ungenade in dem jar. Dunert es des samztages, so wirt viel weines und chorens und michel wint und vil regens, und stirbet vil bauleute und die herren habent michel urlâuge.*[242]

f) Die Wünschelrutengänger – Rhabdomantie

> *Ich beschwer uch vier haselrutten by der vier ewangelisten, by sant Lucas, by sant Marcus, by sant Johanns vnd by sant Matheus, das jr vns wiset uff den rechten schatz, das wir hoffend sind.*

Die Methode, mithilfe eines kleinen Stabes wahrzusagen, die Rhabdomantie, erfreute sich bereits in der Antike allgemeiner Beliebtheit. Das alttestamentliche

---

239 Stegeman, Art. Wetterkunde (1932/1987) Sp. 525–550.
240 Text zit. n. Telle, Beiträge zur mantischen Fachliteratur des Mittelalters (1970) S. 180–206, hier S. 186–188
241 Ibid. S. 191.
242 Mitgeteilt von Schönbach, laut dem diese Prognostiken auf Beda zurückgehen sollen. Studien zur Geschichte der altdeutschen Predigt (1900) S. 150f.

Judentum hatte die Methode entweder von den Römern übernommen oder bereits selbst kultiviert, jedenfalls findet diese beim Propheten HOSEA Erwähnung: *„Mein Volk fragt sein Holz und sein Stab soll ihm predigen."*[243]

Der jüdische Philosoph und Rechtsgelehrte MOSES MAIMONIDES (1135/ 1138 – 1204) bespricht in seinem Kapitel über Idolatrie in seiner Systematisierung der jüdischen Gesetze *Mischne Tora* einige divinatorische Praktiken u.a. die Wünschelrute:

> *Es gibt Leute, welche auf folgende Weise wahrsagen: Sie nehmen einen Stab in die Hand und schlagen auf die Erde, bis sie wissen, was sie wünschen. Von diesem Gebrauch hat der Prophet gesagt: Mein Volk fragt sein Holz, und sein Stab soll ihm predigen.*
>
> *Es gibt eine pythonische Praxis, welche darin besteht, dass man ein gewisses Rauchwerk opfert, in der Hand eine Rute von Myrthe bewegt und gewisse Worte ausspricht. Alsdann bückt sich der Träger, der tue, als wenn er einen unter Erde Wohnenden befragen wollte, welcher ihm mit einer so leisen Stimme antwortet, dass der die Antwort nur allein im Geist vernehmen kann, ohne etwas deutlich zu hören.*[244]

Der genaue historische Ursprung der Wünschelrute ist unbekannt. In älteren Kulturen ist vielfach von Ruten oder Stäben mit Wunderkraft die Rede, etwa dem bereits erwähnten Stab des Hermes, der die Pforten zur Unterwelt öffnet, oder dem Mosesstab, der in der Wüste Wasser aus dem Fels springen lässt (Num. 20,11). Stäbe oder Ruten für mantische und divinatorische Praktiken sind seit dem Altertum bekannt. Eindeutige Belege für das Wünschelrutengehen im heutigen Verständnis finden sich erst seit dem späten Mittelalter. Ausforschen mit Hilfe der Rute konnte man Erz- und Wasseradern, aber auch Diebe, Mörder[245] und echte von unechten Reliquien[246] unterscheiden.

Ein Wünschelrutenzauberspruch aus der 2. Hälfte des 15. Jahrhunderts:

> *Ich beeschwer uch by den hailgen dryen kungen, by sant Caspar, by sant Melchior vnd by sant Balthasar, das si vns also recht wissen uff den rechten verborgen schatz, als sie gewiset war und von dem stern, der in vor gieng zue der waren kinthait vnd zuekunfft vnsers heren Jhesu Christi Amen.*[247]

VINTLER spricht von der Wünschelrute, welche aus einem gabeligen Zweige, einer sogenannten Zwiesel des Haselstrauches hergestellt wurde. Es wird häufig hervorgehoben, dass man zur Herstellung einjährige Schößlinge, sogenannte Sommerlatten verwenden müsse:

---

243 De idolatria cap. 2, = Mischne Tora, das Buch der Erkenntnis Kap. 11 (Ausgabe Goodman-Thau 1994).
244 ibid. Cap. 6.
245 Vgl. die bei zitierten Fälle bei Ruff, Zauberpraktiken als Lebenshilfe (2003) S. 262–265.
246 Herold, Art. Wünschelrute. (1932/1987) IX Sp. 823–839, hier 825.
247 Cod. Vindob. 5327 Bl. 179v. 2. Hälfte des 15. Jahrhunderts hg. v. Eis, Altdeutsche Zaubersprüche (1964) S. 148.

Maniger nyimbt ein iäriges zwei / Von ainem wilden haselpaum. (VV. 7923–7924.)[248]

Was man konkret damit anfängt, erwähnt VINTLER allerdings nicht. Um 1430 bietet der Goslarer Bergmeister ANDREAS DE SOLEA den ältesten bekannten Beleg für die Vorstellung, dass eine Rute auf die Ausstrahlung von Metallen reagiert. 1517 erwähnt LUTHER in seiner Auslegung der zehn Gebote unter den Verstößen gegen das erste Gebot neben anderen magischen Praktiken auch die Suche mit der *virga divinationis* nach verborgenen Schätzen. Vom 16. Jahrhundert an definierte man die Kunst als Hilfsmittel zur Entdeckung von Metall- oder Wasseradern. LUTHER in seinen *Tischreden*:

> *Spanier und Türken brauchen auch wol Wünschelruthen, damit man silber sucht, wie auf den Bergwercken.*[249]

Belege für eine Anwendung in deutschen Bergwerken bezeugen zahlreiche Holzschnitte. GEORG AGRICOLAS 1546 in Basel erschienene Studie *De Re metallica,* deutsch *Vom Bergwerck* beschreibt die Handhabung der Wünschelrute.

> *Dann die růten von haselstauden gmachet / gebrauchen sie zů den sylber gängen / von Eschen zů dem kupffer/ vonn Dannen / zů dem pley / sonderlich zum zin / von eisen oder stahel / zů dem goldt.*[250]

Vom Suchen der Wasseradern ist hier noch keine Rede, wann genau das Wassersuchen ins Zentrum rückte und die Metalladernsuche in den Hintergrund drängte, konnte noch nicht geklärt werden.

Zur Zeit AGRICOLAS war das Rutengehen eine unter Bergleuten verbreitete aber umstrittene Technik, die mit bestimmten Hölzern arbeitete, um kostbare Metalle zu orten. Während zahlreiche Kritiker bis heute sie als völlig nutzlos erachteten und die Wirkkraft nicht als Anziehungskraft der Metalle, sondern nur die Zaubersprüche der Rutengänger gelten lassen wollten, erklärten Befürworter, dass der Erfolg von der Größe, der Handhabung der Rute und außerdem davon abhängig sei, ob der Rutengänger nicht eine die metallische Anziehungskraft verhindernde Disposition habe. AGRICOLA selbst schlug sich hierbei auf die Seite der Kritiker, indem er die Wirkung Zaubersprüchen, die er nicht wiedergeben wollte, Zufall und Geschick der Rutengänger zuschrieb und im Übrigen empfahl, bei der Auffindung der Metalle stattdessen auf deren natürliche Anzeichen zu achten.

---

248 Vintler, Die pluemen der Tugent (Ausgabe Zingerle 1874).
249 Luther, Tischreden (1883ff.) Bd. 2, 593.
250 Agricola, Vom Bergwerck (1557/1993) 29.

A. Die Observanz 149

Abbildung 9: Georg Agricola, *De Re metallica*, Basel (1571).

B. Mathematische oder aktive Divination

Unter dieser Rubrik fassen wir Divinationen zusammen, die von ausgeklügelten Abstraktionen ausgehen und bei der die Wahrsager nicht nur aktiv partizipieren, sondern sich auch relativ frei entfalten konnten.

1. Die Sternenschrift – Astromantik

Astrologie[251] und Astronomie, die beobachtende und die deutende Wissenschaft von den Sternen, entspringen aus derselben Wurzel und waren bis in die Neuzeit miteinander verbunden, die Begriffe synonym.

Während die Astronomie heute ein rein naturwissenschaftliches Forschungs- und Studiengebiet umfasst, verwies sie in der Antike auf den Bereich des Spekulativen, während die Astrologie den neutralen Begriff stellte.[252] Das verbreitete Vorurteil, die Astronomie sei der Astrologie gefolgt, steht der historischen Abfolge entgegen. Fragestellungen beantwortet die sogenannte Laienastrologie, die sich auf die Lebenswelt des Menschen und den direkten Einfluss der Himmelkörper bezieht, wie die populären bildlichen Darstellungen, z.B. die Planetenkinder, belegen. Voraussagen alltagstypischer Situationen, die sogenannte Alltagprognostik, sind seit dem 15. Jahrhundert verbreitet. Der Erfolg der Astrologie war u.a. an volkssprachliche Schriften mit entsprechenden detaillierten Anwendungsmanualen geknüpft. Die Vertreter der Astrologie betrachteten die Himmelskörper nicht nur als Zeichen, sondern als Ursachen der Ereignisse in der Menschenwelt, da sie die gemeinhin sichtbaren Einflüsse von Sonne und Mond auch für die anderen Planeten annahmen. Wiederkehrende, also zyklische Sternkonstellationen und bestimmte Korrelationen können freilich als kausale Zusammenhänge verstanden und daher als Hinweis auf zukünftige Entwicklungen dienen, wie auch allgemein das Wesen des Aberglaubens auf falsch gedeuteten Kausalbeziehungen beruht. Extraordinären also außerzyklischen Erscheinungen kommt ominöser Charakter zu.

Die ersten Testimonien zur Sterndeuterei sind bereits bei Sumerern und Akkadern, 3000 Jahre vor Christus belegt.[253] Danach bezeugen chaldäische

---

251 Im Folgenden kann nur ein kleiner Überblick zu dieser gut erforschten mantischen Disziplin und Ars geleistet werden. Folgende Überblickswerke waren hilfreich: Knappich, Geschichte der Astrologie (1967); Stuckrad, Das Ringen um die Astrologie (2000) und Geschichte der Astrologie (2003); Mentgen, Astrologie und Öffentlichkeit (2005); Außerdem die detaillierten Artikel von Stegemann, Art. Horoskopie (1932/1987) Sp. 342–400; Art. Prognosticum. In: Bd. VII: Sp. 335–338;. Art. Planeten. Bd. VII: Sp. 36–294; Art. Sternbilder Bd. IX: Sp. 596–677.
252 Vgl. dazu Harmening, Superstitio, (1979) S. 187.
253 Einführung in die Astrologie bietet Gundel, Sternglaube (1959). ders., Zodiakus (1992).

Quellen nicht nur eine Weiterentwicklung der Astrologie, sondern auch ein Interesse für Magie und Mantik allgemein. Bei den Babyloniern erstellten Priester Horoskope für die Herrschenden. Von den Babyloniern mündete die astrologische Bewegung in die Vorstellungskonzepte der Griechen und Römer, vor allem die Pythagoräer galten als Wegbereiter der Astrologie im abendländischen Europa, der Legende nach soll PYTHAGORAS beim Chaldäer ZOROASTER gelernt und Elemente der chaldäischen Astrologie, Zahlen- und Buchstabenmantik in seine Lehren aufgenommen haben. Im dritten Jahrhundert vor Christus schrieb man einige astrologische Texte dem vor allem in der magischen Literatur bekannten HERMES TRISMEGISTOS[254] zu. In Ägypten beschäftigte sich eine Priesterkaste mit astrologischen Berechnungen, die *Hosokopoi*. Um 150 v. Chr. datiert die erste zusammenfassende Darstellung in einem nach dem ägyptischen König *Nechepso-Petosiris* benannten Handbuch. Die Grundlage der hellenistischen Astrologie, die *Astrologumena*, schöpfte aus älteren Vorlagen, PTOLOMÄUS griff auf diese Werke zurück. Die hellenistische Astrologie basiert auf den Jahrbüchern, den *Ephemeriden*, die die Berechnungen immens vereinfachten, da man die Planetenstände nun nachschlagen konnte. Trotz dieser Hilfsmittel war die sogenannte wissenschaftliche Astrologie für einen breiten Anwenderbereich zu kompliziert und wurde durch gängige Losverfahren und Numerologie ergänzt.

Die breite Tradition beruhte weniger auf den Schriften des CLAUDIUS PTOLEMÄUS (100–178) *Megiste Syntaxis* oder nach der arabischen Übertragung *Almagest* als auf der späteren römischen vereinfachten Popularastrologie wie etwa den *Numeri Thrasylli* oder der *Petosiris*. Mithilfe dieser einfachen Methoden konnten sich die astrologischen Prognostiken verbreiten. Obwohl die systematische Astrologie viel später als andere Wahrsagemethoden in Griechenland Fuß fasste, hat sie die Sternendeutungskunde mit prognostischem Wissen aus vorgriechischer Zeit und verschiedenen philosophischen Traditionen miteinander verschmolzen. Einen wesentlichen Einfluss übten PLATOS Vorstellungen von der göttlichen Seele der Sterne aus.[255] Wiewohl ARISTOTELES der astrologischen Lehre mit Skepsis gegenüberstand, wirkten seine Theorien zu den Himmelsbewegungen nach. Die Theologen bevorzugten ARISTOTELES als Autorität und als solche begegnet er in den einschlägigen mittelalterlichen Traktaten und in den deutschen Mondwahrsagetexten. PLOTIN merkt an, dass die Sterne eine Art Schrift hinterlassen hätten, die es uns erlaubt, mithilfe der Sternzeichen etwas über die Zukunft zu erfahren und Verborgenes zu enthüllen. Dabei werden hermeneutische Methoden zur Deutung der Sternenschrift angewandt.

---

254 Vgl. Stuckrad, Geschicht der Astrologie (2003) S. 75ff.
255 Platons Einfluss auf das Theoriegebäude der Astrologie, Stuckrad ibid. S. 82.

Als überaus einflussreich erachtet die Astrologieforschung das vierbändige Grundlagenwerk *Tetrabiblos*[256] des CLAUDIUS PTOLEMÄUS aus dem 2. Jahrhundert, die *Astronomica* des MANLIUS und die acht Büchern FIRMICUS MATERNUS. Diese auf astronomischen Prinzipien basierende Sammlungen verarbeiten die hellenistische Überlieferung zu einem verständlichen System. Einzelaussagen geraten immer noch in den Bereich mythischer Bezüge, wie das Beispiel der Saturnkinder vorführt. Menschen, die während einer bestimmten Stellung des Saturns geboren sind, werden bei PTOLEMÄUS als dunkelhäutig, robust, schwarzhaarig, dicht behaart, mit feuchkaltem Temperament geschildert. Aussehen und Charakter der unter einem der zwölf Zeichen Geborenen gleichen vielfach den Eigenschaften der Tier- oder Symbolgestalten des Zodiaks.

Das Neue Testament verurteilte die Astrologie, doch konnten die Kirchenväter die astrologische Wahrsagung wegen der zahlreichen vorausdeutende astrologische Hinweise nicht gänzlich verdammen.[257] Die christlichen Autoritäten der ersten Jahrhunderte verurteilten die Astrologie nicht wegen der Falschheit ihrer Voraussagen, sondern wegen der angenommenen Möglichkeit der Astrologie zu enthüllen, was nur Gott wissen kann, also müsse sie von Dämonen gesteuert sein. 357 verbot Kaiser CONSTANTIN II. die astrologische Praxis neben der Eingeweideschau. Auch die späteren byzantinischen Kaiser HONORIUS und THEODOSIUS befahlen die Verbrennung astrologischer Bücher und vertrieben 425 die Astrologen. Das entscheidende Argument hatte GREGOR VON NYSSA (um 335–394) beigesteuert, der die heidnischen Seher nicht nur als Scharlatane und Betrüger, sondern als diabolisch inspirierte Wahrsager diffamierte:

> *Somit gäbe es ein Schicksal für die Astrologie, ein anderes für die Auguren und wieder ein anderes für die Vorzeichen und die Symbole. Auch wenn in diesen verschiedenen Teilen der Wahrsagekunst nichts dagegen spricht, die Zukunft ohne Zuhilfenahme des Schicksals vorauszusagen, so sind die zufälligen Geschehnisse, die bisweilen mit diesen Voraussagen übereinstimmen, kein hinlänglicher Beweis für die Solidität dieser Wissenschaft; vielmehr sind die Voraussagen derer, die erwerbsmäßig die Zukunft lesen, bei weitem nicht sicher und unzweifelhaft; diese lügenhaften Propheten benötigen eine Fülle von Ausflüchten, um ihr Ansehen zu bewahren, wenn das tatsächliche Geschehen ihre Kunst der Vergeblichkeit überführt. Die gesamte Wissenschaft der Astrologen beschränkt sich ebenfalls darauf die Menschen geschickt zu täuschen; sie schützen ihren Ruf dadurch, dass sie die Falschheit ihrer Horoskope auf die Irrtümer schieben, die wie sie sagen von denen begangen wurden, die ihnen die Schicksalsstunde mitgeteilt hätten, wo der Einfluss der Sterne spürbar ist;*

---

256 Aus dem Griechischen ins Englische übers. V. J. M. Ashmand (1822).
257 Stern von Bethlehem (Mt 2,29) Tod Jesu (Mt 27,44, Mk 15,33, Lk 23,449 Offenbarung Johannes (Off 1, 16 u.ö.).

ihre zweideutigen Voraussagen eignen sich für jedes Ereignis, so dass sie es, was immer geschehen mag, angekündigt zu haben scheinen[258].

GREGOR kritisierte die mangelnde Präzision der Methoden und diskreditierte damit die Ergebnisse der astrologischen Berechnungen und Prognosen. AUGUSTINUS behandelte sie sowohl in seinen *Bekenntnissen* als auch im *Gottesstaat und* nannte sie die „*hirnverbrannteste Betörung seiner Zeit.*"[259] Dieses abschätzige Urteil bezog sich auf seine Vergangenheit als praktizierender Astrologe. Die vor seiner Bekehrung gängigen Debatten um die Astrologie illustriert er anhand seines Gesprächs mit dem Arzt VINCINUS.

Als er aus der Zwiesprache mit mir bald meiner Hinwendung zu den Büchern der Nativität inneward, mahnte er mit väterlicher Güte, die Hand davon zu lassen und doch nicht Mühe und Arbeit, die nützlicheren Dingen gehörte, auf so nichtiges Zeug zu verwenden; er selbst, sagte er, habe es sich mit einer Gründlichkeit angeeignet, dass er in seiner frühen Jugend willens gewesen sei, die Nativitätsstellerei zur Quelle des Lebensunterhaltes zu machen, und wo er doch den HIPPOKRATES begriffen habe, habe er natürlich auch die Wissenschaft zu begreifen vermocht; aber trotzdem habe er sich davon abgekehrt und sich auf die ärztliche Kunst verlegt, einzig deshalb, weil er jener anderen völligen Ungrund erkannt und als ernsthafter Mann doch nicht von der Irreführung der Mitmenschen habe leben wollen.[260]

AUGUSTINUS konnte sich diesen Argumenten zwar nicht verschließen, blieb dennoch weiter Astrologe und erwarb sogar einen gewissen Ruf, sodass ihn sein Freund FIRMINUS bat, ein Horoskop zu erstellen. Dieses Horoskop nimmt eine Schlüsselstellung in seiner Haltung zur Astrologie ein. Als er nämlich erfährt, dass FIRMINUS zur selben Stunde wie sein Sklave geboren ist und die beiden doch verschiedene Schicksale gehabt haben, wird er stutzig und befasst sich mit den Horoskopen von Zwillingen.

Ihr Ausgang vom Mutterleib erfolgt in der Regel so rasch nacheinander, dass die kleine Zwischenzeit [...] von der menschlichen Beobachtung nicht erfaßt und erst recht nicht in den Aufzeichnungen vermerkt werden kann, die dann der Astrologe einzusehen hat, um Richtiges auszusagen. Und er wird das Richtige auch nicht treffen: denn über Esau und Jakob mußte er auf Grund der gleichen Zeichen das gleiche voraussagen, und doch ist den beiden nicht das gleiche wiederfahren. Unrichtiges würde er also sagen. [...][261]

---

258 Gregor von Nyssa, Epistola contra Fatum, 21–22 übers. v. Minois, Geschichte der Zukunft (1998) S. 186ff. Da die Hebammen immer Zeit verstreichen lassen, bevor sie die Geburt melden, wären Berechnungen und Stellung des Geburtshoroskops entsprechend fehlerhaft.
259 Dazu Stuckrad, das Ringen um die Astrologie (2000) S. 776f.
260 Augustinus, Bekenntnisse (Ausgabe Flasch 2008) VI, 6.
261 Augustinus, ibid.

Der Apologie versucht er, auf rationale Weise in Verknüpfung mit religiösen Argumenten zu begegnen und zu erklären, weshalb manche Aussagen der Astrologen zutreffend sind:

> *Erwägt man dies alles, wird man füglich zu dem Glauben kommen, dass, wenn die Astrologen erstaunlicherweise viel Wahres kundtun, dies der geheimen Eingebung böser Geister zuzuschreiben ist, die darauf aus sind, solch falsche und schädliche Meinungen über Schicksale in die menschliche Seele zu pflanzen und sie darin zu bestärken, aber nicht etwa der angeblichen Kunst das Horoskop zu stellen und zu deuten, die gänzlich nicht ist.*[262]

Ähnlich hatte schon CICERO argumentiert, allerdings betrachtet CICERO die Zukunft, die Gott kennt, als unveränderbar, während AUGUSTINUS die Freiheit des menschlichen Willens ins Spiel bringt:

> *Wir aber sagen im Gegensatz zu diesen gotteslästerlichen, unfrommen und verwegenen Reden, dass Gott alles weiß, bevor es geschieht, und dass wir all das kraft unseres Willens tun, vom dem wir fühlen und wissen, dass wir es nur freiwillig tun können [...] es ist also unserm Willen nichts dadurch entzogen, dass Gott vorherwußte, was wir wollen würden [...]*[263]

Damit rettete er nicht nur die Willensfreiheit, sondern auch die Möglichkeit des Zukunftswissens.

Kaiser Karls Briefwechsel mit seinem Lehrer ALCUIN (730/40–804)[264] und nach dessen Tod mit dem schottischen Mönch DUNGALUS bezeugt sein immenses Interesse an den astronomischen Gesetzmäßigkeiten, während sein Sohn Ludwig eher an der divinatorisch-astrologischen Seite interessiert war und sich vor allem vor Kometen fürchtete. ALCUIN beklagt sich in einem Brief an Karl von Mitte Juli 798, wie wenige doch den Lauf der Gestirne studieren und dass selbst diese wenigen noch dafür getadelt werden.

Im Früh- und Hochmittelalter befasste man sich mit der durchaus wichtigen Abgrenzung der erlaubten und verbotenen Divination. HRABANUS MAURUS verurteilte in seinem Traktat über die magischen Künste, *de magicis artibus,* alle heidnischen Divinationsformen wegen ihres angenommenen dämonischen Einflusses. Erlaubt waren nur die biblischen Prophetien durch Engel.

GERBERT VON AURILLAC, der spätere Papst SYLVESTER II. (950–1003), lehnte astrologische Prognostiken ab, verteidigte aber Astrologie als Teil der Naturwissenschaften. Da jedoch die Sternkonstellationen und ihre Bedeutungen

---

262 Ibid.
263 Johannes von Salisbury, Policraticus II, 3 zit. n. Helbling-Gloor, Aberglauben (1956) S. 29.
264 Alcuin, Epistolae (Ausgabe Dümmler 1884–1896/1964 u. 1951) und deutsch Briefe an Karl den Großen, seine Söhne u.a. (Ausgabe Schütze 1879); Vgl. dazu Springsfeld, Alkuins Einfluss auf die Komputistik zur Zeit Karls des Großen (2002) S. 33–61.

nicht offenbar verständlich waren oder sind, benötigen sie professionelle Ausdeutung, die aber aufgrund der Komplexität und unterschiedlichen Teilsysteme der Astrologie einen breiten Deutungsspielraum zuließen. Die breitgefächerte, in der antiken Tradition verankerte mittelalterliche Astrologie bildete vier grundsätzliche Richtungen aus:

1. Nativitätshoroskope
2. Jahresprophetien aus den Kalenden des Januar oder den 28 Mondtagen
3. Iatromathematik, d. i. medizinische Astrologie
4. Deutungen von Sonnen- und Mondfinsternis und Kometen als (Vor-) Zeichen bedeutsamer politischer Ereignisse

Bestimmend für die hochmittelalterliche Astrologie wurde ROGER BACONs Differenzierung zwischen *mathēsis*, der abergläubischen, von der unveränderlichen Mathematik, die hinter jedem natürlichen Vorgang steht, in Rückgriff auf ISIDORS Ansatz, der zwischen natürlicher und abergläubischer Astronomie unterschieden hatte. ROGER BACON (ca. 1214–1292) erweiterte das dualistische Modell[265], indem er den im Neuplatonismus unbeachteten Aspekt der weißen Magie heranzog. Die verbotene Form der Astrologie ging mit magischen Praktiken einher, die die Himmelskörper im Sinne des Fragers oder Sprechers beeinflussen wollten. Bei der mit dem christlichen Glauben in Einklang befindlichen Astrologie war es wichtig, dass die Gestirne irdische Ereignisse nur anzeigten und nicht bewirkten. Auf diese Weise blieb die menschliche Willensfreiheit unangetastet.

JOHANNES VON SALISBURY (1115–1180) wies in seinem *Policraticus* jeglichen Versuch, eine *ars coniectoris* etablieren zu wollen, wortreich zurück. Den Menschen falle es schwer, die göttlichen Zeichen zu verstehen und zu erkennen, da sie auch Naturphänomene, wenn sie deren Ursachen nicht durchschauen, als wundersam einstufen und weil die Dämonen fähig sind, mit Gottes Erlaubnis in einem bestimmten Rahmen Zeichen zu bewirken.[266]

Eine Abschaffung des paganen astrologischen Brauchtums aus der frühmittelalterlichen Kultur gelang nicht vollständig: Die Planetenwoche blieb als unentbehrlicher Teil des christlichen Kalenders bis heute bestehen und ab dem 10. Jahrhundert verstärkte sich das Interesse an arabischem und griechischem astrologischem Schrifttum. Eine besondere Ausweitung des astrologischen Wissens bedeutete die Handschrift Clm 560[267], die das Astrolabtraktat des HERMANN VON REICHENAU, die ersten beiden Bücher der *Mathesis* des FIRMICUS

---

265 Vgl. bes. Reichel, Astrologie, Sortilegium, Traumdeutung (1991) S. 28–44.
266 Vgl. Helbling-Gloor, Natur und Aberglaube im Policraticus des Johannes von Salisbury (1956) S. 94–106.
267 Vgl. bes. Reichel, Astrologie, Sortilegium, Traumdeutung (1991) S. 73–154.

156 V. Mittelalterliche mantische Einzelkünste

Abbildung 10: Tierkreismann aus dem *Très Riches Heures* des Duc de Berry (1413–1416).

MATERNUS und das sog. *Alchandreus-Traktat*²⁶⁸ enthielt. Während im Frühmittelalter nur sterndeutende Weissagungen in Kollektivform üblich waren, gewann nun die Ausdeutung des Einzelschicksals an Gewicht. Der noch im Frühmittelalter vorhandene Mangel an praktischen Manualen zur Horoskoperstellung wurde durch die Verbreitung des Astrolabiums und entprechende Benutzertraktate ausgeglichen. Ab dem 12. Jahrhundert läßt sich eine verstärkte Erstellung von Geburtshoroskopen für die Adeligen nachweisen.

Der *Alechandreus*-Text, eine Sammlung laienastrologischer Lehren und losbuchartiger Wahrsagtexte, der die spätantike und frühmittelalterliche Überlieferung aufgriff und modifizierte, enthielt noch keine Anleitung zur Horoskoperstellung, sondern simple sterndeutende Texte und Planetenkinderdarstellung. Zur Antwortermittlung zog man numerologische Namensdeutungen des Fragenden heran, um die Ordnungszahl des jeweiligen Planeten zu ermitteln. Die einzige Innovation bestand in der Anreicherung mit arabischen und kabbalistischen Elementen. Die 36 Dekane sind im *Alchandreus*-Text mit arabischen Fixsternnamen versehen und den zwölf Tierkreiszeichen die hebräischen Namen hinzugefügt.

ROGER BACON verwendete die arabische Lehre von der Signifikanz der Saturn-Jupiter-Konjunktion in Bezug auf den Stern von Bethlehem und errechnete diese als Widder-Konjunktion. Spätere Forschungen revidierten diese Berechnung als Konjunktion im Jahre 7 vor Christus im Zeichen der Fische. Eine andere Verarbeitung der astrologischen Lehren bietet HILDEGARD VON BINGEN (1088–1179) im Geschichtsmodell der *Scivias*. Das abstrakte hellenistische Mikro-Makrokosmoskonzept konkretisiert sie mit ihrer Übertragung auf die Glieder des menschlichen Körpers, die mit Elementen der Welt gleichgesetzt werden. Und die durch den Sündenfall gestörte Ordnung sollte im Laufe der Geschichte wiederhergestellt werden.

LEOPOLD VON ÖSTERREICH verfasste im 13. Jh. das verbreitete Kompendium über arabische Astrologie die *Compilatio de astrorum scientia* auf Latein, die schon bald in volkssprachigen Übersetzungen vorlag.²⁶⁹ Grundlegende Werke der Astrologie sind bereits im Mittelalter in deutscher Sprache fassbar. Für die astrologischen Berechnungen wurden die Übersetzungen der *Einführung in die Kunst der Astrologie* des syrischen Mathematikers und Hofastrologen ALKABITIUS bzw. AL-QUABĪSĪ²⁷⁰ herangezogen. Die lateinische Übersetzung, *Alcabitii liber isagogicus* erfolgte durch JOHANNES VON TOLEDO und JOHANNES DE SAXONIA von 1331. Die erste anonyme Übersetzung folgt streng dem Text

---

268 Vgl. Reichel, S. 75–85.
269 Vgl. dazu Kanppich, Astrologie (1967) S. 174–178.
270 Keil, Art. Alkabitius (2004) Sp. 62–65 Ausgabe Schadl (1985).

Abbildung 11: Ein Astronom erteilt Unterricht mit einem Astrolabium.
Aus Maimonides *Führer der Unschlüssigen*, hebräische Ausgabe (1348), Kopenhagen.

des JOHANNES VON TOLEDO, die zweite, freiere JOHANNES VON SAXONIA und wird ARNOLD VON FREIBERG[271] zugeschrieben.

Das *Astrolabium planum,* wahrscheinlich vom Ende des 13., Anfang des 14. Jahrhunderts, basiert auf ALBUMASARs *Introductorium magnum* und wurde wahrscheinlich von PETER ABBANO (um 1250–1315) bearbeitet. Dieses in Ephemeriden, Tafeln und Bildern aufgerollte Astrolab enthält u.a. den Nativitätentraktat des JULIUS FIRMICUS MATERNUS, den JOHANNES ENGEL 1488 zusammenstellte. Es ist dies eine sogenannte Dekanprophetie, die sich auf die 36 altägyptischen Dekane, die über 36 Gaue Ägyptens sowie über den menschlichen Körper herrschen, bezieht. Deutsche Fassungen für die grundlegenden Abschnitte, aus unbekannten lateinischen Vorlagen übersetzt, sind in drei unterschiedlichen Redaktionen überliefert. Die von Philipp bei Rhein in Auftrag gegebene Schicksalsbuch-Fassung ist gleichzeitig eine bebilderte Sammlung von deutschen mantischen Texten.[272]

Der vielen theologischen Belangen einflussreiche und häufig rezipierte JOHANNES GERSON (1363–1429), Kanzler der Pariser Universität, erhob gewichtige Argumente gegen die Astrologie.[273] Als richtungsweisend dürfen HANS WYSS' stark erweiterte deutsche Bearbeitung der *Astronomiae tractatus duodecium* des Hofastrologen GUIDO BONATTI († 1296/1300) um 1500 und die astrologischen Schriften des BERNHARD VON EICHING angesehen werden. Letzterer war nicht nur an der Zusammentragung der Sammelhandschrift des *liber verus astrologus* beteiligt, sondern hat einige laienastrologische Kleinschriften verfasst. Diese erleichtern das Untergliedern der Zodiak-Häuser, deuten diese divinatorisch und bieten eine Geburtprognostik ohne Häuser und eine Einführung zur Erstellung von Jahresprognosen und Berechnung der Lebensphasen. Seine vier Texte dienten als Handbücher für Astrologen.[274]

Aus dem 15. Jahrhundert stammt ein Planetenbuch in deutschen Reimpaaren[275], das Astronomie und Astrologie zusammenfasst und die sieben Planeten, die Planetenkinder, Einfluss der Planeten von der Empfängnis bis zur Geburt und die sieben Lebensalter bis zum Tod, die zwölf Häuser der Planeten und der 28 Mondstationen detailliert abhandelt. Die in ihrer Planetenfolge auf PTOLEMÄUS zurückgehenden Planetentraktate wurden ab dem 14. Jahrhundert

---

271 Assion, Art. Arnold von Freiberg (1978) Sp. 470–471; Arnold von Freiberg könnte mit Arnoldus Merue identisch sein. Vgl. Haage, Deutsche Fachliteratur (2007) S. 285.
272 Heidelberger Prachtkodex Universitätsbibliothek Cpg 832, die zweite Fassung besteht aus zwei bairischen Fragmenten, die dritte hat die Häuserspitzen auf 50° für Deutschland errechnet. Vgl. ausführlich Haage/Keil, Art. Astrolabium planum (2004) Sp. 165–168 und Haage, Deutsche Fachliteratur (2007) S. 287.
273 Ausführlich Láng, Experience in the Anti-Astrological Arguments (2011) S. 309–321.
274 Vgl. Keil, Bernhard von Eiching (2004) Sp. 242–243.
275 Auszüge aus der Augsburger Handschrift bei Müller, Mondwahrsagetexte (1971) S. 261–270; die angekündigte Ausgabe von Brévart ist bis jetzt nicht erschienen.

160 V. Mittelalterliche mantische Einzelkünste

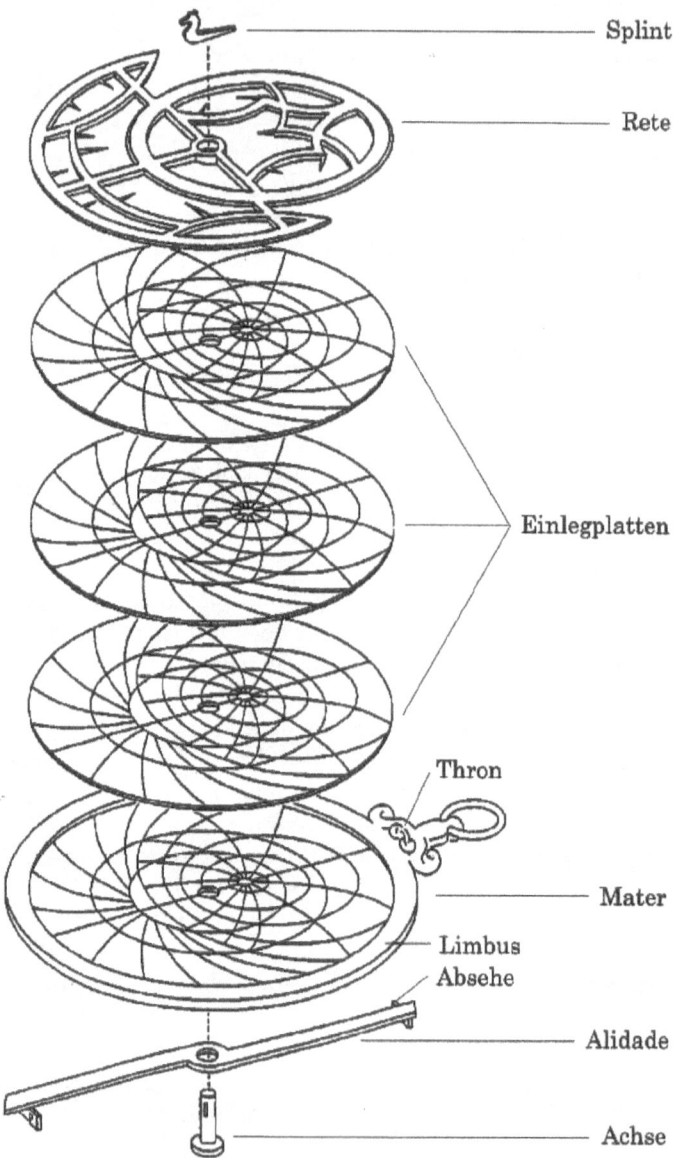

Abb. 29: Die Bauteile des Astrolabs, aus Burkhard Stautz: Die Astrolabiensammlungen des Deutschen Museums und des Bayerischen Nationalmuseums, München 1999 (Abhandlungen und Berichte / Deutsches Museum; N.F., B 12), 100.

Abbildung 12: Bauteile des Astrolabs aus der Astrolabiensammlung des Deutschen Museums. nach Firneis, Astronomische Instrumente (2006) S. 160.

B. Mathematische oder aktive Divination

in deutscher Sprache rezipiert, und zwar in Vers und Prosa. Bekannt wurden drei Versbearbeitungen, bei der die personifizierten Planeten sich und ihre Kinder jeweils vorstellen. Das Planetenbuch steht vermutlich in Abhängigkeit zu ALKABITIUS zu stehen und weist inhaltliche Parallelen mit den Planetenkindertraktaten[276] auf. Letztere bezeugen die Einflussnahme der Astrologie in den Bereichen der Medizin[277] der Kalenderliteratur,[278] des Kriegswesens[279] und auch in der mhd. Lyrik.[280]

Der österreichische Mathematiker und Astronom JOHANNES VON GMUNDEN (1380/84–1442) promovierte und lehrte in Wien. In seinen Vorlesungen über die aristotelische Physik und die Astronomie, die er in modern anmutender Pädagogik anhand von Papiermodellen erklärte, lehrte er seine Studenten Funktionsweise des Astrolabiums und hat, wie erst in jüngster Zeit nachgewiesen werden konnte, den Traktat des CHRISTIAN VON PRACHATITZ (nach 1360–1439) übersetzt, als Grundlage für seine Astrolabvorlesung verwendet. Diese ist in dem in seinem Umkreis entstandenen Wiener Codex 3055 enthalten.[281]

Laienastrologische Kompendien, wie sie der ORTENBURGER PROGNOSTIKER zwischen 1476 und 1500 zusammenstellte, mehr oder weniger umfangreiche Handbücher wie das schön bebilderte Handbüchlein des LAZARUS BEHAM u.a. sind nur der Beginn einer Flut astrologischer Literatur, die bis heute ungebrochen fortgeschrieben wird.

AGRIPPA VON NETTESHEIM betrachtete die Astrologie als Königsdisziplin, als *„notwendigen Schlüssel zur Kenntnis sämtlicher Geheimnisse"*. Alle Divinationen gründen auf der Astrologie und haben ohne sie keinerlei Wert. *„Insofern nämlich die Himmelskörper die Ursachen und Zeichen von allem sind, was in unsere Welt ist und geschieht, offenbart uns die astrologische Divination bloß aus der*

---

276 Brévart/Keil, Art. Planetentraktate (1989) Sp. 715–723; Haage, Fachliteratur (2006) S. 285f.
277 Im sog. Iatromathematischen Corpus und Iatromathematischen Hausbuch, in Hartliebs deutscher Bearbeitung der *secreta mulierum* et al. Vgl. Haage, Fachliteratur (2006) S. 286.
278 Zur Kalenderliteratur vgl. Mitscherling, Medizinisch-astrologischer Volkskalender (1981); Brévart, The German Volkskalender (1988) S. 312–342; Wendorff, Tag und Woche, Monat und Jahr (1993).
279 Beispielsweise im *Belifortis* des Konrad Kyeser, des ersten deutschen militärwissenschaftlichen Werkes, das eine eigenständige Tradition begründete. Vgl. Schmidtchen/ Hils, Art. Kyeser, Konrad (1985) Sp. 477–484.
280 Planetengedichte des Mönchs von Salzburg und Oswald von Wolkenstein vgl. Brévart/ Haage, Planetentraktate (1989) Sp. 721f.
281 Zu Johannes von Gmunden vgl. Simek, Johannes von Gmunden (2006) und hier Firneis, Astronomische Instrumente aus der Zeit des Johannes von Gmunden, S. 139–149; Hadravová/Hadrava, Johannes von Gmunden und seine Version des Astrolabtrakats des Christian von Prachatitz, S. 151–159. Zum Wiener Codex 3055 vgl. Chlech, Johannes von Gmunden deutsch. Der Wiener Codex 3055 (2007) zum Astrolab S. 183–363.

Stellung und Bewegung der Himmelskörper aufs Zuverlässigste alles Verborgene und Zukünftige [...]."[282]

An den Universitäten fand die Astrologie einen solchen Eingang, dass besondere Lehrstühle dafür errichtet wurden. Bekannt ist, dass PHILIPP MELANCHTHON[283] nicht nur die Horoskoperstellung lehrte, sondern auch die Kunst es zu deuten. 1535–1545 las er über PTOLEMÄUS' *Tetrabiblos*. Der Physiker, Mathematiker und Astronom JOHANNES KEPLER betrieb die Astrologie als Broterwerb: *„Die Astrologie ist mir eine unerträgliche, aber notwendige Sklaverei. Um mein Jahresgehalt, meinen Titel und meinen Wohnsitz zu erhalten, muss ich der Unwissenden Neugier zu Willen sein."* Und weiter: *„Die Astronomie (Sternkunde) ist die weise Mutter, die Astrologie (Sterndeuterei) ist die törichte Tochter, die sich an jeden, der sie bezahlt, verkauft, damit sie mit ihrem Hurenlohn ihre weise Mutter unterstützen kann."*[284]

Die Wertschätzung und den Glauben an die Gebrauchsfähigkeit bezeugt ein Gesuch der Bäckerinnung aus Löwenburg von 1589, das den Rat ersucht, *„er möchte doch vernünftige Mathematiker, erfahrene Astrologen und verständige Astronomen anstellen und zur Stadt berufen, damit diese, wenn Gott unser aller Schöpfer und die heilige Dreifaltigkeit in ihrem unerforschlichen Rate beschlossen hätten, die Stadt mit Teuerung heimzusuchen, die klugen Männer es vorher prophezeien und ansagen könnten: sie würden dann beizeiten Getreide in Vorrat anschaffen, damit, wenn die Not käme, niemand hungern dürfe."*[285]

Zusammenfassend ist zu bemerken, dass die mittelalterlichen astrologischen Traktate, obzwar sie sich auf die antiken Vorbilder berufen, durch ihre vereinfachenden Bearbeitungen, Uminterpretationen und Kürzungen das ursprünglich komplexe antike Lehrgebäude zwar vulgarisieren, aber der Astrologie damit einen großen Bekanntheitsgrad und Breitenwirkung sicherten. Seit der Aufklärung, etwa um die Mitte des 18. Jahrhunderts, trennten sich die Astronomie und die Astrologie endgültig voneinander. Das 20. Jahrhundert brachte u.a. durch die beiden Weltkriege eine Hochblüte der Horoskopierkunst. Für HITLER wurden schon 1930 sehr widersprüchliche Horoskope gestellt: Ab 1933 sollte sein Einfluss nachlassen, was bekanntlich nicht eingetroffen ist. Die Beispiele können beliebig vermehrt werden, dienen doch die Astrologen bis heute den Mächtigen und werden immer noch vor Entscheidungen, in Krisenzeiten, aber auch zu Zeitenwenden und beim Jahreswechsel in Anspruch genommen.

---

282 Agrippa, Die magischen Werke (Ausgabe Frenschkowski 2008) Kap. 53, S. 299f.
283 Zu Philipp Melanchthon, Caspar Peucer, vgl. Brosseder, Im Bann der Sterne (2004) S. 141ff.
284 Vgl Brosseder, Im Bann der Sterne (2004) S. 297ff.
285 Vgl. König, Ausgeburten des Menschenwahns (1940) S. 523.

a) Die Horoskopierkunst

Als Horoskopieren wurden in den ersten babylonischen Horoskopen ein System definiert, dessen Charkteristikum die Planetenordnung ist, in ihm stehen sie in der Reihenfolge Mond, Merkur, Venus, Sonne, Mars, Jupiter Saturn, die Sonne befindet sich in der Mitte. Die astrologischen Schriften des Zweistromlandes beziehen sich ausschließlich auf Babylonien in den Belangen Politik und meteorologische Ereignisse. Ausgedeutet werden Planetenstellungen:

> *Ist die Sonne am ersten Nisan bei ihrem Aufgange rot wie eine Fackel und erglüht weißes Gewölk vor ihr, oder tritt dieses dann auf ihre Seite und zieht nach Osten, so [...] wird in diesem Monat der König sterben und sein Sohn den Thron ergreifen.*[286]

Das Geburtshoroskop ist historisch jünger, da sich der Entwicklungsschritt der Bedeutung des Individuums erst in der babylonischen Spätzeit vollzieht. Geburtshoroskope sind auch eher spärlich überliefert:

> *Wenn ein Kind geboren wird, während der Mond aufgeht, so ist (sein Leben) glänzend, glücklich richtig, lang [...]*[287]

Verschiedene Regel lassen sich bereits aufstellen:

– Aus dem Planeten, der während der Geburt aufgeht, ist das Leben des Kindes zu deuten.
– Wenn zwei Planeten bei der Geburt am Himmel sind, von denen der eine auf-, der andere untergeht, so übt der aufgehende die Hauptwirkung aus.
– Die Planeten werden als sich bekämpfend, in Opposition zueinander gedacht.
– Neben der Opposition ist ein Gedrittschritt zu beobachten.
– Unter gewissen Umständen kann ein Himmelskörper durch einen anderen ersetzt werden, so die Sonne zum Beispiel durch Saturn.

In der Nachfolge zur babylonischen entwickelte sich die Horoskopierkunst in der hellenistischen Zeit in Alexandria zu einem komplexen ausgeklügelten System, die Planeten bestimmen nach wie vor das Geschehen, jedem der zwölf Abschnitte der Ekliptik ist ein Teil der Erde unterstellt.

Im Mittelalter drang die Laienhoroskopierkunst der Antike mit dem Mönchtum ein, die christliche Mission brachte mit der christlichen Lehre auch die Astrologie mit. Die arabischen Gelehrten tradierten vor allem den Text des PTOLEMÄUS, entwickelten dazu eine reichhaltige Exegese und verfolgten ab dem 9. Jahrhundert eigene Bestrebungen. Die politische Horoskopie erfuhr eine

---

[286] Stegemann, Art, Horoskopie (1932/1987) Sp. 342–400, hier Sp. 346.
[287] Ibid. Sp. 348.

Erweiterung der Konjunktionslehre, die die Astrologie gläubigen Menschen in Angst versetzt hatte. Bei der Konjunktion aller Planeten im Steinbock erfolge nach stoischen Doktrinen eine verheerende Sintflut, bei derselben Konjunktion im Krebs der Weltenbrand. Diese Lehrsätze erfuhren durch die Araber eine eingehende Untersuchung, sie nahmen eine Neueinteilung der Länder unter die Tierkreiszeichen vor und beschäftigten sich mit den Konjunktionen. Am wichtigsten war die Jupiter-Saturn-Konjunktion, die nur alle 960 Jahre eintritt und wegen der „Bösartigkeit" des Saturn eine katastrophale Wirkung zeitigen soll. Die Araber leiteten die Neugestaltung und Neugründung großer Religionen aus dieser Konjunktion ab. So ging aus der Jupiter-Saturn-Konjunktion die babylonische, mit der Sonne die ägyptische, mit Merkur die christliche und mit Venus die islamische Religion hervor. Die so aufgeworfenen Fragen beschäftigten bald nach Übernahme die Astrologen im Abendland.

Die Lehre von den Planetenkonstellationen und besonders der Konjunktionen hielt nach wie vor die Völker in Angst. Im Jahre 1484 wurde aus der großen Konjunktion der Planeten Jupiter und Saturn im Skorpion Unheil für die christliche Religion erschlossen, z.B. die Geburt von falschen Propheten. Die Astrologen störte es nicht, dass LUTHER 1483 geboren worden war, man datierte LUTHERS Geburtstag einfach nach. Luther selbst hat sich wiederholt negativ über die Horoskopierkunst im Besonderen und zur Astrologie im Allgemeinen ausgesprochen. Die Astrologen könnten eine der wichtigsten Fragen der Menschheit, nämlich ob ein Mensch ein Gerechter oder ein Sünder werde, nicht beantworten. Eine faule Ausrede wäre es, dass die Sterne mit ihrem Einfluss den Menschen zur Sünde verleiten würden, da diese als Teil von der gottgeschaffenen Natur und deshalb an sich gut seien. *Wann alles was got gemacht hat ist gut / darumb kann nüt den menschen neygen vß syner natur dann zu dem guten.*[288]

Der Astronom STÖFFLER löste eine Massenangst aus, als er aus einer Konjunktion fast aller Planeten in den Fischen für den Februar 1524 eine allgemeine Sintflut voraussagte. *„Wer im 1523. Jahr nicht stirbt, 1524 nicht im Wasser verdirbt und 1525 nicht wird erschlagen, der mag wohl von Wundern sagen."*[289] Tatsächlich fürchtete man sich dermaßen, dass Privatleute Schiffe und Archen bauten. Ähnliche Prophezeiungen waren für 1629 im Umlauf.

---

288 Luther, Werke (1883–2009) Bd. 1, 404,28f.
289 Reisinger, Historische Horoskope (1997) S. 248f. Stegemann, Art. Horoskopie (1932/1987) IV, Sp. 342–400

B. Mathematische oder aktive Divination   165

Das sechst Cappittel von ☿ vnd was er bedüttt

Spricht Althabitius das ☿ sig ein ver=
mißter planet vnd ein menlicher vnd ey
teyklicher vnd wirt sin nattur geneigt
Durch die anderen planeten. Dann ist
er by einem gutten So ist sin natur auch gut
Ist er bey einem bösen So ist sin nattur auch
böß. Ist er aber by einem nichtigen so ist sin
natur auch nechtig. Ist er teigig So ist sin
nattur auch teigig Vnd hat subedüttte
die kleineren brüder Dorum ist sich in yemas
gebürtt wie sich ☿ hab mit dem herren des
ersten oder mit dem dritter der gebürtt. Wan

Abbildung 13: Merkur und unter ihm das Sternzeichen der Zwillinge.

b) Die literarischen Wahrsager –
Christuspropheten, Astrologen, Nekromanten

Flegetânîs der heiden
Kunde uns wol bescheiden
Ieslîchen sternen hinganc
Unt sîner künfte widerwanc;
Wie lange ieslîcher umbe gêt,
ê er wider an sîn zil gestêt.
Mit der sternen umbereise vart
Ist der gepüfel aller menschlich art.
Flegetânîs der heiden sach,
dâ von er lûweclîche sprach,
im gestirn mit sînen ougen
verholenbæriu tougen.
WOLFRAM VON ESCHENBACH, Parzival (454,9–20)[290]

Nach biblischer Überlieferung beginnt die Geschichte der Astrologie mit Adam als dem ersten Sternkundigen (Gen. 2,20), nach FLAVIUS JOSEPHUS mit Seth.[291] Die frühen christlichen Legenden[292] bringen die guten Engel als Vermittler der Astronomie an Seth, Henoch und Abraham ins Spiel, auch die jüdische Legende führt Abraham als ersten Astronomen, dem eine bedeutende Rolle für die Ausbreitung der Sternkunde und Deutung zukommt. Diese Aitiologie greift RUDOLF VON EMS im *Alexander* V 172ff.[293] auf. In seiner *Weltchronik* spielt ein nicht zuordenbarer Jonitus, der im Sonnenland Elichora beheimatet war (VV. 1169ff.),[294] die Rolle des Astrologiebegründers. Von den späteren Astronomen und Astrologen[295] erfreute sich vor allem PTOLEMÄUS[296] besonderer Wertschätzung. THOMASIN VON ZIRKLARE weist im *Wälschen Gast* V 8955ff.[297] PTOLEMÄUS den Rang Fähnrich der Kunst und ALBUMASAR den Titel Meister zu, Atlas gilt

---

290 Wolfram von Eschenbach, Parzival (Ausgabe Bartsch 1932/1965).
291 Flavius Josephus, Jüdische Altertümer (Ausgabe Clementz 1899/2004) 1, 8. 2.
292 Vgl. die zwar ältere aber immer noch grundlegende Arbeit von Bauer, Sternkunde und Sterndeutung (1937) S. 109f. Richtungsweisend für die mediävistische Erforschung der Magie war der Aufsatz von Berhard Dietrich Haage, Aberglaube und Zauberei in der mittelhochdeutschen Dichtung (1986) S. 53–70; Haage hat sich auch später der Thematik immer wieder in äußerst gründlicher und akribischer Art und Weise gewidmet.
293 Rudolf von Ems, Alexander (Ausgabe Junk 1928/1970).
294 Rudolf Von Ems, Weltchronik (Ausgabe Ehrismann 1915).
295 Vgl. D 1311.6.4 Divination by stars; D 1311.6.01 Divination by looking upon astrolabe; P 481 Astrologer
296 Zur Rezeption der Gestalt des Claudius Ptolemäus in der mhd. Literatur vgl. Kern/Ebenbauer, Lexikon der antiken Gestalten (2003) S. 541–542.
297 Thomasin von Zerklaere, Der welsche Gast (Ausgabe Neumann 1965).

ihm als Vorkämpfer der Astronomie.[298] WOLFRAM VON ESCHENBACH fasst die ihm bekannten Daten geschickt zusammen:

> *Unser vater Adâm,*
> *die kunst er von gote nam,*
> *er gap allen dingen namn,*
> *beidiu wilden unde zamn.*
> *Er rekant ouch ieslîches art,*
> *dar zuo der sterne umbevart,*
> *der siben plânêten,*
> *waz die krefte hêten* (518,1–8)[299]

PYTHAGORAS tritt bei WOLFRAM 773, 25 in der Namensform Pictagoras auf: *der wîse Pictagoras, / der ein astronomierre was,* und er nennt ihn den weisesten Menschen nach Adam. Mit Kundrie und Nectanebos gerät auch die enge Relation zwischen Magie und Sterndeutung in den Fokus. Ein Zauberer beherrscht die Astrologie, so Klinsor im *Wartburgkrieg*[300], in HERBORTS VON FRITSLAR *liet von troye* VV. 831ff.[301] In der *Eneis* des HEINRICH VON VELDEKE V. 2276[302] kennt eine Zauberin die Planeten und liest das Menschenschicksal in den Sternen, und kann sogar das Sonnenlicht verdunkeln. Die Quelle, der *Roman de Éneas,* geht noch weiter, danach vermag sie es, Sonne und Mond rückwärtslaufen zu lassen oder sogar viermal in der Woche Neu- und Vollmond zu machen. Dass HEINRICH VON VELDEKE diese Einzelzüge nicht übernommen hat, bezeugt wohl seine rationalistische Einstellung, denn er erwähnt auch nicht den Stern, der Eneas und seiner Familie bei der Flucht aus Troja den Weg weist.

Im *Meleranz* des PLEIER VV. 1018f liest eine Meisterin das Wissen über den Protagonisten in den Sternen, gibt dieses an die Königin Tydonie weiter. Den erstaunten Held klärt sie auf:

> *Ich hân ein meisterîn diu mir*
> *seit dicke frömder maere vil*
> *Mit listen zouberlichiu zil*
> *Kann si und ouch an sternen sehen.*
> *Diu hât mir des von dir verjehen*
> *Wâ hin du wilt od wer du bist.*
> *[...]*
> *An dem gestirne si daz sach.*[303] (VV.1018ff.)

---

298 Heinrich von Neustadt widmet ihm einen Abschnitt im Apollonius von Tyrlant V. 13 491ff Heinrich von Neustadt, Apollonius von Tyrland (Ausgabe Singer 1967).
299 Wolfram von Eschenbach, Parzival (Ausgabe Bartsch 1932/1965).
300 Der Wartburgkrieg (Ausgabe Simrock 1858).
301 Herbort von Fritzlar, liet von Troye (Ausgabe Fromman 1837).
302 Heinrich von Veldeke, Eneis (Ausgabe Schieb/Frings 1964).
303 Pleier, Meleranz (Ausgabe Bartsch 1861).

Über welches Wissen ein Astrologe verfügte und in welchen Bereichen dieses zur Anwendung kommt, darüber gibt ULRICH VON ETZENBACH in seiner monumentalen spätmittelalterlichen Alexanderdichtung (um 1287) ausführlich Auskunft. Der Mundanastrologe Zorcas kann die Weltschicksale aus dem Gestirn ablesen, er weiß, wovon die Jahre fruchtbar werden, warum der Winter Schnee bringt, der Frühling den Schoß der Erde öffnet, der Sommer heiß ist, im Herbst gesät wird usw., er kennt die Planetenordnung, weiß ihre Namen und Umlaufbahnen, ihre Entfernung voneinander, dass die Sonne in ihrem jährlichen Lauf durch die zwölf Tierkreiszeichen geht, wie sie in 28 Jahren, der Mond in 19 seinen periodischen Lauf vollendet. Er weiß, in welchem Abstand voneinander die zwölf Zeichen stehen und warum jeder Planet sich zur Ruhe zu den Zeichen begibt:

> *Zorcâ was die kunst bekant,*
> *an dem gestirne kund er sehen*
> *was der werlde solt geschehen*
> *wâ von die jâr gerâten wol*
> *an fruht, daz wiste der hêrre wol;*
> *[...] wâ von der winter bringet snê.*
> *[...] wâ von der lenze mit sîner kraft*
> *Die erde bringet berhaft;*
> *Wâ von der summer hitze hât*
> *Und man im herbste wirfet die sât.*[304] (VV. 8364–8373)

Welche Planeten positiven oder negativen Einfluss ausüben und warum, gehört ebenso zu seinen Kenntnissen, wie welches Schicksal die Menschen und ihn selbst erwartet.[305] VV. 8525f. *den tôt sach man in leren, / den geist standen sie den steren.*

Eine detaillierte Beschreibung eines astronomischen Geräts, des Astrolabiums, schildert KONRAD VON MEGENBERG (1309–1374) in der *deutschen Sphaera* (ca. 1349), einer Übersetzung des astrologischen Lehrbuchs *Sphaera mundi* des JOHANNES VON SACROBOSCO (1200–1256)[306]. Im *Basler Alexander*[307] wird das Kästchen des Nektanebus, bei RUDOLF VON EMS[308] die (Ephemeriden-)Tafel

---

304 Ulrich von Etzenbach, Alexander (Ausgabe Toischer 1974).
305 Die Errechnung des Todeszeitpunkts war einer der Gründe der Verfolgung in der römischen Cäsarenzeit.
306 Ur Sphaera des Sacrobosco Vgl. Thorndike, The Sphere of Sacrobosco and its commentators (1949); Brévart/Folkerts, Art. Johannes von Sacrobosco (1983) Sp. 731–736; Konrad von Megenberg, Die deutsche Sphaera (Ausgabe Brévart 1980) S. 14; Zu Konrads Werk neuerdings Märtl, Drossbach/Kintzinger, Konrad von Megenberg (1309–1374) und sein Werk (2006).
307 Basler Alexander (Ausgabe Werker 1881) VV. 132–158.
308 Rudolf von Ems, Alexander (Ausgabe Junk 1928/1970) VV. 579ff.

des Nektanebo erwähnt. Schon vor dem 11. Jahrhundert diente ein viergeteilter Kreis, die sog. Scheibe des Pythagoras, zur Krankheitsprognostik.[309]

Der listige Zauberer Nectanebos soll im Gespräch mit der Königin Olympias seine Kenntnisse beweisen, indem er die Geburtszeit König Philipps herausfindet und dessen Horoskop stellt:

> *sy sprach: ‚chanstu mir gesagen*
> *ains dings wil ich dich fragen,*
> *so wil ich gelauben dir*
> *was du furbas sagest mir.*
> *sag mir wenn der schanden frey*
> *chunig Philipp geporn sey,*
> *lass mich horn die stundt,*
> *die jar, die teg aus deinem mundt!'* (VV. 281–288)

Sofort nimmt Nectanebos eine kostbare Tafel hervor, in der der Planetenstand in Eineinhalb-Stunden-Einteilung eingezeichnet ist, Sonne und Mond und der Zodiak. Daraus berechnet er genau die Geburtsstunde des Königs. Hier wird der umgekehrte Weg beschrieben, normalerweise muss man seine Geburtsstunde wissen, um ein Geburtshoroskop mit Aszendenten berechnen zu können, hier muss der Zauberer mittels seines als magisches Instrument fungierenden Astrolabs die Geburtsstunde des Königs errechnen. (VV.289–303). Im *Basler Alexander* besitzt Nectanebus eine ähnliche reich verzierte Elfenbeintafel:

> *er zoch us dem büssen ein hort:*
> *daz was ein taffel klein,*
> *gewirket von helffenbein,*
> *gezieret wol mit golde,*
> *als man es wienschen solde.*
> *als die taffel ward uf getan,*
> *driu crais vand man dran,*
> *als mir die geschrift hat geseit.*
> *in dem ersten was geleit*
> *zwielff tiutnise mit sinne,*
> *der ander wit dar inne*
> *zwielff tier erhaben,*
> *in dem dritten schone ergraben*
> *sunne und monne was,*
> *als ich an einem büche las.* (VV. 132–145)

Der Autor verknüpft das Instrumentarium mit Teufelsbeschwörung und erklärt somit die sonst meist unbelastete Astrologie zur Dämonenkunst. (VV.

---

309 Zinner, Die Geschichte der Sternkunde (1931) S. 381.

154–158). Im *Göttweiger Trojanerkrieg*[310] (um 1280) mißlingt es dem Sterndeuter Calcidius (eigentlich Calchas), der hier eine ungewöhnlich inferiore Rolle zugewiesen bekommt,[311] einen Traum der Hecuba auszulegen. Deshalb begibt sich Hektor in den Palast des weisen Samlon, den er beim Studium seines astronomischen Buches antrifft. Dieser wird zum Königspalast berufen, um den Traum deuten: Dazu zieht er sich in ein stilles Gemach zurück und verlangt nach einem goldenen Becken. Dieses ist glänzend poliert und in ihm spiegelt sich der Abendschein. Calcidus setzt sich und betrachtet den sich spiegelnden Sternenglanz, schließlich weiß er, dass der Unheilbringer Paris geboren werden wird VV. 318ff, 805ff. Das ganze Szenario mutet eher nach einem hydromantischen Setting als nach astrologischer Prognostik an. Ob die beiden vorgeblichen Astrologen tatsächlich sternkundig sind, kann aus den wenigen Hinweisen nicht erschlossen werden.

Einen wesentlich interessanteren Diskurs um die Möglichkeiten der astrologischen Vorhersage führt der unbekannte Autor des *Reinfrid von Braunschweig* um die fiktive Gestalt des jüdischen Astrologen Savîlon, im *Wartburgkrieg* in der Namensform Zabulon erwähnt. Beide nennen ihn den ersten Sternkundigen, der 1200 vor Christus gelebt haben soll. Eine der bedeutsamsten Episoden im *Reinfried von Braunschweig*[312] handelt von seiner Landung auf dem Magnetberg. Staunend stehen Reinfried und seine Gefährten vor einer künstlichen, vom Zauberer Savîlon geschaffenen Architektur. In einer Höhle, in der Savilon begraben liegt, finden sie ein in einer Universalsprache abgefasstes angekettetes Buch, aus dem sie die Geschichte des Magiers erfahren.

Savilon sieht die Geburt Jesu und die daran geknüpfte Zukunft des jüdischen Volkes voraus. Er versucht mit psychichem und sogar physischem Einsatz mit astrologischen und nekromantischen[313] Kenntnissen die Geburt des

---

310 Der Göttweiger Trojanerkrieg (Ausgabe Koppitz 1926).
311 Das *Lexikon der antiken Gestalten* identifiziert Calcidius mit dem trojanischen Seher Calchas, der in allen anderen Nennungen als einer der außergewöhnlichsten Propheten und auch Astrologen geführt wird. Vgl. oben zur Gestalt des *lachenaere*. Vgl. Kern/Ebenbauer, Lexikon der antiken Gestalten (2003) S. 147.
312 Reinfried von Braunschweig (Ausgabe Bartsch 1871); Vgl. dazu Ohlenroth, Reinfried von Braunschweig – Vorüberlegungen zu einer Interpretation (1991) S. 67–96. Zur Gestalt des Propheten Savilon bzw. Zabulon vgl. meinen Aufsatz, Zabulons Buch – auf der Suche nach verborgenen Geheimnissen (2009) S. 73–96.
313 Isidor definiert noch präzise Nekromantie als Totenbeschwörung: „Magier sind, die gewöhnlich wegen der Größe ihrer Missetaten Zauberer (*malefici*) genannt werden. Diese erschüttern auch die Elemente, verwirren die Gemüter der Menschen und räumen sie ohne irgendeinen Schluck Gift, nur durch die heftige Wirkung ihres Zauberspruches aus dem Weg. [...] Sie erdreisten sich nämlich, nach Herbeirufung von Dämonen, in Gang zu bringen, dass jeder seine Feinde durch verderbliche Mittel vernichtet. Diese wenden auch Blut an und Schlachtopfer und berühren oft Leichen. Die Nekromanten sind solche, durch deren Zauberformeln wieder erweckte Tote zu weissagen und auf Fragen zu

Erlösers zu verhindern.³¹⁴ Das Motiv steht im Spannungsfeld zwischen den Diskursen zu *Providentia* bzw. antikem *Fatum*³¹⁵, Erzähler und Publikum wissen aber, dass es sinnlos ist, etwas revidieren zu wollen, das im Himmel bereits beschlossene Sache ist. Die mittelalterlichen maßgeblichen Theologen hatten den antiken Schicksals- und Zufallsbegriff³¹⁶ der allwaltenden Providentia untergeordnet, diese spielen nur in Nebensächlichkeiten des Lebens überhaupt eine Rolle.³¹⁷

Zabulon steht mit seiner Christusprophezeiung³¹⁸ in der Sibyllinischen Tradition: Die Sibylle von Tibur bzw. auch Erythrea prophezeit dem Kaiser Augustus die Geburt Jesu Christi.³¹⁹ Während die Sibylle aber nicht eingreift, bringt Zabulon auf Drängen seiner Mutter magische Gegenmaßnahmen in Gang. Das Motiv der umgangenen Prophezeiung bzw. des Versuches, ihrer Erfüllung³²⁰ entgegenzuwirken, der auch hier damit endet, dass die Voraussa-

---

antworten scheinen. (Buch VIII, IX, 9f. S. 37f.) Isidor von Sevilla, Über Glauben und Aberglauben. Etymologien VIII (Ausgabe Linhart 1997).

314 Die Verhinderung der in einer Vision geschauten Zukunft durch Eingriffe in die gegenwärtigen Konstellationen bzw. Reise in die Vergangenheit, um dort die Zukunft„ umzustellen" bleibt als utopisches Motiv vor allem im Medium Film präsent. Zuletzt in *Déjà vu – Wettlauf gegen die Zeit* (USA 2006), in dem es mittels eines Wurmlochs möglich ist, sich für eine bestimmte Zeit in der Vergangenheit zu bewegen um einen christlich-patriotischen Terroristen auszuschalten. Dieser sagt dem Protagonisten auch, dass das Eingreifen ins vorherbestimmte Schicksal, dieses nicht verhindern kann und auch von Gott bestraft wird.

315 Vgl. Fichte, Providentia – Fatum – Fortuna (1996) S. 5–16.

316 Vgl. Hartung, Kontingenz des Spiels…(2002) S. 17–46, bes. S. 25; Störmer-Caysa, Grundstrukturen mittelalterlicher Erzählungen (2007) insbes. die Kapitel: Der Zufall im Feld seiner historischen Begrifflichkeit S. 149–156 und Contingentia futura: Zukunft und Zufall S. 162ff.

317 Vgl. allgemein zur Begrifflichkeit der *Kontingenz, Providentia, Fatum* und *Casu* Graevenitz, Kontingenz (1998) und Dinzelbacher, Unglaube im Zeitalter des Glaubens, Kapitel Fatum und Fortuna (2009) S. 54–66.

318 Die Sabilonerzählung als Einschub in der Trojaliteratur lässt Sabilon ebenfalls bei der Auslegung von Hecubas Traum Christi Geburt prophezeien: Als Priamos die unfähigen Wahrsager und Traumdeuter töten lassen will, gebietet ihm Sabilon mit den Worten Einhalt: *dez macht du schaden gewinnen/von dem, der noch dein herr wirt./ ich han gelesen, daz in gepirt/ Ein magt, die ist aines junden chint./ swaz kuenig auf der erden sint,/ Si suellen im dienst erzaigen.* Abdruck bei Lienert S. 447 v. 180–185. Christusprophezeiung durch Plato und Sibylle im Parzival 463–466; Cassandra in Herborts von Fritzlar *liet von Troye* 1617–1713 und 3251–3290; In Ulrichs von Etzenbach Alexander fürchtet der Teufel die Ankunft Christi, die schon prophezeit ist (VV. 24 927f.).

319 Vgl. Tubach num. 4675 Die hebräische Sibylle dient dem Kampf gegen das Heidentum. So belegt das Zitat von Dt 18,10 die in Ur d.i. Chaldäa wohnenden gerechten Menschen, die nicht den heidnischen berüchtigten chaldäischen Mantik ergeben sind, sondern sich der reinen Tugend der Gerechtigkeit widmen.

320 *Mot. M 370 Vain attempts to escape fulfillment of prophecy* mit Einträgen aus 8 Werken und ungleich größere Menge an Einträgen ist unter *M 391 fulfillment of prophecy* versammelt.

ge trotz großer Anstrengungen bzw. gerade durch sie eintrifft, ist sonst meist in Zusammenhang mit unheilvollen Prognosen bei der Geburt eines Kindes kombiniert.[321]

Abermals konsultiert der Prophet seine Ephemeriden und erschließt, wie lange er das Schicksal aufhalten kann, denn dass es unmöglich ist, den einmal vorgegebenen Lauf der Gestirne gänzlich umzuleiten, ist ihm bewusst:

> *Hin fuor dô der jungelinc*
> *Und nam aber des sternen war*
> *Der dâ nâ über drîzic jâr*
> *Vollendet hât sîn loufen sus.*
> *Man seit ez wær Sâturnus,*
> *und moht ouch wol der selbe sîn.* (VV. 21380–21385)

Alle seine komplizierten Bemühungen geschehen seiner Mutter zuliebe ungeachtet ihrer Vergeblichkeit. Seine astronomischen Berechnungen ergeben ganz klar, dass sein Tun befristet und wann der Schutzzauber auch am Rande der Erde entdeckt wird. Während sich Zabulon abmüht, benutzt der Erzähler sein Vorauswissen der Handlung um nochmals auf die Providentia zu rekurrieren: Auch die wirkmächtigsten Zauberbriefe und Charaktere verfangen nicht gegen Gottes Ratschluss.

c) Mittelalterliche Mondwahrsagetexte und Lunare

Die „modernen" Mondkalender werden jährlich millionenfach verkauft. Vergleicht man Form und Inhalt mit den spätmittelalterlichen Mondwahrsagebüchern, so wird schnell deutlich, dass die neuzeitliche Variante weder vom Gegenstand noch vom Inhalt als neu zu bezeichnen ist, bauen sie doch auf historischen Versatzstücken auf, die sie als „altes Wissen" oder orale Überlieferung deklarieren.[322] Die spätmittelalterlichen Mondkalender und Mondwahrsagerei

---

321 Die älteste Beleg findet sich bei Hesiod: Der Großvater träumt Cyrus, sein Enkelkind, werde sein Reich an sich bringen. Sofort lässt er seine Tochter bewachen und den Tod des neugeborenen Kindes befehlen. Ebenso wie Paris und andere todgeweihte Kinder wird dieser ausgesetzt, von Hirten gefunden und aufgezogen und das vorhergesagte Schicksal erfüllt sich. Ausführlich erzählt Konrad von Würzburg, wie Thetis vergeblich ihren Sohn Achilles vor seinem Schicksal zu bewahren sucht. Josaphats Vater lässt seinen Sohn bei einem Einsiedler erziehen, damit er nicht zum Christentum übertritt, Herzeloyde und Parzival leben in der Einsamkeit, um ihn vom Rittertum fernzuhalten. Bei Zabulon ist das Unglück dem Volk seiner Mutter geweissagt und er versucht, es selbst zu revidieren, ebenso wie Kriemhild nicht heiraten will, um kein Leid zu erfahren oder Ödipus sein Elternhaus verlässt.

322 Vgl. dazu ausführlich Groschwitz, Mondzeiten (2008).

waren Teil der sog. Vulgär- oder Laienastrologie. Eine Deutung des Mondes[323] bot sich an, da wegen seiner großen Nähe zur Erde u.a. sein deutlicher Phasenwechsel leicht beobachtet werden konnte. Der von FÖRSTER geprägte Begriff der Mondwahrsagetexte gilt für alle Voraussagen, die in irgendeiner Form mit den Eigenschaften, der Stellung oder dem Alter des Mondes verknüpft sind. Eingeschränkt auf die speziellen Angaben zu den 30 Mondtagen verwendet FÖRSTER den Begriff Lunar, beide Termini werden seitdem beibehalten.[324]

Die Mondwahrsagetexte differieren in ihrer astrologischen Verknüpfung und ihrer äußeren Form, die älteste und einfachste Methode der Prognostik offerierte dem Klienten für jeden der 30 Mondtage, also der Zeitspanne von einem Neumond zum anderen, ein paar Orakelweisheiten, die Lunare. Astrologische Berechnungen waren dazu nicht nötig.

FÖRSTER hat sieben Fragenkomplexe zusammengefasst, die an das Mondbuch herangetragen wurden:

1. Erkundigung nach der für einen bestimmten Tag vorgesehenen Beschäftigung und deren günstigen und ungünstigen Ausgang
2. Das Schicksal eines geflüchteten Gefangenen[325] zu erfahren
3. Die Frage nach verlorenen Gegenständen
4. Der Wunsch, über Aussehen, Charakter und Fähigkeiten eines neugeborenen Kindes vorauszuwissen
5. Prognosen bzgl. eines Kranken
6. Traumdeutung (→ siehe unten)
7. Aderlasszeitpunkt[326]

Diese sieben in seinem Sammellunar behandelten Themenkreise bezeugen den Anspruch der astrologischen Prognostik auf Universalität: Für einen Mondtag erhielt man Voraussagen für Kranke, Gefangene, Neugeborene und Beschäftigungsanweisungen und Aderlassvorgaben. Die Einbindung der Lunare in medizinische und medizinisch-astrologische Sammelhandschriften gibt Anlass zur Vermutung, dass diese hauptsächlich von Ärzten benutzt wurden. Es gab

---

323 Allgemein siehe Stegemann, Art. Mond (1932/1987) Sp. 477–534.
324 Vgl. zu deutschen und lateinischen Lunartypen, Sammelhandschriften mit Literaturverzeichnis Weisser, Lunare (1985) Sp. 1054–1092; und ders. Das Krankheitslunar aus medizinisch-historischer Sicht (1981) S. 390–400.
325 Ursprünglich eines Sklaven.
326 Der wirkungsmächtigste mittelalterliche Aderlasstraktat ist der *Phlebetomia Hippocratis*, eine nach Fragen gegliederte Abhandlung. Die Adaption durch den Salerner Arzt MAURUS lässt den Text der *Phlebetomia* Eingang in die Gebrauchsliteratur finden und begründete damit einen eigenständigen Überlieferungsstrang, der sich im *Asanger, Genter, Haager* und *Oberdeutschen Aderlaßbüchlein* fortsetzt. Vgl. dazu mit weiterführender Literatur Lenhardt, Blutschau (1986) und ders. Maurus (1987) Sp. 201–203; Zu den Blutschautraktaten vgl. Lenhardt, 'Hämatoskopie-Traktate' (1981) Sp. 422–425.

174   V. Mittelalterliche mantische Einzelkünste

Abbildung 14: Die Miniatur des Josef von Ulm (um 1404)
zeigt den Einfluss des Mondes.

aber auch Spezialprognosen, die sich nur auf die Traumdeutung konzentrierten, Traumlunare z.B. enthielten Traumdeutungen für 30 Tage.

Die in der Antike außerordentlich beliebten und möglicherweise auch ältesten Bücher der Mondwahrsagerei wurzeln wahrscheinlich in den mesopotamischen Mondomina und den ägyptischen Mondprognostiken. In deutscher Sprache sind sie erst für das Spätmittelalter nachgewiesen. Diese Orakel werden nicht isoliert als Mondwahrsagebücher überliefert, sondern als Teil der unterschiedlichsten Sammelhandschriften, meist in medizinischem oder allgemein naturwissenschaftlichem Kontext. Es gibt Mondwahrsagebücher, die ausdrücklich als selbstständiges Werk firmieren, sie gehören in der Mehrzahl zu sogenannten Volkskalendern. Allerdings sind sie mehr als nur Teile von Kalendern, sie werden auch in den Planetenkinderbüchern geführt, in welchen lunare Prognostiken aus unterschiedlichen Kontexten verarbeitet und in einen neuen Zusammenhang gestellt worden sind. Die Mondwahrsagebücher sind unter dem Namen individueller Verfasser kenntlich, nennen aber als Verfasser meist PTOLEMÄUS oder ARISTOTELES, aber auch PYTHAGORAS und HIPPOKRATES, um die Gültigkeit der Aussagen schon von vornherein zu sichern. Man berief sich nicht, wie es heute als korrekt angesehen wird, auf bestimmte Aussagen der Autoritäten zu dem Thema, sondern rekurrierte allgemein auf die maßgebliche Bedeutung der antiken Autoren. Oft wurden diesen dann Aussagen in den Mund gelegt, die sie freilich nicht in dieser Form getätigt hätten. Allerdings gibt es auch tatsächliche Anspielungen auf antike Quellen.

Also spricht Bartholomeus, der maister, in seinem buch, der da haizzet hundert spruech püch. Wer arbait mit dem Eysen wann der mon ist in dem zaichen dez gelitz das ist betait, / daz ist tötleich.[327]

Für die sogenannte Kindsprognostiken verwendete man Lunare, die aus dem Monatstag der Geburt das zukünftige Schicksal herauslesen wollen, als Verfasser der Lunare wird meist der Prophet Daniel genannt, der auch bei den Traummantiken als Autor angegeben wird. Ergänzend dazu verwendet man Nativitätslunare, die auf dem Wochentag der Geburt beruhen.

Das kind, das an dem sunnentag nahtes oder tags geborn wirt, das kint wirt grosz vnd öch schinend.

Das an dem mendag wirt geborn, das wirt stark.[328]

Das JOHANNES HARTLIEB zugeschriebene Mondwahrsagebuch, in sechs Handschriften überliefert und wahrscheinlich zwischen 1432 und 1435 entstanden,

---

327 Vgl. Müller, Mondwahrsagetexte (1971) S. 26.
328 Text zit. n. Telle, Beiträge zur mantischen Fachliteratur des Mittelalters (1970) S. 180–206, hier S. 194.

steht in der arabisch-lateinischen Tradition, wofür auch die Namen der 28 Mondstationen oder Mansionen sprechen könnte. Als Quelle gibt der Autor ein bis jetzt noch nicht identifiziertes *Buch der hl. Der drei Könige,* an. Intention der Schrift ist die Voraussage des Schicksals, wobei namenmantische und astrologische Berechnungen kombiniert werden.[329]

Die Mondprognostik, die vor nicht allzu langer Zeit den Herausgebern der populären Schrift *Vom richtigen Zeitpunkt* Wohlstand beschert hat, deckt schon im Spätmittelalter viele Bereiche der auch in der geomantischen und oneiromantischen Literatur interessierenden Fragebereiche ab:

Das an dem tag, so der erst mane núwe ist, das denn allú ding gůt ze werdende sindt. Vnd das kint, das denn geborn wird, das wirt lank lebend. Der siech, der denne siech wirt, der siechet lang. die troeme, sie denne tromend, sit das dir getromet denn, das du'vbr wunden werdest, so 'vber windest du alle dine fiende.[330]

d) Ägyptische Tage, Tagewählerei

Und vil die welent nicht wandern
An den verworfenen tagen. HANS VINTLER[331] (VV. 7767–7768)

Ein Zweig der Astrologie widmet sich den günstigen bzw. ungünstigen Tagen, wir kennen sie unter dem Begriff Hemerologie oder Tagewählerei. Erste Ansätze zur qualitativen Bestimmung von Tagen oder Monaten lassen sich bereits im 3. vorchristlichen Jahrhundert belegen. Die wichtigste Anthologie zur Tagewählerei ist um 1300 in der hethitischen Hauptstadt Hattuschan und in Ugarit bezeugt. Dieser babylonische Almanach, der das Sonnenjahr in je zwölf Monate und in jeweils 30 Tage gliedert, weist jedem der 360 Tage eine bestimmte Qualität zu, günstig, ungünstig, aber auch weniger günstig. Sogar konkrete Zuweisungen sind überliefert.[332] Die Prognosen betreffen alle Bereiche des privaten und öffentlichen Lebens, obwohl die Sammlung eher auf den Alltagsbereich zugeschnitten erscheint. Die Wirkung dieses Nachschlagewerks war enorm, wurde deshalb immer wieder erweitert und im Laufe der Epochen neu

---

329 Dieses Buch der heiligen drei Könige erwähnt Hartlieb im *buoch aller verpoten kunst*. (Ausgabe Eisermann 1998) Kap. 36 S. 88 Vgl. Schmitt, Hans Hartliebs mantische Schriften (1962) S. 89ff Weidemann, ‚Kunst der Gedächtnüß' und ‚De mansionibus'. Zwei frühe Traktate des Johannes Hartlieb (1964) S. 132–149; Wierschin, Johannes Hartliebs mantische Schriften (1968) S. 86ff.. Grubmüller, Art. Hartlieb, Johannes (1981) Sp. 480–496, hier sp.485–486; Fürbeth rollt die Diskussion in seiner Monographie, Johannes Hartlieb (1992) S. 49–57 u. 131f. neu auf und spricht sich gegen eine Verfasserschaft Hartliebs aus. Vgl. Grubmüller im Nachtrag des VL Art. Hans Hartlieb (2004) Sp. 589.
330 Ibid. S. 197.
331 Vintler, Die pluemen der Tugent (Ausgabe Zingerle 1874).
332 Stuckrad, Geschichte der Astrologie (2003) S. 48.

kontextualisiert. So erweiterte man z.B. schon in Assur den Tagekatalog mit Hinweisen auf den kultischen Bereich, auf Riten, Gebete, Taburegelungen und Opferordnungen. Eine weitere Ergänzung bezog sich auf die Konsequenzen der Nichtbeachtung der Tagesqualitäten und eine wichtige Erweiterung behandelt die Verbindung mit der medizinischen Prognostik.

Der Glaube an bestimmte ungünstige und damit unglückliche Tage bezeugt das AT 3 Moses 19,26 und 5 Moses 18,10. In Ägypten hatte man frühzeitig Verzeichnisse der günstigen und ungünstigen Tage zusammengestellt.[333] HESIOD gab Anweisungen für die mütterlichen und stiefmütterlichen Tage in seinen *Hauslehren* und begründet diese weniger auf astrologischen als mythologischen Zusammenhängen.[334] Die griechischen Unglückstage waren jene, die man den Verstorbenen widmete. Bei den Römern gründeten sie in der Religion und im Staat, die *dies vitiosi* galten als ungeeignet für Vertragsabschließung, Staatsakte, Opferhandlungen, militärischen Operationen etc.

Bei den Germanen galten Mittwoch, Tag des Wotan, und Donnerstag, Tag des Donar, als glücksverheißend, nach der Christianisierung gilt der Donnerstag als unglücklich, an ihm soll keine neue Wohnung bezogen werden, da an diesem Tag kein Vogel sein Nest baut, und Mittwoch und Freitag als verworfene Tage. Teufelserscheinungen erwartet man am Donnerstag oder Dienstag, auch der Montag[335] ist oft unglücklich für einen Neubeginn, wir sprechen heute noch vom „blauen" Montag, obwohl gerade an Montagen vielerlei Vorsätze in die Tat umgesetzt werden. Wiewohl PAULUS und in der Folge AUGUSTINUS die Tagewählerei verurteilten, blieben nicht nur pagane Vorstellungen erhalten, sondern die neuen Kalenderfeste lieferten zusätzliche Anhaltspunkte zur Bestimmung der günstigen und ungünstigen Tage, da diese in Bezug zu den Zeiten der Landwirtschaft wie Säen, Anpflanzen, Viehtreiben, aber auch zum Aderlassen gedacht wurden.

Vehement sprach sich der viel rezipierte Bischof WILHELM VON PARIS (1180–1249) gegen die superstitiöse Zeitenwahl aus, BERTHOLD VON REGENSBURG (1210–1272) predigte dagegen an. Deutsche prognostische Texte sind seit dem 14. Jahrhundert in Umlauf. Die *dies critici*[336] beschränkten sich nur auf den medizinischen Bereich und behandelten den ungünstigen Planetenstand. Die zweimal im Monat zu beachtenden *dies aegyptici*,[337] schon 354 im römi-

---

333 Vgl. Jungbauer, Art. Ägyptische Tage (1932/1987) Sp. 223–226.
334 Hesiod, Theogonie. Werke und Tage (Ausgabe Schirnding 2002)
335 Vgl. Jungbauer, Art. Montag (1932/1987) Sp. 554–565; ders. Art. Unglückstage (1932/1987) Sp. 1427–1440
336 Jungbauer, Art. Kritische Tage (1932/1987) Sp. 596–597
337 Wreszinski, Tagewählerei im alten Ägypten (1913) S. 86–100; Jungbauer, Art. Ägyptische Tage (1932/1987) Sp.223–226, hier. Sp. 223; Naether, Sortes Astrampsychi (2010) S. 353–354

schen Kalender festgelegt, betrafen ursprünglich die für Aderlass günstigen Zeiten, wurden dann aber auf andere Bereiche ausgeweitet, ebenso wie die verbotenen Tage in medizinische Sammelwerke eingetragen, z.B. ins *iatromathematische Hausbuch*.[338] Heute beziehen die beliebten Mondkalender die alte Tagewählerei ganz selbstverständlich in die Rubriken Haus, Garten, Körperpflege, öffentlich und privat, Beruf, Reise etc. ein.

An den verworfenen Tagen wollen, weiß Vintler, viele nicht verreisen: *„Auch sein jr vil, wollen nit wandern / An den nibling verworffnen tagen."*[339] Auch die Tageszeiten sind von Bedeutung, berichtet MICHEL BEHEIM. *„Wer glaubt an tages czeite, / Das aine fur dy andern pey / dem menschen glukhafftiger sey."* (VV. 43–45)[340] ANTONIN VON FLORENZ spricht in seinem Beichtspiegel über die Tagwählerei:

> *Hast du Tagwählerei getrieben, indem du an bestimmten Tagen eine Arbeit nicht anfangen oder dir das Haupt nicht waschen wolltest? Hast du die Ägyptischen Tage beobachtet oder den Tag, auf den das Fest der Enthauptung des Täufers fällt, oder den Freitag, indem du an diesen Tagen kein Tuch anschneiden wolltest? Das ist eine läßliche Sünde, wenn du es aus Einfalt glaubtest, weil dir niemand das Gegenteil lehrte. Wer es aber verstockten Gemütes verteidigen will, begeht eine Todsünde.*

Dann kommt er auf die Zeit des Monatsersten zu sprechen. *„Hast du dich geweigert, am Monatsanfange etwas aus dem Hause zu geben oder zu versprechen, in dem Glauben, daß sich sonst deine Habe vermindern würde?"*[341]

Als besonders unglücksverheißend gilt der Tag der unschuldigen Kinder[342] und auch der Dienstag als Unglückstag, an dem der Beginn einer Arbeit oder Reise verboten ist, ebenso der Freitag,[343] in Erinnerung an Leiden und Tod Christi. Der Prediger und Inquisitor MARTIN VON AMBERG (um 1370–1400) erwähnt im *Gewissenspiegel* Leute, *„die do gelauben [...] an die verwoffen tage. Und die do meynen es sey pesser ein arbeit an zw heben ader auz zw cziehen eines tages denn dez andern"*.[344]

---

338 Lenhardt/Keil, Iatromathematisches Hausbuch (1983) Sp. 347–351 und Welker, Iatromathematischer Corpus (2004) Sp. 703–707.
339 Vintler, Die pluemen der Tugent (Ausgabe Zingerle 1874).
340 Beheim, Gedichte (Ausgabe Gille 1968–1972) Bd. II, S. 326–330.
341 Text bei Klapper, Das Aberglaubensverzeichnis des Antonin von Florenz (1919) S. 63–101, hier S. 63–73.
342 Nikolaus Jauer bekämpfte mit seiner Schrift *De superstitionibus* die Observanz der *dies aegyptici* und führt den Glauben an Unglückstage ad absurdum, denn der Tag der unschuldigen Kinder wäre ebenso ein Unglückstag, wie alle Tage im Jahr.
343 Der Freitag gilt besonders bei den mit dem Leiden Christi verbundenen Terminen als unglückverheißend, ist aber für die Zukunftserforschung wieder günstig. Jungbauer, Art. Freitag (1932/1987) Sp. 45–73.
344 Martin von Amberg, Der Gewissenspiegel (Ausgabe Werbow 1958) S. 41.

2. Wahrsagezeiten

Und an der rauchnacht wirfet man
die schuech, als ich gehort han,
über das haupt arslingin,
und wa sich de spitz cheret hin,
da sol der mensch peleiben.
HANS VINTLER[345] (VV. 7938–7942)

Vor allem zu den sogenannten heiligen Zeiten wie Ostern und Weihnachten, den kirchlichen Feier- und Festtagen und immer noch beim Jahreswechsel griffen und greifen Menschen zu mantisch-prognostischen Praktiken. Während diese in der heutigen Zeit eher vom Unterhaltungscharakter und Spaßfaktor dominiert werden, zeigt sich diese Zerstreuungstendenz erst im Spätmittelalter. Zweck dieser Prognostik ist es, sich auf den Ablauf des zukünftigen Jahres vorbereiten zu können, eine Anstrengung, die schon die Babylonier unternahmen. So sollte aus dem Wochentag, auf den Neujahr oder auch Weihnachten fiel, auf die zukünftigen Geschehnisse geschlossen werden.

Die älteste deutschsprachige Christtagsprognose stammt von 1321, dasselbe Muster ist ab dem 15. Jahrhundert schon häufig anzutreffen. Das seit 2008 wieder aufgelegte Büchlein *Albertus Magnus bewährte und approbirte sympathetische und natürliche egyptische Geheimnisse für menschen und vieh*[346] weicht von der mittelalterlichen Prognostik kaum ab.

So der cristag geuellt an den suntag, so wirtt der wintter warm vnd gutt, der lenncz wintig vnd fewcht, der sumer trucken, der herbst wintig vnd fruchtpar. Korns wirt vil, wein gut vnd schaffe geratten woll vnd vrluge wirtt, vil rawber vnd new mär von den herren; in septembri grosser sterb vnd vil aicheln werden jn den wallden vnd puechl.

So der kristag gevellt an den Montag, so wirtt der wintter gemischt [...][347]

Als vorgeblicher Autor zahlreichen Neujahrsprognosen firmiert BEDA VENERABILIS (+735), die erste englischsprachige Bearbeitung stammt von 1321. Mit der zunehmenden Bedeutung des Weihnachtsfestes[348] trat der Zeitpunkt vorläufig in den Hintergrund und die früheren Neujahrsprognosen wurden am Christtag inszeniert. Eine andere Traditionslinie schreibt die Prognosen nicht BEDA, sondern dem Propheten Esdras zu, verändert aber den Wortlaut kaum:

---

345 Vintler, Die pluemen der Tugent (Ausgabe Zingerle 1874).
346 Wahrscheinlich von 1804 an, die Scheible-Ausgabe erschien 1840; vgl. dazu. Bachter, Anleitung zum Aberglauben (2005).
347 Text zit. n. Telle, Beiträge zur mantischen Fachliteratur des Mittelalters (1970) S. 180–206, hier S. 205.
348 Vgl. Weiser-Aall, Art. Weihnacht (1932/1978) Sp. 864–968, hier Sp. 938ff.

„*Ist der christ tag an ainem suntag ist, so wirt der wintter warm, der lencz feucht, der sumer vnd der augst windick.*"[349] Bis heute halten sich die mantischen Neujahrsbräuche, die im Unterschied zu den mittelalterlichen, meist nur mehr aufs Bleigießen reduziert sind. Die Klagen der mittelalterlichen Bußprediger wegen des immer gleichen superstitiösen „Unfugs" zu Neujahr, vor allem bei Jungfrauen, die herausfinden wollen, was für einen Ehemann sie zu erwarten haben, verhallten freilich ungehört.

Die Bräuche um den Tag des hl. Andreas, des ersten Apostels, konzentrieren sich vor allem auf die Heirat, da der Heilige als Heiratsvermittler gilt. Mit dem Andreastag, der beinahe mit dem Kirchenjahrsbeginn zusammenfällt, beginnt eine Zeit, die jede Art von Wahrsagung begünstigt. Denn was man in der Andreasnacht träumt, geht in Erfüllung, Mädchen träumen z.B. von ihrem zukünftigen Liebhaber und bitten den hl. Andreas, einen entsprechenden Traum zu senden. Oder sie steigen mit dem linken Fuß zuerst ins Bett usw.[350] Das sog. Andresslen erwähnt eine Kleinerzählung des JOHANN VON NÜRNBERG um 1300. Der Protagonist des Werkes mit dem bezeichnenden Titels *De vita vagorum* lehrt ein Bauernmädchen, wie es den künftigen Ehemann herausfinden kann: „*Die ler ich nachtes nackent sten, die erslingen gen dem fure gen.*"[351]

Der Tag des hl. Johannes mit der Sommersonnenwende und dem Johannisfeuer gewährt wie alle Jahreswendepunkte Blicke in die Zukunft. Was in dieser Nacht geträumt wird, geht in Erfüllung. Die wichtigsten Fragen an die Zukunft betreffen die Bereiche Heirat und Tod. Den aus unterschiedlich vielen Blumen(meist aus neun) geflochtenen Johannisstrauß wirft man durch Tür oder Fenster ins Haus, dann sieht man den zukünftigen Mann. Welchem Stand der Ehemann angehören wird, erfährt man durch das Geräusch des sich erhitzenden Wassers oder wenn man ins Wasser schaut (→ siehe Hydromantie) oder Blütenblätter im Blumenorakel (→ siehe dort) auszupft u.a.[352]

Die Spanne der letzten zwölf Nächte des alten Jahres wird ab dem Mittelalter als magisch und mantisch bedeutsam erachtet. Der älteste Beleg für die Wichtigkeit der Zwölfernächte stammt aus einem Beichtformular des bayrischen Klosters Scheyern von 1468, einen festen Platz haben sie in den seit 1508 immer wieder aufgelegten Bauernregeln. Die meist ungünstigen Voraussagen betreffen den agrarischen, aber auch den politischen Bereich.[353]

Die sog. Lostage eignen sich besonders gut für (Wetter-)Prognosen, es kam und kommt ihnen besondere mantische Bedeutung zu. Lostage sind immer noch, oder besser gesagt seit dem Esoterikboom wieder populär. Da sich

---

349 Text zit. n. Eis, Wahrsagetexte des Spätmittelalters (1956) S. 66.
350 Vgl. Sartori, Art. Andreas, Hl. (1932/1987) Sp. 398- 405, hier Sp. 399f.
351 Ausgabe Maschek 1939.
352 Sartori, Art. Johannes der Täufer (1932/1987) Sp. 704–727, hier Sp. 709ff.
353 Sartori, Art.Zwölften (1932/1978) Sp. 979–992.

die Lostage hauptsächlich auf landwirtschaftliche Belange bezogen, verknüpfte man sie vielfach mit den Bauernregeln. Wollte man alle seit dem Spätmittelalter überlieferten gebräuchlichen Lostage aufzählen, könnte man womöglich gleich den Kalender abschreiben, wie BOEHM[354] angemerkt hat. Aussagekräftig sind die Zeiten zwischen den Lostagen und die durch sie bestimmten Witterungserscheinungen. BOEHM zählt ein immer wiederkehrendes Muster auf: Die Witterung eines Lostages korrespondiert mit der eines anderen Lostages im Sinne der Übereinstimmung bzw. der Oppostion. Der Fastensonntag verhält sich wie Ostermontag, oder wenn Katharina nass ist, dann ist Andreas trocken. Sehr beliebt der Gegensatz grün – weiß, Klee – Schnee. Oft heißt es, der Freitag bestimme das Wetter des Sonntags, meist beinflusst das Wetter eines Lostages die Witterung einer kürzeren oder längeren auf ihn unmittelbar oder in bestimmtem Abstand folgenden Zeit, z.B. eine Woche regnet es, wenn es am Aschermittwoch regnet. Wenn zu Lichtmess die Sonne scheint, dann kriecht der Dachs noch vier Wochen in den Bau, will heißen, der Winter hält noch an.

40 Tage sind als Frist besonders beliebt, dies hat auch christologischen Bezug. Das Frühjahr richtet sich so nach dem Wetter des 1. März, der Sommer nach dem 2. und der Winter nach dem 3. März. Oft ist auch der Fall, dass nicht der Lostag entscheidet, sondern der Tag davor.

Wenn es an Petri Stuhlfeier, Himmelfahrt, oder Johannistag regnet, regnet es 40 Tage. Regen am Tage der Siebenschläfer oder der sieben Brüder bedeutet sieben Wochen Regen. Die Anzahl der Tage vor dem Lostage bestimmt eine gleiche Anzahl der Tage: d.h. so oft es vor Wenzel friert, so oft friert es nach Philippi. Der Vorher-Nachher-Typus orientiert sich oft an Beobachtungen des Tierlebens: So lange die Frösche vor dem Lostag quaken, die Lerchen singen, so lange werden sie danach auch schweigen. An Stelle der Lostage treten häufig auch ganze Monate: Ein Monat korrespondiert mit einem anderen, was das Wetter betrifft, der Jänner mit dem August, oder ein nasser Sommer mit einem warmen Winter und ein kalter Jänner mit einem schönen Sommer usw.

Eine handschriftlich im Rheingau erhaltene Predigt zu einem Neujahrsbrauch zitiert BOEHM: *„Es sint súntlich fröwen, die nehmen zwo búrsten und legent si crútzwis úber enander an die glůt; und ist das sich die búrsten rimpfend gegen enander, so soellent zwei zesamen komen, die einander holt sind; und soeliche ketzerliche ziperwerk tribent si uff die zit."*[355]

---

354 Boehm, Art. Lostage (1932/1987) 1405–1425.
355 Schweizerisches Archiv für Volkskunde 26, 281 zit. n. Boehm, Art. Neujahr (1932/1987) Sp. 1713.

C. Abakomantische oder aktive Divinationssysteme

Es handelt sich im Wesentlichen um Weissagungen, deren überlieferte Bezugstafeln[356] die Interpretation festlegen. Verschiedene niedere Formen der kleromantischen Verfahren gehören zu dieser Kategorie, in der Intuition keine Rolle spielt, sind daher erlernbare Techniken, die mit vom Menschen aktiv herbeigeführten Zeichen Erkenntnisse erlangen wollen.

1. Die Alectryomantie

Bei der Aectryomantie, einer bis heute im Orient beliebten Methode, pickt ein Hahn Körner auf, die über ein Alphabet verstreut sind. Die dabei notierten Buchstaben sollen Namen und Wörter ergeben. Der Kaiser VALENS wollte mithilfe dieser Technik den Namen seines Nachfolgers erfahren. Der Hahn pickte THEOD, der Kaiser ließ THEODORUS und alle ähnlichen Namens in seiner Umgebung töten. Sein Nachfolger hieß THEODOSIUS.[357] Ob diese Kunst im Mittelalter auch geübt wurde, darüber kann nur spekuliert werden, da sie die Gewährsleute wie HARTLIEB, VINTLER oder BEHEIM nicht erwähnen. BOEHM listet einige in der Andreasnacht praktizierte Bräuche, die der antiken Praxis sehr nahe kommen.

2. Sieborakel und Schlüsseldrehen

> *Und daz ein îp ein sib tribe*
> *Sunder vleisch und sunder ribe,*
> *dâ niht imme wære,*
> *daz sint allez gelogniu mære*
> STRICKER (VV. 29–32)[358]

Das Sieborakel wurde vom Frühmittelalter an bis vermutlich bis in die Moderne verwendet, wichtig dabei war, dass ein „Erbsieb", also von den Vorfahren weitergegebenes Sieb benutzt wurde. Die Methode funktionierte nach Art der Wünschelrute: Wies es auf den Verdächtigen, so fing es an zu schwingen. Oder man steckte es auf eine (Erb-)Schere und drehte es. Meist wandte man das Siebdrehen an, um Diebe zu entdecken, aber auch jene, die *bei einem Auflauf wunden geschlagen* haben.[359]

---

356 Orakelbefragung mittels Ziehen bestimmter Tafeln nennt Naether „Ticket-Orakel", vgl. Naether, Sortes Astrampsychi (2010) S. 27, 47 (bzgl. Dodona) u.ö.
357 Vgl. Boehm, Art. Alektryomantie (1932/1987) Sp. 255–256.
358 Ibid. Verszählung von mir S. 876.
359 Grimm, Deutsche Mythologie (1870/1968) S. 927ff.

C. Abakomantische oder aktive Divinationssysteme 183

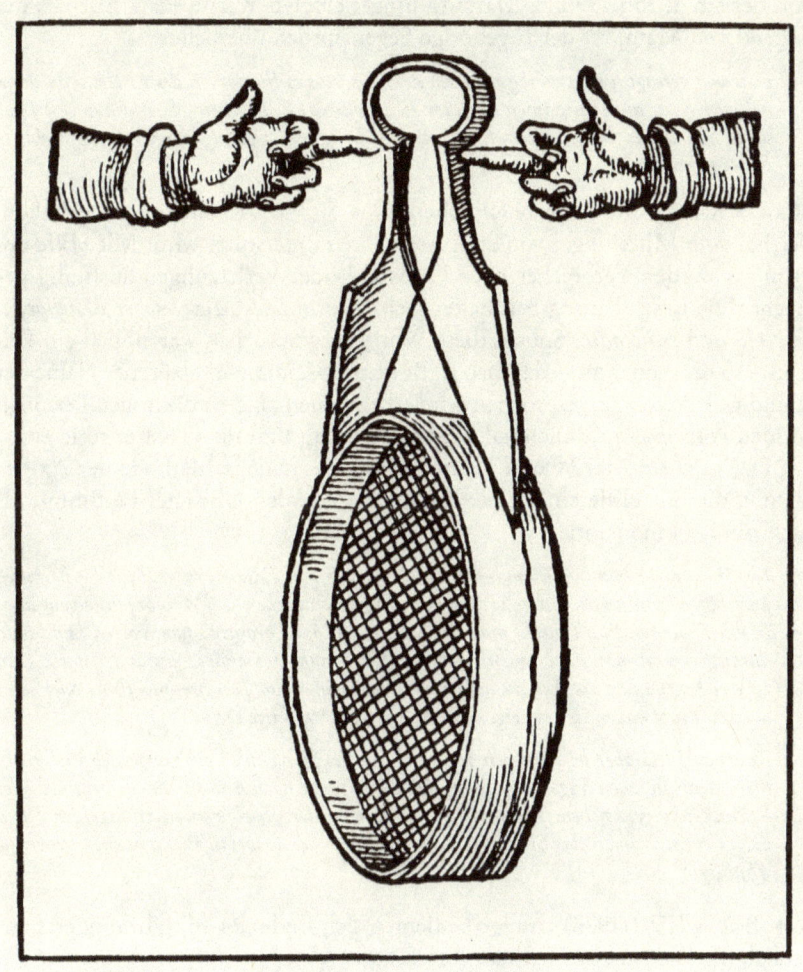

Abbildung 15: Siebdrehen nach Cornelius Agrippa von Nettesheim,
Opera omnia (16. Jh.).

Von der am 1. Juli 1596 zu Marburg hingerichteten Wirtin Platz Else aus der Gegend von Mainz ist der zugehörige Segensspruch überliefert:

wan was gefragt werde, so sag man Zu dem Sip, das es Im namen des vatters sohn vnnd heiligen geist, auch In namen der vier Evangelisten, S. Matheus, S. Marcusz, S. Luca unnd S. Joannes, sollte umblauffen, wan das Jenig sey, so gefragt wurdt, sey es nicht, so soll es stilstehen.[360]

AGRIPPA hat die Methode beschrieben: Das Sieb wird von Zangen gehalten, welches vom Mittelfinger von zwei Assistenten unterstützt wird. Mit Hilfe des Dämons werden Verbrecher oder Diebstahl oder Verletzungen ausfindig gemacht. Die Beschwörung beinhaltet sechs Worte *Dies Mies Jeschet Benedoefet, dowima* und *enitemaus*. Sobald diese Worte ausgesprochen waren, ließ ein Dämon – so die Annahme – das Sieb in Bewegung kommen, sobald der Name der schuldigen Person ausgesprochen wird (die Namen aller verdächtigen Personen wurden vorgelesen). Manchmal wird es aufgelegt und man lässt es rotieren.

Der gelehrte Arzt WEYER kennt sowohl die analoge Methode der Axinomantie, die mit Hilfe einer einer kreisenden Axt den Übeltäter bestimmt, als auch die Koskinomantie:

Koscinomantia vnnd Axinomantia werden beyde von Zauberern geübt / die heimlich übelthäter / vnd auch andere verborgene ding zu entdecken [...] Axinomantie geht also: In einen runden Pfal schlecht man der Schnur ein Axt / braucht etwas vorred / vnd bald darauff erzehlt man die Namen / deren auff die man argwohnet / ein ander nach. Und zu welchen namen die Axt entweders von eim kleinen Stößlein herumbefhrt / oder sonst wackelt / den haben sie im zeige, daß er der recht schüldige sey.

Koscinomantia aber begeben sich auff solche weise. Sie nehmen ein zangen höfflich nicht mehr denn in zwen finger / legen ein sieb darauf vnd nach dem sie ihr versegnunge oder beschwerung gesprochen, heben sie an die namen der verargwonten zu erzehlen / vnd zu welchem Namen das Sieb zittert / schwencket oder vmbelaufft / denselben geben sie schüldig.[361]

JEAN BODIN (1591/1973) zufolge bedienten sich Ende des 16. Jahrhunderts angeblich die Richter zur Hexenausforschung.

Beim Schlüsseldrehen wird ein Erbschlüssel (oder ein Beil) in eine Erbbibel zwischen das erste Kapitel Johannes gesteckt und aufgehängt, bei der Nennung des Verdächtigen gerät der Schlüssel in Bewegung. GRIMM vermutet, dass das von HANS SACHS in IV, 3, 58 angesprochene „Umlaufen des Lotterholzes", ebenfalls zur Wahrsagung dienen sollte. Eine andere Variante stellt auch das Käseessen dar, bei dem man einen des Diebstahls Bezichtigten einen gesegneten Käse essen ließ und einem Dieb der Bissen buchstäblich im Hals

---

360 Zit. n. Pohl, Zauberglaube (1998) S. 276.
361 Weyer, De praestigiis, Von Teuffelsgespenst, Zauberern und Gifftbereytern (1586/1969) S. 117f.

stecken blieb. HARTLIEB hat auch diese einem Ordal ähnliche Wahrsagemethode verurteilt, mit der Begründung, dass es durchaus einen Unschuldigen treffen könne und soziale Konflikte vorprogrammiert wären:

Mer windt man lewt, die ainen käs essent und mainent, wer schuldig sey an dem diebstal, der müg des käß nit essen. Wie wol darein ettlich saiffen für käs geben wirt, noch ist es sünd, wann es geschicht gar oft, das vast grosser unlewnt und böser arckwon daruß komt.[362].

3. Die Daktyliomantie

Die Daktyliomantie ist besser bekannt als Pendeln. Es wird mit einem an ein Haar gehängten Ring über einem Alphabet oder über Wasser angewendet und ist heute noch sehr beliebt. Analog, aber wesentlich komplizierter von der Handhabung funktionierte auch der in Pergamon entdeckte Wahrsageapparat, nur wird hier eine beschriftete Scheibe in Bewegung versetzt. Dort wo sie anhält, sind die Antworten auf die gestellte Frage zu finden. Der Vorgang mußte entsprechend oft wiederholt werden, da mit jedem Stillstand der Scheibe, nur ein Element der verschlüsselten Zeichen erfragt werden konnte.[363] Die Anwendung über Wasser hat möglicherweise zum Analogieschluss AGRICOLAS geführt, der das Pendeln mit dem Suchen nach Erdadern in Zusammenhang brachte. Die heutige Pendelpraxis sucht nach sog. Erdstrahlen, unterirdischen Wasseradern.[364] → siehe oben Wünschelrute

4. Becherwahrsagung oder Kylikomantie

Das biblische Becherorakel bezieht sich auf Josefs Wahrsagen aus dem Becher (Genesis 44,5). Je nachdem, ob ein Becher oder ein größeres Metallgefäß verwendet wurde, spricht man von Kyliomantie bzw. Lekanomantie. Letztere kann aber auch die intuitive Wahrsagung durch Starren auf spiegelnde Flächen bezeichnen. (→ siehe Kristallomantie).

Die Methode, einen an einem Faden befestigten Ring oder Türkis mit Daumen und Zeigefinger über einen mit Wasser gefüllten Becher zu halten und dann eine Frage zu stellen, verweist diese Praxis auch zum Pendeln. (→ siehe oben). Das Anschlagen des Ringes oder dessen Unbeweglichkeit bedeutet

---

362 Hartlieb, Buch der verbotenen Kunst (Ausgabe Eisermann 1989) Kap 51. S. 110.
363 Vgl. Wünsch, Antikes Zaubergerät aus Pergamon (1905). Die Vorrichtung erinnert auch an das vor allem in Amerika beliebte Ouija Board.
364 Zum Pendeln als Wünschelrute, Erdstrahlen etc. Ruff, Zauberpraktiken als Lebenshilfe (2003) S. 265–271.

Abbildung 16: Orakeltischchen mit aufgelegter Scheibe. Pergamon (3.–1. Jh. v. Chr.).

C. Abakomantische oder aktive Divinationssysteme

Abbildung 17: Zwei Astrologen auf einer Tarotkarte
angeblich aus dem Besitz Charles VI. (15. Jh.) Bibliothèque Nationale.

Bejahung oder Verneinung. ATHANASIUS KIRCHER (1602–1680)[365] erzählt in seiner *Ars magnetica,* dass er selbst mit seinen Schülern und anderen Leuten in Rom dieses Experiment gemacht hätte, ohne dass es ihnen möglich gewesen sei, eine Wirkung zu erzielen. CASPAR SCHOTT (1608–1666)[366] versuchte ein ähnliches Experiment und bei ihm konnte ein Schüler unfehlbaren Erfolg verzeichnen, allerdings nicht mit einem über dem Becher schwebenden Ring, sondern mit einem neben einer Bank oder einem Tisch aufgehängten Gewicht. Er konnte dies auch beliebig oft wiederholen.[367]

5. Das Tischrücken

In der Didache, einer apokryphen Schrift von der Lehre der zwölf Apostel[368] heißt es: *„Jeder Prophet, der im Geist sprechend, dem Tisch geboten hat, wenn er daran rührt, ist ein falscher Prophet."* Vermutlich bezieht sich die Stelle aber nicht auf das Verrücken des Tisches, sondern darauf, dass ein wahrer Prophet sich nicht durch Speisen oder Entgelte zu seiner Botschaft bringen lässt. Auf eine Bewegung der Tische geht der Kirchenvater TERTULLIAN in seinem Rundumschlag gegen Nekromanten und Traumdeuter ein:

> *Seelen von bereits Verstorbenen herabwürdigen, wenn sie Kinder, damit sie Orakel verkünden, niederstoßen, wenn sie mit marktschreierischer Gaukelei viele Wunderdinge aufführen, wenn sie auch Träume eingeben können, da sie ein für allemal die Macht der herbeirufenen Engel und Dämonen zu ihrem Beistand haben, durch deren Eingreifen gewöhnlich auch Ziegen ebenso Tische weissagen […].*[369]

Das Agens hinter der Bewegung der Tische sind Engel bzw. Dämonen. Klar wird allerdings nicht, ob die Tische rücken oder klopfen oder sogar, ob hier beides gemeint ist. TERTULLIAN brandmarkt die Täuschungen der Dämonen, die Mensch, Tiere und unbelebte Gegenstände instrumentalisieren, um durch diese heuchlerischen Täuschungen göttliche Verehrung genießen zu können. Der Glaube an die heidnischen Götter wird durch diesen Zirkelschluss als Dämonenverehrung geächtet.

---

365 Kircher, Magnes, sive de arte magnetica (1643) Lib. 40, III, cap. 3.
366 Schott, Magia universalis Naturae et Artis (1677) Lib IV, cap. 4.
367 Experimente zitiert nach Boehm, Art. Lekanomantie (1932/1987) V: Sp. 1205–1208; Kiesewetter, Geheimwissenschaften (1895/2005) S. 340ff.
368 Didache Kap. 11–12.
369 Tertullian, Apologeticum (1984). XXIII,11 S. 143.

6. Das griechisch-römische Losorakel

Lose waren sowohl in Griechenland als auch im römischen Reich üblich, bevorzugte Empfänger der Losorakel die unteren Schichten. Neben den begehrten Sprüchen der PYTHIA hielt schon Delphi die kostengünstigere Methode des Losens bereit. (→ siehe oben). Die neueste Studie über das Losorakel betrachtet dieses als „universelle anthropologische Situation, die je nach Beurteilung in deiner Kultur oder einer sozialen Einbindung qua normhierarchischer Verortung der Loszeremonie inmitten weiterer ritueller Gattungen unterschiedlich bewertet wurde und wird."[370]

Aufschlussreich erscheint in diesem Zusammenhang eine Studie über die sich in den wahrsagerischen Praktiken spiegelnde Sklavenmentalität von FRIDOLF KUDLEN.[371] Er betrachtet die Wahrsagerei keineswegs als im strikten Sinne religiös, obwohl sicherlich Orakelstätten aufgesucht wurden. Delphi fungierte als Orakelstätte der Aristokratie, während das dem Zeus und der Dione heilige Dodona ohne weiteres auch den „kleinen Leuten und ihren rein privaten Anliegen offen stand".[372] Als Beispiel für eine kaum religiöse Orakelpraxis der Antike versteht er die *Sortes Astrampsychi*, eine Art Zahlen-Lotterie-Orakel, das unter dem Namen eines Magiers überliefert ist, der zwar Priester genannt, aber das unter seinem[373] Namen überlieferte Orakelbuch als eher religionsneutral einschätzt. Typisch für diese „Do-it-yourself-Orakel" und seine oberflächliche Beziehung zur Religion ist die Einleitung zum *Astramapsychos*-Buch, beziehungsweise zu einer seiner Versionen: Der Fragende soll, heißt es da, eine Zahl sagen, welche er will und welche ihm der Gott in den Mund legt. Fast noch deutlicher nachträglich hinzugesetzt wirkt dieser Hinweis.

> *Andere, die ohne Wanken dem einzigen Gott dienen, haben ein Gebet zu Gott angefügt, das sowohl vom Fragesteller wie von Antwortenden gesprochen werden soll, damit der Gott ihnen wohlgesinnt ist.*[374]

Davon abgesehen präsentiert dieses Orakelbuch dem Benutzer zusätzlich zahlreiche Gottheiten, die jeweils als Garanten für die einzelnen Fragen und Antworten herangezogen werden konnten. Ein ähnliches, nachträglich aufgesetztes Verhältnis zur Religion zeigen die dem soeben besprochenen Orakelbuch eng

---

370 Naether hat dem Losverfahren neuerdings eine ausführliche Monographie gewidmet: Sortes Astrampsychi (2010); Harmening, Art. Los, Losbücher, Losnächte, Lostage (2005) S. 311.
371 Kudlen, Sklaven-Mentalität im Spiegel antiker Wahrsagerei, Stuttgart 1991 (=Forschungen zur antiken Sklaverei Bd. XXIII).
372 Vgl. Versnel, H. S. Religious mentality in ancient prayers, in: ders (Hg. v.) Faith, hope and worship. Aspects of religious mentality in the ancient world, Leiden 1981, S. 1–64.
373 Naether, Sortes Astrampsychi (2010) S. 280–282.
374 Zit.n. Kudlen, Sklavenmentalität (1991) S. 16.

verwandten *Sortes Sangallenses*.[375] Obwohl sie gewisse Reflexe einer christlichen Gottesvorstellung aufweisen, handelt es sich aber nicht um ein christliches Orakel. Ebenso ist auch das *St. Galler Orakelbuch* eher religionsneutral, da es in ähnlicher Weise heidnisch-abergläubische Anschauungen widerspiegelt.

Weitverbreitet waren Würfelorakel, über deren Verfahren zahlreiche Informationen vorliegen, vor allem die kleinasiatischen Inschriftenfunde gebieten reiches Informationsmaterial. Vermutlich hat man sie an Kultstätten verwahrt, sie waren aber auch an öffentlichen Plätzen zur allgemeinen Benutzung aufgestellt. Die erhaltenen Tafeln lassen auf 56 vierzeilige Orakel in Hexametern schließen. Darüber links fünf Zahlen, in der Mitte die sich aus den Zahlen ergebende Summe und rechts der Gottesname. Der erste Hexameter gibt Anweisung über den Wurf, darauf eine allgemeine Anleitung zum Orakel:

4 4 4 6 3   21   Zeus
Dreimal vier, dann einmal ein Sechser und fünftens ein dreier.
Was Du auch willst, du erreichst es, und findest, was Du suchest.
Mutig ans Werk, o Fremdling, schon ist Dir alles bereitet.
Das Verborgene entdeckst du, der Tag der Rettung ist nahe![376]

Die Würfel waren nicht die auch heute noch verbreiteten sechsseitigen, sondern Knöcheln mit nur vier Flächen, die Zahlen 2 und 5 fielen aus. Die mit 56 Orakeln bestückten Tafeln bezogen sich auf fünf Astragalen, d. s. Sprunggelenksknochen von Ziegen und Schafen, es ergeben sich also 56 Optionen. Eine kleinasiatische Variante[377] bezieht sich auf sieben Astragalen.[378] Die Methode war äußerst simpel, der Frager würfelte und suchte sich anschließend den passenden Orakelspruch auf der erwürfelten Tafel. Später kamen die sechsseitige Würfel mit den zugehörigen Tabellen in Gebrauch.

Die Antworten der Würfelorakel, wie man aus deren recht zahlreich erhaltenen Belegen[379] ersehen kann, geben zwar verschiedene Gottheiten als Orakelsprecher an, scheinen aber sonst auf keine spezifisch religiösen Inhalte Bezug zu nehmen. Von den beiden genannten *Sortes*-Büchern unterscheiden sich im Übrigen die Würfelorakel-Inschriften insofern, als diese keinerlei Rückschlüsse auf die soziale Position des Fragestellers und kaum welche auf den konkreten Inhalt der gestellten Frage erlauben. Die Antworten bleiben

---

375 Dazu ausführlich Naeter, Sortes astrampsychi (2010) S. 279–298.
376 Beispiel nach Boehm, Art, Los (1932/1987) Sp. 1368.
377 J. Nollé: Südkleinasiatische Losorakel in der römischen Kaiserzeit. In: Antike Welt. 18,3 (1987). S. 41–49.
378 Vgl. die Dissertationen Heinevetter, Würfel- und Buchstabenorakel in Griechenland und Kleinasien (1912) und Tauber, Das Würfelspiel im Mittelalter und in der frühen Neuzeit (1987).
379 Vgl. Rosenberger, Griechische Orakel (2001) S. 42ff.

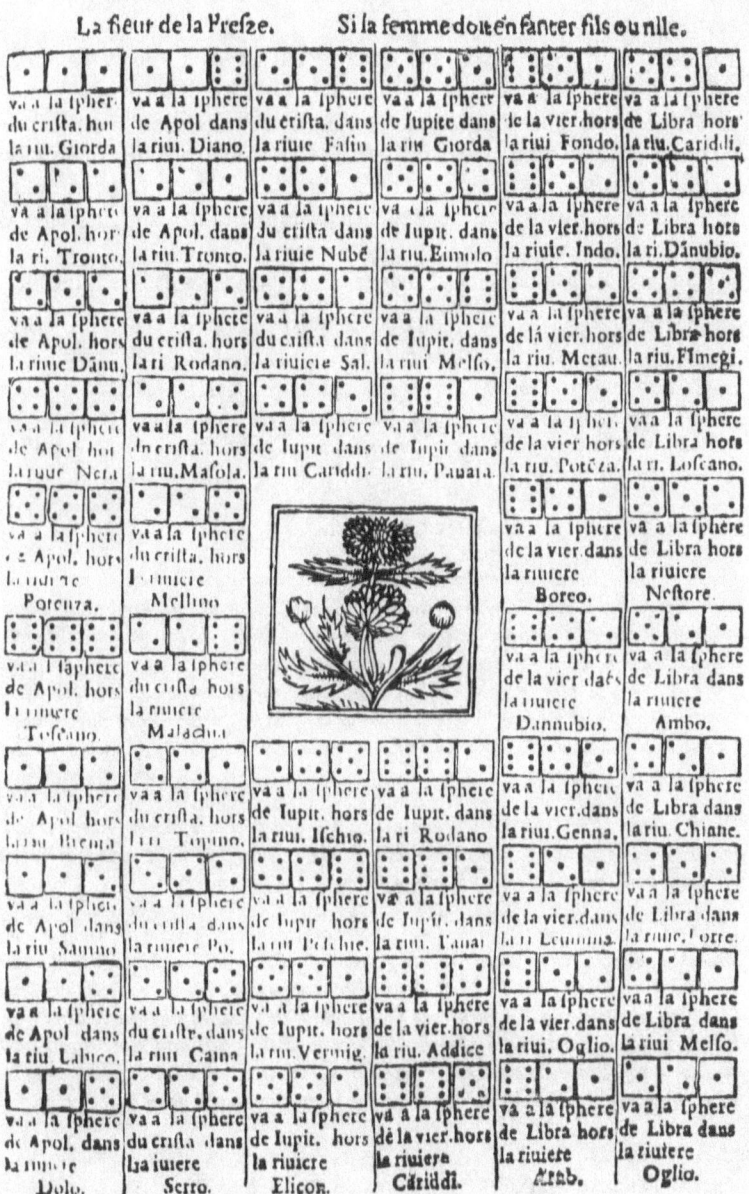

Abbildung 18: Würfeltabelle aus Maistre Laurens L' Esprit,
Le Passe-temps de la fortune des dez (1534).

eher unverbindlich, mit der Standardantwort: Du wirst Erfolg mit deinem Unternehmen haben.

Verwandt sind jene Orakel, bei welchen 24 Einzeiler, die akrostisch nach den 24 Buchstaben alphabetisch[380] geordnet sind, die Tabelle ergeben. Man würfelte angeblich mit fünf Astragalen und wählte einen entsprechenden Buchstaben. Diese Methode war in Griechenland und in Italien gleicherweise verbreitet. Eine andere Methode war das Buchstabenlosen, bei dem man aus einer Urne einen Bronzebuchstaben ziehen konnte, der sich auf einen der Verse des Akrostichons bezog.

Die Praxis des römischen Würfelorakels geißelt CICERO wie folgt:

Glaubst du nun wirklich, dass wir über die Lose überhaupt sprechen müssen? Wie nämlich verhält es sich mit einem Los? Doch etwa so, wie wenn man Morra[381] spielt oder wie wenn man Würfel von dieser oder jener Art wirft: Dabei herrschen Geratewohl und Zufall, nicht Vernunft noch Planung. Die ganze Angelegenheit wurde eben betrügerisch erfunden und beruht entweder auf Gewinnsucht oder auf Aberglauben oder einfach auf Irrtum.[382]

In Praeneste gab es ein offizielles Losorakel:

Die Urkunden der Praenestiner bezeugen, Numerius Suffustius, ein ehrenwerter und vornehmer Mann, sei häufig im Traum, am Schluß sogar unter Drohungen, dazu aufgefordert worden, an einem bestimmten Ort einen Steinblock zu spalten; aufgeschreckt durch die Gesichte habe er sich, obwohl seine Mitbürger ihn verspotteten, daran gemacht, das Geheißene aufzuführen – und so seien aus dem geborgenen Felsen die Lose hervorgesprungen, mit Kerben in ihrem Eichenholz: Zeichen urtümlicher Buchstaben. Der betreffende Ort ist heute in frommer Ehrfurcht eingefriedet; er liegt nahe beim Tempel Iuppiters [...][383]

Die Beschauer aber verkündeten, jenen Lose würden höchsten Ruhm genießen, und auf ihr Geheiß soll aus dem Olivenbaum eine Truhe verfertigt worden sein: dort barg man die Lose, und heut zieht man sie, wenn Fortuna dazu auffordert.

Welche Gewissheit nun können diese Lose vermitteln, die – wenn Fortuna dazu auffordert – von der Hand eines Knaben gemischt und gezogen werden? Wie gelangten sie überhaupt an jenen Ort? Wer hat das Eichenholz zugeschnitten, geglättet, beschrieben? [...] Nun zumindest diese Form der Wahrsagung ist jetzt im täglichen Leben von der Bühne verschwunden; die Schönheit des Heiligtums freilich und sein Alter bewahren den Losen von Praeneste auch heute noch ihren Ruf (zumindest beim Volk; denn welcher Amtsträger oder welcher Mann von Bedeutung macht noch von den Losen Gebrauch?).[384]

---

380 Vgl. Dornseiff, Art. Alphabet (1932/1987). Sp. 14–18, hier 17f.
381 Morra, ein Fingerspiel, bei dem die Spieler die Zahlen, die sie mit den Fingern anzeigen, zu erraten suchen, eine Form des Knobelns.
382 Cicero (2002) 2. Buch, 85, S. 213–214.
383 Ibid.
384 Cicero (2002) 2. Buch, 86, S. 215.

Ein Priester, der *sortilegus*, interpretierte den erhaltenen Spruch. An die Stelle der meist mittelmäßigen bis schlechten Sprüche traten die Verse berühmter Dichter, EURIPIDES, HESIOD, HOMER und VERGIL. Auch die römischen Losorakel griffen im 3. Jahrhundert zu Dichterversen.[385]

Plausibel erscheint, dass daneben die einfachere Methode, durch Öffnen der Buchrolle einen entsprechenden Vers zu finden, Anwendung fand. Die Einführung des Buches im 4. oder 5. Jahrhundert vereinfachte dieses Verfahren noch zusätzlich. Griechische Dichtkunst hatte wegen der göttlich gedachten Inspiration immer eine gewisse Verbindung mit dem Göttlichen, die Dichter konnten selbst göttlichen Status erreichen. Wenn nun HOMER als göttlich angesehen wurde, so waren es seine Werke nicht minder. Die *Ilias* wurde verwendet, um die Zukunft vorauszusagen, und zwar als *Homeromanteia*. Zitate aus der *Ilias* und *Odyssee* konnten willkürlich herausgelesen werden und ergaben so einen magischen Text. Das Verfahren wandte man an bestimmten Tagen und an diesen zu bestimmten Tageszeiten dreimal an: Wenn man am dritten Tag des Monats eine Antwort brauchte, sollte man bis zum nächsten Tag zuwarten und das Ritual im Morgengrauen veranstalten. An anderen Tagen konnte es den ganzen Tag über ausgeführt werden. Hatte man die günstige Stunde herausgefunden, sollte man ein Gebet sprechen und dreimal Würfel werfen und die unter den drei geworfenen Zahlen stehende Zeile lesen.

Die sonst in der griechischen Ritualpraxis eher seltene Dreizahl könnte vermutlich aus den ägyptischen Zauberritualen entlehnt sein.[386] (→ siehe ägyptische Tage) Diese Praxis, Teile aus dem Werk HOMERs aus dem Zusammenhang zu nehmen, praktizierten Gebildete, Philosophen, Könige und vor allem Ritualexperten. Eine Befragung ging beispielsweise so vor sich: Wenn etwa in *Ilias* 24, 369 steht: „*Einem Mann zu wehren, wer etwa zuerst euch beleidigt*" so folgt, dass man sich in einem Kampf wird behaupten können. Bei HOMER spricht Hermes diesen Satz zu Priamos und bietet seinen Schutz an. Man könnte ihn auch so verstehen, dass (ein) Gott seinen Schutz anbietet. Aus dem Zusammenhang gerissen kann der Satz aber bedeuten, kämpfe nur, um dich zu verteidigen.

---

385 Anm. 24 Ein aus dem 3. Jahrhundert n. Chr. stammender griechischer Zauberpapyrus enthält sämtliche mit drei sechsseitigen Würfeln zu erreichenden Ergebnisse, also 216, gekoppelt mit einem Homervers.
386 Hopfner, Offenbarungszauber (1921) Sektion 830; Vgl. auch Schwendner, Under Homer's spell, (2002) S. 107–119.

a) Das alttestamentarische Losen

Im Alten Testament werden an mehreren Stellen die rätselhaften *Urim* und *Tummim* als Instrumente der Wahrsagerei genannt, die zu unterschiedlichen Auslegungen geführt haben. Waren sie nun lediglich symbolisch gemeint, oder aber Juwelen am Brustschild des Hohepriesters, oder nur die Schriftzeichen auf der Brustplatte?[387] Die Funktion gibt weniger Rätsel auf, damit wollte man Gottes Wille erfahren und auch in Krisensituationen Entscheidungen treffen. David tritt anlässlich eines Angriffskriegs gegen die Philister in eine Kommunikation mit Gott ein. In 1 *Samuel* 23–6–13 werden Instrumente und Fragetechniken aufgelistet, ein Medium zur Gottbefragung gewählt, der Efod, das israelitische Hohenpriestergewand, das der Priester mitbringt. An zwei goldenen Schnüren hing die Lostasche mit den Steinen *Urim* und *Tummim*.[388] Die Steine sollten zu einer Ja-Nein-Antwort verhelfen. Dazu gehören noch zwölf kreisförmig angeordnete Edelsteine auf dem Brustschild, die die zwölf Stämme Israels repräsentieren. BATSCH hat die spiegelnden Flächen der Edelsteine als Visionsorakel[389] (→ siehe Kristallomantie) deuten wollen, NAETHER versteht dieses richtiger als synkretistisches Verfahren.

Im Spruch *Prov.* 16,33 *„Der Mensch wirft das Los, aber es fällt, wie der Herr will"* betätigt man das Los als Instrument, aber die Hand wird von Gott geführt.[390] Von daher verwundert es nicht, dass die Losbücher als Offenbarungsinstrumente sakrosankten Status besaßen. Der zweite Spruch impliziert Anerkennung der Lose *Urim* und *Tummim* und weist ihnen einen festen Platz zur Kontingenz- und Konfliktbewältigung zu. *Prov.* 18,18 *Das Los schlichtet den Streit und lässt Mächtige nicht aneinandergeraten."*

b) Runen und Stäbe – Das germanische Losen

Die divinatorische Praxis des Losens, lateinisch *Sortilegium*, und der dafür zuständige *Losære* entspricht dem *sortilegus*, mittellateinisch *soritarius* erscheint in den Texten synonym mit „zaubern". Im *Wolfdietrich*[391] und bei WALTHER (115, 32 und 116, 23 und 116,25)[392] ist von *zouber werfen, zouber legen* die Rede. Los[393] stammt von ahd *hlōz*, as. *hlōt* aus germ * *hlauti-* m. „Losung", „Anteil", „Erbschaft" ae. *hlyt* „Los", „Schicksal". Die anord. Entsprechung, an. *hlaut*, ist

---

387 Vgl. ausführlich van Dam, The Urim and Thumim (1997).
388 Die Namen übersetzte man lateinisch mit *Lux et veritas*. Die Kleidung des Priester 2 Moses 39, 18–19
389 Batsch, Ourîm et toumimîm: Un oracle de guerre dans le judaïsme (1999) S. 43–56, hier 51f.
390 Naether, Sortes Astrampsychi (2010) S. 338–341 mit umfassender Diskussion.
391 Wolfdietrich (Ausgabe Jänicke 1968) 515, 520, 533.
392 Walther von der Vogelweide, (Ausgabe Cormeau 1996).
393 Kluge, Etymologisches Wörterbuch (1989) S. 448.

möglicherweise mit einem anderen Wort, das Opferblut bedeutet, zusammengefallen. Das a-stämmige Wort „Losen" war teilweise ein Neutrum, und hat sich im Deutschen dann auch als Neutrum durchsetzt. „Los" ist eine Ableitung aus germ.* *hleut-a*. Das semantische Feld „losen", ahd. *liozan* bezieht sich auf besonders heikle Angelegenheiten, die besonders emotional besetzt waren, wie Erbteilung, Ausmittelung des Schlachtopfers. Das Losen entschied also über eine Kontingenz der Gegenwart und erstreckte sich auf die Zukunft. Es gab zwei Methoden, der Priester bzw. der Hausvater warf das Los und deutete das Gefallene oder er ließ die betroffene Partei ziehen, die dann u.U. den „Kürzeren zog".

Sowohl JULIUS CÄSAR als auch TACITUS waren von dem Glauben beeindruckt, den die Germanen mit den Orakeln verbanden. Am Ende des 1. Jahrhunderts schrieb TACITUS, dass Divination wohl für das Stammes- als auch das Familienleben von großer Bedeutung wäre. Es ist eher unwahrscheinlich, dass er Germanien je besucht hat, seine Informanten und Quellen scheinen aber recht gut gewesen zu sein, weshalb er nach wie vor unsere erste Information zu den frühen Germanen bleibt. In einem Teil der *Germania*, im 10. Kapitel, informiert er uns, wie das Loswerfen vor sich ging.

> *Auf Vorzeichen und Losorakel achtet niemand so viel wie sie. Das Verfahren beim Losen ist einfach. Sie schneiden von einem fruchttragenden Baum einen Zweig ab und zerteilen ihn in kleine Stücke; diese machen sie durch Zeichen kenntlich und streuen sie planlos und wie es der Zufall will auf ein weißes Laken. Dann betet bei einer öffentlichen Befragung der Stammespriester, bei einer privaten der Hausvater zu den Göttern, hebt, gen Himmel blickend, nacheinander drei Zweigstücke auf und deutet sie nach den vorher eingeritzten Zeichen. Lautet das Ergebnis ungünstig, so findet am gleichen Tage keine Befragung mehr über denselben Gegenstand statt; lautet es jedoch günstig, so muss es noch durch Vorzeichen bestätigt werden.*
>
> *Und der verbreitete Brauch, Stimme und Flug von Vögeln zu befragen, ist auch hier bekannt, hingegen ist es eine germanische Besonderheit, auch auf Vorzeichen und Hinweise von Pferden zu achten. Auf Kosten der Allgemeinheit hält man in den erwähnten Hainen und Lichtungen Schimmel, die durch keinerlei Dienst für Sterbliche entweiht sind. Man spannt sie vor den heiligen Wagen; der Priester und der König oder das Oberhaupt des Stammes gehen neben ihnen und beobachten ihr Wiehern und Schnauben. Und keinem Zeichen schenkt man mehr Glauben, nicht etwa nur beim Volke: auch bei den Vornehmen, bei den Priestern; sich selbst halten sie nämlich nur für Diener der Götter, die Pferde hingegen für deren Vertraute.*
>
> *Sie beachten noch eine andere Art von Vorzeichen; hiermit suchen sie den Ausgang schwerer Kriege zu erkunden. Sie bringen auf irgendeine Weise einen Angehörigen des Stammes, mit dem sie Krieg führen, in ihre Gewalt und lassen ihn mit einem ausgewählten Manne des eigenen Volkes, jeden in den Waffen seiner Heimat, kämpfen. Der Sieg des einen oder anderen gilt als Vorentscheidung.*[394]

---

394 Tacitus, Germania (Ausgabe Staedele 2001) S. 16–19.

Es ist wahrscheinlich, dass diese Zeichen auf den schmalen Holzstäben einem ähnlichen Typus wie die Runen angehörten, die wir als in Gebrauch vom Ende des 13. Jahrhundert kennen und die von germanischen und späteren skandinavischen Völkern noch lange in der christlichen Ära in Gebrauch waren. Das Ziehen eines Loses entschied, welches Opfer ausgewählt werden sollte. CÄSAR wusste um diesen Brauch, da er von seinem Freund Gaius Valerius Procillus, der als Kriegsgefangener geopfert werden sollte, erfahren hatte.[395]

ALCUINS *Leben des Hl. Willibrord*[396] aus dem 8. Jahrhundert beschreibt ein ähnliches Ereignis: Der Heilige hatte auf der Insel Helgoland ein Sakrileg begangen, indem er in einer den Heiden heiligen Quelle getauft und heiliges Vieh getötet hatte. Der König war felsenfest überzeugt, dass die Götter über solches Verhalten erzürnt wären und ließ dreimal das Los werfen, um zu entscheiden, welcher der Gefangenen geopfert werden sollte. Aber jedes Mal fiel das Los auf einen anderen, Willibrord war nicht ausersehen.

Wir wissen nicht, auf welche Weise diese Auswahl vor sich ging; möglicherweise, wie die Sagas gelegentlich erwähnen, werden Lose geworfen, wobei für jeden Mann ein Holzstück ausgewählt wurde. In einigen Fällen könnten die Lose entschieden haben, wie viele Gefangene dem Tode überantwortet werden sollten. In einem Brief des Apollinaris SIDONIUS (430– 480), Bischof von Clermont aus dem 5. Jahrhundert, drückt dieser sein Missfallen darüber aus, dass die sächsischen Piraten nach einem erfolgreichen Raubzug ein Ritual ausführten, das durch Los ausgewählte Gefangene zu Tode brachte.[397]

Lose wurden auch gebraucht, um festzustellen, ob es der Wille der Götter war, sich an einem Kampf zu beteiligen. CÄSAR berichtet, dass die Germanen bei solchen Gelegenheiten ältere Frauen das Los werfen ließen und das Ergebnis der Befragung so ernst nahmen, dass sie es ablehnten, einen Krieg zu beginnen, der nicht dem Willen der Götter entsprach. ARIOVISTUS gab den Angriff auf die Römer auf, weil die Matres ihm erklärt hatten, er solle nichts vor Vollmond unternehmen.

Noch die im 9. Jahrhundert von seinem Nachfolger RIMBERT niedergeschriebene *Vita des Ansgar*, des Erzbischofs von Hamburg-Bremen, bestätigt, dass bei militärischen Entscheidungen die Lose in Verwendung waren.

Mitte des 9. Jahrhundert wurde ein schwedischer König namens Anund aus seinem Königreich verbannt und bat die Dänen um Hilfe. Als Gegenleistung bot er ihnen die Hilfe seiner Flotte von elf Schiffen bei einem Angriff auf die Marktstadt Birka in Ostschweden an. Sie fanden Birka ungeschützt vor, Praefectus Herigar und die Stadtleute flüchteten nach Sigtuna. Herigar

---

395 Caesar, Der gallische Krieg (Ausgabe Deissmann 2008) I, 53,5.
396 Alcuin, Willibrord, Apostel der Friesen (Ausgabe Reischmann 1989) Cap. 10.
397 Apollinaris Sidonius, Briefe (Ausgabe Köhler 1995).

traf Anund und war einverstanden, 50 Kilo Silber als Reparation zu zahlen. Das Geld wurde ausbezahlt, aber die Dänen waren unzufrieden, da sie dachten, sie hätten die reiche Stadt plündern können. Herigar war Christ und wies die heidnischen Stadtleute an, zu Christus um Hilfe zu flehen. In der Zwischenzeit hatte Anund den Dänen vorgeschlagen, Lose zu werfen, ob es der Wille der Götter wäre, diese Stadt zu zerstören, eine Stadt, in der viele machtvolle Gottheiten verehrt würden. Als herauskommt, dass eine andere Stadt, von dieser entfernt, besser geeignet ist, akzeptieren die Dänen das Orakel und ziehen dorthin.[398]

Daran ist erkenntlich, dass die Lose auch für den nächsten Schritt geworfen wurden. Herigars Appell an die heidnischen Schweden, sich an den christlichen Gott zu wenden, könnte eine Interpretation, ein frommer Wunsch des Schreibers sein, doch gibt es keinen Grund, das Losen einzuflechten, wenn es nicht ein beliebter und bekannter Brauch der Dänen gewesen wäre, wie er herausstreicht. Die Annahme geht dahin, dass die Götter bestimmen, wie das Los fällt und TACITUS meint, dass die Germanen die Praxis mit einem Gebet begännen. Der Gebrauch der Lose scheint eine ungebrochene Tradition von der römischen Antike zur Wikingerzeit zu haben und war besonders in Skandinavien mit dem Gott Odin verbunden. Ohne Zweifel gibt es eine enge Verbindung zwischen Runen und Weissagung und Runen und Göttern, insbesondere Odin. In der *Hávamál* 138 heißt es, Odin habe die Runen am Baum hängend empfangen.

> *Ich weiß, daß ich hing*
> *am windigem Baum*
> *neun Nächte lang,*
> *mit dem Ger verwundet,*
> *geweiht dem Odin,*
> *ich selbst mir selbst,*
> *an jenem Baum,*
> *da jedem fremd,*
> *aus welcher Wurzel er wächst.*
> *Sie spendeten mir*
> *nicht Speise noch Trank;*
> *nieder neigt ich mich,*
> *nahm sie rufend auf;*
> *nieder dann neigt ich mich.*[399]

---

398 Vita Anskarii auctore Rimberto (Ausgabe Waitz 1884) cap. 19, S. 41; englische Übersetzung (Ausgabe Robinson 1921) S. 68. Vgl. Pesch, Orakel (2003) S. 134–142.
399 Edda, Das Runenlied Odins in der Übertragung von Felix Genzmer (=Thule II).

DÉROLEZ[400] monierte, *blótspán* sei ein anderer Name für das Los und der Begriff *hlautteinn* (wörtlich Blutzweig) bezeichnet nicht, wie in der *Eyrbyggja Saga,* einen Zweig, mit dem das Opferblut um den Tempel ausgesprengt wird, sondern einen Losstab. Das Wort *pulr,* das „Redner" oder „Weiser" bedeutet, sollte in diesem Zusammenhang als relevant angesehen werden. Dreimal im selben Gedicht auftretend wurde der weise Riese, der mit Odin in einen Rätselwettstreit eintritt, so bezeichnet und einmal der Schmied Regin. Eine Stelle bei SAXO[401] scheint zu bestätigen, dass die Ausdrücke *fella blótspán,* „den Opferspan auswerfen", und *hrista teina,* „die Stäbe schütteln", ein Losorakel bezeichnen[402]. Der Name jenes Gottes, von dem man ein Orakel forderte, wird nur an wenigen Stellen genannt, und zwar in norwegischen Quellen, es handelt sich um *Þórr.*[403]

In der *Eyrbyggja saga*[404] streitet ein norwegischer Häuptling mit Harald Schönhaar und erbittet sich vom Gott Thor einen Rat, ob er sich versöhnen oder auswandern soll. Der Gott entscheidet, dass er nach Island ziehen solle. Ein anderer norwegischer Auswanderer befragte, als er Island ankam, den Gott, in welchem Teile des Landes er wohnen solle; er wurde vom Gott nach Norden gewiesen[405]. Bei SAXO ist eine Geschichte von einem König überliefert, der das Spanorakel befragte, als ein ungünstiger Wind aufkam. Das Los besagte, dass ein bestimmter Mann dem Odin geopfert werden solle. Als das Los den König selbst traf, wurde dieser auch getötet[406]. Darüber wissen wir aus *Ynglinga saga* und bei SAXO. Nach der Saga ließ König Dag einen Eber opfern, um vom Gott zu erfahren, was aus dem Spatz geworden sei, der ihm immer die Neuigkeiten bringe[407]. Dem König Granmar sagte der Opferspan, dass er nur mehr kurz zu leben habe.[408] Vom kinderlosen König Halfan von Schweden berichtete SAXO, das dieser vom Orakel Bescheid erhielt, er werde keine Nachkommenschaft bekommen, bis er den Manen seines Bruders, den er unerkannt aus Versehen getötet, ein entsprechendes Opfer gebracht habe[409].

---

400 Derolez, Götter und Mythen (1964) S. 217f.
401 *conjectis in urnam sortibus,* SAXO (1899) I, VI , 104.
402 Germania c. 10.
403 In der *Hervarar saga* geht es um eine Hungersnot und die Menschen verzweifeln. Die Wissenden machen Lose und fällen den Opferspan und das Orakel sagt, dass niemals Wohlstand kommen werde, wenn man nicht einen der vornehmsten Knaben im Land opfere. 9 cap. 7. Vgl. Aðalsteinson, Wahrsagen und Weissagen (2006) S. 81–84, hier S. 82.
404 Eyrbyggja c. 4, 1.
405 Landnahme III 8.
406 Saxo p. 84.
407 Ynglingasaga c. 18.
408 ibid. 38.
409 Saxo p. 246.

Ebenso wie die teilweise anerkannte Bibliomantie hielt man sich im Christentum an das Vorbild der Bibel, wo es heißt, selbst die heiligen Apostel hätten um Matthias gelost. In Zweifelsfällen, vor allem wenn es um kirchliche Ämter geht, ist es nach HARTLIEB auch zulässig und keine Sünde. Aber man sollte bedenken: „*das ettlich ding in der alten ee, auch in der ersten anfange cristlicher kirchen nit sünd sey. Darumb das die hailig kirch verpoten hat, wann wir süllen und müssen der hailigen kirchen gehorsam sein, wöllen wir behalten werden*".[410]

Das Befragen des Loses bei einem Zweikampf, wahrscheinlich um bei den Wetten bessere Vorausetzungen zu haben, hält er für verwerflich. „*Es sind ettlich zaubrer, die wöllen wissen, welher an dem kampff ob lig. Die schreiben baid namen uff zwein zetel und überziehen sy mit laym oder wachs und werffen das dann in ain beck vol wassers. Das ist gar ain grosser ungelaub.*"[411]

Im *Karlmeinet* wirft Agolant das Los und schickt Boten zu Karl, um die Schlacht zwischen den beiden Armeen auszuhandeln, genauso werden die Turnierparteien im *Reinfried von Braunschweig* bestimmt.[412] In EILHARTs *Tristan* wird dieser durch Los zum Botschafter ernannt und muss die Iren aufsuchen,[413] in GOTTFRIEDS *Tristan* verhandeln die Ritter in Tintagel ihre Tributzahlungen mit Losen, Tristan plädiert für einen Kampf.[414] Im *Prosa-Lancelot* findet die Dame vom See heraus, dass Lancelot zum Ritter geschlagen werden muss, um in der höfischen Gesellschaft integriert und anerkannt zu werden.[415] Im *Elsässischen Trojabuch* und in KONRADS VON WÜRZBURG *Trojanerkrieg* sichert der Prophet Helenus die durch Beschwörung und unheilvolle Träume erhaltenen Untergangsprophezeiungen mit dem Los ab.[416]

c) Losbücher – Punktierkunst

Etleich geben lospüchern chraft. HANS VINTLER (V. 7757)[417]

Als Vorläufer der Losbücher[418] sind wahrscheinlich die antiken, dem Würfel- und Buchstabenorakel zugeordneten Spruchsammlungen anzusetzen.

---

410 Hartlieb, Das Buch aller verbotenen Künste (Ausgabe Eisermann 1989) Kap. 46, S. 106.
411 Ibid. Kap. 47 S. 106.
412 Karlmeinet (Ausgabe Keller 1858/1971) 345,32f. Reinfried von Braunschweig (Ausgabe Bartsch 1871) VV. 10271ff.
413 Eilhart von Oberge, Tristan (Ausgabe Buschinger 1976) VV. 1519ff.
414 Gottfried von Straßburg, Tristan (Ausgabe Bechstein 1978) VV. 6011ff.
415 Prosa-Lancelot (Ausgabe Kluge 1948) I, 117–119.
416 Elsässche Trojabuch (Ausgabe Witzel 1995) 25, 66; Konrad von Würzburg, Der trojanische Krieg (Ausgabe Keller 1858) VV. 19042–19109 und *ir lôsen unde ir wîssagen erfüllet worden ûf ein ort* V. 23 390.
417 Vintler, Die pluemen der Tugent (Ausgabe Zingerle 1874).
418 Allgemein vgl. Haage (2007) 291f.

Die Forschung geht von einer relativ linearen Tradierung von paganen zu arabischen zu jüdischen und zu christlichen Losbüchern aus. Von diesen Protoformen führt die Entwicklung zu den christlichen Varianten der Orakelliteratur. Man unterscheidet drei Typen von Losbüchern,

1. auf Zahlenkombinationen beruhende wie die griechische Astragalorakel
2. Punktierbücher mit einer Stechtafel
3. Orakelbücher mit vorgegebenen Fragen und Antwortkatalogen wie die *Sortes Astrampsychi*[419]

THOMAS VON AQUIN unterscheidet das verteilende, das beratende und das wahrsagende Los, also die *sors divisoria, consultoria* und die *divinatoria*. Das erste entscheidet in juristischer Angelegenheit wie Wahlen oder Erbrecht, das zweite soll nur bei einer wichtigen Angelegenheit befragt werden, das dritte beschäftigt sich ausschließlich mit der Erkundung der Zukunft. Für alle drei Arten finden sich bereits Beispiele in der Bibel, weshalb auch die christlichen Autoren lange das Losen nicht ausschließlich verwerfen. Nicht selten betrachtet man das Losen als Angelegenheit, die sogar auf Befehl Gottes erfolgte, wie z.B. im Jüdischen die Auswahl des Sündenbockes oder die Verteilung Kanaans unter die jüdischen Stämme, die Wahl Sauls etc. In der christlichen Zeit war die Zuwahl des Apostels Matthias besonders wichtig. So wird das Losen unter bestimmten Voraussetzungen eine zwinge Notwendigkeit und erfolgt unter vorheriger Anrufung Gottes als Legitimierungsstrategie. Ausdrücklich verboten, aber dennoch belegt ist die Anwendung des *sors* bei Bischofswahlen. Außerdem verboten war die Verwendung von heiligen Gegenständen wie der Eucharistie zu Loszwecken, aber nichtsdestotrotz wurden sie dennoch angewendet. Die *sortes divinatoria* sind in vollem Umfang kirchlich verboten, da sie Gottes Ratschluss hinterfragen und eingreifen wollen. Die kirchlichen Verbote richten sich gegen die *Sortes Sanctorum*.[420] Unter *Sortes* werden alle Divinationsformen zusammengefasst, in welchen modern gesehen der Zufall den Ausschlag gibt. So rechnet DELRIO zu den *Sortes illicita* jene mit den Hilfsmitteln Losstäbe, Kugeln und Würfel. Um das Losorakel von den anderen Divinationsformen abzuheben, verwendet man auch den Begriff Kleromantie.

Andere Spezialtermini der Losmantik:

1. Alle Formen, die mit Stäben und Hölzern arbeiten, bezeichnet man als Rhabdomantie, wobei man das Wünschelrutengehen ebenso bezeichnet.
2. Losen mit Würfeln und Spielsteinen: Astragalomantie oder auch Kybomantie
3. Mit Bohnen: Kyamomantie.

---

419 Vgl. Naether, Die Sortes Astrampsychi (2010).
420 Ibid. S. 299–310

4. Mithilfe von (Dichter-)Versen: Rhapsodomantie
5. Das Aufschlagen von Büchern: Bibliomantie
6. Wenn diese gestochen werden: die Stocheiomantie bzw. Stichomantie.
7. Deutung aus Buchstaben: Onomatomantie

Die Gesamtheit der Loswahrsagung läuft unter den hybriden Namen Sortimantie. AUGUSTINUS erklärt die *sors divisoria* für erlaubt, wenn in Zeit der Verfolgung Priester an einem gefährdeten Ort verbleiben sollen usw.

Den schon erwähnten *Sortes Astrampsychi* ging (vielleicht aufgesetzt, → siehe oben) ebenso wie beim Bibellosen eine Phase der asketischen Einstimmung mit Fasten und Beten voran. Der Inhaber des Buches beging die Orakelbefragung lediglich an bestimmten Tagen, zu bestimmten Stunden und nach gemeinsamem Gebet mit dem Fragesteller. Die Methode ist wesentlich komplizierter als das Bibellosen. Hier werden zum ersten Mal in der Geschichte der Orakelschriften nicht die Antworten, sondern die Fragen festgelegt. Es stehen 92 Fragen 1030 Antworten gegenüber. Der Fragesteller wählt sich ein der Fragen aus und zählt zu deren Nummer eine Zahl aus der Zahlen von 1-10. Dann wird aus einer Tabelle die Nummer der Dekade festgestellt, die zu der Summe gehört, und innerhalb dieser Dekade wird dann der unter Zahl 1-10 stehende Vers aufgesucht und als Orakel verwendet. Die Fragen sind meist persönlicher Natur, beziehen sich auf geschäftliche Angelegenheiten, Familie und die damit verbundenen Befindlichkeiten, Gesundheit, Reisen u.a. Die Antworten darauf sind eher kurz gehalten und werden in einigen Handschriften affirmativ alttestamentlichen Personen und auch Ländern zugeschrieben.

Verwandt mit dem Losbuch des ASTRAMPSYCHOS sind Bruchstücke eines lateinischen Losbuchs in einer St Gallener Handschrift des 6. Jahrhunderts, seine Entstehung wird ca. im 2. Jahrhundert angesetzt. Die Antworten sind nicht Dekaden, sondern Dodekaden, 52 sind erhalten, Fragen und Anleitung nicht. Der christliche Einfluss ist ganz deutlich.

Für die Befragung der *Sortes Sanctorum* wurden offenbar solche Orakelsammlungen verwendet. Erhalten und somit erkennbar sind Losbücher allerdings er seit dem 10. Jahrhundert. Auch in diesen in mehreren Handschriften überlieferten Losbüchern ist vor der Befragung dreitägiges Fasten und Beten Pflicht, ähnlich den heidnischen Würfelorakelvorschriften. Die 56 Zukunftssprüche und Anweisungen beziehen sich auf die mit drei sechsseitigen Würfeln sich ergebenden Kombinationen.

Der erste ausdrückliche Hinweis auf ein Losbuch, nämlich auf die sog. *Sortes Apostolorum,* stammt von Papst GELASIUS (94 n. Chr.). Für diese Art von Mantik hat BJÖRK treffend festgestellt,[421] dass selbst wenn hier gelegentlich Gott ins Spiel kam, die Einstellung der Kunden bzw. Orakel-Erteiler nicht

---

421 Björck, Heidnische und christliche Orakel mit fertigen Antworten, (1939) S. 86–98, hier

wirklich fromm, sondern eher weltlich, nicht aufs Übernatürliche, sondern auf den bloßen Zufall ausgerichtet war. Während in Delphi die Aussagen der Pythia Interpretatoren benötigten, bedurften die den Besuchern von Delphi ebenfalls zugänglichen Losorakel keiner näheren Auslegung. Sowohl der Erteiler als auch der Benutzer hatte enormes Vertrauen in die Antwort, andere wieder erklärten die Zufallsergebnisse für wertlos und oft betrügerisch. ARTEMIDOR z.B. hielt die Astrologie und das echte Sehertum für verlässlich, während er das Würfel- und Sieborakel als betrügerisch ansah.[422]

Die erhaltenen mittelalterlichen Losbücher kombinierten das Buchaufschlagen mit dem antiken Würfelorakel. 56 Sprüche entsprechen den mit drei sechsseitigen Würfeln zu erzielenden Würfen. Die Sammlungen bestehen hauptsächlich aus einer Reihe von Orakelsprüchen, die Voraussagen für die Zukunft des Fragenden, Antworten auf seine Probleme oder auch Ratschläge bereithalten, die Entscheidungen in schwierigen Situationen erleichtern sollen. Um Antwort auf eine Frage zu erhalten, muss der Fragende eine bestimmte Tätigkeit ausführen, deren Ergebnis dem Zufall unterworfen ist. Dieses „Werfen des Loses" ist je nach Losbuch verschieden. Es gibt die Methode des Würfelns, Drehen einer Scheibe etc. Manuale zum Erfragen durch Würfeln waren bereits in der Antike bekannt. Wahrsagesprüche, die man durch Würfeln erfahren konnte, sind aus dem antiken Griechenland überliefert, lateinische frühchristliche Texte sind ebenfalls erhalten.

Die aus dem arabischen Kulturkreis stammenden Losorakel hatten nicht unerheblichen Einfluss. Die in den Bußordnungen genannten *Tabulae* und *Tabellae* beziehen sich auf Losbücher, die Tabellen als Schlüssel für die komplizierte Anwendung zur Hand geben. So war nicht mehr der Vers die Richtkategorie, sondern ein Buchstabe auf der aufgeschlagenen Seite. Zur Interpretation brauchte es einen detaillierten Schlüssel, der an die Buchstaben(be)deutung geknüpft war. Tabellen und Orakelalphabete sind in vielen europäischen Sprachen überliefert. Die schon erwähnten *Sortes Apostolorum* von 494 sollen nach PETER VON BLOIS eine *tabella Pythagorica* enthalten haben. Wie man sich die Tabelle vorzustellen hat, kann man aus den noch erhaltenen Losbüchern schließen, die diese Tabelle ebenfalls bereitstellen.

Im besonders den Geheimwissenschaften zugeneigten Spätmittelalter waren Losbücher in adeligen Kreisen beliebt. Von vielen regierenden Persönlichkeiten ist bekannt, dass jeglicher Aktivität das Losbefragen (oder eine andere divinatorische Praxis) vorausging, die auf das Erfahren zukünftiger Dinge zielte, die allein Gott wissen kann. Lose sollten z.B. die Verteilung eines Be-

---

S. 87f. Vgl. auch Schönbach, Studien zur Geschichte der altdeutschen Predigt (1900) S. 33ff..
422 Vgl. Hahn, Traumdeutung und soziale Wirklichkeit. (1985) S. 57–58.

sitzes regeln oder in Ehrenfragen beraten (= *sors consultoria* oder das beratende Los). Auch dieses Losens ist nur mit Einschränkungen erlaubt: nur aus Notwendigkeit und mit Ehrfurcht vor Gottes Willen. Nicht erlaubt ist es, wenn göttliche Orakel für irdische Geschäfte in Anspruch genommen und sie zur Wahl kirchlicher Würdenträger genutzt werden. Das geschieht nur allein auf Eingebung des Hl. Geistes. Die Begrifflichkeit des THOMAS VON AQUIN hat sich durchgesetzt, der die Sortes nach den Fragestellungen klassifiziert: „*Inquibus rebus fiat inquisitio per sortes – ostenditur ad quem finem sortes ordinantur – in quo ostenditur quis sit modus inquirendi per sortes – unde sit sortium virtus – In quo ostenditur utrum sortibus liceat uti.*"[423]

Erhalten ist u.a. das lateinische Wahrsagebuch des deutschen Königs WENZEL (1376–1400). Bis ins 16. Jahrhundert existierten an deutschen Fürstenhöfen Wahrsage- und Losbücher. In deutscher Sprache erschienen die Losbücher ziemlich spät, die ältesten erhaltenen Texte stammen erst aus der zweiten Hälfte des 14. Jahrhunderts. Die in illustrierten Handschriften überlieferten spätmittelalterlichen Losbücher sind in ironischem Ton geschrieben und markieren die Grenze zwischen superstitiöser Praxis und Gesellschaftsspiel. Dennoch war die Haltung der Kirche ablehnend, daran konnte ein noch so scherzhafter Zugang nicht viel ändern. Besonders in den theologischen Traktaten und Beichtbüchern wird auf die Gefahren dieser abergläubischen Praxis eingegangen. Die Bezeichnung Losbuch ist bereits im 13. Jahrhundert nachgewiesen, und zwar in der ersten deutschen Übersetzung des Cato, einem didaktischen Lehrbuch des 3. bzw. 4. Jahrhunderts. CATO II, 12 wird folgendermaßen übersetzt: „*Du solt mit lôzbuochen / goes willen niht versuochen.*"[424] (V. 131)[425] „*Durch die Unterordnung der irdischen Kontingenz unter die göttliche Providenz ist Fortuna seit Boethius [...] unmittelbar auch an die christliche Offenbarungswahrheit gekoppelt.*"[426] Dennoch gewinnt das Zufallsprinzip immer mehr an Boden, denn nicht jeder Würfelfall bedeutet eine Entscheidung Gottes. Die Theologie verurteilte Zufallsspiele, denn der Wille zum Gewinn impliziere „Erzwingen" der „göttlichen Güte".[427]

Der FREUDENLEERE verweist im Maere von der *Wiener mervart* offenbar auf gängige Alltagspraxis: „*alle die in das loßbůch werffent, daz man in sag, wie lang sie leben süllin*". (V. 556)[428] VINTLER in den *pluemen der tugent*: „*Etleich*

---

423 Thomas, Opuscula III (1927) 144–162.
424 Der deutsche Cato hg. v. Zarncke (1852) S. 40.
425 Von der Hagen, Gesammtabenteuer 2, 482.
426 Hartung, Kontingenz des Spiels (2002) S. 17–46, hier S. 25.
427 Hartung, ibid.
428 Hg. v. Zarncke (1852) S. 40.

geben losbüchern chraftt" (V. 7757) und „*Etleich punctieren den linium. In der chunst geomantia*" (V. 7917).[429]

Das Losen legte man als Sünde gegen das erste Gebot aus, wie sowohl die nahezu zeitgleichen Erklärungen MARTINS VON AMBERG und MARQUARDS VON LINDAU bestätigen. Die Dekalogauslegung des MARQUARD VON LINDAU aus dem 14. Jahrhundert illustriert zudem die bereits sich etablierende unterhaltende Funktion der Losbücher:

> Czum ersten sein verdampt alle vngelawbig lewte vnd alle die wißenlichen falsch artikel halten die die heilige kirch verwirffet Czum andern mal alle dy die mit zawbern vn mit loßbuechern vmb gend ez wer dann das sie ez allain durch kuertzweil triben.[430]

Die Aberglaubensliste MARTINS VON AMBERG geht u.a. auf divinatorische Praktiken wie das Losen ein: „*Alle die do gelawben an czauberer und czawbreryn, an warsager und warsagerynn, an trawm auz leger an auz legerynn*" […].[431] Auf den Dekalog als sittliche Norm gründet das spätmittelalterliche Genre der Beichtspiegel, die nun vielfach auf abergläubische Praxis Bezug nehmen, so ein Beichtspiegel von 1510 zum Losen:

> Ich hab loß genome[n] ander gelegt oder angesehe[n] habe darauß woellen wissen etvuas heymlichs und zukuenfftigs. Sag wie / was und wie offt.[432]

Nur wenige deutsche Losbücher sind in Handschriften des 14. und 15. Jahrhunderts erhalten geblieben, daher sind nicht mehr als ein gutes Dutzend von unterschiedlichen Texten bekannt. Das erste deutsche Losbuch, das *Limburger Losbuch in deutschen Reimpaaren*, datiert im späten 14. Jahrhundert. Durch Drehen einer am Buchdeckel befestigten Scheibe konnte man seine Fragen beantworten.[433] Ähnlich ein weiteres deutsches Losbuch in Reimen vom Ende des 15. Jahrhunderts, das mit der lateinischen Ausgabe für König Wenzel übereinstimmt.[434] Das in Paarreimen geschriebene *Ortenburger Losbuch* stammt aus der ersten Hälfte des 15. Jahrhunderts; hier geben 28 Kapiteln mit je 112 Zeilen Antworten. Eine ähnliche 28-teilige Struktur der *Liber experimentarius* wurde fälschlich BERNARD SILVESTER zugeschrieben.

---

429 Vintler, Die pluemen der Tugent (Ausgabe Zingerle 1874). Zingerle liest „geometria", Bolte korrigiert „geomantia". Bolte S. 309.
430 Marquard von Lindau, Die zehen Gebot (1980) S. 9.
431 Martin von Amberg, Der Gewissenspiegel (1958) S. 41. Weiter Beispiele vgl. Speckenbach, die deutschen Traumbücher des Mittelalters (=Palmer/Speckenbach 1990) S. 202ff.
432 *Peycht Spigel der sünder* Nürnberg 1510.
433 Hg. v. Werner Abraham (1973) Vgl. dazu Haage (1976), Brévart (1985) Sp. 912–913.
434 Österreichische Nationalbibliothek cod. 2352 Bl. 83r–95r.

Der *Liber Alfadol*[435], eine lateinische Verballhornung aus arabisch *al-Fadl*, ist in zwei europäischen Fassungen belegt, im 12. Jahrhundert von GERHARD VON CREMONA ins Lateinische übertragen und in lateinischen Handschriften des 13. und 14. Jahrhunderts fassbar. Die einzige deutsche Übertragung liegt im *Codex Vindobonensis 2804* Bl 22r–101r vom Ende des 15. Jahrhunderts vor. Diese Fassung enthält, verglichen mit anderen geomantischen Schriften, ein eher einfaches System, eine Tabelle mit 144 Frageoptionen und feststehenden Antworten, die von Losrichtern erteilt werden. Die anzuwendenden Losmethoden sind Zahlenstechen, Würfeln bzw. Punktieren unter Einbeziehung von Astrologie. Die Losrichter tragen arabische Sternnamen.

Die arabische *Geomantie* basiert auf einer Reihe von 16 Figuren, die bestimmte Bedeutungen tragen. Die Ermittlung der zu benützenden Figur geschieht mit einem Stab, mit dem man viermal hintereinander eine beliebige Anzahl von Punkten in den Sand bzw. mit einer Feder auf Pergamentpapier oder Holz malt. Dann zählt man die Punkte der vier Gruppen und setzt für jene Gruppen mit ungerader Zahl einen Punkt, für jene mit einer geraden Anzahl zwei Punkte ein. Dabei ergeben sich 16 Möglichkeiten mit dazugehörigen Namen, die in einer bestimmten Anordnung aufgelistet sind. Eine häufige Ordnung ist folgende:

1.	●● ●● ●● ●●	Populus	5.	●● ●● ● ●	fortuna maior
2.	● ● ● ●	via	6.	● ● ●● ●●	fortuna minor
3.	●● ● ● ●●	collectio	7.	●● ● ●● ●	acquisitio
4.	● ●● ●● ●	carcer	8.	● ●● ● ●●	amissio

---

435 Das Buch ‚Alfadol' (Ausgabe Lutz 1967) Dazu Kunitzsch, Art. ‚Alfadol' (1987) Sp. Sp. 235–236.

9.	••		13.	•	
	••	tristitia		••	mundus facie
	••			•	
	•			•	

10.	•		14.	•	
	••	laetitia		•	gladius erigendus
	••			••	
	••			•	

11.	••		15.	••	
	•	rubeus		•	limen intrans
	••			•	
	••			•	

12.	••		16.	•	
	••	albus		•	limen exiens
	•			•	
	••			••	

Die sprechenden Namen der Figuren können schon zur Zukunftserforschung herangezogen werden, oder aber man nimmt sie als Hinweis zu den Sprüchen, die man im *Sandbuch* nach einer vorgegebenen Methode findet.

In der Wiener Handschrift 3276, 246b sind die Fragen dem Charakter des die Wochentage regierenden Planeten auf bestimmte Tage zugeordnet. Nach der Wiener Handschrift 2804a soll man „*nit mer dan zwu frag thun eins tags vor uffgang der sonnen oder nach nidergang der sonnen*" und „*kein frag thun am fritag, pfistag, sontage*" Vor der Frage soll ein Gebet an Christus, ein Paternoster, Avemaria gesprochen werden.

In der Wiener Handschrift 2976 werden die Antworten in Reimpaaren erteilt.

> *Gebenedet sey der almachtig got, Der dir ain lang leben geben hat.*
> *Dw pist von Kindern erfreyt nicht, des himels lauff dawider spricht.*
> *Dy gebererin wirt ain tochter geperen. Dy wirt lang auff erden leben.*[436]

Als besonders wertvoll ist daher eine reich illustrierte Handschrift, die eine ganze Sammlung von zehn deutschen Losbüchern enthält, einzustufen. Teilweise sind es nach älteren Vorbildern kopierte Texte, teilweise aber Neubearbeitungen. Die Handschrift Cgm 312 der Bayerischen Staatsbibliothek München ist zwischen 1450–75 entstanden, ihr Schreiber, Vorbesitzer und teilweise auch

---

436 Bolte, Losbücher, Anhang (1903) S. 296.

Autor war KONRAD BOLLSTATTER[437] von Öttingen. Das faksimilierte Losbuch ist nur in dieser einzigen Form erhalten. Seit dem Bekanntwerden hat man die Person des Schreibers zugleich auch mit dem Autor bzw. Bearbeiter des Textes identifiziert. Der überaus gebildete BOLLSTATTER befasste sich, für einen Schreiber eher ungewöhnlich, mit der höfischen Literatur, aber auch mit Epik und Spruchdichtung. Er ließ die Protagonisten in seinem Losbuch auftreten. Seine Kenntnisse der älteren deutschen Literatur hatte sich BOLLSTATTER in seiner Jugend in der Bibliothek der Grafen von Öttingen angeeignet, die ihm wohl offengestanden hat. Bekannt ist, dass sein Vater einen Teil der Sammlung in Verwahrung hatte. Durch zwei erhaltene Verzeichnisse sind wir über den Bestand der Bibliothek unterrichtet. Sein Schwerpunkt lag besonders auf der höfischen Literatur und der Heldenepik. Interessanterweise nennt das Bestandsverzeichnis der Öttinger Bibliothek auch zwei Losbücher, die aber leider nicht erhalten sind. Es steht mit Sicherheit zu vermuten, dass der junge BOLLSTATTER hier seine Kenntnisse erlangt und diese als Vorlage benutzt hat. Besonders der erste Teil zeigt Spuren einer Vorlage. Er besteht aus 16 Fragen, zwölf Scheiben mit den Tier-, Pflanzen- und geografischen Namen und den Antworten der 16 Könige. So weit stimmt der Text z. B. mit einem lateinischen Losbuch, dem sog. *Pregnostica Socratis Basilei*, das noch im 12. Jahrhundert im Umlauf war und bis ins Spätmittelalter immer wieder kopiert wurde, überein. BOLLSTATTERS Eigenleistung bezeugen einige in den Scheiben vorkommende Namen. Im Bereich der 16 Könige beginnt Bollstatters Losbuch von der Vorlage abzuweichen, denn hier findet der Leser nicht wie im lateinischen Text die definitiven Antworten auf die Fragen, sondern nur zur Hälfte abschließende Orakelsprüche. Die andere Hälfte der Könige verweist weiter auf den von BOLLSTATTER neu hinzugefügten dritten Teil des Losbuchs, der die Vierergruppen enthält. Auf diese Weise wird eine Ausweitung des Spiels bewirkt, die für jenen Teil der Fragenden, die ihren Spruch im ersten Durchgang noch nicht erhielten, die Spannung steigert. Ab einem bestimmten Abschnitt[438] lässt BOLLSTATTER jeweils vier zusammengehörige Figuren als Verkünder der Lossprüche auftreten. Zunächst sind auch sie dem üblichen Repertoire der Losbuchliteratur entnommen: Alttestamentarische Gestalten, Apostel, Kirchenväter, antike Gelehrte, die Elemente und die Winde aus den vier Himmelsrichtungen als Orakelsprecher sind bekannter Bestandteil der deutschen Losbücher des 14. und 15. Jahrhunderts. Einige Zusätze Bollstatters, der damit nun als Autor oder Redaktor dieses Texts in Erscheinung tritt, sind zunächst die vier geistlichen und weltlichen Fürsten und die vier Grafen, unter denen bezeichnenderweise der Graf von

---

437 Vgl. Schneider, Ein mittelalterliches Wahrsagespiel. Konrad Bollstatters Losbuch, (1978) und dies., Art. Bollstatter, Konrad (1978) Sp. 931–933.
438 Bl. 135r.

Öttingen genannt wird. Mit hoher Wahrscheinlichkeit hat BOLLSTATTER auch die Gralsritter[439] die Ritter der Tafelrunde[440] und die Dietrichhelden[441] und die vier Minnesänger[442] eingeführt.

Von erheblichem Vorteil ist, dass BOLLSTATTER dem eigentlichen Losbuchtext eine Gebrauchsanweisung vorangestellt hat. Somit kann sein Losbuch auch leicht vom modernen Leser angewendet werden. Man benötigt dazu nur zwei Würfel. Unter den 16 Fragen sucht man sich jene aus, die am ehesten für die persönlichen Belange von Interesse sind. Dann werden die zwei Würfel geworfen und die Augen addiert. Die Summe muss zwischen zwei und zehn Augen betragen. Die Zahlen elf und zwölf besitzen keinerlei Gültigkeit, wer sie bekommt, muss nochmals würfeln.[443] Sämtliche Kombinationen aus Fragen und Zahlen, die sich ergeben können, sind in den Scheiben mit zwölf Sektoren erhalten. Man sucht sich hier die gewählte Frage in Verbindung mit der gewürfelten Zahl heraus und wird in dem betreffenden Sektor auf den nächsten Teil des Losbuches weiterverwiesen. Der Fragende gerät dann in den Bereich der 16 Könige, von denen jeder neun verschiedene Antworten erteilt. Davon sind jeweils fünf schon definitive Orakelsprüche, so dass 80 Fragen bereits in diesem Losbuchteil beantwortet werden; für manchen ist also hier das Spiel schon zu Ende. Die übrigen vier Sprüche eines jeden Königs verweisen den Spieler in den letzten Losbuchteil. Hier geben 16 Gruppen von je vier Figuren insgesamt weitere 64 Orakelsprüche, so dass letzten Endes jede der 144 möglichen Fragen- und Zahlenkombinationen mit einem eigenen Spruch beantwortet ist. Abmildernd und ironisch bemerkt BOLLSTATTER am Ende seines Manuals: Wer dem Losbuch nicht glaube, sei trotzdem ein guter Christ, man solle sich nicht zu sehr auf die Wahrsagesprüche verlassen.

Folgende 16 Fragen stehen zur Auswahl:[444]

1. *Ob etwas Gewünschtes eintrifft, das einem am Herzen liegt oder worum man sich bemüht.*
2. *Ob ein Freund oder Gesell zuverlässig ist.*
3. *Ob ein Witwer oder ein Junggeselle heiraten soll.*
4. *Ob ein Kranker wieder gesund wird.*
5. *Ob ein Mensch, der auf Reisen ist, wiederkommt.*
6. *Ob man reicher wird.*

---

439 Bl 139v.
440 140r.
441 142r.
442 142v.
443 Zur vielfältigen Verwendung der Würfel im Mittelalter vgl. Tauber, Das Würfelspiel im Mittelalter (1987); zum Verhältnis Losen und Würfel vgl. Naether, Sortes Astrampsychi (2010) S. 319–322. Zu den mittelalterlichen Würfelorakeln S. 327–328.
444 nach Karin Schneider 120v, S. 23.

C. Abakomantische oder aktive Divinationssysteme 209

Abbildung 19: Berühmte Liebespaare des Mittelalters im Losbuch in deutschen Reimpaaren, Codex Vindobonensis Series Nova 2652 ÖNB fol. 2r.

7. *Ob ein Mädchen oder eine Witwe heiraten soll.*
8. *Ob ein bestimmter Tag günstig zum Kämpfen ist.*
9. *Ob ein geliebter Mensch treu ist.*
10. *Ob man ein Spiel gewinnt.*
11. *Ob eine bestimmte Zeit günstig zum Verhandeln ist.*
12. *Ob sich etwas Verlorenes wiederfindet.*
13. *Ob man jemand, den man im Sinn hat, zum (zur) Liebsten nehmen soll.*
14. *Ob man seine Schulden wird bezahlen können.*
15. *Ob ein Gefangener freikommt Ob man von seinen Sorgen befreit wird.*

JOHANNES HARTLIEB befasst sich in seinem *Buch aller verbotenen Künste* im Kapitel 42 mit dem Losen und den Losbüchern und warnt vor den Fallstricken des Teufels:

> *Es ist ain grosse fråg, ob lössen zymlich sey zu treiben, als dann oft geloßt wirt umb lannde und lewt, auch oft und dick umb erb und umb aigen, auch umb wein und ander kauffmannschaft, so dann die chaufflewt in ainem gemainen kauff tünd und lössen, wes der oder dieser tail sey. Darauff antwurten die lerer der hailigen geschrift und sprechen, das manigerlay loß sey, als um erb und aigen und kaufmanschaft und deßgleichen, das selb loß sey nit sünd und erlaubt. Wann aber loß geschicht, haimliche ding zu erfrägen, als umb diebstal, wellicher under disen gestolen hab, oder wer lössen wölte, ob sein gemahel sein stätt und ee zerprochen hett, das und umb sölich sach sey es verpotten und vast sünd. Und ist der doctores mainung also, wann in allen zweifeln vermist sich der böß tewfel, deßgleichen in allen wanckeln und unstätten synnen, und raitzt, hilfft und stewrt allweg zu dem bösen. Und wå er die unschuldigen in verlewmung und arckwon pringen möchte, das tät er vast geren; darumb sich die menschen daran versünden.*

In Kapitel 44 geht er auf die Losbücher ein, die jede nur erdenkliche Frage beantworten:

> *Es ist ain gemain půch haißt man ain loßpůch; etlichs würft man mit würffeln, ettlichs treibt man umb bis uff ain zal, nach der zal sucht man dann die fråg, warumb der mensch gefrägt hatt, es sey von weiben, vich eer oder ampt zu erwerben oder sunst gar manigerlay; ob der siech sterb oder genes, ob der ellend pald chom oder der mensch in disen oder in den sachen gelück oder ungeluck haben sol. Die poßhait ist so weit ußgetailt mit iren fragen, das kain ding in der welt ist, man vind es in disen fragen. Nach dem chomt man an ainen alten, der weißt dann zu ainem richter, der legt uß die selbigen fråᵘg. Das ist als ain ungelaub und vast wider got, wann es hat kainen grund, weder gaistlich noch natürlich und ist vast verpotten von der hailigen kirchen in decretis. Die loßpücher sol dein genad und ain yeglicher cristenmensch meiden und fliehen.*

7. Geomantie oder Sandkunst

So nutzen etliech den ertschnitt
Zu manigerlai zauberei
[...]
Etlich punctieren den linium
In der kunst Geoma[n]tica.
                HANS VINTLER (VV. 7811–7812 und 7917—7918)[445]

Obwohl die Geomantie prinzipiell zur Elementemantik (→ siehe dort) gehört, also zur Beobachtung von Erdgeräuschen, und Erdbewegungen, wie Erdbeben usw. wird diese im Mittelalter hauptsächlich eingeengt als Punktierkunst verstanden. Die aus dem Orient eingewanderte Punktierkunst erwähnt schon ISIDOR VON SEVILLA, wenn auch daneben eine andere Art von Geomantie sich mit den Beobachtungen von Erdbewegungen beschäftigte.[446]

Der erste Latein geschriebene geomantische Traktat, der sich in Europa verbreiten konnte, war die *Ars Geomancie* des HUGO VON SANTALLA eine Übersetzung aus dem Arabischen und scheint auch für den arabischen Ursprung dieser Divinationsmethode zu sprechen. In den folgenden Jahrhundert entstanden viele geomantischen Texte. die z.B. AL KINDI, BERNARDUS SILVESTRIS, GERHARD VON CREMONA, dem erwähnten HUGO VON SANTALLA, MICHAEL SCOTUS aber auch antiken Philosophen wie PYTHAGORAS und SOKRATES zugeschrieben wurden.[447]

THOMAS VON AQUIN spricht von der Geomantie in seinem Traktat *De sortibus ad dominum Jacobus de Tolongo* ebenfalls im Sinne von Punktierkunst.[448] Im Aberglaubensverzeichnis und Beichtspiegel des ANTONIN VON FLORENZ (1389–1459) gehören auch harmlose Divinationen wie die Geomantie zu den Todsünden.[449] JOHANNES HARTLIEB wird die Verfasserschaft einer in drei Handschriften überlieferten Geomantie zugeschrieben.[450] *„die kunst gätt zu mit erden oder mit sannd oder mit kreiden vff aint prett oder sunst mit dintten vff*

---

445 Vintler, die pluemen der Tugent (Ausgabe Zingerle 1874)
446 Vgl. die systematische Untersuchung Charmassons, die ca 200 Manuskripte untersucht hat. Charmasson, Recherches sur une technique divinatoire (1980).
447 Vgl. auch Charmasson, Les premiers traités latins de géomancie (1978) S. 121–136; Láng, Unlocked books (2008) S. 125f.
448 Opscula III (1927) 144–162 Hg. v. Petrus Madonnet zit. n. Harmening, Superstitio (1979) S. 192
449 Text bei Klapper, Das Aberglaubensverzeichnis des Antonin von Florenz (1919) S. 63–101, hier S. 63–73
450 Vgl. Schmitt, Hans Hartliebs mantische Schriften (1962) S. 108ff Wierschin, Johannes Hartliebs mantische Schriften (1968) S. 88ff.. Grubmüller nennt in seinem Artikel zu Harlieb die Geomantie nicht. Art. Hartlieb, Johannes (1981) Sp. 480–496; Haage, Das Heidelberger Schicksalsbuch (1981) S. 143–158 argumentiert für eine Verwandschaft des von ihm untersuchten Schicksalsbuch mit der dem Hartlieb zugeschriebenen Geoman-

pappir, oder wie man gerad oder ungerad puncten erkennen mag."[451] Ähnlich der Astronomey bedient sie sich der Häuser. Man zeichnet vier Figuren und macht aus den letzten vier Zeugen Richter. „*In den viguren meinent die maister dieser kunst alle ding, künftige und vergangne, erfrägen und gewar werden.*" Er unterstreicht, dass es dabei nicht um eine volkstümliche, sondern eine komplizierte gelehrte Methode geht, die ebenso wie die Astrologie Konjunktionen in ihrer Deduktion beachtet. Daran folgt wie bei fast allen von HARTLIEB besprochenen magischen und mantischen Methoden seine Warnung und Verurteilung: „*Albertus Magnus spricht, das vnder alen verpotten künsten keine gerechter sey dann die kunst geomancia. Yedoch sol dein fürstlich genad wissen, das diese kunst sünd ist vnd verspotten vnd gar kain grund hatt.*" Abgesehen von ihrer Verwerflichkeit lasse die geomantische Methode keine sicheren Voraussagen zu, da die Ergebnisse der Operationen zu unterschiedlichen Ergebnissen kommen.[452]

Die wenig einheitliche und wegen ihrer Kompliziertheit sicherlich auch nicht populäre Geomantie definiert der ACKERMANN AUS BÖHMEN im 15. Jahrhundert folgendermaßen: „*Mit satzunge der planeten vnd des himelsreifes zeichen auf erden allerlei frage behende verantwurterin.*"[453] Die große Zahl der geomantischen Manuale bezeugt nicht deren Volkstümlichkeiten, sondern deren Favorisierung bei an Geheimliteratur interessierten gebildeten Adeligen.[454]

Um ein repräsentatives Beispiel für die mittelalterliche *Geomantie* handelt es sich bei der *Sandkunst der 16 Richter*, deren Einleitung ich wegen ihrer Kürze in Auszügen übernehme:

> *Nu wysse, das ein yettlichs punctlein der figur nimpt fur ein zeichen der sternen des hymels. Ein yettlich ordnung der punct der figur der supra inferius die setzt man nach ordnung der vier element. Nota, das ein yettlich ordnung der punct von der lyncken seytten jn die recht das bedeut: den lauf der sonnen vnd der monen nach auffgangk vnd nach vntergangk. Vnd dorumb jnn allenn figuren so soll man versteen der sternen zeichenn, planetten vnd die vier element. Vnd vmb solch sache willen vielleicht die figur haben macht vnd gar heymliche tugendt, als got der herre geordent hat von macherlei frage wegen: zukunfftig, gegenwertig vnd vergangen. Nota, das man ein ietlich frage mage bringen zu den sechtzehen figuren nach einer natturlichen gleichnus.*

---

tietext. Fürbeth rollt die Diskussion in seiner Monographie, Johannes Hartlieb (1992) S. 60–61 u. 131f. neu auf und spricht sich gegen eine Verfasserschaft Hartliebs aus.
451 Hartlieb, Das Buch aller verbotenen Künste (Ausgabe Eisermann 1989) Kap. 38, S. 95
452 Ibid. Kap. 39, S. 95f.
453 Der Ackermann aus Böhmen (Ausgabe Saaz) 26. Kap.
454 Vgl. Bolte, Zur Geschichte der Punktier- und Losbücher (1925) S. 185–214; Die simplifizierte Form der Punktierbücher war noch vor dem Ersten Weltkrieg im Umlauf und wurde auch nachgedruckt. Heute im Internet unter dem Stichwort „Stichomantie" erhalten 6630 Einträge bei Google. Wertvolle Einblicke in die Leser- und Sammlerschaft magischer Geheimliteratur bei Láng, Unlocked books (2008).

Wiltu ein frage thun, so soltu nehmen ein creyden vnd stos maniger stupffell on zalle vier zeile, das die zeylen geschickt sein als die finger einer handt, der lincken. Vnd zeuhe ye zwey vnd zwey zusamen vnd was vberpleibt, gleich oder ungleich, das halt vnd mache dann die figur doraus. So du dan die figur hast, so merke, woe du die frage vindest in der zeile vff oder abwerts von der figur, die du gemacht host, vnd von deiner frage, das es gleich helle. Denselben namen, den du dan vindest jnn der selben zeyle: derselb ist der richter. Den selben namen suche dann furbas woe due das jnn den sechtzehen capiteln vindest vn vnd bey deiner figur, die du gemacht host; do lies darnebent. So vindestu volkumlichen antwurt. Auch magstu ein wurffel vier mol werffen. Was du wurffls, das setze. Wurfstu eben, so setze eben; wurstu ort, so etze eins. Vnd mach ein figur. Die suche als ich vor gesagt hane.

AGRIPPA VON NETTESHEIM definiert in seiner *Occulta philosophia* die Geomantie einerseits in Anlehnung an PICTORIUS als das Beobachten der Erdbewegungen, anderseits als Losbefragung. Weshalb aber das Losen und Punktieren überhaupt Erfolg verspricht, kommt daher, dass das Losen einerseits von den Erdgeistern gelenkt, andererseits aber in der eigenen Seele des Punktierenden der Wille zum Wissen verankert ist.

Die Geomantie ist eine Kunst, welche vermittelst des Loses auf jede Frage, was dieselbe auch betreffen mag, Antwort erteilt. Das Los besteht hier in Punkten, aus denen man gewisse Figuren nach ihrer Gleichheit oder Ungleichheit ableitet. Diese Figuren werden sodann auf himmlische Figuren zurückgeführt, deren Natur und Eigenschaften sie nach den Verhältnissen oder Himmelszeichen und Planeten annehmen. Ein solches Losen kann übrigens, wie gleich von vorn herein erinnert werden muss, nur in dem Fall die Wahrheit anzeigen, wenn es sich auf eine höhere Kraft stützt. [...] Sie verlangen, dass man Punkte auf die Erde mache, und es ist deshalb diese Gattung des Loses der Erde zugeeignet. [...] Es soll dabei wie sie glaubten, die Hand des Punktierenden hauptsächlich durch Erdgeister geleitet und bewegt werden, weshalb sonst auch hierauf bezügliche Zauberformeln nebenst anderen magischen Bräuchen zur Anziehung dieser Geister vorausgeschickt wurden. Andererseits ist es die Seele des Punktierenden, welche wenn ihr Verlangen sich zu einem hohen Grade steigert, das Los lenkt. Alles Losen folgt nur der Leitung der Seele.[455]

Die sichtbare Tendenz, die Ergebnisse des mantischen Verfahrens nicht mehr ganz ernst zu nehmen und einen gewissen Unterhaltungswert daraus zu ziehen, zeichnet sich bei den Losbüchern, aber auch bei der Sandkunst ab. Kurfürst AUGUST VON SACHSEN, der entsprechenden Strafordnung zur Verfolgung von abergläubischen Handlungen erlassen hat, wird kurioserweise nachgesagt, die Sandkunst so lange angewendet zu haben, bis die Antworten seinen Erwartungen entsprachen.[456]

---

[455] Die Einleitung zu seiner Geomantie, in: Agrippa, die magischen Werke (Ausgabe Frenschkowstci 2008) S. 510.
[456] Meyer, Aberglauben des Mittelalters (1884/1971) S. 40; Vgl. Wilde, Die Zauberei- und Hexenprozesse in Kursachsen (2003) S. 123ff.

8. Das Wort Gottes und der Dichter als Orakel

Aus apokryphen Schriften erfahren wir von der Verwendung der Thora als Orakelbuch. Man bediente sich der ersten Worte der Bücher des *Talmuds,* die jemand zufällig äußerte.[457] Das heidnische Buchorakel wurde vom Christentum übernommen, nur dass anstelle profaner Dichtung (meist HOMER oder VERGIL) die Bibel trat. Wiewohl schon in der Antike neben dem mantischen zukunftsdeutenden Gebrauch auch eine juristische Verwendung gegeben war, erfreute sich das Losen in der christlichen Ära mit der Bezeichnung *Sortes Sanctorum* und *Sortes Apostolorum* ebenfalls besonders bei den Unterschichten großer Beliebtheit. Anstelle der VERGIL- oder HOMER-Verse traten nun Bibelsprüche oder Zeilen aus anderen heiligen Büchern.

In der Bekehrungsgeschichte des AUGUSTINUS spielt das Auffinden einer zukunftsdeutenden Bibelstelle eine wichtige Rolle. Wiederholt schallten ihm aus seinem Nachbargarten die Worte spielender Kinder *tolle lege* also „nimm und lies" ins Ohr und er deutete sie als Hör-Omen[458]. Die Deutungsmethode mittels der *Sortes Vergilianae* war ihm sicherlich geläufig, denn er erwähnt, dass er unmittelbar vorher vom Losen des hl. Antonius erfahren habe. Darauf nimmt er die Paulusbriefe zur Hand und schlägt Römerbrief 13, 13 f auf:

> *Wir wollen ehrbar wandeln, wie am hellen Tage, nicht in Schwelgereien und Gelagen, nicht in Wollust und in Ausschweifung, nicht in Streit und Eifersucht! Zieht vielmehr den Herrn Jesus Christus an und pfleget nicht das Fleisch, so dass es lüstern wird.*

AUGUSTINUS ist über das Orakel aufs Höchste beglückt und ändert sein Leben grundlegend. Verständlich, dass er in späterer Zeit über Orakel aus der hl. Schrift eher milde urteilt.

> *Zu jener Zeit lebte ein scharfsinniger, in der Heilkunde wohlerfahrener und berühmter Mann, [...] Als ich ihn nun fragte, woher es denn käme, daß so viele Prophezeiungen doch in Erfüllung gingen, da antwortete er mir, daß es die Macht des Zufalls sei, der durch die ganze Welt hin verbreitet sei. Wenn jemand sich Rat holt bei einem Dichter, der etwas ganz anderes, dem Gegenstand der Anfrage ganz und gar nicht Entsprechendes besingt und bezweckt und sich dann oft ein zu der Angelegenheit wunderbar stimmender Vers darböte, so sei es nicht zu verwundern, wenn aus der menschlichen Seele durch eine höhere Anregung, so daß sie selbst nicht wisse, was in ihr geschehe, nicht durch Kunst, sondern durch Zufall etwas ausgesprochen würde, was mit der Lage und dem Tun des Fragenden übereinstimmt. [...] Doch damals vermochte weder er noch mein teurer Freund Nebridius, ein braver und kluger Jüngling, der sich über jene ganze Deuterei lustig machte, mich dazu zu bewegen, daß ich davon Abstand genommen hätte.*[459]

---

457 Vgl. Grunwald, Bibliomantie und Gesundbeten (1902) S. 82–98; Grube-Verhoeven, Die Verwendung von Büchern (1966) S. 37–41.
458 Dazu Boehm, Art. Horchen. (1932/1987). Sp. 312–325.
459 Augustinus, Bekenntnisse (Ausgabe Flasch 2008) Buch IV, cap. 3.

Schriftbelehrungen und im Verlauf grundsätzliche Lebensänderungen blieben vor allem im Genre der Legende verankert. CÄSARIUS[460] erzählt vom hl. Cyprian, vom Merowinger CHLODWIG u. a. ähnliche Geschichten. ISIDOR schreibt über die Losauswähler:

> *Die sortilegi sind solche, die unter dem Vorwand einer fälschlich vorgegebenen Religion mit Hilfe gewisser Losorakel, die sie die Lose (Sortes) der Heiligen nennen, gründliches Wissen der Weissagekunst versprechen oder durch das Studium aller möglichen Schriften Zukünftiges vorhersagen.*[461]

Dieses Buchlosen[462] aus der Bibel war innerhalb der Kirche sehr verbreitet und erhielt durch rituelle Handlungen noch zusätzliches Gewicht. GREGOR VON TOURS geht an drei Stellen seiner *Fränkischen Geschichte* auf das Losen mit heiligen Büchern ein.[463]

> *Merovech aber sprach damals viel Böses von seinem Vater und seiner Stiefmutter, und obschon dies zum Teil zutraf, meine ich doch, Gott sei es nicht genehm gewesen, daß gerade der Sohn es kundtat. Dies ist mir in der Folgezeit deutlich geworden. Ich wurde eines Tages zu ihm zum Mahl gebeten, und da wir zusammensaßen, bat er mich dringend, ihm etwas zur Unterweisung seiner Seele vorzulesen. Ich schlug das Buch Salomon auf und blieb bei dem Verse stehen, der mir zuerst auffiel. Er enthielt aber dies: „Ein Auge, das den Vater verspottet, das müssen die Raben am Bach aushacken." Er verstand dies nicht, ich aber sah, daß dieser Vers von dem Herrn zu Vorbedeutung gegeben sei.*[464]

In einer kniffligen Angelegenheit, bei der es um Intrige und Verrat geht, greift GREGOR zu den Psalmen Davids.

> *Und daran fand ich folgenden Vers: Und er leitet sie sicher, daß sie sich nicht fürchtete, aber ihre Feinde bedeckte das Meer." Unterdessen fuhren jene über den Fluß auf zwei Kähnen, die durch Bretter überbrückt und verbunden waren, und das Schiff, in dem Leudast war, sank, und wenn er nicht durch Schwimmen sich gerettet hätte, wäre er wahrscheinlich mit samt seinen Genossen umgekommen.*[465]

Eine Stelle erwähnt diese Orakelmethode mit asketischen Übungen wie (dreitägigem) Fasten und Beten. Nach der asketischen Eingangsphase werden drei heilige Bücher, in der Rangordnung ihrer Heiligkeit, also z.B. Propheten, Apostelbriefe, Evangelium, auf den Altar oder auf das Grab eines Heiligen gelegt und nach einem neuerlichen Gebet schlägt ein Priester die Bücher auf. Jene Stelle, auf welche sein Blick zuerst fällt, liest er vor.

---

460 3,20 und 4, 49.
461 Isidor, Etymologie Buch VIII. (Ausgabe Linhart 1997) 28 S. 41.
462 Zwei kymrische Orakelalphabete für Psalterwahrsagung. Förster (1936) S. 228–243.
463 Gregor, Fränkische Geschichte (Ausgabe Giesebrecht 1988) Bd. IV, 14. 5, 49; 16. 5.
464 Gregor, ibid. Bd. III, 5. Buch, S. 33.
465 ibid 5. Buch, S. 99.

In keinerlei Ritual eingebunden war die Praxis der griechischen Christen, die mit einem Holzstück in das geschlossene Buch stachen und so die Seite markierten, die den entscheidenden Spruch enthalten sollte. Deshalb wurden manche Bücher schon von vornherein zum Zwecke des Stechens präpariert.

REGINO VON PRÜM kommentiert:

> *Wer Vorzeichen oder Spruchorakel beachtet, die fälschlich als Weissagung der Heiligen oder als göttliche Eingebungen ausgegeben werden, – auch (Spruchorakel) aus irgendwelchen Schriften –, wer Gelübde ablegt oder einlöst bei einem Bach oder einem Stein oder einem anderen Gegenstand, ausgenommen einer Kirche – sie alle sollen mit dem Kirchenbann belegt werden. Wenn sie zur Buße kommen, sollen Geistliche drei Jahre, Laien eineinhalb Jahre büßen.*[466]

Eine andere Losvariante verwendet Bibelsprüche oder nur mit dem Wort „Ja" bzw. „Nein" versehene Papierstreifen, die unter das Altartuch gelegt und anschließend gezogen werden. Der Legende nach kam es mithilfe dieser Losvariante ebenfalls zu einschneidenden Veränderungen z.B. beim hl. Patroklus, der Eremit wurde. Bei der Bischofswahl, aus der der hl. Aninanus hervorging, wandte man das dreitägige Fasten an und konsultierte drei heilige Bücher, die man auf den Altar gelegt hatte. Ein kleiner Knabe zog einen der Zettel und verkündete Anianus' Wahl.[467] Anschließend schlug man die drei Bücher auf, um die Wahl zu bestätigen. MARTIN VON TOURS wurde ebenso gewählt.[468] Nach dem 5. Jahrhundert bestimmte das Losen nicht mehr die Wahl des Bischofs, sondern man suchte den Charakter und die Wirkmächtigkeit des Gewählten zu ergründen, modern ausgedrückt, man versuchte, mit dem Losen ein Profil zu erstellen.

Obwohl das Wahrsagen mit heidnischen Büchern verworfen wurde, scheint die der Brauch beim Aufschlagen der Bibel anders wahrgenommen worden zu sein, wie prinzipiell eine gewisse Haltung des *utile* zu beobachten ist. Das Bibelwahrsagen suchte man von Lukas 4,17 herzuleiten und zu legitimieren, wo es von Christus heißt, dass er das Buch aufschlug, oder Apostelgeschichte 1,26 wo der durch Judas' Selbstmord frei gewordene zwölfte Platz unter den Aposteln durch das Los besetzt wird. Zahlreiche Synoden wandten sich ab dem Frühmittelalter gegen die missbräuchliche, vordergründig fromme Inanspruchnahme des Orakels für rein weltliche Zwecke. Der älteste Hinweis auf die Losbefragung, der 16. Canon der Synode von Vennes von 465, befasste sich damit, dass sich „*manche Priester mit Wahrsagerei beschäftigen und unter dem Anschein einer frommen Handlung, die sie „Heiligenlose" nennen, die Wissenschaft der Wahrsagung betreiben oder durch Einsicht in irgendwelche Schrif-

---

466 Das Sendbuch des Regino von Prüm (Ausgabe Hartmann 2004) S. 417.
467 Belege bei Böhm, Art. Los, Losen (1932/1987) 5, Sp. 1379f.
468 ibid.

ten Zukünftiges versprechen",⁴⁶⁹ und setzte Strafmodi fest. Mehr oder weniger wörtlich übernahmen spätere Synoden und Bußordnungen die Bestimmungen und bestraften Zuwiderhandelnde mit Exkommunikation. Die Synode von Trier von 1310 und das Tridentinum veranlassten scharfe Maßnahmen gegen den abergläubischen Missbrauch der heiligen Schrift. Verbote und Verordnungen beeinträchtigten die Beliebtheit des Bibelaufschlagens nur geringfügig, auch nach der Reformation blieb der Brauch sowohl in katholischen als auch protestantischen Kreisen bis in die heutige Zeit erhalten. Aufschlagen der Bibel und mit dem Daumen die entscheidende Stelle anstatt eines Lesezeichens „festzuhalten" hieß Däumeln. Schon BERTHOLD VON REGENSBURG verurteilt diese Methode.⁴⁷⁰

MICHEL BEHEIM erwähnt *„ungelaub" „mit dem saltern und der schrift"* (V. 36)⁴⁷¹ und ANTONIN VON FLORENZ fragt in seinem Beichtspiegel: *„Hast du Loszauber getrieben, etwa mit dem Psalm oder mit einem Buche, mit einem Faden oder in ähnlicher Weise, für dich oder für andere? Das ist eine Todsünde."*⁴⁷²

Eine Variante dazu ist, dass die Bibel als heiliges Buch selbst das Verborgene enthüllt. Man nimmt eine Bibel, legt einen Schlüssel hinein und ruft die Namen der Verdächtigen, meist geht es um Diebstahl, bei Mord hatte man andere Methoden. Bei einem Namen fiel der Schlüssel heraus. In einem anderen Fall wird der Schlüssel auf Ps. 50, 18 gelegt, *„Wenn du einen Dieb siehst, so läufst du ihm nach"*, die Bibel zugebunden und an einer Schnur aufgehängt. Die Person, zu der der Schlüssel sich hinwendet, ist der Dieb. Oder man hängt die Bibel an der Decke auf, nennt die Namen aller Hausbewohner, und wenn der Dieb genannt wird, dreht sich die Bibel.

Anlässe waren wichtige Entscheidungen, Reiseantritte, Kindstaufen, Traumdeutungen etc. Will man präzise zu Werke gehen, so durchsticht man eine Lage Blätter mit einer Nadel. Der Vers, auf den die Nadelspitze trifft, ist für den Fragenden Ausschlag gebend. Besonders beliebt war diese Kunst auch in Zusammenhang mit militärischer Auseinandersetzung, wollte doch jeder Feldherr den Ausgang der Schlacht vorher erfahren.

---

469 Caspari, Homilia des sacrilegis (1886) 23; Vgl. Dazu Harmening, Superstitio (1979) S. 199.
470 Schönbach, Studien zur Geschichte der altdeutschen Predigt (1900) S. 33.
471 Beheim, Gedichte (Ausgabe Gille 1968–1972) Bd. II, S. 326–330.
472 Text bei Klapper, Das Aberglaubensverzeichnis des Antonin von Florenz (1919) S. 63–101, hier S. 63–73.

a) Gottesurteil und/als Orakel

Wer auch des hat gelauben,
das man mit haissen wasser und
haiss eisen schuldig leüt erfund
und auch mach den manslachter chund
mit anrurn des erslagen. (VV. 87–91) MICHEL BEHEIM[473]

Das ursprünglichste und historisch älteste Ordal, den Zweikampf, nennt TACITUS in Kapitel 10 seiner *Germania* als Besonderheit der germanischen Stämme. Dieser Zweikampf sollte den Ausgang von Kriegen vorhersagen. Ein Gefangener jener Nation, mit der man sich im Krieg befindet, wird ausgewählt und dieser muss mit dem Champion kämpfen, jeder mit seinen nationalen Waffen. Bei einem Sieger wurde angenommen, dass das Glück auf der Seite der jeweiligen Gruppe stehe. Da die ältesten Gottesurteile weder im Kirchenrecht noch im römischen Recht aufgezeichnet wurden, spricht einiges für eine Herleitung aus der germanischen Rechtsauffassung und hier für eine christianisierte Schöpfung der Burgunder und Franken.[474]

Dieser Entscheidungszweikampf, im altnordischen *Hólmgang*[475], wurde zwar von der Kirche verurteilt, doch scheinen die Auffassungen dazu sehr unterschiedlich gewesen zu sein, denn z.B. wandte BURCHARD VON WORMS die Probe bei Streitigkeiten durchaus an.[476] Obwohl man sich die teilnehmenden Kämpfer aussuchen konnte, war nicht jeder Zweikampfentscheid eindeutig und musste zusätzlich durch Autoritätspersonen bindend entschieden werden. Jene Variante, die Entscheidung zwischen zwei Champions, bildet ein häufiges Motiv in der mittelalterlichen Erzählliteratur.[477] Eine Entscheidung über die Schlacht, die beide Heerführer durch einen Zweikampf herbeiführen, behandelt PAULUS DIAKONUS' *Geschichte der Lombarden* mit dem durchaus pragmatischen Argument, dass es sinnlos wäre, so viele Kämpfer zu opfern, wenn der Ausgang der Schlacht so klar bestimmbar sei.[478] Der Sieger übernimmt auch die Krieger des Besiegten. Es ist nicht ein Äquivalent des christlichen Ordals, in dem Gott aufgerufen wird, die Unschuld einer angeklagten Person

---

473 Beheim, Gedichte (Ausgabe Gille 1968–1972) Bd. II, S. 326–330.
474 Dinzelbacher, Gottesurteil (2006) S. 50f. Diskussion bei Pesch, Gottesurteil (2003) S. 147–161, hier. S. 159f.; Schild, Alte Gerichtsbarkeit. Vom Gottesurteil bis zum Beginn der modernen Rechtsprechung (1985); Harmening, Art. Gottesurteil (2005) S. 182–183.
475 Vgl. Gottschling, Die Todesdarstellung der Isländersagas (1986) S. 21–50; Pesch, Ordal (2003) S. 147–161, hier S. 160ff.
476 Burchard von Worms, Decretum (Ausgabe Frensen 1992) XI cap. 66.
477 Vgl. die Einträge zu *Mot. H. 218.0.1.Vindication by champion. Usually noble lady or king accused*. Ebenso allgemein *H 218 trial by combat; H 220 Ordeals*;
478 Paulus Diaconus, Historia Langobardorum (Ausgabe Waitz) cap. 47, 136.

C. Abakomantische oder aktive Divinationssysteme 219

zu bezeugen, sondern eine Methode, um herauszufinden, auf wessen Seite das Schlachtenglück sich befindet.[479]

Vom Neun-Schritte-Tragen des heißen Eisens[480] handelt noch der *Sachsenspiegel* und schreibt diese Probe für Vorbestrafte vor, die sich nicht durch Eid reinigen konnten. Als wirksames Mittel der Wahrheitsfindung behandelt CAESARIUS VON HEISTERBACH die Eisenprobe an mehreren Stellen seiner Wundergeschichten[481]. Die höfische Erzählliteratur vereinnahmt die Eisenprobe als Keuschheitsprobe, das bekannteste Beispiel ist der Trick der Isolde im Tristanroman[482] und als zweiseitige Eisenprobe im STRICKERschen *Heißen Eisen*, bei der der Ehemann betrügt, indem er einen Span in seinen Ärmel schiebt, der ihn vor der direkten Glut des Eisens bewahrt, während die Ehefrau sich verbrennt.[483] GOTTFRIEDS VON STRASSBURG skeptische Einstellung zur Eisenprobe, zum „*wintschaffen Christ*", hat eine rege Forschungsdiskussion ausgelöst.

> *In gottes namen greif si'z an*
> *Und truog es, daz si niht verbran.*
> *Dâ wart wol goffenbæret*
> *Und al de werlt bewæret,*
> *daz der vil tugenthafte Krist*
> *wint schaffen alse ein ermel ist:* (VV. 15735–15740)[484]

---

479 vgl. Fischer, Delrio (1975) S. 300ff.
480 Dinzelbacher, Gottesurteil (1986) S. 33–35, 43, 57, 65.
481 Dialogus miraculorum (Ausgabe Nösges 2009) Buch V, 18, VIII, 22,1.
482 *Mot. H 221.2. Ordeal by hot iron* und *H 412 chastity tested by ordeal, H 412.4.1. chastity ordeal: holding hot iron*. Die Forschungsdiskussion spaltet sich im Wesentlichen in zwei Lager, jene, die Gottfrieds Kritik ernst nehmen und die „Beugung" des Gottesurteils als Blasphemie oder Gottes Gnade ausdeuten, und jene, die sie als Ironie werten. Da wahrscheinlich nahezu jeder Mediävist, der sich zu Gottfrieds *Tristan* geäußert, das auch zum Gottesurteil getan hat, kann hier kein Literaturverzeichnis beigegeben werden. Einige wenige Einträge der letzten Jahre mögen genügen. Grubmüller, ir unwarheit warbaeren. Über den Beitrag des Gottesurteils (1987) S. 149–163; Kucaba, Höfisch inszenierte Wahrheiten. Zu Isoldes Gottesurteil bei Gottfried von Straßburg. (1997) S. 73–93; Schild, Das Gottesurteil der Isolde. Zugleich eine Überlegung zum Verhältnis von Rechtsdenken und Dichtung (1996) S. 55–75; Schnell, Rechtsgeschichte und Literaturgeschichte (1980) S. 307–319; und ähnlich ders. Dichtung und Rechtsgeschichte (1983) S. 53–62; ders. Suche nach Wahrheit. Gottfrieds „Tristan und Isold" als erkenntnisreicher Roman (1992) siehe sein Literaturverzeichnis S. 62–65. Vgl. neuerdings Ziegler, Trials by fire and battle (2004) zum Tristan S. 114–145; Schnell zum Beispiel des *Engelhard* Konrads von Würzburg, in dem es ebenfalls um einen manipulierten Zweikampf geht. (*Mot. K 528 substitute in ordeal*): Die ›Wahrheit‹ eines manipulierten Gottesurteils. (1984) S. 24–60.
483 Stricker, Das heiße Eisen (Ausgabe Fischer 1967) S. 37–50.
484 Gottfried von Straßburg, Tristan (Ausgabe Bechstein 1978).

Die Haltung der Kirche zur Anwendung des Gottesurteils war sehr unterschiedlich, im 13. Jahrhundert kam es zu Verboten, die Praxis wurde allerdings weitergeführt, noch im *Sachsenspiegel* werden bei Raub und Diebstahl Ordalien verhängt, der Angeklagte kann sich zwischen heißem Eisen, wallendem Kessel und Zweikampf entscheiden. Die richtungsweisenden Anleitungen des *Sachsenspiegel*s hielten sich bis ins späte Mittelalter, Gottesurteile waren dann aber doch die letzte Alternative. Der Paradigmenwechsel im 15. Jahrhundert erachtete die Gottesurteile als superstitiös. Obwohl bei den Hexereiverfahren das Inquisitionsgericht urteilte, berichten die Quellen immer wieder auch von der Anwendung der Hexenproben. Die Stellung zu diesen war wiederum sehr inhomogen, KRAMER z.B. fürchtete, dass der Teufel auch die Feuerprobe manipulieren könne.[485]

Es sind unterschiedliche Varianten nachgewiesen, die Methode nach dem fränkischen *Lex Ribuaria,* die Hand ins Feuer zu legen[486], kennen wir noch als oft verwendete Redensart. Die im friesischen Recht verankerte Probe des Durchgehens zwischen zwei brennenden Scheiterhaufen in einem Wachshemd wurde vermutlich aber nicht so oft ausgeführt, wie sie als Erzählmotiv Bekanntheit erlangte. Glühende Pflugscharen (mit unterschiedlichen Schrittdistanzen) im *Lex Anglorum* als Probe werden 802 erstmals bei einer des Giftmordes beschuldigten Frau angegeben und sind ebenfalls als dramatischdrastisches Erzählmotiv in Sage und Legende eingegangen. Bei der häufiger geübten Feuerprobe, dem Kesselfang, musste man einen Gegenstand aus einem Kessel mit kochenden Wasser herausholen, danach wurde der Arm ebenso wie bei den anderen Feuerproben vom Richter versiegelt und verbunden und dann nach einer vorgeschriebenen Frist auf Brandwunden untersucht. Meist Unfreien vorgeschrieben, wurde sie gelegentlich zweiseitig geübt.

---

485 Kramer, Hexenhammer (Ausgabe Behringer 2000) Teil III, qu. 17, S. 691–696; Im Frühmittelalter prüfte man sogar Reliquien auf ihre Echtheit mittels der Feuerprobe vgl. Dinzelbacher, Gottesurteil, S. 57. Die vom *Hexenhammer* in Erwägung gezogene Möglichkeit des betrügerischen „Umgehens" des Gottesurteils mit teuflischer Hilfe bezeugt den stattgefunden Paradigmenwechsel.
486 Holzhauer, Art. Ordal (2003) S. 147–161, hier S. 151; Dinzelbacher, Gottesurteil (2006) S. 35–51; Schild, Alte Gerichtsbarkeit (1985) S. 20–24; Müller-Bergström, Art. Gottesurteil (1932/1987) Sp. 994–1064, hier Sp. 1016–1034.

C. Abakomantische oder aktive Divinationssysteme 221

Abbildung 20: Eisenprobe. Tafelbild von Dirk Bouts, Musée Royal des Beaux-Arts, Brüssel (1470/75).

222　V. Mittelalterliche mantische Einzelkünste

Abbildung 21: Hl. Kunigunde bei der Pflugscharenprobe. Bamberg Staatsbibliothek, R.B. Msc 120f. 32 v. (Beginn 13. Jh.).

GREGOR VON TOURS liefert den ältesten Nachweis: *„Feuer soll unter einem Kessel angemacht und irgendjemandes Ring in das kochende Wasser geworfen werden [...]"* Der Beschuldigte macht seinen Arm frei *„und taucht die Rechte in den Kessel. Der hineingeworfene Ring aber war sehr leicht und klein und wurde nicht weniger von der Woge hin- und hergetrieben, als ein Strohhalm vom Wind umhergetragen werden kann [...]."*[487]

Eine andere Elementeprobe, die Wasserprobe[488], erlangte durch ihre Anwendung in Hexenprozessen traurige Berühmtheit, findet sich aber bereits im dritten Jahrtausend vor Christus im *Codex Ur-Nammu*, ebenso im antiken Griechenland im Anschluss an einen Reinigungseid. Sie wurde meist bei Diebstählen eingesetzt. Die germanische Wasserprobe[489] bestand darin, dass man den Beklagten an Händen und Füßen gefesselt ins Wasser warf, Untersinken bezeugte die Unschuld. Die älteren germanischen Gesetzesverordnungen kennen die Wasserprobe nicht, allerdings kann man die Legitimitätsprobe an Kindern bzw. Keuschheitsprobe der Ehefrau hierherstellen. Ein Kind, dessen eheliche Geburt nicht sicher war, stellt man auf einen Schild und überantwortete diesen dem Wasser. Untersinken bekundete in diesem Fall die Schuld, also den Ehebruch der Mutter. Im Hexenbad erfuhr die Wasserprobe neuerlichen Aufschwung, wurde z.B. offiziell 1581 in Jülich-Kleve befohlen und die kritischen Stimmen der Hexenverfolgungsgegner ignoriert.[490] So begegnet sie noch in der Mitte des 17. Jahrhunderts in Mecklenburg, Holstein, Siebenbürgen u.a. Ähnlich der alten Wasserprobe band der Richter der Verdächtigen die rechte Hand an den linken Fuß und die linke Hand an den rechten Fuß und warf sie ins Wasser, wenn die Geprüfte auf dem Wasser schwamm, war sie der Zauberei überführt, da der Teufel das Gewicht künstlich leicht machen konnte. Noch in der Gerichtsordnung Maria Theresias musste sie offiziell verboten werden, ebenso in der österreichischen Landesordnung von 1766.

Bei Speise- und Essproben[491] geht es um die Einnahme einer bestimmten, meist besonders heiligen oder auch vergifteten Speise, deren Wirkung den Beweis liefert. Diese international gut belegte Probe war möglicherweise eine Entlehnung aus der griechischen Kultur, da weder bei Römern, noch Kelten

---

487 Gregor von Tours, Liber in gloria martyrum 1, 80 übers. v. Dinzelbacher, Gottesurteil (1986) S. 35.
488 Bartlett, Trial by Fire and Water (1986) passim; Dinzelbacher, Gottesurteil (1986) S. 35–51.
489 Pappenheim, Über die Anfänge des des germanischen Gottesurteils (1928) S. 136–175; Schmoeckel, Die Überzeugungskraft der Ordale in Merowingischer Zeit (2008) S. 198–223.
490 Müller-Bergström, Art. Gottesurteil (1932/1987) Sp. 994–1064, hier Sp. 1028–1034; Vgl. neuerdings die Arbeiten von Fuchs, Hexenverfolgungen in Ruhr und Lippe (2002) u.a.
491 Dinzelbacher, Das fremde Mittelalter. Gottesurteil und Tierprozess (2006) S. 35–51, S.37f.

eine Bissenprobe nachweisbar ist. Die Eucharistieprobe[492] wurde schon früh, zum ersten Mal von der Wormser Synode, verordnet und meist von Klerikern angewandt, blieb aber nicht diesen vorbehalten, sondern kam auch bei adeligen Laien zur Anwendung.

Das Gottesurteil[493] als Mittel der sakralen Rechtsfindung richtet sich nur in manchen Formen auf zukünftige Ereignisse und sucht hauptsächlich Verborgenes zu enthüllen. Damit ergibt sich eine Problematik der Zuweisung zur Mantik, da manche Autoren mantisches Wissen ausschließlich als Zukunftswissen verstanden wissen wollen. Ein weiteres Problemfeld eröffnet sich bei den unterschiedlichen Formen der Ordalien, wie z.B. beim Zweikampf, wenn dieser als religiös begründetes Phänomen wahrgenommen wird und keine strikte Trennung zwischen Zweikampf und Ordal zulässt.[494]

Übereinstimmung herrscht in der Frage der Unterscheidung in berufene und unberufene Gottesurteile, Erstere sind in gerichtliche Verfahren integriert, während bei den unberufenen, (meist bei Wahrheitsbeteuerungen), analog zu eidesstattlichen Erklärungen, von Gott ein Zeichen[495] erwartet wird, sollte die Aussage nicht der Wahrheit entsprechen. Zu unterscheiden sind einseitige und zweiseitige Gottesurteile. Während man im einseitigen Verfahren eine übernatürliche Weissagung über vergangenes Geschehen wie einen Mord etc. erhalten will, müssen sich im zweiseitigen sowohl Kläger als auch Beklagter derselben Probe unterziehen. Durch feierliche Anrufung und Gebete suchte man Gott zur Aussage zu zwingen, provoziert also ein Urteil. Dahinter steht der Gedanke, dass Gott in die Geschicke der Menschen und damit in die Geschichte eingreift. Verwandt sind die Ordale den Orakeln insofern, als auch diese vermittels irdischer Medien von einer Gottheit gegeben werden. Während bei vielen anderen Divinationsarten orientalische Herkunft angenommen werden kann, ist das Gottesurteil vor allem im alten Europa, aber auch in afrikanischen Kulturen nachgewiesen.

Die Zukunftsdeutung verschiebt sich auch hier, wie auch bei anderen Divinationsformen, von der Zukunftsbefragung weg zur durch Augenblicksbedürfnisse gegebenen Frage, nämlich wie im gegenwärtigen Fall zu verfahren sei. GRIMM[496] nannte das Gottesurteil deshalb rückwärts gewandte Weissa-

---

492 Vgl. Browe, Die Abendmahlsprobe im Mittelalter (2009) S. 239–250.
493 Vgl. Ausführlich Müller-Bergström, Art. Gottesurteil (1932/1987) Sp. 994–1064; Zur Herkunft und den Erscheinungsformen des Ordals samt Textzeugnissen Browe, De ordalis (1932); Dinzelbacher, Gottesurteil (2006) S. 27–102.
494 Vgl. dazu Schmoeckel, Die Überzeugungskraft der Ordale in merowingischer Zeit (2008) S. 198–223, hier S. 200.
495 Auch die Bibel berichtet von unentscheidbaren Streitverfahren, die dann durch Gottes Ratschluss mittels eines Zeichens entschieden wurden. (Jos 7,14ff; 1 Sam. 1438–42; Apg 1, 15–26).
496 Grimm, Rechtsaltertümer (1899/1983) II S. 593–596.

gung, weil es Unbekanntes aus der Vergangenheit aufdeckt, im Unterschied zu den meist auf die Zukunft ausgerichteten Orakeln. Antworten erwartete man auf die Fragen: Wer ist der Dieb, wer der Mörder, wer ist eine Hexe, ist die Ehefrau treu, das Mädchen Jungfrau, der Held ehren- bzw. tugendhaft?

Bei den unberufenen also nicht provozierten Gottesurteilen offenbaren Zeichen Schuld bzw. das Ausbleiben der Zeichen die Unschuld. Einen großen Bekanntheitsgrad besitzt die spektakulärste Form des *Dei iudicium*, die Bahrprobe. Der Grundgedanke dahinter ist der Glaube, dass die Gottheit im Rechtsstreit über Schuld oder Unschuld einen bezeichnenden Hinweis liefert. Das *Nibelungenlied* malt die Situation dramatisch aus, und lässt uns durch Kriemhilds Augen blicken:

> *Sie buten vaste ir lougen. Kriemhilt begonde jehen:*
> *„swelher sich unschuldige, der lâze daz gesehen;*
> *Der sol zuo der bâre vor den liuten gên.*
> *Dâ bî mach man die wârheit harte schiere verstên."*
> *Daz ist ein michel wunder. Vil dicke ez noch geschiht,*
> *swâ man den mortmeilen bî dem tôten siht,*
> *so bluotent im die wunden: als ouch dâ gescach.*
> *Dâ von man die sculde dâ ze Hagenen gesach.*
> *Die wunden vluzzen sêre alsam sie tâten ê.* (1043–1045,1)[497]

HARTMANN VON AUE erläutert die Bahrprobe in seinem *Iwein*.

> *Nû ist uns ein dinc geseit*
> *Vil dicke vür die wâreheit,*
> *swer den andern habe erslagen,*
> *und wurder vür in getragen,*
> *swie langer dâ vor wære wunt,*
> *er begunde bluoten anderstunt.*
> *nû seht, alsô begunden*
> *Im bluoten sîne wunden,*
> *dô man in in daz palas truoc.*
> *Wan er was bî im der in sluoc.* (VV. 1355 – 1364)[498]

Durch Zufall begegnet der Ritter Hestor im *Prosa-Lancelot* dem Totenzug jenes Ritters, den er ermordet hatte. Als er vorbei reitet, *„brachen alle sin wunden off und begunden fast blüten. Da rieff der gezwerg: ‚Vahent den morder, vahent den morder!'"* Bei der Aufklärung eines Verbrechens legte also der Ermordete selbst Zeugnis ab. Die literarische Einkleidung spiegelt die historische Realität der in mittelalterlichen Urkunden und Geschichtswerken festgehaltenen tatsächlichen

---

497 Nibelungenlied (Ausgabe Batts 1971).
498 Hartmann von Aue, Iwein (Ausgabe Benecke 1968).

Fälle. Die *Berner Chronik* zeichnet den Mord der Ehefrau des Landsknechts Hans Spieß auf. Als man sie erstickt im Bett auffindet, richtet sich der Verdacht genauso wie heute zuallererst gegen die nächsten Angehörigen, in diesem Fall gegen Spieß, der nun bei der ausgegrabenen Leiche nackt stehen und seine rechte Hand auf diese legen und seine Unschuld beeiden muss. „*Je näher er hinzuging, je mehr warf sie wie würgend einen Schaum aus, und da er gar hinzukam und sollte schwören, da entfärbte sie sich und fing an zu bluten!*" Damit ist augenscheinlich, dass er schuldig ist und er gesteht auch.[499]

Die Bahrprobe ist im 14. Jahrhundert in der Gerichtspraxis verankert, Einträge finden sich im süddeutschen Stadtrecht, Schweizer und niedersächsischen Landrecht, gleichzeitig sprechen einzelne Länder schon Verbote aus, wie in Schwaben, Nördlingen und Dinkelsbühl. Ausführlich erläutert RUPRECHT VON FREISUNG die Bahrprobe in seinem Rechtsbuch 1328 als freiwilligen Beweis und stellt sie zur verbotenen Eisenprobe. Nach seiner Anleitung soll der Tote ausgegraben, seine Wunden mit Wein und Wasser gesäubert und getrocknet werden. Der Beschuldigte muss dreimal auf Knien die Bahre umrunden, den Toten küssen und folgende Worte sprechen: „*ich ziuch an got und an dich, daz ich an deinem tot unschuldich bin.*"[500] Dass der Tote überhaupt reagiert, gründet in der paganen Vorstellung vom lebenden Leichnam,[501] der selbst Rache am Mörder nimmt, verwandt, aber nicht identisch mit der Wiedergängervorstellung. Um Feststellung eines Schuldigen geht es sowohl im friesischen Zweigurteil als auch im skandinavischen Rasengang. Beim Ersteren, das einem Losverfahren gleichkommt, werden Holzstäbe auf den Altar gelegt, die ein Priester bzw. ein kindliches Medium ziehen musste. Das letzte Stäbchen enthüllt den Schuldigen. Beim Rasengang[502] löst man ein breites Rasenstück vom Erdboden und stützt es mit einem Speer, sodass ein bogenförmiger Durchgang entsteht. Stürzt beim Durchgehen der Rasenbogen ein, ist der Schuldige ermittelt. Des Diebstahls Schuldige sucht man mit dem Kerzenordal zu überführen: das Abbrennen von zwei Kerzen, die erste, die verlischt, zeigt den Schuldigen an.[503]

Sicherlich christlicher Provenienz ist die hauptsächlich für Geistliche vorbehaltene Kreuzprobe[504], bei der die Gegner die ausgestreckten Arme vor einem Kreuz hochhalten mussten. Wer diese anstrengende Prozedur länger aushielt, war im Recht bzw. unschuldig. Tugend- und Jungfräulichkeitsproben[505]

---

499 Prosa- Lancelot (Ausgabe Kluge 1948) I S. 395,31.
500 Dinzelbacher, Gottesurteile (2006) S. 27f.
501 Ruprecht von Freising zit. n. Dinzelbacher, Gottesurteil (2006) S. 35–51.
502 Vgl. ausführlich Geiger, Art. Leiche (1932/1987) Sp. 1024–1060.
503 Dinzelbacher, Gottesurteile (2006) S. 27f.;
504 Müller-Bergström, Art. Gottesurteil (1932/1987) Sp. 994–1064, hier Sp. 1249ff.
505 Dinzelbacher, Gottesurteile (2006) S. 27f.

als literarische Motive bestimmen als wichtiges strukturelles Konstituens und immer wiederkehrende Konstante die gesamte mittelalterliche Erzählliteratur.

Dass in den Reliquien eines Heiligen seine Macht immer noch anwesend ist und er dadurch bzw. seine Knochen die Wahrheit anzeigen können, baut der Dichter des *Karlmeinet* in seine Erzählung vom Verrat des Wellis ein. Dederich schwört auf die Gebeine des Hl. Patricius, dass der Graf Wellis Roland und andere verraten habe, Pynabel schwört, dass der Graf Wellis, sein Onkel, unschuldig ist. Die Kontrahenten sollen die Gebeine küssen, aber nur Dederich ist dazu imstande, den Kuss des Pynabel lässt Gott nicht zu: *Want eme got des neit engunde./ Seyn eyt was vngezemelich.*[506].

Zu den angeblich vom Zauberer VERGILIUS[507] erfundenen Automaten gehört auch eine Ordalvorrichtung, in welche man seine Hand hineinschieben kann. Besteht eine untreue Frau die Probe nicht, so beißt der Mund der Wahrheit, *bocca della verità*, die Hand ab. Eine Geschichte aus dem mittelalterlichen Sagenkreis um den lateinischen Dichter handelt von einer Frau, die das automatische Ordal überlistet, das ab dann nicht mehr funktioniert.

Die Vermengung der alten Ordalvorstellung und medizinischer Kenntnisse bezeugt ein Eintrag ins *Bündner Arzneibuch*, der empfiehlt Gagates zu zerstoßen und einer Frau einzugeben. Wenn sie keine reine Jungfrau sei, müsse sie Wasser lassen: Man nehme *„ gagates, ein stein, also genannt, zerstoß yn zů puluer und gebe diß einer iungfrowen [...] ist sey eine reine iungfrowen, so helt sye den bey ir; ist sie keine, so muß sie von stund iren harn abslagen wider iren willen."*[508]

b) Onomatomantie oder die Bedeutung des Namens

Diese Art von Orakel beschäftigt sich mit dem numerischen Wert eines Namens[509]. Der bekannte *Canterbury Psalter* bzw. *Eadwine Psalter*, der einen detaillierten Plan der Wasserleitungen der Kathedrale enthält, datiert auf ca. 1160. Dieses Manuskript ist schon mehrfach von anerkannten Handschriftenexperten untersucht worden. Während das Augenmerk mehr auf den Illustrationen lag, den Wasseranlagen und den angelsächsischen und normannischen Glossen, erregten zwei prognostische Texte am Ende des Manuskripts lange Zeit wenig Aufmerksamkeit. Der erste Text enthält den schon erwähnten ersten mittelalterlichen chiromantischen Traktat, und der zweite beschäftigt sich mit

---

506 Kasper, Von miesen Rittern ... Tugend- und Keuschheitsproben (1995) passim.
507 Karlmeinet (Ausgabe Keller 1858/1971)VV.526, 1–42, hier 526,36f.
508 Zu Vergil vgl. meine Arbeit, Magie und Magier im Mittelalter (2003) S. 210–219.
509 Jeckel, Proben aus einem Arzneibuch des 15. Jahrhunderts (1926–1927) S. 78–92, hier S. 89.

Namen. Dazu gehörig vier Tabellen, die auf den Buchstaben des Namens des Fragenden beruhen.

A die Wochentage und ihre numerisches Äquivalent
B die Nummer für Sieger und Besiegte
C der Divisor, der beim entsprechenden Thema angewendet wird z.B. für Krankheiten und Kämpfe geteilt durch neun, für Eheleute durch sieben
D die Buchstaben des Alphabets und ihre numerischen Äquivalente

Eine Anleitung fehlt, doch kann diese aus späteren Texten erschlossen werden. Will man wissen, wer von zwei Kämpfern den Sieg davontragen wird, so behandelt man die Namen der jeweiligen getrennt. Man nimmt die numerischen Entsprechungen aus Tabelle D und berechnet die Quersumme, diese teilt man durch neun und notiert die Endzahl, es erscheint eine Zahl von eins bis neun (die Null wird als neun wiedergegeben) Dann findet man mithilfe der Tabelle B heraus, welche Nummer welcher überlegen ist, und das zeigt den Sieger an.

Im Falle von Krankheiten macht man es wie zuvor, aber man vergleicht seine Quersummenzahl mit den Zahlen des Wochentags, an dem. der Fragende krank wurde.

Wenn man herausfinden will, welcher der Eheleute den anderen überlebt, macht man es wie gehabt, doch teilt man die Quersummer durch sieben und zieht dann Tabelle B zu Rat.

Onomantische Texte finden sich in frühen englischen Liturgien, so 970 in Glastonbury.[510] Diese frühen Versionen gehören zur spätgriechisch-römischen Tradition, in der nur der Name einer Person involviert ist. Die Quersumme des Namens wird durch 30 geteilt bzw. manchmal durch 28 oder 29, und das Ergebnis wird in einer der sechs Abteilungen innerhalb eines Quadrates oder Kreises aufgefunden, die den Titel *großes Leben, mittleres Leben, kleines Leben großer Tod, mittlerer Tod, kleiner Tod* tragen.

Die Tabellen des *Eadwine Psalter* hingegen sind insofern von Interesse, als sie offenbar einer verschieden onomantischen Tradition angehören, die BURNETT die Siegreiche genannt hat.[511] Das grundlegende Element dieser Divinationsmethode besteht aus den neun Tabellen, die alle möglichen Kombinationspaare auflisten und dazu jede Nummer, die über diese gewinnt. Diese Methode findet sich in griechisch-orientalischen Quellen, war aber bis jetzt nicht in lateinischen oder europäischen Texten vor der Mitte des 13. Jahrhunderts aufgetaucht.

---

510 Vgl. Harmening, Art. Namen (2005) S. 309–310.
511 Burnett, Magic and Divination (1996) S. 143–167.

Ein anderer Zweig der Tradition steht in Verbindung mit Alexander dem Großen, entweder ihm zugeschrieben oder an ihn gerichtet. In einem Text dieser Traditionen, der *Sentia Alexandrei* in Digby 67, firmiert Nectanebos, der berühmte Zauberer und angebliche Vater des Alexander, als Autor. In *Arundel* 339 ist zu lesen, dass Alexander eine Tabelle immer auf seinen Reisen mit sich führte. Dass der Name des großen Königs so oft auftaucht, ist kein Zufall. In den orientalischen Quellen wird die Tabelle als Geschenk des ARISTOTELES an Alexander bezeichnet. Die bekannteste und am weitesten verbreitete Quellen dieser Onomantie ist die arabische Version des *Secreta secretorum* (*sirr al-asrar*), eine Textkompilation didaktischen Inhalts, als Autor fungiert ARISTOTELES. Die meisten der europäischen volkssprachlichen Versionen stammen von zwei lateinischen Übersetzungen. Seltsamerweise ist die Namensmantik in keiner der überlieferten Texte enthalten. Was die Forschung bis jetzt beschäftigt hat, ist, dass die Eadwine-Version offenbar auf einer arabischen Version des *Secreta Secretorum* beruht. Die Überlieferungswege waren möglicherweise ähnlich wie die des *Liber Alchandrei*.[512]

Die nach 1437 entstandene und HARTLIEB zugeschriebene Namenmantik[513] besteht aus zwei Teilen, der erste soll den Ausgang eines Ordals aus den Namen der Zweikämpfer (→ siehe Gottesurteil) herausfinden. Der Text bietet zwei Namenslisten und gibt die für die jeweiligen Namen glücksverheißenden Tage, und hier die Tageszeiten und die zu erwartenden Ausgänge für die Kämpfe an. Der zweite Teil behandelt Kämpfe jeglicher Art, berät aber auch mit Hilfe von namenmantischen Tabellen in Lebensfragen.

In THALHOFERS *Fechtbuch*[514] von 1443 gibt es eine Anweisung zur Wahrsagung, die auf Namensbefragung beruht: „*Wenn zwen vechten, welcher obligt, unter tzweyen frewnden welcher ee sterbe, obe ein siecher sterbe oder genieße, obe ein tag für sich gee oder nicht. Obe ein sache gut ader böß sey.*" Der Zahlenwert der Buchstaben des Namens muss mit einer besonderen Tabelle eruiert werden, z.B.: a= 3, b= 27, c= 25. z=1. Die Tageszahl wird dazu gezählt, die so erhaltene Summe durch 30 dividiert und die Restzahl ist die signifikante, die man in einem sechsteiligen Kreis aufsucht. Die oberen Teile des Kreises sind

---

512 Ibid.
513 Vgl. Schmitt, Hans Hartliebs mantische Schriften (1962) S. 291–317 Zweifel an der Autorschaft meldet Wierschin an, der argumentiert, Hartlieb habe die Namenmantik zu Studienzwecken abgeschrieben. Wierschin, Johannes Hartliebs mantische Schriften (1968) S. 91. Grubmüller, Art. Hartlieb, Johannes (1981) Sp. 480–496, hier Sp. 486f. Fürbeth rollt die Diskussion in seiner Monographie, Johannes Hartlieb (1992) S. 57–59 u. 131f. neu auf und spricht sich gegen eine Verfasserschaft Hartliebs aus. Die Handschrift könnte sich allerdings in seinem Besitz befunden haben. Vgl. Grubmüller im Nachtrag des VL Art. Hans Hartlieb (2004) Sp. 589.
514 Ed. Hergsell (1889) S. 5.

überschrieben mit: *gesuntheit, glück seligkeit*, die unteren *zweiffel ungluck* oder *bitter tot*. Bzw. man berechnet die Namen beider Fechter, dividiert jeden durch neun und schlägt die Kombination beider Reste in einer Tabelle nach: „*wonach entweder der mynste am leybe gesigt oder der größt am leybe.*"

D. Intuitive Wahrsagung: Visionsorakel

Divination durch reine Intuition im Wachzustand wird im Allgemeinen als Ergebnis des Besitzergreifens oder der Inspiration eines Gottes oder bei monotheistischen Religionen des einzigen Gottes angesehen. Unter Divination durch Intuition verstehen wir eine Schau in einem besonderen halluzinatorischen oder hypnotischen Zustand, der auf verschiedene Art und Weise erreicht werden kann. Für die Seele, sagt CICERO, gibt es zwei Arten der Erregung. Sie handelt aus eigener Bewegung, ohne Beistand des Verstandes oder der Wissenschaft, d.h. durch eine der Wut verwandte Inspiration, oder sie ergibt sich im Schlaf. Diese Erregungen der Seele sind für uns Zustände, die der halluzinatorischen Chresmologie entsprechen. Ebenso wie CICERO erkennen wir also durch Verspeisen, Einatmen eines Halluzinogens (Pharmakomantie), durch Versetzen in Katalepsie, hypnoide Zustände oder Agonie (Karamantie, Anthropomantie), durch Catoptromantie (aus griechisch Spiegel) oder ähnliche Verfahren (Hydromantie, Kristallomantie usw.). Es handelt sich um eine passive Wahrsagung, da sie dem Menschen ohne großes Zutun geschieht und bestimmte Sender hat wie die Götter im Altertum und Gott, Christus, Engel oder Heilige im Mittelalter.

1. Spiegelnde Flächen und Kristalle

Wenn wir heute an Wahrsagerei denken, so kommt uns zwangsläufig das klischeehafte Bild einer ‚Zigeunerin' (→ siehe oben) mit Kristallkugel in den Sinn. Zwar treten die ‚Zigeuner' als Wahrsager (als Handleser, nicht als Kristallseher) erst in den spätmittelalterlichen Quellen und hier mit dem Vorwurf der Inkompetenz in Erscheinung, doch steht die Kristallomantie in den mittelalterlichen Fachschriften als pars pro toto für Wahrsagerei und entspricht der heute noch gängigen Auffassung, dass Hexen, Zauberer, weise Männern und Frauen sich u.a. mit dieser Kunst befassten.

Die konkrete Bezeichnung ist erst in byzantinischer Zeit belegt, und wurde als solche im ausgehenden Mittelalter wiederbelebt. Bei der Kristallomantie sollen visionäre Erlebnisse mithilfe von spiegelnden Gegenständen z.B. Glaskugeln bewirkt werden, um meist zukünftige Dinge zu sehen und zu erforschen. Der bevorzugte Stein war der in verschiedenen Farben gängige Beryll. In der

Antike gut bezeugt ist die Captromantie bzw. auch *Catoptromantia*[515], die mit einem magischen Spiegel praktiziert wurde.[516] Eine Abart der Kristallomantie ist das Wahrsagen aus der spiegelnden Wasseroberfläche, die vermutlich aus Babylonien stammende Hydromantie,[517] auch Gastromantie von griech. *Gastron,* dem Mittelteil einer bauchigen Wasservase. Cylicomantie oder Wahrsagen aus dem Becher wurde besonders im Orient praktiziert.[518] Das Spiegel- oder Becherorakel ist als eines der wenigen in kirchlichen Zeugnissen bestätigt, da Josephs Blick in den Becher darauf hinweisen soll.[519]

Bereits die ältesten Erwähnungen ordnen die Spiegelmagie den verbotenen Künsten zu: *„Divinatio sine invocatio expressa",* aber *„cum invocatio tacita",* was nach THOMAS einem Dämonenpakt gleichkommt, denn in den Besitz eines magischen Kristalls gelangt man durch den Teufel, dem auch die Urheberschaft an den im Kristall erscheinenden Bildern zugesprochen wird. PARACELSUS erläutert am Ausgang des Mittelalters:

> *Beschweren ist nichts anders, dann ein Ding recht mercken, wissen und verstehen, was das ist. Crystall ist ein Figur des Lufft, darinn alles, das im Lufft beweglich oder unbeweglich gesehen wirdt, das erscheint auch in eim Spiegel, in Crystallen und Wassern. Dann Lufft, Wasser vnnd Crystallen muß zum Gesicht für Einss gelten, als ein Spiegel, darinn man die Replica verkehrlich sihet.*[520]

Der römische Polyhistor VARRO (117–27 v. Chr.)[521] erwähnt die Spiegelmagie und vermutet persischen Ursprung, u.a. wohl weil für die römischen Schriftsteller Persien als Erbe Babyloniens galt. Der Schriftsteller und Geograf PAUSANIAS (115–180n. Chr.) zeichnete in seinen Reisen durch die griechischen Landschaften auch verschiedene medizinisch-diagnostische Spiegel-Praktiken auf. In *Achaia* (VII, 22)[522] merkt er an, dass man in einem Cerestempel einen

---

515 Vgl. meinen ausführlicheren Aufsatz, Tuczay, ‚Ettlich haben gar ain lauteren schönen gepulierten cristallen' (2002) S. 31–50; Harmening, Art. Kristallomantie (2005) S. 266–267; Hartlieb, Das Buch der verbotenen Künste. (1998) Kap. 89; Dazu Fürbeth, Johannes Hartlieb. Untersuchungen zu Leben und Werk, (1992).
516 Vgl. Bestermann, Crystal-Gazing (1965); Melville, Crystal Gazing and Clairvoyance (1983); Róheim, Spiegelzauber (1919); Boehm, Art. Kristallomantie (1932/1987) Sp. 578–594.
517 Pausanius erwähnt bereits im 2. Jahrhundert das Wahrsagen aus Spiegeln, er bezeichnet die Wahrsager als *specularii*, bei Hironymus Dardanus dann im 16. Jahrhundert Katoptromantie, bzw. im Wagnerbuch von 1593 Captromantia genannt. Vgl. Delatte, La Catoptromancie Greque et ses dérivés (1932) passim.
518 Das Wagnerbuch von 1593 orientiert sich an Weyer.
519 Boehm, Art. Hydromantie (1932/1987) Sp. 548–574.
520 Opera 6, 389 (Ausgabe Huber). Als Josef aus dem Becher weissagte: I. Moses 44,5; Zur altbabylonischen Becherwahrsagung vgl. Pientka-Hinz, Akkadische Texte (2008) S. 31–34.
521 Lange, Becherorakel und Traumdeutung. (2001) S. 371–379.
522 Paracelsus, Sämtliche Werke (1929) S. 336.

an einer Schnur befestigten Spiegel in ein Wasserbecken hing. Der (Heiler-) Priester sah im Spiegel, ob eine kranke Person geheilt werden konnte oder nicht. In Patrai habe man einen Spiegel bis auf die Oberfläche einer Quelle herabgelassen. Nach dem Heraufziehen des Spiegels erblickte der Diagnostiker den ratsuchenden Kranken entweder gesund oder tot.

PYTHAGORAS (570–510v. Chr.) soll mittelalterlichen Angaben zufolge ebenfalls einen magischen Spiegel besessen haben, den er dem Mond entgegenhielt, bevor er in die Zukunft sehen wollte. Damit reiht ihn das mittelalterliche Verständnis in die Tradition der berüchtigten thessalischen Zauberer[523] ein, welche dies neben vielen anderen magischen Techniken ebenfalls praktiziert hatten. AUGUSTINUS rückt die Hydromantie in die Nähe der Nekromantie: *„Hierbei sollen unter Verwendung von Blut auch die Abgeschiedenen ausgeforscht werden; auf Griechisch heiße es Nekromanteia. Ob nun Hydromantie oder Nekromantie, anscheinend handelt es sich darum, dass Tote weissagen. Mit welchen Künsten das geschieht, ist ihre Sache."*[524] Die Vorstellung, dass die Totenseelen aus dem Wasser aufsteigen, bestätigt PROPERZ 4. 1. 106: *„umbrave que magicis prodit aquis."*[525] Die Begrifflichkeit bleibt bei ihm verworren, er versucht aber nicht, die terminologischen Widersprüchlichkeiten auszuräumen, sondern rekurriert darauf, dass die Hydromanten im Wasser Bilder ihrer Götter erblikken wollten. Da heidnische Götter in Wahrheit verstorbene Menschen sind, beschwören die Wasserwahrsager Tote, sind also Nekromanten.[526]

ISIDOR konnte wohl mit der von AUGUSTINUS konstatierten Verwandtschaft der Nekromantie mit der Hydromantie nichts anfangen und umschifft die Problematik mit den Worten: *„Ideoque quotiens necromantia fit, cruor aqua miscitur, ut cruore sanguinis facilius provecentur (daemones). Hydromantii ab asqua dicti."*[527]

Die älteren Beschreibungen legen keinen besonderen Wert auf nähere Angaben über Art und Gestalt des verwendeten Steines: Spiegel, mit Wasser gefüllte Flaschen oder Becken können an die Stelle des Kristalls treten, ohne dass sich das Ritual oder der Erfolg wesentlich ändern. Wo ausdrücklich vom Kristall die Rede ist, verstand man wahrscheinlich Bergkristall darunter.

---

523 Augustinus, De Civitate Dei. Vom Gottesstaat. (1977) VII, c. 35: „Numa selbst, zu dem kein Prophet Gottes, kein heiliger Engel gesandt wurde, hatte es seinerzeit nicht lassen können, Hydromantie zu treiben, um im Wasser die Bilder von Göttern, vielmehr Vorspiegelungen der Dämonen zu sehen, von denen er vernahm, was für heilige Bräuche er einführen und beobachten sollte. Diese Art der Wahrsagung soll nach Varro von den Persern übernommen sein, und Numa, später auch der Philosoph Pythagoras, haben sich, so bemerkt er, ihrer bedient."
524 Pausanias, Reisen in Griechenland (Ausgabe Eckstein 2001) VII, 22.
525 Vgl. Bayler, P.: Dictionaire historique et critique, Paris 1840, 14 Bde, hier Bd. 12, S. 126f.
526 Augustinus De Civitate Dei. Vom Gottesstaat. (1977) VII c. 3,5.
527 Vgl. Hopfner, Offenbarungszauber II (1984) §§ 228–272 Hydromantie, 328–376 Nekromantie; Vgl. Ninck, Bedeutung des Wassers (1976) S. 47–99, bes. 75ff.

Der Kristall muss tadellos blank und poliert sein, zur Verstärkung der Glätte wird er mit Öl eingerieben. Die Gestalt ist kugelförmig, zylindrisch oder prismatisch. Auch von Kristallen in Fingerringen[528] und der Kunst, Dämonen hineinzubannen, wird oft berichtet. GERVASIUS VON TILBURY erwähnt in seinen *Otia imperialia*[529] Spiegel und Schwertklingen, PARACELSUS neben dem Bergkristall auch den Beryll, weshalb er die Kristallomantie auch als *Berillistica* bezeichnet. Zauberbücher belegen immer wieder die Anwesenheit von Engeln in Kristallen, die bei Diebstählen den Täter angeben.[530]

RICHARD KIECKHEFER verdanken wir die Sichtung und Kommentierung der Münchner nekromantischen Handschrift Clm 849,[531] die THORNDIKE in seiner Magiegeschichte nicht erwähnt hat. KIECKHEFER streift sie in seiner *Magie im Mittelalter* und ediert die Handschrift mit einem umfassenden Kommentar. Es handelt sich um eine Kompilation des spätmittelalterlichen Genres der Geheimliteratur, die sich ausschließlich der Beschwörungsmagie widmet. Die Kompilation beschreibt magische Experimente, die in drei Hauptkategorien fallen, zwölf Illusionsexperimente, sieben psychologische Experimente mit Anleitungen, den Willen der Menschen zu beeinflussen und 17 Divinationsmethoden zur Zukunftserforschung, Lösung von Rätseln in der Vergangenheit und Aufspürung von verlorenen oder versteckten Gegenständen. Die meisten dieser Experimente beziehen sich auf Catoptromantie bzw. Spiegelmagie mit Hilfe von Medien.

PARACELSUS bringt die Kristall- oder Spiegelschau in Zusammenhang mit seiner Idee einer christlichen Kabbala (*gabalia*) und verbindet diese mit seinem Entwurf einer neuen ewigen Religion. Kristalle werden besonders als Hilfsmittel (der *religio medici*) für die erkennenden und heilenden Aufgaben des Arztes behandelt.[532]

Unterschiedliche Aussagen gibt es darüber, was im Kristall oder Spiegel erscheint, das dem Wahrsager einen Hinweis auf Zukünftiges zu geben vermag. Häufig sprechen die Berichte von erscheinenden Figuren oder Zeichen, doch auch davon, dass man deutliche Bilder von den Gegenständen oder Menschen sieht, nach welchen man gefragt hat. Auch kommt es vor, dass das Medium einen entfernten Vorgang als dramatische Szene vor sich ablaufen sieht, wie HANS SACHS ausführt: „*vil gesicht, was über etlich meil geschicht*"[533], auch Ört-

---

528 Augustinus, De Civitate Dei. Vom Gottesstaat. (1977) VII, 35.
529 Isidor, Etym. VIII (Ausgabe Linhart 1997) 9, 11–12.
530 Die berühmte Bulle Papst Johannes 1326 *Super illius specula* wettert gegen Menschen, die Dämonen opfern, diese anbeten und in Ringe, Spiegel und Fläschchen einschließen. Vgl. Hansen: Zauberwahn (1983) S. 255.
531 Kieckhefer, Magic in the Middle Ages (1989) und Forbidden Rites (1997).
532 Gervasius von Tilbury, Otia imperialia (1856).
533 Vgl. Hartlieb, Buch der verbotenen Kunst (Ausgabe Eisermann(1998) Kap.54–63, S. 114–126.

lichkeiten, die so fern sind, dass sie das kindlichen Medium nicht identifizieren kann, wie einmal LUTHER in einer seiner *Tischreden* erzählt: „*Ich seh ein stadt oder schlos, es ist aber ein großer dampf oder nebel darumb, daß ich die spitzen nicht kan sehen.*"534

Der Südtiroler Dichter HANS VINTLER (1. Hälfte des 14. Jahrhunderts – 1415) führt in seinem didaktischen Werk *Pluemen der tugent* an zwei Stellen Aberglaubenslisten. Er hielt offenbar wenig vom Spiegelzauber, den er im Anschluss an die Lehrmeinung der Kirchenlehrer, vor allem THOMAS VON AQUIN, als betrügerische Gaukelei und Illusion abwertet. Seine Erwähnung bezeugt die Spiegelmagie als häufig geübte Wahrsagepraxis des 14. Jahrhunderts: „*und vil die sehen in dem spiegel / manigen wunderlichen triegel, / da lange wäre von ze sagen.*"(VV. 8198–8199)535

CORNELIUS AGRIPPA VON NETTESHEIM (1486–1535) brachte man in Verbindung mit magischen Spiegeln,536 ebenfalls den berühmten, aber auch berüchtigten NOSTRADAMUS (1503–1556), der Katharina von Frankreich die zukünftigen Könige in einem Spiegel gezeigt haben soll.

Harmloser für den Beschauer und sicherlich oft erfreulicher gestaltete sich das Ergebnis der Spiegelbefragung, um den zukünftigen Ehemann oder die Ehefrau zu erblicken. Diese Praxis gesellt sich zu den vielen verschiedenen Orakeltechniken, die man zur Partnersuche angewendet hat und u. U. auch heute noch praktiziert.

Im *Apollonius von Tyrlant* des HEINRICH VON NEUSTADT vollzieht sich die Läuterung des Protagonisten durch die Wirkung des Zauberspiegels am Ende der siebenstufigen Treppe, deren Stufen für die sieben Hauptsünden des Menschen stehen. Hier vollzieht sich auch seine endgültige Wandlung durch ein Bad, das Apollonius und seine Gefährten nehmen, nachdem sie den Spiegel erreicht haben. „*Wer czu dem spiegel wil gan, der muoz wesen aller sünden an, sam er in der tawff waz.*"537 Einen Läuterungsprozess löst der Spiegel auch im *Jüngeren Titurel* aus: „*Valsch und al untrieve der selbe spiegel meldet diu siht man drinn als niuwe unz er die schuld mit bûze widergeldet.*"538 Hier ist er Mittel zur Selbsterkenntnis.

Bis ins 18. Jahrhundert wurde die von den Kirchenlehrern verdammte Praktik den dämonischen Mächten zugerechnet, da man nur über den Teufel in den Besitz des Kristalls komme, dem man ja auch die Urheberschaft an den

---

534 Vgl. De religione Perpetua. Man sah darin teilweise neuplatonisches Erbe.
535 Sachs, Eine Auswahl für Freunde der alten vaterländischen Dichtkunst (1829) S. 44.
536 Luther, Tischreden (=Werke Bd. 5) (1883) 165.
537 Vintler, Die pluemen der Tugent (Ausgabe Zingerle 1874); Vgl. Ebermann/Bartels, Zur Aberglaubensliste (1913) S 1–18 und S. 113–136
538 Agrippa von Nettesheim, Die magischen Werke (Ausgabe Frenschkowski (2008) 57. Kap, S. 152–153

Erscheinungen im Stein zuschrieb. HANS SACHS urteilt: „*So ist der Christallen gesicht lauter gespenst teuffels gedicht*"[539]. Die erscheinenden Gestalten sind Dämonen, nicht Engel: „*Wann dann den tuiffel bedunckt, das er den Dienst genug hat, so lasst er erscheinen den engel jn weiß*[540], der aber in Wahrheit ein Dämon ist: *jren engel, der ain rechter tewffel ist.*"[541] Die Kunst des Zauberers besteht vor allem darin, die Dämonen zu bannen und in den Kristall einzuschließen.

2. (Kinder)Medien

Ab dem 1. vorchristlichen Jahrhundert überliefern antike Quellen die Verwendung von Kindermedien, die in einer Vision Götter, Dämonen und Geister wahrzunehmen vermögen. Überlegungen und Anleitungen zu mediumistischer Praxis kommen vor allem von der religiös-philosophischen Richtung der Theurgie, deren Urheber JULIAN der Theurg[542] vermutlich den eigenen Sohn als Medium verwendet hatte, ebenso von den hinter den magischen Zauberpapyri stehenden Adepten. Auch die in den chaldäischen Orakeln beschriebenen visionären Erscheinungen werden wohl von einem Medium, das in Flammen oder eine Flüssigkeit geschaut hat, erblickt worden sein, wie schon DODDS[543] moniert. Die Zauberpapyri[544] überliefern eine erstaunlich große Anzahl von Zaubersprüchen, um hauptsächlich bei Kindern mediumistische Trance hervorzurufen. Bei einem Ritual mit Kindermedien gab es also ein Muster und vor allem eine (gelehrte) Person, die das Medium auswählte und mit ihm arbeitete. Bei Kindern konnte das in der Ritualmagie geforderte Reinheitsgebot eingehalten werden, bei Erwachsenen wurde ein Keuschheitsgebot verhängt. Dass es sich bei den Instruktoren der Medien, wie HOPFNER und JOHNSTON vermutet haben, wohl um wandernde Spezialisten des Magischen gehandelt hat, erscheint plausibel.[545]

Die Beobachtung, dass das Hineinblicken in glänzende Steine Visionen auslösen kann, wurde wahrscheinlich schon sehr früh gemacht, konkrete Hinweise auf eine bewusst und absichtsvoll mit Hilfe von spiegelnden Flächen erzeugte Visionen erwähnen aber erst ARISTOTELES, PLINIUS und SOLINUS, die beispielsweise vom Heliotrop vermuten, er könne ein Augenleiden hervorrufen.

---

539 Heinrich von Neustadt, Apollonius von Tyrlant (Ausgabe. Singer 1964)
540 Der Jüngere Titurel (Ausgabe Hahn 1842)
541 Hans Sachs, Werke (Ausgabe Keller 1870) Bd. 4, S. 287.
542 Hartlieb, Das Buch der verbotenen Künste. (Ausgabe Eisermann 1998) Kap. 90, S.156.
543 ibid. 92, S. 158.
544 Anton, Theourgia (1992) S. 9–31; Vgl. auch Luck, theurgy and Forms of worship (1989) S. 185–225.
545 Dodds, The Greeks and the Irrational (1951).

FLAVIUS JOSEPHUS (37–100)[546] gibt detaillierte Hinweise, die man ebenfalls auf einen Steingebrauch hin interpretieren kann, nämlich dass MOSES und SALOMO Vergessenheitsringe, Ringe mit besonderen Steinen, die die Menschen in einen bestimmten Zustand versetzten und sie die Umwelt vergessen ließen, anfertigten. AGRIPPA VON NETTESHEIM erwähnt den Stein Ennectis, der seinen Beschauer wahrsagen ließ.[547] Neben dem Bergkristall wird der Beryll verwendet, PARACELSUS nennt die Kristallomantie deshalb auch folgerichtig Berillistica. Dass die Spiegelung ganz allgemein besonders empfängliche Menschen wie Kinder und schwangere Frauen in einen Trancezustand versetzen kann, in dem Visionen auftreten, wurde meist nicht in Erwägung gezogen, weshalb sowohl bei den Edelsteinen als auch anderen glänzenden Oberflächen das Spiegelbild selbst für wahrsagend gehalten wurde.

War in der griechischen Antike noch von Diagnose mittels des Spiegels die Rede, berichten uns die römischen Schriftsteller von einem breiteren Einsatzbereich der Spiegelmagie mit Medien. SPARTIANIUS[548] (193 n. Chr.) berichtet, Kaiser DIDIUS JULIANUS habe neben anderem Zauber auch Spiegelzauber mit einem Knabenmedium getrieben:

Die Sinnlosigkeit Julians ging so weit, dass er durch Zauber allerlei Versuche machen ließ, die ihn seiner Meinung nach die Abneigung des Volkes besiegen und das Waffenglück seiner Feinde (des Gegenkaiser L. Septimus Severus) aufhalten sollten. Er brachte nämlich gewisse, dem Religionsbegriff der Römer zuwider laufende Opfer (also Zauberopfer) dar, sagte gottlose Zauber- (Droh- und Zwangs-)Formeln her und ließ nach der Vorschrift der Spiegeloffenbarung (Catoptromantie) einen Knaben, über dem man Zaubersprüche hergesagt hatte, mit verbundenen Augen aus dem Spiegel wahrsagen; dieser aber soll dann des Severus Ankunft und Julians Tod erblickt haben.[549]

Weissagung durch Knabenmedien erwähnt auch der Kenner der antiken Magie, der Dichter APULEIUS[550], sowie ein demotischer Papyrus[551] an mehreren Stellen. Ein vom Hofkleriker JOHANNES VON SALISBURY beigesteuerter vorgeblicher Augenzeugenbericht lässt vermuten, dass man sich anscheinend in Klerikerkreisen von dieser Technik einiges erwartete und ganz bewusst Knabenmedien heranzog.

Ich danke Gott, der mir schon im zarten Alter gegen die Anschläge des bösen Feindes den Schild seines Wohlwollens vorgehalten hat. Da ich nämlich als Knabe, damit ich die

---

546 Hopfner, die Kindermedien in den griechisch-ägyptischen Zauberpapyri (1926) S. 65–74.
547 Johnston, Charming Children: The use of the child in ancient divination (2001) S. 97–118.
548 Flavius Josephus, Jüdische Altertümer (2004) VIII. Buch , 2. Kapitel, 45–49, S. 364.
549 Agrippa von Nettesheim, Die magischen Werke (Ausgabe Frenschkowski 2008) Kap. XIII, S. 76 Der Ennectis ist vermutlich der Anachitis eine Art Diamant.
550 Spartianus, Die Lebensgeschichte des Didius Julianus (1956ff.) Bd. 3, S. 600.
551 Anmerkungen zu Jamblichus, Über die Geheimlehren (1922) S. 205.

Psalmen lernte, einem Priester anvertraut war, der zufällig auch die Spiegelmagie übte, trug es sich zu, daß er mich und einen etwas größeren Knaben, nach gewissen mißlichen Handlungen, wie wir so zu seinen Füßen saßen, zu der gottlosen Spiegelkunst verführte, damit in unseren Fingernägeln, die mit Öl oder geweihter Salbe bestrichen waren, und in einem gefegten und geglätteten Becken das, was er fragte durch unsere Angabe offenbar würde. Nachdem er also Namen ausgesprochen, die mir durch ihre Schrecklichkeit selbst, so klein ich war, diejenigen von Dämonen zu sein schienen, und Beschwörungen vorausgeschickt hatte, die ich durch Gottes Fügung nicht (mehr) weiß, gab mein Gefährte an, er sehe irgendwelche Bilder, freilich schwach und nebelhaft; ich hingegen zeigte mich demgegenüber derart blind, daß ich nichts sah als die Fingernägel oder das Becken und die anderen Dinge, die ich so schon kannte.[552]

WILHELM VON AUVERGNE, der gelehrte Bischof von Paris,[553] rechnet zu dieser Divinationspraxis das Starren auf polierte, reflektierende und mit Öl eingeriebene Oberflächen, Spiegel, zweischneidige Schwerter, Fingernägel von Kindern, Eierschalen, Elfenbeingriffe hinzu, weiß von hellseherisch begabten Knaben oder Jungfrauen. Seiner Ansicht nach eigne sich lediglich ein Knabe von sieben als Medium und er vermutet, dass die Methode ein Opfer an den Teufel einschließe. In seiner um 1230 entstandenen Schrift *De universo* bietet er eine bereits ausgebildete Dämonologie, erklärt aber die Wirkung des Kristallsehens im Anschluss an PLATON

> *[...] als Erleuchtung der Seele durch ein geistiges Licht, das entweder Gott selbst ist oder von ihm vermittelt wird. Alles, was die Seele vom Körper lösen kann, [. . .] also etwa Entrückung durch das Anschauen von spiegelnden Flächen begünstigt den Empfang der Emanation.*[554]

Die Einmischung dämonischer Mächte steht für ihn dennoch außer Zweifel. Damit gerät auch diese Praxis in ein schiefes Licht.[555] Als der spätmittelalterliche gelehrte Arzt JOHANN WEYER in seinem Aberglaubenstraktat auch die Knabenmedien erwähnt, ist die Verfolgung der Wahrsager und Hexen bereits im Gange: „*diesen Crystall nemme ein keuscher Knab /[...] in die rechte Hand [...] Und so bald der Knab den Engel im Crystall ersicht / so magst du jn fragen was du*

---

552 Apuleius kam durch seine Heirat mit einer wesentlich älteren Frau in den Ruf, magische Praktiken angewendet zu haben. Dies bestritt er erfolgreich in seiner *Apologia* XIII 11–14; vgl. Abt, Die Apologie des Apuleius von Madaura (1908) S. 25.
553 Vgl. Biedermanns Bemerkung zu der von Wilhelm beschriebenen *Divinatio per puerum*, hier handle es sich vielleicht um „echte (para)psychologische Phänomene"! Biedermann, Handlexikon der magischen Künste (1986) Bd. 1, S. 253.
554 Vgl. Bender, Parapsychologie: Entwicklung, Ergebnisse, Probleme (1966) S. 2. u. 20.
555 Der katalanische Inquisitor Nicolaus Eymeric bezeugt in seinem *Direcotium inquisitorum* von 1597 ebenfalls die Praxis der Kristallomantie mittels Knabenmedien. (S. 338) zit. n. Bailey, From Sorcery to Witchcraft (2001) S. 960–990, hier S. 973. Siehe auch die Beispiele und Diskussion bei Láng, Unlocked Books (2008) S. 170–175 und ders., Angels around the Crystal (2005) S. 1–32.

wilt". Er gibt noch weitere Praktiken der Zauberer an: Eine als *Onychomantie* bezeichnete Methode *„geschahe mit oly vnd rost / der auff den Nagel eines keuschen kindts geschmärt / vn nach der Sonnen gewendet war"* (30r/196 / 134).[556] Das Vermischen von Öl, Rost und Sonneneinstrahlung brachte auf dem Nagel Figuren hervor, die von den Zauberkundigen gedeutet wurden. WEYER steht der Hexenverfolgung kritisch gegenüber, doch was die Wahrsagerei betrifft, scheint er sich einfach seinen Vorrednern anzuschließen. Er vermutet, dass es sich dabei um griechische Praktiken handle, die aber *„noch bey Lateinern/Teutsche / vnd anderen Nationen"* (29r) im Gebrauch wären.

Dass es aber nicht ausschließlich am Alter noch am hormonellen Zustand liegt, sondern an einer gewissen mühelosen Disposition zur Trance, darüber machte sich AGRIPPA VON NETTESHEIM Gedanken.[557]

Im Gegensatz zu anderen Wahrsagepraktiken, deren ritualistische Ausgefeiltheit im Volksbrauch vergröbert wurde, blieb die Kristallomantie in den älteren Berichten ausschließlich in der Hand von gelehrten Magiern und konnte nicht ohne deren Vermittlung betrieben werden. Fast in allen Fällen bedienten sich diese Meister der Hilfe von Medien. Die Rolle, die das kindliche Medium spielt, wird bei HARTLIEB anschaulich beschrieben: Der Meister flüstert dem Knaben ein „verporgen" Wort ins Ohr.

„Darnach frage sy den knaben, ob er jcht seh ainen engel, wann der knab sprich ja, so frägen sy jn, was varb er an hab." Wenn der Engel rot gekleidet ist, so ist er zornig, weshalb Opfer und Gebet verstärkt werden müssen, ebenso wenn ein schwarzer Engel erschient. Erst ein weißgekleideter ist von günstiger Bedeutung. Der Meister fragt dann, was der Engel in der Hand habe. *„Er frägt jn also lang, bis er spricht, jch sech ain zedel jn des engels hand, so frägt er dann so lang, bis er sicht püchstaben."*[558] Aus diesen Buchstaben setzt dann der Meister Worte zusammen, welche die Antwort auf die Anfrage enthalten.

Aus HARTLIEBs Schilderung wird deutlich, dass die zeitgenössischen Meister der Kunst ein christliches Mäntelchen umhängten, indem sie die geflüsterten Worte als fast heilig erklärten.[559] In einem bisher unedierten alemannischen Spruch aus *Cod. vindob.* 4773 Bl. 48v–49v vom Ende des 15. Jahrhunderts findet sich ein konkreter Hinweis auf kristallomantische Praxis durch ein Knabenmedium[560]:

---

556 Weyer, Von Teuffelsgespenst, Zauberern und Gifftbereytern (1586/1969) S. 117.
557 Agrippa von Nettesheim, Die magischen Werke (Ausgabe Frenschkowski 2008) III. Buch 50. Kap. S. 447ff
558 Johann Hartlieb, Buch aller verbotenen Künste (Ausgabe Eisermann 1998).
559 ibid. 89. Kap. S. 156.
560 Zimmermann, Ein Zauberspruch aus dem Bereich der Kristallomantie (1976) S. 250–254.

Item nim eyn kiuschen knaben oder meydlin, grosz oder kleyn. Heysz in die hend reyn waschen vnd strych im den spygel an dy hand, der gemacht jst von bom öl vnd linden kolen oder widen, die durch eyn linen tuch gebitelt sind, kleyn als ein mel. Vnd setze dann denn knaben vff eyn stul gen der sonnen vnd sitz du hinder in vnd sprich jm dy wort iij mal jn yglischs ore vnd iij mal vff sin scheytel, vnd ee du es tust, so mach jm vor vf yglichs ore vff sin scheytel iij krutz, yglischs in nomine patris et filii et spiritus sancti, amenn. so sprich im heymlich, das es der knab nicht here, iij mal jn yglischs or vnd vff dy scheytel dise wort: Syryk fyrg sygsyk rotasz rogam taseu.[561]

Daraufhin erscheint der „Wahrsagegeist" im Spiegel:

Wan das kindt den geyst sicht in einer gestalt eins kleins schwartzen houptesz jn dem spygel, so heisz dir dann nach sprechen: Er geyst, ich vmb zieche dich vnd vmb fache dich vnd binde dich mit seyle vnd mit dem strangen, da mit got der herre ward gebunden vnd gefangen, mit dem selbigen seyle vmb zieche ich ouch dich, das du von mir nicht wichest noch entschlichest, engest oder enstest oder weg farest, du hast dan minnen willen gethan vnd wasz ich dich frag in rechter warheyt vnd mir nicht liegest noch betriegest jn nomine patris et filiii et spiritus sancti, amenn.[562]

Dessen eingedenk, dass man Geistern nicht trauen kann, sucht man mit mannigfachen Methoden zu verhindern, dass der Geist Unfug treibt und beschwört ihn im Namen der heiligen Personen, um ihn zu einer wahrhaftigen Aussage zu zwingen. [563]

Das Rezept im 72. Kapitel von *Fausts Höllenzwang*[564] ist ebenfalls christlich eingefärbt. Es fordert, dass der Kristallseher sich unmittelbar nach Sonnenaufgang nach Osten wendet, mit Olivenöl ein Kreuz auf den Kristall mache und darunter die Worte Sancta Helena schreibe. Dann muss er hinter den Knaben, der den Kristall in der rechten Hand hält, niederknien und dreimal mit großer Andacht und Ehrerbietigkeit ein Gebet an die hl. Helena richten, damit diese ihm im Kristall zeige, was er erfahren will.

Ebenso wie JOHANNES VON SALISBURY klagt auch JOHANNES HARTLIEB Priester an, die nicht nur Knaben zur Kristallomantie mit Spiegeln und Kristallen verleiten, sondern sogar einen Hostienteller missbrauchen, im Glauben, dass auf dem heiligen Gerät nur Engel erscheinen können. HARTLIEB verurteilt dieses Tun als teuflischen Irrglauben, wertete die Spiegelbilder als betrügerischere

---

561 Eis, altdeutsche Zaubersprüche (1964) S. 148.
562 Ibid.
563 Ibid.
564 In Kapitel 71 steht folgende Beschwörung: *O allmächtiger Gott, wir bitten dich, du wollest diesen Spiegel benedeien und auch klar machen, dass er gut sei deine Diener N. zu sehen, alle Heimlichkeiten und verborgenen Dinge, als nämlich die Schätze und auch köstliche Edelstein und andere Dinge, die ich denn wünschen und begehren will zu sehen, zu der Ehren deines Namens und meines Nächsten, amen.* Die Beschwörung im 72. Kapitel beginnt mit der Anrufung der Dreifaltigkeit. Dr. Faust's Magia naturalis et innaturalis (2002) S. S. 242 und 243.

Illusionen des Teufels, der im Übrigen auch Engelserscheinungen im Kristall vortäuschen könne. Wer glaubt, dass er es mit einem Engel, der die Wahrheit spricht, zu tun habe, wäre vielleicht schon einem Dämon aufgesessen. Über die anscheinend harmlose Wahrsagerei versuche der Böse, die Seele der Menschen zu verderben.

Der fromme Gelehrte JOHN DEE (1525–1607) widmete sich der Kristallseherei in besonderem Maße. Seit 1581 befasste er sich mit dem Kristallsehen und vermerkt in seinem Tagebuch[565], dass er am 25. Mai 1581 zum ersten Mal eine Vision im Kristall erlebt habe, wobei er als Begleiterscheinungen Klopftöne vernahm. Ausführlich sind in seinen *Libri Quinque mysteriorum* die Protokolle über die vom 22. Dezember 1581 bis zum 23. Mai 1583 Experimente oder „Actions" und die verwendeten Kristalle enthalten. DEE verwendete mehrere größere und kleinere Kristalle, von welchen wir aber heute nicht mehr wissen, ob es natürliche oder künstliche[566] gewesen sind. Der berühmteste war sein *Shew-stone* oder *Skrystone* oder auch *lapis sacer et mysticus*. DEE war überzeugt, diesen Stein in seinem Experiment vom 21. November von einem Engel, welcher am westlichen Fenster[567] seines Studierzimmers in der Gestalt eines vierjährigen Knaben erscheinen sei, erhalten zu haben. Er ließ einen goldenen Fuß für den Stein machen und hielt ihn in höchsten Ehren. Einige der John DEE zugeschriebenen, viele vom Schriftsteller HUGH WALPOLE erworbenen Gegenstände befinden sich im British Museum.

Bedeutsam für DEE ist die Bekanntschaft mit dem Apotheker EDUARD KELLEY, der ihm neun Jahre, bis 1587, als Medium diente. Dabei kam es zur Erscheinung eines Mädchens mit Namen Madini und einer großen Anzahl von anderen Geistern im Kristall z.B. eines alten weißhaarigen Mannes, eines jungen Mannes, mehrerer namentlich sich nennender Geister, die DEE

---

565 Halliwell, The Private Diary of Dr. John Dee (1842); Whitby John Dee's Actions with Spirits (1988); Barone, The Reputation of John Dee (1989); Harkness, Shows in the Showstone (1996) S. 707–737; – dies., Managing an Experimental Household (1997) 242–262; – dies., John Dee's conversations with angels (1999); Löffler, Henoch – die Magie des Dr. John Dee (2006).

566 Im 70. Kapitel von „Fausts Höllenzwang" beschreibt Mephistopheles die Herstellung künstlicher Kristalle. Faust soll an einem Dienstag in der Stunde des Mars zu einem Glasbrenner gehen und das Gewünschte in Auftrag geben. Er kann sich einen Kristall in Gestalt eines Uringlases oder eines Steines bestellen, muss aber jeden dafür verlangten Preis zahlen. Um Zauberkräfte zu akkumulieren, muss das Kunstprodukt zunächst wie ein Erdspiegel eingegraben werden. Ein zweites Rezept im gleichen Kapitel schreibt vor, dass ein gekauftes Kristallglas drei Wochen lang in das Taufwasser eines erstgeborenen Knaben gelegt werde. Dann gießt man unter Verlesung des 6. Kap. der Offenbarung Johannis das Wasser auf einem Kirchhof aus und lässt noch einen christlich gefärbten Segensspruch folgen.

567 Vgl. den faszinierenden Roman Gustav Meyrinks. *Der Engel vom westlichen Fenster*, Leipzig 1927. Vgl. dazu neuerdings Reinthal, Alchemie des Poeten (2008) S. 235–256.

ein Buch zur Neuordnung der Welt diktieren wollten. Diese Geister sagten wichtige Ereignisse, Katastrophen und Revolutionen voraus. DEE und KELLEY begaben sich auf Wanderschaft zu den europäischen Höfen der Hocharistokratie, konnten aber nirgends Fuß fassen. So lebten sie am Hof Kaiser Rudolphs II. in Prag und König Stephans von Polen. DEE setzte seine Experimente mit verschiedenen Medien bis 1607 fort, die MERICUS CASAUBON unter dem Titel *A True and faithfull Relation* 1659 herausgab. Nach dem Zerwürfnis mit KELLEY versuchte es DEE mit seinem Sohn Arthur als Medium, gab es aber nach sehr mediokren Ergebnissen auf und engagierte BARTHOLOMEW HICKMAN, der von 1591–1607 als DEEs Assistent arbeitete.[568]

Die Befragung des Kristalls geht im Rahmen eines mehr oder minder komplizierten Rituals vor sich. Der Kristall musste nach HARTLIEBS Angaben geweiht werden. Da man bestimmte, zu Heilzwecken verwendete Edelsteine segnen ließ, die Kirche aber jede superstitiöse Verwendung verdammte, griffen viele Kristallomantiker zu einer List. Sie beschafften sich den Segen, indem sie den Kristall bei einer kirchlichen Benediktion einschmuggelten oder mit zur Messe nahmen. Dann wurde er sorgfältig, wie ein Heiligtum, aufbewahrt, in Tücher gehüllt oder in einem Futteral verwahrt, Weihrauch und Myrrhe dazugelegt. JOHN DEE errichtete einen heiligen Tisch mit einem goldenen Podest, auf dem der Kristall verhüllt aufbewahrt wurde. HARTLIEB erwähnt, dass neben den Kristall Leuchter gestellt wurden, was ihn an eine mögliche Verbindung zur Pyromantie denken lässt.

Auch die moderne Kristallomantie[569] empfiehlt die Verwendung von Kerzen, doch wird die Praxis je nach Veranlagung der Medien in dieser Hinsicht verschieden gehandhabt. HARTLIEB bezeugt konkret die Wahl bestimmter Zeiten und Räume, sowie die Beobachtung gewisser Reinheits- und Kleidungsvorschriften und die Darbringung von Rauchopfern.

In der Vorrede des JOACHIM CAMERARIUS (1500–1574)[570] zu PLUTARCHS Abhandlung über die Unverlässlichkeit der Orakel *De defectu Oraculorum* steht, dass ein runder Kristall, der ansonsten in ein Seidentuch gehüllt, bei Betrachtung durch einen unschuldigen Knaben wunderliche Dinge gezeigt haben solle, aber schließlich von einem Feinde des Aberglaubens zerschlagen und in die Kloake geworfen wurde. CAMERARIUS stützt sich in seiner Aussage auf den lutherischen Reformator LAZARUS SPENGLER (1479–1534). Zu diesem kam ein edler Nürnberger, der ihm erzählte, dass er einen runden Kristall besitze, den er vor drei Jahren von einem Unbekannten als Gegengabe für seine Gastfreundschaft erhalten habe, mit der Erläuterung, er solle ihn, wenn er

---

568 Vgl. Ausführlich Harkness, John Dee's conversations with angels (1999) S. 16–26.
569 Vgl. dazu Eason, Scrying (2007).
570 Camerarius: *De natura et effectionibus daemonum libelli duo* (1576) 37v.

etwas wissen wolle, durch Vermittlung eines reinen Knaben befragen. Er habe auf diese Weise vieles erfahren, aber ohne sein Medium sei nichts zu sehen gewesen. Allerdings schränkt er ein, dass seine Frau in der Zeit ihrer Schwangerschaft ebenfalls visionäre Bilder gesehen habe und zwar erblickte sie eine Art Männchen in Gelehrtentracht, das Auskünfte erteilt haben soll. Jedenfalls erhielt dieses Männchen in der Stadt den Ruf, alle Geheimnisse zu enthüllen. Selbst in wissenschaftlichen Fragen könne es Antwort erteilen. Schließlich wäre dem Besitzer die Sache unheimlich geworden, daher habe er den Kristall an SPENGLER weitergegeben, der den unheimlichen Stein in tausend Stücke zertrümmert und samt dem seidenen Tuch in den Abtritt geworfen hätte.

3. Oneiromantie, oder die Kunst der Traumdeutung

Auch wirt unglaub durch traum gestifft,
und mit der teuffel antwurt prifft.
MICHEL BEHEIM[571] (VV. 36–38)

Das Wortfeld Traum überschneidet sich oft mit dem des Schlafes, idg. **oner* griech. *oneiros* und *sŭopnĭjom*, lat. *somnium*. Deutsch ahd./mhd. *troum* germ. **drauma*, entweder Trugbild oder aber Spuk. Die Bedeutung der Träume nicht nur zu verstehen, sondern sogar auf zukünftige Ereignisse den Träumer betreffend auswerten zu können, interessierte wahrscheinlich zu jeder Zeit[572], dessen ungeachtet, ob es sich nun um gesprochene Traumbotschaften oder um Bildfolgen und Symbole, die erst einer Interpretation bedurften, gehandelt hat. Der Traum als anthropologische Universalie mit vielfach nachgewiesenen Traumdeutetechniken war oft berufsmäßige etablierte Deutekunst und als Oneiromantik anerkannter Teil offizieller Religion in der Antike, im Christentum eher randständig. Traummotive[573] mit übereinstimmenden Deutungen sind also sinngemäß als kollektives Substrat zu sehen, andere als interkulturelle Wandererzählungen mit unterschiedlichen Kontextualisierungen. Traumerzählungen gewähren Einblicke in die kulturelle „Unterwelt" bzw., näher am

---

571 Beheim, Gedichte (Ausgabe Gille 1968–1972) Bd. II, S. 326–330.
572 Hesiod (Theogonie V, 211ff) macht den Traum zu einem „Sohne der dunklen Nacht, Bruder des verhaßten Todes und der schwarzen Erde, des Schlafes und des Hinscheidens". Vor allem zum antiken Traum sind zahllose Arbeiten erschienen. Allgemein vgl. Büchsenschütz, Traum und Traumdeutung im Altertum (1868), Van Lieshout, Greeks von Dreams (1980) u.a. Zusammenfassend mit Literatur vgl. Frenschkowski, Art. Traum I. Religionsgeschichtlich (2002) S. 28–46, hier S. 28; Vgl. Harmening, Art. Traumbücher, Traumdeutung (2005) S. 424–426.
573 Schon 1951 hat Dodds in seiner viel beachteten Studie *The Greeks and the Irrational,* die ich immer wieder für meine Arbeiten herangezogen habe, auf Untersuchung der kulturellen Muster und Traumtypen gedrungen.

Thema formuliert, die Nachtseiten der menschlichen Seele und bleiben daher zu Recht im Fokus der Kulturwissenschaften.

Durchaus fundierte Kritik hat LATACZ[574] am vielfach zu beobachtenden neuzeitlichen Vorurteil einer Unfähigkeit des antiken, (zu ergänzen wäre des mittelalterlichen) Menschen zu rationalem Denkvermögen und Introspektion geäußert, die sich u.a. auch auf dem Gebiet der Traumforschung niederschlägt. Allein die Liste der mit Thema befassten antiken und mittelalterlichen Autoren (von HERAKLIT über PLATON und ARISTOTELES bis zu AUGUSTINUS) ist beeindruckend umfangreich: Träume, ihre Herkunft und Deutung waren bereits Gegenstand antiker Reflexion, die Klärung der Frage, ob sie von außen, d.h. von Göttern oder Dämonen bzw. Engeln, oder von innen, also aus Körper oder Seele des Menschen selbst kommen, sowie ihre Glaubwürdigkeit ergab ein großes Diskutabilitätspotenzial.

Weder die Vorteile der ausgeklügelteren Formen der Divination noch die Kritik der Skeptiker wie ARISTOTELES, der dezidiert die Traumdeutung als unmaßgeblich abtat, konnten das schichtenübergreifende Vertrauen in die Signifikanz der Träume erschüttern oder verringern. Zahllose Zeugnisse vermitteln den Eindruck, dass Traum- bzw. Traumdeutungsgläubigkeit nicht als abergläubisch per se gegolten hat und gilt. Zudem scheinen die im Traum in den Heiligtümern des ASKLEPIOS, SARAPIS[575] und anderer antiker Götter bzw. Heroen vorausgesagten und auch eingetroffenen Heilungen die Bedeutung von prognostischen Träumen zu untermauern.

Träume deuten konnte jeder selbst, doch boten professionelle Traumdeuter, ob nun intellektuell hochstehend oder als Gebrauchskünstler auf Märkten und bei Festen, innerhalb von Heiligtümern und unmittelbar vor ihnen ihre Dienste an. Herrscher umgaben sich mit ständig anwesenden Deutern. Dabei gilt es zu betonen, dass Traumdeutung in der Antike nicht das Ziel verfolgte, mithilfe der Traumbilder der Persönlichkeit des Träumenden auf die Spur zu kommen. Das Ziel bestand vielmehr darin, mittels diverser Analogieverfahren die gegebenen Informationen – dazu zählen die Traumerzählung selbst sowie Details aus der Biografie des Träumers, seinem Lebensumfeld etc. –, also Bilder und

---

574 Latacz, Funktionen des Traums in der antiken Literatur (1984) S. 10–31. Siehe die weiterführenden Erörterungen zu dieser Problematik Frenschkowski, Traum und Traumdeutung im Matthäusevangelium (1998) S. 5–158, hier S. 6; der Kulturphilosoph Heise hat die Leistung der Traummantik folgendermaßen definiert: *„Ihre eigentümliche Leistung [...] besteht darin, daß sie mit einem Typ sprachlicher Zeichen rechnet, die dort, wo sie erscheinen, im Bewußtsein, keine Referenz haben, die nicht der diskursiven Sprache angehören, und dennoch signifikant sind. Ihr stellt sich demgemäß die Aufgabe, diesen Zeichen Sinn zu verschaffen, der weder im Realen noch im Imaginären liegen kann. Das allein – in seiner Nähe zum psychoanalytischen Konzept – würde schon ausreichen, die Mantik aus dem rationlistischen – Vorurteil zu lösen..."* Heise, Traumdiskurse (1989) S. 67f.

575 Strabon, Geographika (Ausgabe Radt 2008) Buch XVII, 17.

Worte der Traumwelt in die Wachwelt zu übertragen und herauszuarbeiten, welche konkrete Bedeutung der Traum für einen bestimmten Träumenden haben würde. Nachvollziehen lässt sich dies am einzigen erhaltenen antiken Traumbuch, dem des ARTEMIDOR VON DALDIS[576] aus dem 2. Jahrhundert n. Chr., der eine Fülle von Deutungen für Personen mit unterschiedlichem Sozialstatus zusammengestellt hat (→ siehe unten).

Die Griechen haben angenommen, dass die Seele oder ein Teil davon vom Körper während des Schlafes befreit und imstande wäre, die Wahrheit über Vergangenheit, Gegenwart und Zukunft als Traumbilder zu erkennen. PINDAR spricht von einem Abbild, dem *eidōlon*, das von den Göttern stammt. Es schläft, wenn der Körper aktiv ist, dem Schlafenden aber zeigt es Zukünftiges und Vergangenes. Übereinstimmend sagt auch ARISTOTELES, dass die Seele im Schlaf[577] ihre wahre Natur habe und somit die Zukunft wisse. Das gilt auch in besonderem Maß für Prophezeiungen auf dem Totenbett. Wiederum hat PLATON einen Einwand:

> *Der Schlafende sieht in seiner Vision nicht mit dem göttlichen und unsterblichen Teil seiner selbst, sondern mit irrationalen Elementen, (mit dem Unbewussten(?) welches Warnungen und Ermahnungen in symbolische Bilder kleidet, weshalb es den wachen Verstand erfordert, um die Träume zu interpretieren.*[578]

HOMER und HERODOT teilten die Auffassung, dass die Trauminterpretation durch Experten, die *oneiropopoi*, erfolgen sollte. Im *Gefesselten Prometheus* ließ AISCHYLOS seinen Protagonisten den Menschen die Zukunftsschau verleihen:

> *Dann gab ich viele Weisen and der Seherkunst / und schied zuerst aus, was in den Träumen als Gesicht / zu nehmen, tat dann alles Tuns geheimen Sinn / und aller Fahrt Vorzeichen sorgsam ihnen kund, / bestimmte deutlich jedes krummgeklaueten / Raubvogels Aufflug, welcher traurig, welcher froh / nach seiner Art sei, welches Fanges jegliche / sich nähren, welcher Weise gegenseitig sie / Freundschaft und Feindschaft halten und Geselligkeit; / wie des Eingeweides Ebenheit den Ewigen, /Wie der Milz und Leber adernbunte Zierlichkeit / Und welche Farbe recht und wohlgefällig sei. / Indem zuletzt ich dann ein Hüftbein opferte / Dazu ein Rückenteil fettumwickelt, ward ich selbst / Der schweren Kunst Lehrmeister, nahm vom Seherblick / Der Flamme fort die Blindheit, die sie zuvor verbarg.*[579]

---

576 Vgl. dazu grundlegend die neueren Arbeiten von Walde, Dream Interpretation in a Prosperous Age? Artemidor (Ausgabe Kraus 1956); Dies., Antike Traumdeutung und moderne Traumforschung und dies. , Die Traumdarstellungen in der griechisch-römischen Dichtung (2001); Weber, Kaiser, Träume und Visionen (2000).
577 Dazu ausführlich Gallop, Aristotle on sleep and dreams (1990) und Wijsenbeek-Wijler, Aristotle's concept of soul, sleep and dreams (1978).
578 Platon Apol. 39c, Paedo 65b.
579 Aischylos, Tragödien (2008) S. 270; Lenning, Traum und Sinnestäuschung bei Aischylos, Europides (1969).

D. Intuitive Wahrsagung: Visionsorakel

In der Spätantike kam ASKLEPIOS der höchste göttliche Rang zu, außerdem gewährte er Heilung, ohne Opfergaben oder Glauben zu fordern, lediglich moralische Grundsätze. So wurde er in der Spätantike, ebenso wie Mithras Sol Invictus, zum stärksten Konkurrenten Christi.

Die prinzipielle Kontingenz der Träume und ihrer Deutung sprachen schon die antiken Philosophen, Schriftsteller und Geschichtsschreiber an. Vor allem die Epikuräer, die ohnehin wenig von den Orakeln hielten, übten Kritik an der weithin bei den Zeitgenossen akzeptierten Vorstellung, Träume seien ein bevorzugtes Medium der göttlichen Kommunikation und bedürften lediglich der Deutung durch die Oneiromantik. Die epikuräische Kritik zielte auf das epistemische Fundament dieses Konzeptes: Die Traumdeutung gründe auf der irrigen Annahme, der Traum enthalte eine göttliche Botschaft, während in ihm in Wirklichkeit nichts weiter als bloße Objekte oder Bilder gezeigt werden. Durch den Traum sprechen die Götter bestimmt nicht zu den Menschen, Gleiches gelte für die Orakel allgemein.

HERODOTS *Historien* überliefern den Traum des Xerxes[580], der ihm rät, gegen die Griechen Krieg zu führen. Artabanos bleibt skeptisch und rät sogar ab. Als er aber in einem eigenen Traum ebenfalls eine Botschaft empfängt, die zum Krieg rät, unterstützt er Xerxes, seine skeptische Haltung legt er allerdings nicht ab. Der hier enthaltene Diskurs bezeugt, dass die Zweifelhaftigkeit und die Ambivalenz der Träume immer schon mitgedacht, also für diese als charakteristisch angesehen wird. Aus dieser Grundunterscheidung zwischen wahren und nicht wahren, also nicht auf die Zukunft bezogenen Träumen, über die schon HOMER spricht, leitet CICERO die Möglichkeit der Irreleitung des deutenden Menschen ab. In seinem Buch über die Wahrsagerei lässt er seinen Bruder Quintus zwar seine Zweifel an der Traumdeutung aussprechen, verwirft sie aber nicht. Woran er zweifelt, sind die Bedeutung und Deutung der Traumzeichen. In zwei Diskursen werden unterschiedliche Positionen zur Traumdeutung formuliert. Quintus' Rede impliziert die Wichtigkeit der Träume, während sein Dialogpartner Marcus Tullius, also CICEROS Erzählerrolle, die These des Quintus hinterfragt, dass die Träume Zukünftiges, also Wahres verkünden könnten.

MACROBIUS' wahrscheinlich um 400 n Chr. verfasster Kommentar zu CICEROS *Somnium Scipionis* beeinflusste die mittelalterliche Traumdeutung wesentlich mehr als ARTEMIDOR, dessen Rezeption von der maßgeblichen Forschung sogar negiert wird.[581] Er unterteilte die Träume in *somnium, visio, oraculum, insomnium* und *visum*. Letztere zwei Kategorien, auch schon bei ARISTOTELES angelegt, besaßen keine vorausdeutenden Elemente. *Oraculum* bezog sich auf

---

580 Dazu eingehend Frisch, Die Träume bei Herodot (1968).
581 Vgl. Speckenbach / Palmer, Träume und Kräuter (1990) S. 197f. Siehe unten.

den Tempelschlaf, der unverhüllt eine göttliche Mitteilung enthielt (→ siehe unten). Eine *visio* enthielt ein klar verständliches Traumgeschehen, das mit dem geweissagten wirklichen Geschehen voll übereinstimmen sollte, während es beim *somnium* um rätselhafte Trauminhalte ging, die der Deutung bedurften. Wesentlich für die mantischen Träume waren Affirmation und Wahrheitserweis durch das tatsächliche Eintreffen. Dass dieses Merkmal vielleicht lange nach der Traumerfahrung auftreten konnte, erörterte MACROBIUS nicht, wohl aber, dass der Träumer selbst als höchste Deutungsinstanz fungierte.

Aber nicht nur die Traumsystematik des MACROBIUS, auch die des CALCIDIUS (ca. 4. bzw. 5. Jahrhundert)[582] wurde im Mittelalter rezipiert, seine zu MACROBIUS unterschiedliche Zuordnung derselben Begriffe, führte zu Verwirrung. Problematisch blieb der von MACROBIUS postulierte retrospektive Wahrheitserweis der mantischen Träume, denn jemand, der auf die Erfüllung wartet oder mit ihr rechnet, kommt in Gefahr, die Träume falsch einzuschätzen.

a) Antike Traumbücher

Ansätze sowohl für Beschäftigung mit Träumen als auch deren Deutung lassen sich bis in sehr frühe Epochen zurückverfolgen. Bereits aus dem zweiten Jahrtausend v. Chr. (ca. 1200) ist ein ägyptisches Traumbuch erhalten, dessen Ursprünge aber bis etwa 2000–1800 v. Chr. zurückreichen. Schon in diesem frühen Kulturbereich war die Oneiromantik sehr weit entwickelt. In einer Akademie, dem sogenannten Lebenshaus, wurden professionelle Traumdeuter[583] geschult. Wenn auch im *hieratischen Traumbuch*[584] ursprünglich nur Königsträume aufgenommen wurden – denn nach alter Auffassung waren ausschließlich privilegierte Persönlichkeiten wie Könige, Priester oder Propheten befähigt und ausersehen, von den Göttern oder Totenseelen wahrhaftige, zukunftsweisende Träume zu empfangen –, so wurde diese Sammlung doch bald zum Nachschlagewerk für jedermann. Immerhin enthält dieser frühe Beleg volkstümliche Traumdeutungen und operiert mit einer kasuistischen Auslegungsmethode, die auch konkrete Lebensumstände des Träumenden mitberücksichtigt.

---

582 Vgl. Dulaey (1992) La reve, S. 91.
583 Berufsmäßige Traumdeuter agierten in der hellenistischen als auch jüdischen antiken Welt. Gerühmt wurden die ägyptischen Traumdeuter. Das Christentum führte den Traumdeuteberuf als einen Hinderungsgrund für die Taufe.
584 Chester Beatty III dazu vgl. Quack, Demotische magische und divinatorische Texte (2008) S. 331–385; ders. Aus zwei spätzeitlichen Traumbücher Berlin P 29009 und 23058 (2010) S. 99–110. Der Ägyptologe bereitet außerdem eine Studie über ägyptische Traumbücher vor.

Kompositorisch wie inhaltlich ähnlich angelegt waren das *demotische Traumbuch*[585] und einzelne assyrisch-babylonische Traumbuchtexte, zwischen dem 9. und 7. Jahrhundert vor Chr. niedergeschrieben, die mit hoher Wahrscheinlichkeit aber auf ältere Texte zurückgingen. Diese frühen Traumbücher waren denkbar einfach angelegt: Die Trauminhalte bewegten sich durchwegs im Bereich des Alltagslebens, die Deutungen waren häufig nach den Prinzipien der Analogie bzw. Antinomie und der Assoziation angelegt.[586]

Über den hebräisch-jüdischen Traumglauben[587] und die Praxis der Traumdeutung informieren die Berichte des AT: Gott sandte den Menschen Träume und zwar entweder als direkte Offenbarungen oder als Symbolträume, die dem Träumenden Weisungen für sein Handeln oder einen Einblick in künftige Ereignisse gewähren sollten. Symbolhaft verschleierte Träume bedurften der Auslegung durch Gotterwählte wie Joseph und Daniel. Die bekanntesten und einflussreichsten Traum(deute)erzählungen der biblischen Schriften sind das Buch Daniel und die Josephsgeschichte in der Genesis. Der Prophet Daniel reüssierte, indem er die offiziellen Traumdeuter und Wahrsager des babylonischen Königs in ihre Schranken verwies. Daniel erfährt die richtige Deutung des königlichen Traumes durch göttliche Eingebung und erklärte den berühmten, heute noch sprichwörtlichen Traum der Statue mit den tönernen Füßen, die im Traumgesicht des Königs durch eine herabstürzenden Felsbrocken zerstört wird, der noch dazu eine erdumspannende Größe erhält, als Untergang des babylonischen Imperiums (Daniel 2, 1–49). Der Traum hatte zudem die Funktion, die Ankunft des Messias zu verkünden. Daniel erfuhr noch drei weitere Visionen, ebenso apokalyptische Endzeitprophezeiungen. Joseph war ein hochgeschätzter Traumdeuter, der dem Pharao den Traum von den sieben mageren Kühen, die sieben fette Kühe auffraßen, deutete. Sein Resümee blieb bis heute als sprichwörtliche Redensart bekannt: Die fetten Jahre sind vorbei, es werde nun Hungerjahre geben und der Pharao sollte Vorsorge treffen. (Gen. 41,1–36). An verschiedenen Stellen im AT[588] wird kritisch zwischen

---

585 Kammenhuber, Orakelpraxis, Träume und Vorzeichenschau bei den Hethitern (1976); Oppenheim, The Interpretation of Dreams in the Ancient Near East (1956); Volten, Demotische Traumdeutung (1942)
586 Deuteprinzipien, die sich ebenso wie der nur wenig veränderte Inhalt der Traumbücher von der Antike bis heute erhalten haben. Vor allem das Prinzip der Antinomie ist gemeinhin vertraut. Vgl. Cox Miller, Dreams in Late Antiquity (1994) S. 87ff.
587 Gut zusammengefasst bei Frenschkowski, Art. Traum (2002) S. 28–46, hier S. 33–39; Cryer, Divination in Ancient Israel (1994); Resch, Der Traum im Heilsplan Gottes (1964).
588 Vgl. die grundlegenden Studien von Näf, Traum und Traumdeutung im Altertum (2004); Walde, Antike Traumdeutung und moderne Traumforschung (2001); eine Zusammenstellung der altjüdischen Quellen bietet Kristianpoller, Traum und Traumdeutung im Talmud (2006) und Richter, Traum und Traumdeutung im Alten Testament (1963) S. 202–220; Neben den in AT und späteren rabbinischen Literatur zahlreichen Traum-

gottgesandten, also glaubwürdigen, somit wahren und trügerischen Träumen unterschieden, was von vornherein den mantischen Wert der Träume und damit den Sinn der Traumdeutung relativiert. Im AT ist die Traumdeutung religiöser Gemeinbesitz oder auch ein Berufswissen der Hoftraumdeuter, oder aber eine charismatische Gottesgabe wie bei Daniel und Joseph. Somit fallen der Traum und Traumdeutung ebenso wie in mittelalterlicher Auffassung in den Machtbereich Gottes. Das Misstrauen gegenüber dem (be)trügerischen Traum teilt die Bibel mit der Antike. Während die lügnerischen Träume aber bei Juden und Christen als diabolische Einflüsterungen identifiziert werden, stammen Wahrtraum und trügerischer Traum in der Antike beide Male von den Göttern.[589]

Dieses grundlegende Konzept einer Einteilung der Träume in wahrhaftige und trügerische übernimmt auch die pagane Literatur. So ließ HOMER in der *Odyssee* XIX 560ff. die Träume aus zwei verschiedenen Toren hervorkommen, die wahrheitsverkündenden aus dem Elfenbeintor, die irreführenden aus dem Horntor. Unmittelbar damit verknüpft ist ein weiteres, ebenfalls bereits bei HOMER manifestiertes Einteilungsprinzip, wonach die vor Mitternacht auftretenden Träume trügerisch, dagegen die nach Mitternacht erscheinenden wahr sind. Erst diese Unterscheidung von mantischen und nicht-mantischen Träumen, wobei Erstere sich wiederum in theorematische, d.h. in sich schon den Trauminhalt bezeichnende, und allegorische, d.h. noch einer Deutung bedürfende Träume scheiden, ermöglichte die Erarbeitung einer systematischen Traumdeutung. Die zahlreichen griechisch-römischen literarischen Adaptionen symbolisch eingekleideter, prognostischer Träume fußten auf dieser Traumtypisierung.

Das älteste bekannte griechische Traumbuch, eine regelrechte Sammlung von Träumen und ihren Deutungen, war die mehrfach bezeugte und als Autorität herangezogene Schrift des Sophisten ANTIPHON (5. Jahrhundert v. Chr.), eines Zeitgenossen und Antagonisten des SOKRATES. Die ersten theoretischen Äußerungen zur Traumerfassung und Traummantik begegnen bei PLATON (*Republik* 571–572), der prognostische und unbedeutende Träume unterschied, wobei die Seele selbst als Erreger und Vermittler der Träume gedacht war und nicht mehr, wie bei früheren Philosophen und Dichtern, die Götter bzw. Zeus als Verursacher der Träume angesehen wurden. Diese erstmals psychologisierende Traumtheorie fand eine weitergehende Ausformung bei ARISTOTELES, der in seinem Traktat über die Träume, deren Ursprung er entweder auf rein physiologische Ursachen (durch die körperliche Verfassung des Träumenden

---

deutungen gab es auch für den Normalgebrauch zugeschnitte Traumbücher. Dazu Stemberger, Der Traum in der rabbinischen Literatur (1976) S. 1–42 und Lauer, Das Wesen des Traumes in der Beurteilung der talmudischen und rabbinischen Literatur (1908).
589 Ilias II, 1–83; Odyssee XIX, 547, 562–567.

oder durch nachwirkende Sinneseindrücke des bewusst erlebten Tagesgeschehens hervorgerufen) oder durch innere Anregung der Seele zurückführte. Dabei schloss ARISTOTELES die prophetische Bedeutung von Träumen aber nicht ganz aus, beschränkte sie jedoch auf Einzelfälle, Ausnahmen, die auf natürlichen Ursachen wie etwa besondere Sensiblität eines Träumenden basieren. Der als Heide geborene christliche Konvertit SYNESIOS VON KYRENE (um 370–414) schrieb eine Abhandlung über Träume, in der er sich gegen eine professionell Traumdeutung ausspricht, da jeder Mensch die Deutekompetenz besitze.[590]

Für die weitere Beschäftigung mit Traumtheorie und deren Bewertung in der spätantiken und frühchristlichen Philosophie haben neben den in Erwägung zu ziehenden arabischen Einflüssen die Ansätze PLATONs und ARISTOTELES' vielfach bestimmend und richtungsweisend gewirkt. So entstanden in den nachfolgenden Jahrhunderten besonders im Hellenismus sowohl theoretische Studien über die Traummantik als auch praxisorientierte Traumbücher in beträchtlichem Ausmaß. Hervorzuheben aus dieser Zahl ist sicherlich ARISTANDER VON TELMESSOS, der Traumdeuter ALEXANDERS. Nach den erhaltenen Zeugnissen über seine schriftstellerische Tätigkeit unterteilte er die von ihm behandelten Träume nach sachlichen Gesichtspunkten und darf daher als erster uns bekannter Autor einer Traum- und Traumdeutesystematik angesehen werden.

Die Divination nahm einen besonders großen Raum in der Stoa ein, so verwundert es wenig, dass sich Vertreter dieser Schule ausführlich mit der Traummantik als einer Form der Zukunftsschau auseinandergesetzt haben. CICERO bezieht sich in seiner Verteidigungsschrift der Mantik *De Divinatione*[591] an mehreren Stellen auf CHRYSIPPs Abhandlung *De insomniis*, ferner auf Schriften des ANTIPATER von und POSEIÐONIOS.[592]

Aus spätgriechischer Zeit sind zwei gereimte Traumbücher überliefert und zwar das eine unter dem fingierten Namen des persischen Magiers ASTRAMPSYCHOS und ein dem Patriarchen NIKEPHOROS zugeschriebenes byzantinisches Traumbuch. Beide liefern den Vorwurf für das in Prosa verfasste, den Propheten Daniel als Verfasser nennende Traumbuch, das in lateinischer Fassung als *Somnia Danielis* die verbreiteste oneiromantische Schrift des Mittelalters wurde (→ siehe unten).

---

590 Dazu Naef, Traum und Traumdeutung (2004) S. 178.
591 Zu Ciceros Apologie vgl. Pfeffer, Studien zur Mantik in der Philosophie der Antike (1976) S. 104–108.
592 Zu Poseidonios' Traummantik vgl. Pfeffer, Studien (1976) S. 74–87;

ARTEMIDORS[593] bis heute mit Recht geschätztes Traumbuch mutet in seinen Deutungen sehr modern an und in seinem ganzheitlichen Deutungsrahmen weniger reduktionistisch als die Traumdeutung SIGMUND FREUDS und seiner Schule.[594] Er unterschied wertvolle mantische Träume von wirkungs- und damit bedeutungslosen. Letztere waren auf Tageswünsche und Ängste beschränkt, wir kennen sie als Tagesreste. Die hellseherischen unverschlüsselten Träume oder Schauträume grenzte er von den anderen verschlüsselten mantischen Träumen ab und definierte sie als direkte Vorschau auf Ereignisse, die unmittelbar folgen sollten (I,2). Die verschlüsselten Träume, das eigentliche Deutungsfeld, enthalten indirekte Aussagen.

Die zuerst erschienenen, dem Cassius Maximus gewidmeten Bücher I-II enthielten wichtige Themen wie: Geburt und Kinderaufzucht, der Körper, seine Beschaffenheit und Pflege, Beruf und Ausbildung, musische und sportliche Wettbewerbe, Bäder, Schlaf, Beischlaf und Wachzustand, Kleidung und Schmuck, Wetter, Jagd, Ackerbau und Viehzucht, Seefahrt, Götter und Tod. ARTEMIDORS Versuch einer Traumhermeneutik strebte im Gegensatz zu FREUD nicht nach Enthüllungen des Verdrängten. Der Unterschied ist ein grundsätzlicher. In den signifikanten Traumtypen werden zukünftige Ereignisse entweder in eindeutiger oder verschlüsselter Form im Voraus angekündigt, die Realisierung ist eine Frage der Zeit. FREUD hat hingegen die kulturelle Einbindung und die daraus sich abzuleitende mentale Prägung der Träumer wenig berücksichtigt. Gemeinsam ist der FREUDschen und der Deutung des ARTEMIDOR, dass sich beide darum bemüht haben, das persönliche Umfeld des Träumenden einzubeziehen, wiewohl sich freilich das Verständnis von „Person" antiker und auch mittelalterlicher Charakteristik sich nicht mit dem der Moderne deckt: Träume der Antike und des Mittelalter streben nicht danach eine verborgene (unbewußte) Ebene einer Person aufdecken zu wollen.

Jene, die allzu große Rätsel in die Traumgesichte hineinlegen, verabscheue als Leute, die keine Einsicht in die Gebilde eines Traumgesichtes haben oder Heimtücke und Böswilligkeit den Göttern zuschieben, wenn diese die Träumenden in ein derartiges Gewäsch hineinverwickeln, daß sie anstatt durch Traumgesichte Aufklärung über die Zukunft

---

593 Laut eigener Angabe hat Apollo Artemidor in Visionen aufgefordert, das Traumbuch zu verfassen, (Ausgabe Krauss 1965 2, 70, S. 228). Einem Schreibbefehl folgte auch Plinius der Ältere mit der Niederschrift der Kriegsberichte, als ihn Prinz Drusus im Traum dazu aufforderte. Der Redner Aelius Aristides, der mit seinen Heiligen Berichten eine Art antikes „Traumjournal" hinterlassen hat, erhielt Aufforderungen vom Gott Asklepios. Aelius Aristides, Heilige Berichte (1986). Cassius Dio wurde von Tyche zur Niederschrift der Geschichte Roms inspiriert. Weitere Beispiele vgl. das Vorwort zu Artemidors Traumbuch in der Übersetzung von Kraus (Ausgabe Krauss 1965) S. 8.

594 Vgl. Krozova, die Stellung Freuds zur Vorgeschichte der Traumdeutung, Nachwort in Walde, Antike Traumdeutung und moderne Traumforschung (2001) S. 223–233;

erhalten, zum Überfluß nach Dingen forschen, die für sie unnötig sind. Denn wisse wohl, daß man gewisse Arten von Traumgesichen auf keinen Fall schauen kann.[595]

Dieses klar definierte Berufsziel des Traumdeuters unterscheidet diesen von den anderen Traumspezialisten, die sich mit den Tempelorakel und dem Heilschlaf beschäftigten, sowie auch von den Ärzten, die Träume als Indikatoren für den Zustand der Säfte verwendeten. Als besonderes Verdienst ARTEMIDORs ist seine auf ältere Theorien zurückgreifende grundlegende Klassifizierung der Träume zu werten, die eine erste wissenschaftliche Systematisierung volkstümlicher Traumdeutung bietet. Als wichtigste Voraussetzung für die erfolgreiche und qualitätvolle Traumdeutung gilt ihm die persönliche Erfahrung des Traumdeuters. Praxisorientiertheit und Anwendbarkeit seiner Schrift verliert ARTEMIDOR nie aus den Augen.

Dennoch scheinen ARTEMIDORs *Onoeirokritika,* die in kasuistischer Weise die verschiedensten Aspekte bei der Deutung berücksichtigen und zwar Geschlecht, Alter, Beruf, Herkunft, soziale Stellung und auch aktuelle Begleitumstände des Träumenden, etwa eine Reise oder Krankheit, zu kompliziert und umfangreich gewesen zu sein, als dass sie tatsächlich im alltäglichen Gebrauch zur Anwendung gekommen wären. Stattdessen kamen in der Spätantike alphabetische Traumbücher in Umlauf, ähnlich den noch heute immer wieder aufgelegten. Es waren kleine, leicht zu überblickende Nachschlagewerke, die nach den Trauminhalten oder Gegenständen alphabetisch geordnet waren. Diese volkstümliche Tradition von Traumbüchern gewann vor allem unter dem Namen des Propheten DANIEL, des Traumdeuters NEBUKADNEZARs II., ungeheure Beliebtheit. Darüber hinaus liegen uns byzantinische Traumbücher vor, die wenn nicht der Autorität eines Propheten unterstellt, so einem Patriarchen zugeschrieben wurden, um so ihre Glaubwürdigkeiten drastisch zu verstärken. Diese Traumbücher sind, anders als die pseudo-danielischen Texte, in Versen verfasst, aber ebenfalls in alphabetischer Anordnung. Ein interessantes Element der antiken Traumdeutung war das Prinzip der Ähnlichkeit, das schon ARISTOTELES reflektiert hatte und das auch ARTEMIDOR explizit formuliert.[596] Die unterstellte Polarität der Traummotive, eine Deutungstradition, die sich bis heute sowohl in den immer wieder aufgelegten Traumbüchern als auch im Volksglauben ungebrochen erhalten hat, geht davon aus, dass der Traum oft eine Umkehr der im Wachleben geläufigen Hierarchien bietet, also rechts kann links, gut kann schlecht bedeuten.

---

595 Artemidor, Traumbuch (Ausgabe Krauss 1965) 4, 63, S. 314.
596 Aristoteles, Div. Somniis 464b, 5f.; Artemidor 4, S. 265ff.; Vgl. Weber, Kaiser, Träume und Visionen in Prinzipat und Spätantike (2000) S. 43ff.

b) Inkubation[597]

Die Inkubation bzw. der Schlaf im Heiligtum eines Gottes oder Heroen, später bei einem Heiligenschrein am Wallfahrtsort, beruht auf der Vorstellung, dass bestimmte Orte, aber auch Zeiten in Kombination mit bestimmten (rituellen) Verhaltensformen zum Empfang von aussagekräftigen Träumen zur Heilung geeignet seien. Sie war also einerseits Oneiromantie, also Traummantik, andererseits Iatromantie.

Bereits in der Antike gab es bestimmte Heiltümer, die man bei Krankheiten oder auch anderen Angelegenheiten aufsuchte, um durch den Tempelschlaf und den im Heiligtum als anwesend vorgestellten Gott Ratschläge, Medikationen und Therapien über entsprechende Traumbotschaften zu erhalten. Diese Praxis des Tempelschlafes knüpfte den Empfang einer Anweisung für die Zukunft an einen bestimmten Ort und wertete nicht nur die sich dort einstellenden Träume besonders auf, sondern auch den Ort als Kommunikationsbereich zwischen Göttern, Heiligen und Menschen. Verschiedenste Götter und deren Heiligtümer fungierten als Kommunikationspartner, wie beispielsweise ASKLEPIOS, SERAPIS, AMPHIOROS, TROPHONIOS.[598] Bedeutung erlangten die Heiligtümer des Gottes ASKLEPIOS, (hier besonders Epidauros), der wie sein Vater Apollo neben seiner Funktion als Schutzgott der Gesundheit noch den Bereich der Mantik kontrollierte.[599] Der Arztgott schickte den Ratsuchenden und Kranken Träume, die eine entsprechende Kur oder aber sogar Spontanheilungen bewirkten. Insgesamt gab es 400 Asklepien im römischen Weltreich, die keine Hospitalisierung, sondern Heilprognosen und Therapieoptionen boten. Testimonien von Heilungen geben die Votivgaben, die die erkrankten und durch Asklepios geheilten Körperteile repräsentierten. Diese Praxis erfreute sich vor allem bei den unteren Schichten bis in die christliche Zeit großen Zulaufes und Beliebtheit und wurde dann mit den christlichen für den Gesundheitsbereich zuständigen Heiligen Damian und Kosmas, Cyrus und Johannes und Thekla fortgesetzt. Im christlichen Kontext waren die Praktiken der strengen Observanz durch kirchliche Institutionen unterworfen, da es die stets mögliche dämonische Einflussnahme abzuwehren galt.

Was für Träume hat man sich als Heilträume vorzustellen? Der Träumer begenet dem (Heil-)Gott, der meist gängige medizinische Anweisungen erteilt, wie Wassertherapien oder Diätpläne mit einem genau festgelegten zeitlichen

---

597 Hinweise für die Praxis der Inkubation siehe immer noch Deubner, De incubatione (1900) 1–48.
598 Vgl. Meier, Antike Inkubation (1949) S. 60f.; Deubner, De incubatione (1900) S. 14f. u.ö.; Wacht, Art. Inkubation (1998) S. 179–265.
599 Vgl. Maximus von Tyrus empfing eine visuelle und auditive Vision von Asklepios in einem Zustand zwischen Wachen und Schlafen. Vgl. Berchman, Arcana Mundi: Prophecy and Divination in the Vita Mosis (1988) S. 385–423, hier S. 396f.

Ablauf, oder aber paradoxe und unverständliche Heilvorschläge[600] (die aber in den meisten Fällen Wirkung zeigten). Die Deutung der Träume nahmen offenbar die Kranken selbst vor, oder aber gewisse, eigens darauf spezialisierte Priester.

Die antike Inkubationspraxis stellte einen ersten Versuch dar, den Schlafprozess und damit den Traumempfang der Ratsuchenden zu steuern. Die Deutung erfolgte in einem klar abgezirkelten Bereich und hatte daher nur wenige Fehldeutungen zur Folge. Spätere christliche Wallfahrtsorte mit ähnlichen Konstellationen verzeichneten ebenfalls nachweisbare Heilerfolge. Der Unterschied zum antiken Heilungswunder liegt in der Funktion der Heilungen begründet, die im christlichen Kontext als Affirmation des Glaubens zu verstehen sind. Moderne Erklärungsansätze, ob man nun mit den Begriffen Einbildung oder, wissenschaftlicher, mit Autosuggestion oder Placeboeffekt operiert, werden dem Phänomen nicht gerecht. Bedenkt man, dass die Inkubationspraxis über einen großen Zeitraum hinweg gut funktionierte und in vielen christliche Heiligtümern bis in die Jetztzeit, kommt man mit dem simplen Einbildungs- oder gar Betrugsargument nicht sehr weit. Viel mehr kann davon ausgegangen werden, dass das ganzheitliche antike und in der Folge mittelalterliche Konzept, das nicht nur auf die Heilung des Körpers, sondern auch auf die der Seele abzielte, erfolgreich war.

PLUTARCHs Version der Elysiusparabel verdeutlicht anschaulich die Haltung zum Heiltraum.

Der Sohn des tugendhaften und berühmten Elysius von Terina starb eines plötzlichen Todes. Der gramgebeugte Vater machte sich auf und begab sich in eine psychomnatein und beging die traditionellen Opfer und verfiel in Schlaf. Er sah im Traum seinen eigenen Vater unnd klagte ihm sein Leid. Der Vater wusste über den Grund des Besuches offenbar Bescheid, denn er versicherte ihm, er wäre wegen seines Enkels erschienen. Mit diesen Worten deutete er auf eine hinter ihm befindliche Gestalt, in Alter und Aussehen dem verstorbenen Sohn ähnlich, von dem er alles Notwendige erfahren würde. Der Vater fragte die Gestalt, wer er wäre und erhielt die Antwort, dass er der Geist – der Daimôn seines Sohnes wäre. Zur Erklärung reichte er ihm eine kleine beschriebene Tafel, aus der hervorging, dass Euthynous Tod vorbestimmt gewesen war. Es war weder gut für ihn am Leben zu sein, noch für seine Eltern.[601]

---

600 In der sog. Epidaurosinschrift übernimmt die Mutter die Inkubation stellvertretend für die kranke Tochter. Sie träumt, dass der Gott ihrer Tochter den Kopf abschneidet und den Körper mit dem Hals nach unten, wie zum Ausbluten beim Schlachten, aufhängt. Nach dem Abfließen wird der Kopf wieder aufgesetzt. Der Hintergrund ist eine Behandlung mit spanischen Fliegen, der für eine Flüssigkeitsreduktion sorgen soll. Vgl. Bendemann, Krankheit in neutestamentlicher Sicht (2009). S. 176 A. 24.
601 Plutarch, Moralia (Ausgabe Klauck 1997) 109b-d.

STRABON (63 v. Chr.) erwähnte den Heilschlaf in seinen *Geographika*[602] an mehreren Stellen. Glaubt man seinem Zeugnis, so sollten sich Traumadepten in den Jerusalemer Tempeln niedergelegt haben, damit ihre Träume sich bewahrheiteten. Nicht-Juden hätten auf der Haut von Opfertieren geschlafen, um ihre Träume wahr werden zu lassen.[603] Im antiken Judentum sind Gräberinkubationen nachgewiesen, diese widersprachen aber rabbinischer Auffassung.[604]

Der Kirchenlehrer TERTULLIAN (160–220) kommt in seinem Traktat über die Seele auf die Inkubation zu sprechen und merkt an, dass die Kelten bei den Gräbern Hochgestellter schliefen, um Kenntnis der Zukunft zu erlangen.[605] Generell verurteilt er diesen Orakelschlaf als Aberglaube, denn *„die Kraft wird nicht in den Grenzen der heiligen Orte eingeschlossen, sie streift umher, fliegt hierhin und dorthin [...]".*[606] Der Gräberschlaf darf allerdings nicht als typisch keltisch gelten, so berichtet HERODOT 4, 172 über Traumorakel an Gräbern bei den nordafrikanischen Nasamonen.[607]

Altirische Quellen beschrieben das Traumorakel des *tarb-feis* zur Wahl des Hochkönigs, zudem die Praxis des Schlafens auf einer Tierhaut, um wahrsagende Träume zu erlangen. Die Erzählung *Rhonabwys Traum* ist eine ironische Aufbereitung des Themas, in welchem der Held im Traum von einer schmutzigen Herberge ins prächtige Heerlager Artus' versetzt wird. Bei dieser Geschichte dürfte es sich vermutlich um eine Übernahme aus GEOFFREYS VON MONMOUTH Königsgeschichten handeln, in der Brutus eine Nacht im Tempel der Diana auf einem Fell einer Hinde verbringt, worauf ihm die Göttin im Traum erscheint und sein Schicksal offenbart.[608] In der *Marius saga* heißt es,

---

602 An der Straße zwischen Tralleis und Nysa lag Acharaka, ein Plutonheiligtum mit einer Grotte, in die sich die Kranken begaben und aufgrund ihrer Träume die nötige Behandlung erfuhren. Die Priester riefen die Heilgötter an, brachten die Patienten zur Grotte und ließen sie dort mehrere Tage ohne Nahrung. Von den Ratschlägen, die sie im Traum erfuhren, ließen sich viele Patienten leiten, fragten aber dennoch die Priester nach ihrer Deutung. Strabon (Ausgabe Radt 2008) Buch XIV, 1,44.
603 Strabon, Geographika (Ausgabe Radt 2008) Buch XVI, 2, 35. Strabon verlegt hier einen im Jüdischen nicht bezeugten Brauch, die Inkubation, in den Jerusalemer Tempel. Vgl. Radt, Kommentar zu Strabons Geographika (2008) S. 322.
604 Vgl. Frenschkowski, Art. Traum (2002) S. 28–46, hier S. 34f.
605 Unter Berufung auf den hellenistischen Autor NIKODROS VON KOLOPHON Vgl. Maier, Die Religion der Kelten, (2004) S. 131f.
606 Tertullian XLVI, 13.
607 Vgl. Klees, Die Eigenart des griechischen Glaubens (1965) S. 45f.
608 Eine druidische Divinationsmethode beinhaltet das Essen von rohem Stierfleisch, danach fällt der Druide in eine Trance, während man Zaubersprüche intoniert. Er sieht den künftigen König von Irland. Nach Birkhan war der Glaube, dass das Auftreten von prophetischen Träumen mit Sitzen oder Liegen auf einer Tierhaut zusammenhängt, bei den Kelten verbreitet, was z.B. Burkhard von Worms in seinem *Decretum* dazu veranlasste, zu fragen, *„Bist du am Kreuzweg auf einer Stierhaut gesessen, um dort die Zukunft zu erfahren?"* (PL 140, Sp. 961) Vgl. Birkhan, Kelten (1997) S. 933f.

dass ein Mann auf einer frisch gegerbten Ochsenhaut in einem abgeschlossenen Teil des Waldes sitzt, wenn er den Ausgang einer Schlacht wissen will.[609] Zu diesem Zweck zeichnet er neun Vierecke auf die Haut und der Teufel beantwortet seine Fragen.[610] In den altnordischen Sagas sind *Nekromantie* und Inkubationskonzept nicht scharf voneinander geschieden. Als BALDERs Träume von seinem kommenden Unglück künden, reitet Odin zur Totengöttin Hel, um dort eine tote Wahrsagerin zu konsultieren. Aber nicht immer mussten die Suchenden körperlich das Tor zur Unterwelt überschreiten, im Traum konnten so manche Botschaften von den Toten empfangen werden. Wer weder besonderes Herrschercharisma noch Göttlichkeit beanspruchen konnte, war auf offenbarende Träume angewiesen.

SAXO GRAMMATICUS erzählte von König Hadingus, dessen tote Ehefrau ihm im Traum offenbarte, was er von seinen Kindern in der Zukunft zu erwarten habe.[611] Die Überzeugung, dass es Wahrträume gäbe, scheint dazu geführt zu haben, diese im Rahmen einer besondere Situation bzw. eines Rituals zu suchen. In der Saga von Thorsteinn Vikingsson,[612] dem Vater des Fridjof, versuchte ein Mann von zwei magiekundigen Brüdern zu erfahren, wo sich der Mörder seines Bruders aufhalte. Die Brüder schließen sich drei Tage in einer einsamen Hütte ein und erfahren das Versteck des Mörders. König Halfdan von Norwegen[613], von dem es hieß, er habe noch nie geträumt, schloss sich auf Rat eines Weisen in den Schweinestall ein und erlangte einen Wahrtraum. Königin Aud ließ ihren Mann Hrœrek in einem abgelegenen Zimmer ein Lager bereiten und er hatte ein zukunftsweisendes Traumgesicht.[614]

In den griechischen Wundersammlungen, die über Artemios, Cosmas, Damian, Michael u.a. handeln, bildet die Inkubation einen integrativen Bestandteil der Heilzeremonie.[615] Der hl. Michael fungierte nicht nur als Geburtshelfer, sondern wie ASKLEPIOS auch als Thaumaturg. In den koptischen Legenden wird der hl. Georg in derselben Funktion dargestellt. Der koptische Michaelskult zielte auf die besonderen Heilgaben des Heiligen. Unheilbar Kranke suchten Heilung bei Gott, wandten sich aber an den Erzengel in der

---

609 In der walisischen Artusdichtung *The Dream of Rhonabwy* schläft ein Reisender auf einer gelben Stierhaut und hat einen Traum, in welchem König Artus und ein feindlicher Anführer inmitten des Schlachtgetümmels Schach spielen und der Erfolg des Spieles den Ausgang und Verlauf der Schlacht beeinflusst.
610 Diese Passage basiert vermutlich auf einer lateinischen Legende, während die Verwendung der Ochsenhaut womöglich auf keltische Tradition hindeutet.
611 Saxo Grammaticus (Ausgabe Herrmann 1900) S. 34.
612 Thorsteins saga Vikinsson c. 11 Traum des Frodi Hrolfsaga Kraka c. 56.
613 Haldansaga svarta c. 7 Heimskringla I, 94.
614 Hermann, Nordische Mythologie (1903) S. 63.
615 Vgl. Signori, Wunder (2007) S. 95–97; Weinreich, Antike Heilungswunder (1931) S. 76–131.

Annahme, dass bei ihm ihre Gebete am ehesten erhört würden. Die Kranken übernachteten in einer Michaelskirche oder in einem Zimmer vor dem aufgeschlagenen Bild des Heiligen und dem ewigen Licht, das man zuvor in einem Heiligtum geweiht hatte. Im Traum erschien der Erzengel mit einem Medikamentenrezept. Diese Variante der Inkubation und die erzielte visionäre Begegnung waren besonders für den koptischen Michaelskult typisch.[616] Spärlicher fallen die Hinweise für die Westkirche aus, GREGOR VON TOURS berichtete von der Heilung des gelähmten Sklaven Veranus, der nach einem Schlaf beim Grab des hl. Martin von Tours Heilung erlangte.[617]

Die Funktion des antiken Asklepios übernahmen die Heiligen im christlichen Heiltraum. Die Reliquienverehrung spielte im christlichen Heil- und Wunderkomplex im Unterschied zum paganen Kult eine wichtige Rolle. Der Patriarch von Jerusalem SOPHRONIUS dokumentierte im 7. Jahrhundert nicht nur die Wunder der Ärzteheiligen Kyros und Johannes, sondern auch besonders den mit dem Heilvorgang verknüpften Reliquienkult. Die in Klöstern und Kirchen aufbewahrten Reliquien sicherten diesen Pilger, aber auch Patienten. Die Kranken schliefen in der Kirche möglichst nahe an den Reliquien.[618] Der ohnehin nicht häufig belegte Heilschlaf[619] wurde mit der Loslösung des Wunders von bestimmten Orten, der Neuentwicklung vom Schreinwunder zum Invokationswunder, obsolet. Eine Art christlicher Inkubationsort im weiteren Sinne, eine Stätte der Reinigung und Heilung der Seele stellte sicherlich das Purgatorium St. Patrici für die zahlreichen Pilger dar.[620] Mit der neuen Wichtigkeit der Wallfortsorte im 19. Jahrhundert kam das Heilritual und die Kur zwar zurück, nicht aber die Inkubation.

c) Mittelalterliche Traumtheorien – conjectores somniorum

Das hellenistische Erbe und die älteren jüdisch-altorientalischen Traditionen der Traumdeutung wurden sukzessive in Judentum und Christentums integriert. Intensive Beschäftigung mit den Träumen des Alten Testaments belegen die Schriften der jüdischen Gelehrten PHILO VON ALEXANDRIA (15/10 v. Chr. – 40 n. Chr.) und FLAVIUS JOSEPHUS (37–ca. 93 n. Chr.). Von den fünf Büchern PHILOS zu den Träumen des Moses sind zwei erhalten, in welchen er seine Traumtypologie ausgeführt hat. Er unterschied Träume, die unmittelbar von

---

616 Vgl. Rohland, Der Erzengel Michael Arzt und Feldherr (1977) S. 86.
617 Gregor von Tours, Liber d virtibus II, 4 zit. n. Signori, Wunder (2007) S. 96.
618 Vgl. Zeppezauer, Krankheitskonzepte in der Hagiographie (2009) S. 263.
619 Z. B. die häufig mit Heilschlaf verbundenen Wunder des neapolitanischen Heiligen Agnello. Vlg. Signori, Wunder (2007) S. 96; Vgl. Wittmer-Butsch, Zur Bedeutung von Schlaf und Traum (2003) S. 219–240.
620 Vgl. mit zugehöriger Literatur Tuczay, Ekstase im Kontext (2009) S. 209ff.

D. Intuitive Wahrsagung: Visionsorakel

Gott kommen, von Träumen, die aus der Kraft des menschlichen Geistes und seiner Berührung mit den göttlichen Seelen hervorgehen. Der Menschengeist könne in dieselbe Schwingung wie das Weltall geraten und käme dann mit den Seelen in der Luft in Berührung. Diese versetzten ihn in einen für Offenbarungen bereiten Zustand. Die dritte unverständliche Gruppe der Träume bedürfe eines Deuters. PHILOS Traumlehre orientierte sich einerseits an der PLATOnischen Philosophie und andererseits an den expliziten alttestamentarischen Traumdeutungen:

> *Die erste Art bestand darin, dass Gott den Anfang der Bewegung ausmacht und unbemerkt das uns Unbekannte, ihm aber Bekannte dabei wieder ertönen lässt; die zweite aber darin, dass unser Geist sich mit der Weltseele zusammen bewegt und von gottgetragenem Wahnsinn erfüllt wird, wodurch es ihm möglich wird, viele künftige Ereignisse vorauszusagen. Die dritte Art aber entsteht, wenn in den Träumen die Seele sich aus sich heraus bewegt [...] und in Enthusiasmus geratend, durch ihre vorausschauende Kraft die Zukunft kündet.*[621]

Jakobs Traum von der Himmelsleiter, eigentlich Rampe, (Gen. 28, 10–22) und die anderen Traumbeispiele, die mit Joseph in Zusammenhang gebracht werden, deutete PHILO so aus: *„Eine Leiter jedoch wird innerhalb der Welt in symbolischem Sinne die Luft genannt, deren Fuß die Erde, deren Spitze aber der Himmel ist."*[622] Den Garbentraum Josephs legte er folgendermaßen aus: *„Garben sind in allegorischer Bedeutung meines Erachtens Fähigkeiten, die jeder wie seine Nahrung ergreift."*[623]

Der Historiker FLAVIUS JOSEPHUS bezieht sowohl alttestamentarische Traumerzählungen, aber auch eigene und außerbiblische Träume in seine Analyse mit ein.[624] In seiner Eleazarrede erklärt er die vorausschauende Fähigkeit der Seele aus ihrer im Schlaf vorhandenen Nähe zu Gott.

> *[...] denn womit die Seele sich verbindet, das lebt und gedeiht; wovon sie sich aber trennt, das verwelkt und stirbt ab – so groß ist die Fülle der in ihr wohnenden Unsterblichkeit. Der deutlichste Beweis für das Gesagte sei euch der Schlaf, in welchem die Seelen, ungestört vom Leibe, in sich selbst zurückgezogen der süßesten Ruhe genießen,*

---

621 Philo, De somniis 2,1 (= Werke 6, Ausgabe Cohn/Heinemann 1938) S. 200.
622 Ibid 1, 134.
623 Ibid 2, 31. S. 226. In der Wiener Genesis. „*nv tůt is goume/wie mir chom in tröme,/daz wir alle giengen, / garbe an deme ackere zusamene trůgen. /do gestůnt diu mîn|uilherisken;/ die iuweren si umbestůnten,/zů der minen sich naigten.*" (VV. 3494–3501).
624 Joseph verstand es nämlich, bei der Auslegung von Träumen auch diejenigen Verkündigungen zu erklären, die die Gottheit zweideutig gelassen hatte, da er als Priester und Priestersohn mit den Weissagungen der heiligen Bücher wohlvertraut war. Flavius Josephus, der jüdische Krieg (1900) III, 8, 3, S. 349; Dazu Frenschkowski, Traum (1995) S. 146–153.

258   V. Mittelalterliche mantische Einzelkünste

Abbildung 22: Jakobs Traum von der Himmelsleiter.
aus dem Psalter Ludwigs des Heiligen (1256) Paris Bibliothèque Nationale.

mit Gott, dem sie verwandt sind, verkehren, überall hinschweifen und vieles Zukünftige weissagen.[625]

In der fundamentalen Frage nach wahren oder zukunftsweisenden bzw. falschen und aus verschiedenen Gründen trügerischen Träumen stimmten spätantike Traumtheorien 1. mit dem Neuen Testament, 2. der neoplatonistischen Tradition repräsentiert durch MACROBIUS Schriften[626] und 3. mit der maßgeblichen griechischer *Oneiromantik* überein. Wahrträume enthüllen Weisheit und Gottes Rat, während falsche Träume mit von Dämonen stammenden Illusionen betrügen.

Das Alte Testament enthält zahlreiche Traumerzählungen mit religiöser Bedeutung. Gott allein gewährt einigen Auserwählten, über die Grenzen der Wachwelt hinwegzusehen und kommuniziert mit ihnen in Visionen und Träumen. Falsche Propheten sprechen meist von einer Vision, die aus ihrem eigenen Herzen und nicht aus dem Mund Gottes kommt, deshalb können nur die Tugendhaften Träume verstehen, während die anderen Träumer Illusionen für Wahrträume halten.[627] Bei wesentlich kleinerer Traumanzahl erlaubt das Neue Testament auch weniger Interpretationsspielraum. Vor allem Matthäus und Lukas waren trauminteressiert. Ein hervorstechendes Merkmal, der Engel als Traumbotschafter, unterstützt die führungstheologische Bedeutung des Traums. Die bei ARTEMIDOR besprochenen Wunsch-, Leibreizträume und undeutliche Traumgesichte fehlen vollständig, da man von einer unzweideutigen Traumbotschaft ausging, die nur den Tugendhaften der Evangelien zuteil werde. Nicht einmal zu diesen spreche Gott direkt, sondern über Vermittlerfiguren wie die Engel, die individuelle Botschaften weitergeben. Trotz der Unterschiede zur alttestamentarischen Auffassung blieb diese durchaus grundlegend. So erinnert Petrus in der Apostelgeschichte (Apg 2,17–18) in seiner Pfingstpredigt an die Worte des Propheten Joel (2,28), dass die Töchter prophezeien, die jungen Männer Visionen haben und die alten Männer träumen.[628]

Traumdeutungen blieben deshalb nicht mehr professionellen Traumdeutern, sondern charismatischen Persönlichkeiten überlassen. Hier lässt sich auch eine genderspezifische Neuerung beobachten, Frauen begannen als Traumdeuterinnen und Prophetinnen eine Rolle zu spielen, wie die Märtyrerin Perpetua, die mit ihrem Bruder Saturus im Gefängnis von Karthago ihre Träume aufgezeichnet hatte.[629]

---

625 Flavius Josephus, Der jüdische Krieg (1900) VII,8,7, S. 661.
626 Zur mittelalterlichen Rezeption des Macrobius vgl. ausführlich Hüttig, Macrobius im Mittelalter (1990)
627 Frenschkowski, Traum und Traumdeutung im Matthäusevangelium (1998) S. 5–47.
628 Apostelgeschichte 2,17 nach Joel 3,1f.
629 Perpetuas Bruder rät ihr, einen vorausschauenden Traum zu fordern (da sie schon hoch in der Gnade stünde), ob ihr das Martyrium oder die Freilassung bevorstehe. Vgl. Ha-

In der überwiegend visionär geprägten frühchristlichen Zeit[630] wurde jeder christliche Traum als bedeutungsvoll erachtet, sogar ein falscher Traum konnte eine bedeutsame Botschaft über Sünden und das Böse transportieren. Während gebildete Christen aus den Schriften lernten, dass Träume nützliche Ratschläge enthalten konnten und die Schrift eine Legitimation für die Träume darstellte, begann sich das Augenmerk immer mehr auf die Gefährlichkeit der falschen Träume zu verlagern. Die Theologen fürchteten, dass Ketzer behaupten könnten, Träume zu verstehen und zu deuten und Gott unvermittelt auch zu ihnen in Traum oder Vision spreche. Diese Sorge spiegelt CYPRIANS Kritik an den montanistischen Propheten wider, die behaupteten, ihre Träume und Visionen direkt vom heiligen Geist zu erhalten und ihrer (Be-)Deutung sicher zu sein.[631] Da aber sogar Kirchenobere Schwierigkeiten hatten, ihre eigenen Träume einzuordnen, und Kirchenvater AUGUSTINUS, bei dessen Konversion ein Traum eine wichtige Rolle gespielt hatte, später ebenfalls Traumbotschaften misstraute, bemühte man sich in Theologenkreisen verstärkt um ein Unterscheidungsinstrument.

Einerseits lässt sich eine Tendenz beobachten, die bedeutungsvollen Träume nur wenigen Auserwählten zuteil werden zu lassen, und zwar unter Berufung auf PAULUS, der die Fähigkeit zur Unterscheidung der Geister als gottgegebenes, nicht allen Christen geschenktes Charisma postuliert hatte. Schon PLATON hatte erklärt, dass sich bei Erleuchtungsträumen die *phantasia*, das visionäre Vermögen der Seele, vom Körper löst, aber nur wenige Glückliche Enthüllungsträume hätten.[632] Ähnlich einschränkend geurteilt hatten auch MACROBIUS in seiner Auslegung des Scipio-Traums[633] und ARTEMIDOR, der sein Traumhandbuch *Oneirocritica* dem wenngleich verwirrten, aber gebildeten Träumer gewidmet hatte und die Traumdeutung nur klugen (aus)gebildeten Männern zusprach. Das Vertrauen der Christen auf Träume und Visionen geißelte CELSOS und blickte mit Verachtung auf Traumgläubige, einer Gruppe von halb rasenden Weibern, Gaunern und Opfern trügerischer Illusionen. ORIGENES (um 185–253 n. Chr.) verteidigte in seiner Entgegnung vor allem

---

bermehl, Perpetua: Visionen im Christentum (2000) S. 174–182, hier S. 177; Salisbury, Perpetua's Passion (1997); Shaw, The Passion of Perpetua (1993) S. 3–45.
630 Frenschkowski in seiner Dissertation, Offenbarung und Epiphanie (1995).
631 Vgl. Le Goff, Phantasie und Realität (1990) S. 288–290.
632 In seiner *Republik* beschreibt er die Reise der Seele nach Er, die CICERO in seinem Traum des Scipio aufgreift.
633 Macrobius Kommentar zum *somnium Scipionis* verhalf vor allem dem verlorenen Schlussteil des Cicero-Werkes *De re publica* zu einer breiten Rezeption. Eingekleidet in ein Lehrer-Schüler-Gespräch richtet sich der Traktat an Macrobius' Sohn. Schwerpunkte sind die Seelenvorstellung, deren Aufenthalt im Körpergefängnis, ihre Unsterblichkeit, sie als Bewegerin, außerdem über Erde und Gestirne. Vgl. Töchterle, Ciceros Staatsschrift (1978) und Hüttig, Macrobius im Mittelalter (1990). Vgl. Giebel, Mythenliteratur in Europa (2006) S. 37–52, hier S. 50–52.

glaubensrelevante Traumerzählungen, die sich glaubensbestärkend auswirken, und besonders in Berufungs- und Bekehrungserfahrungen, ferner in den Märtyrerakten zum Motivinventar gehören.[634] Die zweckgerichtete argumentative Verwendung der Traum- und Visionserzählungen gab der willkürlichen Beurteilung Raum.

Ein zweiter Diskussionsstrang entzündete sich an der Frage, ob die Seele in Vision und Traum den Körper verlässt. Dass mit der Seelenreise im Traum[635] dem Menschen mit Todes Bruder[636], dem Schlaf, ein wichtiges Mittel, um ins Verborgene sehen zu können, offensteht, wissen wir nicht erst seit PAULUS DIACONUS' (720–799) Überlieferung der Guntramslegende. Auf eine Lockerung der Verbindung von Körper und Seele im Schlaf spielte z.B. AMBROSIUS VON MAILAND (ca. 339–397) in seiner deutlich von Platon beeinflussten Trauerrede für seinen Bruder an.[637]

Das mittelalterliche Traumverständnis wesentlich geprägt hat AMBROSIUS' Schüler AUGUSTINUS[638], dessen Mutter nicht nur seine Bekehrung zum Chri-

---

634 Contra Celsum I, 46 Dt. gegen Kelsos (Ausgabe Koetschau 1986). „Viele sind zum Christentum wie gegen ihren Willen gekommen, ein gewisser Geist hatte ihr Herz plötzlich vom Haß auf die Lehre zu dem Entschluß geführt, für sie zu sterben, indem er ihnen eine Vision oder einen Traum vorführte."
635 In der Erzählliteratur lässt sich der vorausschauende Traum, der allerdings oft der Deutung bedarf, als Transkription der Traumgedanken lesen. Vgl. Bachorski, Interpreting dreams (2004) S. 62. Bachorski wertet Parzivals Tranceerlebnis z.B. als Wachtraum ibid. Das definitorische Schwanken zwischen „Traum, Tranceerfahrung und luzidem Traum" konstatiert auch Freschkowski, Traum (2002) S. 42. Vgl. auch Speckenbachs Einteilung in drei (Traum-)Grundformen. 1. Ein Toter bzw. Heros oder Gott verkündet dem Schlafenden ein in der Zukunft liegendes Ereignis oder gibt ihm einen Auftrag. Inhaltlich sind diese Träume meist klar formuliert. 2. Die Seele erfährt nach ihrer Trennung vom Körper ihre Zukunft. Auch diese Träume gelten als Wahrträume. Bei beiden geht es um öffentliche Belange. Der 3. Traumtypus betrifft den verschlüsselten Traum, der einer Deutung bedarf. Speckenbach, Kontexte mittelalterlicher Träume (1998) S.298–316, hier S. 298f.
636 Der griechischen Mythologie zufolge waren Hypnos und Thanatos Brüder. Wer zuerst den Schlaf als „Todes Bruder" angesprochen hat, ist nicht bekannt. Als Ersten, der auf das Verwandtschaftsverhältnis anspielt, hat Hergemöller den Vorsokratiker Georgis von Leontino eruiert. Hergemöller, Schlaflose Nächte (2002) S. 42.
637 Da heißt es: „Befreit von den Täuschungen der Sinne / träumen die Tiefen des Herzens von Dir, / Und laß nicht zu, / dass der neidische Feind / mir durch Schrecknisse die Ruhe raubt." Ambrosius: De excessu fratris sui Satyri Sp. 1332f., übers. v. Wittmer-Butsch, Zur Bedeutung von Schlaf und Traum im Mittelalter (1990) S. 98.
638 Zahlreiche spätantike Persönlichkeiten haben Schlüsselerlebnissen im Traum, die deren Leben grundlegend verändern, wie Plinius der Ältere, Lukian, Galen, Cassius Dio, bei Hieronymus usw. Bei den betreffenden Testimonien handelt es sich nicht um legendenhaft ausgeschmückte, sondern (auto)biografisch gesicherte Erfahrungen. Vgl. Frenschkiowski, Traum und Traumdeutung im Matthäusevangelium (1998) S. 9. Zu Augustinus' Verhältnis zur Traumdeutung Dualey, Le rêve das la vie et la pensée de Saint Augustine (1973). Eingewirkt haben sicherlich auch die im Afrika des 3. und 4. Jahrhunderts aufgezeichneten Visionsberichte, die Augustinus sehr schätzte. Auch die Visionen und Träume

stentum vorausträumte, sondern der auch hervorragend zwischen den als Tagesreste bezeichneten und bedeutungsvollen Träumen differenzieren konnte. In seiner Schrift *De genesi ad litteram* diskutierte er die übersinnliche Wahrnehmung als ein besonderes *visum*, das sich vom gewöhnlichen *visum* des Traumes unterscheidet. Hier folgte er MACROBIUS, wich aber in seiner Unterscheidung zwischen *visa perturbata* und *visa tranquilla* von ihm ab. Bei den *visa perturbata* schläft der vernünftige Seelenteil und die Affekte haben Oberhand, während bei den *visa tranquilla* die Affekte ruhen, so dass die Vernunft den Trauminhalt bestimmt. Sein besonderes Interesse galt in diesem Zusammenhang der inneren Schau und hier den Bildern[639], die von der Seele wahrgenommen werden. In Auseinandersetzung mit dem vor allem im lateinischen Westen einflussreichen Neoplatonisten PORPHYRIUS[640] (233–309) unterschied er zwischen den in der Erinnerung gespeicherten Bildern von tatsächlichen Ereignissen, den davon unabhängigen Fantasien, die aber aus den Erinnerungen schöpfen, und als Drittes den nur im Geist vorhandenen Abstraktionen. Im Widerspruch zum Neoplatonismus nahm AUGUSTINUS allerdings nicht eine feinstoffliche, sondern eine ganz und gar unkörperliche Seele an.[641] Im Schlaf wende sich die Aufmerksamkeit, der „Blick"[642] der Seele, nach innen und nehme nicht nur Tagesreste, sondern auch weiter zurück Liegendes wahr. Im Unterschied zur Auffassung des Neoplatonismus und auch der hinter der Guntramslegende stehenden Vorstellung vermied es AUGUSTINUS, die Traumaktivitäten der Seele mit einer Loslösung vom Körper erklären zu wollen. Die sich nicht nur aus dem Neoplatonismus speisende, in verschiedenen Texten fassbare Vorstellung von einer (materiellen) Seelenexkursion lehnten viele mittelalterliche Intellektuelle im Anschluss an AUGUSTINUS ab[643], während sich die Volkserzählungen

---

seiner Freunde und Bekannten schrieb er nieder. Vgl. Le Goff, Phantasie und Realität des Mittelalters 1985) S. 299.
639 Zu Traumszenen in der Bildkunst Vgl. Ganz (2006) S. 113–144 bes. S. 115ff.
640 Zum Schrifttum und zur Rezeption des Porphyros mit weiterführender Literatur vgl. Gruber (1999) Sp. 105ff.
641 In seiner Schrift über die Unsterblichkeit der Seele hatte er angenommen, dass die Seele Wahres erkennen könne. Augustinus, Über die Unsterblichkeit der Seele, 14,23. Dulaey (1973) S. 71ff analysiert Augustinus' Traumtheorie in Rückblick auf die Traumlehren der Antike.
642 Dieser Blick ins Verborgene, ins Geheimnis, wird in der Bildkunst durch die sog. Schauöffnung markiert, durch welche der Visionär ins Bild hineinblickt. Vgl. Ganz S. 113–144, hier S. 128.
643 In voraufklärerischer Argumentation negiert Jean de Meun die Loslösung der Seele vom Körper. Der *Roman de La Rose* zwischen 1230 und 1280 von Guillaume de Lorris und Jean de Meung ist als Traumerzählung stilisiert, ebenso wie die mittelenglische Versallegoire *Piers the Plowman*, während Dantes *Divina Comedia* eindeutig als Vision zu lesen ist, wenngleich Träume ebenfalls vorkommen.

von der außerhalb wandernden Seele vom Mittelalter an international belegen lassen.[644]

Der seit der Antike angenommene Offenbarungscharakter gewisser Träume blieb auch im Mittelalter unbestritten. Der Kirchenlehrer TERTULLIAN war um 210 zum Montanisten geworden und hatte von zentralen Lehren über die Ekstase sicherlich für seine Traumlehre profitiert. Sein dreiteiliges, auf den Erkenntnissen des PHILO VON ALEXANDRIA basierendes Klassifikationsschema[645] legte er in seiner Schrift *De anima* u.a. maßgeblichen Traktaten vor. Er unterschied vier Arten von Träumen: 1. die von Dämonen in Orakeln eingegebenen, 2. von Gott stammende, 3. Träume der Seele ohne Ekstase und 4. Träume in Ekstase. TERTULLIAN empfahl asketische Lebensweise und damit Förderung von Träumen und Ekstase, warnte aber vor Irrtümern, die durch dämonische Einflüsterungen entstünden. Während Körper und Sinne im Schlafe ruhen, bleibe die Seele, die er sich im Unterschied zu PAULUS DIACONUS u.a. als ungeteilte unsterbliche Einheit vorstellt, aktiv. Die Seele reist zwar über Land und Meer, verlässt aber während des Schlafes den Körper nicht, denn das hätte den Tod des Körpers zufolge.[646]

Im Jahre 391 n. Chr. waren die Tempel des ASKLEPIOS und SERAPIS von fanatischen christlichen Bischöfen zwar zerstört worden, der Glaube an diese Götter und ihre Wirkmächtigkeit blieb im Volk noch rund zwei Jahrhunderte danach bestehen und wurde von mittelalterlichen Gelehrten wie beispielsweise besonders von GREGOR VON TOURS (538–594) in die christliche Theologie eingebaut. GREGOR geht es bei den *somnia* nicht in erster Linie um den verbildlichten Inhalt, sondern um die möglicherweise zweifelhafte Herkunft der Träume, die daher Träumer und Deutungen Täuschungen unterwirft. Er präsentierte drei Traumtypen[647], *illusio, cogitatio* und *revelatio*, die nicht auf physiologischen Ursprung zurückgehen. Diese drei können sich aber auch mischen, was z.B. ISIDOR (560–636) kritisch hinterfragt hat und deshalb alle bei GREGOR genannten Typen unter die auch bei GREGOR unvermischt auftretende

---

644 Vgl. meine Dissertation Der Unhold ohne Seele (1982).
645 De anima 43–49; es entwickelt sich eine Traumtheorie mit einer unterschiedlichen Anzahl von Traumarten. Cicero nennt fünf in einer aszendierenden Rangordnung befindliche Traumarten: *insomnium, visum, somnium, visio* und *oraculum*. Die *visio* und das *oraculum*, also die Traumvision und insbesondere die Wahrtraumvision, wurden in eine christliche Dichotomie von dämonischen und göttlich gesandten Träumen eingegliedert. Die wahren, von Gott oder den Engeln stammenden Träume unterscheiden sich von den Gaukeleien und den Täuschungen der Dämonen.
646 Siehe oben.
647 Dämonen schicken Träume, bzw. Gott oder die Seele selbst in *de anima* 47,1–3(1947). Da Tertulllian den Traum bzw. die Traumarbeit der Seele als unverfremdet auffasst, kann diese Definition tatsächlich, wie Haag ganz richtig herausstellt, als früher Anstoß der psychologischen Traumtheorie gelesen werden. Haag (2003) S. 55.

illusio subsumierte. So können sämtliche Träume zum dämonischen Trugbild verkommen.[648]

Die Botschaft der Theologen an die Träumer war klar genug: Die Schrift lehrt, dass zwar alle tugendhaften und aufrechten Christen Wahrträume haben, doch lediglich die Kleriker und Charismatiker vermögen den Wahrheitsgehalt zu prüfen. Diese ausgeklügelte Traumtheologie erzeugte etwas, was die heidnische Traumdeutung nicht gesucht hatte, ein Modell für den Traumprozess. Eine Gruppe von Wahrträumern, allerdings weniger die Theologen, sondern Heilige, andere Professionelle des Religiösen und hochgestellte Personen, vermögen sowohl wahrzuträumen als auch zu deuten. Der Ursprung der Träume wurde an drei Orten festgemacht: Welt, Himmel oder Hölle. Träume, in welchen der Schläfer nur das Wachleben weiterlebte, waren nicht bedeutend genug, um überliefert zu werden. Träume von Himmel und Hölle waren zwar bedeutungsvoll, aber nicht immer einfach auseinanderzuhalten, nur Heilige konnten einen Teufel oder Dämon von einem echten Engel unterscheiden. Die von GREGOR oder auch von BEDA Venerabilis (672–735) beschriebenen Heiligen wussten verlässlich, woher ein Traum stammte. Offenbar träumten die Heiligen anders als der Rest der Christenheit, sie hatten Traumvisionen. Eine Vision war gottgesandt und enthielt eine Botschaft, während sogar ein Traum vom Himmel aus physischen Ursachen herrühren konnte. Oft sind die Grenzen zwischen Wahrtraum und Traumvision fließend. So erlitt die Hl. Wiborada laut ihrem Biografen EKKHARD einen Schiffbruch und sah ihr eigenes Martyrium voraus. Als die ungarischen Truppen kamen, weigerte sie sich, ihre Klause zu verlassen, starb 926 tatsächlich durch die Heiden und wurde 1047 als Märtyrerin heilig gesprochen. Bei Heiligen ist der Zustand der Prophezeiung besonders an Schlaf und Traum gebunden.[649]

Neben den Heiligen begannen sich Könige als zweite Gruppe von Wahrträumern zu etablieren. Die wohlbekannte Geschichte von KONSTANTINS Traum vor der Schlacht stellt diesen in die Reihe mit anderen Bekehrungs-, aber auch mit den antiken prophetischen Träumen vor einer kriegerischen Auseinandersetzung.

Der Versuch, Wahrträume als Möglichkeiten der Prophezeiung zu festigen, ist vielfach zu bemerken. GIRALDUS CAMBRENSIS (1146–1223) beispielsweise berichtete nicht nur von zeitgenössischen und historischen Wahrträumen, son-

---

[648] Vgl. Speckenbach, Form, Funktion (1985) S. 320; Kruger (1992) S. 45; Haag interessiert sich in erster Linie hier für die bei Gregor angelegte offene Form der Traumklassifikation, die, je nach Traumgegenstand, durchaus Modifikationen zuließ. (2003) Traum und Traumdeutung, S. 2ff

[649] Da die Berichte aber meist nach dem Eintritt der vorausgesagten Ereignisse niedergeschrieben werden, lässt sich die Frage nicht klären, ob der betreffende Heilige einen Wahrtraum hatte oder nicht.

dern auch von einem eigenen Erlebnis, das ich wegen seines eigentümlichen Inhalts und der eindrucksvollen Bildhaftigkeit herausgreife:

Am 10. Mai zur Zeit des ersten Hahnenschreis, als ich noch schlief, schien es mir, ich sähe eine große Menge von Leuten, die alle in den Himmel hinauf blickten voller Erstaunen über ein merkwürdiges neues Schauspiel. So wandte ich meinen Blick himmelwärts, um zu sehen, was es wäre, und erblickte ein helles Licht, das aus einer dichten Wolkendecke hervorbrach. Plötzlich teilten sich die Wolken, und als die unteren Teile des Himmels teilweise entschleiert waren, konnte mein Blick durch diese Fenster bis zum entferntesten Bereich dringen. Dort erschien der himmlische Hof umgeben von unzähligen Gestalten, und es erfolgte ein Angriff darauf mit Waffen aller Art aus allen Richtungen. Der himmlische Hof wurde der Plünderung und Zerstörung durch seine Feinde preisgegeben und seine Heerscharen der Schlachtung. Du konntest sehen, wie einem Mann der Kopf mit dem Schwert abgeschlagen und einem anderen der Arm abgetrennt wurde, während weitere durch Pfeilhagel auf Distanz angegriffen wurden und wieder andere aus Stellungen in der Nähe mit Lanzen beworfen oder mit dem Messer durchbohrt wurden. Viele, welche von unten diese Szene betrachteten, fielen auf ihr Gesicht nieder, sei es wegen des blendenden Lichtstrahls oder auch aus Gefühlen des Entsetzens oder Mitleides, die ihnen das, was sie sahen, einflößte. Aber ich schien jeden Vorgang viel länger und aufmerksamer zu beobachten, um zu sehen, wie die Sache enden würde. In kurzer Zeit hatten diese blutbefleckten Mörder alle Gegner besiegt und warfen sich mit vereinten Kräften auf den Fürsten des himmlischen Heeres, der majestätisch inmitten seines Volkes gethront hatte, genau wie er in Gemälden gezeigt wird. Sie zerrten ihn mit bis zum Nabel entblößter Brust vom Throne und durchstachen seine rechte Seite mit einem Speer. Darauf ertönte sofort eine schreckliche Stimme, welche ausrief: „Woch, woch, Vater und Sohn! Woch, woch, heiliger Geist!" aber ob dieser Schrei von oben kam oder ob er aus dem Mund der herumstehenden Beobachter ertönte, konnte ich nicht in Erfahrung bringen. Der Schreck, der mich beim Hören dieser Worte und Sehen dieser Vision[650] erfaßte, weckte mich auf und setzte dem Traum ein Ende. – Ich rufe Ihn als Zeugen an, in dessen Schau alle Dinge offenbart und enthüllt sind, dass ich, während ich anschließend auf meinem Bett saß und all dies ängstlich in meinem Kopf wälzte, eine halbe Stunde oder länger an meinem ganzen Körper zitterte und in meinem Geiste von einer solchen Aufregung ergriffen war, dass ich völlig außer mir war und um meinen Verstand fürchtete.[651]

Diese Schreckensvisionen scheinen das furchtbare Scheitern des Kreuzzuges und den Tod des Kaisers BARBAROSSA vorauszuahnen.[652] Obwohl prophetische Traumvisionen auch eine propagandistische Strategie im Sinne eines vaticinum ex eventu darstellen können, heißt das aber nicht, dass es sich bei diesen immer um Erfindungen der Geschichtsschreiber, sondern auch um uminterpretierte echte Traumerzählungen gehandelt haben kann.[653]

---

650 Hier werden die Begriffe Traum und Vision als Synonyma verwendet.
651 Gerald Cambrensis Expugnatio Hiberniae Opera, 5 Libri, cap. 41, S. 292f. übers. Von Wittmer-Butsch, *Zur Bedeutung von Schlaf und Traum im Mittelalter* (1990) S. 306.
652 Wittmer-Butsch, *Zur Bedeutung von Schlaf und Traum im Mittelalter* (1990) S. 308.
653 Dazu Dinzelbacher, Vision und Visionsliteratur (1981) S. 61ff. Ob und in welchem Aus-

Offenbarungen und Visionen sind nicht ausschließlich an die Nacht bzw. an den Schlaf gebunden, dazu äußerten sich schon die Schriften des Alten und Neuen Testaments eindeutig, die zahlreiche Visionen und Entrückungen im Wachzustand überlieferten.

Der hochmittelalterliche theologische Diskurs über prophetische Träume verlief in ähnlichen Bahnen. Auch HILDEGARD VON BINGEN (1098–1179), hier in Einigkeit mit den zeitgenössischen Theologen, machte auf die Gefahr der teuflischen Einflüsterungen und die Möglichkeit der Täuschungen durch die Dämonen aufmerksam, die dem Schlafenden Trugbilder und Lügengespinste vorgaukeln.[654]

JOHANNES VON SALISBURY (1115–1180) widmete sich in seinem *Policraticus* u.a. auch der Traummantik und der Frage nach den Kriterien, gottgesandte und wahre Träume von den falschen zu scheiden, die bei ihm auf die Unterscheidung von wahren und falschen Propheten hinauslief:

Und Saul sprach zu dem Weibe: Weissage mir in dem Geiste und rufe mir den herauf, den ich nennen werde. Lies die Bücher, wälze die Historien, durchsuche alle Winkel der Schriften, du wirst sozusagen nie eine Weissagung mit guter Bedeutung finden. Daher gibt die Schrift zu bedenken, daß die verworfenen Propheten Wahrsager (aber) keine Propheten sind, wie etwa die Propheten des Ahab, die ihn mit Gottes Erlaubnis, durch die Belohnungen getrieben, mit vielfachen Täuschungen verführten."[655]

Dezidiert wies hier JOHANNES darauf hin, dass eine Wahrsagerei „*ohne Belohnung*" nicht zustande komme, „*da sie nämlich im Geist der Habsucht und der Niedertracht ausgeübt wird.*"[656] Im Wesentlichen MACROBIUS' fünfteiligem Sche-

---

maß wir bei den AT- und NT-Propheten mit vaticinia ex eventu rechnen müssen, darüber gehen die Meinungen der Theologen und Religionswissenschaftler auseinander. Vgl. Zenger, Einleiotung in das alte Testament (2008) S. 561ff.

654 Hildegard, Scivias, Wisse die Wege, übers. von Storch (1992). (1992) S. 154. Vgl. dazu Ricklin, Der Traum der Philosophie im 12. Jahrhundert (1998) S. 234–246; ferner Hergemöller, Schlaflose Nächte (2002) S. 125ff. Dass den Menschen nächtliche „Traumflüge" als Realität erscheinen können, weiß Burchard von Worms. „*Wer hat nämlich nicht schon in Träumen und nächtlichen Gesichten Dinge gesehen, die er im wachen Zustand nie gesehen hat? Wer aber sollte so töricht und dumm sein, dass er glaube, all' dies, was er bloß im Geiste gesehen habe, bestehe auch dem Leibe nach?*" Decretum X 1, Pl 140 Sp. 832 übers. von Fehr zit. n. Harmening (1979) S. 97; Burchard argumentiert hier mit der Seelenreise, mit der er das Erlebte als Traum zu identifizieren sucht. Unerwähnt bleibt an dieser Stelle, wer den Traum schickt: der Visionssender, Gott oder Teufel; dies ist hier noch nicht im Zentrum der Argumentation.

655 Helbling-Gloor, Natur und Aberglaube im Policraticus des Johannes von Salisbury (1956); dass Johannes von Salisbury seit der Studie von Helbling-Gloor als derjenige Autor gilt, der sich im 12. Jahrhundert am ausführlichsten mit Träumen beschäftigt hatte, hinterfragt mit gewichtigen Argumenten Ricklin, Der Traum der Philosophie im 12. Jahrhundert (1998) S. 226f.

656 Johannes von Salisbury, Policraticus, Kap. II 49 zit. n. Helbling-Gloor, Natur und Abeglaube (1956) S. 77

ma folgend subsumierte JOHANNES unter *somnium* nicht nur Träume, sondern jede Art von Signal, das der Mensch in Schlaf oder Wachheit von Gott direkt empfängt. Darunter fallen neben dem antiken Orakel alle biblischen Schriftprophezeiungen, aber auch genuine zeitgenössische. Die profane Traumdeutung, die davon ausgeht, dass kluge Leute mit Analysefähigkeit den „geeigneten Geist" dafür haben, steht die Auserwählung jener gegenüber, die die Gabe der Traumdeutung von Gott bekommen. Es handelt sich bei der richtigen Traumdeutung nicht um ein natürliches Talent, sondern um Charisma:

> *Außerdem lernte Daniel die Wissenschaft und die Weisheit der Chaldäer; und dies hätte der heilige Mann keineswegs getan, wenn er geglaubt hätte, daß die Vertrautheit mit der Wissenschaft der Heiden zu den Sünden gehöre. Und er hatte solche, die an dieser Bildung teilnahmen, die zu seiner Freude auch teilhatten am Gesetz und der Gerechtigkeit Gottes. [...] Aber siehe, der Vorzug, den der Mensch nicht ertragen konnte, wurde insgeheim dem Daniel gegeben, daß er ans Licht brächte die Rätsel der Träume und nach der Anleitung des Herrn die Schatten der Traumfiguren auseinanderrisse.*[657]

Daraus erhellt, dass JOHANNES sich zwar das Schema das MACROBIUS als Vorwurf nahm, dieses aber im Sinne einer christlichen Traumlehre adaptierte.

Im Wesentlichen stimmten die mittelalterlichen Gelehrten überein, dass bestimmte (Wahr-)Träume appellativen Charakter besitzen, künftige Ereignisse ankündigen und nicht immer in Zusammenhang mit der persönlichen Biografie des Träumenden stehen. Das Traumorakel, wiewohl von den Intellektuellen wie WALTHER VON DER VOGELWEIDE[658] belächelt (→ siehe unten), konnte wesentlich eindeutiger und klarer voraussagen als andere sog. abakontische Divinationsmethoden. AGRIPPAS VON NETTESHEIM (1486–1535) Beobachtung, dass „*nicht zuletzt [...] jener weissagen und in die Zukunft schauen*" könne, „*der frei ist, sich im Zustand der Begeisterung oder der Verzückung oder des Traumes befindet*",[659] stellte Traum und Ekstase als Mittel der Wahrheitsfindung nebeneinander.

ANTONIN VON FLORENZ (1389–1459) erwähnt in seinem Beichtspiegel das Bestreben, Wahrträume durch Gebete evozieren zu wollen: „*Hast du durch Träume die Zukunft oder verborgene Dinge erforscht, indem du vor dem Einschlafen zur heiligen Anna oder zur heiligen Helena oder zu den heiligen drei Königen betest? Das ist eine Todsünde. Wer ohne solche Gebete oder Traumdeutung den Träumen zu sehr Bedeutung beimisst, begeht zwar keine Todsünde, doch ist es*

---

657 Policrat. II, 17 übers. v. Helbling-Goor, Aberglaube (1956) S. 89f.
658 Walther von der Vogelweide, (Ausgabe Cormeau 1996) Traumglück (94,11) Vgl. Ebenbauer, Zu Walthers ‚Traumglück' (94,11ff.) (1977) S.370–383.
659 Agrippa von Nettesheim, Die magischen Werke (Ausgabe Frenschkowski 2008) III, 277.

immerhin gefährlich, auf Träume zu achten, weil der Teufel dadurch schon viel getäuscht hat."660

Einer der spätmittelalterlichen Vertreter der sog. Wiener Schule ULRICH VON POTTENSTEIN (um 1360–1416)661 verfasste um 1400 an adelige Laien und das interessierte Bürgertum gerichtete volkssprachliche Katechismussumme. In seinem Kommentar zum ersten Gebot handelt er in Kapitel 43 von *der verfluchten cunst des warsagens vnd von den auslegern der trewme vnd von den losen*. Der Dämonologe NIDER behandelt in seinem *Formicarius* die Möglichkeit einer Unterscheidung zwischen wahrer und falscher Offenbarung. NIDER662 geht auf die innerlichen und äußerlichen Ursachen der Träume ein. Die äußere Herkunft führt er traditionell auf körperliche Faktoren zurück, die geistigen Faktoren betreffen 1. Offenbarungen, die von Gott stammen, 2. Fantasien, die manchmal die Zukunft offenbaren und 3. solche die Dämonen jenen im Schlaf eingeben, die einen Pakt mit diesen geschlossen haben. Zukunftswissen aus Träumen ist nicht per se verboten, nur wenn es von Dämonenwerk herrührt. Entsprechend den Traumursachen seien für diese Arzt, Naturphilosoph, Astrologe und Theologe zuständig. NIDER selbst, der Theologus, deutete die Träume eines Straßburger Ministerialen und seiner Mutter nach den Maßstäben der Traumdeutung, die er von einem großen Wiener Meister der Hl. Schrift an der Wiener Universität gelernt hatte.663

d) Mittelalterliche Traumbücher

Traumbücher664 haben wie andere prognostische Texte oder auch die populären Gesundheits- und Kräuterbücher überwiegend praktische Funktion, sind

---

660 Text bei Klapper, Das Aberglaubensverzeichnis des Antonin von Florenz (1919) S. 63–101, hier S. 63–73
661 Ulrich von Pottenstein, Dekalog- Auslegung (Ausgabe Baptist-Hlawatsch 1995) S. 93.
662 Die ursprünglich biblische Prüfung der Geister auf ihre Herkunft behandeln im Frühmittelalter Benedikt von Nursia, Gregor der Großen, Isidor, Hrabanus Maurus u.a., im Hochmittelalter Bernhard von Clairvaux, Thomas von Aquin und im Spätmittelalter Heinrich von Langenstein, Nider u.a.Vgl. Caciola, Discerning the Spirits (1994) passim.
663 Heinrich von Langenstein, Unterscheidung der Geister (Ausgabe Hohmann 1977); Nider, Formicarius (Ausgabe Biedermann 1971) II, 4–6.
664 Vgl. Grub, Das lateinische Traumbuch im Codex Upsaliensis C 664 (1984); XXII sq. Garinerin, Hieratic Papyri in the British Mueseum. (1935) pp. 7–23 Santner, Das Königreich der Träume. 4000 Jahre moderne Traumdeutung, Wien 1963 5f. Oppenheim, The Interpretation of Dreams in the Ancient Near East (1956) 179–373; Kamphausen, Traum und Vision in der lateinischen Poesie der Karolingerzeit (1975); Büchsenschütz, Traum und Traumdeutung im Alterthume (1868); Artemidor von Daldis, Das Traumbuch. (1979) 368ff. Gotthardt, Über die Traumbücher des Mittelalters (1912); Steinschneider, das Traumbuch Daniels und die oneirokritsiche Literatur des Mittelalters. (1863) 193–201;. Rosenfeld, Art. Traumbuch (1995) 492–496- Thorndike, History of Magic (1923–1958)

Hilfen zur Lebensbewältigung. Sie geben Anleitungen, Rezepte, bieten Rat, spenden Trost und mindern die Furcht vor der unbekannten Zukunft. Wie bei den meisten Divinationsarten steht also die Kontingenzbewältigung im Vordergrund. Der Gebrauchswert dieser Texte geht über bloße Unterhaltung und moralisierende Ermahnung weit hinaus. Ihre Lektüre erfordert keine übermäßige Bildung, keinen verfeinerten Geschmack, keine Beherrschung von komplizierten Techniken. Sie setzt allerdings die Kunst des Lesens voraus, was für das Mittelalter nicht gerade wenig war. Wie die Gesangs- und Gebetbücher waren die Traumbücher zeitbeständiger, möglicherweise, weil sie zeitloser, weniger modischen Trends als menschlichen Grundbedürfnissen, Glauben und Aberglauben, entgegenkamen und -kommen. Denn immer noch verkaufen sich die im Wesentlichen unveränderten „ägyptischen" Traumbücher und werden genauso als Suchdatenbank ins Internet gestellt.[665]

Traumdeutung hat zu jeder Zeit zu Prognosen über das zeitliche Glück tendiert, Gesundheit, Hausstand, Besitz sind die wichtigsten Themen. So verwundert es nicht, dass bis in den ersten Weltkrieg in manchen Gegenden Österreichs die Lotterieeinnehmer zugleich Traumbuchhändler waren, bis ein Ministerialerlass diesen nicht unbeträchtlichen Nebenerwerb versagte.[666]

Gliedert man die mittelalterlichen Traumbücher nach ihren Deutungsverfahren, so kann man drei Typen unterscheiden. Diejenigen, die die Deutung aus dem Inhalt des Traumes ableiten, gehören zur Gruppe des ARTEMIDOR, ACHMETs und ASTRAMPSYCHOS, NEKEPHOROS und der *Somnia Danielis*. ARTEMIDOR und ACHMET hatten die Traumorakel nach der Zusammengehörigkeit der Traumgegenstände aufgegliedert, während die letztgenannte Gruppe die Traumgegenstände alphabetisch ordnete. In den deutschen Übersetzungen der Danielis-Tradition ging die alphabetische Zuordnung meist verloren.

Die zweite Gruppe nahm die herrschende Mondkonstellation hinzu und bot die Grundlage für Aussagen, ob und wann sich das Geträumte bewahrheitet. Die dritte Gruppe befragte Karten, Würfel, Stech- oder Punktierorakel zum Trauminhalt, bevorzugt wurde das Buchstabenstechen. Für jeden ermittelten Buchstaben gab es eine Voraussage. Zu dieser Gurppe zählt das *Somniale Joseph*.

Im 9. Jahrhundert entstanden drei Traumbücher der Patriarchen GERMANOS I. und KIEPHOROS, die Datierung ist unsicher, ebenso für ASTRAMPSYCHOS.

Vol. II 293ff; Suchier, Altfranzösische Traumbücher (1956) S. 130ff.; Förster, Beiträge zur mittelalterlichen Volkskunde (1908) 302ff; (1910) 39–70; (1911) 31–48, 48–84; Kruger, Dreaming in the Middle Ages (1992) S. 7ff.

665 Z.B. www.deutung.com

666 Vgl. Fischer-Defoy, Schlafen und Träumen (1918) S. 88 Vgl. z.B. das fast immer noch in jedem Haushalt anzutreffende „wahre egyptische Traumbuch daraus ein jeder Liebhaber des Lottospiels seine Träume untersuchen kann". Wien o. J.

Dessen einziger positiver Anhaltspunkt, seine Erwähnung im *Suda Lexikon*[667], lässt auf eine Abfassungszeit um 950 schließen. Der Leibarzt und Traumdeuter am byzantinischen Hof um 830, ACHMET, schuf von der Systematik und Kasuistik her ein dem ARTEMIDORS vergleichbares Werk und schöpfte, obwohl christlich, vor allem aus indischen, persischen und ägyptischen Quellen.

Volkssprachliche, nach dem lateinischen Vorbild gestaltete Versionen haben vier unterschiedliche Traditionen ausgebildet, deren Überlieferung ebenso als different und inhomogen zu bezeichnen ist. Die meist einem bekannten biblischen Namen zugeschriebenen Traumbücher gehen vom Inhalt des Träumens aus und sind auf Zukunftsprognostik gerichtet, in der Regel alphabetisch geordnete Reihen von Trauminhalten mit zugeordneter Deutung.

Die früheste Version des Pseudo-Danielischen Traumbuchtyps[668] spiegelt sich in der nur unvollständig erhaltenen griechischen Prosafassung im *Cod. Erol Philipps 1479* f 4v–10v aus dem 16. Jahrhundert wider, die auf eine spätgriechische Vorlage zurückgeht. Dieses Werk bildet den Ausgangspunkt und Vorlage für eine weite Verbreitung ähnlicher griechischer und lateinischer Exemplare, die unter dem Titel *Somniale Danielis* kursierten. Zwischen griechisch-byzantinischen und den altitalienisch-mittelalterlichen Fassungen des *Somniale Danielis* lassen sich Parallelen konstatieren, bisweilen sogar vollständige Entsprechungen im Wortlaut. Auch wenn die lateinische Somniale-Tradition, deren Entstehung etwa zwischen 500 und 800 n. Chr. anzusetzen ist, primär auf griechischer Vorlage mit orientalisch beeinflussten Sachbegriffen gründet, so scheint sie sich bald mit der Aufnahme christlicher Elemente zu einer eigenen christlichen mittelalterlichen Tradition verselbstständigt zu haben. Das Signifikante einer volkstümlichen Gattung wie der *Somnialia* ist ihre lebendige Überlieferung und dass keine Version mit einer anderen vollständig identisch ist. Vielmehr sind durch Einfügung, Ergänzung, aber auch Weglassung einzelner Träume, also durch vielerlei Eingriffe der Kompilatoren und Schreiber, mit jeder neuen Abschrift neue Exemplare anzusetzen, was dazu geführt hat, dass die einzelnen Traumbücher sowohl im Umfang als auch Inhalt ziemlich variieren.

So sehr auch in Umfang Wortlaut und Reihenfolge die Deutungen voneinander abweichen, dürften die überlieferten Versionen des *Somniale* nach FÖRSTER[669] auf eine wahrscheinlich im 10. Jahrhundert erfolgte Aufteilung in mindestens zwei Überlieferungsstränge zurückgehen. Der zweite Überlie-

---

667 Das Suidae Lexikon (Ausgabe Adler 1928–1938). Suda oder früher Suidas ist vermutlich nicht der Verfasser. An einer online Ausgabe dieser alphabetisch gegliederten Frühform eines Koversationslexikons wird gearbeitet.
668 Fischer hat mit seiner Multilingualen Somnia Danielis collation einen guten Einblick geboten. Fischer, The complete Medieval Dreambook (1982).
669 Förster, Das älteste kymrische Traumbuch (1919) S. 60.

ferungsstrang verknüpft Traumbilder mit einfachen astrologischen Gedankengängen und macht den Traum vom Stand der Himmelskörper abhängig. Hierher gehören die sog. Traumlunare, (→ siehe Lunare), in denen für jeden der 30 Mondtage mit dem Neumond beginnend eine Prognose abgegeben wird. Ein dritter Typus vermengt Losverfahren mit allgemeinen Prognosen und auch Buchstabenorakel. Dieser Typus benennt den biblischen Traumdeuter Josef.

Die *Somniale-Danielis*-Traumbücher, in denen mit Berufung auf den biblischen Traumdeuter Daniel als angeblichen Verfasser Deutungen zu in alphabetischer Reihenfolge aufgelisteten Traumhinhalten vorgenommen wurden, sind in deutschen Handschriften erst aus dem 14. Jahrhundert bekannt, lateinische schon aus dem 9. Jahrhundert. Die Deutungen orientieren sich an den Prinzipien der Analogie (einen hochgestellten Menschen sehen bedeutet z.B. Schaden), nach der Antinomie, schon bei ARTIMEDOR (sich selbst weinen sehen bedeutet gutes Gelingen), aber auch der Arbitrarität. Letzteres Prinzip führt zu unterschiedlichen, oft widersprüchlichen Deutungsergebnissen. Schon in der Mitte des 12. Jahrhundert äußerte sich GRATIAN in seinem *Decretum*[670] über das *Somniale Danielis* und andere prognostische Praktiken. Ab der zweiten Hälfte des 14. Jahrhunderts mehren sich die superstitionenkritischen Argumente und die Fragen nach divinatorischen Praktiken fanden Eingang in die Beichtspiegel:

> *Ich hab woele[n] wyssen heymliche zukuenfftige ding /*
> *Ich hab treuem außgelegt eym andern. Sag warzu / wie offt und wem [...]*[671]

Wiewohl keine deutschen Handschriften des wichtigen Werks des ARTEMIDOR und des ACHMET BEI SIRIN nachgewiesen sind, enthält das ca. 1160–70 entstandene *Liber Thesauri Occulti* des *Pascalis Romanus* Auszüge aus ARTEMIDOR und auch aus den *Oneirociritca* des ACHMET BEN SIRIN. Gleichzeitig entstand die lateinische Übersetzung LEO TUSCUS des ACHMETschen Traumbuchs. Die Relevanz dieser antiken Traumbücher als Rezeptionspotenzial in den literarischen Traum- und Traumdeutegestaltungen ist von der früheren Forschung vielfach unterschätzt und zu wenig ernst genommen worden, wie erst unlängst GUNTRAM HAAG betont hat: „*Grundsätzlich sind alle diese nichtliterarischen Muster für Traumdeutung ernst zu nehmen.*"[672]

Der Typus der RHAZES-Traumdeutung oder deutsch „*die ler Rasis von den troimen*" wertet jede Art von Träumen anhand der Viersäftelehre und stellt den

---

670 Gratian, Decretum (Ausgabe Richter/Friedberg 1879/1955).
671 Peychtspigel der Sünder (1510) Fol. Diij v° – Div v.° zit. n. Gantet, Der Traum in der frühen Neuzeit (2010) S. 86.
672 Haag, Traum und Traumdeutung in mittelhochdeutscher Literatur (2003) S. 45. Speckenbach Kontexte mittelalterlicher Träume (1998) S. 298–314, hier S. 313–316.

272　V. Mittelalterliche mantische Einzelkünste

Abbildung 23: Josef deutet den Traum des Pharaoh.
Aus Schedels Nürnberger Chronik (1493).

einzigen Traumbuchtypus, der *„wissenschaftlichen Ansprüchen im mittelalterlichen Sinne"*[673] gerecht wird. Die im 15. Jahrhundert beliebten Einblattdrucke befassten sich in großer Zahl mit Traumprognosen und Deutepraktiken. Der Erfolg ist wohl auch darauf zurückzuführen, dass vermehrt christliche Deutungen, also eine christliche Kontextualisierung vorgenommen wurden. Die Schreiber fügten einleitend noch einige Elemente zur Traumtheorie in Übereinstimmung mit der Bibel hinzu.

Im Unterschied zum modern anmutenden Verfahren des ARTEMIDOR berücksichtigen die mittelalterlichen Traumschriften, mit Ausnahme des LOBENZWEIG-Traumbuchs, nicht die Gegebenheiten des Träumers und auch nicht Zeitpunkt und Umstände des Traumes. Die Deutungen sind daher oft beliebig und ähnlich allgemein gehalten, wie die Zeitungshoroskope der heutigen Zeit, da sie einen großen Teil unterschiedlicher Benutzer bedienen sollten.

Das wohl bedeutendste deutsche Traumbuch stammt von HANS LOBENZWEIG und stellte die einzige volkssprachliche Rezeption des *Thesaurus occultus* des PASCHALIS in gekürzter Übersetzung (um 1450) dar. Trotz der Verkürzung sticht die Tendenz zu Fallbeschreibung und Einbeziehung des persönlichen Kontexts des Träumers, wie Geschlecht, Alter zudem die Einkleidung in einen Meister-Schüler-Dialog hervor, was das Traumbuch eindeutig in die erste oben genannte Gruppe stellt. Der Traum selbst wird unter theologischen und naturwissenschaftlichen Kriterien betrachtet. Auffallend zudem, dass LOBENZWEIG sowohl mit gottgesandten Wahrträumen[674] und Träumen ohne göttliche Einwirkung rechnete. Letztere stürzen die Menschen in Verwirrung, und Traumdeuter, die sich auf magische Praxis spezialisiert haben, deuten aus, was ihnen der böse Geist einflüstert: *„was die von den trewmen sagen, das offenwartt der pös geist."* LOBENZWEIG wollte sein Buch dezidiert als Manual für die medizinische Diagnostik verstanden wissen, vor der Anwendung bedarf es der gründlichen Abklärung, ob die Träume von guten oder bösen Geistern stammen. In seine Prognostik ließ er sowohl die Humorologie als auch die Mondphasen und Gestirnkonstellationen einfließen. Zu Beginn fragt der Schüler den Lehrer, was man überhaupt in den Träumen erfahren kann: *„Das Leben vnd den tod, armuet vnnd reichtumb, kranckhait vnd gesunthait, laid vnd fréwd, sig vnd flucht."* (172v)[675]

Unterscheiden muss man unter den Adressaten der Träume, *„ob ain trawm furkümbt ainem kunig vnd trawmet also pawrn vnnd / (174r) kümbt auch also*

---

[673] Palmer/Speckenbach, Träume und Kräuter (1990) S. 197.
[674] *denn er hat verlihen nach seiner göltlichen gnad den gueten vnd auch den posen gotlich, warhaffig tréwm, vnd die trewm sind gleich als die ewangelia vnd verkünndent dir das guet vnd das pöß, das es geschech.*
[675] Schmitt, Ein deutsches Traumbuch aus dem späten Mittelalter. (1966). S. 181–218, hier S. 205.

fur ainem edlen, vnd zugleicher weis furkümbet er ainem armen, auch kumt der selb trawm fur ainer frawn vnd mag auch also furkomen ainer rechten junckfrawn, vnd bedéwtt derselb trawm doch albeg ainer person nicht als der andern."

Als Beispiel wählte LOBENZWEIG die Farbe Schwarz, die für alle (abgesehen von den traditionell schwarz gekleideten Klerikern) Kummer und Sorgen bedeutete. Die Träume mussten aber je nach Jahreszeit unterschiedlich eingeordnet und außerdem Alter und Geschlecht des Menschen, die Nachtzeit, in der der Traum auftritt, berücksichtigt werden. Davon hing nämlich der Zeitpunkt des Eintreffens der Traumbotschaft ab: Ein unter Zwanzigjähriger, der von der dritten Stunde bis zur sechsten träumt, dessen Traum sollte in 20 Wochen wahr werden, der Traum der dritten bis zur sechsten Stunde für alle Altersgruppen in 15 oder in 17 Tagen eintreffen. Träume der sechsten bis zur neunten Stunde würden erst in fünf oder in vier Jahren eintreffen und die Träume von der neunten Stunde an bis zum Tagesanbruch in einem oder einem halben Jahr. Die Träume, die man bei Sonnenaufgang träumt, wären die gewissesten.[676] Die Kriterien für einen Wahrtraum waren außerdem Seelen oder Engel als Traumbotschafter (173r), außerdem hochrangige Personen: Redet ein König oder Kaiser einen im Traum an, so bewahrheitet sich der Traum, während Aussagen eines Heiden prinzipiell mit Misstrauen zu begegnen sind.

> *Was bedeut es, wan mir got zue redet oder ain kunig oder ein furst oder ain naturlicher maister, der nicht ain zauberer ist?'*
> *Was got oder ein kaiser oder ain furst etc. mit dir redt, das wiert dir war, vnd dw solt dieselben wort eben mercken.*
>
> *‚Was bedewtt es, wann mir trawmet, das die haidnischen maister mit mir redent vnd die sternseher und pöß menschen?' Das ist alles vngewis, vnd du solt es nicht gelauben.*

Wenn Kinder, Tote oder alte Leute sprechen, so wird es sich bewahrheiten.

> *Wann mir aber trawmt, das kinder oder toten oder alt lewt mit mir redent?'*
> *Das soltu alles gelauben, wann es wirt war.*
>
> *‚Wann mir trawmt das mich got oder ain engl oder ain heilig anpette?'*
> *So wiß, du wirst vinden ains fuersten hulld / (177r:) vnd wirst ein gnad erberfen. Aber pettestu got an in dem traume oder pettestu ainen enngl oder ain heiligen an, wiss, sohastu sein huld verlorn.*
>
> *‚Wann mir trawmt von vnserm herrn Ihesu Cristo, wie er mit mir rede?'*
> *Das bedewt gelück vnd säld, vnd was er dir sagt, das wirt dir war.*
>
> *‚Wann dir trawmbt, das du got an pettest oder in kewsest oder die heiligen?'*

---

676 175v–176r, Schmitt, ibid. S. 207.

Wann das trawmet den menschen, dy da sind in grosz trübsalikait, das bedewt, das sy pald erlöst werden vnd pald erfrewt werden. Derselb trawm bedeut den menschen, dy in frew – / (178r:) den sind, groß ding.

‚Wann dir trawmt, das du schöne pilder machest?' Das bedewt Kinder; vnd merck ist das pild gemachet aus ainer vessten, langwerenden materi, so leben dy kinder lang; Ist aber das pild gemachet aus fawler, snöder materj, so leben die kinder nicht lanng, vnd ist das pilld vber goltt, so wierstu frewd vnd reichtumb an den kinden leben. [677]

Die in spätantiker Tradition stehenden deutschen Traumbücher sind über arabische und byzantinische Vermittlung ins lateinische Mittelalter gekommen. Die genreimmanenten Gesetze bestimmten auch das mittelalterliche Traumbuch und ihre Übersetzer, dennoch finden sich individuelle Bemerkungen der jeweiligen Autoren, vor allem in Bezug auf die verstärkte christliche Kontextualisierung der ursprünglich orientalischen Gattung. Die reiche Überlieferung spätmittelalterlicher Traumbücher kann vor allem auf das rege Interesse des Adels an okkultem Schrifttum zurückgeführt werden,[678] das offenbar weder die heftigen Angriffe und Polemiken, wie etwa HARTLIEBS *puoch aller verpoten kunst*, noch Strafandrohungen noch die bereits ab dem 14. Jahrhundert belegten Gegendiskurse zur Traumdeutesucht verringerten. Der bekanntlich Teufels- und Zaubereigläubige LUTHER wetterte:

Daruemb haben die weit geyirret, die aus dem Text [Gen. 40] haben genomen buecher zu schreiben und trewme zu deuten. Als der narr, der ein buch gemacht hat De somnis Danieliis haben etliche regeln darauff geben, was dies odder jhenes deute. Aber es ist umsonst, es lesset sich fassen, es ist alles falsch, dazu ouch verpoten ym gesetz Mose: du solt nicht achten auff die trewme [Lev. 19. 26] das ist Du solt nicht unterstehen die trewme gewis zu deuten, sondern was rechte trewm sind, die sol Gott selbs auslegen. Falsche trewme sind gleich wie falsche lere. [...][679]

Und 1494 spöttelte SEBASTIAN BRANT im 65. Kapitel seines *Narrenschiffes*:

Vnd des glych vngeloub allerley
Mit worsagen / vnd vogelgschrey
Mitt caracter / saegen / treümerbuoch /
Vnd das man by dem monschyn suoch
Oder der schwarzen kunst noch stell
Nüt ist das man nit wissen well
[...]

---

677 Ibid.
678 So besaß beispielsweise RICHARD II. von England das *Somniale Danielis, Merlins Prophetie*, ein geomantisches Manual und eine Schrift zur Physiognomik.
679 Luther, Werke (1883–2009) 25, S. 642f.

> *Vn was man reden / rotten wird /*
> *Wie der wird glück han / was geberd /*
> *Was willen / zuofall der kranckheit*
> *Fraeuelich man vß dem gstirn yetz seit /*
> *[. .]*
> *Vil practick vnd wissagend kunst*
> *Gatt yetz vast vß der drucker gunst /*
> *Die drucken alles das man bringt*
> *Was man von schanden sagt vnd singt*[680]

Die Traumbuchliteratur nahm in den folgenden Jahren eher noch zu. Ihre Abfassung wurde durch die gedruckten Ephemeriden-Almanache erleichtert, wie wir sie z.B. von REGIOMONTANUS und STÖFFLER kennen. Allein zum wegen zahlreicher Planetenkonjunktionen gefürchteten Jahr 1524 sind mindestens 133 solcher Prognostiken gezählt worden.

e) Literarische Traumdiskurse

> *Wan ein wunderaltez wîp*
> *diu getrôste mir den lîp*
> *die begond ich eiden,*
> *nû hât si mir bescheiden*
> *waz der troum bediute*
> *daz merket, liebe liute:*
> *zwên und einer daz sint drî!*
> *dannoch seite sie mir dâ bî*
> *daz mîn dûme ein vinger sî.*
> WALTHER VON DER VOGELWEIDE (L 95,8)[681]

Traumgesichte und ihre narrative Einkleidung, Traumgeschichten, bieten vor allem kultur- und mentalitätsgeschichtlichen Forschungsrichtungen ein reiches Quellengebiet, da analoge Themenstellungen und Inhalte unterschiedliche Deutungen evozieren und so die Differenz der verschiedenen Kulturen und die unterschiedlichen kontextuellen Zugriffe aufzeigen. Der frühmittelalterliche theologische Diskurs über Wahrträume versuchte, das Verifikationskriterium an den Träumenden festzumachen: Während der weltliche Diskurs davon ausging, dass jedermann Zugang zur Anderswelt[682] habe, zog die geistliche Elite Grenzen und postulierte einen restriktiven Zugang zur Anderswelt, zum

---

680 Brant, Das Narrenschiff (Ausgabe Knape 2005). Vgl. Müller, Poet, Prophet, Politiker. Sebastian Brant als Publizist (1980) Sp. 102–127.
681 Walther von der Vogelweide, (Ausgabe Cormeau 1996).
682 Vgl. Frenschkowski, Art. Traum (2002) S. 28–46, hier S. 28.

Himmel. Religiöse und weltliche Quellen differieren wesentlich über die Bedeutung der Träume.

Die in literarischen Texten als Binnenerzählungen enthaltenen Traumgeschichten sind freilich fiktiv und dienen einer bestimmten Absicht des Autors im Textgefüge. Sie sind also keine historisch-authentischen Träume, als publikumsbezogene Narration müssen sie dennoch glaubhaft erzählt werden. Zudem muss der Autor die Traumhandlung an die Regeln des jeweiligen Genres anpassen und im Falle eines enigmatisch-allegorischen Traums den Verständnishorizont seines Publikums beachten. Im Fokus der Untersuchung steht jedoch nicht der Traum allgemein, seine literarische Bedeutung und Kontextualisierung, sondern die prognostische Schau der Zukunft, weshalb ich mich im Rahmen dieser Arbeit auch darauf beschränken muss und auf weiterführende Literatur zum Traum in der Literatur allgemein nur verweisen kann.

Die weltliche Erzählliteratur liefert nicht nur Beschreibungen der Anderswelt, sondern überliefert den selbstverständlichen Wechsel der Protagonisten zwischen jener und der menschlichen Welt. Besucher aus dem numinosen Bereich wie Götter, Engel[683] und Heilige offenbaren den Menschen oft über Träume und Visionen Kenntnisse, die sie sonst nicht zu erlangen vermögen. Dabei sind folgende Unterschiede auffallend: Während die heiligen Personen in der paganen Literatur freiwillig kommen, um zu raten oder zu warnen und es dem Träumer überlassen bleibt, die Warnung zu beachten oder zu ignorieren, wendeten die christliche Traumtheorien den Zweifel an der Wahrheit oder Unwahrheit der Träume in (Dämonen-)Angst und eröffneten damit nicht nur eine zusätzliche Diskursschiene, sondern auch eine literarisch ausbaufähige Thematik.[684]

Die aus unterschiedlichen Traditionen gespeiste weltliche Erzählliteratur bietet neben der Verwendung der aus der hagiografischen, aber auch antiken Literatur verfügbaren Traummodelle auch unterschiedliche Traumdiskurse nebeneinander. Pagane und antike Traumerzählungen von der Anderswelt finden Eingang in die Feenträume der höfischen Literatur, sind aber nicht immer als Träume gekennzeichnet, sondern Teil eines Weltentwurfes, in dem Grenzen zwischen diesseitiger und Anderswelt als fließend erfahren werden.

Die Analyse[685] der literarischen Träume ordnet diese in den meisten Fällen der theorematischen und allegorischen Traumkategorie zu, bzw., um die Terminologie des MACROBIUS zu verwenden, es kommen meist *visa*, also al-

---

683 In *Der guote Gêrhart* des Rudolf von Ems erscheint dem Protagonisten ein Engel im Traum und weist ihn an, seinen Reichtum den Armen zu geben. (VV. 1821ff.).
684 Das Phänomen der Angst im Mittelalter haben Dinzelbacher u.a. ausführlich behandelt. Dinzelbacher, Angst im Mittelalter (1996).
685 Allgemein: *Mot. D.1812.3.3. Future revealed in dream* und in Bezug auf allegorische Träume *D. 1812.33.5. Prophetic dream allegorical.* Eindeutige Träume *D. 1810.8.3. Warning*

legorische, und *oracula*, eindeutige Träume vor. Im *Vorauer Alexander* passt der Dichter die biblischen Erzählungen von Daniels Traum der Könige aus Medien und Persien an den Alexanderstoff an.

> *diz was den Daniel slâfende gesach*
> *in einem troume dâ er lach,*
> *dâ sah er fehten ainen boc unt ainen wider.*
> *Daz bezeichent die zwêne chunige sider.* (VV. 475–478)

Die zweifelhafte Herkunft Alexanders steht in Zusammenhang mit der Erzählung um den Trug des Priesterzauberers Nectanebos. Die Traumhandlung als Binnenerzählung verfügt in den unterschiedlichen Alexanderbearbeitungen über eine entscheidende Funktion im Geschehenszusammenhang.[686] Im Traum erscheint Nectanebos Alexander, gibt sich ihm als sein Vater und als Gott zu erkennen und trägt ihm auf, als Botschafter zu Darius zu gehen. (VV. 2979–3014)

In die Handlung des *Rolandslieds* sind vier Träume eingebettet. Karls erster Traum ereignet sich, nachdem Ganelon ihn angewiesen hatte, Roland als Befehlshaber in Spanien zu lassen. Karl hatte dem Rat nichts abgewinnen können und instinktiv den böswilligen Zweck geahnt. Um Klarheit über die schwierige Situation zu erlangen, betet Karl zu Gott um Rat und legt sich dann zum Schlafen nieder. Diese Situation deutet an, dass er auf eine im Traum übermittelte göttliche Eingebung hofft, was auch prompt geschieht:

> *Von venien begonde er mûden,*
> *dô wolt er gerne rûwen,*
> *der slâf in bezuchte,*
> *aine wîle er entnuchte:*
> *do troumte im vil gewis,*
> *wie er wære in porta Cesaris,*
> *mit ime herren gnûge,*
> *wie er ain scaft in der hant trûge,*
> *Genelun nach ime sliche*
> *unde den scaft ain halp begriffe*
> *unt wolt im in ûz der hant zucken.*
> *Der scaft prast zestucken:*
> *Der kaiser ain tail behabete.*
> *Gnelun virzagete:*

---

in dream und *D. 1814.2. Advice from dream, D. 1813.1.4. Dream reveals death of brother (Husband etc.).*

686 Basler Alexander (Ausgabe Werker 1881) 101–130; 203–246; 254–336; 2287–2323. Großer Alexander (Ausgabe Guth 1908) 191–222; 771–810; 945–1002 u.ö.; Rudolf von Ems (Ausgabe Junk 1970) 107–165; 515–573; 721–875. Seifrits Alexander (Ausgabe Gereke 1932) 199–216. Vorauer Alexander (Ausgabe Kinzel 1884) Rekurs auf Somniale Daniel 467–506. Ulrich von Etzenbach (Ausgabe Toischer 1974) 625–756.

> *Siniu stucke warf er widere;*
> *Di fůren gegen dem himile*
> *In di lufte vil hôch, ne sach nîmen:*
> *Di lufte sie enphiengen.*
> *Die berge alle der von erschracheten,*
> *der kaiser unsamfte erwachete.* (VV. 3026–3047)

Obwohl der Traum als enigmatisches *somnium* gekennzeichnet ist, fällt er aus dem Rahmen, denn Genelun tritt in Menschengestalt und nicht als Tier in Erscheinung wie in vielen allegorischen Träumen.[687] Die Interpretation des Brechens der Lanze als (Geneluns) Griff nach der Macht und in der Folge die Zerstörung des Reiches stimmen mit Traumbuchdeutungen überein.[688] Schon in der *Ilias* 16, 114f. deutet das Zerbrechen die Zerstörung Trojas voraus. Die Traumbücher deuten so:

> *Wem trawmpt, wie er verkyez,*
> *Zubreche oder verliez*
> *Gewaffen, der wirt mit schaden*
> *In kurczen czeiten vberladen.*[689]

Was das Erdbeben betrifft, das im Übrigen in den französischen Versionen fehlt, denkt Karl keineswegs über die Bedeutung nach. *„Bemerkenswert ist, dass Karl nicht etwa die diesem Traumereignis naheliegenden Schlussfolgerungen zieht, sich überhaupt nicht um eine konkrete Deutung des Traumes müht, sondern im Bewusstsein seiner Sündhaftigkeit Gott anfleht, er möge seinen Zorn nicht seine Leute, sondern ihn selbst entgelten lassen."*[690] Tatsächlich bewirkt der Traum zweierlei, er prophezeit Niederlage und Tod Rolands in Roncesvalles und Karls andauernde Herrschaft. Danach hat Karl in dieser Nacht noch einen Traum, in dem er sich in Aachen wähnt und er einen mit zwei Ketten gebundenen Bären vor sich sieht. Der Bär blickt Karl in die Augen, zerbricht die Ketten und greift ihn vehement an, dabei zerfleischt er seinen rechten Arm bis auf den bloßen Knochen (VV. 3068–3081). In diesem zweiten *somnium* greift KONRAD stärker auf die traditionelle Allegorisierung des Bären, der in der Bibel und den geistlichen Schriften als Symbol für Untreue, Bösartigkeit fungiert, zurück. Schon die Kirchenväter haben den Bären als Symbol teuflischen Betruges interpretiert. In den Traumbüchern bedeuten alle wilden Tiere einen Feind, der Bär im Speziellen Verrat, die Verletzung der Arme große Gefahr.

---

687 Vgl. dazu die Ausführungen von Steinmeyer, Untersuchungen zur allegorischen Bedeutung der Träume im altfranzösischen Rolandslied (1963).
688 Vgl. Fischer, The Dream in Middle High German Epic (1978) S. 45–59.
689 Aus einem deutschen Somniale Danielis hg. v. Carl von Kraus, Daniels Traumdeutungen (1906) S. 507–531, hier S. 517.
690 Schmitz, Traum und Vision (1934) S. 24.

> *Wem von vbeln thier das*
> *Trawmpt, wie sie durch irn hasz*
> *Mit im vechten vn in wuntten,*
> *der wirt von veinden vberwunden.*

Ebenso die eher seltene Ausdeutung der Arme:

> *Wem trawmpt in des slaffes danck,*
> *wie er sey der arme kranck,*
> *das bedewt im den tot*
> *Oder sunst ein grosse not*[691]

Angreifende wilde Tiere sind im Allgemeinen als Topos für Niederlage, Verrat oder Gefahr zu verstehen. Die rechte Hand, der rechte Arm deuten auf einen nahen Verwandten, Vater bzw. Sohn oder Freund. Karl hatte Roland auch immer als seine rechte Hand betrachtet. Dieser Traum enthüllt Geneluns latenten Verrat, den persönlichen Verlust des Neffen Roland und verknüpft außerdem dessen Tod mit dem Verrat des Genelun. In einem dritten *somnium* träumt Karl von einem großen Sturm, ganzen Heerscharen von wilden Tieren, Löwen, Bären, Leoparden, Schlangen, Greifen und einem nicht näher beschriebenen Tier, das durch einen tapferen Palasthund besiegt wird. Der ambivalent konnotierte Löwe deutet in diesem Traum wahrscheinlich ebenso wie die anderen Tiere auf ein bedrohliches Geschehen. Diese exotische Menagerie kündigt die Schlacht an, die angreifenden Tiere verschiedene Aspekte heidnischer Betrügerei und Machinationen des Teufels.[692]

Die ohnehin als betrügerische und falsch gezeichnete Königin Salme in *Salman und Morolf* gibt vor, einen symbolischen Traum zu haben, dessen Verschlüsselung jedoch nur eine Interpretation zulässt, die sie auch gleich selbst liefert:

> *Mir troumte hînt in dieser nacht*
> *Daz ich an dînem arme entslief*
> *Und mir sô liebe nie beschach.*
> *Zwên valken flugen mir ûf die hant.*
> *Der troum der ist mir wol erkant.*
> *Daz ist ein sune loebelich,*
> *der sol nâch dir besitzen*
> *dîn vil wîtez kunigrîch* (VV. 534f.)

Abgesehen von der willkürlichen Umdeutung des fingierten Falkentraums der Salme handelt es sich vom Typus her durchaus um einen Ankündigungs-

---

691 Aus einem deutschen Somniale Danielis hg. v. Carl von Kraus, Daniels Traumdeutungen (1906) S. 507–531, hier S. 517.
692 Zur mittelalterlichen Bedeutung der Tiere Vgl. Dinzelbacher, Mensch und Tier in der Geschichte Europas (2000) S. 181–292.

D. Intuitive Wahrsagung: Visionsorakel 281

Abbildung 24: Der Traum Karls des Großen. Paris, Bibliothèque Nationale.

traum, ebenso wie Hecubas Fackeltraum,[693] den Cassandra auch richtig als Paris' Geburt und Zerstörung Trojas ausdeutet. In OTTES *Eraclius* betet Cassinia um einen Sohn und erhält auch prompt mittels eines Engels nicht nur die Bestätigung, dass ihr Wunsch gewährt werde, sondern auch Ratschläge zur Empfängnis (228–236, und 265f.). Sehr häufig findet das Motiv in der altnordische Sagaliteratur Verwendung[694], das ohnehin auch als internationales Märchenmotiv belegt ist.[695]

Die in der Erzählsituation deutlich als Träume gekennzeichneten Erfahrungen der Protagonisten – abgesehen davon, dass diese nicht mehr wie in der hagiografischen Literatur nur Himmels- oder Höllenfahrten beinhalten – und ihre möglichen Deutungen bezeugen oft einen klaren Hang der Dichter zu Skepsis und dezidierter Superstitionenkritik. So äußert sich HARTMANN im *Erec* gegen die Traumdeutung, indem er Erec bei seinem Aufbruch nach Joie de la court nicht auf seine offenbar vorhandenen Träume achten lässt: „*Swaz im getroumen mahte, /dar ûf hete er dehein ahte.*"[696] Parzival erkennt seinen Albtraum[697] nach seinem Frageversäumnis auf der Gralsburg nicht als zukunftsweisend an.[698]

KONRAD VON WÜRZBURG entlarvt den Traumglauben des Propheten Helenus nicht nur als *lachenie*, sondern als Zauberei und macht diesen als Altweiberaberglauben lächerlich, der einem Ritter schlecht ansteht:

---

693 Aus der spätantiken Trojatradition stammt der Fackeltraum. Kern vermutet eine Analogie zum Laios-Orakel, die zur Aussetzung des Ödipus geführt hatte. Kern, Hecuba (2003) S. 278–281 hier. S. 280 In einer Judaslegende träumt seine Mutter von einer Fackel, die aus ihrem Körper kommt und Judäa und Galiläa verbrennt. Ebenso der Drachentraum Artus' im *Prosa-Lancelot* II 599, 18–600, 8; 601, 8–15 u.ö. siehe Speckenbach, von den troimen (1976) S. 169–204, hier S. 188–192 und ders., Träume im Lancelot-Gral-Zyklus (1985). S. 316–356, hier S. 327–334.

694 In der *Saga von Halfdan* träumt Königin Ragnhild, dass sie einen Dorn herauszieht, der ein großer Baum wird, so kündigt sich ihr die Geburt des Harald an. In der *Hardarsaga Grimkelssonar* träumt Signy, dass ein Baum aus ihrem Bett wachse und sie bekommt einen Heldensohn, Ähnliches träumt sie vor der Geburt ihrer Tochter. Prophetische Träume vor der Geburt eines Heiligen sind vor allem in der hagiografischen Literatur topisch. Vgl. Dinzelbacher, Körperliche und seelische Vorbedingungen (1983) S. 79; bedeutsam erscheint, dass bei Matthäus nicht Maria Empfängerin der vorausdeutenden Geburt des Erlösers ist, sondern Joseph, während in heidnischen Vorankündigungen oft Frauen Traumempfängerinnen sind, so Olympias oder auch die Mutter des Perikles, Mutter und Vater des Kaisers Augustus u.a.

695 Z.B. *Mot. M 369.7. Prophecy of birth of children.*

696 8126–8127; Ebenso im Rolandslied (Ausgabe Wapnewski 1967) 7463; im Nibelungenlied macht Hagen Uotes Traum verächtlich (Ausgabe Batts 1971) 1510, 1–4.

697 Zum Albtraum und dessen antike und mittelalterliche Interpretamente vgl. meinen Aufsatz Alb – Buhlteufel – Vampirin und die Geschlechter und Traumtheorien des 19. Jahrhunderts zum Kongress magia posthuma im Druck. Vgl. www.kakanien.ac.at/beitr/vamp/tuczay.

698 Parzival (Ausgabe Bartsch 1932) 245,9–23.

D. Intuitive Wahrsagung: Visionsorakel

> *Wer sollte an riters muote*
> *Sîn durch phaffen tröume laz?*
> *Manheit stât werden mannen baz*
> *Danne ein gar verzagter lîp.*
> *An tröume sol ein altez wîp*
> *Gelouben unde ein ritter niht.*[699]

Im Traumgedicht WALTHERs bestehen verschiedene Verknüpfungen mit Divinationsmethoden, die, wie z.B. die Krähe als augurialer Vogel und die Handlesekunst, kritisch hinterfragt werden. Die divinatorische Relevanz alter Frauen im Mittelalter, die diese noch nicht a priori in den Geruch der Hexerei brachten, hat schon GRIMM in seiner *Mythologie* als gemeingermanischen Bestandteil des Volksglaubens eingestuft.[700] Diese Anreicherung mit divinatorischen Assoziationen und Signifkationsfeldern weist auch auf die auf den ersten Blick sinnfreie Aussage der Frau „*zwên und einer daz sint drî*", nach GRIMM ein Hinweis auf die in Dreizahl auftretenden Schicksalsgöttinnen. Die schon bei ARTEMIDOR[701] und CICERO belegte Kritik der professionellen Deuter gegenüber dilettierenden Scharlatanen könnte auch der Hintergrund von WALTHERs Darstellung sein. Es besteht außerdem noch die Möglichkeit, dass es sich um ein *visum* handelt, dann fehlt aber die Wahrheitsbeglaubigung, oder aber es geht um ein *insomnium*, also ohne Zukunftsrelevanz. Diese Zweifel soll die alte Frau mit einer Zuordnung des Trauminhaltes ausräumen. Diese greift mit ihrer Deutung zwar auf die dafür relevanten Kategorien zurück, vergisst aber die bei ARTEMIDOR aufgelisteten Kriterien für seriöse Traumdeutung, nämlich nach dem beruflichen Hintergrund, Herkunft, Lebensumständen des Träumers zu fragen. Daher greift ihre Deutung zu kurz und die durchaus legitime Einbeziehung anderer Divinationsarten in die Traumdeutung, wie die Geomantie, wirken nicht erhellend. Die Deutung des WALTHERschen lyrischen Ich hat nicht nur dieses, sondern vielfach auch die Forschung ratlos zurückgelassen.[702]

Die Geringschätzung alter Frauen als Traumdeuterinnen nimmt vom 14. Jahrhundert an rapide zu.[703] Der tendenziell superstitionenkritisch eingestellte STRICKER lässt den armen König dem reichen wie folgt Paroli bieten:

---

699 Konrad von Würzburg, Der Trojanische Krieg (Ausgabe Keller 1858) VV. 19180–19185.
700 Grimm, Deutsche Mythologie (1870/1968) II 868ff.
701 Dazu vgl. Walde, Traumdarstellungen (2001) S. 13.
702 Vgl. Küsters mit Besprechung der jüngeren Literatur: ‚Waz der troum bediute'. Glückszeichen und Glücksvorstellungen in Walthers Traumballade L. 94,11 (1989) S. 341–362; Ausführlich Haag, Traum und Traumdeutung in mittelhochdeutscher Literatur (2003) S. 111–198.
703 Vgl. dazu die Ausführungen von Haag, Traum und Traumdeutung (2003) S. 133f.

Welt ir grozze richeit mit iwern troumen bejagen, so sult irs alten wiben sagen; die sagen iu wærlichen, daz ir sælich unde riche werdet und dar zu alt. Der frum ist danne trivalt.[704]

Der recht deutliche Traum des Marjodo im *Tristan*[705] GOTTFRIEDS (VV. 13512–13536) läßt diesen sich auf die Suche nach Tristan begeben, den er im Bett der Königin findet und somit den Eber im Traum mit dem Ehebrecher Tristan identifiziert. Dieser vorausdeutende Taum enthüllt sich unmittelbar als Wahrtraum, auch die weiteren Details der Traumerzählung sind stimmig. Niemand stellt sich dem starken Eber in den Weg dessen Wüten Unheil über den Hof bringt. Der Traum Marjodos zeigt ihm das Geheimnis einer vorher verborgenen Facette der Realität und wirkt handlungsauslösend. Traumbild und Realität verschmelzen in Marjodos Bewusstsein. Der Eber im Traum weist klar auf Tristan, der den Eber als Wappentier führt, zudem vom christlichen Symbolgehalt her ebenfalls auf das Verhalten der Zuchtlosigkeit des besten Ritters.[706]

WERNHER DER GÄRTNER nimmt in seinem bäuerlichen Sozialdrama *Helmbrecht*[707] recht deutlich für den prophetischen Traum Stellung, indem er geschickt die unterschiedlichen Deutungen von Vater und Sohn konterkariert. Im ersten Traum sieht der Meier Helmbrecht der Vater seinen Sohn mit zwei hellen Lichtern in der Hand, die das ganze Land erhellen. Der Vater deutet den Traum als eine vorausgesagte Erblindung des Sohnes, da er schon einmal einen solchen Wahrtraum hatte. (V. 589) Die Reaktion des Sohnes scheint typisch für seinen neuen Status, tut er doch die echte Besorgnis seines Vaters als abergläubisches Ammenmärchen ab.[708] Der zweite drastischere Verstümmelungstraum, – dem Sohn fehlen ein Arm und ein Fuß, – deutet der Vater als Strafe für ein Eigentumsvergehen, Raub und Diebstahl (siehe Laurin, der diese Strafe allen „Übertretern" seiner gesetzten Grenzen androht). Da der Vater mit des Sohnes Skepsis rechnet, rät er ihm, (professionelle?) Traumdeuter aufzusuchen, „*wîse liute*", die über Deutungen Bescheid wüssten. Auch das schlägt der Sohn aus und kontert mit der schon in der Antike bekannten Deutung, den Trauminhalt auf sein Gegenteil zu verkehren, nicht Unheil, sondern „*sælde unde heil*" werde er davon haben (V. 601). Hier tut der Sohn den Traum

---

704 Stricker (Ausgabe Moelleken 1974) Nr. 38, 150–158.
705 2 Bde Ausgabe Bechstein 1978.
706 In seinem Tristan-Kommentar führt Krohn das Eberbild nicht auf christliche Symbol, sondern als Träger einer deutlichen Sexualsymbolik Bd. 3, S. 199; Vgl auch Kontexte mittelalterlicher Träume (1998) S.298–314, hier S. 309–311.
707 Ausgabe Panzer 1965.
708 Seelbach hat dieses Übersehen und Negieren der väterlichen Deutung als Verblendung verstanden, die Helmbrecht in seiner Seelenblindheit sein zukünftiges Schicksal nicht erkennen lässt. Seelbach, Kommentar zum „Helmbrecht (1987) S. 99; ebenso urteilt LeGoff, Phantasie und Realität des Mittelalters (1990) S. 327

nicht mehr ab, sondern versucht sich selbst als Deuter. Als der Scharfrichter ihm die Augen aussticht und Hand und Fuß abschlägt, erfüllen sich die Träume (VV. 1687–1691) nicht nur als Strafe für seine Verbrechen, sondern auch wegen seines Vergehens gegen das vierte Gebot,[709] die Wahrträume sehen die tatsächlichen Gerichtsurteile voraus. Ganz traditionell wird Gott als Eingeber des Wahrtraumes genannt als der Strafende (VV. 1639ff.). Der direkte Eingriff Gottes in die Handlung wird an mehreren Stellen demonstriert (1614ff.): Gott verleiht den Schergen magische Kräfte, als sein verlängerter Arm können sie blenden, denn den Verbrechern wird beim Anblick der Schergen schwarz vor Augen und sie werden wehrlos, so wie es der alte Meier Helmbrecht vorausgesehen hatte.

Der dritte Traum des Vaters, ein Flugtraum, darf ganz aus dem belehrenden Kontext heraus gelesen werden. Während ein Flugtraum oft sogar einen Jenseitstraum[710] bedeuten kann, wird hier wörtlich auf die Selbstüberhebung, die *superbia*[711] des jungen Helmbrecht Bezug genommen. Die positive Deutung des Sohnes hinterfragt er: „*sol dir der truom guot sîn?*" (V. 609) Den vierten Traum, den Höhepunkt der Traum- und der eigentlichen Erzählung, kommentiert der Vater schon in der Nacherzählung mit häufigem „*owê*" (VV. 629, 630, 631). Dieser stellt den letzten Versuch des Meiers dar, den Sohn von der düsteren Prophezeiung, von den Warnungen vor Gottes Strafe, die im Traum überdeutlich ausgesprochen werden, zu überzeugen und ihn so zur Umkehr zu bewegen. Zudem enthüllt der Traum auch die schändliche Gegenwart, das Räubergewerbe des Sohnes. Auch hier verstärkt das Unheiltier Rabe die besondere Wertigkeit. Wiewohl der Sohn hier nicht mehr die Deutung des Vaters positiv wendet, hört er nicht auf die warnende Stimme.[712] Zusammenfassend ist zu den Helmbrecht-Träumen festzuhalten, dass unterschiedliche Traumdiskurse erkennbar sind, einerseits eine „Demokratisierungstendenz"[713], was den Traumdeuter und gleichzeitig Träumer betrifft, denn Bauern fungieren normalerweise weder als Deuter noch als Träumer. Der Verweis auf kluge Traumdeuter darf wohl als korrektes Verhalten des alten Bauern wahrgenommen werden, der auch hier innerhalb seiner vorgegebenen Grenzen bleiben will.[714] Die Traumtypen selbst sind als allegorisch und die übrigen als reale

---

709 Menke, Recht und Ordo-Gedanke (1993) S. 244.
710 Vgl. Speckenbach, Flugträume im Mittelalter (2001) S. 66–82.
711 Seelbach, Kommentare zum „Helmbrecht" (1987) S. 99ff sieht erst hier die Vorausdeutung der Strafe des Handverlustes. Vgl. Speckenbach, Kontexte mittelalterlicher Träume (1998) S. 298–314, hier S. 307–309.
712 *Ob dir nû, vater, wizze Krist, / troumte allez daz der ist, /beide über unde guot / ich geläze nimmer mînen muot/hinnen unz an mînen tôt.* (VV. 635–639).
713 Le Goff, Phantasie und Realität des Mittelalters (1985) S. 323–338, hier S. 325.
714 Das in Traum- und Visionsliteratur gängige Muster, dass sich Warnerträume auf den Träumenden selbst beziehen, wird hier zugunsten der vom Dichter intendierten Figuren-

(bei ARTEMIDOR klare) Träume auszumachen, die sich auch ebenso wie in der Traumgeschichte bewahrheiten. Der allegorische Traum erscheint zwar auf den ersten Blick verschlüsselt, doch argumentiert der alte Bauer mit einem analogen Traumgesicht, bei dem die Verschlüsselung auf Erblinden gedeutet hatte und diese auch im Falle seines Sohnes genauso wieder eintrifft. Der junge Helmbrecht hatte wohl von der Antinomie als Deutungsoption gehört und führt diese wiederholt ins Treffen.

Wiederholt hat man beim *Nibelungenlied* eine gewisse misogyne Tendenz ausmachen wollen, die von der Forschung auch auf die Träume bezogen wurde, die jeweils deutliche Warnerträume sind, von den betreffenden und betroffenen Männern aber ignoriert werden.[715] Kriemhild hat gleich zu Beginn den berühmten Falkentraum, vorausdeutend auf Siegfrieds Tod, Ute deutet den Traum auch richtig als Siegfrieds Gefährdung, was unterschiedliche Handlungen bei Kriemhild auslöst. Sie will vermeiden, dass ihr zukünftiger Geliebter stirbt und entsagt sogleich der Liebe, doch ihre Brüder hatten anderes beschlossen. Ein weiteres Mal versucht sie, die Prophezeiung abzuwenden und führt umso sicherer Siegfrieds Untergang herbei. Auch der zweite Traum, den sie bereits als Gemahlin Siegfrieds träumt, warnt vor dem Hinterhalt, zwei wilde Schweine jagen ihn und stellen ihn, das Gras färbt sich rot. Siegfried unterlässt es, den Traum seiner Frau überhaupt deuten zu wollen, sondern tut ihn als einfachen Albtraum ab. Auch den dritten, kurz vor seinem Tod, in dem zwei Berge auf ihn stürzen und er verschwindet, beachtet er nicht. Hier übernimmt der Erzähler die Voraussage, dass der Traum auch tatsächlich eintrifft (868). Ebenso wie der alte Helmbrecht versucht auch Kriemhild, ihre Deutung als Warnung an den betroffenen Mann zu bringen, aber im Unterschied zum alten Meier setzt sie auch Handlungen, um die Botschaft der Traumerzählung zu verhindern. Auch Herzeloyde unternimmt den Versuch nach ihren verstörenden Träumen, in welchen es um Gachmuret und um Parzival geht. In diesem Zusammenhang hat EHRISMANN von einer „Differenz zwischen (magischem) Wissen und aktueller Hoffnung"[716] gesprochen, sodass Herzeloyde

---

konstellation durchbrochen, die den Vater als *„zentralen Konfliktpartner Helmbrechts im epischen Geschehen und als den weltanschaulichen Opponenten gegen die von der zentralen Figur vertretene Haltung gegenüber der Gesellschaft"* vorführt. Vgl. Göhler, Konflikt und Figurengestaltung im „Helmbrecht"(1983) S. 391.

715 Im Unterschied zu der Haltung der Männer der Antike, die durchaus auch vorausdeutenden Träumen ihrer Frauen Gehör schenkten. Berühmt ist der Traum der Calpurnia vor Cäsars Ermordung, mit dem sie ihn warnen lässt. Zu den Träumen im Nibelungenlied vgl. Speckenbach, Kontexte mittelalterlicher Träume (1998) S. 298–314, hier S. 305–307.

716 Zusammenfassung der Deutungen bei Roßkopf, Der Traum Herzeloydes und der Rote Ritter (1972); Ehrismann, Nibelungenlied (1987) S. 110; Classen, Transpositions of dreams to reality in Middle High German narratives (1994) S. 109–120, hier S. 115.

die Voraussage eines Traumes, der ihr ein unabwendbares Schicksal suggeriert, nicht akzeptieren will.

Aber auch durchaus bis heute gültige Anliegen, wie den zukünftigen Partner im Traum zu erblicken, schlagen sich in den literarischen Träumen nieder. Im Märe *Sociabilis* erscheint dem Protagonisten seine zukünftige Frau und gibt ihm genaue Anweisungen, wie er zu ihr gelangen kann (1–149)[717], ebenso sieht Iblis im Traum ihr Zusammentreffen mit Lanzelot im gleichnamigen Roman ULRICHS VON ZATZEKHOVEN voraus (VV. 4215–4406)[718].

Reinfried von Braunschweig[719] hat drei Mal[720] eine Traumvision, die er nicht zuordnen kann. („*Er enwachete noch slief, / wan daz er lac in twalmes art.*" – VV. 13215–13216 und „*Waz sol dirre mære sîn / die ich in troume hân gesehen? / Ald ist ez wachende beschehen?*" – VV. 13336–13338). Seine Furcht vor – diabolischer? – Täuschung („*nein ich hœr die wîsen jehen / daz tröume dicke triegen/ und trugenlîche liegen: / sus hânt sî ouch getrogen mich.*" – VV. 13422–13425) lässt ihn aber zum Gebet Zuflucht nehmen, worauf ihm dann die Jungfrau mit dem Kind ein drittes Mal erscheint. Zudem sagt sie ihm, dass sie auf sein und seiner Frau wiederholtes Flehen nach einem Kind reagiere und ihm die Gewährung der Bitte in Aussicht stellt, wenn er ins heilige Land zieht, was er auch gelobt. Gleichzeitig hat Yrkane einen verstörenden Falkentraum. Sie zieht einen Falken auf, der, von zwei Adlern bedrängt und verfolgt, fliehen kann. Yrkane fürchtet, dass der Falke nicht mehr lebt und beginnt im Schlaf um sich zu schlagen. Reinfried weckt sie und fragt nach ihrem Traum und deutet ihn („*alsam Josêp tet Salamôn / als Daniêl tet sicher schon*[...] *dem künic Nabuchodonosor.*" – VV. 13691–13694). Der Falke wäre er selbst, führt er aus, und ihrer beider Kinderwunsch würde unter der Bedingung der Jerusalemfahrt und des Heidenkampfes gewährt.

Das zu beobachtende Disambiguitätsstreben der theologischen Traumdiskussion schlägt sich vor allem in jenen Werken nieder, welche die Diskurse um den geistlichen oder weltlichen Rollenentwurf des ritterlichen Helden verarbeitet haben.[721] Bei den 28 Träumen im *Prosa-Lance-*

---

717 Ausgabe von Keller 1855.
718 Ausgabe Hahn 1965.
719 Ausgabe Bartsch 1871.
720 Das wiederholte Auftreten derselben Träume gehört in die Großgruppe der sog. „Doppelträume", bei welchen verschiedene Personen ergänzende oder aber auch zusammenwirkende Träume haben. Vgl. Wikenhauser, Doppelträume in: biblica 29 (1948) S. 100–111 zit. n. Frenschkowski, Traum und Traumdeutung im Matthäusevangelium (1998) S. 34 a. 141 u. S. 34–39.
721 Es ist Speckenbachs Verdienst, auf die verschlungenen Traumhandlungen und unterschiedlichen Traumdiskurse im *Prosa-Lancelot* in der französischen und deutschen Fassung aufmerksam gemacht und damit diesen sicherlich noch lange nicht überforschten nachklassischen Artusroman in den Fokus der Forschung gerückt zu haben. Speckenbach, Handlungs- und Traumallegortese in der ‚Gral-Queste'. (1979) S. 219–242; ders.,

lot[722] handelt es sich um allegorische und theorematische Traumvisionen, die ganz konventionell ausnahmslos wichtige hochstehende Persönlichkeiten betreffen. Diese sonst hauptsächlich für das Genre der Legenden belegten Gesichte enthalten Aufforderungen und warnende Unterweisungen, während die inhaltlich rätselhaften allegorischen Träume sich meist auf die Zukunft beziehen und die Deutungsproblematik nicht nur detailliert erörtern, sondern auch ein stilistisches und handlungskonstitutives Element darstellen. Überhaupt könnte man besonders im *Lancelot*-Text von einem „Schwanken zwischen Signifikant und Signifikat"[723] sprechen, denn die zu beobachtende dichte Signifikanz scheint sich immer wieder einer Reduktion auf ihre Tropik zu widersetzen. Der Dichter spielt mit offenbarer Freude alle traummantischen Diskurse durch, um dann bei der finalen Deutung sogar zu einem magischen Verfahren zu wechseln. Bei den vielen Traumhandlungen und ihrem langwierigen Weg zu Deutung und Erfüllung liegt deren Wirkung nicht im Symbolcharakter des Traumzeichens, sondern in den Zeichen selbst. Diese „*müssen ein Mehr an Bedeutungen aufnehmen, um das Futurale nicht nur zu bezeichnen, sondern in ihm selbst noch zu gelten, und zwar für die konkreten Fälle der jeweiligen Deutung.*"[724] Nur einer der (überwiegend) allegorischen Träume ist ein *schalckhafter troum* (I 593, 26ff.), durch Morganes Magie verursacht und deshalb nicht als genuiner Wahrtraum einzustufen, gleichwohl beeinflusst dieser die Handlung und wird ebenso in der Form der Allegorese ausgedeutet und enthält religiös-didaktische Züge.

Artus träumt an drei Nächten, dass er seine Haare, Finger und Zehen verloren habe. Erschrocken beruft er Experten ein, und fordert ihre Deutung ein, ohne die sie Kamalot nicht verlassen dürfen. Diese weissagen dem König Ansehensminderung und Verlust seines Reiches, es sei denn, er erhält die Hilfe der „*waßerlueffe unde der arczat an arczenye bim ride von der blůmen helfen werden*" (I 224, 1f.) Was diese Aussage bedeutet, können die weltverhafteten Weisen aber selbst nicht herausfinden und so beruft Artus einen elften, spirituell hochstehenden Mann, der Artus an sein sündiges Weltleben gemahnt. Auch die zwei Träume Galahots, bzw. ein Doppeltraum, die den drei Artusträumen gegenüberstehen, brauchen einen komplizierten Deutungsprozess, da die Deutung erst von einem letzten Experten über eine Beschwörung geleistet werden kann, der auf diesem Wege Galahots baldigen Tod voraussagt.

Träume im Lancelot-Gral-Zyklus (1985) S. 316–356, hier S. 320f. Daran anschließend Fuchs-Jolie, Bedeutungssuggestion und Phantastik der Träume im Prosa-Lancelot (2003) S. 313–340.
722 Ausgabe Kluge I–III (1948/1963/1967).
723 Heise, Traumdiskurse (1989) S. 66.
724 Ibid.

In einem Albtraum sieht Ginover Lancelots Betrug mit einer Jungfrau, im Traum stellt sie Lancelot zur Rede, der aber angibt, nichts von der Jungfrau zu wissen. Ginover glaubt ihm nicht und schickt ihn weg (II 227). Auch hier handelt es sich um einen Doppeltraum, denn gleichzeitig träumt Lancelot durch Morganas Trank einen *schalckhaften Traum* (II 238 18–21). Wiewohl SPECKENBACH diesen Traum als Leibreiztraum und nicht als Wahrtraum einstuft, hat er eine Erfüllungsfunktion. Er schließt daraus, dass die Dichtung die drei Traumtypen bedeutungslos, theorematisch, allegorisch je nach Belieben verwendet. Die Interdiskursivität einerseits und die in der Figurenrede antizipierte Suprematie des geistlichen Lebensentwurfs vor dem ritterlichen bestätigen u.a. die von SPECKENBACH akribisch analysierten allegorischen Träume Lancelots und Galahots und untermauern die These einer zunehmenden Spiritualisierung im nachklassischen Roman.[725]

Die Träume der altnordischen Literatur gliedern sich vom Inhalt her in Wahrträume, Warnträume, Mitteilungsträume und Befehlsträume[726] (absteigend angegeben in der Häufigkeit ihres Auftretens), die zukünftige Geschehnisse in der Form des *oraculum*s, seltener des enigmatischen *somnium*s ankündigen. Die Träume sind meist Vorankündigungen unheilvoller, selten freudvoller Ereignisse. Mit dem Schicksalsglauben in Einklang können weder die Träumenden noch deren Umgebung das Unglück abwenden, wiewohl in manchen Fällen durchaus der Versuch unternommen wird. Dazu gehören die vier Träume der Guðrun Ósvifursdóttirs der *Laxdœla saga*. Gestur Oddleifsson deutet ihre Träume, die auch alle eintreffen, sie heiratet viermal und ihre Ehemänner ereilt der Tod. Sie ändert ihr Verhalten nicht. In der *Gisla saga* verschweigt Gisla den Inhalt seiner Träume, um die Erfüllung zu verhindern. Der Inhalt der Träume wird vorerst nicht erzählt, aber als Spannungselement eingebaut, ebenso in der *Fljótsdœla saga*, in der der Träumer eine entführte Frau sieht und diese befreien kann.

Anders geartet sind die Warnträume, die Zukünftiges antizipieren, dieses muss aber nicht eintreten, bzw. können Vorkehrungen getroffen werden, so dass der Träumende nicht zu Schaden kommt. Sowohl bei den vorangekündigten als auch bei den Warnträumen handelt es sich meist um ein deutliches *oraculum*, die Botschaft wird also ohne Ausdeutung verstanden. Bei einigen der verschlüsselten Warnträume werden Deuter herangezogen. Ein dritter Traumtypus stellt die kleinste Gruppe der Traumcorpora, in welcher der Träumende einen Rat erhält, oder aber ihm Verborgenes aufgeklärt wird,

---

725 Vgl. dazu Haug, Das erotische und religiöse Konzept des Prosalancelot (2007) S. 249–267; Waltenberger, Das große Herz der Erzählung (1999) S. 121–132.
726 Vgl. Gropper, Wenn Träume wahr werden (2010) Traumregister S. 92–106; Vgl. die ältere aber ausführliche Analyse der *Slendinga Saga*: Gendinning, Träume und Vorbedeutung in der Islendinga Saga Sturla Thordarsons (1974).

so erfährt beispielsweise in der *Brennu-Njáls saga* der Gastgeber die Identität seiner unbekannten Gäste.

Die Diskussion um die Rezeption der Traumbücher in der mittelalterlichen Literatur kann nicht pauschal beantwortet, sondern muss je nach Traumbuchtypus gestellt werden. SPECKENBACH konstatiert, abgesehen von einzelnen Traumbildern, keinerlei nachweisbaren Einfluss des *Somnium Danielis* auf die mittelhochdeutsche Literatur, dessen Einwirkung auf die nordische Literatur aber schon früh angenommen, aber ebenfalls kontrovers diskutiert wurde.[727] Die in den Traumbüchern verfügbaren Topoi veranlassten FISCHER, eine Rezeption des MACROBIUS, aber nicht der Traumbücher anzusetzen, eine direkte Einflussnahme lässt sich wegen der späten Abfassungszeit der deutschen Texte freilich schwer nachweisen.[728]

So resümiert Speckenbach abschließend: „*Die starre Mechanik der Traumbuchdeutungen steht gegen die lebendige Bildlichkeit sowohl eines wirklichen Traumes wie des gedichteten. Anders als der wirkliche gehorcht der fiktive Traum literarischen Gesetzmäßigkeiten und der Manipulation durch den Dichter. Dieser schafft eine Bildersprache, die der Leser (wenn nicht Deutungen unmittelbar erzählt werden) in einem allmählichen Prozeß z.B. durch Anspielungen, nahegelegte Assoziationen, Charakterisierung des Träumers und den Gang der Handlung zu entschlüsseln und in das literarische Beziehungsgeflecht einzuordnen versteht. Die singulären Traumbuchdeutungen müßten also verarbeitet und im Literarisierungsprozeß umgewandelt und den künstlerischen Absichten angepaßt werden, sodaß etwas Neues, dem Traumbuch ganz Entfremdetes entstände.*"[729]

Die wesentlich flexiblere kontextbezogene Traumdeutung eines ARTEMIDOR und die Möglichkeit einer Rezeption über die bereits erwähnten lateinischen Texte des PASCALI ROMANUS und des LEO TUSCUS schließt SPECKENBACH aber überwiegend aus. Die berechtigten Einwände von HAAG, dass einerseits die Vernetzung lateinischer und volkssprachlicher Texte zu wenig beachtet und andererseits gerade die konstatierte Starre und Beziehungslosigkeit der Traumbuchdeutungen in der Literatur durchaus zum Thema werden können,[730] eröffnen vielversprechende Forschungsanstöße, welchen ich hier im Rahmen dieser Studie nur kursorisch nachgehen konnte. Abgesehen von der Problematik der strittigen Interdependenzen zwischen systematischen Traumdeutungen der Traumbücher und Laiendeutungen lassen sich in der mittelalterlichen Li-

---

727 Speckenbach, Träume im Lancelot-Gral-Zyklus (1985) S. 316–356, hier. S. 318; Vgl. Önnerfors, Traumbücher (1977) S. 48ff.
728 Siehe dazu ausführlich Palmers/Speckenbach, Die deutschen Traumbücher des Mittelalters (1990) S. 207. Und zu Speckenbachs These vgl. Haag, Traum und Traumdeutung (2009) S. 160 Anm. 664.
729 Palmers/Speckenbach, Die deutschen Traumbücher des Mittelalters (1990) S. 209.
730 Vgl. Haag, Traum und Traumdeutung (2009) S. 45, Anm. 148.

teratur unterschiedliche Diskurse zu Träumen und ihren Deutungen nachweisen, zudem finden vereinzelt, Traum(deute)bücher Erwähnung. Die in den geschilderten Romanen extrem lange Konsultation der Traumbücher scheint vordergründig gegen ein alphabetisch geordnetes Traumbuch, auch gegen die Verwendung von Lunaren, Losbüchern usw. zu sprechen, rechnet aber vielleicht mit einer zumindest zweifelhaften Abbildung von historischer Praxis in der Literatur. Auch dass die theologischen Diskurse um göttlichen oder teuflischen Ursprung der (Wahr-)Träume keinerlei Niederschlag in der Literatur gefunden hätten, dürfte nicht zu halten sein.[731]

4. Vorahnungen

Die Tatsache, dass z.B. Tiere Katastrophen vorausahnen, haben schon die Neoplatonisten mit dem Konzept der Sympathie in Verbindung gebracht. Die unteren Dinge stehen mit den oberen in Verbindung, weshalb auch die Tiere[732] mit den himmlischen Körpern harmonieren. Man muss in Betrachtung ziehen, welche Tiere welchen Planeten entsprechen.[733] So werden alle Vögel, welche Saturn Mars zugehören, als Tod und Unglück voraussagend bezeichnet, ebenso Eulen und Käuzchen. Die Vorahnung gilt als Vorstufe zur Seherbegabung, die Hierarchie sieht folgendermaßen aus:

1. Vorahnung
2. Vorspuk
3. Prophetie

Die Hauptinhalte der Vorahnung, wie Unglücksfälle, Katastrophen und Todesfälle, betreffen meist den Vorahner selbst, höchstens noch diesem Nahestehende. Vorahnungen, so nehme ich an, sind den meisten Menschen geläufig, werden aber erst dann Gegenstand einer textuellen Überlieferung, wenn sie sich erfüllen.[734]. Eine Art Vorahnung kann jeder erleben. Der sog. Vorspuk liegt jenseits jeder realen Wirklichkeit, während die Vorankündigung der realen Welt angehört. Diese Zeichen erscheinen ohne Vorankündigung des Empfängers, während sie bei den Augurien gesucht werden. Beim Vorgeschehen liegt es an der Deutefähigkeit des betreffenden Menschen, die Vorbedeutung ist dem Sprechen und Hören einer fremden Sprache, deren Sinn dem Hörer nur intuitiv erschließbar ist, vergleichbar.

---

[731] Ich beziehe mich auf den Aufsatz Speckenbach, Träume im Lancelot-Gral-Zyklus (1985) S. 316–356 hier S. 317 und zu den theologischen Diskursen S. 312.
[732] Obwohl gerade die „*Beschäftigung mit der Zukunft*" den Menschen vom Tier unterscheidet. Vgl. Störmer-Caysa, Grundstrukturen mittelalterlichen Erzählens (2007) S. 157.
[733] Agrippa von Nettesheim, Die magischen Werke (Ausgabe Frenschkowski 2008) I 261ff.
[734] Manche Familien erscheinen besonders disponiert wie z.B. Völsungen.

Wer ist der Sender von Vorzeichen, wer der Empfänger? Empfänger kann wohl jeder sein. Nach interkultureller Übereinkunft handelt es sich beim Sender um eine geheimnisvolle höhere Macht, die die Menschen das betreffende Zeichen wahrnehmen lässt.

> *Nû kam mîn her Îwein*
> *In einen seneden gedanc:*
> *Er gedâhte, daz twelen wær ze lanc,*
> *daz er von sînem wîbe tete:*
> *ir gebot unde ir bete*
> *diu heter übergangen.*
> *Sîn herze wart bevangen*
> *Mit senlîcher triuwe.*
> *In begreif ein selch riuwe*
> *Daz er sîn selbes vergaz*
> *Und allez sîgende saz.*
> *Er überhôrte und übersach*
> *Swaz man dâ tete unde sprach,*
> *als er ein tôre wære.*
> *Ouch nâhten im bœseiu mære.*
> *Im wîssagete sîn muot,*
> *als er mir selbem ofte tuot:*
> *ich siufte, sô ich vrô bin,*
> *mînen künftegen ungewin:*
> *sus nâhrte im sîn leit.* (VV. 3082–3101)

Im *Prosa-Lancelot* hat Ginover eine Vorahnung, dass sie ihren Gemahl nicht mehr wiedersehen wird.

> *Da er in das Schiff solt gan, da begunde die koniginne großen jamer zu stellen und sprach allschryende da sie der konig küßen solt. ‚Herre, unser herre got muß uch geleyten dar da ir nů hin farent und muß uch herwiedder senden umb sin milte barmherzikeit gesundt und byderbe. Wann sicher, ich hatte nye größer sorg um uch dann ich iczunt han um uwer faren und umb uwer wieddderkomen. Wie es mit dem wiedderkomen sy, myn hercz saget mir das ich uch nümmer me gesehen noch ir mich, des förchten ich in allem mynen herzcen.*'[735]

Bei den Vorahnungen als literarischem Motiv gelten dieselben Bedenken wie bei allen Vereinnahmungen von historisch-authentischen Erfahrungen durch die Literatur. Oft fungiert eine durchaus nachzuvollziehende Erfahrung als Verstärkung des Handlungsmusters. Im genannten Beispiel handelt es sich ohnehin um eine durch besondere Emotionalität charakterisierte Dichtung.[736]

---

735 Prosa-Lancelot (Ausgabe Kluge 1974) III S. 630.
736 Da wir bei der Erstellung des Motiv-Index einerseits ohnehin nur auf Prophezeiungen geachtet haben, da diese auch im Thompson Schema numerisch eingeordnet sind, und wir andererseits nicht gerade auf eine große Häufung von „Vorahnungen" gestoßen sind –

5. Nekromantie – Das Totenorakel

Auch wirt ungelaub do mit pewert,
das man eins toten sel peswert
und czwinget, das sy hin wider vert
und sagt, wie ir peschichte. (VV. 92 – 95) MICHEL BEHEIM[737]

Nekromantie, von griech. *Nekrós* „tot" bzw. „Toter" abgeleitet, bezeichnet die Totenbefragung, aber auch Totenbeschwörung. Es ist anzunehmen, dass die Totenbeschwörung und die daran geknüpften Rituale bereits in vorhomerischer Zeit praktiziert worden sind, doch fehlen jegliche Aufzeichnungen darüber. Eine Geschichte der griechischen *Nekromantie* beginnt daher mit HOMER. In diesen Zusammenhang gehört eine Szene der *Ilias*, die das Begräbnis für Patroclus beschreibt: Tiere werden geschlachtet, das Blut auf die Erde rund um die Bahre gegossen und der Geist des Patroclus erscheint und stellt sich zu Achilles' Kopf, als dieser schläft und gibt ihm Anweisungen, was geschehen soll. (23, 59–108).

Die *Odyssee* ist ein traditionelles Gedicht, das seine endgültige Form um 700–650 v. Chr. bzw. je nach Datierung im 13./12. Jahrhundert v. Chr. erhielt. In *Nekuia* Buch 11 gräbt Odysseus auf Circes Anweisung eine Grube und tränkt diese mit einer Mischung aus Milch und Honig, einem süßen Wien und schüttet Wasser hinzu. Als Letztes streut er Gerste darüber. Er betet zu den Toten und verspricht ihnen ein Opfer bei seiner Rückkehr. Dem Geist des Propheten Teiresias verspricht er das spezielle Opfer eines schwarzen Widders. Mit seinem Bronzeschwert schneidet er die Kehlen von zwei schwarzen Schafen, weiblich und männlich, und lässt deren Blut in Richtung Unterwelt fließen. Die Geister erscheinen. Odysseus, der nur an Teiresias interessiert ist, muss sich anstrengen, die hungrigen Geister zurückzutreiben. Das Blut gibt ihnen die Fähigkeit zu sprechen, was offenbar eine gute Gelegenheit bedeuten würde, eine wichtige Stellung bei den Lebenden zu behaupten. Aber bevor Odysseus mit dem endlich erschienenen Teiresias sprechen kann, wird er unerwartet mit seinem toten jungen Kameraden Elpenor konfrontiert, der ihm aufträgt, sein Begräbnis auszurichten. Diese Szene beeinflusste alle folgenden literarischen Bearbeitungen.[738]

---

sonst hätten wir durchaus eine zusätzliche Motivnummer vergeben –, können tatsächlich einige „Vorahnungen" unbemerkt geblieben sein. Ich werde mich bei Gelegenheit der Thematik in einem Aufsatz nähern.
737 Michel Beheim, Gedichte (Ausgabe Gille 1968–1972) Bd. II, S. 326–330.
738 Aristophanes (450 v. Chr.- 380 v. Chr.) parodiert diese Szene und lässt anstatt des Propheten die Fledermaus Chaerophan erscheinen.

Als ich meine Gebete beendet hatte, nahm ich die Schafe und schnitt ihre Kehlen über einem Gefäß und die Seele des thebanischen Propheten kam mit einem goldenen Zepter oder Stab in der Hand.[739]

Betrachten wir die Voraussetzungen und impliziten Annahmen, die uns die Szene vermittelt, so wäre als Erstes zu nennen, dass die Toten offenbar keine besonderen Kenntnisse besitzen, der Todeszustand also nicht a priori besonderen „Ein- und Ausblick" eröffnet. Deshalb möchte Odysseus auch keine wertvollen Ressourcen mit Unkundigen vertun, sondern mit dem Seher Teiresias sprechen, einem schon bei Lebzeiten anerkannten Experten der Zukunftsschau. Der als Erstes erscheinende Geist des Elpenor wird also ignoriert. Einen ausgebildeten Ritualkundigen braucht Odysseus nicht, da er ohnedies den Anweisungen der kundigen Zauberin Circe folgt. Sie darf man als erste Zauberin mit nekromantischen Kenntnissen bezeichnen; ein Typus, der besonders in der römischen Literatur beliebt war, und in der Nachfolge in der mittelalterlichen.

Das Zeugnis der griechischen Dichter bestätigt, dass an verschiedenen Plätzen Totenorakel existierten. In der archaischen und frühklassischen Periode war das Acheron-Orakel an einem See angesiedelt. Den frühesten und gleichzeitig interessantesten Beleg überliefert HERODOT (490/480 v. Chr. – 424 v. Chr). Er erzählt, dass der korinthische Tyrann Periander seine Frau Melissa beim Acheron beschwor. Die Tragödien des AISCHYLOS (525 v. Chr. – 465 v. Chr.) nehmen in der Geschichte der Nekromantie einen besonderen Stellenwert ein, da er Bedeutung und Umfeld professioneller Nekromanten schildert. Vom 5. Jahrhundert an hören wir von den Goeten, deren Name einerseits mit dem Trauergeschrei und andererseits mit ihren besonderen Fähigkeiten der Totenseelenmanipulation zu tun hat. Die Fragmente des Philosophen EMPEDOKLES (um 495 v. Chr. – 435 v. Chr.) und ein kurzer Hinweis HERODOTs über ARISTEAS VON PROCONNESUS und ZALMAXIS legen nahe, dass die Goeten oder griechische Schamanen[740] im 5. Jahrhundert bereits etabliert waren und hauptsächlich aus der pythagoreischen Schule kamen. Nekromantie passte vortrefflich in das Repertoire dieser Schamanen, welche ihre Seele aussenden konnten, indem sie ihre Körper in einem totenähnlichen Zustand zurückließen. Die Seele hatte so Gelegenheit, in die unterirdischen Gefilde zu wandern. Als PAUSANIAS seinen Griechenlandführer 150 n. Chr. verfasste, war das Totenorakel schon nicht mehr in Funktion.

---

739 Übers. Schadewaldt (1966). Vgl. Giebel, Mythenliteratur in Europa (2006) S. 37–52, hier S. 38–41.

740 Die Schamanendiskussion hat Dodds in seinem bahnbrechenden Werk „The Greeks and the Irrational" begonnen und gehört seitdem zum Erklärungsmuster der antiken Magier, Seher aber auch Nekromanten. Vgl. Luck, Magie (1990) S. 15–21 u.ö. und Ogden, Nekromantie (2010) S. 116–127.

Der einzige Beleg aus dem 5. Jahrhundert ist die Szene in AISCHYLOS' (525 v. Chr. – 456 v. Chr) *Persae*, wo der Geist des verstorbenen Königs Darius beschworen wird, damit er seine Königin berate, was nach Xerxes Verlust der Schlacht zu tun sei.[741] Griechen und Römer haben immer wieder auf die Beziehung der Perser zur Magie hingewiesen, nun erhebt sich die Frage, ob diese Verbindung bereits festgeschrieben oder rein zufällig war. Die hohe Wahrscheinlichkeit, dass eine Tradition existiert hat, legt den Schluss nahe, dass sich die Perser tatsächlich mit Nekromantie beschäftigt haben. Der Beleg PYTHONS VON KATANE in seinem Fragment *Agen* von 326 v. Chr. scheint ebenfalls in diese Richtung zu deuten.

Im 6. Jahrhundert spricht EPHORUS schon von einem in ferner Vergangenheit existierenden Orakel. Das Bild eines an einem See gelegenen Totenorakels lebte in der griechisch-römischen Literatur weiter und es ist anzunehmen, dass diese Erwähnungen bis zu einem gewissen Grad die außerliterarische Realität widerspiegeln.[742]

Die späte klassische Periode überliefert die erstmalige Verbindung der Cumäischen Sibylle in einem nekromantischen Kontext. In der hellenistischen Zeit finden sich wenige Hinweise, allerdings macht die bemerkenswerte Szene in LUCIANS *Menippus* diesen Mangel wieder wett. Menippus wird vom chaldäischen Nekromanten Mithrobarzanes in die Unterwelt geführt, um das Geheimnis des Lebens von Teiresias zu erfahren.

In der Spätphase der römischen Republik belegt ein Zeugnis des Polymaths VARRO (116–27), dass Nekromantie mit „Scrying" bzw. Spiegelmagie assoziiert wurde und hier mit einer speziellen Untergruppe der Lecanomantie oder der Wahrsagung mit Gefäßen (→ siehe oben). Allerdings deuten Sibyllendarstellungen schon auf eine frühere Verknüpfung. Die beliebte, weil leicht zugängliche Divinationsmethode, auf Flüssigkeiten in Gefäßen zu starren und die dort erscheinenden Bilder oder Botschaften zu sehen und zu deuten, bildete weit gefächerte Variationen aus. Manche davon waren explizit nekromantisch.[743] Immer wieder ist auch von einer besonderen Prädisposition im

---

741 Quellensammlung bei Luck, Magie und andere Geheimlehren (1990) S. 223–265 und neuerdings bei Ogden, Magic, witchcraft, Ghosts (2009) S. 179–209; vgl. Ogdens Monographie zur Nekromantie, Greek and Roman Necromancy (2001) dt. Nekromantie: Das antike Wissen über die Totenbeschwörung (2010); Vgl. Harmening, Art. Nekromantie (2005) S. 310–312.
742 Vgl. die Diskussion bei Ogden, Totenorakel in der griechischen Antike (2001) S. 39–59.
743 Hrabanus Maurus behauptet, die Hydromantie diene zur Heraufbeschwörung der Verstorbenen. In: De magicis artibus hg. v. J. P. Migne P. L. 110 Sp. 1098. *Necromantici sunt, quorum praecantationibus videntur resuscitari mortui: divinare, et ad interrogata rependere […] ad quos suscitandos, cadaveri sanguis adjicitur. Nam amare demone sanguinem dicuntur: Ideoque quoties necromantia fit, cruor aquae miscetur, et colore sanguinis facilius provoantur. Hydromantia abaqa dicta. Est enim hydromantia in aquae inspectioneumbras daemonum evocare, et imaginesludificantes eorum videre, inique ab eis aliqua audire: ubiadhibito san-*

jugendlichen Alter die Rede. Knabenmedien zog man besonders gerne heran. Hier ist Lecanomantie mit Lychnomantie verknüpft, eine Methode, die eine Lampe und die Flammenbewegungen einschloss. Letztere hatte ebenfalls mit Nekromantie etwas zu tun. Knabenmedien waren zumindest seit dem 4. Jahrhundert v. Chr. bekannt, der Zeit des ARISTOTELES, dessen Schüler Clearchus sie erwähnt. Unzweifelhaft hatte die Einbindung der Knabenmedien in die nekromantische Methode das Gerücht evoziert, dass Nekromanten Knaben opfern, das besonders im römischen Reich im Umlauf war.

LAKTANZ zählt die Nekromantie wegen der angenommenen Dämonenbeteiligung zu den Teufelskünsten:

Diese Dämonen sind es, von denen die Sterndeutung, die Beobachtung des Vogelfluges und die Opferschau ausgegangen ist: Dinge, die zwar an sich Trug und Täuschung sind, die aber diese Urheber der Übel so zu lenken und zu wenden verstehen, daß sie den Anschein der Wahrheit gewinnen. Diese sind es auch, welche die Blendwerke der Zauberkunst aufgebracht haben, um die Augen der Menschen zu berücken – von ihrem Zauberhauch kommt es, daß das, was wirklich ist, als nicht wirklich, und was nicht ist, als wirklich erscheint –; von ihnen haben die Totenbeschwörungen, die Losstäbchen, die Göttersprüche den Ausgang genommen, durch die sie mit dem Geist der Menschen durch zweideutige Auskünfte in erlogener Weissagung ihr Spiel treiben.[744]

Die Spezialisten der Nekromantie waren die Psychagogen bzw. die Nekromanten.[745] Diese Begriffe verwenden STRABON[746] und später ISIDOR VON SEVILLA. Einen dritten Terminus, *Psychomantis*, mit der Bedeutung Seelenpropheten, verwendet nur HESYCHIOS, der griechische Lexikograf, und erklärt, dass die Zukunft kraft der Weisheit der eigenen Seele enthüllt werde.

CICERO zitiert ein anonymes Fragment über die Geisterbeschwörung bei einem See Avernus in seinen *Tusculum Gesprächen* 44 v. Chr. Von der AUGUSTINischen Periode an finden sich größere nekromantische Szenen in HORAZ (*Satiren* 1. 8 ca. 30 v. Chr.), in VERGIL (*Aeneid* 6, 19 v. Chr.), SENECA (*Oedipus* 13 spätes 80 n. Chr.), STIUS (*Thebaid* 4 ca. 91/2 n. Chr.), SILIUS TALICUS (*Pu-

---

guine, etiam inferi perhibentur suscitari. Zit. n. Harmening, Superstitio (1979) S. 206. Auch Isidor (Etymologie VII, (1911) 9, 11) verwechselt Nekromantie und Hydromantie, ein Fehler, der auf Varro zurückgeht.

744 Laktanz: Divinae institutiones cap. 23, CSEL 19, S. 673–761, hier Epitome divinatiarum institutionum cap. 23 CSEL S. 673f. Des Lucius Caelius Firmianus Lactantius Schriften. Aus dem Lateinischen übersetzt von Aloys Hartl. (Bibliothek der Kirchenväter, 1. Reihe, Band 36) München 1919.

745 Kein Eintrag in Pauly Vgl. Johnston, Restless Dead (1999) S. 82–123; zum terminologischen Feld; vgl. Ogden, Necromancy (2001) S. 23f.

746 Strabon Bd. II (Ausgabe Radt 2002) Buch V, C 244; Bd. I (2002) Opfer der Druiden IV, 4, S. 519: So pflegten sie einen Menschen zum Opfer zu weihen, ihm einen Dolch in den Rücken zu stoßen und aufgrund seiner Zuckungen Wahrsagungen anzustellen (sie opferten nie ohne die Druiden).

nica 13 80 n. Chr.) und in den *Argonautica* 1 ca. 79–95 n. Chr. des VALERIUS FALCCUS.

In HORAZ' Satiren beginnt sich zudem die Tradition der nekromantischen „Hexe" zu entfalten. Es ist anzunehmen, dass er auf ein griechisches Vorbild zurückgriff, doch ist es nicht explizit erhalten. Wahrscheinlich hatte er verschiedene Versatzstücke oder aber er verdichtete unterschiedliche Vorbilder zu seiner Figur. In APOLLONIUS' VON RHODOS (295 v. Chr.–215 v. Chr.) *Argonautica* hatte Medea Jason angewiesen, wie man Hecate in einem nekromantischen Ritual anrufen könne. In dem magiegeschichtlich aufschlussreichen Drama ist auch zum ersten Mal von sogenannten Rache- oder Voodoo-Puppen die Rede, die in einem nekromantischen Ritual eingesetzt werden.[747]

Der wichtigste Text mit nekromantischer Referenz stammt von LUCAN. Er liefert nicht nur ein besonders elaboriertes und unterhaltendes Porträt der Nekromantie, sondern die größte Sensation, indem er die Technik der Reanimation einführt, wie sie von der glorreichen thessalischen Hexe Ericto an dem toten Körper eines pompejanischen Soldaten praktiziert wird. Sie pumpt diesen mit warmem Blut voll, das auch einige mysteriöse magische Ingredienzien enthält. Dann schreit sie unartikuliert und beschwört unterweltliche Mächte. Der Geist erscheint neben dem Körper, will aber nicht sogleich in diesen zurück. Ericto zwingt ihn mit Schlangen und beginnt eine drohende Einbeziehung der unterweltlichen Mächte. Die Wiederbelebung geht nun von statten. Der Körper richtet sich auf und beantwortet die Fragen.

In APULEIUS' *Metamorphosen* ca. 160 n. Chr. und HELIODORUS' *Aethiopica* ist von Reanimation die Rede, ein wichtiges Zwischenglied könnte die Verjüngung des Aesonin durch Medea in OVIDS *Metamorphosen* sein. Inwieweit diese literarischen Belege tatsächliche realiter ausgeführte Methoden widerspiegeln, ist nicht mit Sicherheit zu beantworten. Die griechischen magischen Papyri enthalten eine Reihe von nekromantischen Sprüchen, davon der bedeutendste der *Große Pariser Papyrus PGM IV*.[748] Diese Sprüche sollen Toten-Weissagungen garantieren und an toten Körpern vollzogen worden sein. Einschränkend ist bemerkt worden, dass u. U. nur ein Schädel dazu benützt worden ist.

Einen ebenso schaurigen wie rätselhaften Beleg germanischer Nekromantie überliefert STRABON:

> *Man erzählt von folgender Sitte der Kimbern. Ihre Frauen, die mit in den Krieg zogen, wurden von wahrsagenden grauhaarigen Priesterinnen begleitet, die ein weißes Kleid, darüber einen mit Spangen gehefteten weißen Mantel und einen bronzenen Gurt trugen*

---

747 Der kumulative Hexenbegriff bezieht sich erst auf die spätmittelalterliche Malefica bzw. Malefians. Vgl. Ogden, Binding Spells: Curse tablets and Voodoo dolls (1999) S. 1–90.
748 Vgl. dazu van der Horst, Jews and Christians in their Greco-roman context (2006) S. 269–284.

und barfuß gingen. Diese liefen im Heereslager mit Schwertern bewaffnet den Kriegsgefangenen entgegen, bekränzten sie und führten sie zu einem Bronzekessel, der etwas zwanzig Amphoren maß. Sie hatten einen Tritt, auf den (eine von ihnen) stieg und über dem Kessel jedem einzelnen, während er emporgehoben wurde, die Kehle durchschnitt: aus dem in den Kessel strömenden Blut weissagten sie dann; andere schnitten den Körper auf, beschauten die Eingeweide und verkündeten den Ihren mit lauter Stimme den Sieg.[749]

Dieses ritualisierte Menschenopfer mutet wie eine bei den römischen Legionen in Umlauf befindliche Schauergeschichte an. Der Beleg ist zudem der einzige germanische seiner Art und könnte, wie RADT kommentiert, eher zum keltischen rituellen Brauchtum passen.[750] Außerdem bezeugt die Stelle eine deutliche Spezialisierung in Nekromantinnen und Priesterinnen, die die Zukunft mithilfe der Eingeweide eruieren.

a) Das Totenorakel von Endor

Die berühmte Geschichte der Frau von Endor handelt von der ausweglosen Situation des König Saul, dem der schwierige Kampf gegen die Philister bevorstand. So sehr er sich auch bemühte, mit den gängigen Orakelmethoden, den Gottesbefragungen durch Träume, dem Priesterorakel durch Urim und Thummim (→ siehe oben) den Ausgang der Schlacht zu erfahren, er erhielt keine Antwort. Anstatt die Verweigerung der Antwort als Omen für den negativen Schlachtausgang zu akzeptieren, erinnerte er sich in seiner Verzweiflung an die von ihm selbst verbotene Totenbefragung. In einer dramatischen Aktion verkleidete sich Saul und suchte die letzte Totenbeschwörerin auf, die Frau von Endor, um den Geist des toten Propheten Samuel um Rat zu fragen.

I Samuel 28, 4–25.

Da machte sich Saul unkenntlich, zog andere Kleider an und ging mit zwei Männern zu der Frau. Sie kamen in der Nacht bei der Frau an und er sagte zu ihr: Wahrsage mir durch den Totengeist! Lass für mich den heraufsteigen, den ich dir nenne. [...] Lass Samuel für mich heraufsteigen! Als die Frau Samuel erblickte, schrie sie laut auf und sagte zu Saul: Warum hast du mich getäuscht? Du bist ja Saul! Der König sagte zu ihr: Hab keine Angst! Was siehst du denn? Die Frau antwortete Saul: Ich sehe einen Geist aus der Erde heraufsteigen. Er fragte sie: Wie sieht er aus? Sie antwortete: Ein alter Mann steigt herauf; er ist in einen Mantel gehüllt. Da erkannte Saul, dass es Samuel war. Er verneigte sich mit dem Gesicht zur Erde und warf sich zu Boden. Und Samuel sagte zu Saul: Warum hast du mich aufgestört und mich heraufsteigen lassen? Saul antwortete: Ich bin in großer Bedrängnis. Die Philister führen Krieg gegen mich und Gott ist von

---

749 Strabon, Geographika (Ausgabe Radt 2003) VII, 2 S. 247
750 Radt, Kommentar zu Strabons Geographika (Ausgabe Radt 2007) S. 246; zu den keltischen Menschenopfern vgl. Birkhan, Kelten (1997) S. 801ff

mir gewichen und hat mir keine Antwort mehr gegeben, weder durch die Propheten noch durch die Träume. Darum habe ich dich gerufen, damit du mir sagst, was ich tun soll. Samuel erwiderte: Warum fragst du mich? Der Herr ist doch von dir gewichen und ist dein Feind geworden. Er hat getan, was er durch mich angekündigt hatte: Der Herr hat dir das Königtum aus der Hand gerissen und hat es einem anderen, nämlich David, gegeben. Weil du nicht auf die Stimme des Herrn gehört und seinen glühenden Zorn an Amalek nicht vollstreckt hast, darum hat dir der Herr heute das getan.

Die Beschwörung des toten Samuel hat sowohl von jüdischen als auch christlichen Autoren eine weite Rezeption und Interpretation erfahren.[751] Die Kommentatoren stießen sich vor allem daran, dass die Totenbeschwörerin offenbar Macht über Samuel besaß, da sie ihn auf ihren Befehl hin aus der Totenwelt heraufsteigen ließ. In den *Apokrypha* LAB 64, 1–9 betont Samuel, dass er nicht aufgrund ihrer Wirkmächtigkeit, sondern auf einen schon zu Lebzeiten erfolgten Befehl Gottes aus dem Totenreich gekommen wäre:

Preise dich nicht, König, und auch du Frau. Denn du hast mich nicht aufsteigen lassen, sondern ich bin aufgestiegen durch meine Vorschrift, in der Gott zu mir sagte, als ich noch lebte, dass ich zu dir kommen solle, um dir zu verkünden.[752]

Jedenfalls bedeutet es für die Ideologen des *Deuteronomiums* eine unselige Vermengung.[753] Die klassische Szene Samuel 28, 6ff. enthüllt aber auch die zeitgenössischen Konzepte von Besessenheit, Kommunikation mit den Toten und den Mechanismus der divinatorischen Methode im spätantiken Judentum. Die Nekromantie ist nicht nur nach biblischer Vorgabe, sondern auch nach rabbinischer Überzeugung die verbotene Seite der Mantik nach Leviticus 20,6: *„Gegen einen, der sich an Totenbeschwörer und Wahrsager wendet und sich mit ihnen abgibt, richte ich mein Angesicht und merze ihn aus seinem Volk aus."* Und Lev, 20,27: *„Männer oder Frauen, in denen ein Toten- oder ein Wahrsagegeist ist, sollen mit dem Tod bestraft werden. Man soll sie steinigen, ihr Blut soll auf sie kommen."*

Die Exegese zu Leviticus beschäftigte sich mit dem Wahrsagegeist, der in Anlehnung an die delphische Tradition *Python* genannt wird. Ein Toten-

---

751 Die besondere Betonung der ausweglosen Situation des Saul, der nun zu einem von ihm selbst verbotenen Ritual Zuflucht nimmt, deutet auf die altertümliche canaanitische Praxis der Nekromantie. Vgl. Trencsényi-Waldapfel, Die Hexe von Endor (1961) S. 201–111; Smelik, The witch of Endor (1977) S. 160–179; Schmidt, The Witch of En-Dor (1995) S. 111–129; Adam, „Wendet sich nicht ein Volk an seine Götter" (2004) S. 103–120
752 Liber Antiquitatem Biblicarum (Ausgabe Dietzfelbinger 1979) 64,7.
753 Der Kontakt mit den Toten wird auch in den neu entstandenen Polis der Griechen als befleckend angesehen, eine Vermischung von Göttern, Menschen und Toten, die drei verschiedenen getrennten Bereichen angehören, erzeuge Konfusion und wäre wider der Norm. In der biblischen Tradition wird der spezielle befleckende Status der Toten in den Zeremonien, die außerhalb der heiligen Stätten stattfanden, und den darauf folgenden Reinigungszeremonien reflektiert.

beschwörer ist dadurch gekennzeichnet, dass er den Totengeist durch seinen Geist aufsteigen lässt. In diesem Zusammenhang erwähnt werden auch die Schädelweissagung und die Frage nach dem Unterschied zwischen „Schädelbefragung" und „Geist aufsteigen lassen". Wird der Tote heraufgerufen, steigt er nicht durch den Geist des Rufenden auf, bei der Schädelweissagung schon.

Die biblische Kritik an verbotenen Zauberhandlungen konzentriert sich in der Liste in Deuteronomion 18,9–12:

> *Wenn du in das Land, das der Herr, dein Gott, dir geben wird, kommst, so sollst du nicht lernen, die Gräueltaten dieser Völker nachzuahmen. Unter dir darf niemand gefunden werden, der seinen Sohn oder sein Tochter durchs Feuer gehen lässt, auch keiner, der Wahrsagerei mit Losorakeln oder Zeichendeuterei treibt, kein Beschwörer oder Zauberer, keiner, der Bannungen oder Totenbeschwörungen oder (Toten)Wahrsagerei vornimmt oder die Toten befragt. Denn derjenige, der das tut, ist dem Herrn ein Gräuel, wegen dieser Gräueltaten vertreibt der Herr, dein Gott sie vor dir.*

b) Die mittelalterliche Totenbefragung

> *so sein dann etleiche,*
> *wann si sehen ain leiche,*
> *so raunen si dem totten zue*
> *und sprechen: „nu chum morgen frue*
> *und sag mir, wie es dir dort gee!"*
> HANS VINTLER[754] (VV. 7956–7960)

In der kirchlichen Literatur des Frühmittelalters findet die Totenbefragung nahezu keine Erwähnung, auch die Theologen geben meist nur knappe Hinweise, aber keinerlei Beispiele. Die Bezeichnung verwenden AUGUSTINUS in *De civitate Dei*, HIERONYMUS in seinem Ezechiel-Kommentar und ISIDOR VON SEVILLA in seiner Etymologie. Nekromanten sind jene, die mit ihren Gesängen die Toten wiedererwecken, um von diesen Antworten die Zukunft betreffend zu erhalten. ISIDOR beruft sich in seiner Etymologie freilich auf LUKAN (6,457), wenn er über die Missetaten der Zauberer spricht:

> *Diese wenden auch Blut an und Schlachtopfer und berühren oft Leichen. Die Nekromanten sind solche, durch deren Zauberformeln wieder erweckte Tote zu weissagen und auf Fragen zu antworten scheinen. Nekroós wird nämlich griechisch der Tote genannt, manteía die Weissagekunst: um diese zu befragen, wird dem Leichnam Blut gegeben. Denn es heißt, daß die Dämonen Blut lieben. Und sooft daher eine Totenbeschwörung*

---

754 Vintler, Die pluemen der Tugent (Ausgabe Zingerle 1874).

stattfindet, wird frisch vergossenes Blut mit Wasser vermischt, damit sie durch das fließende Blut leichter herausgerufen werden.[755]

An diese Erklärung knüpfen die späteren Theologen an, ganz selten kommt eine Abweichung von der vorgegebenen Definition, beispielsweise spricht HUGO VON ST. VICTOR[756] von Menschenblut, das von Menschenopfern stammt, das die Toten herauflocken soll. PETRUS COMESTOR (1110–1179) bestätigt, dass „*die Nekromanten beschwören die Toten durch Gesang der Opfer*".[757] Schon ahd. Glossen verknüpfen *helliruna*, also Wörter mit der Wurzel *hel* d. i. Tod oder auch Hölle, mhd. *heln*, das Verbergen, und das Verbum *rûnen* = „raunen", „murmeln". Eine Randglosse aus dem 10. Jahrhundert bestätigt, dass dieses *hel* auf die Hölle rekurriert: Die Seele aus der Hölle zurückrufen, also die Toten zurückrufen: „*sela von hello kihalota.*"[758] Das altenglische *galdre* bzw. altnord. *galdr* meint ebenfalls die Totenbeschwörung. Bei der Beschwörung der Groa[759] in der älteren *Edda* ruft Groas Sohn Vipdag seine Mutter zurück, da er ihre Zaubersprüche erlernen will.

Die mittelalterliche Nekromantie bzw. Totenbeschwörung bzw. in der Form Nigromantie oder schwarze Mantik behielt noch lange die alte Bedeutung der Totenbeschwörung, wie eine Züricher Papierhandschrift von 1393 bestätigt:

> *Nigromancia daz da ze latine ist ein toter. Wan der trugnússe werdent etwenne geachtet die toten erstanden sin vom dem tot vnd dunket die lút wie si war sagen; vnd entwurten der dingen, der sú gefraget werdin. Un dis geschihet dur die anrueffung und beschwerung der túvelen.*[760]

Obwohl Traumprophezeiungen mit Totenbeschwörungen aufgrund des Einflusses der griechischen Quellen überlappen, gibt es dennoch Hinweise, dass Götter mit dem Träumer kommunizieren, in den altnordischen Quellen beispielsweise mit Freyr. Die Saga verdammt Nekromantie als Unrecht. Immer

---

755 Isidor, Etymologie Buch VIII (Ausgabe Linhart 1997) 10f. S. 38; Augustinus ist sich über die klare Unterscheidung von Hydromantie und Nekromantie unsicher: *Diese Art der Wahrsagung soll nach Varro von den Persern übernommen worden sein, und Numa, später auch der Philosoph Pythagoras, haben sich, bemerkt er, ihrer bedient. Dabei wurde, wie er berichtet, auch Blut vergossen, um die Toten zu befragen, was auf Griechisch Nekyomantie heißt. Nun man es Hydromantie oder Nekromantie nenne, hier sind es augenscheinlich die Toten, die das Künftige voraussagen.* Augustinus, Vom Gottesstaat (Ausgabe Thimme 1977) Buch VII, cap. 35 S. 368. Vgl. dazu die Erläuterungen von Cardauns, Varros Logistoricus über die Götterverehrung (1960) S. 28ff.
756 Die spätantiken und frühmittelalterlichen Zeugnisse vgl. Harmening, Superstitio (1979) S. 20f.
757 Petrus Comestor: Historia scolastica. Liber deuternomii cap. 8, De maleficis abjiciendis, hg. v. J. P. Migne P. L. 198, Sp. 1253.
758 Graff, Althochdeutscher Sprachschatz (1963) Bd. 4, 852.
759 Edda (=Thule 1–2).
760 Grimm, Deutsche Mythologie (1870/1968) 2, 866, 2; 3, 411.

wieder gibt es Belege von einer rätselhaften Praxis der Zukunftsschau, dem „Aussitzen" (*útiseta*), meist auf einem Grabhügel,[761] der ohnehin mit numinosen, „inspirativen" Kräften gedacht wird und ein liminaler Ort ist.[762] Eine der Methoden schloss das Sitzen auf einer Haut ein. Der Begriff *útiseta* = draußen sitzen meint vor dem Begräbnisplatz. In der *Mariu saga* heißt es, dass ein Mann auf einer frisch gegerbten Ochsenhaut in einem abgeschlossenen Teil des Waldes sitzt, wenn er den Ausgang einer Schlacht wissen will. Er zeichnet neun Vierecke auf die Haut und der Teufel beantwortet seine Fragen. Diese Passage basiert sicherlich auf einer lateinischen Legende, aber die Ochsenhaut verweist auf keltische Tradition. In der *Faereyinga Saga* zeichnet Thrand, ein Zauberer, eine Struktur mit neun Vierecken in einer Halle in alle Richtungen, dann sitzt er still beim Feuer, bis drei Tote kommen und zum Feuer gehen.[763] In Norwegen fungiert das *útiseta*, Draußensitzen[764], um den Troll bzw. Tote zu erwecken. („*útiseta at vekja troll upp*") In der *Heimskringla* erklärt Snorri, dass es Odin ist, der die Toten aus der Erde aufsteigen lässt. Nach Balders Tod lässt er eine Hellseherin aufwecken, um sie nach dem Schicksal seines Sohnes zu befragen. Da heißt es: *„Ein Totenwecklied sagt er der Völva da, so dass sie gezwungen war, aufzustehen; Totenworte sprach sie."*[765]

Alle Totenbeschwörungen beginnen mit derselben Eingangsformel: *„Wach auf, wach auf, gute Frau"*, singt Svipdag; *„Wach auf Angantyr, Hervör weckt dich"* in der *Hervor Saga*. SAXO GRAMMATICUS in seiner *Gesta Danorum* erfreut mit weiteren Details: Die Riesin Harthgrepa will die Zukunft ihres Schützlings Hadingus erfahren; in dem Hofe, wo beide übernachten, liegt ein Toter. Harthgrepa ritzt magische Formeln auf ein Stück Holz und befiehlt Hadingus, es auf die Zunge des Toten zu legen. Wütend wacht dieser auf und stimmt eine lange Tirade mit folgenden Worten an:

> *Wer zurück mich rief vom Orkus, müsse sterben selbst verflucht, und er büß' im Reich des Dunkels, dass den Geist herauf er rief. [...]*[766]

---

761 Vries vergleicht den Königssitz auf dem Grabhügel mit dem Sitz der Zauberer. Altnordisch *hjallr* meint „Gerüst, Rahmen". Parpola stellt die hölzerne Plattform, die die Samen für ihre *sejda*- Idole gebaut haben, dazu in Relation. Parpola, Old Norse seið(r) (2004) S. 263 (1956) I, 234, 347.

762 In der *Hallfreðar saga* beauftragt König Olaf Hallfred den alten Dichter Thorleif, der, obzwar er zum Christentum konvertiert ist, dennoch an den alten Praktiken der Inspirationsgewinnung festhält, ihn zu töten oder zu blenden. Niedner (1964 = Thule IX). Dieses *útiseta* wird auch heute noch im Neuheidentum praktiziert. Vgl. Simpson, Olaf Tryggvason versus the Powers of Darkness (1973) S. 165–187, hier S. 177.

763 Davidson, The Germanic World (1981) S. 115–141.

764 Boehm vermutet, dass die Methode des *uti seta* eine auguriale Handlung bezeichnet, mit der man draußen sitzend, z.B. an Gräbern, die Zukunft zu erkunden suchte.

765 Vgl. Meissner, Ganga til fréttar (1917) S. 97–105.

766 Saxo Grammaticus (1899) I, vi, 4.

D. Intuitive Wahrsagung: Visionsorakel

Die altnordischen Textzeugen versichern einhellig, dass die Erweckung für die Toten mit Qualen verbunden ist, weshalb sie auch sehr widerwillig erscheinen und sich unter Umständen dafür rächen. Groa weist ihren Sohn Svipdag zurecht, obwohl sie ihm versprochen hatte, ihm beizustehen, wenn er Hilfe brauche. Die von Odin erweckte Völva zeigt ihm Baldrs Schicksal, versucht aber immer wieder, im Boden zu verschwinden. Anantyr erklärt seiner Tochter, dass sie irrsinnig wäre, die Toten aufzuwecken und noch dazu ihm zu drohen. Auffällig erscheint, dass Frauen diese Kunst eher selten ausgeübt haben, nur bei SAXO wagen sie sich an Nekromantie heran.

In der *Saga der Färinger* um 1200, die in die Vergangheit zurückblickt, nähert sich die Nekromantie dem Totenordal. Thorgrim der Böse hat Sigmund erschlagen, um ihm seinen Goldring zu stehlen. Der zauberkundige Thrand besucht ihn und stellt ihn zur Rede, wobei er ein magisches Mitttel der Wahrheitsfindung bemüht:

Thrand hatte ein großes Feuer in der Stube anfachen lassen und ließ nun vier Holzgitter in einem Viereck zusammenstellen. Er steckt neun Felder an jeder Seite des Viereckes ab. Er selbst setzte sich auf einen Stuhl zwischen Feuer und Gitterwerk und bat, jetzt nicht mit ihm zu sprechen und sie gehorchten. So saß er eine ganze Weile. Dann kam ein Mann in die Stube. Er war ganz naß. Sie erkannten ihn, es war Einar.

Er ging zum Feuer, streckte seine Hände nach ihm und verließ die Stube. Nach einer Weile kam noch ein Mann herein. Er ging zum Feuer und streckte seine Hände nach ihm und ging dann hinaus. Sie erkannten, dass es Thorir war. Bald darauf kam ein dritter Mann herein. Er war groß und sehr blutig und trug sein Haupt in der Hand. Alle erkannten ihn. Es war Sigmund Brestisson; er blieb eine Weile auf dem Estrich stehen und ging dann hinaus. Nun stand Thrand auf und sagte: „Jetzt könnt ihr sehen, wie jene Männer umkamen. Einar zuerst; er erfror oder ertrank, denn er war der schwächste. Darauf wird Thorir umgekommen sein. Sigmund hat ihn wohl mit sich geschleppt und ist dabei sehr ermattet. Aber Sigmund ist dann ganz erschöpft ans Land gekommen, und die Männer müssen ihn erschlagen haben. Erschien er doch blutig vor uns und ohne Kopf.[767]

Als Thorgrims Haus durchsucht wird, findet sich der Goldring. Die nekromantische Praxis mit Hilfe von Zauberformeln und Runen blieb bis in die Neuzeit lebendig und noch im 19. Jahrhundert ist ein Erweckungsverfahren veröffentlicht. Folgendermaßen kann man einen Toten erwecken, den man dann als „Auferweckten" auch gebrauchen kann:

Nachdem man mit Blut das Vaterunser auf ein Blatt geschrieben hat, wobei man mit dem Ende begonnen hat, soll man auf einem Stab Runen ritzen und sich mit beiden Gegenständen zum Friedhof begeben, um Mitternacht, und zu irgendeinem beliebigen Grabe gehen; es wäre aber ratsam, sich zunächst an ein kleineres zu machen. Dann soll

---

[767] Faereying saga cap. 41 übers. v. Lecouteux, Geschichte der Gespenster und Wiederänger (1987) S. 97.

der Stab auf das Grab gelegt und vor- und rückwärts gerollt werden, wobei man das Vaterunser vom Ende an hersagt, das Blatt lesend, und dazu einige Zauberformeln, die nur wenige kennen außer dem Hexenmeister, während der Tote langsam emporsteigt, denn es geht ja langsam vor sich und die Wiedergänger lassen sich lange bitten und sagen: „laß mich in Ruh!"[768]

Treffend bemerkt LECOUTEUX[769], dass es ungefährlicher zu sein scheint, sich ein kleineres Grab, also einen zu Lebzeiten weniger mächtigen Toten zu suchen. Ein Mächtiger bleibt es auch im Tode und kann den Lebenden schaden, wie es das Beispiel des Hartgrepa zeigt: Dreimal wird der Fluch wiederholt, und er erweist sich als Verderben bringend. Die Geister reißen Hartgrepa in Stücke.[770]

Abseits der skandinavischen Totenrituale erwähnt auch der mittelalterliche Berichterstatter des Mirakulösen CAESARIUS VON HEISTERBACH in seinem *Dialogus miraculorum* die Nekromantie als häufigste Beschwörungspraxis und verwendet den Begriff mit der Bedeutung Schwarzkunst, die man in der Zaubereihochschule in Toledo erlernen kann. Im 5. Buch handeln drei Kapitel von den nekromantischen Künsten des Klerikers Philipp, in der Geschichte von Ritter Heinrich, der nicht an die Existenz von Dämonen glaubte und von einem Totenbeschwörer eines Besseren belehrt wurde. Wiewohl der Ritter skeptisch eingestellt war, trieb ihn seine Neugier zu einem Kleriker namens Philipp, der wegen seiner nekromantischen Kenntnisse bekannt war, und er bat diesen, ihm doch die Dämonen zu zeigen. Philipp willigte ein und ging mit dem Ritter zur Mittagsstunde, an der die Mittagsdämonen besonders stark sind, an eine Wegkreuzung und zog mit dem Schwert einen Kreis um den Ritter. Er warnte ihn davor, eines seiner Glieder aus dem Kreis zu strecken, denn dann könnten ihn die Dämonen herausziehen und töten. Tatsächlich hörte und sah der Ritter allerlei dämonische Gaukelbilder. Am Schluss kam sogar der Teufel selbst in riesiger Gestalt und fragte den Ritter nach seinem Begehren. Während der Ritter mit dem Schrecken davonkam und sein Leben nach dieser Begegnung änderte, erging es dem Priester in der darauffolgenden Geschichte ganz schlecht, da es dem Teufel gelang, ihn aus dem schützenden Kreis zu ziehen.[771]

Im Kapitel 4 erzählt Philipp, was er zu seiner Studienzeit in Toledo erlebt hat. Bayrische Studenten wollten ebenso wie der Ritter Heinrich eine Demonstration der dämonischen Gaukelkunst. Dabei wird ein Student entführt und seine Genossen fordern ihn zurück. Dem Meister gelingt es, ihn nach einer höllischen Gerichtsverhandlung wieder zurückzubekommen.[772] Im

---

768 J. Árnasson: Islenzkar þjóðsögur of aefintýri, 2 Bde. Leipzig 1862–64 I, S. 317.
769 Lecouteux, Geschichte der Gespenster und Wiedergänger (1987) S. 97.
770 Saxo Grammaticus (1900) Saga von Hervör I vi, 4.
771 Caesarius, Dialogus miraculorum (Ausgabe Nösges 2009) 5. Buch Kapitel 2–4.
772 Caesarius ibid.

Kampf gegen Häretiker und deren gefährliche Umtriebe in Besancon kann ein nekromantisch ausgebildeter Kleriker die Pseudowunder, die mit Hilfe des Teufels erzeugt werden, offenlegen.[773] Wie nach ihm der unbekannte Autor der *Vorauer Novelle*[774] erzählt CAESARIUS von zwei jungen Männern, die in einer der Hochschulen der Magie, in Toledo[775], *Nigromantie* studieren. Einer der beiden wird krank und als er im Sterbebett liegt, bittet ihn der andere, ihm innerhalb von 20 Tagen[776] zu erscheinen. Das geschieht auch und als er den Verstorbenen fragt, wie es ihm gehe und wo er wäre, antwortet dieser ihm, dass er verdammt wäre, *„weil ich die teuflische Kunst gelehrt habe. Sie ist der Tod für die Seele, wie auch ihr Name sagt. Ich rate Dir, meinem einzigen Freund: Laß ab von dieser abscheulichen Kunst, suche ein Leben als Mönch und leiste Gott auf diese Weise Sühne für Deine Sünde."*[777]

ALBERTUS MAGNUS versteht Nekromantie als eine bestimmte Form der Magie, welche *imagines* bzw. Talismane verwendet. Er unterscheidet drei Varianten der Magie, deren erste zwei er als nekromantisch bezeichnet. Die erste verwendet Räucherungen, Anrufungen und Beschwörungen. Der Dämon wird nicht wirklich gebunden, aber Gott erlaubt es, die Magier zu täuschen. Die zweite verwendet Charaktere, Namen und Exorzismen und sie sollte vermieden werden, weil unter dem Deckmantel der fremdsprachigen Namen sich Abweichungen vom Glauben verbergen könnten. Der dritte Typus verlässt sich auf die Macht der himmlischen Sphären.

PETRUS ALFONSI im 11. Jahrhundert unterscheidet in der *Kunst vernünftig zu leben (Disciplina clericalis)* ebenfalls zwei Arten der Nekromantie.

Die Gelehrten, welche die Möglichkeit von Weissagungen verfechten, behaupten, die Nekromantie sei das siebente Fach. Einige von denen, die nicht an die Möglichkeit von Voraussagen glauben, halten die die Philosophie für das siebente Fach. Manche wiederum, die sich nicht mit Philosophie beschäftigen bezeichnen die Grammatik als siebentes Fach.[778]

In seinem *Dialog gegen die Juden*[779] verortet PETRUS die bösen Geister unter dem Firmament, während die seligen Seelen der Toten im Himmel leben.

---

773 ibid. 5,18.
774 Ausgabe Schönbach (1866).
775 Vgl. Ehrenfeuchter, Aspekte des zeitgenössischen Zauberglaubens (1996) S. 65.
776 Die angenommene Zeitspanne innerhalb derer die Toten sich im Bereich zwischen Diesseits und Jenseits aufhalten variiert. Im Karlmeinet erscheint der Geist des Richters Zemarich seinem untreuen Diener, der die ihm aufgetragenen letzten Wünsche des Richters nicht erfüllt hatte, erst nach 30 Tagen. Karlmeinet (Ausgabe Keller 1858/1971) 343,38ff.
777 Caesarius, Dialogus miraculorum (Ausgabe Nösges 2009) 1, 33, S. 299.
778 Petrus Alfonsi (1970) S. 153 Birkhan wertet die hier proklamierte Wahlfreiheit des Petrus als singuläre Auffassung. Vgl. Birkhan (1992) S. 79–96, hier S. 92.
779 Dialogue against the Jews (2006) übers. v. Resnick.

Demnach muss sich Samuel, von der Frau von Endor durch ihre nekromantischen Künste von den Toten erweckt, nicht im Himmel, sondern in der Hölle befunden haben, denn die Seelen im Himmel können von den Geistern nicht erreicht werden.

Der Hauptvertreter der kirchlich-nekromantischen Literatur war der Kartäusermönch JAKOB VON JÜTERBOGK (1381–1465) mit seiner lateinisch geschriebenen (später deutsch herausgegebenen) Abhandlung *Ain subtil vnd schön büchlin von den abgeschydnen selen oder gaysten vs den liben*. JÜTERBOGK gibt an, dass Gott als Warnung für die Lebenden vor der Höllenstrafe bzw. als Aufforderung, dass diese den armen Seelen ein schnelles Verlassen des Fegefeuers durch Messen etc. ermöglichen, die Beschwörung der Totengeister erlaubt habe. Die Lebenden müssen allerdings erst auf die Kontaktaufnahme der Toten warten, doch in Ausnahmefällen können sie auch dazu gezwungen werden. Fragen an die Toten sollen nur geistiger Natur sein, sich also auf die arme Seele, die beschworen wird, beziehen. Um der Gefahr zu entgehen, die Beschwörung der Toten in irgendeiner Form zu missbrauchen, empfiehlt er, diese nur Priester vornehmen zu lassen.

Die Bezeichnung *Nigramancia*, ursprünglich als Nekromantie, also als Totenbeschwörung zum Zwecke der Weissagung gefasst, gilt bei HARTLIEB (um 1400–1468) bereits für Beschwörungspraktik allgemein. In diesen Zusammenhang stellt er das Totenkopforakel, den Dämonenpakt, den Hexenflug und die Hexensalbe, die Tierverwandlung und den Wetterzauber, was nicht zur Klärung der Begriffe beiträgt. Allein die Kirche hatte sich berechtigt gefühlt, die Totenbeschwörungen unter Einhaltung aller nur möglichen Vorsichtsmaßnahmen und Warnungen auszuüben und auch zu beschreiben – und, wie ASSION anmerkt, mit der Betonung darauf, dass einer solchen Abhandlung die Sorge um die unerlösten Seelen zugrundeliege.[780] HARTLIEB versteht die *nigramantia* nicht in erster Linie als Divination, sondern als Teufelspakt, wenn er ausführt: „*wer jn der kunst arbaiten will, der muß den tuiffeln maniger hannd opffer geben, auch mit den tewffeln gelübt und verpintnuß machen.*"[781] Er scheint über die Auslegung ISIDORs nachzugrübeln, der über die Nekromantie als Form der Wahrsagerei gehandelt hatte: „*Das ist der allerböst arttickel aller nigramancia. Wann man daß wort sol ußlegen, als Ysydrus spricht, so ist Nigramancia ain kunst, die da tůt erwecken die totten, die dann künftig vnd vergangen ding sagen, aber er genennt diß wort Nigramancia in gemain und berürt damit gar vil stuck der unglauben vnd zaubrey.*"[782]

---

780 Assion, Altdeutsche Fachliteratur (1973) S. 168.
781 Hartlieb, Das Buch der verbotenen Künste. (1998) Kap. 22, S. 68.
782 Ibid. Kap. 28, S. 76.

Als Allgemeinbegriff mit der Bedeutung Zauberei setzte sich der Begriff Nigromantie allmählich durch. JOHANNES TRITHEMIUS (1462–1516) spricht allerdings noch von der Wahrsagerei: *„der vom warsagen künftiger ding auch die schwarzen kunst nigromancia oder magica genannt".*[783]

VINTLER geht ebenfalls darauf ein und bezeugt ein interessantes Szenario, bei dem man gegen den Uhrzeigersinn um die Kirche geht:

> *So sein dann etleich fraun,*
> *die arsling umb die chirchen gen*
> *und haissen die totten aufsten,*
> *und nemen den ring von der tür*
> *in die hand und rueffent her für*
> *und sprechen: ‚ich rüer disen ring*
> *stet auf ir alten pärting!'*"[784] (VV. 7925–7931)

EBERMANN[785] rätselte, welchen Zweck die Beschwörerinnen damit verfolgten und zählt die vor allem in Spätmittelalter und besonders in der frühen Neuzeit nachgewiesene Verwendung der Totenbeschwörung zur Schatzsuche auf.[786] Die Erwähnung des Berührens des Kirchenrings könnte, wie schon HEYL moniert hat, auf den noch im 19. Jahrhundert in Tirol geübten Brauch des Totenziehens deuten. Dabei musste um Mitternacht eine Totenbahre dreimal gegen den Uhrzeigersinn (ärschlings) um die Kirche gezogen werden. Die Anzahl der um die Kirche gezogenen Toten entsprach den Siegen beim Raufen. Die Beschwörung oder das Rufen der Toten geschah durch das Schlagen auf den eiseren Ring der Kirchentür und wurde von einem passenden Spruch begleitet. Die Toten setzten sich auf die Bahre und wurden ohne Absetzen dreimal herumgezogen. Wer absetzte, bevor die vorgegebene Zahl erreicht war, verfiel der Gewalt der Toten und wurde zerrissen.

Ob BONER im *Edelstein* die Totenmantik oder die schwarzen Künste allgemein anspricht, wird nicht so recht klar:

> *Man list von einem pfaffen das,*
> *das er in siben künsten was*
> *geleret wol, und anders vil*
> *kond er wol, als ich üch sagen wil*
> *Nigromantie kond er wol;*
> *Die buoch sind swarz und freißes vol.*[787]

---

783 Trithemius, Liber octo quaestionum (1534) qu. 5 deutsch v. Ziegler (1515).
784 Vintler, die pluemen der Tugent (Ausgabe Zingerle 1874).
785 Ebermann/Bartels, Zur Aberglaubensliste (1913) S 1–18 und S. 113–136, hier S. 127.
786 Zu den Totengeistern als Schatzwächter neuerdings Dillinger, Auf Schatzsuche (2011) S. 92.
787 Boner, Edelstein, (Ausgabe Pfeiffer 1844) Fabel 94.

Die Kirchoffszene im *Prosa-Lancelot*[788] scheint ohnehin die britischen Filme der berühmten *Hammer-Productions* zu präfigurieren. Lancelot erspäht durch ein Kirchenfenster ein unheimliches Feuer und geht dann die Treppe in die Kirchengruft, wo ihn eine körperlose Stimme anredet und verspricht ihm auf alle seine Fragen zu antworten und nimmt ihm auch die Angst vor teuflischer Falschaussage: *ich wil dir alles das sagen das du mich fregest. Auch wiß wol sicher das ich wedder trugniß bin noch túfel.*' Die Stimme prophezeit, dass einer nach Lancelot kommen werde, um ihn, den Toten, von den Flammen zu erlösen.

1347 soll sich in Dornbirn ein Wahrsager aufgehalten haben, der nicht nur Geister beschworen und Tote erweckt, sondern die Leute mit den so erweckten Toten habe sprechen lassen, berichtet JOHANN VON WINTERTHUR:

> *In demselben Jahre war ein Todtenbeschwörer heimlich in ein Dorf, genannt Dornbirn, gekommen und hatte durch sein Blendwerk viele Leute von Sinnen gebracht, denn er machte, daß das Haus, in welchem er versteckt war, vor denen, die es bewohnten oder besuchten, golden erschien. Er gab sich den Anschein, als ob er mehrere Verstorbene zugleich aufwecke und als ob sie mit ihren lebenden Verwandten gesprochen hätten. Die Thaten und Worte abwesender Menschen über ihn selbst oder über andere wußte er genau. Auf dies und viele andere Arten schwängerte er eine häßliche, ihm vor allen anderen liebe Bäuerin, und sagte ihr, sie werde einen Knaben gebären, der heiliger sei als der Täufer Johannes.*[789]

MICHEL BEHEIM (1420 – um 1470) warnt in seiner Aberglaubensliste einerseits vor der Totenbeschwörung und erklärt an anderer Stelle, dass diese zu mantischen Zwecken, aber auch um Nachrichten aus dem Jenseits zu erhalten, erfolgt:

> *Auch wellen sy ein solchs erschein*
> *Mit teuffel hafften menschn unrein*
> *Und auch mit toten, die sy mein*
> *czu erkuken mit zaber* (VV. 27–30)
> *Auch wirt unglaub damit pewert,*
> *das man eins toten sel peswert*
> *und czwinget, das sy hin wider vert*
> *und sagt, wie ir peschichte.* (VV. 92–95)[790]

HARTLIEB gibt im Kapitel 37 A eine Variante des lebenden Leichnams[791], der sonst zum Glauben an die Wiedergänger zuzurechnen ist. Das Erklärungsmo-

---

788 Prosa-Lancelot (Ausgabe Kluge 1948) S. 616, 20ff. Vgl. *Mot. M 301.14 (summoned) Dead prophesies.*
789 Johannes von Winterthur, Chronik (1866) S. 259.
790 Beheim, Gedichte (Ausgabe Gille 1968–1972) Bd. II, S. 326–330.
791 Der von dem Rechtshistoriker Schreuer, Das Recht der Toten (1916) geprägte Begriff des lebenden Leichnams steht für das (rechtliche) Fortleben einer Person nach dem Tode.

dell, dass der Teufel im toten Körper wohnt und eine Belebung nur vortäuscht, ist vielfach auch der Hintergrund des Protovampirglaubens:

> *Wann ain ainvaltiger mensch in den zügen leitt und sterben will, so beswert man seinen gaist, das er herwider komm und dem menschen dien und beywon die benanten jar; und nymbt der maister des sterbenden triü und aide und beswert in mit gar grossen beswerung, die dann darzu gehören. Das selb stuck ist in wārhait vast besorgklich, wann wer waiß, ob der gaist des selben menschen ist oder ob es ain tiüffel sey. Ich gelaub ye, das es sey ain tiuffel, der sunder allen zweifel den menschen verlaitt. Ob es nun der gaist wär, den die maister der kunst haissen ,spiritum famulantem', doch ist es sünd und verpoten.*[792]

Das in der *Vorauer Novelle* thematisierte Versprechen, dass derjenige der früher stirbt, dem anderen Nachrichten aus dem Jenseits zukommen lässt, bespricht HARTLIEB im anschließenden Kapitel. Es geht um diese Frist der 30 Tage, in der der Mensch nach seinem Tod in einem Zwischenstadium verbleibt, bevor er in Himmel oder Hölle geht. HARTLIEB vermutet, wie so oft, dass auch hierbei der Teufel etwas vorgaukelt, kann aber nicht umhin, die Gelehrtenansicht zu erwähnen, dass „*Sölichs wol gesein müg, wann man darinn nit anders dann der sel erlösung sůch*".[793]

Der Zweck der Nekromantie, die Befragung der Toten nach Geheimnissen oder aber der Zukunft, scheint sich in Spätmittelalter und in der Frühmoderne auf Beantwortung von Fragen, Problem- und Rätsellösungen auszudehnen.[794] In den Beichtspiegeln wird sie ebenfalls immer wieder als Sünde gegeißelt. In einem Traktat des 14. Jahrhundert über die *sieben Sakramente* stehen die Nekromanten neben den Ketzern: „*Weder das sacrament sunden die ketczer [...] Vnd die do swarcze kunst treiben alszo nigromancia, dy man treibit mit den toten vnd erem gebeyne, es sei mensche adir fie.*"[795]

In HANS SACHS' Historie *Ein wunderbarlich gesicht keyser Maximiliani*[796] geschieht die Totenbeschwörung aus (naturwissenschaftlicher?) Neugierde,

---

Kyll, Tod, Grab (1972) nimmt den Begriff für die Wiedergänger, Totenerscheinungen usw. in Anspruch. Vgl. zum mittelalterlichen Toten- und Geisterglauben Assion, Von den abgeschiedenen Seelen. Kirchenlehre und Volksglaube in der spätmittelalterlichen Fegefeuer- und Geisterliteratur (1991) S. 255–275.
792 Hartlieb, Das Buch der verbotenen Künste. (1998) Kap. 37A, S. 90.
793 Ibid. Kap. 37 B, S. 92.
794 Beispiele aus dem 16. Jahrhundert bei Ehrenfeuchter, Aspekte des zeitgenössischen Zauberglaubens (1996) S. 85ff Im *Wagnerbuch* in der Reise nach China erzählt der Protagonist, er habe sich in den Kaiserpalast eingeschlichen. Als man die Eindringlinge bemerkt, trifft ein Pfeil einen der Begleiter Wagners und plötzlich wird die Gestalt des Getöteten unsichtbar. Der Kaiser ist neugierig auf die Herkunft der Fremden und lässt von seinen Magiern eine Totenbeschwörung abhalten, um den Toten selbst nach seiner Herkunft zu fragen.
795 Zit. n. Pietsch, Kleine Beiträge zur Kenntnis des Aberglaubens (1884) S. 185–196, hier S. 190f.
796 Sachs, Werke (1870) Bd. XX, S. 483f. Ebenso in Luthers Tischreden (1883ff.) Nr. 4450.

die Beobachter möchten erfahren, wie die Toten in dem veränderten Zustand aussehen, weshalb diese Untergruppe der Nekromantie auch als *Scyomantie* verhandelt wird. SACHS erwähnt nirgends, dass dabei teuflischer Illusionismus im Spiel wäre. In seiner Version der Totenbeschwörung am Hof des Kaisers in Innsbruck, die sonst TRITHEMIUS (1462–1516) zugeschrieben wird, ruft ein ungenannter Magier die verstorbene Gattin Maria von Burgund und zwei weitere Personen, um diese zu betrachten. Als der Kaiser die Erscheinung anredet, verschwindet diese. Obwohl SACHS in offensichtlicher Bemühung um Historizität angibt, wo er die Geschichte gehört hat, verweist die Verwendung des Sprechtabus am Schluss der Geschichte diese ins Genre der Legenden. LUTHERs Version der Geschichte gibt nicht nur TRITHEMIUS als Beschwörer an, sondern enthält die älteren magischen und nekromantischen Implikationen, die verstorbene Gemahlin wird aufgefordert zu antworten, wen MAXIMILIAN I. zur Frau nehmen solle.[797]

Der protestantische Arzt WEYER verurteilt die Nekromantie ebenso wie seine katholischen Kollegen:

Was für Ceremonien aber die Seelen der abgestorbenen herauff zu bringen, von den alten gebraucht / deß gleichen wie viel von mancherley seltzamer vnd zum theil grawsamer / abschewlicher gattungen deß Magischen warsagens / durch geschwindigkeit deß Sathans / zu ewigen verderben der Menschen.[798]

Das *Wagnerbuch* von 1593 erwähnt nekromantische Praktiken an mehreren Stellen und lässt auch den teuflischen Geist Auerhahn erklären, wie er in den toten Körper fahren muss, um dann aus dem Mund des Toten zu sprechen.[799]

Ebenso wie bei den späten Losbüchern und der frühneuzeitlichen Kartenlegerei lassen sich in der literarischen Adaption der Nekromantie bereits spielerische Tendenzen, Unterhaltungsformen wahrnehmen, die sich in der Moderne auf die dafür besonders geeigneten abakontischen Formen der Divination ausweiteten und in Gesellschaftsspiele umfunktioniert wurden.[800]

---

797 Trithemius' Schrift *Antipalus maleficorum*, eine Hetzschrift gegen Hexen und Zauberer, und sein *De septem secundeis*, eine Ehrenrettung der Planetengeister, die in Gottes Auftrag die Welt regieren, bestärkten noch seinen Ruf als Magier. Vgl. vor allem die Würdigung dieser widersprüchlichen Persönlichkeit bei Brann, Trithemius and Magical theology (1999).

798 Weyer, De praestigiis, Von Teuffelsgespenst, Zauberern und Gifftbereytern (1586/1969) S. 285.

799 *Wenn man die verstorbenen cörper wider lebendig macht/ da muß unser einer in den Todten Leib schlupffen vnnd denselben also wider auffbringen das er gehen vnnd stehn kann/ auch daneben offt reden.* Vgl. Das Wagnerbuch von 1593 (Ausgabe Ehrenfeuchter 2005) S. 193,15 und 11,8ff; 180,23–181,1ff. 192,19–193,15ff. 197 18ff. 285,1–286,20.

800 Dass der alte diabolische Hintergrund aber immer wieder „durchschlagen" kann und die Zukunftsbefragung nicht zweckentfremdet oder auch säkularisiert werden soll, hat vor allem das Genre der Schauerliteratur und ihre filmische Adaption zum äußerst fruchtba-

c) Idolomantie und Kraniomantie – Die sprechenden Köpfe

Die an mythische und historische Persönlichkeiten geknüpften Erzählungen um wahrsagende Köpfe basieren auf zwei unterschiedlichen Traditionssträngen: auf Geschichten um sprechende Idole bzw. Statuen bzw. abgeschlagenen Menschenköpfen. In der Fähigkeit zur Wahrsagung kreuzen sich die beiden Traditionslinien.

Der Glaube, dass die Gebeine eines toten Kulturheros prophetische Botschaften zu übermitteln vermögen, hat seine Wurzeln in einer angenommenen geistigen Verbindung mit den Ahnen und war im Vorderen Orient weit verbreitet. In der mesopotamischen Magie ist eine neubabylonische akkadische Tafel erhalten, mit der Bitte an den Sonnengott, einen Geist aus der Dunkelheit zu holen, damit dieser in einen Schädel eingehe und aus diesem antworte. Eine weitere Anrufung erlaubt es dem Nekromanten, den Geist zu sehen.[801]

Das Haupt des griechischen Sängers Orpheus, der mit den sehr unterschiedlichen Göttern Dionysos und Apollo gleichermaßen verbunden war, gab nach seinem Tod in einer dem Dionysos geweihten heiligen Höhle Botschaften von sich. Cephalomantie bzw. Craniomantie hatte eine lange Tradition in der griechischen Antike. Schädel waren wohl deshalb beliebte Instrumente der nekromantischen Praxis, da diese leichter zu erhalten und zu manipulieren waren als ein ganzes Skelett und als pars pro toto für die tote Person standen. Die Vorstellung vom Seelensitz im Schädel[802] war sicherlich ebenfalls ein Grund für seine Verwendung zu magischen Praktiken.

CLEOMENES I. von Sparta schwor vor seiner Thronbesteigung, er würde seinen Freund Archonides in all seine Angelegenheiten einbeziehen. An der Macht schnitt er Archonides' Kopf ab und bewahrte diesen in einem Honigtopf auf. Vor jeder wichtigen Angelegenheit lehnte er sich über den Topf

---

ren Thema ausgestaltet. Hinzu kommt die Wiederaufnahme der Totenbefragungen im Spiritismus.
801 Thomson de Grummond, A Barbarian Myth? The case of the Talking Head (2011) S. 313–346.
802 Die griechischen magischen Papyri enthalten eine Anzahl von Rezepten zur Schädel-Nekromantik. Von besonderer Bedeutung ist eine Serie von fünf Sprüchen im Großen Pariser Papyrus kopiert aus einem Brief des thessalischen König Pitys an den persischen Magier Osanes. Hier das erste Rezept: „*Der Magier soll hinausgehen, Gesicht östlich bei Sonnenuntergang und die Sonne anrufen über dem Schädel eines Mannes, der eines gewaltsamen Todes gestorben war. Er soll Amara und ungeschnittenes Frankincense anzünden und nach Hause gehen. Dann kann er den Schädel befragen indem er eine Frage mit einer aus Schlangenblut gemachten Tinte auf dessen Stirn schreibt. Dieselbe Frage mit Myrhhe auf 13 Efeublätter und muss diese als Schärpe tragen. Helios der Sonnengott wird dann den Geist des Schädels als Assistenten für die Adepten senden, der ihn im Traum besucht und ihm die Frage beantwortet.*" Vgl. Hopfner 1921–24 1: 195 und 2: 616 Collard 1949: 38; Plinius, Nat. hist. (Ausgabe Ernst 1968) 7, 178–79; Deonna, Orphée et L' oracle de la tête coupée (1925) S. 44–69 hier S. 47 Lucan, Pharsalia (Ausgabe Luck 1989) 6. 619–31.

und diskutierte mit dem Schädel.[803] Aus der Zeit des Hellenismus sind über PHLEGONS[804] Vermittlung zwei Geschichten über prophetische Köpfe erhalten: Polycritus starb, nachdem er mit seiner Frau einen Hermaphroditen gezeugt hatte. Der tote Vater erschien schwarz gekleidet, zerriss das Kind und aß es, nur den Kopf ließ er übrig, welcher Prophezeiungen der Vernichtung der Aetolier austieß. Die zweite Geschichte erzählt von einem römischen General namens Publius, den ein riesiger roter Wolf, der wiederum seinen Kopf übrig gelassen hatte, verschlang. Der Kopf prophezeite.

510 v. Chr. wurde der Kopf des Aulus in der Erde gefunden und das Capitol nach ihm benannt. Dieses Haupt prophezeite die glorreiche Zukunft Roms. APULEIUS bestreitet, dass die Meeresmuscheln für nekromantische Zwecke verwendet werden konnten und bestätigt damit indirekt die Verwendung menschlicher Schädel zur Wahrsagerei. Als besonders populär erachtete man die Schädel von zur Unzeit verstorbenen Kindern. Die Kinderköpfe, die LUCANs Zauberin Erictho geopfert hatte, mögen ebenfalls diesem Zwecke vorgesehen gewesen zu sein.[805] Sie suchte die Schlachtfelder nach einem toten Körper mit intakten Lungen ab, warm und frisch genug, damit der Tote mit voller Stimme sprechen kann. Dies impliziert, dass das Sprechorgan des toten Körpers intakt sein muss. Dagegen spricht, dass Erictho den Toten an einem Haken, der um dessen Hals liegt, in ihre Höhle schleppt, unter Umständen hat sie sogar vorher dessen Kehle aufgeschlitzt. APULEIUS' Meroe schneidet Sokrates' Kehle auf, bevor sie ihn reanimiert, ebenso behandelt OVIDs Medea Aseons vor seiner Verjüngung.

Dieses weitläufig bekannte Motiv des Orakels aus einem abgetrennten Kopf knüpfte die germanische Mythologie an das Haupt des Riesen Mimir.[806] Sprechende Häupter wurden gezielt als Instrument der Wahrsagung verwendet. Für die Tradition der Schädelweissagung finden sich u. a. auch im

---

803 Aelian, Varia historia (Ausgabe Helms 1990) 12. 8; Devereux, Cléomène le roi fou (1995) S. 111–113 ist der Ansicht, dass die Erzählung Cleomenes III betreffen soll, gibt aber keine ausreichende Begründung. Nagy, Hierarchy, Heroes and Heads (1990) S. 200–238; Klingbeil, Kopf- und Maskenzauber (1932); Meslin, Head (1987) S. 221–225.
804 Phlegon, Buch der Wunder (2002).
805 Libanius, Autobiographische Schriften (Ausgabe Wolf 1967) 1. 98. Erictho: Lucan, Pharsalia (Ausgabe Luck 1989) 6. 710–11.
806 SNORRI berichtet in der *Ynglingasaga* über die Kämpfe der nordischen Götter untereinander, im ersten Teil der *Heimskringla* 1,12–13 ist Mímir eine Quelle der Weisheit für Odin and andere Asengötter. Er war eine der Geiseln, die an die Wanen gesandt worden waren, als diese Frieden machten. Zusammen mit Mímir ging ein anderer Gott, Hoenir, der von außerordentlicher Größe und Schönheit war. Hoenir konnte nichts von Interesse beitragen, weshalb die Wanen von Wut auf die Asen erfasst wurden, als sie seiner Nutzlosigkeit gewahr wurden. In ihrer Rage schnitten sie Mímirs Kopf ab. Odin nahm den Kopf an sich und konservierte ihn, und wann immer er einen Rat brauchte, sprach der Kopf mit ihm. Vgl. Dillmann, Mimir (2001) S. 38–42

christlichen Bereich zahlreiche Belege.[807] Arabische Legenden handeln von der Kraniomantie mit dem Schädel Jesu.[808] Arabische und jüdische Quellen belegen auch das ältere Motiv des abgeschnittenen Kopfes,[809] der weissagende Funktion erfüllt. Die in der Bibel erwähnten sprechenden Häupter, die *teraphim*,[810] sollen mumifizierte und nach astrologischen Gesichtspunkten präparierte Menschenköpfe gewesen sein. Das Wort *Teraphim* wird abgeleitet von „*trypm*", oder Heilende und bezeichnet eine Art Talisman.

Ob der Kopf tatsächlich spricht oder ob der Fragende die Antwort bloß in seiner Vorstellung vernimmt, darüber gehen die Meinungen auseinander. Zeugnisse dafür, aramäische und hebräische Bewörungstexte, sprechen von beschriebenen Menschenschädeln. Die Gewinnung eines *Teraphim* ging folgendermaßen vonstatten: Ein Erstgeborener wurde geschlachtet und sein Kopf abgeschlagen, dann mit Gewürzen und Salz haltbar gemacht und ein mit magischen Wörtern und Gottesnamen beschriebenes Plättchen unter die Zunge des Kopfes gelegt. Den Kopf stellte man an eine Wand, von dort aus sprach er mit den Anwesenden.[811]

Der arabische Philosoph AL-KINDI (um 800–873) bezieht die sprechenden Statuen in seine Strahlentheorie ein: „*Every such figure emits rays having the peculiar virtue which has been impressed upon it by the stars and signs [. . .] Images constructed in conformity with the constellation emit rays having something of the virtue of the celestial harmony.*"[812] Der babylonische Talmud kennt zwei unterschiedliche Techniken. Der Nekromant zieht entweder einen Schädel zu Rate, d.h. er befragt einen Totenschädel oder er beschwört den Totengeist mit seinem Namen. Ein professioneller Totenbeschwörer konnte sicherlich beide Methoden je nach Situation auswählen bzw. die Methoden mischen.

---

807 ibid. , S. 201, Anm. 97.
808 Basset, R: *Mille et un contes, récits et légendes arabes*, III, Paris, 1926, S. 171ff zit. n. Dickson, Valentine and Orson (1929) S. 202.
809 Vgl. in diesem Zusammenhang Coomaraswamy*Sir Gawein and the Green Knight: Indra and Namuci* (1944) S. 104–125.
810 Bei den *teraphim* hat es sich anscheinend um Götterfiguren der Hausgötter gehandelt, die dann als heidnische Idole verbannt wurden. Vgl. Hastings, *Dictionary of the Bible*, (1922–1927) IV S. 718; Tropper bespricht die Teraphim bzw. Trpym, wörtlich „Heilende", eine Bezeichnung für lang verstorbene vergöttlichte Ahnen, in Zusammenhang mit der Nekromantie. Vgl. Tropper, Nekromantie im alten Testament (1989) S. 332–339; Bei den rätselhaften alttestamentlichen Losinstrumenten Urim und Tummim könnten es sich nach einer eher umstrittenen Theorie auch um kleine Statuen gehandelt haben, durch die Gott oder sein Engel die Fragen des Hohepriesters beantwortete. Vgl. Van Dam, Urim and Tummim (1997) S. 44.
811 Vgl. Ganschinietz, Hippolitos' Kapitel über die Magier (1913) S. 53; Gordon, Lucan's Erichto. (1987) S. 231–241; Abt, Die Apologie des Apuleius (1908) S. 215–218; Veltri, Magie und Halakha (1997) S. 72–75.
812 Thorndike, History of Magic (1923–1958) I, S. 645f.

> *The Ba' al/'ôb stands and burns well-known herbs and does various actions and whispers charms until his questions is heard and one of the [dead] responds in a soft voice from the [...] ground the skull specialist burns incense to it and a voice emerges from his (the specialist's) armpit."*[813]

Die sprechenden Köpfe im Alten und Neuen Testament haben Amulettfunktion und gehören folglich zum Konzept eines Schädel- bzw. Ahnenkultes. Der *Targum* des JONATHAN BEN UZZIEL[814] kommentiert Genesis 31,19 wie folgt:

> *And Rachel stole the images of her father, for they had murdered a man, who was a first-born son; and having cut off his head, they embalmed it with salt and spices, and they wrote divinations upon a plate of gold and put it under his tongue; and placed it against the wall, and conversed with them, and Laban worshipped it. And Jacob stole the science of Laban the Syrian, that it might not discover his departure.*

Der AT Prophet Sacharja 10. 2[815] verdammt nicht nur die Methode, sondern spricht ihr jeglichen Nutzen zur Wahrheitsfindung ab: *Die Köpfe reden Nichtiges...*

Der christliche Apologet HIPPOLYT (UM 170–235), der in seiner Kampfschrift *Widerlegung aller Häresien* sich ausgiebig mit den die Tricks der Zauberer befasst, erklärt die Schädelwahrsagung als illusionistischen Trick:

> *Daß ein auf den Boden gelegter Schädel spricht, bringen sie auf folgende Weise zustande. Er wird aus tyrhenischem Wachs und Gips geformt; dann, mit der inneren Haut des Rindes überzogen, sieht er wie ein wirklicher Schädel aus, der anscheinend mit allen spricht. [...]. Der Zauberer hat den Kehlkopf eines Kranichs oder sonst eines langhalsigen Tieres präpariert; ein Mitspieler bringt ihn unbemerkt in die Nähe des Schädels und sagt dann, was er will. Wenn der Zauberer den Schädel verschwinden lassen will, legt er herum eine Menge Kohlen und tut, als ob er räuchern wolle; durch die Wärmeentwicklung schmilzt das Wachs, und so glaubt man, der Schädel sei unsichtbar geworden.*[816]

Sowohl Idolatrie als auch die entsprechende Divinationsform, die Kraniomantie, stehen kulturgeschichtlich gesehen in der Tradition der sprechenden Idole bzw. Statuen. Die berühmte Stelle in der Offenbarung beschreibt die Handlungen des Antichristen bei dem auch ein Idol eine besondere Rolle spielt:

> *Es verwirrte die Bewohner der Erde durch Wunderzeichen, die es im Auftrag des Tieres tat; es befahl den Bewohnern der Erde ein Standbild zu errichten zu Ehren des Tieres, das mit dem Schwert erschlagen worden war und doch wieder*

---

813 Maimonide: Laws of Idolatry 6a.
814 Jonathan Ben Uzziel, *Targum Pseudo-Jonathan of the Pentateuch* (Ausgabe Clarke 1858/1984).
815 Vgl. Lange, Vom prophetischen Wort zur prophetischen Tradition (2002) S. 272.
816 Hippolyt, Widerlegung aller Häresien (Ausgabe Preising 1922) Buch IV, 41(1922) S. 74f.

zum Leben kam. Es wurde ihm Macht gegeben dem Standbild des Tieres Lebensgeist zu verleihen, sodass es auch sprechen konnte [...]. (Offenbarung 13, 14–15)

In der legendenhaften Adaption der Ablösung der paganen Kulte durch das Christentum spielt das Motiv der sprechenden Götterstatue, in deren Inneren ein Dämon haust, eine propagandistische Rolle, da die Heidengötter als Dämonen, ihre Weissagungen als betrügerisch eingestuft und in die christliche Dämonenlehre eingefügt werden.[817] Die differenzierte gelehrte Dämonologie verbindet Schädelweissagung und Totenbeschwörung mit anderen Arkandisziplinen, wie z.B. der Astrologie und nähert diese der häretischen Magie an. Beide Elemente, Astrologie und sprechendes Haupt, bilden einen wichtigen Teil der Legende um GERBERT VON AURILLAC bzw. SYLVESTER II. Die betreffende Stelle bei WILHELM VON MALMESBURY lautet folgendermaßen:

> [. .] *quod de Gerberto, fama dispersit: fudisse sibi stauare caput certa inspectiare syderum, cum videlicet omnes planetare ex ordia cursus, sui meditarentur, quod non nisi interrogatum loqueretur, verum affirmative vel negative pronunciaret. „Verbi gratia", diceret Gerbertus, „ero apostolicus" responderet statua „Etiam"– „Moriar antequam cartem missam in Jerusalem?"– „Non."*[818]

> [. .] *was das Gerücht über Gerbert verbreitet: er besaß ein Haupt, nach unzweifelhaften Zeichen der Sterne, die sich in ihre Bahn offenbar einstimmen, was noch niemals hinterfragt oder bezweifelt worden ist, sondern bestätigt ist. Mit freundlichen Worten sprach Gerbert: „Werde ich Papst sein?" worauf die Statue erwiderte: „Ja"– „Werde ich sterben nach der Messe in Jerusalem?"– „Nein."*

Es ist wahrscheinlich, dass diese Variante der Haupt-Erzählung in GERBERTS Interesse an arabischer Astrologie und den mechanischen Erfindungen gründet. Die Grundlagen seines Wissens erhielt GERBERT in der in diesem Zusammenhang oft genannten Zauberschule in Toledo.[819] Nach einer anderen Version (ca. 1216) soll GERBERT einen Dämon in das goldene Haupt eingeschlossen haben, welcher ihm bei der Lösung mathematischer Probleme zur Seite stand.[820]

Die Frage, inwieweit die literarischen Adaptionen des wahrsagenden Schädels die historische Realität eines Schädelkults widerspiegeln, ist sicherlich zu simplifizierend gestellt und kann in diesem Rahmen ohnehin nicht beantwor-

---

817 In der afrz. Perceval-Fortsetzung gelangt Perceval in ein Kupferschloss: « *il avoit dedanz le chastel mout de gent qui le cor de cuivre aouroient et qui ne créoient en autre Dieu.* » (Potvin, Charles (Hrsg.): *Perceval Le Gallois*, Mons 1866, I, 201f. In diesem Bild sollen böse Geister hausen, die als Orakel angesehen werden.
818 Wilhelm von Malmesbury, De gestis regum Anglorum, (Ausgabe Stubbs 1887–89) II, S. 172.
819 Caesarius, Dialogus miraculorum (Ausgabe Nösges 2009) Buch 5,4.
820 Vgl. Thorndike, History of Magic (1923–1958) Bd. I, 705; Dickson, Valentine and Orson (1929) S. 207, Anm. 120

tet werden.[821] Spielerische Einbindungen einer religiös-kultischen Thematik belegen aber sicherlich eine lang währende Schädelfaszination. Eines der besten Beispiele findet sich in einer Episode bekannt als *Sírrabud Súaldaim* oder die wiederholte Warnung des Súaldaim im irischen *Táin Bó Cúalinge*[822]. Der große Krieger Cú Chulainn war ermattet, da er die Provinz Ulster gegen die Scharen der Königin Medb verteidigt hatte. Der erschöpfte Held trifft seinen Vater Súaldaim, der vom Helden beauftragt wird, die Warnung an die Ulstermänner in der Hauptstadt zu bringen, wo diese sich von einem mysteriösen Leiden, verursacht durch einen Fluch, erholen. Der Vater überbringt die Warnung, aber diese wird nicht beachtet. In seiner Frustration fällt der verachtete Bote vom Pferd und wird von seinem eigenen Schild geköpft. Sein Kopf, der nun auf seinem Schild liegt, und dieser auf dem Pferd, verkündet die Katastrophe und erst jetzt schenkt König Conchobar ihm seine Aufmerksamkeit und die Ulstermänner können die feindliche Schar zurückdrängen.[823]

Die zwischen 1220 und 1250 datierenden Werke des STRICKER binden immer wieder superstitiöse Praktiken ein. Im *Pfaffen Amis*[824] führt der Protagonist eine breit gefächerte Kenntnis unterschiedlicher magischer, mantischer Aktivitäten vor. Als er als hochstehender Prediger mitsamt einem Tross zu einer Kirchweihe kommt, bittet er den dort ansässigen Pfarrer, eine Kirchweihpredigt halten zu dürfen. Die Leute strömen herbei, es sollen beinahe 2000 Adelige und Bauern zur Predigt gekommen sein. Dann eröffnet er ihnen, dass er eine besondere Reliquie mitgebracht habe, das weissagende Haupt des hl. Brandan, das ihm befohlen habe, ein Münster zu bauen. Spenden könnten allerdings nur treue Frauen, die keinen Ehebruch begangen hatten. So kann er damit rechnen, genug Spenden einzutreiben:

> *Sant Brandânes houbet,*
> *daz schouwet hie, daz hân ich.*
> *Ez hât gesprochen wider mich.*
> *Ich sülm ein münster machen.* (VV. 374–381)

Um 1245 taucht das sprechende Haupt als einer der wunderbaren Automaten auf, die VERGIL konstruiert haben soll. In Analogie zur Gerbert-Legende befragt VERGIL den Kopf nach den Umständen seines eigenen Todes, dieser antwortet

---

821 Vgl. Birkhan spricht von der Schädelfaszination der keltischen Stämme. Kelten (1997) S. 817–827.
822 O'Rahilly, Early Irish History (1946) 3410–3453.
823 Weitere Beispiele Vgl. Nagy, Hierarchy, Heroes, and Heads (1990) 200–238; Heesterman, The Case of the Severed Head (1967) S. 22–43; Klingbeil, Kopf- und Maskenzauber (1932); Ross, The Human Head in Insular Pagan Celtic Religion (1960) S. 14–43; dies., severed Heads in Wells: An Aspect of the Well Cult (1962) S. 31–48.
824 Stricker, Pfaffe Amis (Ausgabe Kamihara 1990).

ihm ebenfalls zweideutig, und der Magier kommt zu Tode. Auch im Templerprozess (1310) spielte ein Bronzehaupt[825] eine zweifelhafte Rolle.[826]

Um 1390 berichtet der englische Dichter GOWER, dass ROBERT GROSSETESTE sich um die Herstellung eines weissagenden Bronzekopfes bemüht habe, aber kurz vor der Vollendung wäre das Experiment aufgrund einer kleinen Nachlässigkeit gescheitert.[827] Die Legenden um ALBERTUS' MAGNUS sprechenden Kopf stammen vom Ende des 13. Jahrhunderts, ein Traktat des MATHEO CORSINI (1373) erwähnt eine von ALBERT nach astrologischen Gesichtspunkten geschaffene Metallstatue. Der Autor betont, dass es sich bei dieser Statue nicht um Teufelswerk gehandelt habe, sie sei aber von einem einfältigen Schüler dafür gehalten und in Abwesenheit des Meisters deshalb zerstört worden. Nach seiner Rückkunft erklärt ALBERTUS, dass er nun 30.000 Jahre warten müsse, bis sich eine ähnliche Sternenkonstellation wiederhole, um eine solche Statue herstellen zu können. Diese Zuschreibungen gehen auf den Pentateuch des 1455 verstorbenen Bischof von Avila Tostatus ALPHONSUS (114-1454)[828] zurück. Das ROGER BACON zugesprochene Bronzehaupt entspricht in allen Details dem des erwähnten ROBERT GROSSETESTE, es hat sich vermutlich um eine Übertragung gehandelt.

Die literarische Verarbeitung im *Karlmeinet* lässt den Gott Machumet, (eine Verballhornung für Mohammed) ein wahrsagendes Idol namens Salcandis fertigen, einen *affgott*, der die wahre Religion nachäfft, und aus dem teuflische Stimmen sprechen:

> *Ind is eyn bild van messynge gemacht[...]*
> *Ind is eynem mynschen gelich*
> *Ind stet vp eynem pyler veireckedich*
> *Ind is ouen smael ind vnden wyt,*
> *Dat mant also verre seyt*
> *[...]*
> *Karlle en kunde dis affgotz gebrechen neit*
> *(Vur waer uch des zo mir veseit)*
> *Wante Machumet hadde dar yn verbannen*
> *Eyn schaer duuelle syner genannen*
> *Mit der tzwartzer kunst.* (VV. 341,33-46)[829]

---

825 Ab 1310 scheinen übrigens die weissagenden Köpfe mit Vorliebe aus Bronze gefertigt zu sein, was damit zusammenhängt, dass das formbare Material als besonders exquisit galt.
826 Vgl. dazu Dickson, Valentine und Orson (1929) S. 208-210; vgl. neuerdings Barber, The trial of the templars (2006) S. 76-86, S 202-22 u.ö. Die in vielerlei dokumentierten Legenden um den manchmal sprechenden Kopf der Templer lassen diesen z.B. aus einer nekrophilen Verbindung hervorgehen S. 210ff.
827 Confessio Amantis, Buch IV, 234f. zit. n. Dickson, Valentine and Orson (1929) S. 211.
828 Dickson ibid.
829 Karlmeinet (Ausgabe Keller 1858/1971).

Die Prophezeiung besagt, dass die menschenähnliche Statue den Schlüssel, den es in der Hand hält, fallen lässt, sobald der Feind des Heidentums, der französische Kaiser ankommt. Obwohl dieses heidnische Idol mit allen Attributen der sonst als betrügerisch charakterisierten Teufelskunst ausgestattet ist, wirkt sich das nicht auf die Prophezeiung aus, die Karl betrifft. Der Dichter verhandelt hier anscheinend einerseits den verbreiteten Diskurs, dass auch heidnische Prophezeiungen, – vor allem wenn es um christliche Wahrheiten geht –, nichts Falsches aussagen können (→ siehe Christusprophezeiungen), andererseits nimmt er mit seiner Zuweisung einen dämonologischen Diskurs auf, in den auch HANS MAIR VON NÖRDLINGEN in seinem Trojaroman einstimmt. Im Apollotempel steht eine Statue, die nach heidnischem Irrglauben wahrsagen kann, aber eigentlich nichts vermag, doch die darin anwesenden Teufel gaukeln den Leuten etwas vor.[830] HERBORT VON FRITZLAR führt ähnliche Überlegungen zu Delphi an, zu dessen Orakelstätte Achilles pilgert. Aus Apollos Orakel spricht der *tufel sathans / sin gespenst vnd sin getwas / Vz eime bilde sprach.*[831]

Im *Elsässischen Trojabuch* gelangt Vlixes bei seinem Sirenenabenteuer zu einer Insel, auf der ein Idol steht, *dem hettent die gȯtte die gnad geben, das es zů allen frogen sicher vnd ware antwurt gab.* Nur eine Frage, die nach dem Schicksal der Seele nach dem Tode, beantwortet das Idol nicht: *Des fragt ich es maniger hande, das es mir war vnd recht seite, one zů einre frogen, die was, wie es vmb vnser selen sollte varen, so sie von vnsern liben geschiedent. Zu der frogen wolt es mir kein recht antwurt geben.*[832] In der *Crone* HEINRICHS VON DEM TÜRLIN prophezeit eine Statue Unheil für Gawan. *Und dar nâch rief ez lûte: wê / Her gast, ir müezet sîn verlorn!* (VV. 7093–7094).[833]

JOHANNES HARTLIEB hat sich wiederholt zur *nigramancia* geäußert und der Wahrsagung mit dem „*totten haubt, das rede und antwurtt geitt*" das 37. Kapitel seiner *Verbotenen Kunst* gewidmet:

> *Es ist noch ain böser, schnöder list der kunst Nigramancia, der gāt zu mit ainem totten haubt, das beswert man und macht darzů gůt, wolschmeckent rāch, auch kertzen. Dann so gibt das Haupt antwurt. O armer maister deiner vernuft und synn! Du Mainst, das haubt antwurt, so ist es der bös tewffel darynn, der antwurt dir. Er sagt dir oft war, bis er dich verfürt und verlaiten mag.*[834]

In späteren Jahrhunderten war die im Mittelalter so beliebte Vorstellung des magischen Hauptes durchaus noch lebendig. CERVANTES' *Don Quixote* be-

---

830 Hans Mair von Nördlingen, Das Buch von Troja (ausgabe Dreckmann 1970) 70, 26ff.
831 Herbort von Fritzlar, liet von Troye (Ausgabe Fromman 1837) VV. 3470–3510, hier VV. 499–501.
832 Das Elsäsische Trojabuch (Ausgabe Witzel 1995) 141,21–142.
833 Heinrich von dem Türlin, Diu Crone (Ausgabe Scholl 1852).
834 Hartlieb, Das Buch aller verbotenen Künste (1989) Kap. 37, S. 88f.

kommt ein solches Haupt zu Gesicht und hält es für ein Werk der Magie, der Dichter selbst versichert, einen sprechenden Kopf in Madrid tatsächlich gesehen zu haben.[835] JEAN BODIN vermengt das sprechende Haupt mit der Sage vom rituellen Kindsmord, wobei ein nigromantischer Predigermönch das vorher mit Zauberzeichen päparierte Haupt eines 10-jährigen Knaben zum Reden bringt.[836]

---

835 ibid., S. 215.
836 Bodin, Vom ausgelassnen wütigen Teuffelsheer (1591/1973) 91.

Zusammenfassung

Das offenbar fundamentale und daher nachhaltige Bedürfnis des Menschen, die nähere und auch die weit entfernte Zukunft zumindest für eine kurze Zeitspanne zu kennen, resultierte in Antike und Mittelalter aus dem Willen, die Absichten der über ihn waltenden Mächte zu enthüllen, um richtige Entscheidungen treffen zu können. Dieser Moment war in Griechenland jener kulturelle Rahmen innerhalb dessen von Göttern gesandte Zeichen und Sprüche in der unmittelbaren Gegenwart Geltung beanspruchten. Das antike Orakelwesen und Orakelwissen erforschte die Zukunft nicht um der Zukunft willen, sondern war pragmatisch auf die jeweilige fragende Person bezogen. Die Zukunftsprognose bot Handlungsorientierung, veränderte damit aber auch die gegenwärtige Handlung.

Beim antiken Orakelwesen und seiner vielfältigen Praxis ist zu differenzieren zwischen dem teilweise auch örtlich verankerten Orakel und der Divination, die von den mobilen Sehern bzw. Priestern ausgeübt wird, die Armeen begleiteten, bei rituellen Opfern anwesend waren. Innerhalb der institutionellen Orakelpraxis lässt sich unterscheiden zwischen inspirierten Sehern und den zufallsgesteuerten Varianten der Losverfahren. Antike Divination umfasst Beobachten und Deutung des Vogelflugs, Flammen beim Opfer, Innereien des Opfertieres, Traumdeutung, Omina und Prodigien.

Was genau wurde nun zwischen Menschen und Göttern verhandelt? Neben diesen nicht jederzeit auftretenden und daher auch nicht jederzeit zugänglichen Zeichen des göttlichen Willens treten die öffentlichen Orakelstätten, die jeder Grieche aufsuchen und in denen er nach Vollzug gewisser Riten eine Antwort erhalten konnte. Bei den Orakelstätten kommt Eigenwille und Eigenentscheidung seitens der Fragenden ins Spiel. Die Vielfalt der an den Orakelstätten herangetragenen Fragen reichten von familiären Belangen wie z.B. glücksverheißenden Hochzeitsterminen, Geburtenregelung, Kindererziehung bis zu günstigen Reiseantritten und Grundstückskäufen bis zu Fragen der Auswanderung oder Kriegsführung. Was die Antworten der Pythia betrifft, fällt auf, dass dem Orakel offenbar nicht immer ein grundsätzlicher Wahrheitswert zuerkannt wurde. Die Quellen berichten, dass ein Orakelspruch, entweder durch nochmaliges Befragen verständlicher wurde, oder aber man eine endgültige Entscheidung mit Losbefragung erreichte. Letztere Verhaltensweise, ein ungünstiges Orakel durch mehrmalige Befragung in ein günstiges zu verwandeln, ist als magisches Verständnis des Orakelspruches, als Götterzwang im antiken Kontext zu werten, bezeugt andererseits die später immer stärker wahrgenommene Verantwortlichkeit dem eigenen Schicksal gegenüber, die dem Konsul Appius Claudius Caecus zugeschriebene Redewendung vom „Schmieden des Glücks" vorwegnimmt und als drittes die ab dem Spätmittelalter zu beobachtende spielerische Verwendung von Divinationspraktiken.

Die von PLATON mit der Ableitung der Mantik von *Mania* eingeleiteten Diskurse, die auf die Eingebungen, die Gotterfülltheit der inspirierten Seher weisen, hat AISCHYLOS mit seiner Konzeption der Seherin Kassandra nicht nur als Apollo-Prophetin, sondern als sich dessen verweigernde Geliebte um die sexuelle Konnotationen erweitert. Wahnsinn, Ekstase und Glossolalie wurden als Generalthemen des antiken Orakeldiskurses rezipiert, auch wenn das in undeutlicher Sprache sich äußernde Rasen nicht mit den Aussagen der Geschichtsschreiber über die Pythia korrespondiert. Die Keuschheitsforderung und die Ausschließlichkeits- anspruch der Gottheit bezeugt auch eine andere Traditionslinie, die von der Antike bis zum Mittelalter führt. Antiken und mittelalterliche Quellen handeln von Kindermedien, die eine besondere Affinität zur Schau besitzen sollen.

Ekstatische Gotterfülltheit und Geistbesessenheit prägte ursprünglich auch eine bestimmte Richtung des jüdischen Prophetentums, des christlichen Montanismus und erlebte im Mittelalter in der Ausformung der ekstatischen Frauenmystik einen besonderen Höhepunkt, aber auch eine Erweiterung. Während bei den jüdischen Schriftpropheten das ekstatische Element in den Hintergrund trat, blieb es bei den mystischen Prophetinnen zentral. Das zu beobachtende Eintreten in den Dialog mit der erfüllenden Gottheit deutet nicht nur einen Paradigmenwechsel zur älteren Position des inspirierten Sehers an, der sich als bloßes Sprachrohr verstand, der Botschaftsempfang wandelte sich zum Schreibauftrag im Dialog mit der Gottheit. Neben den antiken institutionalisierten Orakelpriestern und Seherinnen und den mittelalterlichen Klosterprophetinnen lenken die Quellen immer wieder auch den Blick auf mobile Wahrsager und Propheten.

Wie wohl Wahrsager und Prophet Ekstatiker sein können, ist der Prophet ein Gottbesessener, sträubt sich auch häufig gegen seinen Rede- bzw. Schreibauftrag, während der Wahrsager sich um der Zukunftsschau willen absichtsvoll und bewusst in den ekstatischen Zustand hinein begeben kann, aber nicht muss: der Wahrsager will sehen, Gott lässt den Propheten sehen. Bei einigen Überschneidungen zwischen Wahrsagern und Propheten kann man zur Differenzierung auch die Botschaft selbst heranziehen: der erstere will ein Erfragtes verkünden, letztere verkünden eine ihnen vorher nicht bekannte und daher auch nicht erfragte Botschaft spontan, bzw. wann immer die Gnade Gottes es will. Nimmt man den Inhalt der vermittelten Botschaft in den Blick, so sagen die Wahrsager zum konkret gefragten Anlass aus, während Propheten auf weitläufigere, eschatologische Voraussagen von Ereignissen zielen.

Die nicht-inspirierte induktive Variante der Mantik wurde in komplizierten Verläufen von Spezialisten geübt, die einfachere Praxis kam ohne spezialisierende Vorbildung aus. Die unsichere kurze Phase der Entscheidung wurde beim einfachen Losen in eine sichere Zustimmung oder Ablehnung umgewandelt. Wollte man eine ganz bestimmte Auskunft, eine Antwort auf die Frage nach dem Wer, Was, Wann, Wo beantwortet werden, kamen schon in der Frühzeit der Orakelgeschichte Texte, Handbücher, Instrumentarien ins Spiel, wiederum meist in den Händen von Spezialisten. Divination als „Ermittlertätigkeit" richtete sich nicht auf die Zukunft, sondern rückwärts in der Zeit, in die Vergangenheit um geheimnisvolle Vorfälle zu klären, beispielsweise einen Dieb oder Mörder, ab dem Spätmittelalter, um Schätze, aber auch Hexen ausfindig zu machen.

Motiviert wird die Divinationspraxis neben der Zweckmäßigkeit und Effizienz auch mit einer (wissenschaftlichen) Neugierde. Eingeschrieben in den Mantikbegriff ist das Absichtsvolle, das Bestreben nach einer Enthüllung der Zukunft oder Vergangenheit. Die Praxis erfolgt zu bestimmten Zeiten, Orten und mit bestimmten Objekten und unter bestimmten Bedingungen. Hinter der Wendung zu Tieren, Pflanzen oder Unbelebtem als Orakelspender steht der Zweifel an der menschlichen Erkenntnisfähigkeit, die sich nicht auf die Zukunftserkenntnis erstreckt. Überbrückt wir dieser Mangel durch Empirie, Beobachtung oder induktive Wahrsagung, charakterisiert durch eine uninspirierte und nüchterne Herangehensweise. Die schriftlich niedergelegten Systematisierungen und Katalogisierungen der beobachteten Phänomene entwickelte Disziplinen wie die Astrologie und Astronomie, Meteorologie, Physiognomik, aber auch Naturgeschichte allgemein. Die Bedeutung der unterschiedlichen Prognostiken und ihrer antiken und mittelalterlichen Systematisierungs- und Klassifikationsmodelle für die aufkommende Naturwissenschaft kann nicht genug betont werden. Die religiös unverdächtigen abakomantischen Formen der Wahrsagerei entwickeln sich im Spätmittelalter immer mehr zum Gesellschaftsspiel und Zeitvertreib der Adeligen. So bezeugt die spielerische Verwendung der Orakel den Paradigmenwechsel im Spannungsfeld Schicksal – Vorhersage – Erfüllung.

CICERO schlägt eine saubere Trennung zwischen natürlicher d.i. Inspirationswahrsagung und künstlicher d.i. empirisch-wissenschaftlicher Divination vor. Zwischen den beiden Bereichen sind je nach mantischem Verfahren unterschiedlich gewichtete Überlappungszonen anzusetzen. Die Elementemantik als wohl als historisch älteste in der Stufe der Entwicklung und hier vor allem Hydromantie und Pyromantie, ist einerseits in der Beobachtungswahrsagung angesiedelt andererseits in der Visionsmantik, da durch Hineinstarren (in Wasser oder Feuer) visionäre Bilder entstehen. Bei der Großgruppe der Traummantik und der Bedeutung und Behandlung des Traumes als Text sind schon früh Kataloge der Traumsymbole und ihrer Bedeutungen überliefert. ARTEMIDORS

Anleitungen, die Befindlichkeiten des Träumenden ganzheitlich zu erfassen, erfordert freilich eine gewisse intuitive Zugangsweise, die Empirie und Intuition miteinander vernetzt.

Juristischen Sanktionen und Verfolgungen waren Wahrsager, und im römischen Reich auch Astrologen, immer wieder ausgesetzt. Während sich die Hofastrologen im Mittelalter im geschützten Bereich befanden, gerieten die in Krisenzeiten gehäuft auftretenden mobilen Wahrsager und Unheilspropheten nicht nur als falsche Propheten und Häretiker, sondern auch als Kriminelle mit der Kirche und Obrigkeit in Konflikt.

Die umstrittene Frage, ob Wahrsagerei und Orakel immer auch mit dem Religiösen verknüpft ist, kann nicht generell, sondern nur kontextuell beantwortet werden, verallgemeinernd ist zu beobachten, dass mantische Vorgänge oft in den Glauben münden bzw. einen Teil der Religion bilden, oder aber in Opposition dazu stehen oder sich nahezu neutral verhalten. Die von den Kirchenvätern getroffenen Unterscheidungen in dämonische und nicht-dämonische Mantik und die daran angeschlossenen Rezeptionsmuster schlugen sich nicht nur in den kirchlichen Synodalbeschlüssen, Bußschriften und weltlichen Gesetzesverordnungen, sondern auch in theologischen, philosophischen und literarischen Diskursen nieder.

Im mittelalterlich-literarischen Kontext lassen sich gewisse Analogien zum antiken Umgang mit der Mantik durchaus konstatieren, in der Erzählsituation bestimmen die Handlungen des Protagonisten sowohl antizipatorische Ankündigungen ebenso wie retrospektive Legitimierungen, also vaticinia ex eventu. Die Tendenz zur Superstitionen- und Divinationenkritik zugunsten einer rational-aufgeklärten Haltung einerseits und der spielerischen Instrumentalisierung der Mantik im literarischen Text andererseits zeigt sich ab dem Hochmittelalter. Die unterschiedlichen Diskurse zur Mantik werden in Erzähler- und Figurenrede, genrespezifischen Handlungsstrategien gebündelt und gehen vor allem im spätmittelalterlichen Roman hochkomplexe Verflechtungen ein. Während vor allem die dämonologischen Diskurse in der historischen Öffentlichkeit mit dem Aufkommen der Hexenverfolgung immer mehr Raum beanspruchen und, abgesehen von der Astrologie, durchaus auch Konsequenzen für die Praktizierenden der Mantik haben, bewahrt diese in der literarischen Rezeption gerade durch ihre Fiktionalisierung das ihr innewohnende Prinzip der Hoffnung auf ein gelenktes und gerechtes Schicksal.

Bibliografie

A. Abkürzungsverzeichnis

Abb.	=	Abbildung
AfKg	=	Archiv für Kulturgeschichte
AASS	=	Acta Sanctorum, Antwerpen bzw. Paris
Anal. Boll.	=	Analecta Bollandiana
Anm.	=	Anmerkung
AT	=	Altes Testament
ATB	=	Altdeutsche Textbibliothek
Aufl.	=	Auflage
Ausg.	=	Ausgabe
ausgew.	=	ausgew.
bearb.	=	bearbeitet
Beitr.	=	Beiträge
Bde.	=	Bände
Ber.	=	Berichte
Bibl.	=	Bibliothek
BBK	=	Biographisch-Bibliographisches Kirchenlexikon. Hg. v. F.W. T. Bautz. Hamm 1975ff.
BLVS	=	Bibliothek des literarischen Vereins Stuttgart. Stuttgart/Tübingen u.a. 1842ff.
DTM	=	Deutsche Texte des Mittelalters
DVJS	=	Deutsche Vierteljahrsschrift für Literaturwissenschaft und Geistesgeschichte
Einf.	=	Einführung
EM	=	Enzyklopädie des Märchens. Handwörterbuch zur historischen und vergleichenden Erzählforschung. Hg. v. K. Ranke und R. W. Brednich. Derzeit 12 Bde. Berlin 77ff.
FFC	=	Folklore Fellows Communications
GAG	=	Göppinger Arbeiten zur Germanistik
HdA	=	Handwörterbuch des deutschen Aberglaubens, hg. v. Hanns Bächtold-Stäubli
Hg. v.	=	Herausgegeben von
Hrsg.	=	Herausgeber
Hwb	=	Handwörterbuch
MGH	=	Monumenta Germaniae historica
MTU	=	Münchner Texte und Untersuchungen
Nachw	=	Nachwort
NCE	=	New Catholic Encyclopedia
NF	=	Neue Folge
NT	=	Neues Testament
Ndr.	=	Neudruck

Phil.-Hist.-Kl.	=	Philosophisch-Historische Klasse
RAC	=	Reallexikon für Antike und Christentum
RGA	=	Reallexikon der germanischen Altertumskunde. Begründet von J. Hoops. Hg. v. H. Beck et al. Berlin 1973ff.
RGG	=	Religion in Geschichte und Gegenwart 4. Aufl. 8 Bde, 1998–2005
REJ	=	Revue des études juives
SS	=	Scriptores
SS rer. Merov.	=	Scriptores rerum Merovingicarum
[s. l.]	=	sine loco
TRE	=	Theologische Realenzyklopädie
übers.	=	übersetzt
übertr.	=	übertragen
VL	=	Die Deutsche Literatur des Mittelalters. Verfasserlexikon.
ZfdA	=	Zeitschrift für deutsches Altertum und deutsche Literatur
ZfVkde	=	Zeitschrift für Volkskunde

B. Lexika und Wörterbücher

AARNE, ANTTI / STITH THOMPSON. (1961). *The Types of the Folktale. A classification and bibliography*. Helsinki ² (=FFC 184).
BÄCHTHOLD-STÄUBLI, HANNS. (Hrsg.). (1932/1987). *Handwörterbuch des deutschen Aberglaubens*. 10 Bde. Berlin/Leipzig.
BENECKE, GEORG F./MÜLLER, WILHELM/ZARNCKE, FRIEDRICH. Hrsg. (1963). *Mittelhochdeutsches Wörterbuch*. 3 Bde. Ndr. Hildesheim.
BIEDERMANN, HANS. (1986). *Lexikon der magischen Künste*. 2 Bde. Graz.
Biographisch-bibliographisches Kirchenlexikon. (1975ff.) Begründet v. F. W. BAUTZ. Hamm.
BIRKHAN, HELMUT / LICHTBLAU, KARIN / TUCZAY, CHRISTA A. (2005ff.). *Motif-Index of German Secular Narratives from the Beginning to 1400*. 6 Bde. Berlin.
BOBERG, INGER M. (1966). *Motif-index of early Icelandic literature*. Copenhagen.
BOSWORTH, CLIFFORD. (Hrsg.). (1954-1991f.). *Enzyclopédie d'Islam*. 6 Bde. Leiden/Paris.
BOTTERWECK, GERHARD J. (1988). *Die Bibel und ihre Welt*. Eine Enzyklopädie zur Heiligen Schrift. 2 Bde. Bergisch-Gladbach.
BUCHBERGER, MICHAEL. (Hrsg.). (1957-1965). *Lexikon für Theologie und Kirche*. 10 Bde. Freiburg.
Der Neue Pauly. Enzyklopädie der Antike (1996–2007). Hrsg. von HUBERT CANCIK. 16 Bände in 19 Teilbänden sowie 4 Supplementbände. Stuttgart.
DINZELBACHER, PETER. (Hrsg.). (1998). *Wörterbuch der Mystik*. ² Stuttgart.
ELIADE, MIRCEA. (Hrsg.). (1907-1986). *The Ecyclopedia of Religion*. 15 Bde. New York.
Enzyklopädie des Märchens, Handwörterbuch zur historischen und vergleichenden Erzählforschung. (1977 ff.). Hg. v. KURT RANKE. Berlin/New York derzeit 12 Bde.
ERLER, ADALBERT / KAUFMANN, EKKEHARD. (Hrsg.). (1971f.). *Handwörterbuch zur deutschen Rechtsgeschichte*. Berlin.
ERSCH, JOHANN. G./GRUBER JOHANN G. (Hrsg.). (1969-1992). *Allgemeine Enzyklopädie der Wissenschaft und Künste*. Ndr. der Ausgabe 1818-1889. Graz.
FRICKE, HARALD/GRUBMÜLLER, KLAUS/ MÜLLER, JAN-DIRK. (HRSG.) (1997-2007) *Reallexikon der deutschen Literaturwissenschaft*. Berlin.
GRIMM, JACOB und WILHELM. (Hrsg.). (1854-1954). *Deutsches Wörterbuch*. 16 Bde. Leipzig.
HANEGRAFF, WOUTER J. (Hrsg.) (2005). *Dictionary of Gnosis & Western Esotericism*. Leiden.
HARMENING, DIETER. (2005). *Wörterbuch des Aberglaubens*. Stuttgart.
HASTINGS, JAMES. (Hrsg.). (1922-1927). *Encyclopaedia of Religions and Ethics*. 13 Bde. New York
HOOPS, JOHANNES. (Hrsg.). (1968f.). *Reallexikon der germanischen Altertumskunde*. 1. Aufl. Straßburg 1911 ff. 2. Aufl. Hg. v. HEINRICH JANKUHN/ HERBERT KUHN/KURT RANKE u.a.. Berlin.

HOUTSMA, MARTINUS TH. (Hrsg.). (1908-1934). *Enzyklopädie des Islam.* 4 Bde. + Register. Leiden/Leipzig.
KLAUSER, THEODOR. (Hrsg.). (1950f.): *Reallexikon für Antike und Christentum.* Stuttgart.
KLUGE, FRIEDRICH. (Hrsg.). (1989). *Etymologisches Wörterbuch der deutschen Sprache.* 22. Aufl.
KÖBLER, GERHARD. (1993). *Althochdeutsches Wörterbuch.* 4. Aufl. Gießen-Lahn.
LEXER, MATTHIAS. (Hrsg.). (1872-1878/1979). *Mittelhochdeutsches Handwörterbuch.* 3 Bde. Leipzig Stuttgart. u. ö.
Lexikon des Mittelalters. (1977-1999). Hg. v. LISELOTTE LUTZ et al. 9 Bde. München.
Lexikon für Theologie und Kirche. (1961). Hg. v. WALTER KASPER et al. Freiburg. 3. Aufl. 1993ff.
Metzler Lexikon Religion. (1999-2000) Hg. v. CHRISTOPH AUFFARTH. 3 Bde. Stuttgart.
POKORNY, JULIUS. (1959). *Indogermanisches etymologisches Wörterbuch.* Bern.
Reallexikon der deutschen Literaturgeschichte.(1997/2000/2003). begr. v. PAUL MERKER U. WOLFGANG STAMMLER, 3 Bde.Neu bearb. v. KLAUS WEIMAR, HARALD FRICKE und JAN-DIRK MÜLLER. Berlin/New York.
ROSCHER, WILHELM H. (Hrsg.). (1884-1937). *Lexikon der griechisch-römischen Mythologie.* 6 Bde. Leipzig.
SCHÜTZEICHEL, RUDOLF (Hrsg.). (2006). *Althochdeutsches Wörterbuch.* 6. Aufl. Tübingen.
SIMEK, RUDOLF (1995). *Lexikon der Germanischen Mythologie.* Stuttgart.
SIMEK, RUDOLF / PÁLSSON, HERMANN. (1987). *Lexikon der altnordischen Literatur.* Stuttgart.
SINGER, SAMUEL. (Hrsg.). (1995f.). *Thesaurus proverbiorum medii aevi: Lexikon der Sprichwörter des romanisch-germanischen Mittelalters.* Berlin.
STAMMLER, WOLFGANG. (Hrsg.). (1933-55). *Die deutsche Literatur des Mittelalters. Verfasserlexikon.* Begründet v. Wolfgang Stammler. Hg. v. KARL LANGOSCH. 5 Bde. Berlin Leipzig; 2. völlig neu bearb. Aufl. Hg. v. KURT RUH. 11 Bde. Berlin/New York. (1978ff.).
STRACK, HERMANN. / BILLERBECK, PAUL (1928). *Kommentar zum Neuen Testament aus Talmud und Midrasch.* 4 Bde. München.
STRAYER, JOSEPH R. (Hrsg.). (1904). *Dictionary of the Middle Ages.* New York.
Theologische Realenzyklopädie (1977f.). Hg. v. GERHARD KRAUSE / GERHARD MÜLLER. Berlin / New York.
Thesaurus cultus et Rituum Antiquorum (2004-2005) Hg. v. JEAN C. BALTY. PAUL GETTY Museum. 5 Bde. Los Angeles.
THOMPSON, STITH. (1955-1958). *Motif-Index of Folk-Literature. A Classification of Narrative Elements in Folktales, Ballads, Myths, Fables, Mediaeval Romances, Exempla, Fabliaux, Jest Books and Local Legends.* 5 Bde. + Register. Copenhagen.
TUBACH, FELIX C. (1969). *Index exemplorum. A handbook of mediaeval religious tales.* Helsinki (FFC 204).
VRIES, JAN DE. (1962). *Altnordisches etymologisches Wörterbuch.* Leiden.

C. Primärliteratur

Abor und das Meerweib. (1925) Die Strassburg-Molsheimer Handschrift: Abor und das Meerweib; Manuel und Amande. Hg. v. EDWARD SCHRÖDER. Göttingen. (=Nachrichten d. Gesellschaft d. Wiss. zu Göttingen, Phil.-Hist. Kl.)
ACHMET BEN SIRIN (1986). *Oneirocriticon.* Das Traumbuch des Achmet bein Sirin. Übers v. KARL BRACKERTS. München.
AELIAN. (1990). *Varia historia. Bunte Geschichten.* Übers. v. HADWIG HELMS. Leipzig.
AELIAN. (1839–1842). *Werke.* 9 Bde. Bd. 4–9: *De natura animalium. Tiergeschichten.* Übers. v. FRIEDRICH. C. W. JACOBS. Stuttgart.
AELIUS ARISTIDES. (1986*). Heilige Berichte.* Übers. u. komm. v. H. O. SCHRÖDER. Heidelberg.
AGRICOLA, GEORG. (1529*). Drey hundert Gemeyner Sprichwörter.* Leipzig.
AGRICOLA, GEORG. (1556*). De re metallica libri 12.* Basel.

AGRICOLA, GEORG. (1557/1985). *Vom Bergwerck*. Übers. v. PHILIPPUS BECHIUS. Basel.
AISCHYLOS. (2008). *Tragödien*. Nach der Übertragung von GUSTAV DROYSEN. Frankfurt a. Main.
AMMIANUS, MARCELLINUS (1968). *Römische Geschichte*. Lateinisch und deutsch, und mit einem Kommentar versehen von WOLFGANG SEYFARTH. Berlin.
AGRIPPA VON NETTESHEIM. (1993). *Über die Fragwürdigkeit ja Nichtigkeit der Wissenschaften, Künste und Gewerbe*. Mit einem Nachwort hg. v. SIEGFRIED WOLLGAST. Übers. v. GERHARD GÜPNER. Berlin.
AGRIPPA VON NETTESHEIM. (2008). *Die magischen Werke und weitere Renaissancetraktate*. Hg. v. MARCO FRENSCHKOWSKI. Wiesbaden.
ALBRECHT VON SCHARFENBERG (1955–1992). *Jüngerer Titurel*. Hg. v. WERNER WOLF u. KURT NYHOLM. Berlin. (=DTM 45, 55, 61, 73, 77).
ALCUIN. (1998). *Willibrord Apostel der Friesen. Seine Vita nach Alcuin und Thiofrid*. Lateinisch und Deutsch v. HANS-JOACHIM REICHMANN. Sigmaringendorf.
ALCUIN. (1879). *Briefe an Karl den Großen, dessen Söhne u.a*. Übers. v. H. SCHÜTZE. Gütersloh.
ALCUIN. (1884–1896/1964 u. 1951) *Epistolae*. Hg. v. ERNST DÜMMLER. (=MGH Bd. 1 u.2 u. 4,2/3 u. 6) Berlin.
ANHORN, VON HARTWISS, BARTHOLOMÄUS. (1674). *Magiologia: christliche Warnung vor dem Aberglauben und Zauberey*. Basel.
APOLLONIUS VON RHODES.(2002). *Die Fahrt der Argonauten*. Griechisch und deutsch. Übers. v. PAUL DRÄGER. Stuttgart.
APULEIUS (2002). *De magia*. Hg. u. übers. v. JUERGEN HAMMERSTAEDT. Darmstadt.
ARISTOTELES (1994). *De Insomniis. De divinatione per somnum*. Übers. v. PHILIPP J. VAN DER EIJK. Berlin.
ARTEMIDOR VON DALDIS. (1979). *Das Traumbuch*. Aus dem Griechischen übertr. Mit einem Nachw. Anm. und Literaturhinweisen von KARL BRACKERTZ. München.
Astrampsychus (2006). *Das Pythagoras-Orakel und über magische Steine, über Traumdeutung, Liebesbindezauber*. Hg. v. KAI BRODERSEN. Darmstadt.
AUGUSTINUS. (1977). *De Civitate Dei. Vom Gottesstaat*. Übertr. v. WILHELM THIMME. München.
AUGUSTINUS. (2008). *Confessiones/Bekenntnisse*. Hg. v. KURT FLASCH. Stuttgart.
AUGUSTINUS. (2002). *De Doctrina Christiana/Die christliche Bildung*. Hg. v. KARLA POLLMANN. Stuttgart.
AUGUSTINUS. (1900) *De Divinatione daemonum*. Hg. v. JOSEPH ZYCHA (=CSEL 41) 597–618
AVENTINUS, JOHANNES (EIGENTLICH TURMAIER; 1881–1908). *Sämtliche Werke*. Hg. v. CHRISTIAN KAISER. 6 Bde. München.
Basler Alexander (1881) Die Basler Bearbeitung von Lambrechts Alexander. Hg. v. RICHARD MARIA WERNER. Tübingen (=Bibl LVSt 218).
BEDA VENERABILIS (1997). *Kirchengeschichte des englischen Volkes*. Deutsch und lateinisch. Übers. v. GÜNTER SPITZBART. Darmstadt.
BERNARDUS SILVESTRIS. (1978). *Cosmographia*. Hg. v. PETER DRONKE. Leiden.
BEHEIM, MICHEL. (1968–1972). *Die Gedichte des Michel Beheim. Nach der Handschrift CPG. 312 unter Heranziehung der Heidelberger Handschrift CPG. 312 und der Münchener Handschrift Cgm 291 sowie sämtlicher Teilhandschriften*. Hg. v. HANS GILLE und INGEBORG SPRIEWALD. 3 Bde. Berlin. (= Deutsche Texte des Mittelalters Bd. LX, LXIV, LXV).
BERTHOLD VON REGENSBURG. (1862–80, Ndr. 1967). *Predigten. vollständige Ausgabe*. Hg. v. FRIEDRICH PFEIFFER u.a. 2 Bde. Leipzig.
Bihtebuoch (1784). Dabey Die Bezeichenunge Der Heiligen Messe = Beichtbuch aus dem XIV. Jahrhundert. Hg. v. H. OBERLIN. Straßburg.
BODIN, JEAN. (1995). *On the demon-mania of witches*. Hg. v. J. L. PEARL. Toronto.
BODIN, JEAN. (1591/1973). *Vom ausgelassnen wütigen Teuffelsheer*. Übers. v. JOHANN FISCHART. Graz.
BOLLSTATTER, KONRAD (1973). *Ein Losbuch Konrad Bollstatters: aus CGM 312 d. Bayer. Staatsbibliothek München*. Hg. v. K. SCHNEIDER, et al. Wiesbaden.

BONER, ULRICH (1844). *Der Edelstein.* Hg. v. FRIEDRICH P. PFEIFFER. Leipzig.
BRANT, STEBASTIAN. (2005). *Das Narrenschiff.* Hg. v. JOACHIM KNAPE. Stuttgart.
BURCHARDUS WORMACIENSIS (1992). *Decretorum libri XX ex consiliis et orthodoxorum patrum decretis, tum etiam diversarum nationum synodis seu loci communes congesti.* Hg. v. GERARD FRANSEN. Aalen.
CAESAR, G. I. (2008). *Der gallische Krieg.* Hg u. übers. v. MARIELUISE DEISSMANN. Stuttgart.
CAESARIUS HEISTERBACENSIS. (2009). *Dialogus miraculorum.* Hg. v. NIKOLAUS NÖSGES. 5 Bde. Turnhout.
CALCIDIUS. (1617). *Timaeus de Platonis Translatus.* Item ejusdem in eundem Commentarius. Lugduni Batavorum.
CAMERARIUS. (1576). *De natura et effectionibus daemonum libelli duo.* Leipzig.
CASSIUS DIO. (1987). *Römische Geschichte.* Übers. v. O. VEH. 5 Bde. Zürich.
CICERO, MARCUS TULLIUS. (1991). *Über die Wahrsagung*: lateinisch-deutsch = De divinatione. Übers v. CHRISTOPH SCHÄUBLIN. München.
Codex Borbonicus. (1974). Bibliothèque de l'Assemblée nationale, Paris (Y 120): vollständige Faksimile-Ausgabe des Codex im Originalformat. Hg. v. KARL ANTON NOWOTNY. et al. Graz.
Constitutio Criminalis Carolina (1883). Die peinliche Gerichtsordnung Kaiser Karl's V nebst der Bamberger und der Brandenburger Halsgerichtsordnung sämmtlich nach den ältesten Drucken und mit den Projecten der peinlichen Gerichtsordnung Kaiser Karl's V. von den Jahren 1521 und 1529. Hg. v. HEINRICH ZOEPFL. Leipzig.
Das Buch ‚Alfadol'.(1967). Hg. v. BERND FRIEDRICH LÜTZ. Diss. Heidelberg.
Das lateinische Traumbuch im Codex Upsaliensis C 664 (9. Jahrhundert). Eine frühmittelalterliche Fassung der lateinischen Somniale Danielis-Tradition. (1984) Kritische Erstedition mit Einleitung und Kommentar von JUTTA GRUB. Frankfurt a. Main.
Das Somniarum. Ein mittelalterliches Traumbuch. (1989). Hg. v. STEVEN ROGER FISCHER. Frankfurt a. Main.
Das wahre egyptische Traumbuch daraus ein jeder Liebhaber des Lottospiels seine Träume untersuchen kann. Wien o. J
„Das anonyme Traumbuch." (1925). Hg. v. FRIEDRICH DREXL. In: *Laographica* 8: 347–375.
Das St. Trudperter Hohe Lied. (1998). Hg. v. FRIEDRICH OHLY. Frankfurt a. Main (=Bibliothek des Mittelalters 2; Bibliothek deutscher Klassiker 155).
„Das Traumbuch des Propheten Daniel." (1926). Hg. v. FRIEDRICH DREXL. In: *Byzantinische Zeitschrift* 26: 290–314.
DELRIO, MARTIN. (1624) *Disquisitionum Magicarum libri sex, quibus continetur accurata curiosarum artium, et vanarum superstitionum confutatio, utilis Theologis, Iurisconsultis, Medicis, Philologis.* Mainz.
DELRIO, MARTIN. (1625) *Disquisitionum et Responsionum magiarum Libri Quatuor. In quibus de Magia naturalis, supernaturalis, Licita, Illicita, deque Daemonum aperta vel occulta interventione, pactis, conunetionibus, societate, maleficiis accurate dilucide pertractur.* Frankfurt a. Main.
Der deutsche Cato. (1852) Hg. v. FRIEDRICH ZARNCKE. Leipzig.
Der mitteldeutsche *Karl und Elegast.* (1927). Nach der Zeitzer Handschrift hg. v. JOSEF QUINT. Bonn. (=Rheinische Beiträge und Hülfsbücher zur germ. Philologie und Volkskunde 14).
Der Wartburgkrieg. (1858). Hg. v. KARL SIMROCK. Stuttgart.
Karlmeinet. (1858/1971). Hg. v. ADALBERT VON KELLER. Stuttgart. (=StLV 45).
Der große Alexander (=Wernigeroder Alexander). (1908). Hg. v. GUSTAV GUTH. Berlin. (=DTM 13).
Der rheinische Merlin (1991). Text Übersetzung, Untersuchungen der ‚Merlin' und ‚Lüthild'-Fragmente. Hg. v. HARTMUT BECKERS. Paderborn.
Der Wiener Mervart (1852). Hg. v. FRIEDRICH ZARNCKE. Leipzig.
Deutsche Kaiserchronik. (1892). Hg. v. EDWARD SCHRÖDER. Hannover (=Monumenta Germaniae Historica. Deutsche Chroniken u.a. Geschichtsbücher des Mittelalters 1,1).

Die Evangelischen Kirchenordnungen des XIV. Jahrhunderts. (1902–1977) Hg. v. EMIL SEHLING. 15 Bde. Göttingen.
Die gute Frau. (1842). Hg. v. EMIL SOMMER. In: *Zeitschrift für deutsches Altert*um 2: 385–481.
Die Orakelsprüche im St. Galler Palimpsestcodex 908: (die sogenannten „Sortes Sangallenses"). Hg. v. ALBAN DOLD / RICHARD MEISTER. Wien.
Die spätmittelalterliche deutsche Sibyllenweissagung. (1985). Untersuchung und Edition. Hg. v. INGEBORG NESKE. Göppingen. (=GAG 438).
DIELS, HERMANN. HRSG. (1909/1982). *Die griechischen Zuckungsbücher (Melampus Peri Palmōn). Weiter griechische und außergriechische Literatur und Volksüberlieferung.* 2 Bde. Berlin.
DIO, CASSIUS. (2007). *Römische Geschichte.* Übers. v. OTTO VEH. 5 Bde. Zürich.
Dr. Faust's Magia naturalis et innaturalis. (1895/2002). *Bibliothek der Zauber-, Geheimniß- und Offenbatäten: insbesondere: Aeromantie, Alchemie, Astrologie . . . und andere Materien des Mysteriösen und Uebernatürlichen; mit Einschluss der medizinischen und naturhistorischen Sonderbarkeiten; zur Geschichte der Kultur, hauptsächlich des Mittelalters.* Hg. v. JOHANN SCHEIBLE. Berlin.
Ein kurtzweilig Lesen von Dil Ulenspiegel. (1978). Hg. v. WOLFGANG LINDOW. Stuttgart.
ELISABETH VON SCHÖNAU. (2006). *Werke.* Eingeleitet, kommentiert und übers. von PETER DINZELBACHER. Paderborn.
EURIPIDES (1980). *Tragödien.* Übers. v. DIETRICH EBENER. Berlin.
FISCHER, SEBASTIAN. ((1896). *Chronik besonders von Ulmischen Sachen.* Hg. v. KARL GUSTAV VEESENMEYER. Ulm.
FLAVIUS JOSEPHUS. (1899/2004). *Jüdische Altertümer.* Übers. v. HEINRICH CLEMENTZ. Mit Paragraphenzählung nach Flavii Josephi Opera recognovit BENEDICTUS NIESE (Editio minor). Köln/Wiesbaden.
FLAVIUS JOSEPHUS. (1900/2004). *Aus dem jüdischen Krieg.* Über. v. HEINRICH CLEMENTZ. Köln/Wiesbaden.
FOLZ, HANS. (1961*).* *Die Reimpaarsprüche und Prosa.* Hg. v. HANNS FISCHER. München.
GEILER VON KAYSERSBERG Geiler, Johann von Kaisersberg (1875). *Emeis.* Mit einer Einleitung, Erläuterungen und sonstigen literarischen Nachweisungen. Hg. v. AUGUST STÖBER. Basel.
GERVASIUS VON TILBURY. (1856). *Otia imperialia.* Hg. v. FELIX LIEBRECHT. Leipzig.
Gesammtabenteuer. (1850). 3 Bde. Hg. v. FRIEDRICH VON DER HAGEN. Stuttgart.
GESTA ROMANORUM. (1973). Geschichten von den Römern; Ein Erzählbuch des Mittelalters / Erstmalig in vollständ. Übers. u. hg. v. WINFRIED TRILLITZSCH. Leipzig.
GIRARDUS CAMBRENSIS. (2008). *Beschreibung von Wales.* Hg. v. und übers. v. PHILIPP M. SCHNEIDER. Berlin.
GÖDELMANN, JOHANN GEORG. (1592*).* *Von Zauberern Hexen und Unholden.* Warhafftiger und wolgegründeter Bericht... auffs fleißigste erteutschet mit einem sonderlichen Rathschlag und Bednekcen gemehret alles durch M. GEORGIUM NIGRINUM. Frankfurt a. Main.
GOTTFRIED VON STRASSBURG. (1985). *Tristan.* Nach dem Text von FRIEDRICH RANKE neu hg. v. u. ins Neuhochdeutsche übers. v. RÜDIGER KRON. 3 Bde. Stuttgart.
Göttweiger Trojanerkrieg. (1926). Hg. v. ALFRED KOPPITZ. Berlin. (=DTM 29).
GOWER. (2000). *Confessio Amantis.* Hg. v. RUSSELL A. PECK. Kalamazoo.
GRATIAN. (1879/1955). *Decretum* (=Concordantia discordantium canonum. Hg. v. AEMILIUS LUDWIG RICHTER und EMIL FRIEDBERG. 2 Bde. Leipzig/Graz.
GERGOR VON NYSSA. (1927). *Schriften.* Aus d. Griechischen übersetzt. München. (=Bibliothek der Kirchenväter 1. Reihe Bd. 56).
GREGOR VON TOURS (1964) *Zehn Bücher Geschichten.* RUDOLF BUCHNER. 2 Bde. Berlin.
GREGOR VON TOURS. (1988) *Fränkische Geschichte.* Nach der Übers. von WILHELM VON GIESEBRECHT. Neu bearb. von MANFRED GEBAUER. Essen.
GUILLAUME DE LORRIS und JEAN DE MEUN. (1976–1979). *Der Rosenroman.* Übers. von KARL A. OTT. 3 Bde. München.
HARTLIEB, JOHANN. (1998). *Das Buch der verbotenen Künste. Aberglauben und Zauberei des Mittelalters.* München.

HARTLIEB, JOHANN. (1914). *puoch aller verpoten kunst*. Hg. v. DORA ULM. Halle.
HARTMANN VON AUE (1968). *Iwein*. Hg. v. GUSTAV BENECKE und KARL LACHMANN. Berlin.
HARTMANN VON AUE (1984). *Erec*. Mittelhochdeutscher Text und Übertagung von THOMAS CRAMER. Frankfurt a. Main.
HEINRICH VON FRIEMAR. (1977). *Der Traktat über die Unterscheidung der Geister*. Lateinisch-mittelhochdeutsche Textausgabe. Bearb. v. ROBERT G. WARNOCK und ADOLAR ZUMKELLER. Würzburg.
HEINRICH VON LANGENSTEIN. (1977). *Unterscheidung der Geister*. Texte und Untersuchungen zu Übersetzungsliteratur der Wiener Schule. v. THOMAS HOHMANN. Zürich.
HEINRICH VON NEUSTADT. (1906). *Von Gottes Zukunft*. Nach der Heidelberger Handschrift hg. v. SAMUEL SINGER Berlin. (=DTM 7/2)
HEINRICH VON NEUSTADT. (1964). *Apollonius von Tyrlant*. Hg. v. SAMUEL SINGER. Dublin/ Zürich
HEINRICH VON DEM TÜRLIN. (1852). *Diu Crone*. Hg. v. GOTTLOB H. F. SCHOLL. Stuttgart.
HERBORT VON FRITSLAR. (1837). *Das liet von Troye*. Hg. v. KARL FROMMAN. Quedlinburg/ Leipzig.
HEINRICH VON VELDEKE. (1964). *Eneis*. Hg. v. GABRIELE SCHIEB /THEODOR FRINGS. Berlin. (=DTM 58).
HERMAS. (1991) *Der Hirt des Hermas*. übers. v. NORBERT BROX. Göttingen (=Komm. z. d. Apostolischen Vätern Bd. 7).
HERODOTUS (2004). *Historien*. Hrsg. u. übers. v. JOSEF FEIX. Düsseldorf.
HERBORT VON FRITSLAR. (1837). *Das liet von Troye*. Hg. v. KARL FROMMAN. Quedlinburg/ Leipzig
HESIOD. (2002). *Theogonie. Werke und Tage*. Griechisch und Deutsch. Hg. u. übers. v. ALBERT VON SCHIRNDING. Zürich.
HILDEGARD VON BINGEN. (1992). *Scivias, Wisse die Wege*, übers. von WALBURGA STORCH. Augsburg.
HIPPOLYTUS (1922). *Des heiligen Hippolytus von Rom Widerlegung aller Häresien*. KARL. V. PREYSING. München.
HOMER. (1988). ILIAS. ÜBERS. V. WILHELM SCHADEWALDT. Frankfurt a. Main.
HOMER. (1966) ODYSSEE. Übers. v. WILHELM SCHADEWALDT. Zürich.
HRABANUS MAURUS. (1862). *De magicis artibus*. Hg. v. JAQUES-PAUL MIGNE P. L. 110: Sp. 1098.
HUGO VON TRIMBERG. (1908–1911/1970). *Der Renner*. Hg. v. GUSTAV EHRISMANN. 4 Bde Tübingen/Berlin.
IRENÄUS. (1912). *Des heiligen Irenäus fünf Bücher gegen die Häresien*. Übers. v. ERNST KLEBBA. München (=Bibliothek der Kirchenväter 1. Reihe, Bd. 3 u. 4).
ISIDOR VON SEVILLA (1911). *Etymologiarum sive seu Originum* libri XX. Hg. v. WALLACE M. LINDSAY (=Scriptorum Classicorum Bibliothecae Oxoniensis Lat. 8, 1–2) Oxonii 1911 = Oxford.
ISIDOR VON SEVILLA. (1997). *Über Glauben und Aberglauben. Etymologien, VIII. Buch*. Übers. v. DAGMAR LINHART. Dettelbach.
JAKOB VON JÜTERBOGK. (1998). Ain subtil vnd schön büchlin von den abgeschydnen selen oder gaysten vs den liben. In: *Von der Wiederkehr der Seelen Verstorbener: Untersuchungen zu Überlieferung und Rezeption eines Erfolgstextes Jakobs von Paradies*. Hg. v. CHRISTOPH FASBENDER. Jena.
JAMBLICHUS. (1922) *Über die Geheimlehren*. Übers. und kommentiert von THEODOR HOPFNER. Leipzig.
JOHANNES AB INDAGINE. (1534). *Chiromantia*. Straßburg.
JOHANN VON WÜRZBURG (1906). *Wilhelm von Österreich*. Hg. v. ERNST REGEL (=DTM 3) Berlin.
JOHN OF SALISBURY (1990). *Policraticus*. Übers. u. Hg. v. CAREY J. NEDERMAN. Cambridge.
JOHANNES AB INDAGINE (1531). *Chiromantia. Argentoratum*. BSB M.
JONATHAN BEN UZZIEL. (1984). *Targum Pseudo-Jonathan of the Pentateuch: Text and Concordance*. Hg. v. Ernest G. Clarke. Hoboken/NJ.

JOHANN VON NÜRNBERG. (1939). De vita vagorum: In: *Lyrik des späten Mittelalters.* Hg. v. HERMANN MASCHEK. Leipzig: 194–202 und 311.
JOHANN VON WINTERTHUR. (1866). *Chronik.* Ins Deutsche übers. v. BERNHARD FREULER. Winterthur.
JUSTINUS MÄRTYRER. (2005). *Dialog mit dem Juden Tryphon.* Übers. v. PHILIPP HAEUSER. Wiesbaden.
KONRAD VON MEGENBERG. (1861). *Buch der Natur.* Hg. v. KONRAD PFEIFFER. Stuttgart.
KONRAD VON MEGENBERG. (1980). *Die deutsche Sphaera.* HG. V. FRANCIS B. BRÉVART. Tübingen (=Altdeutsche Textbibliothek 90).
KONRAD VON WÜRZBURG (1858). *Der Trojanische Krieg.* Hg. v. ADALBERT. V. KELLER Stuttgart. (=BLVS. 44).
KONRAD VON WÜRZBURG.(1963). *Engelhard.* Hg. v. PAUL GERECKE. Tübingen. (=ATB 17).
KONRAD VON WÜRZBURG. (1970). *Partonopier und Meliur.* Hg. v. KARL BARTSCH. Berlin.
KIRCHHOF HANS WILHELM. (1981). *Kleine Schriften, mit einer Bibliographie der ‚Wendunmuth'-Drucke.* Hg. v. BODO GOTZKOWSKY. Stuttgart.
(Prosa)-Lancelot. I-III (1948, 1963, 1967). Nach der Heidelberger Pergamenthandschrift Pal. Germ. 147. Hg REINHOLD KLUGE. BERLIN. (=DTM 42, 47, 63).
LAKTANZ. *Divinae institutiones.* Hg. v. JAQUES-PAUL MIGNE. P. L. 6 Sp. 336 und *Epitome divinarum instiutionum* cap. 23 CSEL 19: 673–761.
LAKTANZ. (1919). *Schriften.* Aus dem Lateinischen übers. v. ALOYS HARTL. München. (=Bibliothek der Kirchenväter, 1. Reihe, Band 36)
LAKTANZ. (1981) The Divine Institutes. books 1–7. Aus dem Lateinischen übers. v. Sr MARY FRANCIS MC DONALD. Washington.
LAMPRECHT. (1884). *Alexander.* Nach den drei Texten mit dem Fragment des Alberic von Besancon und den lateinischen Quellen. Hg. v. KARL KINZEL. Halle.
LERCHHEIMER, AUGUSTIN. [i.e. Hermann Witekind] (1585). *Christlich bedencken und erinnerung von Zauberey, Woher, was, und wie vielfeltig sie sey, wem sie schade könne oder nicht .. / Nur an vernünftige, redliche .. leute gestellet durch Augustin Lercheimer von Steinfelden.* Speier.
LERCHHEIMER, AUGUSTIN. (1888). *Schrift wider den Hexenwahn.* Hg. v. CARL BINZ. Strassburg.
LIBANIUS. (1967). *Autobiographische Schriften.* übers. v. PETER WOLF. Zürich.
Livländische Reimchronik. (1876/1963). Hg. v. LEO MEYER. Pderborn/ Hildesheim.
Lohengrin. (1971). Hg. v. THOMAS CRAMER. München.
Losbuch in deutschen Reimpaaren. (1973) Hg. v. WERNER ABRAHAM. Losbuch in deutschen Reimpaaren. Vollst. Faks.-Ausg. im Originalformat des Codex Vindobonensis Series nova 2652 d. Österr. Nationalbibliothek. [1. 2.] – Graz.
LUCANUS (1989). *Pharsalia. Der Bürgerkrieg.* lateinisch und deutsch. Übers. v. GEORG LUCK. Berlin.
LUCIANUS von Samosata (1997). *Alexandros oder der Lügenprophet.* Hg. v. ULRICH VICTOR. Leiden.
LUTHER, MARTIN. (1883-2009). Werke. Kritische Gesamtausgabe. 120 Bde. Weimar.
MACROBIUS. (1970). *Comentarii in Somnium Scipionis.* Hg. v. JAMES WILLIS. Leipzig.
MACROBIUS. (1952). *Commentary on the Dream of Scipio.* Übers. v. WILLIAM HARRIS STAHL. New York.
MARTIN VON AMBERG. (1958). *Der Gewissensspiegel.* Hg. v. STANLEY NEWMAN WERBOW. Berlin (=Texte des späten Mittelalters 7).
MEYRINK, GUSTAV. (1927). *Der Engel vom westlichen Fenster.* Leipzig.
MILICHIUS, LUDWIG. (1970). Der Zauber Teuffel. In: *Teufelsbücher in Auswahl* Bd. I. Hg. v. RIA STAMBAUGH. Berlin.
MINUCIUS FELIX. (1991). *Octavius.* Lateinisch – deutsch. Hg. v. übers. v. BERNHARD KYTZLER. Darmstadt.
MOSES MAIMONIDES. (1994). *Mischne Tora. Das Buch der Erkenntnis.* Hebräisch – Deutsch. Hg. v. EVELYN GOODMAN-THAU. Berlin.
MOSES MAIMONIDES (1995). *Führer der Unschlüssigen.* Hg. u. übers. v. ADOLF WEISS. Berlin.

Das Nibelungenlied. (1971). Hg. v. MICHEL S. BATTS. Tübingen.
NIDER, JOHANN D. (1971). *Formicarius.* Einführung: HANS BIEDERMANN. Graz.
ORIGENES. (1986). *Gegen Kelsos.* Übers. v. PAUL KOETSCHAU. München.
PAULI, JOHANNES. (1924). *Schimpf und Ernst.* Hg v. JOHANNES BOLTE. Berlin.
PAUSANIAS. (2001). *Reisen in Griechenland.* Übers. v. ERNST MEYER. Hg. v. FELIX ECKSTEIN. 3 Bde. Düsseldorf.
Peycht Spigel der sünder (1510). Nürnberg.
PETRUS ALFONSI. (1982*) Der Dialog des Petrus Alfonsi*: Seine Überlieferungen im Druck und in den Handschriften. Textedition. Hg. v. KLAUS –PETER MIETH. Diss. Berlin.
PETRUS ALFONSI. (1992). *Die Kunst, vernünftig zu leben.* Übers. v. EBERHARD HERMES. Augsburg.
PETRUS COMESTOR. (1857) *Historia scholastica.* Liber Deuteronomi cap. 8. Hg. v. JAQUES-PAUL MIGNE P. L. 198: Sp. 1253.
PEUCER, CASPAR. (1553). *Commentarius de praecipius divinationum grneribus.* Wittenberg.
PFAFFE KONRAD. (1967). *Rolandslied.* Hg. v. K. WESLE. Bearb. v. PETER WAPNEWSKI. Tübingen.
PFAFFE LAMBREHT. (1884). *Vorauer Alexander.* Hg. v. KARL KINZEL. Halle/Saale.
PHILO VON ALEXANDRIA. (1909–1938,1964) *Werke.* Übers. u. hg. v. LEPOLD COHN/ ISAAK HEINEMANN/ MAXIMILIAN ADLER. Berlin.
PHLEGON. (2002). *Das Buch der Wunder und Zeugnisse seiner Wirkungsgeschichte.* Übers. u. hg. v. KAI BRODERSEN. Darmstadt.
PINDAR. (2003). *Siegeslieder.* Griechisch-Deutsch. Hg. und übers. v. DIETER BREMER. Düsseldorf.
PLATON (ab 1993). *Werke.* Bisher 12 Bände mit Übersetzung und Kommentar v. ERNST HEITSCH Göttingen.
PLEIER. (1861). *Meleranz.* Hg. v. KARL BARTSCH. Stuttgart (=StLV 60).
PLINIUS, C. S. (1968). *Historia Naturalis.* Übers. v. MAX ERNST U. DIETRICH STRACK. 3 Bde. Darmstadt.
PLUTARCH. (1979*). Werke.* Übers. v. KONRAT ZIEGLER. 6 Bde. München.
PLUTARCH. (1997). Moralphilosophische Schriften. Hg. u. übers. v. HANS-JOSEPH KLAUCK. Stuttgart.
PLUTARCH. (2009) *De Pythiae oraculis.* Text, Einleitung und Kommentar von STEPHAN SCHRÖDER. Stuttgart.
POSEIDONIOS. (1982). *Die Fragmente.* Hg. v. WILLY THEILER. 2 Bde. Berlin.
PSEUDO-ARISTOTLE. (1982). *The ‚Secret of Secrets'* Hg. v. W. F. RYAN/CH. B. SCHMITT. London.
PSEUDO-PHILO. (1979). *Liber antiquitatem Bbilicarum.* Hg. v. CHRISTIAN DIETZFELBINGER. Gütersloh.
RAUSCHER, WOLFGANG. (1690). *Öl und Wein dess mitleidigen Samaritans. Für die Wunden der Sünder.* Dillingen.
REGINO VON PRÜM (2004) *Das Sendbuch.* Hg. u. übers. v. WILFRIED HARTMANN. Darmstadt.
Reinfried von Braunschweig. (1871). Hg. v. KARL BARTSCH. Tübingen. (=StLV 109).
RIMBERT HAMBURGIENSIS. (1884). *Vita Anskarii.* Hg. v. GEORG WAITZ. (=MGH: Scriptores Rerum Germ 55.)
RIMBERT. (1921). *Anskar the Apostle of the North. 801–865.* Übers. v. CHARLES ROBINSON. London.
ROTHMANN, JOHANN. (1559). *Chiromantiae theoria practica concordantia genethliaca.* Erfurt.
RUDOLF VON EMS. (1928/1970). *Alexander.* Hg. v. VIKTOR JUNK. Leipzig/Darmstadt.
RUDOLF VON EMS. (1986). *Der guote Gerhart.* Hg. v. JEFFREY ASHER. Tübingen (=ATB 56).
RUDOLF VON EMS. (1915). *Weltchronik.* Hg. v. GUSTAV EHRISMANN. Berlin (=DTM 20).
SACHS, HANS. (1870–1982). *Werke.* Hg. v. ADELBERT VON KELLER und EDMUND GOETZE. Stuttgart/Hildesheim.
SACHS, HANS. (1830/1995). *Eine Auswahl für Freunde der älteren vaterländischen Dichtkunst.* München.
SACHS, HANS. (1955). *Sämtliche Fabeln und Schwänke*; in chronologischer Ordnung nach den Originalen. Hg. v. EDMUND GOETZE. Halle.

SACHS, HANS. (1880ff.). *Sämtliche Fastnachtspiele*; in chronologischer Ordnung nach den Originalen. Hg. v. EDMUND GOETZE. Halle.
Salman und Morolf. (1978). Hg. v. ALFRED KARNEIN. Tübingen.
SAXO GRAMMATICUS (1899). *Die ersten neun Bücher der dänischen Geschichte.* Übers. und erl. v. HERMANN JANTZEN. Berlin.
SAXO GRAMMATICUS (1900). *Die Heldensagen.* Übers. v. FRIEDRICH HERMANN. Bd. II übers. v. HERMANN JANTZEN, Berlin.
SAXO GRAMMATICUS (1979). *The history of the Danes.* Hg. v. HILDA E. DAVIDSON, et al. Cambridge.
SAXO GRAMMATICUS (2004). *Gesta Danorum: Sagen und Legenden.* Wiesbaden.
Sibyllinische Weissagungen (1998). Griechisch-deutsch. Übers. v. auf der Grundlage der Ausgabe von ALFONS KURFESS neu übers. u. hg. v. JÖRG-DIETER GAUGER. Düsseldorf.
SNORRIS Königsbuch. *Heimskringla* (1922). Hg. v. FELIX NIEDNER. (=Thule 14–16). Jena.
SOMNIALE DANIELIS. (1981). *An Edition of Medieval Latin Dream Interpretation Handbook.* Hg. v. LAWRENCE T. MARTIN. Frankfurt a. Main.
Sociabilis. (1855). Erzählungen aus altdeutschen Handschriften. Hg. v. ADALBERT VON KELLER. Stuttgart. (=StLV 35): 132–149.
SPARTIANUS (1956ff.): Die Lebensgeschichte des Didius Julianus (Didii Juliani vita). In: *Die Kaisergeschichte der sechs Schriftsteller: Aelius Spartianus, Iulius Capitolinus, Aelius Lampridius, Vulcatius Gallicanus, Trebellius Pollio, Flavius Vopiscus.* Übers. und mit Anmerkungen begleitet von C. AUGUST CLOSS. Stuttgart.
STEPHAN VON LANDSKRON. (1979). *Die Hymelstrasz.* Hg. v. GERARDUS JOHANNES JASPERS. Amsterdam (=Quellen und Forschungen zur Erbauungsliteratur des späten Mittelalters 13).
STRABON. (2002–2010). *Geographika.* 9 Bde. Übers. u. Kommentar von STEFAN RADT. Göttingen.
STRICKER. (1967). Die drei Wünsche. In: *Verserzählungen.* Hg. v. HANNS FISCHER. Tübingen (=ATB 53) NR.1, 1–11.
STRICKER. (1867/1965). *Karl der Große.* Hg. v. KARL BARTSCH. Qudlinburg/Berlin.
STRICKER. (1978). *Die Kleindichtung.* Hg. v. WOLFGANG MOELLEKEN et al. Göppingen.
STRICKER. (1990). *Der Pfaffe Amis.* Hg. v. KIN'ICHI KAMIHARA. Göppingen (=GAG 233).
Suidae Lexikon. (1928–1938/1994–2001). Hg. v. ADA ADLER. Leipzig.
TACITUS. (2001). *Germania.* Lateinisch und Deutsch. Übers. v. ALFONS STÄDELE. München.
Targum Pseudo-Jonathan of the Pentateuch: Text and Concordance. (1984) *With Collaboration by W. E. Aufrecht, J. C. Hurd, and F. Spitzer.* Hg. v. ERNEST G. CLARKE. Hoboken. /NJ.
TERTULLIAN. (1980). *De anima.* Übers. v. JAN WASZINK. München (= Werke des Q. Septimius Florens Tertullianus Bd. 1).
TERTULLIAN. (1984). *Apologeticum. Verteidigung des Christentums.* Lateinisch und Deutsch Hg. u. übers. v. CARL DECKER. Darmstadt.
THALHOFER, Hans. (1889) *Fechtbuch.* Hg. v. GUSTAV HERGSELL. Prag.
THEOPHRAST VON HOHENHEIM GEN. PARACELSUS (1922ff *Sämtliche Werke.* Hrsg. von KARL SUDHOFF. München.
The complete Medieval Dreambook. (1982) Hg v. STEVEN R. FISCHER. Frankfurt a. Main.
THOMAS VON AQUIN. (1964–1966). *Summa theologica.* London u. New York.
THOMAS VON AQUIN. (1933ff.) *Summa theologica.* Übers. v. Dominikanern und Benediktinerns Deutschlands und Österreichs. Bis jetzt 34 Bde. Graz.
THOMAS VON AQUIN. (1927). *Opuscula* III Paris: 144–162.
THOMASIN VON ZERKLAERE. (1965). *Der welsche Gast.* Hg. v. FRIEDRICH NEUMANN. Berlin.
ULRICH BONER. (1844). *Der Edelstein.* Hg. v. FRIEDRICH PFEIFFER. Göschen.(=Dichtung des deutschen Mittelalters 4)
ULRICH VON POTTENSTEIN. (1995) *Dekalog Auslegung. Das erste Gebot. Text und Quellen.* Hg. v. *Gabriele Baptist-Hlawatsch.* Tübingen.
ULRICH VON DEM TÜRLIN. (1999). *Arabel.* Hg. v. FRIEDRICH SCHRÖDER. Stuttgart.

ULRICH VON TÜRHEIM. (1938). *Rennewart.* Hg. v. ALFRED HÜBNER. Berlin. (=DTM 39).
ULRICH VON ZATZIKHOVEN. (1845/1965). *Lanzelet.* Hg. v. KARL A. HAHN. Frankfurt/Berlin.
VINTLER, HANS. (1874) *Pluemen der tugent.* Hg. v. IGNAZ VON ZINGERLE. Innsbruck.
Vorauer Novelle. (1866). Hg. v. ANTON E. SCHÖNBACH. In: Studien zur Erzählliteratur des Mittelalters, Part 2. Wien. (=Sitzungsber. d. ÖAW Phil. Hist. Kl. 140).
WALTHER VON DER VOGELWEIDE. (1996). *Leich, Lieder, Sangsprüche.* Hg. v. CHRISTOPH CORMEAU. Berlin.
WERNHER DER GARTENÆRE. (1974). *Helmbrecht.* Hg. v. FRIEDRICH PANZER. bearb. v. KURT RUH. Tübingen. (=ATB 11).
WEYER, JOHANN (1586/1969). *Von Teuffelsgespenst, Zauberern und Gifftbereytern, Schwartzkünstlern, Hexen und Unholden. Erstlich durch Johannem Weier in Latein beschrieben, nachmals von Johannes Fuglino verteutscht, jetzund aber auffs neuw ubersehen.* Darmstadt.
WEYER, JOHANN. (1991). *Witches Devils and doctors in the Reniassance. De Prestigiis Daemonum* übers. v. JOHN SHEA. Bingham.
WEYER, JOHANN. (1998). *On Witchcraft.* An abridged translation of Johann Weyer's De prestigiis Deamonum. ERIC MIDELFORT und BENJAMIN G. KOHL. Ashville.
WILHELM VON MALMESBURY (1887–89). *Gesta regum Anglorum.* Hg. u. übers. v. ROGER A. B. MYNORS. 2 Bde. London.
WOLFRAM VON ESCHENBACH (1932/1965). *Parzival.* Hg. v. KARL BARTSCH. Parzival und Titurel. 4. Aufl. bearb. v. MARTA MARTI. (=Dt. Klassiker d. Mittelalters 9–11) Leipzig.
WOLFRAM VON ESCHENBACH. (1994). *Willehalm.* Hg. v. JOACHIM HEINZLE. Tübingen. (=ATB 108).
WIRNT VON GRAFENBERG. (1926). *Wigalois.* Hg. v. J.M.N. KAPTEYN. Bonn 1926.
WIRNT VON GRAFENBERG. (2005). *Wigalois.* Nach der Ausgabe J.M.N. Kapteyn übers. mit Nachwort v. SABINE und ULRICH SEELBACH. Berlin.

D. Sekundärliteratur

ABRAHAM, WERNER (1968). „Studien zu einem Wahrsagetext des späten Mittelalters." In: *Hessische Blätter für Volkskunde* 59: 9–24.
ABRAHAMSE, DOROTHY D. (1982). „Magic and Sorcery in the Hagiography of the Middle Byzantine Period." In: *Byzantinische Forschungen* VII: 3–17.
ABT, ADAM. (1908). *Die Apologie des Apuleius von Madaura und die antike Zauberei.* Gießen.
ACKERMANN-ARLT, BEATE. (1990). *Das Pferd und seine epische Funktion im mittelhochdeutschen Prosa-Lancelot.* Berlin.
ADAM, KLAUS-PETER. (2004). „Wendet sich nicht ein Volk an seine Götter, zugunsten der Lebenden an die Toten?"(Jes 8,19) Unterwelt und Totenbefragung im Jesajabuch und in Samuel 28. In: *Schriftprophetie.* Fs J: Jermias. Hg. v. FRIEDHELM HARTENSTEIN/JUTTA KRISPENZ/ AARON SCHART. Neunkirchen-Vluyn: 103–120.
ADALSTEINSSON, JON H. (1978). *Under the cloak. The Acceptance of Christianity in Iceland with particular Reference to the Religious attitudes prevailing at the time.* Uppsala.
AHREND-SCHULTE, INGRID / BAUER, DIETER R. / LORENZ, SÖNKE / SCHMIDT, JÜRGEN MICHAEL (Hrsg.). (2002). *Geschlecht, Magie und Hexenverfolgung.* Bielefeld.
ALKIER, STEFAN. (2001). *Wunder und Wirklichkeit in den Briefen des Apostels Paulus. Ein Beitrag zu einem Wunderverständnis jenseits von Entmythologisierung und Rehistorisierung.* Tübingen.
ALPHANDÉRY, PIERRE (1905). „De quelques faits de prophétisme dans des sectes latines antérieures au joachimisme." In: *Revue de l'histoire des religions* LII:. 177–218.
AMANDRY, PIERRE. (1950). *La mantique apollinienne à Delphes: essai sur le fonctionnement de l'oracle.* Paris.

AMMAN, HARTMANN. (1914). „Die Hexenprozesse im Fürstentum Brixen." In: *Forschungen und Mitteilungen zur Geschichte Tirols und Vorarlbergs* 11: 82–86, 144–166, 227–237.
ANDRES, KATHARINA. (1999). *Antike Physiognomie in Renaissanceporträts.* Frankfurt a. Main.
ANTON, HANS HUBERT. (1994). Regino von Prüm. In: *Biographisch-Bibliographisches Kirchenlexikon.* THEODOR BAUTZ. Herzberg. VII: Sp. 1483–1487.
ANTON, JOHN, P. (1992). Theourgia – Demiourgia: A Controversial Issue in Hellenistic Thought and Religion. In: *Neoplatonism and Gnosticism.* Hg v. RICHARD T. WALLIS / JAY BREGMAN. Albany: 9–31.
APHEK, EDNA / YISHAI TÔBÎN (1989). *The semiotics of fortune-telling.* Amsterdam.
APP, URS /AXEL LANGER, et al. (1999). *Orakel: der Blick in die Zukunft; Sonderausstellung zur Jahrtausendwende.* Zürich.
ARAÚJO CALDAS, MARCOS JOSÉ (2003). *Delphi – Orakel der Mächtigen: Untersuchungen zur Geschichte, Funktion und Bedeutung des delphischen Orakels in archaischer Zeit.* Bonn.
ARNIM, HANS v. (1921). *Plutarch über Dämonen und Mantik.* Amsterdam.
ASSION, PETER. (1973). *Altdeutsche Fachliteratur.* Berlin. (= Grundlagen der Germanistik Bd. 13).
ASSION, PETER. (1978). Art. Arnold von Freiburg. In: *VL* Bd. 1: Sp. 470–471.
ASSION, PETER. (1991). Kirchenlehre und Volksglaube in der spätmittelalterlichen Fegefeuer- und Geisterliteratur. In: *Geist und Zeit. Wirkungen des Mittelalters in Literatur und Sprache.* Hg. v. CAROLA L. GOTTZMANN und HERBERT KOLB. Frankfurt a. Main.: 255–275.
ASSION, PETER. (1991). Von den abgeschiedenen Seelen. Kirchenlehre und Volksglaube in der spätmittelalterlichen Fegefeuer- und Geisterliteratur. In: *Geist und Zeit. Wirkungen des Mittelalters in Literatur und Sprache. Festschrift für Roswitha Wisniewski zu ihrem 65. Geburtstag.* Hg. v. CAROLA GOTZMANN und HERBERT KOLB. Frankfurt: 255–275.
AUNE, DAVID. (1980). „Magic in Early Christianity". In: *Principat* 23/2: 1507–1557.
AUSTIN, GRETA. (2009). *Shaping church law around the year 1000 the „Decretum" of Burchard of Worms.* Aldershot.
AXON, WILLIAM E. A. (1907). *Divination by books.* Manchester.
BACHORSKI, HANS-JÜRGEN. (1996). Briefe Träume, Zeichen. Erzählperspektivierung in Johann Hartliebs ‚Alexander'. In Erzählungen und Erzählungen. Hg. v. HARALD HAFERLAND und MICHAEL MECKLENBURG. München: 371–391.
BACHORSKI, HANS-JÜRGEN. (2004). Interpreting dreams in medieval literature. In: *Dreams and History. The Interpretation of Dreams from Ancient Greece to Modern Psychoanalysis.* Hg. v. DANIEL PICK u. LYNDAL ROPER. London: 57–90.
BACHTER, STEPHAN. (2005). *Anleitung zum Aberglauben.* Diss. Hamburg.
BÄCHTHOLD-STÄUBLI, HANNS (1932/1987). Art. Buch. In: *HDA* Bd. I: Sp. 1688–1690.
BÄCHTHOLD-STÄUBLI, HANNS (1932/1987). Art. Finger. In: *HDA* Bd. II: Sp.1478–1496.
BÄCHTHOLD-STÄUBLI, HANNS (1932/1987). Art. Fingernagel. In: *HDA* Bd. II: Sp.1500–1507.
BAILEY, MICHAEL. (2001). „From Sorcery to Witchcraft: Clerical Conceptions of Magic in the Later Middle Ages". In: *Speculum* 76: 960–990.
BARBER, MALCOLM. (2006). *The trial oft he templars.* Cambridge.
BARGHEER, ERNST. (1932/1987). Art. Leber. In: *HdA* Bd. 5: Sp. 980–981.
BARONE, ROBERT W. (1989). *The Reputation of John Dee: A Critical Appraisal.* Ph. D. Thesis. Ohio.
BARTLETT, JOHN R. (1985). *Jews in the Hellenistic world. Josephus, Aristeas, the Sibylline oracles. Eupolemus.* Cambridge.
BARTLETT, ROBERT. (1986). *Trial by Fire and Water. The medieval Judicial Ordeal.* Oxford.
BATSCH, CHRISTOPHE. (1999). Qurîm et toumimîm: Un oracle de guerre dans la judaïsme du second temple. In: *Antike Religionen im Mittelmeerraum. Potsdamer Altertumswissenschaftliche Beiträge.* Hg. v. CHRISTOPHE BATSCH et al. Stuttgart: 43–56.
BAUER, KARL-GEORG. (1937). *Sternkunde und Sterndeutung der Deutschen im 9. – 14. Jahrhundert.* Berlin.
BAUMANN, KARIN. (1989). *Aberglaube für Laien. Zur Programmatik und Über Lieferung mittelalterlicher Superstitionenkritik.* 2 Bde. Würzburg. (=Quellen und Forschungen zur Europäischen Ethnologie. Hg. v. DIETER HARMENING Bd. 6, 1 u. 6,2).

BAWANYPECK, DALIAH (2005). *Die Rituale der Auguren.* Heidelberg.
BECHER, MATTHIAS. (2005). Mantik und Prophetie in der Historiographie des frühen Mittelalters. Überlegungen zur Merowinger-und frühen Karolingerzeit. In: *Mantik. Profile prognostischen Wissens in Wissenschaft und Kultur.* Hg. v. WOLFRAM HOGREBE. Würzburg: 167–188.
BECKER, HARTMUT. (1984). „Eine spätmittelalterliche deutsche Anleitung zur Teufelsbeschwörung mit Runenschriftverwendung." In: *ZfdA* 113: 136–45.
BECKER, MICHAEL. (2002). *Wunder und Wundertäter im frührabbinischen Judentum: Studien zum Phänomen und seiner Überlieferung im Horizont von Magie und Dämonismus.* Tübingen (=Wissenschaftliche Untersuchungen zum Neuen Testament: Reihe 2).
BEHRINGER, WOLFGANG (Hrsg.). (1988). *Hexen und Hexenprozesse.* München.
BEHRINGER, WOLFGANG. (1994). *Conrad Stoeckhlin und die Nachtschar. Eine Geschichte aus der Frühen Neuzeit.* München.
BEHRINGER, WOLFGANG. (1988). *Mit dem Feuer vom Leben zum Tod. Hexengesetzgebung in Bayern.* München.
BENDEMANN, REINHARD VON. (2009). Krankheit in neutestamentlicher Sicht. In: *Krankheitsdeutung in der postsäkularen Gesellschaft. Theologische Ansätze im interdisziplinären Gespräch.* Hg. v. GÜNTER THOMAS u. ISOLDE KURZ. Stuttgart: 163–185.
BENDER, HANS. (1966): *Parapsychologie: Entwicklung, Ergebnisse, Probleme,* Darmstadt.
BENEDIKTER, HANS. (2000). *Hexen und Zauberer in Tirol.* Bozen.
BENZ, ERNST. (1969). *Die Vision. Erfahrungsformen und Bilderwelt.* Stuttgart.
BENEZÉ, EMIL. (1897). *Das Traummotiv.* Halle.
BENZENHÖFER, UDO. (2005). Die prognostischen und mantischen Schriften des Paracelsus. In: *Mantik. Profile prognostischen Wissens in Wissenschaft und Kultur.* Hg. v. WOLFRAM HOGREBE. Würzburg: 189–200.
BERCHMAN, ROBERT M. (1987). „Arcana Mundi: Magic and divination in the *De Somniis* of Philo of Alexandria." In: *Society of Biblical Literature* 26: 403–438.
BERCHMAN, ROBERT M. (1998). „Arcana Mundi: Prophecy and Divination in the Vita Mosis of Philo of Alexandria." In: *Society of Biblical Literature* 27: 385–423.
BERCHMAN, ROBERT M. (1998). „Arcana Mundi between Ballam and Hecate: prophecy, Divination and Magic in Later Platonism." In: *Society of Biblical Literature* 28: 107–185.
BERCHMAN, ROBERT M. (1998). *Mediators of the divine: horizons of prophecy, divination, dreams, and theurgy in Mediterranean antiquity.* Atlanta.
BERGE, CHRISTINE et al. (2004). *Le mythe: pratiques, récits, théories.* Paris.
BERGENGRUEN, MAXIMILIAN. (2009). Genius malignus: Descartes, Augustinus und die frühneuzeitliche Dämonologie. In: *Unsichers Wissen. Skeptizismus und Wahrscheinlichkeit 1550–1850.* Hg. v. CARLOS SPOERHASE et al. Berlin: 87–108.
BERGIER, JEAN-FRANCOIS. (1988). *Zwischen Wahn, Glaube und Wissenschaft.* Zürich.
BERMAN, MICHAEL. (2008). *Divination and the shamanic story.* Newcastle.
BERSEZ, JACQUES. (1977). *Divination et radiesthésie du pendule divinatoire à l'émission d'ondes.* Paris.
BERTOLOTTI, MAURI. (1991). „The Ox's Bones and the Ox's Hide. A Popular Myth, Part Hagiography and Part Witchcraft." In: Microhistory and the Lost Peoples of Europe. Hg. v. E. Muir und G. Ruggiero. London: 42–70.
BESTERMANN, THEODORE. (1965). *Crystal-Gazing.* New York.
BHAYRO, S. (2000). *A text critical and literary analysis of 1 Enoch 6–11.* London.
BIEDERMANN, HANS (1984). *Hexen.* Graz.
BIEDERMANN, HANS (1968). *Handlexikon der magischen Künste von der Spätantike bis zum 19. Jahrhundert.* Graz.
BIELER, O.V. (1932/1987)Art. Spiegel. In: *HDA* Bd. IX: Sp. 547–577.
BILLER, PETER/ZIEGLER, JOSEPH (Hrsg.) (2001). *Religion and Medicine in the Middle Ages.* Woodbridge. (=York Studies in Medieval Theology III).
BIRKHAN, HELMUT (1992). Petrus Alfonsi als Mittler zwischen lateinischer-christlicher Tradition und orientalisch-arabischer Weisheit. In: *Die Juden in ihrer mittelalterlichen Umwelt.* Hg. v. ALFRED EBENBAUER. Wien: 79–96.

BIRKHAN, HELMUT (1997). *Kelten. Versuch einer Gesamtdarstellung.* Wien u.ö.
BISCHOFF, BERNHARD. (1959). „Übersicht über die nichtdiplomatischen Geheimschriften des Mittelalters." In: *Mitteilungen des Institutes f. österr. Geschichtsforschung* 62: 1–27.
BITEL, LISA M. (1991). „In visu noctis. Dreams in European Hagiography and Histories, 450–900." In: *History of Religions* 31. 39–59.
BIWER, ANNE L. (2002). *Wahrsagen mit Spielkarten: Deutungen und Legemethoden.* Darmstadt.
BJÖRCK, Gudmund. (1939). „Heidnische und christliche Orakel mit fertigen Antworten." In: *Symbolae Osloensis* 19: 86–98.
BLAMIRES, DAVID. (1982). „Hans Folzens ‚Die Wahrsagebeeren' als Quelle für ‚Ulenspiegel' in Historie 35." In: *ZfdA* 111: 53–60.
BLANK, WALTER. (1962). *Die Nonnenviten des 14. Jahrhunderts. Eine Studie zur hagiographischen Literatur des Mittelalters unter besonderer Berücksichtigung der Visionen und ihrer Lichtphänomene.* Diss. Freiburg.
BLANK, WALTER. (1996). Providentia oder Prognose? Zur Zukunftserwartung im Spätmittelalter. In: *Das Mittelalter* 1. Hg. v. JOERG O. FICHTE. Berlin: 91–110.
BLAU, LUDWIG (1898). *Das altjüdische Zauberwesen.* Budapest.
BLAUERT, ANDREAS. (1989). *Frühe Hexenverfolgungen. Schweizerische Ketzer- Zauberei-, und Hexenprozesse des 15. Jahrhunderts.* Hamburg.
BLÉCOURT, WILLEM DE. (1994). „Witch Doctors, Soothsayers, and Priests. On Cunning Folk in European Historiography and Tradition". In: *Social History* 19: 285–303.
BLENKINSOPP, J. (1998). *Geschichte der Prophetie in Israel.* Stuttgart.
BLOCH, RAYMOND. (1984). *La divination dans l'antiquité.* Paris.
BLOCH, RAYMOND. (1991). *La divination: essai sur l'avenir et son imaginaire.* Paris.
BLUM, ELISABETH. (1936). *Das staatliche und kirchliche Recht des Frankenreiches in seiner Stellung zum Dämonen-, Zauber-, und Hexenwesen.* Paderborn. (= Veröffentlichungen der Görresgesell. 72).
BLUMENBERG, HANS. (1988). *Der Prozeß der theoretischen Neugierde.* Frankfurt/M.
BOEHM, FRITZ (1932/1987). Art. Angang. In: *HDA* Bd. I: Sp. 409–435.
BOEHM, FRITZ (1932/1987). Art. Artomantie. In: *HDA* Bd. I: Sp. 606–607.
BOEHM, FRITZ (1932/1987). Art. Botanomantie. In: *HDA* Bd. I: Sp. 1482–1485.
BOEHM, FRITZ (1932/1987). Art. Brechomantie. In: *HDA* Bd. I: Sp. 1537.
BOEHM, FRITZ (1932/1987). Art. Bürstenorakel. In: *HDA* Bd. I: Sp. 1713.
BOEHM, FRITZ (1932/1987). Art. Elaiosemantik. In: *HDA* II: Sp. 755–758.
BOEHM, FRITZ (1932/1987). Art. Chiromantie. In: *HDA* Bd. II: Sp. 37–53.
BOEHM, FRITZ (1932/1987). Art. Gastromantie. In: *HDA* Bd. III: Sp. 312–314.
BOEHM, FRITZ (1932/1987). Art. Geomantie. In: *HDA* Bd. III: Sp. 635–647.
BOEHM, FRITZ (1932/1987). Art. Geräuschwahrsagung. In: *HDA* Bd. III: Sp. 660–668.
BOEHM, FRITZ (1932/1987). Art. Horchen. In: *HDA* Bd. IV: Sp.312–325.
BOEHM, FRITZ (1932/1987). Art. Hydromantie. In: *HDA* Bd. IV: Sp. 548–574.
BOEHM, FRITZ (1932/1987). Art. Jucken. In: *HDA* Bd. IV: Sp. 788- 799.
BOEHM, FRITZ (1932/1987). Art. Kapnomantie. In: *HDA* Bd. IV: Sp. 974–980.
BOEHM, FRITZ (1932/1987). Art. Katoptromantie. In: *HDA* Bd. IV: Sp. 1090–1107.
BOEHM, FRITZ (1932/1987). Art. Kleidomantie. In: *HDA* Bd. IV: Sp. 1518–1527.
BOEHM, FRITZ (1932/1987). Art. Kristallomantie. In: *HDA* Bd. V: Sp. 578–594.
BOEHM, FRITZ (1932/1987). Art. Lekanomantie. In: *HDA* Bd. V: Sp. 1205–1208.
BOEHM, FRITZ (1932/1987). Art. Losnächte. In: *HDA* Bd. V: Sp. 1402–1405.
BOEHM, FRITZ (1932/1987). Art. Lostage. In: *HDA* Bd. V: Sp. 1405–1425.
BOEHM, FRITZ (1932/1987). Art. Molybodomantie. In: *HDA* Bd. VII: Sp. 462–445.
BOEHM, FRITZ (1932/1987). Art. Pithomantie. In: *HDA* Bd. VII: Sp. 36.
BOEHM, FRITZ (1932/1987). Art. Spatulimantie. In: *HDA* Bd. VIII: Sp. 125–140.
BÖLDL, KLAUS. (2005). *eigi einhamr.* Berlin.
BOLTE, JOHANN. (1903). Losbücher: In: Georg Wickrams Werke. Hg. v. JOHANN BOLTE. Bd. 4 Tübingen (=STLV 230): 276–348.

BOLTE, JOHANN. (1925). Zur Geschichte der Punktier- und Losbücher. In: *Jahrbuch für historische Volkskunde Bd. 1: Die Volkskunde und ihre Grenzgebiete*. Berlin: 185–214.
BOUCHÉ-LECLERCQ, AUGUSTE. (1879). *Histoire de la divination dans l'antiquité*. Paris.
BOUCHÉ-LECLERCQ, AUGUSTE. (1879). *Introduction, divination hellénique (méthodes)*. Paris.
BOUCHÉ-LECLERCQ, AUGUSTE. (1880). *Les sacerdoces divinatoires, devins, chresmologues, Sibylles, oracles des dieux*. Paris.
BOUCHÉ-LECLERCQ, AUGUSTE. (1880). *Oracles de dieux (suite), oracles des Héroes et des morts, oracles exotiques hellénisés*. Paris.
BOUCHÉ-LECLERCQ, AUGUSTE. (1882*). Divination italique (étrusque – latine – romaine), Index general*. Paris.
BOUCHÉ-LECLERCQ, AUGUSTE. (1879/1975). *Histoire de la divination dans l'antiquité*. New York.
BOUDET, JEAN-PATRICE. (2006). *Entre science et nigromance: astrologie, divination et magie dans l'Occident médiéval (XIIe – XVe siècle)*. Paris.
BOWDEN, HUGH. (2005). *Classical Athens and the Delphic oracle: divination and democracy*. Cambridge.
BOYARIN, D. (2004). *Border lines: the partition of Judaeo-Christianity*. Philadelphia.
BRANDT, HARTWIN. (1998). „Pythia, Apollon und die älteren griechischen Tyrannen." In: *Chiron* 28:193–212.
BRANN, NOEL. (1999). *Trithemius and magical theology; a chapter in the conroversy over occult studies in early modern Europe*. albany NY.
BRAUCEK, MARGARETE. (1943). *Das Crimen Magiae und sein Prozess in Deutschland*. Diss. Wien.
BREMMER, JAN N. (1996). The Status and Symbolic Capital of the Seer. In: *The Role of Religion in the Early Greek Polis*. Hg. v. ROBIN HÄGG. Stockholm: 303–317.
BREMMER, JAN N. (1993). „Prophets, Seers, and Politics in Greece, Israel, and Early Modern Europe". In: *Numen* 40: 150–183.
BREMMER, JAN N. (2002). *The metamorphosis of magic from late antiquity to the early modern period*. Leuven.
BRÉVART, FRANCIS B. (1983). Art. Johann von Sacrobosco. In: *VL* Bd. 4: Sp. 731–736.
BRÉVART, FRANCIS B. (1985). Losbuch (gereimt). In: *VL* Bd. 5: Sp. 912–913.
BRÉVART, FRANCIS B. / HAAGE BERHARD D. (1989). Planetentraktate. In: *VL* Bd. 7: Sp. 715–723.
BRODERSEN, KAI. Hg. (2001). *Prognosis: Studien zur Funktion von Zukunftsvorhersagen in Literatur und Geschichte seit der Antike*. Münster.
BROSSEDER, CLAUDIA. (2004). *Im Bann der Sterne: Caspar Peucer, Philipp Melanchthon und andere Wittenberger Astrologen*. Berlin.
BROWE, PETER. (1932). *De ordalis*. 2 Bde. Rom.
BROWE, PETER. (2009). *Eucharistie im Mittelalter. Liturgiehistorische Forschungen*. Münster.
BROWN, PETER. (1972). „Sorcery, Demons and the Rise of Christianity." In: *Religion and Society in the Age of Augustine*. Hg. v. PETER BROWN. New York.
BROWN, PETER (1971). „The rise and function of the Holy Man in Late Antiquity". In: *The Journal of Roman Studies*. 61: 80–101.
BÜCHSENSCHÜTZ, B. (1868). *Traum und Traumdeutung im Alterthume*. Berlin.
BUCHNER, M. (1998). *Aberglaube, Zauberei und Hexenwesen im kanonischen Recht*. Diplomarbeit Salzburg.
BUITENWERF, RIEUWERD. (2003). *Book III of the Sibylline oracles and its social setting*. Leiden.
BURESCH, KARL. (1973). *Klaros: Untersuchungen zum Orakelwesen des späteren Altertums*. Aalen.
BURKERT, WALTER. (1983) Itinerant Diviners and Magicians In: *The Greek Renaissance of the Eight Century B. C. Tradition and Innovation*. Proceedings of the second International Symposium at the Swedish Institut in Athens 1–5 June 1981 Hg v. ROBIN HÄGG. Stockholm: 115–120.
BURNETT, CHARLES. (1996). *Magic and divination in the Middle Ages: texts and techniques in the Islamic and Christian worlds*. Aldershot, Great Britain.
BURRUS, VIRGINIA. (2008). *Saving shame: martyrs, saints, and other abject subjects*. Philadelphia.

BYLOFF, FRITZ. (1902). *Das Verbrechen der Zauberei (crimen magiae). Ein Beitrag zur Geschichte der Strafrechtspflege in der Steiermark*. Graz.
CACIOLA, NANCY. (2006). *Discerning spirits: divine and demonic possession in the Middle Ages*. Ithaca.
CASPARI, CARL PAUL. (1886). *Eine Augustin fälschlich beigelegte homilia de sacrilegis*. Christiania.
CAMPBELL, JOSEPH. G. (1960). *Superstitions of the Scottish Highlands and Islands of Scotland*. Ndr. Glasgow.
CAMPE, RÜDIGER/SCHNEIDER, MANFRD. Hrsg. (1996). *Geschichten der Physiognomik*. Freiburg i. Breisgau.
CANCIK, HERBERT. (1999). Idolun and Imago: Roman Dreams and Dream Theories. In: *Dream cultures. Explorations in the comparative History of Dreaming*. Hg. v. DAVID SHULMAN und GUY G. STROUSMA. Oxford: 169–188.
CANCIK-KIRSCHBAUM, EVA (2005). Beschreiben, erklären, deuten. Ein Beispiel für die Operationalisierungen von Schrift im alten Zweistromland. In: *Schrift, Kulturtechnik zwischen Auge, Hand und Maschine*. Hg. v. GERNOT GRUBE/WERNER KAGGE / SYBILLE KRÄMER. München: 399–412.
CAQUOT, ANDRÉ / MAX LEIBOVICI (1968). *La Divination*. Paris.
CARDAUNS, BURKHART. (1960). *Varros Logistoricus über die Götterverehrung*. Würzburg.
CAUZONS, THOMAS de. (1910–1911). *La Magie et la Sorcellerie en France*. 4 Bde. Paris.
CAVENDISH, RICHARD. (1967). *The Black Arts*. London.
CHADWICK, HENRY. (1976). *Priscillian of Avila, The Occult and the Charismatic in the Early Church*. Oxford.
CHARMA, THÉRÈSE. (2005). Art. Divinatory Arts. In: *Dictionary of Gnosis and Western Esotericism*. Hg v. WOUTER J. HANEGRAAFF. Leiden. Bd. II: 313–319.
CHIN, CATHERINE. M. (2008). *Grammar and Christianity in the late Roman world*. Philadelphia.
CLARK, STUART. (1996). *Thinking With Demons. The Idea of Witchcraft in Early Modern Europe*. Oxford.
CLARK, STUART. (2007). *Vanities of the Eye: Vision in early modern European culture*. Oxford.
CLASSEN, ALBRECHT. (1992). „Die narrative Funktion des Traumes in mittelhochdeutscher Literatur." In: Mediävistik 5: 11–37.
CLASSEN, ALBRECHT. (1994). Transpositions of dreams to reality in Middle High German narratives. In: *Shifts and Transpositions in medieval narrative*. A Festschrift for Dr Elpeth Kenney. Hg. v. KAREN PRATT. Cambridge: 109–120.
CLAUSER, MARK D. (1993). *Lucan's Erictho and the Roman witch tradition*. Ann Arbor, Diss.
CLEMEN, OTTO. (1912). „Eine Erfurter Teufelsgeschichte von 1537." In: *Archiv für Kulturgeschichte* Bd. 10: 455–458.
COOMARASWAMY, ANANDA. (1944). „Sir Gawein and the Green Knight: Indra and Namuci." In: *Speculum* XIX: 104–125.
COHEN, MARY D. (1973). *The magic art of foreseeing the future*. New York.
COHN, NORMAN. (1975). *Europe's Inner Demons. An Enquiry Inspired by the great Witch Hunt*. New York.
COLLARD, M. (1949). *La necromancie dans l'antiquité*. Diss. Lüttich.
COLLINS, JOHN J. (1974). The Sibylline oracles of Egyptian Judaism. Missoula.
COMPARETTI, DOMENICO (1896). *Virgilio nel medio evo*. 2 Bde. Florenz.
CONNOR, W. R. (1988). „Seized by the Nymphs: Nympholepsy and Symbolic Expression in Classical Greece." In: *Classical Antiquity* 7: 155–189.
CONTENAU, GEORGES. (1940). *La divination chez les Assyriens et les Babyloniens*. Paris.
CORNELIUS, GEOFFREY. (1994). *The moment of astrology: origins in divination*. London.
COX MILLER, PATRICIA. (1994). *Dreams in Antiquity*. Princeton.
CRUEL, RUDOLF. (1879). *Geschichte der deutschen Predigt im Mittelalter*. Detmold.
CRYER, FREDERICK. (1994). *Divination in ancient Israel and its Near Eastern environment: a socio-historical investigation*. Sheffield.

DAHN, FELIX. (1880). „Studien zur Geschichte der Germanischen Gottesurteile." In: *Bausteine* II. Berlin.
DAM, CORNELIS VAN. (1997) *The Urim and Tummim an Old Testament means of Revelation.* Winona Lake.
DANCKERT, WERNER (1963). *Unehrliche Leute.* München.
DARNEDDE, LOTHAR. (1933). *Deutsche Sibyllen-Weissagung.* Diss. Greifswald.
DAVIDSON, HILDA ELLIS. (1973). „Hostile Magic in the Icelandic Sagas." In: *The Witch Figure.* Hg. v. VENETIA NEWALL. London: 20–41.
DAVIDSON, HILDA ELLIS. (1981). „The Germanic World." In: *Divination and Oracles.* Hg. v. MICHAEL LOEWE / CARMEN BLACKER. London: 115–141.
DAVIDSON, HILDA ELLIS. (1989). *The Seer in Celtic and Other Traditions.* Edinburgh.
DAVIES, T. WITTON. (1969). *Magic, divination, and demonology among the Hebrews and their neighbours: including an examination of biblical references and of the biblical terms.* New York.
DAXELMÜLLER, CHRISTOPH. (1993). *Zauberpraktiken. Eine Ideengeschichte der Magie.* Zürich.
DAXELMÜLLER, CHRISTOPH/KEIL, GUNDOLPH. (1995). Art. Prognose, Prognostik. In: *Lexikon des Mittelalters* 7: 242–243.
DAXELMÜLLER, CHRISTOPH. (1995). Art. Vorzeichen. In: *Lexikon des Mittelalters* 8: 1869–1870
DAXELMÜLLER, CHRISTOPH. (1997). Art. Wahrsagen I. Westen. In. *Lexikon des Mittelalters* 8: 1921–1922.
DEBORAH E. HARKNESS. (1996). „Shows in the Showstone: A Theater of Alchemy and Apocalypse in the Angel Conversations of John Dee." In: *Renaissance Quarterly* 49: 707–737.
DECKER, R. /T. DEPAULIS, et al. (1996). *A wicked pack of cards: the origins of the occult tarot.* New York.
DELATTE, ARMAND. (1932). *La catoptromancie grecque et ses dérivés.* Liége, Paris.
DELUMEAU, JEAN (1989). *Die Angst im Abendland.* Hamburg.
DEONNA, WALDEMAR. (1925). „Orphé et l'oracle de la tête coupée". In: *Revue des Etudes Grecques* 38: 51–52
DEUBNER, ERNST. (1900). *De incubatione.* Leipzig.
DEVEREUX, PAUL. (2001). *Shamanism and the mystery lines: ley lines, spirit paths, out-of-body travel & shape-shifting.* London.
DICKIE, MATTHEW. (1990). „Talos Bewitched." In: *Papers of the Leeds Internat. Latin Seminar* 6: 267-296.
DICKIE, MATTHEW. (2001). *Magic and magicians in the Greco-Roman world.* London.
DICKMANN, E. (2003). Art. Orakelstäbchen. In: *RGA* Bd. 22:139–141.
DICKSON, ARTHUR. (1929). *Valentine and Orson.* New York.
DIEPGEN, PAUL. (1912). *Traum und Traumdeutung als medizinisch-naturwissenschaftliches Problem im Mittelalter.* Berlin.
DIETL, CORA. (2010). Ein Hof ohne Magier? Zur (beinahe) fehlenden Merlingestalt in der deutschen Artusliteratur. In: *Artushof und Artusliteratur.* Hg. v. MATTHIAS DÄUMER, CORA DIETL, FRIEDRICH WOLFZETTEL. Berlin: 93–117.
DIETRICH, MANFRIED. (1990). *Mantik in Ugarit: keilalphabetische Texte der Opferschau – Omensammlungen – Nekromantie.* Münster.
DIGNAS, BEATE / TRAMPEDACH, KAI. HRSG. (2007). *Practitioners of the divine. Greek Priests and Religious Officials from Homer to Heliodorus.* Washington.
DILLERY, JOHN. (2005). „Chresmologus and *Manteis*": Independent Diviners and the Problem of Authority. In: *Mantikê.* Hg. v. SARAH ILES JOHNSTON / PETER T. STRUCK. Leiden: 167–231
DILLINGER, JOHANNES. (1999). *„Böse Leute".* Hexenverfolgungen in Schwäbisch-Österreich und Kurtrier im Vergleich. Trier.
DILLINGER, JOHANNES. (2011). *Auf Schatzsuche. Von Grabräubern, Geisterbeschwörern und anderen Jägern verborgener Reichtümer.* Freiburg.
DILLMANN, FRANCOIS-XAVIER. (2001). Mimir. In: *RGA* Bd 20: 38–42.

DILLMANN, FRANCOIS-XAVIER. (2004). *Les magiciens dans l'Islande ancienne*. Caen.
DINZELBACHER, PETER. (1989). Zur Erforschung der Geschichte der Volksreligion. In: *Volksreligion im hohen und späten Mittelalter*. Hg. v. PETER DINZELBACHER/DIETER R. BAUER. Paderborn.
DINZELBACHER, PETER. (1996). *Angst im Mittelalter: Teufels-, Todes- und Gotteserfahrung: Mentalitätsgeschichte und Ikonographie*. Paderborn.
DINZELBACHER, PETER (2001). *Heilige oder Hexen*. Düsseldorf.
DINZELBACHER, PETER. (2005). *Alltagsleben im Mittelalter*. Göppingen.
DINZELBACHER, PETER. (2006). *Das fremde Mittelalter – Gottesurteil und Tierprozess*. Essen.
DINZELBACHER, PETER. (2009). *Unglaube im „Zeitalter des Glaubens": Atheismus und Skeptizismus im Mittelalter*. Badenweiler.
DINZELBACHER, PETER. (2009). *Warum weint der König? Eine Kritik des mediävistischen Panritualismus*. Badenweiler.
DINZELBACHER, PETER. HRSG. (1998). *Wörterbuch der Mystik*. Stuttgart.
DINZELBACHER, PETER. HRSG. (2000). *Mensch und Tier in der Geschichte Europas*. Stuttgart.
DINZELBACHER, PETER/BAUER, DIETER. HRSG: (1990). *Volksreligion im hohen und späten Mittelalter*. Paderborn.
DODDS, ERIC R. (1951). *The Greeks and the Irrational*. Berkeley.
DÖMÖTÖR, THEKLA. (1981). „The cunning folk in English and Hungarian Wich-trials". In: *Folklore Studies in 20th century*. Hg. v. VENETIA NEWALL: 183–187.
DORN, ERHARD. (1967). *Der sündige Heilige in der Legende des Mittelalters*. München.
DÖRNEMANN, MICHAEL. (2009). Krankheitskonzepte in der Hagiographie. In: *Krankheitsdeutung in der postsäkularen Gesellschaft. Theologische Ansätze im interdisziplinären Gespräch*. Hg. v. GÜNTER THOMAS u. ISOLDE KURZ. Stuttgart: 247–260.
DORNSEIFF, Franz (1932/1987). Alphabet. In: *HDA* Bd. I: Sp. 14–18.
DOTTIN, GEORGES. (1904). *Le Religion des Celtes*. Paris.
DROBNER, HUBERTUS. (2004). *Lehrbuch der Patrologie*. Frankfurt a.M.
DROGIN, MARC. (1983). *Anathema: Medieval Scribes and the History of Book Curses*. Totowa.
DUBOIS, T. A. (1996). „Seið, Sagas, and Saami: Religious exchange in the Viking Age." In: *Northern peoples, Southern states. Maintaining ethnicites in the circumpolar world*. Hg. v. R. P. WHEELERSBURG. Umea: 43–63.
DUBOIS, T. A. (1999). *Nordic religions in the Viking Age*. Philadelphia.
DULAEY, MARTINE (1973) *Le rêve dans la vie et la pensée de Saint Augustin*. Paris.
DÜLMEN, RICHARD VON (Hrsg.) (1987). *Hexenwelten, Magie, Imagination*. Frankfurt a. Main.
DÜRIG, WALTER. (1973).: „Das Ordal der Psalterprobe im Codex Lat. Mancensis 100". In: *Münchner theologische Zeitschrift* 24: 266–278.
EASON, CASSANDRA. (2003). *The complete guide to divination: how to foretell the future using the most popular methods of prediction*. Berkeley.
EASON, CASSANDRA. (2007). *Scrying the secrets of the future: how to use crystal balls, fire, wax, mirrors, shadows, and spirit guides to reveal your destiny*. Franklin Lakes. N. J.
EBENBAUER, ALFRED. (1977). Zu Walthers ‚Traumglück' (94,11ff.). In: *Zeitschrift für deutsche Philologie* 96: 370–383.
EBERMANN, OSKAR. (1913). „Zur Aberglaubensliste in Vintlers Pluemen der Tugend". In: *ZfVkde* 23: 3–12.
ECKHARDT, KARL AUGUST. (1934). *Die Gesetze des Karolingerreiches, 714–911*. Weimar.
ECKSTEIN, F. (1932/1987) Art. Brei. In: *HDA* Bd. I: Sp. 1537–1550.
ECKSTEIN, F. (1932/1987) Art. Ei. In: *HDA* Bd. II: Sp. 595–644.
EERENBEEMT, NOUD VAN DEN. (1982). *The Pendulum, crystal ball and magic mirror: their use in magical practice*. Wellingborough.
EHRENBERG, RICHARD (1922). *Das Zeitalter der Fugger. Geldkapital und Creditverkehr im 16. Jahrhundert*. 2 Bde. Jena.
EHRENFEUCHTER, MARTIN (1996): *Aspekte des zeitgenössischen Zauberglaubens in Dichtungen des 16. Jahrhunderts*. Frankfurt a. Main.
EHRISMANN, OTFRIED. (1987) *Nibelungenlied. Epoche – Werk – Wirkung*. München.

EIS, GERHARD. (1964). *Altdeutsche Zaubersprüche*. Berlin.
EIS, GERHARD. (1951). *Studien zur altdeutschen Fachprosa*. Heidelberg.
EIS, GERHARD. HRSG. (1956). *Wahrsagetexte des Spätmittelalters aus Handschriften und Inkunabeln*. Berlin.
EIS, GERHARD. (1962). *Mittelalterliche Fachliteratur*. Stuttgart.
EIS, GERHARD. (1970). *Vom Zauber der Namen. Vier Essays*. Berlin.
EIS, GERHARD. (1971). *Forschungen zur Fachprosa. Ausgewählte Beiträge*. Bern & München.
ELIADE, MIRCEA. (1970). *Schamanismus und archaische Ekstasetechnik*. Frankfurt a. Main.
ELLIOT, RALPH W. (1957). „Runes, Yews, Magic." In: *Speculum* 32: 250–262.
ELLIS, KEITH. (1973). *Prediction and prophecy*. London.
ENGELEN, ULRICH. (1977). *Die Edelsteine in der deutschen Dichtung des 12. und 13. Jahrhunderts*. Leiden.
ENGELS, DAVID. (2007). *Das römische Vorzeichenwesen (753–27 v. Chr.): Quellen, Terminologie, Kommentar, historische Entwicklung*. Stuttgart.
ERNST, PETER. (2006). Art. Vorzeichen. In: *RGA* Bd. 32: 638–641.
ÉRDI, NORA. (1969). *Táltos. Eine Gestalt des ungarischen Volksglaubens*. Berlin.
EVANS-PRITCHARD, E. E. (1978). *Hexerei, Orakel und Magie bei den Zande*. Frankfurt a. Main.
EVE, ERIC (2002). *The Jewish context of Jesus' miracles*. Sheffield. (=Journal for the study of the New Testament: Supplement series ; 231).
FAIVRE, ANTOINE (2001)*Esoterik im Überblick*. Freiburg.
FALK, ULRICH (2000). Zur Folter im deutschen Strafprozeß. Das Regelungsmodell von Benedict Carpzov. In: *forum historiae iuris. Rechtshistorische Internetzeitschrift*.
FANGER, CAIRE (1998). *Conjuring Spirits. Texts and Traditions of Medieval Ritual Magic*. Gloucestershire.
FASBENDER CHRISTOPH (1998). *Von der Wiederkehr der Seelen Verstorbener: Untersuchungen zu Überlieferung und Rezeption eines Erfolgstextes Jakobs von Paradies*. Univ. Diss Jena.
FEHR, HANS. (1926). *Gottesurteil und Folter: eine Studie zur Dämonologie des Mittelalters und der neueren Zeit*. Berlin.
FEINE, HANS ERICH. (1964). *Kirchliche Rechtsgeschichte*. Köln–Graz.
FICHTE, JOERG O. HRSG. (1996). *Providentia – Fatum – Fortuna*. Berlin.
FIRNEIS, MARIA G. (2006). Astronomische Instrumente aus der Zeit des Johannes von Gmunden. In: *Johannes von Gmunden (ca. 1384–1442)*. Hg. v. RUDOLF SIMEK und KATHRIN CHLENCH. Wien: 139–150.
FISCHER, EDDA. (1975). *Die „Disquisitionum Magicarum libri sex" von Martin Delrio als gegenreformatorische Exempel-Quelle*. Univ. Diss., Frankfurt a. Main. 1975.
FISCHER, IRMTRAUD. (2002). *Gotteskünderinnnen. Zu einer geschlechterfairen Deutung des Phänomens der Prophetie und der Prophetinnen in der Hebräischen Bibel*. Stuttgart.
FISCHER, STEVEN (1978). *The Dream in the Middle High German Epic*. Bern. (=Australian and New Zealand Studies in German Language and Literature 10).
FISCHER-DEFOY, WERNER. (1918). *Schlafen und Träumen*. Stuttgart.
FLACELIÈRE, ROBERT. (1965). *Greek oracles*. London.
FLINT, VALERIE. (1991). *The Rise of Magic in Early Medieval Europe*. Princeton.
FLOWER, MICHAEL ATTYAH. (2008a). *The Seer in ancient Greece*. Berkeley.
FLOWER, MICHAEL ATTYAH. (2008b). The Iamidae. A Mantic Family and Its Public Image. In: *Practitioners of the divine. Greek Priests and Religious Officials from Homer to Heliodorus*. Hg. v. BEATE DIGNAS u. KAI TRAMPEDACH. Washington: 187–206.
FÖGEN, MARIE-THERESE. (1993). *Die Enteignung der Wahrsager: Studien zum kaiserlichen Wissensmonopol in der Spätantike*. Frankfurt a. Main.
FONTENROSE, JOSEPH EDY. (1959) *Python: a study of Delphic myth and its origins*. Berkely.
FÖRSTER, MAX (1936). „Zwei kymrische Orakelalphabete für Psalterwahrsagung." In: *Zeitschrift für celtische Philologie* (ZCP). Band 20: 228–243.
FÖRSTER, MAX. (1908) (1910) (1911). „Beiträge zur mittelalterlichen Volkskunde." In: *Archiv für des Studiums der neueren Sprachen* Bd. 120: 302ff; 125: 39–70; 127: 31–48, 48–84.

FÖRSTER, MAX. (1919). „Das älteste kymrische Traumbuch." In: *Zeitschrift für celtische Philologie* 13: 55–92
FÖRSTER, MAX. (1926). „Die altenglischen Traumlunare." In: *Englische Studien* 60: 58–93.
FÖRSTER, RICHARD. (1884). *Die Physiognomik der Griechen*. Kiel.
FÖRSTER, RICHARD. (1889). „Handschriften und Ausgaben des pseudo-aristotelischen Secretum Secretorum." In: *Centralblatt für Bibliothekswesen* 6: 1–22, 57–76.
FRANZ, ADOLPH. (1909). *Die kirchlichen Benediktionen im Mittelalter*. Freiburg i. Breisgau.
FRANZ, MARIE -LUISE VON. (1987). *Wissen aus der Tiefe: über Orakel u. Synchronizität*. München.
FRAZER, SIR JAMES (1911). *The Golden Bough*. ² London.
FRENCH, PETER, J. (1972). *John Dee: The world of an Elizabethan Magus*. London.
FRENSCHKOWSKI, MARCO. (1995). *Offenbarung und Epiphanie*. 2 Bde. Diss. Tübingen.
FRENSCHKOWSKI, MARCO. (1998). „Traum und Traumdeutung im Matthäusevangelium. Einige Beobachtungen." In: *Jahrbuch für Antike und Christentum*. Jg 41:5–47.
FRENSCHKOWSKI, MARCO. (2002). Art. Traum I-V. In: *TRE* Bd. XXXIV: 28–46.
FRENSCHKOWSKI, MARCO. (2002). „Religion auf dem Markt. Schlangenbeschwörer, Traumdeuter, inspirierte Bauchredner als Träger „abgesunkener" Religion in paganer und christlicher Antike. Ein Beitrag zur Sozialgeschichte religiöser Berufe." In: *Hairesis* Bd. 34: 140–158
FRENSCHKOWSKI, MARCO. (2003). Art. Montanus. In: *BBK* 6: Sp. 77–81.
FRENSCHKOWSKI, MARCO. (2007). Art. Seele. In. *EM* Bd. 12. Sp. 476–489.
FREUD, SIGMUND. (1900/1987). *Die Traumdeutung*. Frankfurt a. Main.
FREUDENBERG, FRANZ. (1919). *Der Blick in die Zukunft*. Berlin.
FREUDENTHAL, HERBERT (1932/1987). Art. Pyromantie. In: *HDA* 7: 400–414.
FREUDENTHAL, HERBERT. (1931*). Das Feuer im deutschen Glauben und Brauch*. Berlin.
FRISCH, PETER. (1968). *Die Träume bei Herodot*. Meisenheim a. d. Glan.
FUCHS-JOLIE, STEPHAN. (2003). Bedeutungssuggestion und Fantastik der Träume im „Prosa-Lancelot". In: *Das Wunderbare in der arthurischen Literatur. Probleme und Perspektiven*. Hg. v. FRIEDRICH WOLFZETTEL. Tübingen: 313–340.
FUCHS-JOLIE, STEPHAN. (2003). „Droom es al gheduas". Traumwelt und Zeichenuniversum in deutschen, niederländischen und französischen *Lancelot propre*–Überlieferungen. In: *Schnittpunkte. Deutsch-Niederländische Literaturbeziehungen im späten Mittelalter*. Hg. v. ANGELIKA LEHMANN-BENZ et al. Münster: 193–214.
FUNKE, HERMANN (1967). „Die Majestäts- und Magierprozesse bei Ammianus Marcellinus." In: *Jahrbuch f. Antike u. Christentum* 10: 45–175.
FÜRBETH, FRANK (1992). *Johannes Hartlieb. Untersuchungen zu Leben und Werk*. Tübingen.
FÜRBETH, FRANK (1997). *„Weil ihre Bosheit maßlos ist"* Zur Einengung der thomistischen Superstitionentheorie auf das weibliche Geschlecht im *Malleus Maleficarum*. In: *Der fremdgewordene Text. Festschrift für Helmut Brackert zum 65. Geburtstag*. Hg. v. SILVIA BOVESCHEN, WINFRIED FREY, STEPHAN FUCHS und WALTER RAITZ. Berlin: 218–232.
FÜRBETH, FRANK (1997).Art.-Artes magicae. In: Reallexikon der deutschen Literaturwissenschaft Hg. v. KLAUS WEIMAR. BdI Berlin: 147–149.
GAGER, JOHN G. (1992). *Curse Tablets and binding Spells from the Ancient World*. New York and Oxford.
GALLOP, DAVID. (1990). *Aristotle on sleep and dreams*. Peterborough/Lewiston.
GANSCHINIETZ, RICHARD. (1913). *Hippolitos' Kapitel über die Magier*. Leipzig.
GANTET, CLAIRE. (2010). *Der Traum in der frühen Neuzeit. Ansätze zu einer kulturellen Wissenschaftsgeschichte*. Berlin.
GARINERIN, A. H. (1935). Hieratic Papyri in the British Museum. In: *Third Series* Chester Beatty Gift. Vol. I, London: 7–23.
GATAKER, THOMAS. (1619). *Of the nature and vse of lots: a treatise historicall and theologicall*. London.
GEFFCKEN, JOHANNES. (1902). *Die Oracula Sibyllina*. Leipzig.
GEFFCKEN, JOHANNES. (1902). *Komposition und Entstehungszeit der Oracula Sibyllina*. Leipzig.
GEIGER, PAUL. (1932/1987). Art. Leiche. In: *HDA* Bd.V: Sp. 1024–1060.

GERING, HUGO. (1902). *Über Weissagung und Zauber im nordischen Altertum*. Rede zum Antritt des Rektorats der Christian-Albrechts-Universität zu Kiel am 5. März 1902. Kiel.
GESSMANN, GUSTAV W. (1919). *Katechismus der Wahrsagekünste*. Berlin.
GÖDDE, SUSANNE. (2009). Rätselsprüche vom Nabel der Welt: Räumliche und mediale Aspekte von Orakelwissen in der Antike. In: *Prognosen über Bewegung*. Hg. v. GABRIELLE BRANDSTETTER et al. Berlin: 61–74.
GÖHLER, PETER. (1983). Konflikt und Figurengestaltung im „Helmbrecht" von Wernher dem Gartenære. In: *Das Märe. Die mittelhochdeutsche Versnovelle des späteren Mittelalters*. Hg. v. KARL-HEINZ SCHIRMER. Darmstadt: 384–410.
GIEBEL, MARION. (2004). *Das Orakel von Delphi*: Geschichte und Texte griechisch/deutsch. Stuttgart.
GIEBEL, MARION. (2006). Mythenliteratur in Europa: Homer – Vergil – Cicero. Das Motiv der „Katabasis" in der vorchristlichen Antike. In: *Höllenfahrten: Geschichte und Aktualität eines Mythos*. Hg. v. Markwart Herzog. Stuttgart: 37–52.
GILSENBACH, REIMAR. (1994). *Weltchronik der Zigeuner*. Frankfurt a. Main.
GILSON, SIMON A. (2001). „Medieval Magical lore and Dante's „Commedia": Diviantion and Demonic Agency". In: *Dante Studies* 119: 27–66.
GIVRY, GRILLOT DE (1971). *Witchcraft, Magic, Alchemy*. New York.
GLUCKER, JOHN. (1999). „A Platonic Cento in Cicero." In: *Phronesis* 44: 30–44.
GOLDBLATT, DAVID. (1993). „Ventriloquism: Ecstatic Exchange and the History of Artwork." In: *The Journal of Aestetics and art Critism* 51: 389–398.
GOLDIN, JUDAH (1976). „The Magic of Magic and Superstion." In: *Aspects of Religions and Propaganda in Judaism and Early Christianity*. Hg. v. ELISABETH SCHÜSSLER FIORENZE. Notre Dame, Indiana.
GORDON, RICHARD (1976). „Reporting the marvellous: Private Divination in the Greek Magical Papyri." In: *Envisioning Magic. A Princeton Seminar and Symposion*. Hg. v. HANS KIPPENBERG et al. Leiden/New York/Köln: 65–92.
GORDON, RICHARD. (1987). „Lucan's Erichto". In: *Homo viator. Classical Essays for John Bramble*. Bristol: 231–241.
GÖTTERT, KARL-HEINZ (2002). *Magie. Zur Geschichte des Streits um die magischen Künste unter Philosophen, Theologen, Medizinern, Juristen und Naturwissenschaftlern von der Antike bis zur Aufklärung*. München.
GOTTHARDT, OTTO. (1912). *Über die Traumbücher des Mittelalters*. Beilage zum Programm. Eisleben
GOTTSCHLING, BERND. (1986). *Die Todesdarstellung in den Íslendingasǫgur*. Frankfurt a. Main.
GÖTZE, ALBRECHT. (1947). *Old Babylonian omen texts*. New Haven.
GRABBE, LESTER L. (1995). *Priests, prophets, diviners, sages: a socio-historical study of religious specialists in ancient Israel*. Valley Forge, Pa.
GRABES, HERBERT (1973). *Speculum, Mirror und Looking-Glass. Kontinuität und Originalität der Spiegelmetapher in d. Buchtiteln des Mittelalters und der englischen Literatur des 13. bis 17. Jahrhunderts*. Tübingen.
GRABMEYER, JOHANNES. (1999). *Zwischen Diesseits und Jneseits. Oberrheinischeh Chroniken als Quellen zur Kulturgeschichte des späten Mittelalters*. Köln.
GRAF, FRITZ (1996). *Gottesnähe und Schadenszauber. Die Magie in der griechisch-römischen Antike*. München.
GRÄSSE, JOHANN GEORG THEODOR. (1843/1986). *Bibliotheca magica et pneumatica*. Leipzig / Hildesheim.
GRAEVENTIZ, GERHARD VON /MARQUARD, ODO. Hrsg. (1998). *Kontingenz*. München.
GREEN, GENE L: (2001). ‚As for Prophecies, They will come to an End': 2 Peter, Paul and Plutarch on ‚The Obsolence of Oracles.' In: *Journal for the study of The New Testament* 82: 107–122.
GRIFFITH, FRANCIS. /THOMPSON, HERBERT. (1904). *The Deomitc Magical Papyrus of London of Leiden*. London.

GRIGNASCHI, M. (1982). Remarques sur la formation et interprétatin du ‚Sir al asrār'. In: pseudo-aristtole, The ‚Secret of Secrets'. Hg. v. W. F. RYAN/CH.B. SCHMITT. London: 3–33.
GRIMM, JAKOB (1870/1968). *Deutsche Mythologie*. 3 Bde. Berlin/Wiesbaden.
GRIMM, JAKOB. (1899/1983). *Deutsche Rechtsaltertümer*. Leipzig/Darmstadt.
GRIMM, JAKOB. (2003). *Deutsche Mythologie*. Nachdr. der 4. Aufl. Berlin 1875 / nach der Ausgabe von Elard Hugo Meyer neu hg. von HELMUT BIRKHAN. 3 Bde. Hildesheim.
GRÖCHENING, H. (1990). Art. Gottesurteil. In: *EM* Bd. 6. Sp. 24–31.
GRONEMEYER, REIMER. (1987). *Zigeuner im Spiegel früher Chroniken und Abhandlungen, Quellen vom 15. bis zum 18. Jahrhundert*. Giessen.
GRONEMEYER, REIMER. (1988).*Die Zigeuner. Reisende in Europa*. Köln.
GROSCHWITZ, HELMUT. (2008). *Mondzeiten*. Münster.
GROTTANELLI, CRISTIANO. (1999). On the Mantic Meaning of Incestuous Dreams. In: *Dream cultures. Explorations in the comparative History of Dreaming*. Hg. v. DAVID SHULMAN u. GUY G. STROUSMA. Oxford: 143–168.
GRUBE-VERHOEVEN, REGINE. (1966). „Die Verwendung von Büchern christlich-religiösen Inhalts zu magischen Zwecken". In: *Zauberei und Frömmigkeit*. Tübingen. (=Volksleben 13).
GRUBMÜLLER, KLAUS. (1981). Art. Hartlieb, Johannes. In: *VL* Bd. 3: 480–496.
GRUBMÜLLER, KLAUS. (1987). „ir unwarheit warbaeren". Über den Beitrag des Gottesurteils zur Sinnkonstruktion in Gottfrieds Tristan. In: *Philologie als Kulturwissenschaft*. Hg. v. L. GRENZMANN et al. Göttingen: 149–163.
GRÜNBERGER, HANS. (2000). „Frühneuzeitliche Argumentationsmuster der Entbarbarisierung Europas." In: *Paideuma* 46: 161–187.
GRUNWALD, M. (1902). „Bibliomantie und Gesundbeten." In: *Mitteilungen der Gesellschaft für jüdische Volkskunde*. 10: 82–98.
GSCHWANTLER, OTTO. (1988). Zeugnisse der Dietrichsage in der Historiographie von 1100 bis gegen 1350. In: *Heldensage und Heldendichtung im Germanischen*. Hg. v. HEINRICH BECK. Berlin: 35–80.
GRUBER, J. (1999). Art. Porphyrios. In: *Lexikon des Mittelalters*. Stuttgart. VII: Sp.105–106.
GUILLAUME, ALFRED. (1938). *Prophecy and divination among the Hebrews and other Semites*. London.
GUILLAUME, ALFRED. (1941). *Prophétie et divination*. Paris.
GUILLAUMONT, FRANCOIS. (1984). *Philosophe et augure: recherches sur la théorie cicéronienne de la divination*. Bruxelles.
GUILLAUMONT, FRANCOIS. (2006). *Le De divinatione de Cicéron et les théories antiques de la divination*. Bruxelles.
GUINAN, ANN KESSLER. (2002). A Severed Head Laughed: Stories of Divinatory Interpretation. In: *Magic and Divination in the Ancient World*. Hg. v. LEDA CIRAOLO / JONATHAN SEIDEL. Leiden: 7–40
GURJEWITSCH, AARON (1989). *Mittelalterliche Volkskultur*. München.
GÜTING, EBERHARD. (1974–1977). „Michael Beheims Gedicht gegen den Aberglauben und seine lateinischen Vorlagen. Zur Tradierung des Volksglaubens im Spätmittelalter." In: *Forschungen und Berichte zur Volkskunde in Baden-Würtemberg*. Stuttgart: 197–220.
HAAGE, BERNHARD D. (1976). „Rezension zu: Abraham Werner Hg. v. Losbuch in deutschen Reimpaaren Vollständige Fasimile-Ausgabe im Orignalformat des Codex Vindobonensis Series Nova 2652 der österreichischen Nationalbibliothek". In: *Zeitschrift für deutsche Philologie* 95: 131–136.
HAAGE, BERNHARD D. (2007). Die artes magicae. Die magischen und mantischen Künste. In: *Deutsche Fachliteratur der Artes in Mittelalter und Früher Neuzeit*. Hg. v. BERND DIETRICH HAAGE/WOLFGANG WEGNER. Berlin: 266–299.
HAAGE, BERNHARD D. (1986). „Aberglauben und Zauberei in der mittelhochdeutschen Dichtung". In: *Mannheiner Berichte* 30: 53–72.
HABERMEHL, PETER. (2000). Perpetua: Visionen im Christentum. In: *Frauenwelten in der Antike. Gschechterordnung und weibliche Lebenspraxis*. Hg. v. THOMAS SPÄTH und BEATE WAGNER-HASEL. Stuttgart: 174–182.

HADRAVOVÁ, ALENA/HADRAVA, PETR. (2006). Johannes von Gmunden und seine Version des Astrolabtraktats des Christian von Prachatitz. In: *Johannes von Gmunden (ca. 1384–1442)*. Hg. v. RUDOLF SIMEK und KATHRIN CHLENCH. Wien: 151–160.
HAHN, ISTVÁN. (1992). *Traumdeutung und gesellschaftliche Wirklichkeit. Artemidorus Daldanius als sozialgeschichtliche Quelle.* Konstanz.
HAHN, ISTVÁN. (1985). *Traumdeutung und soziale Wirklichkeit. Artemidorus Daldianus als sozialgeschichtliche Quelle.* Budapest.
HAHN, MARCUS. Hrsg. (2009). *Trancemedien und neue Medien um 1900. Ein anderer Blick auf die Moderne.* Bielefeld.
HAIN, MATHILDE. (1956). „Burchard von Worms (+1025) und der Volksglaube seiner Zeit". In: *Hessische Blätter für Volkskunde* 47: 39–50.
HALLIDAY, WILLIAM REGINALD. (1913). *Greek divination; a study of its methods and principles.* London.
HALLIWELL-PHILIPPS, JAMES ORCHARD. (1842). Hrsg. *The Private Diary of Dr. John Dee, and the Catalogue of his Library of Manuscripts in the Ashmolean Museum at Oxford and Trinity College Library.* London.
HAMEL, ANTON G. van. (1932–33). „Odinn hanging on a Tree". In: *Acta Philologica et Scandinavica* 7: 260–288.
HAMPE, THEODOR. (1927). *Die Nürnberger Malefizbücher als Quellen der reichsstädtischen Sittengeschichte vom 14. bis zum 18. Jahrhundert.* Bamberg.
HAMPP, IRMGARD. (1961). *Beschwörung, Segen, Gebet.* Stuttgart
HANAUER, JOSEF (1991). *Wunder oder Wundersucht? Erscheinungen, Visionen, Prophezeiungen, Besessenheit.* Aachen.
HANEGRAAFF, WOUTER J. (1996). *New Age Religion and Western Culture. Esotericism in the Mirror of Ssecular Thought.* Leiden.
HANSEN, BERT. (1981,). „Science and Magic". In: *Science in the Middle Ages.* Hg. v. DAVID C. LINDBERG. Chicago: 483–515.
HANSEN, JOSEPH. (1963). *Quellen und Untersuchungen zur Geschichte des Hexenwahns und der Hexenverfolgung im Mittelalter.* Hildesheim.
HANSEN, JOSEPH. (1983). *Zauberwahn, Inquisition und Hexenprozeß im Mittelalter und die Entstehung der großen Hexenverfolgung.* München.
HARKNESS, DEBORAH E. (1997). Managing an Experimental Household: The Dees of Mortlake. In: *Isis* 88: 242–262.
HARKNESS, DEBORAH E. (1999). *John Dee's conversations with angels: cabale, alchemy, and the end of nature.* Cambridge.
HARMENING, DIETER (1979). *Superstitio, Überlieferung- und theoriegeschichtliche Untersuchungen zur kirchlich-theologischen Aberglaubensliteratur des Mittelalters.* Berlin.
HARRIS, ELEANOR LYNN. (1998). *Ancient Egyptian divination and magic.* York Beach.
HARRISON, STEPHANIE. ET AL. (1997). *The crystal wisdom kit.* Boston.
HARRISON, S. / B. KLEINER (1998). *Crystal wisdom for love.* Boston.
HARRISON, S. / B. KLEINER (1998). *Crystal wisdom for prosperity.* Boston.
HARRISSON, JULIETTE GRACE. (2009). *Cultural Memory and Imiganination. Dreams and Dreaming in the Roman Empire 31 BC-AD 200.* Diss. Birmingham.
HARTUNG, STEFAN. (2002). Kontingenz des Spiels und des Geschichtsurteils bei Girolemo Cardano ‚Liber de ludo Aleae' (1526) und ‚Encomium Neronis' (1562). In: *Spielwelten.* Hg. v. KLAUS W. KEMPFER und HELMUT PFEIFFER. Stuttgart: 17–46.
HASS, ULRIKE/KÖNIG CHRISTOPH (HRSG.) (2003). *Literaturwissenschaft und Linguistik von 1960 bis heute.* Göttingen.
HASTRUP, KIRSTEN. (1989). Iceland: Sorcerers and Paganism. In: *Early Modern European Witchcraft: Centres and Peripheries.* Hg. v. BENGT ANKARLOO / GUSTAV HENNINGSEN. Oxford: 383–402.
HAUG, WALTER. (2001). „Der Teufelspakt vor Goethe oder Wie der Umgang mit dem Bösen als felix culpa zu Beginn der Neuzeit in die Krise gerät." In: *DVJs* 75: 185–215.
HAUG, WALTER / WACHINGER, BURGHART. Hrsg. (1995). *Fortuna.* Tübingen.

HAUG, WALTER. (2007). Das erotische und religiöse Konzept des Prosa-Lancelot. In: *Lancelot der mittelhoche Roman im europäsichen Kontext.* Hg. v. KLAUS RIDDER und CHRISTOPH HUBER. Tübingen: 249–267.
HAUSTEIN, JÖRG. (1990). *Luthers Stellung zum Zauber- und Hexenwesen.* Stuttgart.
HAYER, GEROLD. (1998). *Konrad von Megenberg: „Das Buch der Natur": Untersuchungen zu seiner Text- und Überlieferungsgeschichte.* Tübingen (=Münchener Texte und Untersuchungen zur deutschen Literatur des Mittelalters 110).
HECK, CHRISTINA. (2003). *Traditionen der Physiognomie im Mittelalter.* Diss. Berlin.
HECK, CHRISTINA/SCHNELL, BERNHARD (2004). Physiognomik. In: *VL* Bd. 11. Sp.1235–1241.
HEESTERMAN, J. (1967). „The Case of the Severed Head." In: *Wiener Zeitschrift für die Kunde Süd- und Ostasiens und Archiv für indische Philosophie* 11: 22–43.
HEIJNEN, ADRIENNE. (2005). „Dreams, Darkness and Hidden Spheres. Exploring the Anthropology of the Night in Icelandic Society." In: *Paideuma* Bd. 51: 193–207.
HEINEKAMP, ALBERT et al (Hrsg.). (1978). *Magia naturalis und die Entstehung der modernen Naturwissenschaft.* Wiesbaden.
HEINEVETTER, FRANZ. (1912). *Würfel- und Buchstabenorakel in Griechenland und Kleinasien.* Dissertation. Breslau.
HEINZ, ANETTE V. / FRIEDER KUR (2000). *Propheten, Seher, Zukunftsforscher: das große Buch der Geheimwissenschaften.* Zürich.
HEINZELMANN, MARTIN/KLAUS HERBERS/DIETER R. BAUER. Hrsg. (2002). *Mirakel im Mittelalter. Konzeptionen, Erscheinungsformen, Deutungen.* Stuttgart.
HEISE, JENS. (1989). *Traumdiskurse. Die Träume der Philosophie und die Psychologie des Traums.* Frankfurt a. Main.
HELBLING-GLOOR, BARBARA. (1956). *Natur- und Aberglauben im „Policraticus" des Johannes von Salisbury.* Zürich.
HELM, KARL. (1932/1978). Art. Indiculus superstitionum et paganiarum. In: *HDA* Bd. IV: Sp. 684–687.
HELM, KARL. (1913–1958). *Altgermanische Religionsgeschichte.* 2 Bde. Heidelberg.
HERGEMÖLLER, BERND-ULRICH. (1996). *Krötenkuß und schwarzer Kater. Ketzerei, Götzendienst und Unzucht in der inquisitorischen Phantasie des 13. Jahrhunderts.* Warendorf.
HERGEMÖLLER, BERND-ULRICH. (2002). *Schlaflose Nächte: Der Schlaf als metaphorische, moralische und metaphysische Größe im Mittelalter.* Hamburg.
HEROLD, LUDWIG. (1932/1987). Art. Orakel. In: *HDA* Bd. IX: Sp. 1255–1294.
HEROLD, LUDWIG. (1932/1987). Art. Wünschelrute. In: *HDA* Bd. IX: Sp. 823–839.
HERTEL, GEORG. (1901). „Abergläubische Gebräuche aus dem Mittelalter". In: *ZfVkde* 11: 272–279.
HERZIG, OTTO. (1940). *Lukian als die Quelle für die antike Zauberei.* Tübingen.
HESCHEL, ABRAHAM. (1935). *Das prophetische Bewußtsein.* Berlin.
HESCHEL, ABRAHAM. (1996). *Prophetic Inspiration after the Prophets. Maimonides and other medieval Authorities.* Hoboken.
HILLE, JÖRG. (1979). *Die Strafbarkeit der Mantik von der Antike bis zum frühen Mittelalter.* Diss. Frankfurt a. Main.
HILLENBRAND, EUGEN. (1987). Art. Nider, Johannes. In: *VL* Bd. 6: Sp. 971–977.
HILLEBRANDT, ALFRED. (1897 & 87). Vedische Opfer und Zauber. In: *Grundriß der indo-arischen Philologie und Altertumskunde* III, Bd. II: Heft Straßburg.
HILLEBRAND, EUGEN. (1987). Art. Nider, Johannes. In: *VL* Bd. 6: Sp. 971–977.
HIRSCHMANN, VERA-ELISABETH. (2005). *Horrrenda secta: Untersuchungen zum frühchristlichen Montanismus und seinen Verbindungen zur paganen Religion Phrygiens.* Stuttgart.
HIS, RUDOLF (1935). *Das Strafrecht des Mittelalters.* Weimar.
HLAWITSCHKA, E. (1975). „Regino von Prüm." In: *Rheinische Lebensbilder* 6: 7–27.
HOEVELS, FRITZ E. (1979). *Märchen und Magie in den Metamorphosen des Apuleius.* Amsterdam.
HOFFMANN, GERDA (1933). „Beiträge zur Lehre von den durch Zauber verursachten Krankheiten und ihrer Behandlung in der Medizin des Mittelalters." In: *Janus* 37: 129–144.

HOFFMANN-KRAYER, EDUARD. (1903). „Schatzgräberei in der Umgebung Basels (1726 und 1727)." In: *Schweizerisches Archiv für Volkskunde* 7: 1–22.
HOFFMANN-KRAYER, EDUARD. (1932/1987). Art. Adler. In: *HDA* Bd. I: Sp. 174–189.
HOFFMEISTER, ERHART (1969). „Rasis Traumlehre, Traumbücher des Spätmittelalters". In: *AfKg* 51: 137–159.
HOGREBE, WOLFRAM. (1992). *Metaphysik und Mantik: die Deutungsnatur des Menschen (Système orphique de Iéna)*. Frankfurt a. Main.
HOGREBE, WOLFRAM. HRSG. (2005). *Mantik. Profile prognostischen Wissens in Wissenschaft und Kultur*. Würzburg.
HOGREBE, WOLFRAM. (2005). Mantik und Hermeneutik. In: *Mantik. Profile prognostischen Wissens in Wissenschaft und Kultur*. Hg. v. WOLFRAM HOGREBE. Würzburg: 13–22.
HOHMANN, JOACHIM S. (1990). *Verfolgte ohne Heimat. Geschichte der Zigeuner in Deutschland*. Frankfurt a. Main.
HOHMANN, THOMAS/KREUZER, GEORG. (1981). Art. Heinrich von Langenstein. In: *VL* Bd. 3: Sp. 763–773.
HOLZHAUSER, H. (2003). Art. Ordal. In: *RGA* Bd. 22: 147–159.
HOLZINGER, KARL. (1936). *Erklärungen zu einigen der umstrittensten Stellen der Offenbarung Johannis und der Sibyllinischen Orakel: mit einem Anhange über Martial XI, 33*. Wien.
HOPE, MURRY. (1985). *The way of cartouche: an oracle of ancient Egyptian Magic*. New York.
HOPF, LUDWIG. (1888). *Thierorakel und Orakelthiere in alter und neuer Zeit. eine ethnologisch-zoologische Studie*. Stuttgart.
HOPFNER, THEODOR. (1921–24/1974). *Griechisch-ägyptischer Offenbarungszauber*. 2 Bde. Leipzig/ Amsterdam.
HOPFNER, THEODOR. (1926). Die Kindermedien in den griechisch-ägyptischen Zauberpapyri. In: *Recueil d'études dédié à la mémoire de N.P. Kondakov*. Prag: 65–74.
HORST, PIETER WILLEM VAN DER. (2006). *Jews and Christians in their Greco-Roman context. Selected essays*. Tübingen.
HOSSFELD, FRANK-LOTHAR. (2005). Seher und Prophet – Mantik und altestamentliche Prophetie. In: *Mantik. Profile prognostischen Wissens in Wissenschaft und Kultur*. Hg. v. WOLFRAM HOGREBE. Würzburg: 99–110.
HÜTTIG, ALFRED. (1990). *Macrobius im Mittelalter. ein Beitrag zur Rezeptionsgeschichte der commentarii in Somnium Scipionis*. Frankfurt a. Main.
HULTGÅRD, ANDERS. (2006). Art. Seherinnen. In: *RGA*. Hg. v. J. Hoops. Berlin. 32: 113–121.
HULTKRANTZ, AKE. A. (1955). „Swedish Research on the Religion and folklore of the Lapps." In: The Journal of the Royal Anthropological Institute of Great Britain and Ireland 85: 81–99.
HUND, WOLFGANG. (2000). *Falsche Geister – echte Schwindler?: Esoterik und Okkultismus kritisch hinterfragt*. Würzburg.
HUNGER, JOHANNES. (1968). *Becherwahrsagung bei den Babyloniern*. Leipzig.
JACOBI, WALTER. (1920). *Die Ekstase der alttestamentlichen Propheten*. München.
JACOBY, F. (1932/1987). Art. Johannisevangelium. In: *HdA*, Bd. 4: Sp. 731–733.
JAKOBY, ADOLF (1931). „Die Zauberbücher vom Mittelalter bis zur Neuzeit", in: *Mitt. D. Schles. Ges. f. Vkde.* Bd. 331: 208–228.
JÄNICKE, CHRISTOF/ GRÜNWALD, JÖRG. (2006). *Alternativ heilen. Kompetenter Rat aus Wissenschaft und Praxis*. München.
JANOWITZ, NAOMI (2001). *Magic in the Roman World. Pagans, Jews and Christians*. London/ New York.
JANZEN, WOLFRAM. (1994). *Wahrsagen: Schicksalsbefragung und Zukunftsdeutung*. Mainz.
JARAUSCH, KONRAD (1919). „Der Zauber in den Isländersagas." In: *ZfVkde* 39: 237–268.
JEFFERS, ANN (1996). *Magic and divination in ancient Palestine and Syria*. Leiden [u.a.] (=Studies in the history and culture of the ancient Near East 8).
JECKEL, F. (1926–1927). „Proben aus einem Arzneibuch des 15. Jahrhunderts. In: *Schweizer Archiv für Volkskunde* 27: 78–92.

JEISENBERGER, ELMAR, J. (1938). „Das Wahrsagen aus dem Schulterblatt". In: *Internationales Archiv für Ethnographie* 35: 49–116.
JENKINS, CLAUDE (1998). „Saint Augustine and Magic". In: *Science, Medicine and History*. In: Fs Charles Singer. Hg. v. A. UNDERWOOD. Oxford: 131–140.
JENSEN, HANS. (1969). *Die Schrift in Vergangenheit und Gegenwart*. Berlin.
JOHNSTON, SARAH. ILLES. (1999). *Restless dead. Encounters beween the living and the dead in ancient Greece*. Berkely.
JOHNSTON, SARAH. ILLES. (2001). „Charming Children: The use of the child in ancient divination." In: *Arethus* 34:97–118.
JOHNSTON, SARAH. ILLES. (2008). *Ancient Greek divination*. Malden, Mass.
JOHNSTON, SARAH. ILLES. / PETER T. STRUCK Hrsg. (2005). *Mantikê: studies in ancient divination*. Leiden.
JOHNSTON, SARAH. ILLES. 1990). *Hekate soteira. A study of Hekate's role in Chaldean Oracles in related literature*. Atlanta.
JUNGBAUER, GUSTAV. (1932/1987). Art. Freitag. In: *HDA* Bd. IV: Sp. 45–73.
JUNGBAUER, GUSTAV. (1932/1987). Art. Montag. In: *HDA* Bd. VI: Sp. 554–565.
JUNGBAUER, GUSTAV. (1932/1987). Art. Morgen. In: *HDA* Bd. VI: Sp.571–581.
JUNGBAUER, GUSTAV. (1932/1987). Art. Kritische Tage. In: *HDA* Bd. V: Sp. 596–597.
JUNGBAUER, GUSTAV. (1932/1987). Art. Unglückstage. In: *HDA* Bd. VIII: Sp. 1427–1440.
KADLEC, JAROSLAV. (1987). Art. Nikolaus von Jauer. In: *VL* Bd. 6: Sp. 1078–1081.
KAMMENHUBER, ANNELIES. (1976). *Orakelpraxis, Träume und Vorzeichenschau bei den Hethitern*. Heidelberg.
KAMPHAUSEN, HANS-JOACHIM. (1975). *Traum und Vison in der lateinischen Poesie der Karolingerzeit*. Bern.
KATZER, ERNST. (1970). „Der Fall des Kristallsehers Urban Graf". In: *Unser Neustadt* 14: 2–5.
KEE, HOWARD CLARK . (1989): „Magic and Messiah". In: *Religion, Science and Magic*. Hg. v. JACOB NEUSSNER/ERNEST S. FRERICHS. New York: 121–141.
KEIL, GUNDOLF. (1969). „Hiltgart von Hurnheims mittelhochdeutsche Prosaübersetzung des „Secetum secretorum"". In: *Anzeiger für deutsches Altertum*. 80: 166–169.
KEIL, GUNDOLF et al. (1968). *Fachliteratur des Mittelalters. Festschrift für Gerhard Eis*. Hg. v. GUNDOLF KEIL / RAINER RUDOLF / WOLFRAM SCHMITT / HANS J. VERMEER. Stuttgart.
KEIL, GUNDOLF / PETER ASSION et al. (1982). *Fachprosa-Studien: Beiträge zur mittelalterlichen Wissenschafts- und Geistesgeschichte*. Berlin.
KEIL, GUNDOLF. (1992). Art. ‚Secretum secretorum'. In: *VL* Bd. 8: Sp. 993–1013.
KEIL, GUNDOLF. (2004). Art. Bernhard von Eiching. In: *VL* Bd. 11: Sp. 242–243.
KERNER, MAX. (1971). *Studien zum Dekret des Bischofs Burchard von Worms*. 2 Bde. Diss. Aachen.
KERNER, MAX. (1978). Art. Burchard von Worms. In: *VL* Bd. I: Sp. 1121–1127.
KIECKHEFER, RICHARD. (1976). *European witch trials: Their foundations in popular and learned culture 1300–1500*. London.
KIECKHEFER, ROICHARD. (1997). *Forbidden Rites. A necromancer's Manual of the fifteenth Century*. Sutton.
KIECKHEFER, RICHARD. (1989). *Magic in the Middle Ages*. Cambridge.
KIESEWETTER, CARL. (1893/1993). *Faust in der Geschichte und Tradition*. Berlin/Leipzig.
KIESEWETTER, CARL. (1895). *Der Occultismus des Altertums*. Leipzig.
KIESEWETTER, CARL. (1895/2005). *Die Geheimwissenschaften. Eine Kulturgeschichte der Esoterik*. Wiesbaden.
KIESEWETTER, CARL. (1909). *Geschichte des neueren Occultismus*. Leipzig.
KIESEWETTER, CARL. (1977). *John Dee, ein Spiritist des 16. Jahrhunderts. Kulturgeschichtliche Studie*, etc. (Nachdruck der Ausgabe Leipzig 1893.). Schwarzenburg.
KINDT, JULIA (2001). Von Schafen und Menschen. Delphische Orakeksprüche und soziale Kontrolle. In: *Prognosis: Studien zur Funktion von Zukunftsvorhersagen in Literatur und Geschichte seit der Antike*. Hg v. KAI BRODERSEN. Münster: 25–38.

KIPPENBERG, HANS, LUCHESI, G. Hrsg. (1987). Magie. *Die sozialwissenschaftliche Kontroverse über das Verstehen fremden Denkens*. Frankfurt a. Main.
KLAPPER, JOSEPH. (1907). „Das Gebet im Zauberglauben des Mittelalters". In: *Mitteilungen der schlesischen Gesellschaft für Volkskunde* 9: 5–41.
KLAPPER, JOSEPH. (1915). „Deutscher Volksglaube in Schlesien in ältester Zeit." In: *Mitteilungen der Schlesischen Gesellschaft für Volkskunde*. Bd. 17: 19–57.
KLEES, HANS. (1965). *Die Eigenart des griechischen Glaubens an Orakel und Seher; ein Vergleich zwischen griechischer und nichtgriechischer Mantik bei Herodot*. Stuttgart.
KLEIN, WASSILIOS/KOCH, KLAUS / SAFRAI, CHANA ET AL. (1997). Art. Propheten, Prophetie. In: *TRE* Bd. 26: 473–517.
KOCH, KURT. (1980). *Wahrsagen. Die Mantik aus der Sicht der Seelsorge*. Aglasterhausen.
KÖNIG, BRUNO EMIL. (1940). *Ausgeburten des Menschenwahns im Spiegel der Hexenprozesse der Autodafés, eine Geschichte des After- und Aberglaubens bis auf die Gegenwart. Historische Schandsäulen des Aberglaubens . Ein Volksbuch*. Berlin-Friedenau.
KOETSCHAU, PAUL. (1889). Die *Textüberlieferung der Bücher des Origenes gegen Celsus in den Handschriften dieses Werkes und der Philokalia. Prolegomena zu einer kritischen Ausgabe*. Leipzig.
KOFSKY, ARIEH. (2002). *Eusebius of Caesarea against paganism*. Leiden.
KORENJAK, MARTIN. (1996). *Die Ericthoszene in Lukans Pharsalia: Einleitung, Text, Übersetzung, Kommentar*. Frankfurt a. Main.
KORS, ALAN CHARLES/PETERS, EDWARD. (1972). *Witchcraft in Europe 1100–1700, a documentary history*. Philadelphia.
KÖSTLER, RUDOLPH. (1912). „Der Anteil des Christentums an den Ordalien". In: *Zs. f. Rechtsgesch.* 33:208–248.
KÖSZEGHY, MIKLÓS. (2007). *Der Streit um Babel in den Büchern Jesaja und Jeremia*. Stuttgart.
KRAELING, CARL. H. (1940). „Was Jesus Accused of Necromancy?" In: *Journal of Biblical Literature*. 59: 147–157.
KRATZ, REINHARD G. (2003). *Die Propheten Israel*. München.
KRATZ, REINHARD G. (2011). *Prophetenstudien*. Tübingen.
KRAUS, FRITZ RUDOLF. (1955). *Die physiognomischen Omina der Babylonier*. Leipzig.
KRÖGER, L. (1930). Pythagoreisches aus der Handlesekunst. In: *Oberdeutsche Zeitschrift für Volkskunde* 4: 32–42.
KRUEGER, DEREK. (2004). *Writing and holiness: the practice of authorship in the early Christian East*. Philadelphia.
KRUGER, STEVEN F. (1992*). Dreaming in the Middle Ages*. Cambridge.
KRUSE, BRITTA-JULIANE.(2000). Zensierter Zauber: Getilgte Magische und mantische Texte in einer Berliner Handschrift. In: *Scrinum Berolinense*. Tilo Brandis zum 65. Geburtstag. Hg. v. PETER JÖRG BECKER et al. Berlin: 383–397.
KUCABA, KELLEY. (1997). Höfisch inszenierte Wahrheiten. Zu Isoldes Gottesurteil bei Gottfried von Straßburg. In: *Fremdes wahrnehmen – fremdes Wahrnehmen. Studien zur Geschichte der Wahrnehmung und zur Begegnung von Kulturen in Mittelalter und früher Neuzeit*. Hg. v. WOLFGANG HARMS U. STEPHEN C. JÄGER, et al. Leipzig: 73–93.
KUDLIEN, FRIDOLF. (1991). *Sklaven-Mentalität im Spiegel antiker Wahrsagerei*. Stuttgart.
KUHLMANN, KLAUS P. (1988). *Das Ammoneion: Archäologie, Geschichte u. Kultpraxis d. Orakels von Siwa. (AV 75)*. Mainz.
KUHN, PETER. (1989). *Bat qol, die Offenbarungsstimme in der rabbinischen Literatur. Sammlung Übersetzung und Kurzkommentierung der Texte*. Regensburg.
KUHN, PETER. (1989). *Offenbarungsstimmen im antiken Judentum*. Tübingen.
KUNITZSCH, PAUL. (1978). Art. ‚Alfadol'. In: *VL* Bd. I Berlin: Sp. 235–236.
KUHNKE, RUDOLF. (1868). *Die Politik des delphischen Orakels vor den Perserkriegen*: 1. Teil. Stargard. Zantz.
KUISL, FRITZ. (1988). *Die Hexen von Werdenfels. Hexenwahn im Werdenfelser Land: rekonstruiert an Hand der Prozeßunterlagen von 1589 – 1596*. Garmisch Partenkirchen.

KUNSTMANN, HARTMUT HEINRICH (1970). *Zauberwahn und Hexenprozess in der Reichsstadt Nürnberg.* Erlangen.
KUNTZE, JOHANNES EMIL. (1882). *Prolegomena zur Geschichte Roms. Oraculum.* Leipzig.
KYLL, NIKOLAUS (1965). „Zum Fortleben vorchristlichen Volksglaubens im Trierer Land. Regino von Prüm und die Göttin Diana." In: *Kurtrierisches Jahrbuch* 5: 11–29.
LABOUCHERE, PETER. (1993). *Magic, witchcraft, and divination in Zambia: an assessment of their claims and their socio-economic implications.* Lusaka.
LÁNG, BENEDEK. (2005). „Angels around the Crystal: the Prayer Book of King Wladislas and the Treasure Hunts of Henry the Czech". In: *Aries: Journal of the Study of Wester Esotericism* 5: 1–32.
LÁNG, BENEDEK. (2006). The Criminalization of Possessing Necromantic Books in Fifteenth Century Krakow. In: *Religion und Magie in Ostmitteleuropa (Spielräume theologischer Normierungsprozesse in Spätmittelalter und Früher Neuzeit).* Hg. v. THOMAS WÜNSCH. Berlin. 257–271.
LÁNG, BENEDEK. (2008). *The unlocked Books. Manuscripts of Learned Magic in the Medieval Libraries of Central Europe.* Pennsylvania.
LÁNG, BENEDEK. (2011). Experience in the anti-astrological arguments of Jean Gerson. In: *Expertus sum. L'expérience par les sens dans la philosophie naturelle médiévale. Acte du colloque international de Pont-à-Mousson, 5–7 février 2009.* Hg. v. THOMAS BÉNATOUIL et al. Florenz: 309–321.
LANG, CLAUDIA. (2006). *Intersexualität. Menschen zwischen den Geschlechtern.* Frankfurt a. Main.
LANGE, ARMIN. (2001). „Becherorakel und Traumdeutung. Zu zwei Formen der Divination in der Josephsgeschichte." In: *The Book of Genesis* Hg. v. A. WENIN. Leuven: 371–379.
LANGE, ARMIN. (2002). *Vom prophetischen Wort zur prophetischen Tradition. Studien zur Traditions- und Redaktionsgeschichte innerprophetischer Konflikte in der hebräischen Bibel.* Habilitationsschrift. Tübingen.
LANGE, ARMIN. (2007). „Greek Seers and Israelite-Jewish Prophets." In: *Vetus Testamentum* 57: 461–482.
LATACZ, JOACHIM. (1984). Funktionen des Traums in der antiken Literatur. In: *Traum und Träumen. Traumanalysen in Wissenschaft, Religion und Kunst.* Hg. v. THEODOR WAGNER-SIMON und G. BENEDETTI. Göttingen: 10–31.
LAWSON, WILLIAM ROBERT. (1928). *Numerical divination; a criticism and demonstration.* London.
LEHMANN, ALFRED. (1898) *Aberglaube und Zauberei von den ältesten Zeiten an bis in die Gegenwart.* Stuttgart.
LECOUTEUX, CLAUDE. (1987). *Geschichte der Gespenster und Wiedergänger im Mittelalter.* Köln.
LE SCOUËZEC, G. H./ H. LARCHER, et al. (1982). *Encyclopédie de la divination.* Paris.
LEA, H. CHARLES. (1957). *Materials towards a History of Witchcraft.* 3 Bde. New York.
LEHMAN, ALFRED (1925). *Aberglaube und Zauberei von den ältesten Zeiten an bis in die Gegenwart.* Stuttgart.
LEHMANN, HARTMUT / ULBRICHT, OTTO (Hrsg.) (1992). *Vom Unfug des Hexen-Processes: Gegner der Hexenverfolgungen von Johann Weyer bis Friedrich Spee.* Wiesbaden.
LEHOUX, DARYN. (2007). „Drugs and the Delphic Oracle". In: *The Classical World* 101: 41–56.
LENHARDT, FRIEDRICH. (1981). Art. ‚Hämatoskopie-Traktate'. In: *VL* Bd. 3: Sp. 422–425.
LENHARDT, FRIEDRICH/KEIL, GUNDOLF. (1983). Art. ‚Iatromathematisches Hausbuch'. In: *VL* Bd. 4: Sp. 347–351.
LENHARDT, FRIEDRICH. (1986). Art. Maurus. In: *VL* Bd. 6: Sp. 201–203.
LENHARDT, FRIEDRICH. (1986). *Blutschau. Untersuchungen zur Entwicklung der Hämatosokopie.* Würzburg. (= Würzburger medizinhistorische Forschungen 22).
LENNING, ROBERT. (1969). *Traum und Sinnestäuschung bei Aischylos, Sophokles, Euripides.* Diss. Tübingen.

LESSES, REBECCA, MACY. (1995). *Ritual practices to gain power. Adjurations in the Hekhalot literature. Jewish amulets, and Greek revelatory adjurations.* Cambridge Mass. Harvard Univ. Diss.
LEUTENBAUER, SIEGFRIED. (1972). *Hexerei und Zaubereidelikte in der Literatur von 1450–1550.* Berlin.
LEVACK, BRIAN P. (1996). „Possession, Witchcraft, and the Law in Jacobean England". In: *Washington and Lee Law Review* 52: 1613–1640.
LEVEH, SJOERD. (2001). Wurzeln und Zweige. die Prophetien Merlins und einige Vorschläge zur Lektüre mittelalterlicher Geschichtsschreibung. In: *Prognosis: Studien zur Funktion von Zukunftsvorhersagen in Literatur und Geschichte seit der Antike.* Hg v. KAI BRODERSEN. Münster: 97–120.
LEWY, HANS. (1956). *Chaldean Oracles and theurgy.* Kairo.
LIGHTFOOT, JANE L. (2007). *The Sibylline oracles: with introduction, translation, and commentary on the first and second books.* Oxford.
LINDBLOM, C. J. (1924). *Die literarische Gattung der prophetischen Literatur. Eine literargeschichtliche Untersuchung zum Alten Testament.* Lund.
LINDBLOM, C. J. (1963). „Die Vorstellung vom Sprechen Jahwes zu den Menschen im Alten Testament." In: *Zeitschrift für die Alttestamentliche Wissenschaft* 75: 263–288.
LINDBLOM, C. J. (1963). *Prophecy in Ancient Israel.* Lund.
LINDBLOM, C. J. (1968). *Gesichte und Offenbarungen. Vorstellungen von göttlichen Weisungen und übernatürlichen Erscheinungen im ältesten Christentum.* Lund.
LINSENMANN, THOMAS. (2000) *Die Magie bei Thomas von Aquin.* Berlin.
LITTLETON, SCOTT. (1986). „The Pneuma Enthusiastikon: On the Possibility of Hallucinogenic ‚Vapors' at Delphi and Dodona." In: *Ethos* 14: 76–91.
LÖFFLER, RALF. (2006). *Henoch – die Magie des Dr. John Dee.* Neuenkirchen.
LOEWE, MICHAEL/CARMEN. BLACKER et al. (1981). *Divination and oracles.* London.
LORETZ, OSWALD. (1985). *Leberschau, Sündenbock, Asasel in Ugarit und Israel.* Altenberge.
LOTZ, ALMUTH. (2005). *Der Magiekonflikt in der Spätantike.* Bonn.
LUCK, GEORG. (1962). *Hexen und Zauberei in der römischen Dichtung.* Zürich.
LUCK, GEORG. (1989). Theurgy and Forms of Worship in Neoplatonism. In: *Religion, Science Magic in Concert and Conflict.* Hg. v. JACOB NEUSNER et al. Oxford: 185–225
LUCK, GEORG. (1990). *Magie und andere Geheimlehren der Antike.* Stuttgart.
LUCK-HUYSE, KARIN. (1997). *Der Traum vom Fliegen in der Antike.* Stuttgart.
LÜKEN, HEINRICH. (1875). *Die sibyllinischen Weissagungen, ihr Ursprung und ihr Zusammenhang mit den afterprophetischen Darstellungen christlicher Zeit.* Würzburg.
LYONS, ALBERT. S. (1991). *Der Blick in die Zukunft: eine illustrierte Kulturgeschichte.* Köln.
MAASS, MITCHELL. (2001). Das Orakel von Delphi: Dichtung und Wahrheit. In: *Prognosis: Studien zur Funktion von Zukunftsvorhersagen in Literatur und Geschichte seit der Antike.* Hg v. KAI BRODERSEN. Münster: 121–128.
MADRE, ALOIS. (1987). Art. Nikolaus von Dinkelsbühl. In: *VL* Bd. 6: Sp. 1048–1059.
MAGNUS, HUGO. (1903). *Der Aberglauben in der Medizin.* Breslau.
MÄRTL, CLAUDIA / DROSSBACH, GISELA/KINTZINGER, MARTIN. (2006). *Konrad von Megenberg (1309–1374) und sein Werk. Das Wissen der Zeit.* München.
MAKOWSKI, JOHN F. (1977). „Oracula Mortis in the Pharsalia". In: *Classical Philology* 72: 193–202.
MAKSYMIUK, STEPHAN. (1992). *The Court Magician in Medieval German Romance* Bern (=Mikromosmos. Beiträge zur Literaturwiss. u. Bedeutungsforschung. Hg. v. WOLFGANG HARMS, Bd. 44).
MALA, MATTHIAS. (1990). *Kaffeesatz und Kartenlegen: neue und alte Wahrsagespiele.* München.
MALBROUGH, RAY T. (1998). *The magical power of the saints: evocations & candle rituals.* St. Paul, Minn.
MALINOWSKI, BRONISLAW. (1983). *Magie, Wissenschaft und Religion.* Frankfurt a. Main.
MANAS, JOHN H. (1947). *Divination, ancient and modern; an historical, archaeological and philosophical approach to seership and Christian religion.* New York.

MANSELLI, RAOL. (1983). Chiliasmus I. In: *Lexikon des Mittelalters* 2: 1820–1822.
MARZELL, Heinrich (1932/1987). Art. Baum. In: *HDA* Bd. I: Sp. 954–958.
MARZELL, Heinrich (1932/1987). Art. Bohne. In: *HDA* Bd. I: Sp. 1470–1473.
MARZELL, Heinrich (1932/1987). Art. Klatschmohn. In: *HDA* Bd. IV: Sp. 1444–1445.
MARZELL, Heinrich (1932/1987). Art. Klee. In: *HDA* Bd. IV: Sp. 1446–1458.
MAUL, STEFAN M. ((1994). *Zukunftsbewältigung. eine Untersuchung altorientalischen Denkens anhand der babylonisch-assyrischen Löserituale* (Namburbi). Mainz.
MAURIZIO, LISA. (1995). „Anthropology and Spirit Possession: A Reconsideration of the Pythia's Role at Delphi". In: *Journal of Hellenic Studies* 115: 69–86.
MAURIZIO, LISA. (1997). „Delphic Oracles as Oral Performances: Authenticity and Historical evidence". In: *Classical Antiquity* 16: 308–334.
MAURY, LOIS FERDINAND ALFRED. (1860). *La magie et l'astrologie dans l'antiquité et au Moyen Âge, ou étude sur les superstitions paiennes qui se sont perpétées jusqu'à nos jours.* Paris.
MAXWELL, JOSEPH. (1927). *La divination.* Paris.
MAXWELL, JOSEPH. / HARY PRICE (1927). *La divination.* Paris.
MAYER, ANTON. (1950). Das mantische Pferd in lateinischen Texten des Mittelalters. In: *Liber floridus. Mittellateinische Studien Paul Lehmann zum 65. Geburtstag.* Hg. v. BERNHARD BISCHOFF. St. Ottilien: 131–151.
MAYER-TASCH, P. C. (2000). Jean Bodin: eine Einführung in sein Leben, sein Werk und seine Wirkung; mit einer Bibliographie zum geistes- und sozialwissenschaftlichen Schrifttum über Bodin zwischen dem Jahr 1800 und dem Jahr 2000. Düsseldorf.
MCNEILL, JOHN THOMAS. (1933). „Folk-Paganism in the Penitentials". In: *Journal of Religion* 13: 450–466.
MEIER, CARL A. (1949). *Antike Inkubation und moderne Psychotherapie.* Zürich.
MEISSNER, RUDOLF. (1917). Ganga til fréttar. In: *ZfVkde* 27: 1–13 u. 97–105.
MELBOURNE, CHRISTOPHER. (1975). *The illustrated History of Magic.* London.
MELVILLE, JOHN. (1983). *Crystal Gazing and Clairvoyance.* Northhamptonshire.
MENGIS, CARL. (1932/1987) Art. Nekromantie. In: *HDA* Bd. VI: Sp. 997–1002.
MENTGEN, GERD. (2005). *Astrologie und Öffentlichkeit im Mittelalter.* Stuttgart.
MERTEN, VICTOR. (1996). *Eine gezielte Beschreibung: Edward E. Evans-Pritchards Beitrag zur Theorie der Magie.* Zürich.
MESLIN, MICHEL. (1987). Art. Head. In: *Encyclopedia of Religion.* Hg. v. MIRCEA ELIADE. New York: 221–225.
MEYER, BIRGIT (2003). *Magic and modernity: interfaces of revelation and concealment.* Stanford.
MEYER, CARL. (1884). *Der Aberglaube des Mittelalters und der nächstfolgenden Jahrhunderte.* Basel.
MEYER, JAN-WALLKE. (1987). *Untersuchungen zu den Tonlebermodellen aus dem Alten Orient.* Kevelaer.
MEYER, K. (1884). *Der Aberglaube des Mittelalters und der nächstfolgenden Jahrhunderte.* Basel.
MEYER, MARVIN W. (1995). *Ancient magic and ritual power.* Leiden.
MEYER, MARVIN. W. (2002). *Magic and ritual in the ancient world.* Leiden.
MIDELFORT, ERIC (1988). Johann Weyer and the Trasformation of the Insanity Defense. In: *The German People and the Reformation.* Hg. v. R. PO-CHIA HSIA. Cornell: 234–261.
MIDELFORT, ERIC. (1992) Johann Weyer in in medizinischer, theologischer und rechtgeschichtlicher Hinsicht. In: *Vom Unfug des Hexenprozesses. Gegner der Hexenverfolgung von Johann Weyer bis Friedrich Spee.* Hg. v. HARTMUT LEHMANN. Wiesbaden. 53–64.
MIEDER, WOLFGANG (1982/1983). „Liebt mich, liebt mich nicht.": Studien und Belege zum Blumenorakel. In: *Deutsches Volkdsliedarchiv.* 27/28: 335–345.
MITCHELL, MARGARET M. (2005). „Patristic Rhetoric on allegory: Origen and Eustatius Put 1 Samule 28 on Trial". In: *The Journal of Religion* 85: 414–445.
MOLLAND, ANDREW GEORGE. (1974). „Roger Bacon as Magician". In: *Traditio* 30: 447–460.
MOLTKE, ERIK. (1985). *Runes and Their Origin: Denmark and Elsewhere.* Kopenhagen.
MORDEK, HUBERT/MICHAEL GLATTHAAR. (1993). „Von Wahrsagerinnen und Zauberern. Ein Beitrag zur Religionspolitik Karls des Großen". In: *AfKg* 75: 33–64.

MÖSENEDER, KARL. (2009). *Paracelsus und die Bilder. Über Glauben, Magie und Astrologie im Reformationszeitalter.* Tübingen.
MOSER, F. (1935). *Der Okkultismus. Täuschungen und Tatsachen.* München.
MÜLLER, JAN-DIRK. (1980). „Poet, Prophet, Politiker: Sebastian Brant als Publizist und die Rolle der laikalen Intelligenz um 1500." In: *Zeitschrift für Literatur und Linguistik* 10: Sp. 102–127.
MÜLLER, JAN-DIRK. (1999). Art. Vintler, Hans. In: *VL* Bd. 10: Sp. 354–359.
MÜLLER, MARKUS. (2006). Beherrschte Zeit. Lebensorientierung und Zukunftsgestaltung durch Kalenderprognostik zwischen Antike und Neuzeit. Diss. Göttingen.
MÜLLER, ULRICH. (1978). Art. Beheim, Michel. In. *VL* Bd 1. Sp. 672–680.
MÜLLER, UTE. (1971). *Mondwahrsagetexte aus dem Spätmittelalter.* Diss. Berlin
MÜLLER-BERGSTRÖM, WALTER. (1932/1987). Art. Gottesurteil. In: *HDA*, Bd. III: Sp. 994–1064.
MÜLLER-BERGSTRÖM, WALTER. (1932/1987). Art. Gottesurteil. In: *HDA*, Bd. IV: Sp. 1134–1187.
MUNDAL, E. (1996). „The perception of the Saamis and their religion in Old Norse sources." In: *Shamanism and northern ecology.* Hg. v. J. PENTIKÄINEN. Berlin: 97–116.
NAETHER, FRANZISKA. *Die Sortes Astrampsychi: Problemlösungsstrategien durch Orakel im römischen Ägypten.* Tübingen.
NAGEL, PETRA. (1995). *Die Bedeutung der „Disquisitionum Magicarum libri sex" des Martin Delrio für das Verfahren der Hexenprozesse.* Frankfurt a. Main.
NAGY, JOSEPH FALAKY (1990) Hierarchy, Heroes, and Heads: Indoeuropean structures in Greek Myth. In: *Approaches to Greek Myth.* Hg. v. LOWELL EDMUNDS. Baltimore: 200–238.
NAHL, RUDOLF VAN. (1983). *Zauberglaube und Hexenwahn im Gebiet von Rhein und Maas. Spätmittelalterlicher Volksglaube im Werk Johann Weyers (1515–1588).* Bonn.
NELSON, JOHN. (2007). *The magic mirror: divination through the ancient art of scrying.* Charlottesville.
NEUGEBAUER-WÖLK, MONIKA. (2000). Esoterik in der Frühen Neuzeit. Zum Paradigma der Religionsgeschichte zwischen Mittelalter und Moderne. In: *Zeitschrift für historische Forschung* 27: 321–364.
NEWMAN, DEENA I. J. (1999). „The Western Psychic as Diviner: Experience and the Politics of Perception." In: *Ethnos* 64: 82–106
NICCOLI, OTTAVIA. (1990). *Prophecy and people in Renaissance Italy.* Princeton.
NILSON, MARTIN. (1950). *Geschichte der griechischen Religion.* 2 Bde. München[2]
NINCK, MARTIN HERMANN. (1967). *Die Bedeutung des Wassers im Kult und Leben der Alten.* Darmstadt.
NISCHIK, TRAUDE-MARIE. (1986). *Das volkssprachliche Naturbuch im späten Mittelalter. Sachkunde und Dinginterpretation bei Jacob von Maerlant und Konrad von Megenberg.* Tübingen (=Hermea 48).
NOEGEL, SCOTT. B. / JOEL THOMAS WALKER, et al. (2003). *Prayer, magic, and the stars in the ancient and late antique world.* Park.
NOLLÉ, JOHANNES. (1987). „Südkleinasiatische Losorakel in der römischen Kaiserzeit". In: *Antike Welt.* 18,3: 41–49.
NORDEN, EDUARD. (1939/1975). *Aus altrömischen Priesterbüchern.* Lund. New York.
OAKLEY, THOMAS P. (1940). „The Penitentials as Sources for Medieval History". In: *Speculum* XV: 210–223.
OBELKEVICH, JAMES (Hrsg.) (1979). *Religion and the People.* Chapel Hill.
OESTERHELD, CHRISTIAN. (2008). *Göttliche Botschaften für zweifelnde Menschen: Pragmatik und Orientierungsleistung der Apollon-Orakel von Klaros und Didyma in hellenistisch-römischer Zeit.* Göttingen.
OGDEN, DANIEL. (1999). Binding Spells: Curse tablets and Voodoo dolls. In: *Wichcraft and Magic in Europe II. Ancient Greece and Rome.* Hg. v. VALERIE FLINT. London: 1–90.
OGDEN, DANIEL. (2001). Totenorakel in der griechischen Antike. In: *Prognosis: Studien zur Funktion von Zukunftsvorhersagen in Literatur und Geschichte seit der Antike.* Hg v. KAI BRODERSEN. Münster: 39–60.

OGDEN, DANIEL. (2001). *Greek and Roman Necromancy.* Princeton.
O'RAHILLY, T. F. (1946). *Early Irish History and Mythology.* Dublin.
OHLENROTH, DIRK. (1991). Reinfried von Braunschweig – Vorüberlegungen zu einer Interpretation. In: *Positionen des Romans im späten Mittelalter.* Hg. v. WALTER HAUG und BURGHART WACHINGER. Tübingen (=Fortuna Vitrea 1): 67–96.
OHRT, F. (1932/1978). Art. Schlucksen. In: *HDA* Bd.VII. Sp: 1223–1224
OLBRICH,KARL. (1932/1987). Art. Bleigießen. In. *HDA* Bd. I: Sp. 1389–1392
ÖNNERFORS, ALF. (1977). Über die alphabetischen Traumbücher („Somnialia Danielis') des Mittelalters. In: *Mediaevalia.* Abhandlungen und Aufsätze. (=Lateinische Sprache und Literatur des Mittelalters 6) 32–57, 318–331.
OPPENHEIM, LEO (1956). „The Interpretation of Dreams in the Ancient Near East. Part II: The Assyrian Dream–Book". In: *Transaction of the American Philosophical society* 46, 3: 179–373.
OTTO, BERND-CHRISTIAN. (2011). *Magie. Rezeptions- und diskursgeschichtliche Analysen von der Antike bis zur Neuzeit.* Berlin.
PABST, BERNHARD. (1955*). Gregor von Montesacro und die geistige Kultur Süditaliens unter Friedrich II.* Stuttgart.
PABST, WALTER. (1955). *Venus und die mißverstandene Dido. Literarische Ursprünge des Sibyllen- und des Venusberges.* Hamburg.
PADBERG, LUTZ VON. (2003). Art. Religiöse Zweikämpfe in der Missionsgeschichte des Mittelalters. In: Ergänzungsbände zu RGA: *Runica, Germanica, Mediaevalia.* Berlin: 509–552.
PARKE, HERBERT WILLIAM. (1988). *Sibyls and Sibylline Prophecy in Classical Antiquity.* London.
PARKE, HERBERT WILLIAM. (1985*). Oracles of Apollo in Asia Minor.* London.
PARPOLA, A. (2004). „Old Norse seið(r), Finnish seita and Saami shamanism." In: *Etymologie, Entlehnungen und Entwicklungen. Festschrift für Jorma Koivulehto zum 70. Geburtstag.* Hg. v. I. HYVÄRINEN. P. KALLIO und J. KORHONEN. Helsinki: 235–273.
PARRY, HUGH. (1992). THELXIS: *Magic and Imagination in Greek Myth and Poetry.* Lanham/ New York.
PATSCHOVSKY, ALEXANDER. (1983). Art. Chiliasmus III. In: *Lexikon des Mittelalters* 2: 1823–1824.
PELTON, ROBERT W. (1976). *Ancient secrets of fortune-telling.* South Brunswick.
PENNICK, NIGEL. (1988). *Games of the gods: the origin of board games in magic and divination.* London.
PESCH, ALEXANDRE (2003). Art. Ordal (skírsla). In: *RGA* Bd. 22: 159–161.
PESCH, ALEXANDRE (2003). Art. Orakel. In: *RGA* Bd. 22: 134–139.
PETERS, EDWARD. (2002). The medieval church and State on Superstition, Magic and Witchcraft: From Augustine to the sixteenth century. In: *Witchcraft in Europe 400–1700. The Middle Ages.* Hg. v. Karen Jolly et al. Philadelphia: 173–245
PETTINATO, GIOVANNI. (1966). *Die Ölwahrsagung bei den Babyloniern.* Rom.
PETZOLDT, LEANDER. (1977). Art. Albertus Magnus. In: *EM* Bd. I: Sp. 255–261.
PEUCKERT, WILL ERICH. (1932/1987). Art. Festmachen. In: *HDA* Bd. II: Sp. 1353–1368.
PEUCKERT, WILL ERICH. (1932/1987). Art. Okkultismus. In: *HDA* Bd. VI: Sp. 1224–1235.
PEUCKERT, WILL ERICH. (1932/1987). Art. Prophet, Prophetie. In: *HDA* Bd.VII: Sp. 338–366.
PEUCKERT, WILL ERICH. (1932/1987). Art. Propheten, deutsche. In: *HDA* Bd. IX: Sp. 66–100.
PEUCKERT, WILL ERICH. (1932/1987). Art. Krähe. In: *HDA.* Bd. V: Sp. 352–370.
PEUCKERT, WILL ERICH. (1932/1987). Art. Rabe. In: *HDA.* Bd. VII: Sp. 427–457.
PEUCKERT, WILL ERICH. (1932/1987). Art. Vorahnungen. In: *HDA.* Bd. VIII: Sp.1684–1688.
PEUCKERT, WILL ERICH. (1932/1987). Art. Vorzeichen, Prodigia. In: *HDA.* Bd. VIII: Sp.1730– 1760.
PEUCKERT, WILL ERICH. (1932/1987). Art. Weissager, Weissagungen. In: *HDA.* Bd. IX: Sp. 358– 441.
PFEFFER, FRIEDRICH. (1976). *Studien zur Mantik in der Philosophie der Antike.* Meisenheim am Glan.
PFISTER, FRIEDRICH. (1935). Zur Geschichte der technischen Ausdrücke der Wahrsagekunst. In: *Oberdeutsche Zeitschrift für Volkskunde* 9: S. 44–55.

PICKOVER, CLIFFORD A. (2001). *Dreaming the future: the fantastic story of prediction.* Amherst, N. Y.
PIEPENBRINK, KAREN. (2001). Prophetische und soziale Kommunikation in der homerischen Gesellschaft. In: *Prognosis: Studien zur Funktion von Zukunftsvorhersagen in Literatur und Geschichte seit der Antike.* Hg v. KAI BRODERSEN. Münster: 9–24.
PIETRO, HEIDELINDE. (2000*).* *Geschichte der Wahrsagerei: Erwartungen, Wünsche und Hoffnungen Mittelalterlicher Menschen.* Graz.
PIETSCH, P. (1884). „Kleine Beiträge zur Kenntnis des Aberglaubens des Mittelalters." In: *Zeitschrift für deutsche Philologie* 16: 185–196.
PLACE, ROBERT MICHAEL / ROSEMARY ELLEN. GUILEY (2008). *Astrology and divination.* New York.
PLAMPER, FRANZISKA. (2010). *Wenn Träume wahr werden. Die Funktion von Träumen in Isländersagas.* Magisterarbeit Tübingen.
POCS, ÉVA. (1989). *Fairies and Witches at the Boundary of South-Eastern and Central Europe.* Helsinki.
POLLACK, RACHEL. (1986). *Teach yourself fortune telling: palmistry, the crystal ball, runes, tea leaves, the tarot.* New York.
POTTER, DAVID STONE. (1994). *Prophets and emperors: human and divine authority from Augustus to Theodosius.* Cambridge, Mass.
POTTER, DAVID STONE. (1990). *Prophecy and History in the Crisis of the Roman Empire. A Historical Commentary on the thirteenth Sibylline Oracle.* Oxford.
PRICE, HARY. (1887). *Divination old and new.* London.
PRICE, HARY. (1892*).* *Sortes sacr*; or, divination by lot.* London.
PRICE, NEIL. (2002). *The Viking Way. Religion and war in late Iron Age Scandinavia.* Uppsala.
RABANSER, HANSJÖRG. (2006). *Hexenwahn. Schicksale und Hintergründe. Die Tiroler Hexenprozesse.* Innsbruck.
RADIMERSKY, GEORGE. (1957). „Magic in the Works of Hildegard von Bingen." In: *Monatshefte für den deutschen Unterrricht* 49: 353–60.
RAE, ALEXANDER C. (1998). *Clever bluffen, Astrologie & Wahrsagen.* Frankfurt a. Main.
RASMUSSEN, S. W. (2003). *Public portents in Republican Rome.* Rom.
REEVES, MARJORIE. (1999). *Joachim of Fiore and the prophetic Future.* Sutton.
REINER, ERICA. (1995). *Astral Magic in Babylonia.* Philadelphia.
REINTHAL, ANGELA (2008). „Alchemie des Poeten" John Dee (1527–1608) in Gustav Meyrinks Roman „Der Engel vom westlichen Fenster (1927). In: *Faszination des Okkulten. Diskurse zum Übersinnlichen.* Hg. v. WOLFGANG MÜLLER-FUNK / CHRISTA AGNES TUCZAY, Tübingen: 235–256.
REGELL, PAUL. (1975). *Roman augury and Etruscan divination.* New York.
REIER, HERBERT. (1987). *Leben, Krankheiten und Heilungen im Mittelalter.* Kiel.
REICHLIN, SUSANNE. (2010). Kontingenzkonzeptionen in der mittelalterlichen Literatur: Methodische Vorüberlegungen. In: *Kein Zufall: Konzeption von Kontingenz in der mittelalterlichen Literatur.* Hg. v. CORNELIA HERBERICHS und SUANNE REICHLING. Göttingen: 11–49.
REISINGER, REINER. (1997). *Historische Horoskope. Das iudicium magnum des Johannes Carion für Albrecht Dürers Patenkind.* Wiesbaden.
REMUS, HAROLD. (1999). *Magic, method, madness.* Leiden.
RESCH, ANDREAS (1964). *Der Traum im Heilsplan Gottes. Deutung und Bedeutung des Traums im AT.* Freiburg.
REUTER, ROLF. (1936). „Verbrechen und Strafen nach altem lübischen Recht". In: *Hansische Geschichtsblätter* 61: 41–121.
RICHFORD, FREDERICK G. (1964). *Seeing the unseen; the cult of the insignificant.* London.
RICHTER, GERLINDE. (1966). „Bezeichnungen für den Heilkundigen". In: *Beiträge für deutsche Sprache und Literatur* 88: 258–275.
RICKLIN, THOMAS. (1998). *Der Traum der Philosophie im 12. Jahrhundert. Traumtheorien zwischen Constantius Africanus und Aristoteles.* Leiden.
RITNER, ROBERT KRIECH. (2002). Necromancy in Ancient Egypt. In: *Magic and Divination in the Ancient World.* Hg. v. LEDA CIRAOLO / JONATHAN SEIÐEL. Leiden: 89–96.

RITTER, HELMUT. (1923). „Picatrix, ein arabisches Handbuch hellenistischer Magie". In: *Vorträge der Bibliothek Warburg* 1921–1922: 94–124.
RITZ, UTE. (1988). *Das Bedeutsame in den Erscheinungen: Divinationspraktiken in traditionalen Gesellschaften*. Frankfurt/Main.
ROBERTS, DEBORAH H. (1984). *Apollo and his Oracle in the Oresteia*. Göttingen.
ROEDER, GUENTER. (1960/1998). *Kulte, Orakel und Naturverehrung im alten Ägypten*. Zürich/Düsseldorf.
RÖLLIG, WOLFGANG. (2001). Die Weisheit der Könige in Assyrien und Babylon. In: *Weisheit in Israel*. Beiträge des Symposions: Das alte Testament und die Kultur der Moderne. Hg. v. DAVID CLINES u. ELKE BLUMENTHAL. Heidelberg: 37–52.
RÓHEIM, GÉZA. (1919). *Spiegelzauber*. Budapest.
ROHLAND, JOHANNES PETER. (1977). *Der Erzengel Michael Arzt und Feldherr. Zwei Aspekte des vor- und frühbyzantinischen Michaelskultes*. Leiden.
RÖMER, MALTE. (1994*). Gottes- und Priesterherrschaft in Ägypten am Ende des Neuen Reiches: ein religionsgeschichtliches Phänomen und seine sozialen Grundlagen*. Wiesbaden.
ROPER, LYNDAL. (1995). *Ödipus und der Teufel. Körper und Psyche in der Frühen Neuzeit*. Frankfurt a. Main.
ROSENBERGER, VEIT. (1998). *Gezähmte Götter: das Prodigienwesen der römischen Republik*. Stuttgart.
ROSENBERGER, VEIT. (2001). *Griechische Orakel: eine Kulturgeschichte*. Stuttgart.
ROSENBERGER, VEIT. (2001). Der alte Mann und das Meer. Das Meer und seine Bewohner als Träger prophetischen Wissens. In: *Prognosis: Studien zur Funktion von Zukunftsvorhersagen in Literatur und Geschichte seit der Antike*. Hg v. KAI BRODERSEN. Münster: 61–72.
ROSENFELD, HELLMUT. (1961) Losbücher vom Ende des 15. Jahrhunderts. In: *Archiv für Geschichte des Buchwesens* 4: 1117–1128.
ROSS, ANNE. (1960). „The Human Head in Insular Pagan Celtic Religion". In: *Proceedings of the Soceity of Antiquaries of Scotland* 91: 14–43.
ROSS, ANNE. (1962). „Severed Heads in Wells: An Aspect of the Well Cult". In: *Scottish Studie* 6: 31–48.
ROSSI, PAOLO. (1968). *Francis Bacon, from Magic to Science*. Chicago.
ROSSKOPF, RUDOLF. (1972). *Der Traum Herzeoydes und der Rote Ritter. Erwägungen über die Bedeutung des Staufisch-welfischen Thrnstreites für Wolframs „Parzival"*. Göppingen. (=GAG 89).
ROTERMUND, HEINRICH WILHELM. (1994). *Wahrsagen*. Frankfurt a. Main.
ROTSCHUH, KARL. (1978). *Iatromagie, Begriff, Merkmale, Motive, Systematik*. Düsseldorf (=Rheinische-Westfälische Akademie d. Wiss., 225).
RUCH, MARTIN. (1986). *Zur Wissenschaftsgeschichte der deutschsprachigen Zigeunerforschung*. Diss. FREIBURG.
RUFF, MARGARETHE. (2003). *Zauberpraktiken als Lebenshilfe: Magie im Alltag vom Mittelalter bis heute*. Frankfurt a. Main.
RUHBERG, UWE. (1978). „Allegorisches im „Buch der Natur" Konrads von Megenberg". In: *Frühmittelalterliche Studien* 12: 310–325.
RÜHLE, OSKAR (1932/1987). Art. Bibel. In: *HDA* Bd. I: Sp. 1208– 1219.
RULAND, JEANNE. (2002). *Das große Buch der Legemethoden: 130 neue Legemethoden anwendbar für Kartendecks aller Art*. Darmstadt.
RUPPRICH, HANS. (1970). *Vom späten Mittelalter bis zum Barock*. München (=Geschichte der deutschen Literatur, Bd. IV/1).
RUH, KURT. (1990–1999). *Geschichte der abendländischen Mystik*. 4 Bde. München.
RUSSELL, JEFFREY. (1974). *Witchcraft in the Middle Ages*. Ithaca, NY.
RYAN, WILLIAM FRANCIS. (1999). *The bathhouse at midnight: an historical survey of magic and divination in Russia*. University Park, Pa.
RZACH, ALOIS. (1890). *Kritische Studien zu den Sibyllinischen Orakeln*. Wien.
RZACH, ALOIS. (1907). *Analekta zur Kritik und Exegese der Sibyllinischen Orakel*. Wien.
SAHLIN, CLAIRE L. (2001). *Birgitta of Sweden and the Voice of prophecy*. St. Edmundsbury.

SALISBURY, JOYCE E. (1997). *Perpetua's Passion. the Death and Memory of a young Roman Woman.* London.
SALZMAN, M. (1987). „Superstitiio in the Codex Theodosianus, and the Persecutions of Pagans". In: *Vigiliae Christianae* 41 1987, S. 172–142.
SAMAIN, P. (1938). „L'accusation de magie contre le Christ dans le Nouveau Testament". In: *Annales de l'iniversité de Louvain* 5: 450–490.
SANTNER, INGE. (1963). *Das Königreich der Träume. 4000 Jahre moderne Traumdeutung.* Wien.
SARTON, GEORGE. (1975) *Introduction to the History of Science.* 2 Bde. New York.
SARTORI, PAUL. (1932/1987). Art. Andreas, hl. In: *HDA* Bd. I: Sp. 398–405.
SARTORI, PAUL. (1932/1987). Art. Johannes der Täufer. In: *HDA* Bd. IV: Sp. 704–722.
SARTORI, PAUL. (1932/1987). Art. Niesen. In: *HDA* Bd. VI: Sp. 1072–1083.
SARTORI, PAUL. (1932/1987). Art. Zwölften. In: *HDA* Bd. IX: Sp. 979–992.
SAVAGE-SMITH, EMILIE. (2004*). Magic and divination in early Islam.* Aldershot, Hants, Great Britain.
SAVAS, GEORGIA ROUTSIS. (2001). *The oracle book: answers to life's questions.* New York.
SCHAEFER, BEATE. (2000). *Das Orakel von Cumae: eine sibyllinische Komödie.* Frankfurt a. Main.
SCHÄFER, PETER. (1988). *Hekhalot-Studien.*Tübingen.
SCHEER, TANJA (2001). Das antike Orakelwesen zwischen heidnischer Kaiserzeit und christlicher Spätantike. In: *Prognosis: Studien zur Funktion von Zukunftsvorhersagen in Literatur und Geschichte seit der Antike.* Hg. v. KAI BRODERSEN. Münster: 73–96.
SCHENDA, RUDOLF. (1960). „Das Monstrum von Ravenna. Eine Studie zur Prodigienliteratur." In: *ZfVKde* 56: 209–225.
SCHENDA, RUDOLF. (1963). „Die deutschen Prodigien sammlungen des 16. und 17. Jahrhunderts." In: *Archiv für Geschichte des Buchwesens* IV. Frankfurt a. Main. Sp. 637–710.
SCHENDA, RUDOLF. (1997). „Wunder-Zeichen: Die alten Prodigien in neuen Gewändern. Eine Studie zur Geschichte eines Denkmusters." In: *Fabula* 38: 14–32.
SCHEUTZ, MARTIN. (1995). *Alltag und Kriminalität. Disziplinierungsversuche im steirisch-österreichischen Grenzgebiet.* Wien.
SCHILD, WOLFGANG. (1980). *Alte Gerichtsbarkeit: vom Gottesurteil bis zum Beginn der modernen Rechtsprechung.* München.
SCHILD, WOLFGANG. (1996). Das Gottesurteil der Isolde. Zugleich eine Überlegung zum Verhältnis von Rechtsdenken und Dichtung. In: *Alles was Recht war. Rechtsliteratur und literarisches Recht.* Festschrift für Ruth Schmidt-Wiegand zum 70. Geburtstag. Hg. v. HANS HÖNINGHOFF u.a. Essen: 55–75.
SCHIPPERGES, HEINRICH. (1964). *Die Assimilation der arabischen Medizin durch das lateinische Mittelalter.* Wiesbaden (=Sudhoffs Archiv, Beih. 3).
SCHOFIELD, MALCOLM. (1986) „For and against divination". In: *The Journal of Roman Studies* 76: 47–5
SCHMIDT, BRIAN B. (1995). The ‚Witch' of En-Dor, I Samuel 28, and Ancient near Easter Necromancy. In: *Ancient magic and ritual power.* Hg. v. MEYER, MARVIN/PAUL ALLAN MIRECKI. Leiden: 111–129.
SCHMIDT, JÜRGEN MICHAEL. (2000). *Glaube und Skepsis. Die Kurpfalz und die abendländische Hexenverfolgung.* Bielefeld.
SCHMIDT, LEIGH ERIC. (1998). „From Demon Possession to Magic Show: Ventriloquism, Religion, and the enlightenment. In: *The American Society of Church History* 67: 274–304.
SCHMIDT, WIELAND. (1943). Art. Nikolaus von Jauer. In: *VL*[1] 3: Sp. 583–588.
SCHMIDTCHEN, VOLKER/ HILS, HANS-PETER. (1985) Art. Kyeser, Konrad. In: *VL* Bd. 5: Sp. 477–483
SCHMIDT-HANNISA, HANS-WALTER. (2003). Art. Traum. In: Reallexikon der deutschen Literaturwissenschaft. Hg. v. JAN-DIRK MÜLLER. Berlin. Bd. III: 676–679.
SCHMITT, JEAN CLAUDE. (1993). *Heidenspaß und Höllenangst. Aberglauben im Mittelalter.* Frankfurt a. Main.

SCHMITT, JEAN CLAUDE. (1999). The Limininality and Centrality of Dreams in the Medieval West. In: *Dream cultures. Explorations in the comparative History of Dreaming.* Hg. v. DAVID SHULMAN u. GUY G. STROUSMA. Oxford: 274–287.
SCHMITT, WOLFRAM. (1963). *Hans Hartliebs mantische Schriften und seine Beeinflussung durch Nikolaus von Kues.* Diss. Heidelberg.
SCHMITT, WOLFRAM. (1965). „Ein deutsches Traumbüchlein aus dem späten Mittelalter." In: *Studia Neophilologica* 37: 96–99.
SCHMITT, WOLFRAM. (1966). „Ein deutsches Traumbuch aus dem späten Mittelalter." In. *Archiv für Kulturgeschichte* 48: 181–218.
SCHMITZ, GERHARD. (1989). Regino von Prüm. In: *VL* Bd. 7, Berlin 1989, Sp. 1115–1122.
SCHMITZ, GERHARD. (1988). „Ansegis und Regino. Die Rezeption der Kapitularien in den Libri duo de synodalibus causis." ZRG Kanon. Abt. 74: 95–132.
SCHMITZ, WILHELM. ((1934) *Traum und Vision in der erzählenden Dichtung des deutschen Mittelalters.* Münster.
SCHMOECKEL, MATHIAS. (2008). Die Überzeugungskraft der Ordale in merowingischer Zeit. In: Von den Leges Barbarorum bis zum ius barbarum des Nationalsozialismus. Hg. v. HANS-GEORG HERMANN. Köln: 198–223.
SCHNEIDER, KARIN. (1978). *Ein mittelalterliches Wahrsagespiel. Konrad Bollstatters Losbuch.* Wiesbaden.
SCHNEIDER, KARIN. (1978) Art. Bollstatter, Konrad. In: *VL* Bd. 1: Sp. 931–933.
SCHNEIDMÜLLER, B. S. (1990). Art. Regino von Prüm. In: *Handwörterbuch zur deutschen Rechtsgeschichte.* Berlin. 4: Sp. 492–495.
SCHNELL, BERNHARD / PALMER, NIGEL. (1992). Art. Sibyllenweissagungen. In: *VL* Bd. 8: Sp. 1140–1152.
SCHNELL, BERNHARD / WEIDENHILLER, EGINO. (1995). Art. Stephan von Landskron. In: *VL* Bd. 9: Sp. 295–301.
SCHNELL, BERNHARD. (2000). ‚Gedihte von der physonomie'. Eine deutsche gereimte Physiognomie des 14. Jahrhunderts. In: *Vom Mittelalter zur Neuzeit. Festschrift Horst Brunner.* Hg. v. DOROTHEA KLEIN und ELISABETH LIENERT. Wiesbaden: 369–390.
SCHNELL, RÜDIGER. (1984). „Die ‚Wahrheit' eines manipulierten Gottesurteils. Eine rechtsgeschichtliche Interpretation von Konrads von Würzburg Engelhard". In: *Poetica* 16: 24–60.
SCHNELL, RÜDIGER (1983). Dichtung und Rechtsgeschichte. Der Zweikampf als Gottesurteil in der mittelalterlichen Literatur. In: *Mitteilungen der Universiät Carolo-Wilhelmina zu Braunschweig.* 18/2: 53–62.
SCHNELL, RÜDIGER(1980). „Rechtsgeschichte und Literaturgeschichte. Isoldes Gottesurteil." In: *Jahrbuch für internationale Germanistik* 8: 307–309.
SCHNELL, RÜDIGER. (1992). *Suche nach der Wahrheit: Gottfrieds „Tristan und Isold" als erkenntnisreicher Roman.* Tübingen.
SCHNURR-REDFORD, CHRISTINE. (2006). Weissagung und Macht. Die Pythia. In: *Frauenwelten in der Antike. Gschechterordnung und weibliche Lebenspraxis.* Hg. v. THOMAS SPÄTH und BEATE WAGNER-HASEL. Stuttgart: 132–146.
SCHÖNBACH, ANTON E. (1900). „Studien zur Geschichte der altdeutschen Predigt: Zeugnisse Berthold von Regensburg zur Volkskunde". In: *Sitzungsber. d. phil. -hist. Kl. d. Akad. d. Wiss.* Bd. 442. Wien: 1–156.
SCHÖNBACH, ANTON E. (1902). „Zeugnisse zur deutschen Volkskunde des Mittelalters." In: *ZfdVkde* 12: 1–12.
SCHRÖDER, ERWIN. (1990). *Plutarchs Schrift De Pythiae oraculis. Text, Einleitung und Kommentar.* Stuttgart.
SCHRÖDER, FRANZ ROLF. (1956). „Kriemhilds Falkentraum." In: *PBB* 78: 319–348.
SCHOTT, JÉRÉMY M. (2008). *Christianity, empire, and the making of religion in late antiquity.* Philadelphia.
SCHUBERT, ERNST. (1995). *Fahrendes Volk im Mittelalter.* Bielefeld.

SCHULTE, ROLF. (2001). *Hexenmeister. Die Verfolgung von Männern im Rahmen der Hexenverfolgung von 1530–1730 im Alten Reich.* Frankfurt a. Main.
SCHULTZ-GROBERT, JÜRGEN. (2003). Narrative ‚Wetterfühligkeit', Naturbilder in witterungsbedingten Ereignisfolgen der mittelhochdeutschen Epik. In: *Natur im Mittelalter: Konzeptionen – Erfahrungen – Wirkungen.* Hg. v. PETER DILG. Berlin: 243–253.
SCHULZ, MONIKA. (2000): *Magie oder die Wiederherstellung der Ordnung.* Bern. (=Beiträge zur Europäischen Ethnologie und Folklore. Reihe A: Texte und Untersuchungen. Hg. v. LEANDER PETZOLDT Bd. 5).
SCHWARTZ, DOV. (1999). *Astral Magic in medieval Jewish thought.* Ramat Gan.
SCHWEGLER, MICHAELA. (2002). *„Erschröckliches Wunderzeichen" oder „natürliches Phänomen". Frühneuzeitliche Wunderzeichenberichte aus der Sicht der Wissenschaft.* München. (=Bayerische Schriftenzur Volkskunde Bd. 7).
SCHWENDNER, GREGG. (2002). Under Homer's spell. In: *Magic and Divination in the Ancient World.* Hg. v. LEDA CIRAOLO / JONATHAN SEIÐEL. Leiden: 107–119.
SCOBIE, ALEX. (1983). *Apuleius and Folklore. Toward a History of ML 3045, AaTh 567, 449A.* London.
SEELBACH, ULRICH. (1987). *Kommentar zum „Helmbrecht" von Wernher dem Gartnære.* Göppingen. (=GAG 469).
SEIDEL, JONATHAN. (2002). Necromantic Praxis in the Midrash on the Séance at en Dor. In: *Magic and Divination in the Ancient World.* Hg. v. LEDA CIRAOLO / JONATHAN SEIÐEL. Leiden: 97–106.
SEYBOLD, KLAUS. (2006). *Poetik der erzählenden Literatur im Alten Testament.* Stuttgart.
SHAW, EVA. (2000). *Divining the future: prognostication from astrology to zoomancy.* New York.
SHIRUN-GRUMACH, IRENE. (1993). *Offenbarung, Orakel und Königsnovelle.* Wiesbaden.
SHULMAN, DAVID/STROUSMA GUY G. (1999). *Dream cultures. Exploration in the Comparative History of Dreaming.* New York.
SHUM, SHIU-LUN. (2002). *Paul's use of Isaiah in Romans: a comparative Study of Paul's letter to the Romans and the Sibylline and Qumran sectarian Texts.* Tübingen.
SIEGMUND, GEORG. (1980). Das Fortleben nach dem Tode im Lichte des Phänomens von eingebrannten Händen. In: *Fortleben nach dem Tode.* Hg. v. ANDREAS RESCH. Innsbruck: 473–504.
SIGNORI, GABRIELE. (2007). *Wunder. Eine historische Einführung.* Frankfurt a. Main.
SIEMES, WOLFGANG. (1990). *Zeit im Kommen: Methoden und Risiken der magischen und rationalen Zukunftsschau.* Zürich.
SIKE, YVONNE DE. (2001). *Histoire de la divination: oracles, prophéties, voyances.* Paris.
SIMEK, RUDOLF. (1984). *Lexikon der germanischen Mythologie.* Stuttgart.
SIMPSON, J. (1973). „Olaf Tryggvason versus the Powers of Darkness." In: *The Witch Figure.* Hg. v. VENETIA NEWALL. London: 165–187.
SINGER, CHARLES. (1928). Early English magic and Medicine. In: *From Magic to Science.* London: 144–146.
SKAFTE, DIANNE. (1998). *Die Wiederkehr der Orakel. Praktische Weissagung in Geschichte und Gegenwart.* München.
SMELIK, K. A. D. (1977). „The witch of Endor. I Samuel 28 in Rabbinic and Christian Exegesis till 800 A. D." In: *Vigilae Christianae* 33: 160–179
SMITH, C. A. (1978). *The book of divination.* London.
SMITH, MORTON . (1978). *Jesus the Magician,* New York.
SMITH, WESLEY D. (1965). „So called Possession Pre-Christian Greece". In: *Transaction and Proceedings of the American Philological Association:* 96: 403–426.
SOLDAN, WILHELM GOTTLIEB/HEINRICH HEPPE/BAUER, M. (Hrsg.) (1912). *Geschichte der Hexenprozesse.* 2 Bde. Hanau.
SOTZMANN, J. D. F. (1850/1851). „Die Losbücher des Mittelalters." In: *Serapeum* 11: 49–61; 12: 305–316, 337–342.
SPAMER, ADOLF. (1958) *Romanusbüchlein. Kommentar zu einem deutschen Zauberbuch.* Berlin.

SPECKENBACH, KLAUS. (1976). Von den troimen. Über den Traum in Theorie und Dichtung. In: *„Sagen mit sinne". Festschrift für Marie-Luise Dittrich zum 65. Geburtstag.* Hg. von HELMUT RÜCKER / KURT OTTO SEIDEL. (=GAG 180) Göppingen: 169–204.
SPECKENBACH, KLAUS. (1985). Form, Funktion und Bedeutung der Träume im Lancelot-Gral-Zyklus. In: *I sogne nel medioevo.* Hg. v. TULLIO GREGORY. Rom: 316–356.
SPECKENBACH, KLAUS. (1986). Aufruf zum Widerstand. Agitation gegen Herzog Ulrich von Württemberg in dem Traumtraktat von Alexander Seitz. In. *Sprache und Recht. Beiträge zur Kulturgeschichte des Mittelalters. Festschrift für Ruth Schmidt-Wiegand zum 60. Geburtstag.* Hg. v. KARL HAUCK et al. 2 Bde. Berlin: 896–929.
SPECKENBACH, KLAUS. (1986). „Die Galahot-Träume im Prosa-Lancelot und ihre Rolle bei der Zyklusbildung". In: *Wolfram-Studien* IX: 119–133.
SPECKENBACH, KLAUS. (1991). „Jenseitsreisen in Traumvisionen der deutschen Literatur bis ins ausgehende 15. Jahrhundert." In: *AfKg* 73: 25–59.
SPECKENBACH, KLAUS. (1991). Der Traum als bildhafte Rede. In: *Uf der mâze pfat. Festschrift für Werner Hoffmann zum 60. Geburtstag.* Hg. v. WALTRAUD FRITSCH-RÖSSLER. Göppingen (=GAG 555): 421–442.
SPECKENBACH, KLAUS. (1995). Das Traumbuch des Pascalis Romanus in der Übersetzung Hans Lobenzweigs. In: *Lingua theodisca. Beiträge zur sprach- und Literaturwissenschaft Jan Goossens zum 65. Geburtstag.* 2 Bde. Hg. v. JOSÉ CAJOT, LUDGER KREMER und HERMANN NIEBAUM. Münster Bd. II: 1033–1039.
SPECKENBACH, KLAUS. (1995). Art. Traumbücher. In: *VL* 9:1014–1028.
SPECKENBACH, KLAUS. (1998). Kontexte mittelalterlicher Träume: Traumtheorie – fiktionale Träume –Traumbücher. In: *Lingua Germanica. Studien zur deutschen Philologie. Jochen Splett zum 60. Geburtstag.* Hg. v. EVA SCHMITSDORF, NINA HARTL und BARBARA MEURER. Münster: 298–316.
SPECKENBACH, KLAUS. (2000). Art. Losbuch. In: Reallexikon der deutschen Literaturwissenschaft. Hg. v. HARALD FRICKE. Berlin. Bd. II: 493–495.
SPECKENBACH, KLAUS. (2001). Flugträume im Mittelalter. In: *Hundert Jahre „Die Traumdeutung". Kulturwissenschaftliche Perspektiven in der Traumforschung.* Hg. v. BURKHARD SCHNEPEL. Köln: 66–82.
Springsfeld, Kerstin. (2002). *Alkuins Einfluss auf die Komputistik zur Zeit Karls des Großen.* Stuttgart.
STALLMEISTER, WALTER. (1972). *Das Verhältnis von Gottheit und Menschenseele beim mantischen Enthusiasmus dargestellt an antiken Mantiktheorien.* Diss. Münster.
STAEHLIN, RUDOLF. (1912). *Das Motiv der Mantik im antiken Drama.* Gießen.
STEGEMANN, VICTOR. (1932/1987). Art. Horoskopie. In: *HDA* Bd. IV: Sp. 342–400.
STEGEMANN, VICTOR. (1932/1987). Art. Mond. In: *HDA* Bd. VI: Sp. 477–534.
STEGEMANN, VICTOR. (1932/1987). Art. Prognosticum. In: *HDA* Bd. VII: Sp. 335–338.
STEGEMANN, VICTOR. (1932/1987). Art. Wetterkunde In: *HDA* Bd. IX: Sp. 525–550.
STEGEMANN, VICTOR. (1932/1987). Art. Planeten. In: *HDA* Bd. VII: Sp. 36–294.
STEGEMANN, VICTOR. (1932/1987). Art. Sternbilder I. In: *HDA* Bd. IX: Sp. 596–677.
STEINMEYER, K.-J. (1963). *Untersuchungen zur allegorischen Bedeutung der Träume im altfranzösischen Rolandslied.* München.
STEINSCHNEIDER, MORITZ. (1863). „Das Traumbuch Daniels und die oneirokritische Literatur des Mittelalters. Eine bibliographische Studie." In: *Serpeum* 13: 193–201.
STEMBERGER, BRIGITTE. (1976). „Der Traum in der rabbinischen Literatur." In: *Kairos* 18/4: 1–42.
STEMPLINGER, EDUARD. (1922). *Antiker Aberglaube in modernen Ausstrahlungen.* Leipzig.
STÖRMER-CAYSA, UTA. (2007). *Grundstrukturen mittelalterlicher Erzählungen: Raum und Zeit.* Berlin.
STRÖMBÄCK, DAG. (1935). *Sejd.* Lund.
STROUSMA, GUY G. (1999). Dreams and Visions in Early Christain discourse. In: *Dream cultures. Explorations in the comparative History of Dreaming.* Hg. v. DAVID SHULMAN u. GUY G. STROUSMA. Oxford: 189–212.

STUCKRAD, KOCKU VON. (2000). *Das Ringen um die Astrologie. Jüdische und christliche Beiträge zum antiken Zeitverständnis.* Frankfurt a. Main.
STUCKRAD, KOCKU VON. (2000). Art. Weissagung. In: *Metzler Lexikon Religion.* Stuttgart.
STUCKRAD, KOCKU VON. (2003). *Geschichte der Astrologie. Von den Anfängen bis zur Gegenwart.* München.
STÜBE, R. (1932/1987). Art. Himmelsbrief. In: *HDA.* Bd. IV: Sp. 21–27.
SUCHIER, WALTHER. (1956). „Altfranzösische Traumbücher." In: *Zeitschrift für französische Sprache und Literatur* 67: 129–167.
SUMMERS, MONTAGUE. (1926). *The History of Witchcraft.* London.
SURMAR, BOHUMIL. (1997) *Die Unterscheidung zwischen den wahren und falschen Propheten. Eine Untersuchung auf Grund der Lehre des Rabbi Moses Maimonides auf dem Hintergrund der rabbinischen Lehren, der griechischen und arabischen Philosophie unter der Prophetologie des Islam.* Bern (=Europäische Hochschulschriften Reihe XXIII Tehologie).
SWEENEY, MICHELLE. (2000). *Magic in Medieval Romance from Chrétien de Troyes to Geoffrey Chaucer.* Dublin.
TAUBER, WALTER. (1987). *Das Würfelspiel im Mittelalter und der frühen Neuzeit. Eine kultur- und sprachgeschichtliche Darstellung.* Frankfurt a. Main.
TEDLOCK, BARBARA. (2001). Divination as a Way of Knowing: Embodiment, Visualisation, Narrative, and Interpretation. In: *Folklore* 112: 189–197.
TEGTMEIER, B. (1985). *Der große Schlüssel zum Orakel: 50 Techniken d. Schicksalsbefragung.* Interlaken.
TELLE, JOACHIM. (1968). „Funde zur empirisch-mantischen Prognostik in der medizinischen Fachprosa des späten Mittelalters." In: *Sudhoffs Archiv* 52: 130–141.
TELLE, JOACHIM. (1970). „Beiträge zur mantischen Fachliteratur des Mittelalter." In: *Studia Neophilologica* 42: 180–206.
TEMPLE, ROBERT K. G. (1982). *Götter, Orakel und Visionen: Die Zukunftsschau im Altertum und heute.* Frankfurt a. Main.
TEMPLE, ROBERT K. G. (1984). *Conversations with eternity.* London.
TEMPLE, ROBERT K. G. (2002). *Netherworld.* London.
TEMPLE, ROBERT K. G. (2005). *Oracles of the dead: ancient techniques for predicting the future.* Rochester.
THEILER, WILLY. (1930/1964). *Die Vorbereitung des Neuplatonismus.*Berlin.
THOMAS, GÜNTER / ISOLDE KURZ. HRSG. (2009). *Krankheitsdeutung in der postsäkularen Gesellschaft. Theologische Ansätze im interdisziplinären Gespräch.* Stuttgart.
THOMAS, KEITH. (1971). *Religion and the Decline of Magic.* New York.
THOMSON DE GRUMMOND, NANCY (2011). A Barbarian Myth? The case of the talking Head. In: *The Barbarians of Ancient Europe: Realities and interactions.* Hg. v. LARISSA BONFANTE. Cambridge: 313–346.
THORNDIKE, LYNN. (1923–1958*). History of Magic and Experimental Science.* 8 Bde. New York.
THORNDIKE, LYNN. (1949). The sphaere of Sacrobosco and its commentators. In: *Corpus of mediaeval scientific Texts.* Bd. 2. Chicago.
THUILLIER, JACQUES. -PAUL / C. GUITTARD, et al. (1985). *La divination dans le monde etrusco-italique.* Tours.
THULIN, CARL OLOF. (1968). *Die etruskische Disciplin.* Darmstadt..
TIEMANN, KARL-ALBRECHT. (1932/1987). Art. Klingeln, klingen. In: *HDA* Bd. IV: Sp. 1530–1533.
TIEMANN, KARL-ALBRECHT. (1932/1987). Art. Klirren. In: *HDA* Bd. IV: Sp. 1534.
TIEMANN, KARL-ALBRECHT. (1932/1987). Art. Klopfen. In: *HDA* Bd. IV: Sp. 1534–1542.
TIEMANN, KARL-ALBRECHT. (1932/1987). Art. Schreiben, Schrift, Geschriebenes. In: *HDA* Bd. IX: Sp. 293–388.
TILLHAGEN, CARL-HERMANN. (1969). Finnen und Lappen als Zauberkundige in der skandinavischen Volksüberlieferung. In: *Kontakte und Grenzen: Probleme der Volks-, Kultur- und Sozialforschung.* Festschrift für Gerhard Heilfurth zum 60. Geburtstag. Göttingen: 129–145.

TORRE, EMILIO SUÁREZ DE LA. (2009). The Portrait of a seer. The framing of Divination Paradigms through Myth in Archaic and Classical Greece. In: *Antike Mythen. Medien, Transformationen und Konstruktionen.* Hg v. UELI DILL/CHRISTINE WALDE. Berlin: 158–188.
TORIJANO, PABLO A. (Hrsg.) (2002). *Solomon the esoteric king: from king to magus, development of a tradition.* Leiden (=Supplement to the Journal for the Study of Judaism 73).
TOUFIC, FAHD. (1966). *La divination arabe. Etudes religieuses, sociologiques et folkloriques sur le milieu natif de l'Islam.* Leiden.
TRACHTENBERG, JOSHUA. (1939). *Jewish Magic and Superstition.* New York.
TROPPER, JOSEF. (1989). *Nekromantie. Totenbefragung im Alten Orient und im Alten Testament.* Neukirchen-Vluyn.
TRENCSÉNYI-WALDAPFEL, IMRE. (1961). „Die Hexe von Endor und die griechisch-römische Welt." In: *Acta Orientalia* 12: 201–222.
TSCHACHER, WERNER. (1999). „Der Flug durch die Luft zwischen Illusionstheorie und Realitätsbeweis. Studien zum sog. Kanon Episcopi und zum Hexenflug." In: *Zeitschrift der Savigny-Stiftung für Rechtsgeschichte* 116: 225–276.
TSCHACHER, WERNER. (2000). *Der Formicarius des Johannes Nider von 1437/38. Studien zu den Anfängen der europäischen Hexenverfolgungen im Spätmittelalter.* Aachen.
TSCHAIKNER, MANFRED. (1991). „Also schlecht ist das Weib von Natur." Grundsätzliches zur Rolle der Frau in den Vorarlberger Hexenverfolgungen. In: Hexe oder Hausfrau. Das Bild der Frau in der Geschichte Vorarlbergs. Hg. v. ALOIS NIEDERSTÄTTER / WOLFGANG SCHEFFKNECHT. Sigmaringen: 57–76.
TSCHAIKNER, MANFRED. (1992). *Damit das Böse ausgerottet werde. Hexenverfolgungen in Vorarlberg im 16. und 17. Jahrhunderts.* Bregenz.
TUCZAY, CHRISTA AGNES (1981). *Der Unhold ohne Seele.* Wien (=WAGAPH 18).
TUCZAY, CHRISTA AGNES (1992). *Magie und Magier im Mittelalter.* München. 2. ergänzte Aufl. (2003)
TUCZAY, CHRISTA AGNES (1995). Der Dämonenpakt in mittelalterliche Quellen. In: *Sô wold ich in Fröiden singen*, Festgabe für Anthonius H. Touber zum 65. Geburtstag. Hg. v. CARLA DAUVEN-VAN KNIPPENBERG und HELMUT BIRKHAN. Amsterdamer Beiträge zur älteren Germanistik, Bd. 43–44: 221–241.
TUCZAY, CHRISTA AGNES (1997). Die Darstellung des populären Zauberwissens in Gebrauchstexten am Beispiel des Wachspuppenzaubers und der Dämonenbeschwörung. In: *Hexenverfolgung in Mecklenburg. Regionale und überregionale Aspekte.* Hg. v. DIETER HARMENING und ANDREA RUDOLPH. Dettelbach. (=Quellen und Forschungen zur europäischen Ethnologie Bd. XXI): 247–268.
TUCZAY, CHRISTA AGNES (2002). „Ettlich haben gar ain lauteren schönen gepulierten cristallen. Die Kunst der Kristallomantie und ihre Darstellung in deutschen Texten des Mittelalters." In: *Mediävistik* Bd. 15: 31–50.
TUCZAY, CHRISTA AGNES (2003). „Der Dichter als Aufklärer: Aberglaubenskritik im süddeutschen Raum." In: *Zeitschrift für Deutsche Philologie.* Bd. 122: 280–293.
TUCZAY, CHRISTA AGNES (2009). Zabulons Buch – auf der Suche nach verborgenen Geheimnissen. In: *Faszination des Okkulten.* Hg. v. CHRISTA AGNES TUCZAY und WOLFGANG MÜLLER-FUNK. Tübingen: 73–96.
TUCZAY, CHRISTA AGNES (2009). *Ekstase im Kontext. Mittelalterliche und neuere Diskurse einer Entgrenzungserfahrung.* Frankfurt a. Main.
TURVILLE-PETRE, G. (1958). „Dreams in Icelandic Tradition." In: *Folklore* Bd. 69: 93–111.
UGOLINO, GHERARDO. (1995). *Untersuchung zur Figur des Sehers Teiresias.* Tübingen.
ULLMAN, MONTAGUE /STANLEY KRIPPNER, et al. (1989). *Dream telepathy: experiments in nocturnal ESP.* Jefferson.
ULLMANN, MANFRED. (1972). *Die Natur- und Geheimwissenschaften im Islam.* Leiden.
ÜNAL, AHMET. (1978). *Ein Orakeltext über die Intrigen am hethitischen Hof: (KUB XXII 70 = Bo 2011).* Heidelberg.
UNGNAD, ARTHUR. (1909). *Die Deutung der Zukunft bei den Babyloniern und Assyrern.* Leipzig.

VALENTINITSCH, HEILFRIED (Hrsg.) (1987). *Hexen und Zauberer. Die große Verfolgung ein europäisches Phänomen in der Steiermark.* 2 Bde. Graz (=Katalog der steirischen Landesausstelllung).
VAN DAM, CORNELIS. (1997). *The Urim and Thummim: a means of revelation in ancient Israel.* Winona Lake.
VEENSTRA, JAN R. /LAURENS PIGNON (1998). *Magic and divination at the courts of Burgundy and France: text and context of Laurens Pignon's Contre les devineurs (1411).* Leiden ; New York.
VEIT, LUDWIG, ANDREAS. (1936). *Volksfrommes Brauchtum und Kirche im deutschen Mittelalter.* Freiburg i. Breisgau.
VELTRI, GIUSEPPE. (1997). *Magie und Halakha: Ansätze zu einem empirischen Wissenschaftsbegriff im spätantiken und frühmittelalterlichen Judentum.* Tübingen.
VELTRI, GIUSEPPE. (1998). „The Rabbis and Pliny the elder: Jewish and Greco-roman Attitudes toward Magic and Empirical Knowledge." In: *Poetics Today* 19: 63–89.
Vereinigte Evangelisch-Lutherische Kirche Deutschlands. Arbeitskreis Religiöse Gemeinschaften. (2005). Orakel: Wahrsagerei – nur ein harmloser Zeitvertreib? Gütersloh.
VERSNEL, H. S. (1981). Religious mentaltiy in ancient prayers. In: *Faith, hope and worship. Aspects of religious mentaltiy in the ancient world.* Hg. v. H. S. VERSNEL. Leiden: 1–64.
VIAN, ROBERT. (1910). *Ein Mondwahrsagebuch.* Halle.
VOLKMANN, KURT. (1956). *Der Zauberer in der bildenden Kunst.* Berlin.
VOLTEN, AKSEL. (1942) *Demotische Traumdeutung. Pap Carlsberg XIII und XIV verso* (Analecta Aegytica 3). Kopenhagen.
WACHT, MANFRED. (1998). Art. Inkubation. In: *RAC* 18: 179–265.
WALDE, CHRISTINE. (1999). Dream Interpretation in a Properous Age? Artemidorus, The Greek Interpreter of dreams. In: *Dream cultures. Explorations in the comparative History of Dreaming.* Hg. v. DAVID SHULMAN und GUY G. STROUSMA. Oxford: 121–142.
WALDE, CHRISTINE. (2001). *Antike Traumdeutung und moderne Traumforschung.* München.
WALDE, CHRISTINE. (2001). *Die Traumdarstellugen in der griechisch-römischen Dichtung.* München.
WALTENBERGER, MICHAEL (1999). *Das große Herz der Erzählung. Studien zur Narration und Interdiskursivität im ‚Prosa-Lancelot'.* Frankfurt a. Main.
WARNECK, IGOR (2005). *Ruf der Runen: eine Einführung in die Welt der Runen.* Darmstadt.
WASSERSCHLEBEN, FRIEDRICH WILHELM. (1958). *Die Bußordnungen der abendländischen Kirche.* Graz Ndr.
WEBSTER, RICHARD. (1995). *Omens, oghams, & oracles: divination in the druidic tradition.* St. Paul, Minn.
WEGNER, WOLFGANG. (2005). Art. Marquart von Stadtkyll. In: *Enzyklopädie Medizingeschichte.* Hg. v. WERNER E. GERABEK, BERNHARD D. HAAGE, GUNDOLF KEIL, WOLFGANG WEGNER. Berlin: 893
WEIDEMANN, BODO. (1964). *‚Kunst der Gedächtnüß' und ‚De mansionibus', zwei frühe Traktate des Johannes Hartlieb.* Diss. Berlin.
WEINEL, HEINRICH. (1899). *Die Wirkungen des Geistes und der Geister im nachapostolischen Zeitalter bis auf Irenäus.* Freiburg.
WEISER-AALL, LILY. (1932/1978). Art. Weihnacht. In: *HDA* Bd. IX: Sp. 864–968.
WEISS, JUTTA. (1995). *Sibyllen und sibyllinische Weissagungen in der Literatur des Mittelalters.* Wien.
WEISS, STEFANIE IRIS / SHERENE SCHOSTAK (2006). *The fate of your date: divination for dating, mating, and relating.* San Francisco.
WEISSER, CHRISTOPH. (1981). „Das Krankheitslunar aus medizinisch-historischer Sicht." In: *Sudhoffs Archiv* 65: 390–400.
WEISSER, CHRISTOPH. (1985). Art. Lunare. In: *VL* Bd. 5: Sp. 1054- 1072.
WELKER, LORENZ. (2004). ART. ‚Iatromathematisches Corpus'. In: *VL* Bd. 11: Sp. 703–707.
WENDORFF, RUDOLF. (1993). *Tag und Woche, Monat und Jahr. Eine Kulturgeschichte des Kalenders.* Opladen.

WENZEL, HORST. (1996). „Des menschen muot wont in den ougen." Höfische Kommunikation im raum wechselseitiger Wahrnehmung. In: *Geschichten der Physiognomik*. Hg. v. RÜDIGER CAMPE und MANFRED SCHNEIDER. Freiburg i. Breisgau: 65–98.
WENZEL, IRMGARD. (2007). *Praxis der Chirologie: Persönlichkeits- und Krankheitsdiagnostik*. München.
WERNOCK, ROBERT. (1981) Art. Heinrich von Friemar. In: *VL* Bd. 3: Sp. 730–737.
WESCHE, HEINRICH. (1940). *Der althochdeutsche Wortschatz im Gebiete des Zaubers und der Weissagung*. Halle (Saale).
WHITBY, CHRISTOPHER. (1988). *John Dee's Actions with Spirits: 22 December 1581 to 23 May 1583*. 2 Bände. New York u. London.
WIERSCHIN, MARTIN W. (2005). *Philologia*. Würzburg.
WIJSENBEEK-WIJLER, H. (1978). *Aristotle's concept of soul, sleep and dreams*. Amsterdam.
WILDFANG, ROBIN LORSCH/JACOB ISAGER (2000). *Divination and portents in the Roman world*. Odense.
WINROTH, ANDERS. (2000). *The Making of Gratian's Decretum*. London.
WITTMER-BUTSCH, MARIA ELISABETH. (1990). *Zur Bedeutung von Schlaf und Traum im Mittelalter*. Krems (=Medium Aevum Quotidianum Sonderband I).
WLISLOCKI. HEINRICH VON. (1891). *Volksglaube und religiöser Brauch der Zigeuner*. Münster.
WOLF, BEAT. (2010). *Jerusalem und Rom: Mitte, Nabel – Zentrum, Haupt*. Frankfurt a. Main.
WORSTBROCK, FRIEDRICH. J. (1981). Art. Herolt, Johannes (Discupulus)." In: *VL* Bd. 3: Sp. 1123–1127.
WORSTBROCK, FRIEDRICH. J. (2004). Art. Isidor von Sevilla. In: *VL* Bd. 11: Sp. 717–746.
WÜNSCH, RICHARD. (1905). *Antikes Zaubergerät aus Pergamon*. Berlin.
WUTTKE, ADOLF. (1900). *Der deutsche Aberglaube der Gegenwart*. Berlin.
WYPUSTEK, ANDRZEJ. (1997). „Magic, Montanism, Perpetua, and The Severan Persecution". In: *Vigiliae Christianae* 51: 276–297.
ZACHARIAE, THEODOR. (1912). „Abergläubische Meinungen und Gebräuche des Mittelalters in den Predigten Bernardinos von Siena." In. *ZfVkde* 22 : 113–134 u. 225–244.
ZEHNDER, LEO. (1976). *Volkskundliches in der älteren schweizerischen Chronistik*. Basel.
ZEITLYN, DAVID. (1995). Divination as Dialogue: Negotiation of Meaning with Random Responses. In. *Social Intelligence adn Interaction: Expressions and Implications of the Social Bias in Human Intelligence*. Hg. v. ESTHER GOODY. Cambridge. 189–205.
ZEITLYN, DAVID. (2001). „Finding Meaning in the Text: the Process of Interpretation in Text-Based divination." In: *Journal of Royal Anthropological Institute* 7: 225–240.
ZEPPEZAUER, DOROTHEA. (2009). Krankheitskonzepte in der Hagiographie. In: *Krankheitsdeutung in der postsäkularen Gesellschaft*. Hg. v. GÜNTER THOMAS/ISOLDE KARLE. Stuttgart: 261–273.
ZENGER, ERICH. (2008). *Einleitung in das alte Testament*. Stuttgart.
ZIEGLER, VICKIE L. (2004). *Trial by Fire and Battle in Medieval German literature*. Rochester NY.
ZIEHEN, JULIUS. (1913). Hiereis. In : *RE* Bd. VIII : Sp. 1411–1424.
ZIMMERMANN, VOLKER. (1976). „Ein Zauberspruch aus dem Bereich der Kristallomantie". In: *ZfdA* 105: 250 – 254.
ZINSER, HARTMUT. (1988). „Vox populi vox dei. Über die Divination im Kriege bei den Römern." In: *Die Welt des Islam* 28: 628–639.
ZIPS, AMNFRED. (1972). „Tristan und die Ebersymbolik." In: *PBB* 94: 134–152.
ZÖLLNER, WALTER / GLOGER, BRUNO. (1985). *Teufelsglaube und Hexenwahn*. Wien.
ZUESSE, EVAN M. (1907–1986). Art. Divination. In. *Encyclopedia of Religions*. Hg. v. MIRCEA ELIADE et al. New York. Bd.V: 375–382.

Stichwortindex

Achmet bein Sirin → Traumbuch 269, 271
Aelian 135, 312
Ägyptische Tage → Tagewählerei 176–179
Ägyptisches Traumbuch → Traumbücher 246
Aeromantie → Luft 135–137
Agrippa von Nettesheim 82, 114, 123, 136, 140, 143, 161, 162, 183, 184, 213, 234, 236, 238, 267, 291
Agricola, Georg → Wünschelrute 82, 148, 149
Aischylos 23, 25, 27, 244, 294, 295, 322
Albertus Magnus 111, 179, 212, 305, 317
Alcuin 154, 179
Alectryomantie 182
Alexanderroman 30, 95, 110, 125, 127, 128, 166–171, 229, 278
Al-Kindi 132, 211, 313
Andreas de Solea 144
Angang 92–94, 104, 119, 120
Antonin von Florenz 93, 100, 106, 116, 139, 142, 178, 211, 217, 267, 268
Apollo → Pythia 18, 25, 27, 28, 31, 137, 250, 252, 311, 322
Apollonius von Rhodos 297
Apuleius von Madaura 23, 236, 237, 297, 312, 313
Aristoteles 23, 32, 102, 105, 110, 111, 151, 175, 229, 235, 243–245, 248, 249, 251, 296
Artemidor von Daldis 102, 119, 202, 244, 245, 250, 251, 259, 260, 269, 271, 273, 283, 286, 290
Asklepios → Heilen → Inkubation 243, 245, 250, 252, 255, 256, 263
Astragalomantie 200
Astragalorakel → Würfel 200
Astrologie 10, 101, 102, 136, 153, 162, 176, 202, 205, 315, 357
Augurium 8, 9, 92, 118, 119, 120, 135, 136
Augustinus 33, 35, 51–53, 58, 91, 93, 95, 111, 115, 153, 154, 177, 201, 214, 232, 233, 243, 260, 261, 262, 300, 301, 328
Aventinus 81

Bacon, Roger 155, 157, 317
Bahrprobe → Gottesurteil → Mord → Ordal 74, 225, 226
Becher, Becherorakel 100, 142, 185, 188, 231
Beheim, Michel 61, 101, 135, 178, 182, 217, 218, 242, 293, 308
Beichtspiegel 93, 106, 116, 139, 142, 178, 204, 211, 217, 267, 2718
Bernard Silvester 121, 204
Berthold von Regensburg 58, 72, 90, 143, 177, 217
Besessenheit 21, 23, 25, 28, 34, 35, 37, 58, 299
Bibel 12, 96, 119, 199, 200, 214–217, 273, 313,
Bibliomantie 199, 214
Birgitta von Schweden 64, 66
Blut 20, 46, 232, 293, 297–299, 303
Bodin, Jean 74, 75, 126, 184, 319
Bollstatter, Konrad → Losbuch 207, 208
Boner, Ulrich 307
Botanomantie → Halmorakel 85, 126
Brant, Sebastian 275, 276
Burchard von Worms 48, 53, 55, 56, 101, 137, 144, 218, 266,
Bußbuch 56, 216
Bußordnungen 91, 202, 217

Caesar, Gaius Iulius 195
Caesarius von Heisterbach 215, 219, 304, 305, 315
Calchas → Seher → Heiler 19, 21, 64, 75, 78, 170
Cardanus, Hieronymus 114, 136, 140
Cassius Dio 250, 261
Catoptromantie → Spiegel 230
Charisma, Charismatiker, Charismen 22, 35, 64, 260, 264, 267
Chiromantie → Handlesen 59, 61, 80–82, 95, 101–106
Chresmologus, Chresmologie 230
Christus 12, 37, 39, 40, 41, 54, 63, 67, 96, 99, 147, 150, 151, 157, 170, 171, 178, 197, 206, 214, 216, 223, 230, 245

Cicero 9, 15, 22, 23, 192, 230, 249, 263, 296, 329
Cylicomantie → Becher 231

Dactylomantie 185
Däumeln → *Bibliomantie* 217
Dee, John 240, 241, 336, 341, 344, 347, 353, 357, 366
Delphi → Apollo → Pythia 27, 28, 30, 31, 39, 189, 202, 318
Delrio, Martin 81, 136, 144, 200, 219
Dieb, Diebstahl → *Bibliomantie* → Niesen → *Klederomantie* → *Koskinomantie* → Ordal → Sieb 74, 81, 184, 217, 225
Dodona → Delphi 14, 16, 19, 127, 182, 189
Donner, Donnerprognostik, Brontologie → Wettermantik 99, 144
Dreizahl 27, 29, 31, 70, 72–74, 79, 96, 103, 120, 132, 135, 141, 176, 193, 195, 201, 202, 215, 216, 240, 241, 247, 255, 264, 267, 287, 288, 302

Eingeweide → Haruspicium → Leber 8, 53, 85, 128, 129, 131, 298
Eiríks Saga rauða 44
Ekstase 9, 10, 18, 21, 22, 25, 56, 63, 64, 263, 267, 322
Elaiosemantik 118
Elisabeth von Schönau 66, 67
Erdbeben → Omen → Vorzeichen 85, 86, 94, 211, 279
Erde → Bauchredner → *Geomantie* → Pythia 17, 28, 33, 98, 99, 143, 147, 163, 168, 172, 213, 242, 257, 260, 293, 298, 302, 312, 314
Euripides 22, 27, 193

Feuer, Feuerprobe 135, 137–140, 220, 223, 300, 302, 303, 308, 323
Flavius Josephus 35, 166, 236, 256, 257, 259
Folz, Hans *Die Wahrsagebeeren* 73
Frau von Endor 33–36, 72, 298, 299, 306
Fugger, Johann → *Kristallomantie* 68, 69

Gastromantie → Becher 143, 231
Geomantie → Erde 59, 143, 205, 211–213, 283
Geiler von Kaysersberg 70
Gerhard von Cremona 205
Gervasius von Tilbury 233, 292
Giraldus Cambrensis (Gerald von Wales) 56, 57, 131, 264

Gísla saga 49
Gottesurteil → Bahrprobe → Mord → Ordal 128, 218–220, 223, 224, 226, 229
Gottfried von Strassburg *Tristan* 219
Gratian 53, 55, 101, 137, 271
Gregor von Nyssa 32, 152, 153
Gregor von Tours 53, 54, 56, 63, 122, 215, 223, 256, 263, 264
Guillaume de Lorris, Jean de Meun *Le Roman de la Rose* 262
Guntramslegende → Paulus Diaconus 262

Hartlieb, Johannes → *Chiromantie* → *Geomantie* 59–61, 70, 78, 80, 81, 103–106, 115, 117, 118, 133, 136, 138–142, 175, 176, 182, 185, 199, 210–212, 229, 231, 233, 235, 238, 239, 241, 306, 308, 309, 318
Hartmann von Aue 93, 104, 138, 225, 282 *Iwein* 225, 292 *Erec* 93, 104, 138, 282
Haruspizium → Eingeweide → Leber 128
Haut 48, 255, 302
Heilen, Heiler → *Iatromantie* → Schamane 19, 75, 232
Heilige → Inkubation 64, 264
Heimskringla 297
Heinrich von dem Türlin *Diu Crône* 318
Heinrich von Friemar 58
Heinrich von Neustadt *Apollonius von Tyrlant* 167, 234, 235
Heinrich von Veldeke *Eneis* 167
Hepatomantie → Eingeweide → Haruspicium 128
Herbort von Fritzlar *Liet von Troye* 41, 98, 167, 318
Herodot 21, 31, 244, 254, 294
Hesiod 193
Hexe 47, 48, 76, 135, 225, 297, 299
Hexenflug 306
Hieronymus 34, 261, 300
Hildegard von Bingen → Propheten 64, 65, 157, 266
Himmel 265
Himmelsbriefe 96–99
Hippolyt 141, 314
Hippomantie 123
Homer 38, 193, 214, 244, 248, 293
Horaz 296, 297
Hrabanus Maurus 101, 295
Hrólf saga kraka 49

Hydromantie → Elementemantik → Spiegel → Wasser 135, 141, 142, 230, 231, 232, 295

Iatromantie → Heilen, Heiler 75, 252
Idolomantie → *Kraniomantie* → *Nekromantie* → Teraphim → Schädelweissagung 32, 311, 314
Indiculus superstitionum 137
Inkubation → Apollo → Heilen → *Iatromantie* 252–256
Inspiration 15, 193, 230
Intuition 138, 182, 230
Isidor von Sevilla 54, 55, 129, 135, 137, 143, 170, 171, 211, 215, 232, 233, 263, 268, 296, 300, 301

Joachim von Fiore → Propheten 67
Jakob von Jüterbogk 306
Johannes Trithemius 307, 310
Johannes von Salisbury 102, 116, 121, 122, 125, 126, 154, 155, 236, 239, 260, 266
Joseph → Traum → Traumdeutung 247, 248, 257, 269, 282

Karlmeinet 120, 199, 227, 305, 317
Kartenlegen 269
Katalepsie → Ekstase → Starre 230
Kircher, Athanasius 188
Kirchhof, Hans Wilhelm 70, 71, 240
Klederomantie → Niesen → Zucken 115
Klidomantie → Schlüssel 182–184
Kontemplation 48
Konrad von Megenberg 111, 117, 168
Konrad von Würzburg → Calchas *Der Trojanische Krieg* 41, 64, 75–78, 172, 199, 282, 283
Kontingenz 9, 171, 194, 195, 203, 245
Körperzeichen → *Chiromantie* → *Onychomantie* → *Eilaiosemantik* 101–114, 115, 116, 117, 118
Koskinomantie → Sieb 184
Kramer, Heinrich (Institoris) → Bleigießen → Gottesurteil 134, 135, 220
Kraniomantie 311, 314
Krankheit 10, 49, 71, 103, 251
Kristall → Spiegel 69–71, 231–235, 239–241
Kristallomantie → Dee, John, → Fugger → Spiegel 68, 71, 185, 194, 230, 231, 233, 236–241

Laktanz 38, 296
Lekanomantie → *Hydromantie* 171

Liber Alfadol → *Geomantie* 205
Ljosvetninga Saga 46
Lobenzweig, Hans → Traumbuch 273, 274
Los germanisch 194–198, griechisch-römisch 189–193, in der Bibel 194, 194, 196–200, 213, 216
Losbücher 68, 194, 199, 201–207, 338, 339
Losorakel 10, 189–195, 200, 202, 215
Losstäbe 194, 200
Lostage → Tagewählerei → Wahrsagezeiten 179, 181
Lucan 297, 311–313
Luft → *Aeromantie* 28, 29, 122, 135, 136, 257
Lunar → Mond 172–176
Luther, Martin 71, 148, 234, 275

Macrobius → Traumbücher 105, 245, 246, 259, 260, 262, 266, 267, 277, 290
Martin von Amberg 60, 104, 138, 178, 204
Martin von Tours 216, 256
Medium → *Kristallomantie* → Nympholepsie 9, 34, 36, 194, 233, 235–242
Melampus 116, 118
Menetekel → Vorzeichen 97
Minucius Felix 52, 119, 120
Mond → Astrologie → Lunar 10, 150, 163, 167–169, 173, 232
Mord, Mörder → Bahrprobe 46, 74, 128, 217, 224–226, 255, 265
Moses 15, 231, 236
Moses Maimonides 24, 63, 147

Namen → *Onomatomantie* 115, 126, 139, 141, 157, 182, 184, 189, 199, 205, 206, 207, 213, 217, 228–230, 237, 239, 240, 249, 251, 270, 305, 313
Nekromantie 232, 255, 293–299, 301–306
Neoplatonismus 210, 261, 262
Nider, Johannes 58, 59, 268
Niesen → *Klederomantie* → Vorzeichen 91, 115, 116
Nikolaus' von Dinkelsbühl 58, 93, 94, 226
Nympholepsie → Besessenheit → Intuition → Medien 23, 37

Odin → Losen 48, 49, 197
Odysseus 19, 293, 294
Offenbarungen 21, 58, 65, 67, 97, 152, 240, 257, 260, 266, 268, 314, 315
Ohnmacht 74
Omen, Prodigien → Wunder → Zeichen 85, 87, 91, 94, 95, 115, 120, 298, 321

Oneiromantie → Artemidor → Traum Traummantik 58, 242, 252
Onomatomantie → Namen 201, 227
Onychomantie → Körperzeichen 117
Orakel → Delphi → Dodona → Pythia 7, 9, 21, 28–33, 37, 39, 56, 66, 124, 189, 190, 192, 198, 201, 203, 214, 218, 227, 241, 294, 315
Ordal→ Bahrprobe,→ Eisenprobe, → Wasserprobe, → Gottesurteil 62, 114, 168, 201, 202, 205, 208, 306, 314, 322
Origenes 32, 33 260
Ornixomantie → Augurium 122
Ortnithomantie → Augurium 118

Paracelsus 82, 231, 233, 236
Paulus → Propheten 35, 177, 260
Paulus Diaconus → Guntramslegende 218, 261
Pausanias 38, 39, 231, 232, 294
Pendeln 185
Petrus Alfonsi 305, 333, 337
Philo von Alexandria 15, 34, 129, 256, 257, 263
Physiognomik 109, 275
Plato, Platon 12–14, 21–23, 37, 41, 42, 171, 237, 243, 244, 248, 260, 261, 322
Plinius 235, 250, 311
Plutarch 28, 30, 31, 34, 253
Poseidonios → *Klederomantie* 115
Präkognition → Vorahnung 75
Prophet, Prophetie, Prophezeiung 3, 8, 11, 13, 17, 19, 21, 22, 24, 25, 35, 37, 41, 62–64, 71, 99, 120, 147, 172, 175, 188, 199, 232, 247, 275, 276, 291, 314, 322
Prosa-*Lancelot* 98, 99, 125, 282, 287, 288, 292, 308
Punktierbücher → *Geomantie* → *Stichomantie* 200, 205, 213
Pyromantie → Elementemantik → Feuer 134, 137–140, 241, 323
Pythagoras 35, 110, 151, 167, 169, 175, 211, 232, 301
Pythia 21, 22, 25, 27–32, 36, 37, 43, 189, 202, 321, 322
Regino von Prüm 55, 56, 216

Reinfried von Braunschweig 98, 170, 199, 287
Rhabdomantie → Wünschelrute 146, 200
Ritual 43, 48, 193, 196, 216, 232, 235, 297, 299

Rudolf von Ems 95, 125, 166, 168, 277, 278
Runen → Losstäbe 196, 197, 303

Sachs, Hans 81, 106, 184, 233–235, 309, 310
Sandkunst der sechzehn Richter → *Geomantie* 143, 211–213
Saxo Grammaticus 120, 198, 199, 255, 302–305, 309, 310
Schädelweissagung → *Idolomantie* → *Kraniomantie* → *Nekromantie* → Teraphim 311–320
Schamane, Schamanismus 27, 44, 47
Schicksal 12, 32, 33, 39, 44, 62, 71, 78, 92, 102, 103, 106, 144, 152, 168, 171–175, 194, 254, 284, 302, 303, 318, 322–324
Schlaf 48, 230, 250, 252, 253, 256, 257, 261–268, 287
Seele 22, 28, 29, 44, 45, 63, 71, 121, 151, 154, 213–215, 230, 237, 240, 243, 244, 248, 249, 253, 254, 256, 257, 260–263, 294, 301, 305, 306, 318
Seelenexkursion, Seelenreise 262, 266
Seher 13, 17–20, 22, 24, 43, 47, 48, 52, 53, 56, 67, 77, 104, 152, 170, 294, 322
Sibylle 14, 30, 36–41, 171, 295
Skapulimantie → Schulterblatt 131
Snorri Sturlusson 46, 302, 312
Somniale Danielis → Traumbuch 270, 271
Somniale Joseph → Traum → Traumbuch → Traumdeutung 269
Sokrates 23, 37, 52, 211, 248
Sortes Apostolorum → *Bibliomantie* 201, 202
Sortes Astrampsychi → *Bibliomantie* 189, 194, 200, 201
Sortes Sanctorum → *Bibliomantie* 200, 201, 214
Sortes Sangallenses 190
Spiegel 47, 68, 70, 78, 80, 189, 230, 231–239
Sprachrohr 21, 22, 25, 28, 39, 65, 67, 322
Starre → Ekstase → Katalepsie 75
Stephan von Landskron 58, 138
Stichomantie 201
Strabon 243, 254, 296, 298
Stricker 73, 219, 283, 284, 316 *Der Pfaffe Amis* 73, 316

Tacitus 42, 120, 123, 124, 195, 197, 218
Tagewählerei → Ägyptische Tage → Lostage → Zeiten 176–178

Tanz 47
Teiresias → Seher 22, 293- 295
Templer → Schädelweissagung 317
Teraphim → *Nekromantie* → Schädelweissagung 313
Tertullian 33, 34, 188, 254, 263
Thalhofer, Hans 229
Thomas von Aquin 33, 53, 57, 59, 61, 93, 96, 101, 102, 134, 137, 200, 203, 211, 231, 234, 268
Thomasin von Zerklaere 166
Tiere in der Mantik → *Alectryomantie* → Augurium → *Hippomantie* → *Ornithomantie* 47, 85, 86, 92, 132, 152, 169, 207, 279–291
Tierhaut → Haut 254
Tischerücken 188
Trance → Ekstase → Vision 28, 43, 45–48, 56, 75, 238, 254
Traum, Träume → Traumbücher 9, 48, 63, 217, 242–255, 263, 266–270
Traumbücher → Artemidor → Lobenzweig → *Somniale Danielis* 246–252, 268–270, 275
Traumdeuter → Artemidor 243, 246, 249, 270
Traumdeutung 202, 231, 242, 243, 247, 251, 268, 269, 271,
Trommeln 45

Ulrich von Etzenbach *Alexander* 94, 123, 125, 128, 168, 278
Ulrich von Pottenstein 268
unio mystica 64
Urîm und Tummîm → Losen 24, 194
útiseta, → *Nekromantie* 100, 302

Varðlokkur 44
Varro 39, 101, 135, 137, 231, 232, 295, 296
Vaticinum ex eventu 265
Veleda → Völva 42–49
Vergil → *Bibliomantie* 38, 193, 214, 227, 316
Verwandlung 306
Vintler, Hans 60, 104, 122, 129, 133, 147, 148, 203, 234, 307
Visionsorakel → *Kristallomantie* 194, 230

Völva → Seher → Veleda 43–46
Vorzeichen 63, 102, 195, 216
Vorahnung 7, 291, 292
Vorsehung 17, 28, 29, 31, 34
Vorauer Novelle 305, 309

Wahrträumen → Traum 63, 264
Walther von der Vogelweide 126, 127, 194, 267, 276
Wasser → Bleigießen → Gottesurteil → *Hydromantie* → *Lekanomantie* 28, 29, 46, 70, 122, 125, 134–136, 139, 141–143, 147, 164, 180, 185, 218, 223, 226, 227, 231, 232, 240, 293, 301, 323
Wasserprobe → Gottesurteil → Ordal 223
Wetter → Donner → 47, 122, 180, 181
Wetterzauber 306
Weyer, Johann 36, 70, 74, 142, 143, 184, 237, 238, 310
Wilhelm von Auvergne, Wilhelm von Paris 57, 123, 177
Wilhelm von Malmesbury 315
Wirnt von Gravenberg *Wigalois* 92, 93
Wolf 30, 92, 93, 104, 125, 126, 138, 312
Wolfram von Eschenbach 42, 97, 166, 167 *Parzival* 97, 98, 166, 167, 171, 172, 282, 286
Wunder → Omen → Zeichen 90, 94–96, 98, 225, 255, 256, 312
Wünschelrute → *Rhabdomantie* 70, 147, 148, 182
Würfel, Würfelorakel → *Astragalomantie* 190, 202

Ynglinga saga 48

Zeichen → Omen → Vorzeichen 8, 9, 11, 13, 14, 28, 42, 52, 53, 85–97, 100–103, 114–116, 118–120, 124, 133, 139, 142, 145, 150, 152–155, 157, 161, 168, 182, 185, 192, 195, 196, 212, 225, 233, 243, 288, 291, 292, 233, 243, 288, 291, 292, 315, 321
Zeiten 91, 100, 120, 177–181, 241, 252, 323
‚Zigeuner' 78–83, 104, 106, 230
Zoomantie → *Hippomantie* → *Ornithomantie* → Tiere 85, 118
Zucken, Zuckungsbücher 115, 118

www.ingramcontent.com/pod-product-compliance
Lightning Source LLC
Chambersburg PA
CBHW030518230426

43665CB00010B/660